國立臺灣師範大學歷史學系研究叢書（06）

六師之任
——明代協理京營戎政與北京防禦

吳彥儒　著

秀威資訊科技股份有限公司

本書承蒙

國立臺灣師範大學歷史學系
教師及研究生學術論著補助出版

「國立臺灣師範大學歷史學系研究叢書」出版緣起

本研究叢書之出版，緣於本系對捐（募）款運用方式之思考。

本系向有師長捐款，多指定獎學金或論文出版用途。近年系友捐款，則多表示由本系自由運用。本系鑒於捐款意義深長，為使其發揮最大效益，決定制定使用規範。2011年1月14日系務會議上初次通過〈國立臺灣師範大學歷史學系捐（募）款使用辦法〉，規定除捐款者指定用途外，捐、募各款得使用於補助本系出版、研究生論文發表獎勵、演講、學術會議等學術活動。2013年10月18日進一步通過〈國立臺師範大學歷史學系教師及研究生學術論著出版補助實施要點〉，嗣後略有修訂。至2018年1月12日，系務會議決定將補助出版專書作成系列，並以「國立臺灣師範大學歷史學系研究叢書」名之。

本系原有「郭廷以獎學金」補助專書出版，以研究生學位論文為限，每年大約僅能擇一出版。「國立臺灣師範大學歷史學系研究叢書」擴大獎助範圍，期能提升本系學術風氣，鼓動研究量能。舉凡本系教師未曾出版或接受其他機構獎助出版之學術論著，或本系研究生畢業後二年內未曾出版或接受其他機構獎助出版之學位論文，皆可提出申請，經由審查機制核可出版。

本系創系以來，即以發展學術自期。本系前輩致力於此，卓然有成。我輩理當蹈厲發揚，為知識累積繼續貢獻一方之力。藉由出版，本系學術研究成果得以公諸大眾，激盪更多思想火花，創造更多對話空間。「國立臺灣師範大學歷史學系研究叢書」出版前夕，謹在此略敘緣起，並對捐助者致上最深謝忱。

國立臺灣師範大學歷史學系系主任　陳惠芬

2018年10月

推薦序

國都所在，攸關立國形勢及軍事的佈署，明太祖以南京為國都，防禦北邊的重責交付大將與藩王。封建政策導致封於北平的四子燕王朱棣以「靖難」之名奪權。即位後的永樂帝，改北平為北京，流露有遷都之意。近代學者從吳晗以降，探討永樂遷都者，多由國防形勝、重視龍興之地，或「靖難」的政治清洗等因素立論。但官方史書檔案的刻意闕載，難以察覺明成祖遷都的根本原因，必須從行事上去洞悉其本意。永樂五年徐皇后崩逝，營陵寢於北京近郊昌平天壽山下，明人黃景昉言遷都之意已「微旨陰寓」，遷都勢在必行，遂仿照南京宮室規制來營建北京城。明成祖營長陵於天壽山主峰下，至永樂十八年（1420）詔諭以北京為京師，陽、陰宅與禮制皆備。繼任皇帝的陵寢皆在天壽山下，長陵的地位從主陵升到祖陵，完成陵寢營建的另一個陰寓的微旨，實現明成祖的祖夢。

明太祖時期，北平城已是北方邊防的重鎮，永樂年間，北邊防線又逐步內縮，立國形勢丕變，京城更是位於緊臨長城邊境的前線。明成祖以雄武見長，在位期間曾五度親征漠北，足當天子守邊的重任，然後代天子卻難以承繼。土木堡之變與庚戌之變的發生，證明天子親征掌軍政的高度困難與風險，故必須尋覓代天子統帥六師之人，此即「協理京營戎政」一職創置源由。

本書是作者吳彥儒據博士學位論文〈六師之任：明代協理京營戎政與北京防禦〉修訂而成，由協理京營戎政一職為切入點，探討明廷建立防禦北京的專責官，以及運作模式與成效。彥儒指出明世宗創置協理京營戎政一職，擇具軍事長才嘗出任督撫的兵部尚書或侍郎的文臣擔任，做為代理天子統帥六師、肩負北京防禦的最高軍事指揮官。從軍事制度史的脈絡中，析論此職官的任務、職權、官銜等變化的因由，更探討此職官與天子、內閣、勳臣、內臣的政治互動與角力，呈現維繫北京安全及皇權政治平衡的彈性多樣的變化。

前人鮮少觸及協理京營戎政者之相關研究，彥儒的研究是開創之作，填補了明代軍事史研究的不足。梳理史料極不容易，彥儒認真仔細地閱讀《明實錄》、明人文集與明代檔案。埋首整理各種出版古籍、善本舊藏或數位檔案。彥儒精於繪製歷史地圖，書中有大量的自繪的各式地圖，並製各類表格呈現協理京營戎政職掌的情狀。全書文圖表並呈，展現了彥儒的史才。撰寫論文期間，多次參加我帶學生前往明代北邊宣府、雞鳴驛、北京故宮、明十三陵、吉林、長春等地的考察活動，加深對明清都城及歷史地理的認識，實踐歷史研究不可僅坐於室內，必須踐履行之足下的功夫。在獲得「國立臺灣師範大學歷史學系研究叢書」出版獎項後，更依審查者的意見，自費前往北京、山東等地考察，承蒙山東大學歷史學院陳尚勝特聘教授的協助，得以調閱孤本善本書，一年內認真完成補改增潤。忝為論文指導教授，以歡欣之情為序推介本書，並期許彥儒能勤於著述，精進研究，取得更多的成就。

朱鴻　序於文山老屋

2024年7月16日

目　錄

表目錄

圖目錄

第一章　緒論

第一節　研究緣起

在元明易代的歷史背景之下，明朝與蒙古部落長期敵對，明太祖（1328-1398）頒布的祖訓首章言：「胡戎與西北邊境互相密邇，累世戰爭，必選將練兵，時謹備之。」[1]訓示子孫對北邊防務須時刻保持高度戰備。因明太祖立都南京，離北邊萬里難以掌控，遂以藩王鎮邊，形成可防禦邊患與保障中央的國防格局。[2]然而，燕王朱棣（1360-1424）發動靖難之役，登極後遷都北京，推翻明太祖的國防設計。明人蔣一葵評析明朝與漢唐的國防格局差異，指出漢唐京師離邊境千餘里，而明朝北京城離邊境近者百里，遠不過三百里。[3]相較於南京，北京的戰守時間與空間相當緊迫，如何防禦北京，是關乎國家存亡的重要議題。

在軍事指揮的變動上，明太宗任命從龍靖難的勳臣取代藩王為邊鎮總兵官，以防再有蕭牆之禍。北京城的駐防主力與主導權轉為直屬皇帝的京營，委用勳臣出任京營提督，再以內臣監軍，輔以兵部掌管武職的選授、簡練之政令。[4]勳臣典軍，文臣掌人事、內臣監察，中

1 〔明〕朱元璋，《皇明祖訓》（臺南：莊嚴文化事業有限公司，1997，《四庫全書存目叢書》史部・政書類，第264冊，據北京圖書館藏明洪武禮部刻本影印），〈祖訓首章〉，頁168。

2 吳晗，〈明代靖難之役與國都北遷〉，《清華學報》，10：4（北京，1935.10），頁917-939。

3 〔明〕蔣一葵，《長安客話》（北京：北京古籍出版社，1982），卷7，〈關鎮雜記・三關〉，頁140。

4 〔清〕張廷玉等總裁，《明史》（北京：中華書局，1997），卷72，〈職官一〉，頁1729-1730；卷72，〈職官一・兵部附協理京營戎政〉，頁1751；卷76，〈職官五・公侯伯〉，頁1855-1856；卷76，〈職官五・五軍都督府〉，頁1856-1857。

央掌控職官任免，既避免一人權大，又能維持軍事作戰的靈活調度。此制度是明太宗從靖難到親征漠北之間逐步成形，以皇帝為最高軍事指揮，奠定北京為邊防的核心，是天子守邊的體現。

皇帝直接統帥軍隊作戰，提高調兵遣將的速率，能有效防禦緊鄰邊境的北京城。但皇帝親臨戰場是極高風險，不利於國家安全穩定。因此，明太宗重用勳臣集團，常態性的命為京營主官，為皇帝典掌軍務，成為一種祖制。祖制是明朝的政治憲章，朝野無論改制或復舊都須以此為宗旨，更有舊名新制與新名舊制等表裡不一的改變。明朝勳臣集團是皇室的重要支持者，勳臣不只經由聯姻皇室，更憑藉開國、靖難、土木等役的忠勇犧牲，在朝中的顯貴身分與政治地位難以撼動。但勳臣仰仗特殊身分，對京營的管理未必盡心，經年累月導致軍械損耗不齊、兵額未滿、官兵素質不耐戰陣等弊端。如何安撫、調配勳臣職權，藉以整頓京營戰備，是明太宗以降歷任皇帝的難題，承平時期難以改革，直到面臨戰爭才有改制的時機。

正統十四年（1449），明英宗（1427-1464）親征瓦剌，卻在土木堡兵敗被俘，京營主力幾近全滅。瓦剌大軍隨後突破長城，深入包圍北京城。臨危即位的明景帝（1428-1457）詔令于謙（1398-1457）出任兵部尚書總督軍務來指揮北京防禦，成功禦退瓦剌。于謙在戰後的職位從總督軍務轉為提督團營，文臣首度取代勳臣管理京營，實質統領北京防務。提督團營的制度維持近百年後，再度因戰爭而大幅革新。嘉靖二十九年（1550），韃靼自古北口南侵，大軍直逼北京城下，史稱庚戌之變。明廷在戰後取消提督團營一職，創設新衙門「戎政府」，以勳臣「總督京營戎政」，文臣「協理京營戎政」，為戎政府的文武首長。

這二次重大改制的共同點，文臣的統軍職權大幅提升，尤其突破祖制設置提督團營及協理京營戎政。但為何改變京營的統領職官，如何突破祖制，並處理文臣與勳臣的職權升降變化，相關的差異應細究探討。更特別的是，為何提督團營無法存續，又必須創設協理京營戎政來取代？如此衝擊勳臣集團的權利，他們做何反應？這些問題長期以來缺乏必要的討論。

從明朝職官發展的脈絡來看，以文制武是從邊鎮逐步進展至京師。永樂朝後明廷以文臣總督或巡撫到地方巡視逐漸變多，督撫的職權凌駕於勳臣總兵官，成為邊鎮最高的軍事指揮官。督撫是任務性派遣，事畢即罷，不會長期久任，也不會持續派遣，[5]兼有避免勳臣坐大與掌控地方軍務之利。然而中央與地方不同，京營的勳臣更為尊貴，導致于謙之後的提督團營幾經置罷，非常不穩定。直到協理京營戎政的創設，任期雖長短不一，卻可維持常設。

明朝皇帝是如何看待協理京營戎政的功用？明神宗（1563-1620）追贈協理京營戎政兵部尚書薛三才（？-1619）的誥文曰：「朕承天保，克宣九伐之威；汝作夏卿，兼總六師之任」[6]說明協理京營戎政代理皇帝統領京營，肩負防禦北京的重任。然而，因史料書寫形式，侷限研究者對協理京營戎政的關注。例如，〔萬曆〕《大明會典》是明代權威的官方典制政書，載錄戎政府的組織結構、協理京營戎政的沿革，京營的閱視、賞罰、操練規章等；在職官記載上，協理京營戎政被分類為兵部的增設官員。[7]因此，協理京營戎政在朝中與皇帝、內閣、六部甚至內臣等朝中政治的決策、轉折與影響，實無從得知。更重要的是時間斷限止於萬曆朝前期，看不到之後的發展狀況。讓今日對協理京營戎政的認識僅止於制度變更表面，故進一步深入理解協

[5] 張哲郎，《明代巡撫研究》（臺北：文史哲出版社，1995），頁3-17。

[6] 周禮以六卿之一的夏官掌管軍事，後世遂以夏卿作為兵部尚書的別稱。〔明〕薛三省，《薛文介公文集》（臺南：莊嚴文化事業有限公司，1997，《四庫全書存目叢書》集部・別集類，第182冊，景天津圖書館藏明崇禎[1628-1644]刻本），卷3，〈誥・原任協理京營戎政兵部尚書薛三才賜太子太保謚恭敏誥命〉，頁272。

[7] 〔明〕李東陽等奉敕撰，申時行等奉敕重修，〔萬曆〕《大明會典》（上海：上海古籍出版社，1995，《續修四庫全書》史部・政書類，第789冊，景明萬曆[1573-1619]內府刻本），卷2，〈官制一・京官・兵部〉，頁62；第791冊，卷134，〈京營・今定京營制〉，頁357-360。

理京營戎政代天子守邊的完整經過，始可發現其真正價值。

最後，回到明代國防的核心脈絡中，協理京營戎政與北京防禦的歷史價值是什麼？明太祖與明太宗在北方長城防線上設軍鎮防禦蒙古部落南侵，北京在成為京師前已是軍事重鎮，升為京師後，政治層面上不能以地方軍鎮視之。[8]再加上北邊防線南移、明太宗微旨陰寓於京師西北方的天壽山下，國防現實與正統精神的核心皆本於此。因此，在明代從地方到中央全面以文制武的政務方針下，代理皇帝執行軍務的協理京營戎政，到底是如何走向體制化和制度化？而北京防禦體系的內在調整，與邊鎮督撫化的現象類似，能否解釋北京城的防禦無論在軍事指揮系統或防禦工事，逐走上軍鎮化的道路，協理京營戎政就是京師防禦軍鎮化成形的最終階段，即政治上不能明言，但實際上為明代北邊國防核心的「北京鎮總督」。

第二節　文獻回顧與述評

學界對明代遷都、營建北京、國防形勢與京師保衛戰等議題的研究成果豐富，可看出明廷的各種重要軍事轉變。由於協理京營戎政一職與北京防禦和明代軍事組織關係密切，以下將述介相關成果，並析論其與本研究之關係。

一、明代的北京防禦與戰爭

在北京的防禦與戰爭的研究中，二十世紀的學界首重明太祖到明太宗時期的國防格局轉變，以遷都北京、營建北京、北邊國防形勢轉變為研究焦點。朱鴻分析1990年以前學界對朱棣為何遷都北京的不同

---

[8] 胡凡，〈明代洪武永樂時期北邊軍鎮建置考〉，《文史》，4（北京，2006.11），頁151-162。

論定，指出吳晗、宮崎市定、檀上寬、范德（Edwward L. Farmer）等認同遷都北京是符合明朝國防利益的正確作為。而張奕善探究朱棣的心理因素，指出靖難之役造成邊防格局與政治形勢轉變，才是必須以國都當敵的原因；毛佩琦甚至表示天子守邊是不當的國防政策。[9]

朱鴻以晚明大學士黃景昉私史載「微旨陰寓」為論，說明朱棣在北京近郊天壽山營建陵寢，以及的營建北京、竄改史書等行為，是朱棣決定捨南京定都北京，藉此將篡位行為合法化，追求自身是創業帝王歷史定位，成為明代百世不遷之祖。後歷經明英宗強化明陵寢的昭穆格局、明世宗易明太宗廟號為明成祖，令朱棣的歷史定位穩固。[10]因此，遷都北京的政治因素高於軍事考量，致使後世天子不得不與胡虜比鄰而居。

在天子守邊為既成事實的條件下，學界從北京城的營建視角著眼，分析北京城如何從政治上的邊鎮轉為京師，以及軍事防禦的強化。徐泓、于志嘉以明成祖設立的官方衙門「北京行部」、「北京行都督府」為題，說明北京的政治地位提升與軍事管理中央化。[11]張奕善析論明成祖營建北京宮殿與設置職官，並興修運河、遷徙人口以壯大城市規模，令北京城有足夠的人口與經濟來支持天子守邊的形勢。[12]歷史地理學者侯仁之分析北京城的規畫格局，明廷開闢金代的舊運河，由京師通往通州，並沿用通惠河之名，確保供應外地至京師

9　朱鴻，《明成祖與永樂政治》（臺北：國立臺灣師範大學歷史研究所，1988），頁2-13。

10　朱鴻，〈從南京到北京：明初定都問題的探討〉，《師大學報》，33（臺北，1988.6），頁259-282。朱鴻，〈微旨陰寓——明十三陵的歷史意涵〉，收於故宮博物院編，《明清宮廷史學術研討會論文集》（北京：紫禁城出版社，2011），第一輯，頁139-149。

11　徐泓，〈明北京行部考〉，《漢學研究》，2：2（臺北，1984.12），頁569-598。于志嘉，〈明北京行都督府考〉，《中央研究院歷史語言研究所集刊》，79：4（臺北，2008.12），頁683-747。

12　張奕善，〈明成祖政治權力中心北移的研究〉，《臺大歷史學報》，10、11（臺北，1984.12），頁243-357。

的運補通路與水源。[13]

明成祖時期北邊國防形勢轉變的研究，著重防線內移與修築長城的戰略得失。[14]王崇武與吳緝華指出洪武、永樂二朝都以北京作為防禦北元的前線基地，明太祖與明成祖皆主動出擊以戰為守，削弱北元南侵的勢力，為明朝立國打下穩固的根基。然而，明成祖主動棄守長城以北的大寧、興和、開平等地，北邊防線不斷南移至長城為止，使得北京緊鄰戰場前線，北邊的戰爭壓力不減反增。[15]其中，吳緝華注意到軍事指揮權的移轉問題，認為明成祖為維繫中央政權，撤除藩王守邊，把軍政權與軍令權分開。文臣得統帥諸部官員的軍政權，勳臣、武將得軍令權來領兵作戰，此舉意在以文臣制武臣，防其跋扈。[16]

從前述的研究成果可知，學界已指出明成祖的天子守邊戰略是日

---

13 侯仁之著，鄭輝等譯，《北平歷史地理》（北京：外語教學與研究出版社，2013），頁118-153。考究北京城歷年的興築工事，以及紫禁城宮殿的設計、建造格局，並對比明清兩代城市建構的變遷可見謝敏聰，《明清北京的城垣與宮闕研究》（臺北：臺灣學生書局，1980）；《北京的城垣與宮闕之再研究》（臺北：臺灣學生書局，1989）。李燮平，《明代北京都城營建叢考》（北京：紫禁城出版社，2006）。孟凡人，《明朝都城》（南京：南京出版社，2013）。探討北京城內部警界治安，漕運管道的興築與相關防禦戰術，可見高曉波，〈明代北京治安管理制度研究〉（蘭州：西北師範大學中國古代史碩士學位論文，2006）。李小慶，《五城兵馬司與明代京師治安管理》（吉林：東北師範大學明清史碩士學位論文，2012）。

14 徐泓，《二十世紀中國的明史研究》（臺北：國立臺灣大學出版中心，2012），頁82-84。

15 王崇武，〈明代的疆域與明代的國防〉，《現代學報》，1：2、3（南京，1947.3），頁31-42。吳緝華，〈論明代邊防內移及其影響〉，《新亞學報》，13（香港，1980），頁363-408；〈論明代邊防內移與長城的修築〉，《東海大學歷史學報》，4（臺中，1981.2），頁25-47；〈論明代築萬里長城守邊的失策〉，《東海大學歷史學報》，5（臺中，1982.12），頁13-36；〈論明初建都南京與江淮財賦：兼論中國史上國都遷徙與政治地理形勢的轉移〉，《國立政治大學歷史學報》，4（臺北，1986.3），頁19-41。

16 吳緝華，〈論明代封藩與軍事職權之轉移（上）〉，《大陸雜誌》，34：7（臺北，1967.4），頁200-204；〈論明代封藩與軍事職權之轉移（下）〉，《大陸雜誌》，34：8（臺北，1967.4），頁249-252。

後二百餘年間的北京防禦格局，對北京防禦戰略的形成已甚為明晰。惟對如何執行、維繫，甚至是戰爭時的應對，則仍有待深入探討。而部分邊鎮研究中，如吳緝華對邊鎮軍事指揮權的移轉研究，已關注明成祖透過文臣武將相互制衡的新設計，強化中央對地方軍隊的控制，使北京得到更好的外圍保護，並減少天子親臨軍戎的風險。

北京保衛戰是天子守邊模式的考驗，正統十四年的土木堡之變與嘉靖二十九年的庚戌之變帶動了京營改制；崇禎二年的己巳之變，明廷雖保住北京城，但也元氣大傷，是明清鼎革的關鍵戰役。[17]在京師保衛戰中，除著重於分析戰爭經過的研究外，[18]另有從明廷內部政治來分析。如〈明代正統國變與景泰興復〉與〈明景帝監國登極時期居庸紫荊兩關之城防〉二文，從考究京師與邊境關卡的設防狀況，進而析論此役造就明朝國防制度的改變。他指出明廷令兵部尚書于謙在戰時加總督軍務銜，是兵部官員首次得直接指揮京營和入衛明軍。戰後，于謙奉命以兵部尚書提督團營一職整頓京營，將五軍、三千、神

---

17 謝景芳，〈論「己巳之變」與明清興替〉，《求是學刊》，1（哈爾濱，1988.1），頁91-96。李光濤，〈論崇禎二年「己巳虜變」〉，《中央研究院歷史語言研究所集刊》，18（臺北，1948），頁456。姚念慈，〈皇太極入關機緣與得失─明金己巳之役若干問題考辨〉，《清史論叢》，1（北京，2017.5），頁3-118。

18 如牟復禮認為明廷朝野對蒙古部落的敵對意識強烈是戰爭主因，以時序敘述土木堡之變，指出長城沿線的村落多有修築堡寨，成為邊境的防禦節點，形成軍事化的社會聚落。牟復禮（Frederick W. Mote），〈1449年土木之變〉，收入〔美〕費正清（John K. Fairbank）、〔美〕小佛蘭克・A.基爾曼（Frank A. Kierman, Jr）編著，陳少卿譯，《古代中國的戰爭之道》（北京：民主與建設出版社，2019），頁263-297。戰爭經過的考究可見三軍大學中國歷代戰爭史編纂委員會編，中國歷代戰爭史修訂委員會修訂，《中國歷代戰爭史》（臺北：黎明文化事業股份有限公司，1976），頁211-258、305-346。范中義、王兆春、張文才、馮東禮等撰，《中國軍事通史・明代軍事史》（北京：軍事科學出版社，1998），頁424-451、645-649。李新峰，〈土木之戰志疑〉，《明史研究》，6（北京，1999），頁109-115。陳譽升，〈明朝北京保衛戰之研究-以戰略研究途徑分析〉（新北：淡江大學國際事務與戰略研究所碩士論文，2019）。

機三大營重新整併為團營，使指揮權統一、兵將相習。[19]吳智和提到軍事指揮權在文臣與武臣之間的移轉，以及京營編組變化，事實上土木堡之變後，天子守邊戰略已經出現了內在調整。

在土木堡與庚戌之變的研究中，多從明蒙往來為焦點。如討論爭奪農牧空間、遊牧民族的貿易需求、夷夏對立意識等。[20]或從民族史的視角，分析地理位置上在蒙古與明朝之間朵顏衛政治態度轉變。朵顏衛長期跟明朝友善，明朝也視其為藩屬，因而雙方之間的薊州防禦較為鬆散。但隨著蒙古逐步征服朵顏，明蒙之間的緩衝區域不復再，致使明朝將薊州軍鎮化。[21]以此研究視角下，僅探討戰爭當下的軍事調遣，對明廷指派的北京防禦指揮官於戰後的運作情況並不關注。從于謙之後設立的提督團營、協理京營戎政，二者之間有近百年的過程，歷任者如何策畫北京防禦，執行上又面臨什麼問題，幾乎未受到學界注視。

明廷的北京戰略佈局經歷多次變革，分析長城、邊鎮與北京城之間的軍政佈署，[22]始能從政治、軍事、民族等變因來理解協理京營戎

---

19 吳智和，〈明代正統國變與景泰興復〉，《明史研究論叢》，1（北京，1982），頁227-282；〈明景帝監國登極時期居庸紫荊兩關之城防〉，《明史研究專刊》，5（臺北，1982.12），頁279-298。

20 唐玉萍，〈簡論明代庚戌之變〉，《昭烏達蒙族師專學報（社會科學版）》，2（赤峰，1986.7），頁26-31、62。烏云寶，〈論「庚戌之變」發生的原因及其意義〉，《內蒙古社會科學》，4（呼和浩特，1986.8），頁60-67。曹彥生，〈淺評「庚戌之變」〉，《昭烏達蒙族師專學報（漢文哲學社會科學版）》，1（赤峰，1990.4），頁29-32、37。許宏芝，〈土木之變與庚戌之變實質初探〉，《雁北師範學院學報》，4（大同，2003.10），頁20-22、37。孟修，〈土木之變與庚戌之變比較研究—朝貢體制框架下的明蒙關系新探〉（哈爾濱：黑龍江大學歷史文化旅遊學院碩士論文，2010）。于默穎，〈「土木之變」至隆慶和議前明朝對蒙古的消極固守應付政策〉，《內蒙古大學學報（哲學社會科學版）》，44：6（呼和浩特，2012.11），頁94-99。

21 特木勒，〈「庚戌之變」與朵顏衛的變遷〉，收錄於齊木德道爾吉主編，《蒙古史研究・第7輯》（呼和浩特：內蒙古大學出版社，2003），頁211-220。秦楠，〈「庚戌之變」後薊鎮守備舉隅—以明後期北邊防御思想變遷為線索〉，《廊坊師範學院學報（社會科學版）》，5（廊坊市，2015.11），頁76-80。

22 如城地孝以嘉靖至隆慶二朝的政治議題為核心，分析皇帝與內閣、外廷的

政的創置與作用，以及北京與邊鎮一體的防禦模式。明永樂朝後，明太宗以北京城為中心，由東至西，陸續倚長城建立軍鎮，做為抵禦蒙古入侵的最前線。[23]從長期的時局進展來看，蒙古諸部入侵的頻率在宣德朝後頻繁增加，嘉靖十五年（1536）後，因俺答統合蒙古各部，對明朝的進攻達到高峰。明蒙戰爭的區域從陝西推進至山西、大同、宣府，離北京城越來越近。當北京需要時，各邊鎮都必須調兵協防，反之駐北京的京營，僅會支援鄰近的宣府、遼東等鎮，不接受遙遠的軍鎮求援。[24]因蒙古久攻宣府鎮未果，遂轉往薊州北方的古北口趁隙而入，造成嘉靖二十九年的庚戌之變。在這段頻繁的戰爭中，北京與邊鎮的相互支援十分重要，尤其是從宣府鎮到薊鎮的防務協調。[25]

在軍事指揮權的變遷上，明成祖以勳臣出任的總兵官取代藩王成為軍鎮的最高指揮官。明仁宗即位後，賜與邊鎮總兵官鎮守將軍印，進一步提升總兵官的軍政地位。[26]但明廷不會讓總兵官獨大，仍派遣鎮守內臣以為監督，而後又遣文臣鎮守，軍鎮指揮權就圍繞在總兵

君臣互動，論述明朝的禦邊政策復套議，以及開設馬市後的明蒙關係。透過外交與經濟交流，減少外敵入侵威脅。城地孝，《長城と北京の朝政——明代內閣政治の展開と變容》（京都：京都大學學術出版會，2012）。書評可見尤淑君，〈評城地孝，《長城と北京の朝政——明代內閣政治の展開と變容》〉，《新史學》，23：4（臺北，2012.12），頁247-256。卜永堅，〈評城地孝，《長城と北京の朝政——明代內閣政治の展開と變容》〉，《明代研究》，22（臺北，2014.6），頁145-153。

23 如楊潤平，〈宣府、萬全及長城九邊重鎮〉，《張家口職業技術學院學報》，13：1（張家口，2000.2），頁49-52。苗苗，〈明薊鎮長城沿線關城聚落研究〉（天津：天津大學建築學院碩士論文，2004）。楊國華，〈明代大同鎮防務研究：以敗虎堡為例〉（呼和浩特：內蒙古大學明清史碩士論文，2008）。謝健，〈明代萬全都司研究〉（蘭州：西北師範大學明清史碩士論文，2013）、郝園林，〈明萬全右衛城軍事防禦體系的考古學觀察〉（北京：中國人民大學考古學及博物館學碩士論文，2014）。

24 劉景純，《明代九邊史地研究》（北京：中華書局，2014）。

25 吳彥儒，〈明嘉靖朝宣府鎮的軍事措施之研究：1521-1566〉（嘉義：國立嘉義大學史地學系碩士論文，2011）。楊潤平、楊申茂、顏誠，《京師北門宣府鎮》（北京：科學出版社，2012）。

26 胡凡，〈論明仁宗對北邊防衛的調整與整頓〉，《遼寧大學學報（哲學社會科學版）》，3（瀋陽，2017.5），頁149-156。

官、文臣與內臣之間，彼此侵奪、消長。然而，文臣最初只能當總兵官的副手，至土木堡之變後，兵部在軍事的主導地位逐漸取代勳臣武將集團，文官軍事化的傾斜越加深刻。[27]但兵部文臣的權位提升，邊鎮與中央的京營是否一致，若不一致則原因為何，是理解京營文臣從提督團營到協理京營戎政的變遷緣由與價值。

二、明代京營研究

明代京營是直屬天子的軍隊，為中央武力的象徵，負責駐防京師、弭平內亂、協防邊鎮、對外征伐等任務。洪武朝時，京營由駐京四十八衛所組成，分統五軍都督府，故又稱五軍營。永樂朝，因明成祖數次北征與北巡，將南京等各地衛所調往北京，駐京衛所增至七十二衛。因駐京衛所始終維持戰鬥編組而難以歸建，最後都落腳於京畿區域，令北京城成為全國駐軍最多的軍事中心。[28]除駐京軍數龐大外，明成祖更以蒙古族為主的騎兵編為三千營，以操作火器的部隊編為神機營，加上原有的五軍營，京營形成三大營的編制。洪熙朝起，以勳臣一人總理營政。[29]是故，天子為京營在戰時的最高統帥，平時由勳臣武將協助管理。

即使日後政治環境轉變，三大營仍是京營基礎，明廷從中調取「精銳」另外編組使用。正統十四年，京營主力將兵隨明英宗北征覆亡，致使戰後必須大幅整飭。兵部尚書于謙因率軍力戰瓦剌有功，獲得明景帝信任，令其為兵部尚書兼提督團營，負責重整京營。「團

27 肖立軍，《明代省鎮營兵制與地方秩序》（天津：天津古籍出版社，2010）。趙現海，《明代九邊長城軍鎮史：中國邊疆假說視野下的長城制度史研究》（北京：社會科學文獻出版社，2012），頁535-744。

28 于志嘉，〈明代兩京建都與衛所軍戶遷徙之關係〉，《中央研究院歷史語言研究所集刊》，64：1（臺北，1993.3），頁135-174。

29 方志遠，《明代國家權力結構及運行機制》（北京：科學出版社，2008），頁193-197。

營」之名來自于謙選出三大營中的精銳另組團操，從景泰元年至三年（1450-1452），陸續組織三團營、五團營，最後完成十團營，每營一萬五千人，共十五萬人。至景泰八年（1457）奪門之變，明英宗廢除團營，恢復三大營制。[30]

京營是維繫天子守邊的核心武力，因此京營制度的變遷與戰力成效是學界長期關注的焦點。二十世紀初的研究以吳晗為代表，他認為北京城在歷經土木堡與庚戌之變未被攻陷，說明天子守邊確有實效，[31]但之後因為軍中的占役、虛冒、舞弊、賄免情況不斷發生，至明末已不可為戰。[32]吳晗對京營不斷改制仍然衰敗的論述，影響學界深遠。如羅麗馨整理明代京營的組織編制沿革，對京營的操演、兵源、糧餉、軍備、任務等軍事功能進行述評，延續吳晗的京營弊端觀點，但認為根本原因並非京營制度不善，而是治兵者的問題。[33]

明代京營歷代制度改革的研究中，學界普遍認為京營的各種弊端在於職掌京營者難以徹底清除宿疾。如閻啟鑫分析團營的沿革內容，比較五團營、十團營、十二團營之間的兵額與職官變化，但認為團營的衰亡是京軍系統衰亡的結果，京營的改革並未成功。[34]亦有對比景泰與嘉靖二朝的京營組織制度，內容或有詳略，以京營弊端改之不盡

---

30 赫治清、王曉衛著，《中國兵制史》（臺北：文津出版社，1992），頁244-258。張德信，《明朝典制》（長春：吉林文史哲出版社，1996），頁391-404。范中義、王兆春、張文才、馮東禮等撰，《中國軍事通史・明代軍事史》，頁544-727。青山治郎，《明代京營史研究》（札幌：響文社，1996），頁13-72。

31 吳晗，〈明代靖難之役與國都北遷〉，頁917-939。

32 吳晗，〈明代的軍兵〉，《讀史劄記》（北京：三聯書店，1979），頁104-111。

33 羅麗馨，〈明代京營之研究〉（臺中：東海大學歷史學研究所碩士論文，1981）；〈明代京營之形成與衰敗〉，《明史研究專刊》，6（臺北，1983.6），頁1-36；〈明代京營之組織〉，《中國歷史學會史學集刊》，16（臺北，1984.7），頁101-132；〈明代京營之任務〉，《興大文史學報》，15（臺中，1985.3），頁59-66。

34 閻啟鑫，〈明代團營營制考〉，《桂林師範高等專科學校學報》，25：1（桂林，2011.11），頁61-65。

做結。[35]

職掌京營者究竟面臨什麼問題，致使政令難以推動？京營的職掌演進與邊鎮相似，同樣形成勳臣、文臣、內臣組成的「三堂」體制，彼此制衡避免獨大。[36]但在不同皇帝與內閣的環境下，三者權力消長不一，甚至不受朝中典制的規範。如明代軍制「兵部職掌兵政，凡天下軍馬，多寡虛實，皆當一一周知。」[37]，但實際情況呢？李新峰引用陸釴（？-1489）的《病逸漫記》，敘述正統朝的兵部尚書鄺埜（1385-1449）曾向恭順侯吳克忠（？-1449）詢問京營的五軍營軍額數，卻被吳克忠以祖宗舊制、非外人所預知而拒絕呈報。李新峰認為這個故事是杜撰的，在元代可能有漢人官員不可知兵數的規定，但在正統朝不可能發生。惟這些現象都說明兵部逐漸與五軍都督府分享兵權有關。[38]

明代軍事指揮權從永樂朝以後逐步從勳臣移往兵部文臣，但邊鎮與京營的演進並非同步。正統朝時，邊鎮督撫制度已行之多年，文臣制約武臣的權限不斷提升，但京營仍是以武臣為尊，文臣無法常駐制約。直到土木堡之變後，因于謙衛國有功，連帶提升兵部掌控國家軍事指揮權的優勢，使文臣在邊鎮與京營的地位首度都高於武臣。[39]奧山憲夫指出于謙以兵部尚書提督團營是突破祖制的創舉，明景帝在于

35 黃曉龍，〈明代景泰——嘉靖時期京營制度考論〉（昆明：雲南大學人文學院碩士論文，2015）。王劉波，〈明代京營制度變遷考〉，《蘭台世界》，19（瀋陽，2016.10），頁146-148。方祥，〈明代團營試探〉（天津：天津師範大學歷史文化學院碩士論文，2016）。

36 方志遠，《明代國家權力結構及運行機制》，頁207-214。

37 〔明〕楊士奇等總裁，《明太宗實錄》（臺北：中央研究院歷史語言研究所，1984，據中央研究院歷史語言研究所民國五十一年[1962]刊本縮編），卷219，永樂十七年十二月己丑條，頁2177。

38 李新峰，《明前期軍事制度研究》（北京：北京大學出版社，2016），頁113-140。

39 趙現海，《明代九邊長城軍鎮史：中國邊疆假說視野下的長城制度史研究》，頁636-666。

謙的職銜上加「不妨部事」，意在將兵部與京營的事務視為一體。[40]

洪國強從君臣政治關係解釋京營改制，說明制度外的人治問題。景泰朝初期，于謙的軍功威望極高，又得明景帝信任，其軍政推行無礙。然隨著迎復明英宗與易儲的議題上與明景帝相左，明景帝對于謙從信任轉為防範。景泰三年，明景帝詔令南京禮部尚書儀銘（1382-1454）回京，加太子太保兼兵部尚書協贊提督軍務。除分散于謙的兵部尚書之權外，再調整內閣加銜位階，使于謙從內閣的首班降為第三位，並派內臣提督京營來限制于謙之權。此時京營的軍事指揮系統與邊鎮同步，形成文臣、武臣、內臣彼此制約的三堂體制。景泰八年，武清侯石亨（？-1460）與太監曹吉祥合謀發動奪門之變復迎明英宗，于謙以謀逆罪被處決。明英宗復辟後的天順朝，即廢止團營也不再設文臣提督團營，這是天子對文臣專掌京營的警惕與限制，也是武臣與內臣爭權的反撲。隨後的曹石之亂，令明英宗也不敢信任武臣與內臣，任用舅父會昌侯孫繼宗掌京營，成為明代外戚典兵的先例。直到弘治元年（1488），馬文升（1426-1510）先以都察院左都御史提督團營，次年升兵部尚書仍提督團營，京營的三堂體制才重新確立。[41]

明憲宗即位後，於天順八年（1464）三月恢復團營，並擴編為十二團營；成化二年（1466）正月廢除，成化三年（1467）四月以定襄伯郭登、太監裴當與太子少保兵部尚書白圭不妨部事提督十二營操練，重建十二團營制度。青山治郎對成化朝至弘治朝的團營研究，除

40　奥山憲夫，〈曹欽の亂の一考察明代中期の京營改革との關聯において〉，《北大史學》，17（札幌，1977.8）；〈明代中期の京營に關する一考察〉，《明代史研究》，7（東京，1980），頁1-19；〈嘉靖二十九年の京營改革について〉，《東方學》，63（東京，1982），頁89-103；《明代軍政史研究》（東京：汲古書院，2003），頁362-372。對京營勳臣、武官的研究可參見谷光隆，〈明代の勳臣に關する一考察〉，《東洋史研究》，29：4（京都，1970），頁362-409。

41　洪國強，〈論于謙與景帝君臣關系的變動及其對土木之變後京營領導體制重建的影響〉，收錄於中國社會科學院歷史研究所明史研究室編，《明史研究論叢・第12輯》（北京：中國廣播電視出版社，2014.1），頁117-131。

敘述組建歷程外，主要聚焦於逃兵、馬匹倒死、佔役、扣剋軍糧問題。[42]正德朝時，明武宗以宣府、延綏、遼東、大同四鎮入衛兵與團營兵、四衛營、勇士營選組為東、西官廳利用邊鎮軍的作戰經驗來提升京營戰力。[43]至此，京營已是層層相疊的編組，有後備的三大營、十二團營以及主力的東、西官廳，但在籍兵額達三十八萬，實際兵額不及十四萬餘，獲選入官廳僅二萬餘人。[44]

嘉靖二十九年庚戌之變後，明廷取消團營、官廳，恢復三大營制，創設戎政府，為管理京營的正式衙門。戎政府分別有武臣為總督京營戎政、文臣為協理京營戎政，取消內臣提督，原有的三堂體制轉為文武二臣，以掌戎政印的總督京營戎政為尊。嘉靖朝後，總督京營戎政從未罷設，反而協理京營戎政曾經廢置又重立。[45]周鵬認為首任協理京營戎政與總督京營戎政相繼去職，是明廷用人失當，評價改革失敗。[46]黃冕堂認為戎政府獲得操練、管理與指揮京營之權，形成統兵權與調兵權合一的體制，是繼承景泰年間以降團營體制的象徵。[47]青山治郎除敘述三大營重新編組為三十小營的組織結構外，評價明世宗的兵制振肅為龍頭蛇尾，因熱衷道教祭祀而大興土木，遂令京營官兵淪為工役；戎政府籍冊上的兵額有二十六萬，但實際只有十四餘萬。[48]而後，隆慶、萬曆、天啟、崇禎時期的京營制度，青山治郎以

[42] 青山治郎，《明代京營史研究》，頁73-96；〈明代孝宗朝の京營について——特にその後半北邊出防期を中心に〉，《山根幸夫教授追悼紀念論叢——明代中国歷史的位相（上）》（東京：汲古書院，2007.6），頁67-90。

[43] 青山治郎，〈明代正德朝の京營について——特に所謂東西官廳軍の實態について〉，《駿台史學》，98（東京，1996.9），頁83-120。

[44] 方志遠，《明代國家權力結構及運行機制》，頁198。

[45] 劉昭祥主編，《中國軍事制度史・軍事組織體制編制卷》（鄭州：大象出版社，1997），頁380-382。

[46] 周鵬，〈試析明代嘉靖京營戎政改革〉，《黑龍江史志》，13（哈爾濱，2015.7），頁24、27。

[47] 黃冕堂，〈論明代的京營〉，《史學集刊》，3（長春，1992.9），頁28-35。

[48] 青山治郎，《明代京營史研究》，頁97-142、197-220。

探討官制、組織、經費、訓練、冗員等變化為主，整體素質仍不斷衰退。[49]

1993年以前的京營研究，如于志嘉所言，多著重於官制變遷的表面陳述，缺乏進一步的分析。[50]而後至今的研究，部分仍延續制度探討，敘述景泰與嘉靖二朝以外的沿革細節，認為京營屢次改革皆無成效。近年，曹循的〈明代京營制度新探〉最有突破，以官制轉換來解析不同時期的京營編組及管理問題，指出勳臣子弟擔任的偏將、總兵官、總督，仍是各朝代營務的主要管理者。而在皇權庇佑下，管理日漸失當，導致內臣提督監軍的職權提升，內官對京營的影響不全是負面，至明世宗時認為身邊的內臣不可付之軍務，故革除內官管營，直到崇禎朝才恢復。評價協理京營戎政的權勢在嘉靖朝達到高峰，但始終未取得如邊鎮督撫權高於總兵的地位，逐漸權力不專、地位不尊，漸成閒職。[51]曹循呈現出皇權、勳臣、文臣、內臣之間的動態變化，說明京營制度變遷的複雜性。然整體而言，對提督團營、協理京營戎政僅列舉改制當下的任職者，前後任之間的關聯或執政成效探究較少。

在明代職官制度的研究中，對協理京營戎政的功能與職掌權限有不同見解。如美國漢學家賀凱（Charles O. Hucker, 1919-1994）翻譯協理京營戎政為Superintendent（提督）或Superme Commander（總督），其文意似同軍鎮總督。[52]但明顯無法區分提督團營與協理京

---

[49] 青山治郎，《明代京營史研究》，頁143-196、221-240；〈明代萬曆朝における京營組織の變遷について：特に選鋒の設立と增強を中心として〉，《札幌大學女子短期大學部紀要》，26（札幌1995.9），頁23-39；〈明代天啟朝前半期の京營について〉，《明大アジア史論集》，6（東京，2001.3），頁1-22。

[50] 于志嘉，〈明代軍制史研究的回顧與展望〉，《「民國以來國史研究的回顧與展望」研討會論文集》（臺北：國立臺灣大學歷史學系，1993），頁524-525。

[51] 曹循，〈明代京營制度新探〉，《史學月刊》，8（開封，2023.8），頁27-51。

[52] 賀凱（Charles O. Hucker），《中國古代官名辭典》（北京：北京大學出版社，2008），頁274。

營戎政的異同，以及邊鎮與京營的文臣總督異同。黃一農譯協理京營戎政為Deputy Director of Military Affairs to Beijing，總督京營戎政譯為Captain General。[53]其意符合總督居首、協理居次的位階史實，兼顧到二者與防禦北京的實質功能。同時，協理京營戎政為兵部尚書或侍郎出任，但在兵部尚書的研究中，並沒有對其著墨。[54]歷史職官辭典僅說明京營內以總督為尊、協理為副手，至明末則權落宦官；[55]甚至認為協理京營戎政是武職官名。[56]如考慮協理京營戎政的職銜與實際功能，筆者認為或可譯為Governor-General of Capital Defenses（總督北京防務），說明協理京營戎政以最高文官統率京營，負責北京戰略防務。

協理京營戎政在京營與職官制度研究中似乎無足輕重，但從軍事史領域來看，則可看到不一樣的面貌。黃一農指出萬曆四十七年（1619）薩爾滸之役後，兵部尚書協理京營戎政黃克纘（？-1628）主導京營改革，對京營舊有火器保管、訓練的狀況著手改善。任內引進西洋火炮做為京營的新武裝，鑄成二十八門呂宋銅砲，更解送七門前往遼東戰場。[57]周維強析論擔任協理京營戎政的王邦瑞、楊博、趙炳然等人，相繼以製造戰車、演練戰車、編組戰車營等政策。[58]呈現

---

53 黃一農，〈明末薩爾滸之役的潰敗與西洋大砲的引進〉，《中央研究院歷史語言研究所集刊》，79：3（臺北，2008.9），頁415。董少新、黃一農，〈崇禎年間招募葡兵新考〉，《歷史研究》，5（北京，2009.10），頁75。

54 黃群昂，〈明代兵部尚書的群體特徵〉，《歷史檔案》，3（北京，2019.8）年，頁73-81。黃群昂，〈明代兵部尚書研究〉（武漢：華中師範大學博士論文，2019）。張書銘，〈明代兵部尚書研究〉（濟南：山東師範大學碩士論文，2019）。

55 中國歷史大辭典編纂委員會編纂，《中國歷史大辭典》（上海：上海辭書出版社，2000），頁947。

56 徐連達編著，《中國官制大辭典》，（上海：上海大學出版社，2010），頁229。

57 黃一農，〈明末薩爾滸之役的潰敗與西洋大砲的引進〉，頁377-413。久芳崇，〈明末における新式火器の導入と京營〉，《九州大學東洋史論集》，36（福岡，2008.3），頁162-188。

58 周維強，《明代戰車研究》（北京：故宮出版社，2019），頁182-191。

協理京營戎政對新軍事科技的追求與驗證，更藉邊鎮經驗來強化京營的火砲裝備與戰術訓練，令後金軍無法攻陷北京城。又如，崇禎元年（1628）協理京營戎政李邦華曾力振營務無功，除遭到總督京營戎政襄城伯李守錡反對，且涉及太多既得利益者。更因後金進攻北京城時，京營守城軍誤傷大同鎮總兵滿桂（？-1630）而被彈劾去職。[59]前述研究可見協理京營戎政在執掌京營、防禦北京的重要影響力，這些研究都具體說明了協理京營戎政在軍事上的貢獻，如能從制度史方向系統研究，更能理解協理京營戎政一職對於明代軍事的影響。

此外，在明代北邊防禦體制中，更有班軍做為調度支援。班軍是明代世襲的衛所軍，隨著季節輪調區域，以補足防區人力不足，或是特別時局加強警戒之用。彭勇深入研究班軍制度的緣起、組織管理，說明協防北京的班軍以「京操班軍」和「邊操班軍」為主，進入北京後編入京營一同操練。其構想除增加駐京軍數外，也藉由帶入實戰經驗的軍人以提升京營素質。在北京近郊的宣府鎮、薊鎮、遼東鎮等，同樣也有班軍輪調協防，提供北京更多層防禦保障。[60]但值得注意的是，班軍編入京營內，卻一同被挪移去興築北京城內外工事，軍隊不訓練戰技，反而成為廉價工役，失去制度運作的原意。[61]然而，班軍編入京營則代表應受戎政府管轄，協理京營戎政對班軍的管理對策研究尚未受到注意。

在明朝的宮廷活動中，歷代天子透過閱兵、田獵、射柳等來彰顯國家對軍事的重視。魯大維認為明廷透過尚武活動來增加將兵的武藝熟習，以強化軍隊素質，同時展現國家軍事實力。皇帝更希望透過尚

---

59 曾磊，〈淺析明崇禎時期的京營〉，《歷史檔案》，3（北京，2018.8），頁106-109。

60 彭勇，《明代班軍制度研究：以京操班軍為中心》（北京：中央民族大學出版社，2006）；《明代北邊防禦體制研究：以邊操班軍的演變為線索》（北京：中央民族大學出版社，2009）。高壽仙，〈明代軍事史研究的新成果〉，《博覽群書》，8（北京，2010.8），頁85-87。

61 彭勇，〈京軍與明代京城的宮殿廟宇建築〉，《故宮博物院院刊》，137（北京，2008.5），頁59-68。

武活動來增強威儀，但朝臣各有支持與反對的聲浪，是君臣之間的另一種政治角力。[62]其中最具規模的軍事活動為「大閱」，「大閱」是兼具軍事與禮儀的產物。在明太祖、明成祖時期的「大閱」是以實戰為目的，作為出征前的軍事演習。而至明穆宗、明神宗時，則加重禮儀與政治宣示目的。[63]高壽仙指出張居正主導的隆慶、萬曆二朝京營大閱，不是單純的禮儀活動，而是藉此考核京營將兵訓練成果，發揮提升國威、震懾外敵的功效。[64]前述研究從政治視野探討京營大閱，惟仍未談及執行大閱的協理京營戎政在其中功用。

綜合前述研究，可知協理京營戎政與京營、職官制度、京師與北方國防戰略有極大關係。以往的研究視野，從制度上的變革、外交周旋到戰爭成敗，廣泛解釋明成祖之後，明廷朝野維繫天子守邊的經歷。然而，協理京營戎政是肩負天子守邊重任的最高軍事文官，從創設到明朝滅亡將近百餘年的時間，僅有少數個案受到關注，無法呈現此職官的功用全貌。例如軍事指揮權在京營內的移轉，協理京營戎政與總督京營戎政之間究竟誰握有主導權，而實際管理京營、指揮北京城防、調度入衛班軍等，制度與人治之間的衝突議題。惟有以歷任協理京營戎政為研究軸心，從朝政、內閣、六部、文武關係、外患等面向對照，始可理解天子守邊如何實際運作。

---

62 David M. Robinson edited, *Culture, Courtiers, and Competition: The Ming Court (1368-1644)*, （Cambridge Massachusetts: Harvard University Asia Center and Distributed by Harvard University Press, 2008）. 蕭意茹，〈評介魯大維《文化、廷臣與競爭：明代宮廷（1368-1644）》〉，《故宮學刊》，6（北京，2010.8），頁375-380。魯大維，《神武軍容耀天威：明代皇室的尚武活動》（北京：社會科學文獻出版社，2020）。

63 王進，〈明代大閱初探〉（西安：陝西師範大學碩士論文，2012）。

64 高壽仙，〈「大閱」之禮的面子與裡子：作為改革產物的明代隆萬大閱〉，《人民論壇》，25（北京，2015.9），頁78-80。

第三節　研究方法與史料學

首先，戰守攻略的根本是自然形勢，理解北京的山勢、水文始可知悉明廷朝野在戰略議定的論點。其次，解析明清史料中的協理京營戎政，以及學界對其認識的狀況，如何完整分析歷任協理京營戎政在任時的政策、權限與朝政變化。最後，史料的出版與對比可以更深入了解協理京營戎政，以下將分別述之。

一、天子守邊的格局

永樂朝後，擁護定都北京的士大夫不斷強化形塑北京的自然形勢與成祖謀略偉大，強調北京優於南京，更適合為國都。張奕善考究明清士人論點，認為可分類成「歲月悠長之地、遷都後國祚可享長久、興王或肇跡之地與帝王自將」四項條件，然每項條件皆有跡可循，即附會成祖的心理，以成就靖難奪位的正統性。[65]天子守邊的戰略變遷亦有其政治形勢和戰略考慮，作為京營指揮者之一的協理京營戎政，必須時時考慮天子守邊的戰略實務，以確定其可以應對挑戰。

北京城古稱燕京，位於直隸省境內，自明成祖以降為明朝實質的京師。其地位處華北平原，地勢西北高東南低，東面濱海，東北向與遼東為鄰，沿海岸線往南與山東接壤，南面與山東交界。西面有太行山脈，山勢為東北－西南走向，往北緊連燕山山脈，是直隸與山西的天然分界。北面有燕山山脈與大馬群山山脈，山勢為東西走向，自渤海延伸至內陸，海拔約一千至一千五百公尺，阻隔遼東與今日內蒙古一帶。[66]山勢走向將華北平原與內蒙古壩上高原分隔開，這不僅是自

65　張奕善，〈明成祖政治權力中心北移的研究〉，頁261-274。

66　〔清〕顧祖禹撰，賀次君、施和金點校，《讀史方輿紀要》（北京：中華書局，2005），卷10，〈北直1〉，頁411-412。

然氣候的交界線，更是北京與北方民族之間的天然分界。

河川是提供兵馬飲水與物資運輸的天然資源，河川旁的河道亦是攻防必爭的戰略要點，直隸省內以桑乾河、潮河川、滹沱河、衛河、易水為重要河川。直隸北段的桑乾河，源於山西馬邑縣西北十五里的洪濤山，往東流經大同鎮，至宣府鎮南蔚縣後，往南進入直隸保安州後因水色混濁而稱渾河，至北京城西南方後的區段改稱盧溝河。雖然水勢洶湧，不適合漕運用途，但河道穿山而過，仍為交通要道，明廷設有沿河口所與鎮邊城以防備入侵。[67]其二為灤河，即潮河川，源自宣府鎮西一百二十里之炭山，由西往東北流至開平衛，再往南至古北口進入直隸薊州遵化縣，五代時為南侵燕州的軍事要道。[68]古北口距離北京僅二百里，東西向可支援山海關與居庸關，徐達北伐即由此攻向大寧與開平等地，日後韃靼即由此道進入直隸，造成嘉靖庚戌之變。[69]

直隸南段的河流，主要從山西省與河南省流入。如滹沱河，源自山西省繁峙縣東北一百二十里之大戲山，經直隸真定府平山縣由西向東流入渤海。唐代安史之亂後，滹沱河南北常為戰爭之所，五代時晉據此防禦契丹南侵。漳水，源頭有二，分別為山西省長子縣西五十里之發鳩山與山西省樂平縣西南二十里之沙山，至直隸臨漳縣合流後，往東向廣平府、順德府，與滹沱河匯流後稱衡水或葫蘆河，至天津入渤海灣。衛河源自河南省輝縣西北七里之蘇門山，往東北流入直隸大名府濬縣，稱白溝，自隋大業四年（608）後為永濟渠至今。易水源自保定府易州西山谷中，有拒馬河或白溝河的別稱，是自漢代以來經山西省進入北京南方的兵家爭奪河道。[70]南段的河流以東西流向為

67　盧溝河亦稱蘆溝河。〔清〕顧祖禹撰，《讀史方輿紀要》，卷10，〈北直1〉，頁416-417。〔明〕蔣一葵，《長安客話》，卷4，〈郊坰雜記・渾河〉，頁75；卷7，〈關鎮雜記・鎮邊城〉，頁144-145。

68　〔清〕顧祖禹撰，《讀史方輿紀要》，卷10，〈北直1〉，頁423-424。

69　〔明〕蔣一葵，《長安客話》，卷7，〈關鎮雜記・古北口、潮河川〉，頁153-154。

70　〔清〕顧祖禹撰，《讀史方輿紀要》，卷10，〈北直1〉，頁417-423。

主，阻隔南北兩岸，但地勢較平、水勢穩定，為北京西面與南面要注意的防區。

山間隘口與河道是進入直隸的要道，明廷常駐關隘衛所，於秋防等時節加強防禦。防禦北京最重要的關隘為居庸關、紫荊關與倒馬關，北京離居庸關最近僅百里，最遠倒馬關不過三百里。[71]其中，居庸關是歷史上防禦北京城最關鍵的關隘，位於北京城西北，防區為昌平西北二十四里，延慶東南方五十里，南北縱深四十里。明人述其鄰近山勢險峻，能夠通行的山間谷地狹長，車馬難以行走，易守難攻。[72]

紫荊關與倒馬關雖離北京城較遠，仍是入北京的要道。紫荊關位於直隸保定府易州西八十里，山西廣昌縣東北百里，依拒馬河切割太行山形成的山隘而立。正統十四年，瓦剌首領也先（1407-1455）破紫荊關進逼北京，而後明廷增築長城與堡塞備防；正德九年（1514）韃靼小王子與嘉靖三十二年（1553）俺答皆嘗試突破不得。[73]倒馬關在直隸真定府西北二百五十里，廣昌縣南七十里，有南北二城，距離三里，山路崎嶇難行，故以倒馬為名。正德八年（1513）小王子從山西進入後，曾入廣昌攻倒馬關未果。[74]

從自然形勢的角度來看，北京城位處高原與平原的交界處，因此成為軍事上北征南掠的重要據點。歷史上，北京可以成為南侵的重要據點，遼、金、元在此集結兵力後南侵宋朝；也可以是北征的核心，如徐達北伐。[75]值得注意的是，當北方民族突破居庸、紫荊、倒馬等長城關口，進入的京畿區域皆為平原，已無天然險要可靠，此時明廷

71　〔明〕蔣一葵，《長安客話》，卷7，〈關鎮雜記・三關〉，頁139-140。
72　〔清〕顧祖禹撰，《讀史方輿紀要》，卷10，〈北直1・居庸〉，頁429-433。〔明〕蔣一葵，《長安客話》，卷7，〈關鎮雜記・居庸關〉，頁141。
73　〔清〕顧祖禹撰，《讀史方輿紀要》，卷10，〈北直1・紫荊〉，頁433-434。
74　〔清〕顧祖禹撰，《讀史方輿紀要》，卷10，〈北直1・倒馬〉，頁434-436。
75　毛佩奇等著，《中國明代軍事史》（北京：人民出版社，1994），頁90-93。曾瑞龍，《經略幽燕：宋遼戰爭軍事災難的戰略分析》（香港：香港中文大學，2003）。

該如何調度戰守？從劉效祖《四鎮三關誌》內附〈四鎮總圖〉（圖1-1），為萬曆初年北京城與薊、遼、昌、保四鎮的形勢圖。其中，可見明廷在北京城外圍配合山川河道設下星羅棋布的軍鎮、長城與關隘，薊遼總督駐密雲、薊州巡撫駐節遵化、薊鎮總兵駐三屯營、昌平總兵駐昌平，環繞著北京外圍形成二重防線。因此，蒐集歷史輿圖有助於分析不同時期北京防禦的形勢變化。

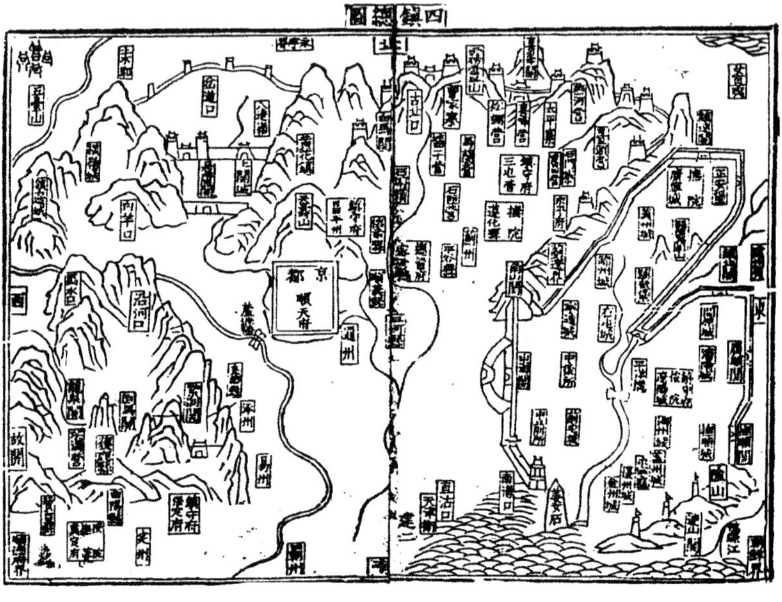

圖1-1　四鎮總圖

資料來源：〔明〕劉效祖撰，彭勇、崔繼來校，《四鎮三關誌校注》（鄭州：中州古籍出版社，2018），〈建置考〉，〈圖畫〉，〈四鎮總圖〉，頁2。

現代學界的努力下，許多北京歷史輿圖大量出版，增加研究便利。以譚其驤主編的《中國歷史地圖集》最具代表，經歷史考證後，以現代地圖學繪製，有助於古今地理對照。又如侯仁之的《北京歷史地圖集》，提供六十萬分之一的萬曆二十一年（1593）北京區域地圖、萬曆至崇禎朝的北京城圖，有助於對照文獻上的京營操閱、戰略配置、防禦工事興築的區域等。[76]徐苹芳《明清北京城圖》以1937年出版的〈實測北平市內外城地形圖為底本〉，運用《明宮史》、《酌中志》、《金鰲退食筆記》等書，復原明代北京城圖。圖中的坊界是嘉靖末年，街道胡同名稱是嘉靖末到萬曆中期，宮城、皇城的建置是崇禎時期，呈現時間斷限為嘉靖末至崇禎（1560-1644）。[77]

二、協理京營戎政年表的建立

從明代政治與職官制度史而言，協理京營戎政的職銜與沿革變遷，分散在明清史料煙海之中，記述詳略不一。如〔萬曆〕《大明會典》是認識協理京營戎政的官方政書史料，然其記述方式對研究者而言，最大的問題是只記改制時間與制度條例，不會詳言變遷的背景與理由。清代依〔萬曆〕《大明會典》、《明實錄》所修纂的《明史》，雖增添敘述京營改革的相關人物，並有「京營戎政益大壞」、「皆無濟於用」等負面評價，但亦無更多說明。[78]除改制當下在任的協理京營戎政外，官方史料對其他任官者幾無說明，因此難以知道前後政策的執行成效，所以必須先清楚到底有多少位協理京營戎政，始可進行深入的分析。

從官制史的角度而言，協理京營戎政雖為京官，但官書常略而不書，如清修《明史》即無協理年表。而在私人修史中，明嘉靖朝工

76　侯仁之主編，《北京歷史地圖集・一集》（北京：北京出版社，1997）。

77　徐苹芳編著，中國社會科學院考古研究所編輯，《明清北京城圖》（上海：上海古籍出版社，2012），〈《明北京城復原圖》說明書〉，頁3-13。

78　〔清〕張廷玉等總裁，《明史》，卷72，〈職官一・兵部附協理京營戎政〉，頁1754；卷76，〈職官五・京營〉，頁1858-1860；卷89，〈兵一・京營〉，頁2178-2183。

部尚書雷禮（1505-1581）纂輯《國朝列卿紀》是書總自內閣下及九卿，時間斷限由洪武到萬曆初。錄有〈兵部提督團營後改協理戎政年表〉，將提督團營視為協理京營戎政的前身而合為一表，以景泰元年于謙為該表的第一人，記至萬曆四十七年的薛三才，共計八十五人。與書內其他職官表相比，沒有獨立的行實，僅以任職者的姓名、籍貫、科名、任職時間為主，必須另外查照任職者在其他單位任職始可知其遷轉經歷，但時有缺漏而難以運用。[79]

張德信編校《明代職官年表》以《明實錄》、《國榷》、《明史》為基礎，參酌《國朝列卿記》、《國朝殿閣部院大臣年表》、《皇明進士登科考》等二十七本傳記與年表，整理出目前最齊的〈總督京營戎政大臣年表〉。是書列出嘉靖二十九年至南明弘光元年（1550-1645）歷任總督京營戎政、協理京營戎政以及三大營的副總兵官。[80]該表提供協理京營戎政的基礎資料，本書將以此為基礎，依據新發現史料來進行修補，新製〈明代協理京營戎政年表〉。

《明代職官年表》已有歷任協理京營戎政的年表，為何還要重新編寫新的〈明代協理京營戎政年表〉（以下稱新表）？因編纂體例之故，是書僅錄歷任者姓名、任職時間、職銜與部分遷轉資訊，不易藉此查找更細部的史料與分析史料未說明的關聯。新表將增加人物的字號、年歲、科名、籍貫，就任職銜、宮銜以及遷轉前、後任的單位。藉此探查明廷任用的偏好條件，歷任者有何特殊專長，或彼此是否有政策往來交集。如萬曆三年（1575）就任的劉應節（？-1590）有治理京畿漕運的經驗，歷任薊遼總督、南京工部尚書；[81]萬曆三十五年

79　〔明〕雷禮纂輯，《國朝列卿紀》（上海：上海古籍出版社，1995，《續修四庫全書》史部・傳記類，第522-523冊，據北京大學圖書館藏明萬曆[1573-1619]徐鑒刻本影印），卷46，〈兵部序〉，頁730；卷54，〈兵部提督團營後改協理戎政年表〉，頁119-121。又如《諸司職掌》或張鹵輯《皇明制書》等政書，甚至沒有載錄京營指揮官。

80　張德信編著，《明代職官年表》（合肥：黃山書社，2009），〈例言〉，頁1-8。

81　〔明〕馮琦撰，〈資德大夫正治上卿刑部尚書白川劉公應節行狀〉，收

（1607）任職的李化龍（1554-1611），曾於萬曆三十一年（1603）任工部右侍郎總理河道，治理黃河淤塞有功。[82]這些擁有河工知識與軍事經歷背景的協理京營戎政，是否有助於提升京師的糧餉補給充足與運輸安全？

歷任協理京營戎政的職銜不盡相同，顯示明廷對其職權的彈性設置。如王世貞（1529-1593）以職銜來分類表列，一是嘉靖六年至萬曆十七年（1527-1589）兵部尚書出任提督團營及協理京營戎政，一是都察院御史提督京營劉燾、分督三營陳其學、協理京營戎政鄭曉。[83]惟王世貞並無說明為何如此分類，二者又有什麼不同。另從清末民初學者吳廷燮《明督撫年表》來看，是書以地方督撫為核心，未收錄協理京營戎政。其自序：「統治兵民，剌舉司道，一方治亂，蓋所攸繫，必帶憲職，略如唐制。」[84]解釋督撫的軍事權重與政治價值。尤其詳述歷任督撫的部院職銜配比，可見與權力高低有密切關聯。而協理京營戎政與督撫同樣有職銜配比、任期數月至數十年不等的特點，協理京營戎政是否有承襲督撫制度的概念，實可藉此對比分析。[85]且協理京營戎政身在京師，除受總督京營戎政與內臣牽制外，

入〔明〕焦竑輯，《焦太史編輯國朝獻徵錄》（上海：上海古籍出版社，2002，《續修四庫全書》史部・傳記類，第525冊，據上海圖書館藏明萬曆四十四年[1561]徐象橒曼山館刻本影印），卷45，〈刑部二・尚書二〉，頁376-381。。

82 〔清〕張廷玉等總裁，《明史》，卷228，〈李化龍傳〉，頁5982-5986。

83 〔明〕王世貞撰，魏連科點校，《弇山堂別集》（北京：中華書局，2006），卷50，〈兵部尚書表・尚書提督團營及協理戎政者〉，頁934-935；卷52，〈都察院左右都御史表・提督京營〉，頁981；卷52，〈都察院左右都御史表・協理戎政者〉，頁986。

84 〔清〕吳廷燮撰，魏連科點校，《明督撫年表》（北京：中華書局，1982），〈自序〉，頁2；〈總督京營戎政大臣年表〉，頁2222-2317。

85 協理京營戎政兵部尚書與邊鎮總督在職權、加銜與職官演變十分相似，如二者皆以兵部尚書、侍郎加都察院御史銜出任，令其擁有指揮操練用兵與持憲執法之權，並有地方軍政經歷。〔明〕李東陽等奉敕撰，申時行等奉敕重修，〔萬曆〕《大明會典》，卷2，〈京官・兵部〉，頁62。張德信，《明朝典制》，頁457-471。張治安，《明代監察制度研究》（臺北：五南圖書出版公司，2000），頁282-285。黃冕堂，〈論明代的京

更會受到天子、內閣與部院大臣的制約。因此，清楚其職銜變化，亦是解析協理京營戎政的權柄變遷及朝野政治氛圍的影響力。

三、協理京營戎政相關史料

北京防禦政策的形成與執行，是從協理京營戎政、總督京營戎政、兵部尚書、侍郎甚至是都察院御史、給事中等官奏請，經過廷議後由天子裁決。首先須有主軸史料以清楚政策議定流程中的人物與敘事時程，再透過其他史料考校、增補內容。歷朝《明實錄》是明代官方核心史料，以時繫年的編年體體例，可以做為研究課題的時間軸線。特別的是，協理京營戎政在明世宗、明穆宗、明光宗三朝實錄的修纂凡例：「京營戎政及各邊鎮戰守事宜皆備書」[86]是少數在纂修凡例中定例記載的職官，顯見其重要性。

歷朝《明實錄》提供協理京營戎政與北京防禦政策的主線史實，但所記政策起議之因、奏議內容、文移經過或有刪節，須透過相關官員的奏議與文集進行補校。依照史料層次，可分為總集、文集、奏疏等項。首先，許多明人文集早已亡佚，但仍有機會見存於總集中。[87]明代軍政類的總集以明末陳子龍等人輯錄《明經世文編》特別重要，

營〉，頁28-35。

86 〔明〕張居正等總裁，《明世宗實錄》（臺北：中央研究院歷史語言研究所，1984，據中央研究院歷史語言研究所民國五十一年[1962]刊本縮編），〈修纂凡例〉，頁9。〔明〕張居正等總裁，《明穆宗實錄》（臺北：中央研究院歷史語言研究所，1984，據中央研究院歷史語言研究所民國五十一年[1962]刊本縮編），〈修纂凡例〉，頁9。〔明〕葉向高等總裁，《明光宗實錄》（臺北：中央研究院歷史語言研究所，1984，據中央研究院歷史語言研究所民國五十一年[1962]刊本縮編），〈修纂凡例〉，頁5。

87 彭國棟稱這些總集，多依循西晉摯虞「採摘孔翠，芟剪繁蕪」的方法，以編修者關注的議題，選取精要文章編纂而成，具有強烈的目的與功能性。彭國棟纂修，《重修清史藝文志》（臺北：臺灣商務印書館，1968），頁318。

是書以蒐羅兵部尚書與督撫之奏議為重點，保存許多今日已亡佚的關鍵史料。[88]書中載錄蔡汝楠、趙炳然、王崇古、方逢時等共三十七名曾任協理京營戎政兵部尚書的奏議，還有一百四十九條議論京營事務的奏議。同時，陳子龍等人的眉批亦可展現時人評論。如他認為協理京營戎政多為兵部尚書或侍郎出任，天啟二年（1622）余懋衡以大理寺左少卿加都察院右僉都御史銜出任是少有的特例。[89]

其次，若一奏議同時收錄在總集與文集內，以更原始的文集為依據。明人文集的書名多與作者字號有關，藉由編校〈明代協理京營戎政年表〉可知任職者的字號，有助於深入查找現存文集。如提督團營的王瓊《晉溪本兵敷奏》、翁萬達《翁東涯集》、毛伯溫《毛襄懋先生奏議》；[90]任協理京營戎政的王邦瑞《王襄毅公集》、楊博《楊襄毅公奏疏》、薛三才《薛恭敏公奏疏》等。[91]並以崔建英輯訂《明別

88 吳晗撰，〈影印序〉，收於〔明〕陳子龍等選輯，《明經世文編》（北京：中華書局，1962，據明崇禎[1628-1644]雲間平露堂刻本影印），頁1-8。

89 〔明〕溫體仁等總裁，《明熹宗實錄》（臺北：中央研究院歷史語言研究所，1984，據中央研究院歷史語言研究所民國五十一年[1962]刊本縮編），卷21，頁1054，天啟二年四月乙亥條。〔明〕陳子龍等選輯，《明經世文編》，卷472，余懋衡撰，《余太宰疏稿》，〈余太宰奏疏二〉，〈疏〉，〈秋防戒嚴酌陞營將疏〉，頁5188-5189。

90 〔明〕王瓊，《晉溪本兵敷奏》（臺南：莊嚴文化事業有限公司，1997，《四庫全書存目叢書》史部・詔令奏議類，第59冊，據甘肅省圖書館藏明嘉靖二十三年[1544]廖希言等刻本影印）。〔明〕翁萬達，《翁東涯集》（北京：書目文獻社，1988，《北京圖書館古籍珍本叢刊》，據明嘉靖十九年[1540]王儀刻本影印）。〔明〕毛伯溫撰，《毛襄懋先生奏議》（臺南：莊嚴文化事業有限公司，1997，《四庫全書存目叢書》史部・詔令奏議類，第59冊，據上海圖書館藏清乾隆三十七年[1772]世恩堂刻《毛襄懋公全集》本影印）。

91 〔明〕王邦瑞，《王襄毅公集》（臺北：國立故宮博物院藏原北平圖書館藏明隆慶五年[1571]湖廣按察使溫如春刊本）。〔明〕楊博，《楊襄毅公奏疏》（北京：書目文獻出版社，1995，《北京圖書館古籍珍本叢刊》，據研理樓藏明萬曆[1573-1619]刻本影印）。〔明〕薛三才，《薛恭敏公奏疏》（臺北：偉文圖書出版社，1977，據中央圖書館藏本影印）。

集版本志》[92]，協助釐清明人文集的版本與內容。同時，運用傳記資料如《國朝獻徵錄》[93]來增補、分析協理京營戎政的仕途遷轉、朝中交遊狀況。

存世的勳臣文集極為罕見，日本京都大學圖書館藏有崇禎朝襄城伯李守錡的《督戎疏紀》，是書六冊，計十九卷，白口單魚尾，九行二十字。據書中李守錡自序，成書於崇禎九年八月十日，內容含括崇禎元年至九年擔任總督京營戎政的奏議，是十分重要的孤本善本。[94]

在內閣政治中，協理京營戎政和皇帝、內閣與六部等官員的互動，甚至是皇帝私下徵詢官員的諭對錄，都是建構政策成形的線索。如《明世宗實錄》錄大學士楊一清（1454-1530）在嘉靖六年（1527）奏陳兵部尚書職重事繁，不應兼掌京營事務，建議專設都御史為提督。[95]在《密諭錄》中則詳錄他向明世宗說明專管京營的文臣應該隸屬哪個部門，為何需要專設都御史來管理京營的原因。[96]甚至徐階（1503-1583）的《世經堂集》收錄五十條京營相關的奏對或奏疏，包含討論明穆宗登基後下令恢復內臣坐營而後又取消的過程。[97]因

---

92 崔建英輯訂，賈衛民、李曉亞參訂，《明別集版本志》（北京：中華書局，2006）。

93 清代史家萬斯同稱《國朝獻徵錄》：「搜採最廣，自大臣以至郡邑，莫不有傳，可被國史之採擇者，維此而已。」。見〔清〕萬斯同撰，《石園文集》（上海：上海古籍出版社，2002，《續修四庫全書》集部・別集類，第1415冊，據民國二十五年張氏約園刻四明叢書第四集本影印），卷7，〈寄范筆山書〉，頁510。

94 〔明〕李守錡，《督戎疏紀》（京都：京都大學圖書館藏崇禎九年[1636]後刊本），〈督戎疏紀自序〉，頁1a-3a。感謝哈佛大學東亞語言與文明學系博士候選人楊翊先生協助查找。

95 〔明〕張居正等總裁，《明世宗實錄》，卷83，頁1873-1874，嘉靖六年十二月己未條。

96 今人輯楊一清的關中奏議、制府雜錄、閣諭錄、密諭錄於《楊一清集》。見〔明〕楊一清，《楊一清集》（北京：中華書局，2001），《密諭錄》，卷5，〈政諭上・再論推用提督團營文臣奏對〉，頁1004-1005。

97 〔明〕徐階，《世經堂集》（臺南：莊嚴文化事業有限公司，1997，《四庫全書存目叢書》集部・別集類，第79-80冊，據北京大學圖書館藏明萬曆[1573-1620]徐氏刻本影印），卷4，〈進擬科道諫止內臣坐營票帖〉，

此，內閣大學士如張璁（張孚敬，1475-1539）的《諭對錄》、《太師張文忠公集》[98]，嚴嵩（1480-1567）的《鈐山堂集》、《南宮奏議》等皆須細查。[99]

明廷定期派遣科道官巡視京營，以查核訓練管理成效，亦有對京營閱視後的成果報告。如隆慶元年至四年（1567-1570），霍冀（1516-1575）的《大閱錄》，記錄其任兵部尚書時與大學士趙貞吉（1508-1576）等人就營務訓練、兵制改革、軍法不信等事項的爭論。霍冀認為京營總督只與一人，其事權太重，宜罷設，改三大營各議一大將，以文臣為總理。但明穆宗並未同意其見解，反褫奪其官，改用趙貞吉之議。[100]

明清存留的官方檔案，是對協理京營戎政及北京防務最直接的記載。以中央研究院歷史語言研究所編的《明清史料》甲至戊編收錄最豐，如〈兵部行「御前發下戎政府李奏」稿〉[101]等檔案。而2001年廣西師範大學出版的《中國明朝檔案總匯》，分為二編，共收錄洪武四年起至崇禎十七年（1371-1644），影印中國第一歷史檔案館

頁431；〈繳內臣坐營諭〉，頁431-432。〔明〕張居正等總裁，《明穆宗實錄》，卷12，頁323-324，隆慶元年九月丙辰條。

98 〔明〕張孚敬，《諭對錄》（臺南：莊嚴文化事業有限公司，1997，《四庫全書存目叢書》史部・詔令奏議類，第57冊，據天津圖書館藏明萬曆三十七年[1609]蔣光彥等寶綸樓刻本影印）；《太師張文忠公集》（臺南：莊嚴文化事業有限公司，1997，《四庫全書存目叢書》集部・別集類，第77冊，據湖北省圖書館藏明萬曆四十三年[1615]張汝紀等刻增修本影印）。

99 〔明〕嚴嵩，《鈐山堂集》（臺南：莊嚴文化事業有限公司，1997，《四庫全書存目叢書》集部・別集類，第56冊，據北京大學圖書館藏明嘉靖二十四年[1545]刻增修本影印）；《南宮奏議》（上海：上海古籍出版社，1995，《續修四庫全書》史部・詔令奏議類，第476冊，據北京圖書館藏明嘉靖二十四年[1545]嚴氏鈐山堂刻本影印）。

100 胡吉勛，〈大閱錄提要〉，收錄於〔明〕霍冀，《大閱錄》（北京：線裝書局，2010，《天一閣藏明代政書珍本叢刊》，據明隆慶[1567-1572]間內府刻本影印），頁333-334。

101 國立中央研究院歷史語言研究所編，《明清史料》（臺北：維新書局，1972），乙編第10本，頁998。

及遼寧省檔案館所藏的明朝檔案。[102]有56條檔案直接討論京營，其中22條記錄協理京營戎政，還有其他相關京師防禦的檔案。如天啟七年（1627）八月初五日的〈兵部為閻鳴泰遵旨仍以兵部尚書協理京營戎政請寫敕書事行稿〉[103]、崇禎二年（1629）十一月二十八日的〈兵部為逆虜犯京嚴催宣大軍兵奉諭入衛援剿事行稿〉[104]。這些明清檔案的內容相當豐富，在過往的京營研究中鮮少運用。

近年來學術出版與數位化交流增加，許多流傳海外的古籍、檔案得以在臺灣取得或閱覽數位圖檔。如美國國會圖書館所藏善本古籍，收錄美國從1844年簽署望廈條約以來，透過美國駐華使節、外交官、傳教士、漢學家等蒐羅由中國流佚海外的善本、古籍、珍品、手稿、地圖、文物藏品。[105]其中有萬曆朝吏科給事中張延登（1566-1641）的《京營巡視事宜》，記載巡視京營的十八項事務共一百二十四條，是過去研究明代軍事史未曾運用的重要文獻。[106]

然而，歷朝協理京營戎政在史料中的記載繁簡、存佚不一，更會因皇帝、內閣、六部等上層單位的主導強弱而有話語權的波動變化。例如，嘉靖、隆慶朝是協理京營戎政創立與壯大時期，受到皇帝與內閣、兵部支持時間較長，協理京營戎政發聲的記錄較多。在萬曆朝後期，因為明神宗怠政之故，協理京營戎政更替頻繁，甚至奉命多年卻未上任，則顯得與國政無關。此外，更有添設協理京營戎政、副協理

102 中國第一歷史檔案館、遼寧省檔案館編，《中國明朝檔案總匯》（桂林：廣西師範大學出版社，2001），頁2-4。

103 中國第一歷史檔案館、遼寧省檔案館編，《中國明朝檔案總匯》，第3冊，〈兵部為閻鳴泰遵旨仍以兵部尚書協理京營戎政請寫敕書事行稿〉，頁486-489。

104 中國第一歷史檔案館、遼寧省檔案館編，《中國明朝檔案總匯》，第6冊，頁355-358。

105 漢世紀EHGBooks編委會，《漢世紀域外漢學總目》（臺北：漢世紀數位文化EHGBooks，2015），〈漢世紀《域外漢學》計畫與美國國會圖書館合作淵藪概述〉，頁1。

106 〔明〕張延登輯，《京營巡視事宜》，（華盛頓：美國國會圖書館藏明萬曆[1573-1619]楊元刊本）。

京營戎政等臨時增設戎政官，因時局特殊狀況而產生的短期任命。這些變化因素導致協理京營戎政掩埋在漫漫史事之中，難以發覺其貢獻與價值。

最後，少數的協理京營戎政是特殊案例，時局影響不深，故本文不予討論。如隆慶元年十月十四日，明廷同意薊遼總督劉燾推薦戚繼光（1528-1587）出任協理京營戎政，[107]以武職任文職是很奇怪的安排，當月即改任為神機營副將。[108]他在任神機營副將時，曾奏呈對京營狀況的認識，並提出南北兵的運用方針，認為適合以浙江兵充當教練，以改變京營與北邊軍鎮的官兵素質。[109]隆慶二年四月，因薊遼總督譚綸的疏薦，戚繼光調任為總理薊昌遼保練兵事務。[110]這樣短暫的特殊人事任命，或可解釋為明廷仍在嘗試協助戎政強化的各種可能。

在明朝的天子守邊歷史中，因外患形勢、內閣政治、朝野對立等變化，令勳臣、文臣、內臣都曾在一段時期奉天子授權來執掌北京防禦。至嘉靖朝創立戎政府後，明人鄒德溥評：「今所謂戎政府也，蓋舉十餘萬眾而統於一，自開國以來，兵權未有若斯之重矣」[111]指出明廷將軍事權統於戎政府管理。然在制度的設計與實際運作的過程中，主導戎政府之人即是北京防禦的最高指揮官，不但在官制史書中未盡詳明，今人認識也有歧異。因此，本文期透過深入研究協理京營戎政，一探明代最特殊的軍事文官，藉此解析明代天子守邊的歷程與成果。

---

107 〔明〕張居正等總裁，《明穆宗實錄》，卷13，頁358，隆慶元年十月乙未條。

108 〔明〕張居正等總裁，《明穆宗實錄》，卷14，頁403，隆慶元年十一月庚辰條。

109 〔明〕戚繼光撰，張德信校譯，《戚少保奏議》（北京：中華書局，2001），卷3，〈議虜〉，頁87-89；卷3，〈議京營〉，頁89。

110 周維強，《明代戰車研究》，頁232-235。

111 〔明〕鄒德溥，《鄒泗山先生文集》（臺北：中央研究院歷史語言研究所傅斯年圖書館藏安成紹恩堂刊本清[1644-1911]刊本），卷1，〈館課·擬京營戎政府題名記〉，頁69b。

第二章　土木堡之變
與提督團營的設立

土木堡之變不只是天子守邊體制的首次挫敗，更是明朝首次京師被圍的國家存亡危機。天子領軍、勳臣前鋒的作戰模式在前線潰敗後，留守北京城的郕王朱祁鈺必須選擇固守還是南遷，明廷朝野最終決定將軍權交付兵部尚書于謙，以京師為決戰之所。這是明朝歷史上極重大變革點，明廷雖貫徹天子守邊的政治宣示，但內在的指揮系統與政治氛圍則有翻轉性的改變。文臣領軍首次在中央實現，兵部文臣獲得典掌中外兵馬的最高軍權，更在戰後創設提督團營，延續兵部尚書兼掌京營的政策。然而，隨著奪門之變、曹石之亂等政治動盪，提督團營設而後罷，直至弘治朝才又重設。明廷朝野政治、軍事的氛圍如何造就提督團營的成敗，又與日後的協理京營戎政有何關聯，以下將分析之。

第一節　北京防禦指揮權的轉變

明代的京師防禦以京營為核心武力，從洪武朝初建，至永樂朝大備。明太祖建立直屬皇帝的五軍營，隸屬五軍都督府，府有統兵之權，而兵部有出兵之令，以為分權制約。明太宗即位後，建立南北兩京的五軍都督府，南京守備官以公侯伯出任，亦有南京兵部尚書出任守備，是文武協同的軍事指揮設計。明太宗在遷都北京時，將南京部分衛所遷往北京後常駐，最終駐北京的衛所數量是南京的一點五倍，一方面突出防禦北京的重要，一方面強化中央軍事集權。[1]明太祖與

[1] 范中義、王兆春、張文才、馮東禮等撰，《中國軍事通史・明代軍事

明太宗在京師的軍事建置，以皇帝為最高軍事指揮官，下轄勳臣統兵作戰，文臣則是避免軍權集中的制約之用。

明太祖、太宗出征時，京營與高階文武大臣都隨扈同行此時皆以皇太子或皇太孫監國，若太子、太孫年幼，則命輔臣一人協同居守。[2]同時，皇城四門各城門守衛圍宿皆增撥駐軍，居守諸臣無專勑，軍國機務悉聽監國視事。[3]「監國」在〔萬曆〕《大明會典》的分類屬於禮制，[4]說明此制的核心思想是維持朝政運作。明仁宗、明宣宗都曾在父祖出征時擔任監國，最初雖都未滿二十歲，但已略懂人事，又有學士輔臣協助，國政運轉不是問題。

從制度內容來看，京師的防禦佈署相對簡略，僅可說是加強警戒。明廷會如此設計，必須顧慮駐防武力與軍事統御不可僭越天子親征的規模。然而，更現實的原因是在土木堡之變前，從未發生天子出征遭遇覆滅的情況。因此，京師雖有監國主持國政，但當敵軍進圍京師時，是由監國率軍親出，還是任用勳臣、文臣統掌軍政調度，該如何組織京師防禦，明廷從未設想策畫過。

一、土木堡之變與總督軍務的設立

正統十四年（1449）八月，明英宗（1427-1464）仿效先祖北征，

史》，頁129-133、294-303。

2 〔清〕張廷玉等總裁，《明史》（北京：中華書局，1997），卷56，〈禮十・嘉禮四・東宮監國〉，頁1413-1414。

3 〔明〕俞汝楫等編撰，林堯俞等纂修，《禮部志稿》（臺北：臺灣商務印書館，1983-1986，《景印文淵閣四庫全書》，據國立故宮博物院藏本影印），卷14，〈儀制司職掌五・監國・東宮監國〉，頁214。〔明〕王世貞撰，魏連科點校，《弇山堂別集》（北京：中華書局，2006），卷13，〈皇明異典述八・居守賜勑〉，頁153。

4 〔明〕李東陽等奉敕撰，申時行等奉敕重修，〔萬曆〕《大明會典》（上海：上海古籍出版社，1995，《續修四庫全書》史部・政書類，第790冊，據明萬曆[1573-1619]內府刻本影印），卷54，〈禮部十二・東宮監國〉，頁126-131。

主動實行天子守邊。然明軍兵敗宣府鎮土木堡，明英宗被俘，扈從出征的勳臣英國公張輔（1374-1449）、成國公朱勇（1391-1449）、兵部尚書鄺埜（1385-1449）、戶部尚書王佐（？-1449）等皆亡於陣中。[5]前線潰敗的消息傳來，明廷朝野慌亂，有主南遷、固守甚至無措痛哭。八月十六日，永樂朝以來的老臣禮部尚書胡濙（1375-1463）言：「文皇定陵寢于此，示子孫以不拔之計。」[6]強調先祖陵寢是正統的精神象徵，天子無論生前死後，皆為守邊以全天下。此政治意義獲得兵部左侍郎于謙（1398-1457）、戶部右侍郎兼翰林院學士陳循（？-1462）附議。最後在孫皇太后主持下，決定於京師禦敵。

京師保衛戰不僅是明朝存續的關鍵，更造成明朝軍政體制的改變，即文臣領軍的強化與集權。八月十八日，孫皇太后命郕王朱祁鈺監國；二十日，以石亨（？-1460）為後軍都督府右都督管大營操練、駙馬焦敬管神機營、忻城伯趙榮（？-1467）管三千營；二十一日，以兵部左侍郎于謙陞兵部尚書。[7]九月初六日，郕王朱祁鈺即位，是為明景帝（1428-1457）。[8]明景帝陸續加于謙提督軍務、少

---

5 陣亡高階勳臣官員還有泰寧侯陳瀛（？-1449）、恭順侯吳克忠（？-1449）、平鄉伯陳懷（？-1449）、襄城伯李珍（？-1449）、遂安伯陳塤（？-1449）、修武伯沈榮（？-1449）、永順伯薛綬（1417-1449）、左都督梁成（？-1449）、右都督李忠（？-1449）、刑部右侍郎丁鉉（？-1449）、工部右侍郎王永和（1391-1449）、都察院右副都御史鄧棨（1396-1449）、通政司右通政龔全安（？-1449）等。〔明〕陳文等總裁，《明英宗實錄》（臺北：中央研究院歷史語言研究所，1984，據中央研究院歷史語言研究所民國五十一年[1962]刊本影印），卷181，頁3498-3508，正統十四年八月壬戌條。〔清〕張廷玉等總裁，《明史》，卷10，〈英宗前紀〉，頁138-139。

6 〔明〕陳文等總裁，《明英宗實錄》，卷181，頁3509，正統十四年八月癸亥條。

7 〔明〕陳文等總裁，《明英宗實錄》，卷181，頁3510，正統十四年八月乙丑條；卷181，頁3512，正統十四年八月丁卯條；卷181，頁3515，正統十四年八月戊辰條；卷181，頁3526，正統十四年八月壬申條。二十五日，石亨陞為武清伯充總兵官管軍操練。

8 〔明〕陳文等總裁，《明英宗實錄》，卷183，頁3555-3563，正統十四年九月癸未條。

保、提督各營軍馬、總督軍務等銜，令中央的京營、五城兵馬司到各地的入衛軍隊皆受其轄控。[9]明廷藉由與瓦剌交涉明英宗回鑾期間，[10]重建各部院及軍事首長以面對戰爭。

于謙，字廷益，號節菴，諡忠肅，永樂十九年（1421）進士，歷任山西道監察御史、江西巡按，治績優異，三十三歲時超遷兵部右侍郎，後巡撫河南與山西。[11]從于謙的仕途來看，可知其地方閱歷豐富，深獲明英宗與明景帝的信任。在天子守邊的體制中，只有天子可以掌領京營以及外衛兵馬。京師保衛戰準備期間，明廷最初如舊制以勳臣石亨為京營的最高指揮官，而後拔擢于謙以兵部尚書提督京營，令其位高於勳臣石亨以掌控京營。最後，加銜總督軍務可掌外衛兵馬，這是天子守邊模式中開創文臣代理天子掌控全國內外軍務的先例。

于謙獲得軍政大權後，得調動京營與各地入衛兵馬來佈署北京防禦。他著手增補兵員，調集南北兩京、河南、江北、山東等地民兵或募兵，充實北京兵員人數。因原五軍都督府將官多因從征而亡，遂遞補大量武官進入五軍都督府，恢復軍事指揮系統。有兵有將後，令工部趕造火砲、戰車、刀劍等軍器，遷城外居民入城、徵調糧食，整備軍械物資。[12]于謙反對石亨堅壁清野後退守北京城內的策略，令駐

---

9 〔明〕陳文等總裁，《明英宗實錄》，卷182，頁3624，正統十四年十月乙卯條；卷184，頁3637，正統十四年十月壬戌條；卷184，頁3642，正統十四年十月甲子條。

10 吳智和，〈「土木之變」後明朝與瓦剌之交涉——英宗回鑾前之秘辛（西元一四九九－一四五〇年）〉，《明史研究專刊》，3（臺北，1980.9），頁75-100。

11 〔明〕王世貞撰，〈兵部尚書于公謙傳〉，收入〔明〕焦竑輯，《焦太史編輯國朝獻徵錄》（上海：上海古籍出版社，2002，《續修四庫全書》史部・傳記類，第525冊，據上海圖書館藏明萬曆四十四年[1561]徐象橒曼山館刻本影印），卷38，〈兵部一・尚書〉，頁706-711。〔明〕雷禮纂輯，《國朝列卿紀》（上海：上海古籍出版社，1995，《續修四庫全書》史部・傳記類，第522-523冊，據北京大學圖書館藏明萬曆[1573-1619]徐鑒刻本影印），卷47，〈兵部尚書行實・于謙〉，頁758。〔清〕張廷玉等總裁，《明史》，卷170，〈于謙傳〉，頁4543-4554。

12 吳智和，〈明代正統國變與景泰興復〉，頁159-241；〈明景泰帝監

軍全部於北京城九門外列陣，通令：「臨陣，將不顧軍先退者，斬其將。軍不顧將先退者，後隊斬前隊。」[13]于謙本人亦親列將兵之前，以示破釜沉舟、背門血戰的決心。

十月初九日，瓦剌攻陷紫荊關後開始包圍北京城，是北京城首度遭到外族兵臨城下，明廷面臨前所未有的存亡危機。十一日，瓦剌抵達北京城郊，列陣於西直門外，瓦剌首領也先挾持英宗至德勝門外，要求明廷出面贖回遭拒，雙方遂展開決戰。德勝門由于謙和石亨鎮守，于謙設伏兵在城外民房，並備有大量火銃迎擊，也先之弟孛羅、平章卯那孩陣亡，瓦剌遂轉西南向攻西直門，都督孫鏜迎戰。瓦剌軍攻二門不下，再往南進逼彰義門，亦遭副總兵武興、都督王敬拒戰。同時，瓦剌別部也由京畿往北攻居庸關。[14]雙方鏖戰至十五日，瓦剌無法攻下任何城門或據點，隨之外地明軍開始集結入援，瓦剌便從紫荊關撤退，至十一月初八日完全退出關外。

北京保衛戰時，明廷臨陣禦敵的決定，在戰後造成深遠影響。防禦北京與京營的指揮官，舊例由勳臣出任總督，文臣出任提督或協理，無論是奏報先後，或是行移座位的高低，皆是勳臣高於文臣。[15]明廷在戰時賜給于謙少保、兵部尚書加總督軍務，令其位階高於石亨，萬曆時期的史家王世貞將此事歸為〈皇明異典述〉，認為是因為于謙「望重，故優寄之，後不爾也」[16]。然而，此例不僅有違明成祖時的用人定例，也是日後文臣與勳臣競逐京營指揮權的開端。

從明代軍事制度的演變歷程中，明廷賜給于謙的總督軍務有何

國登極時期居庸紫荊兩關之城防〉，《明史研究專刊》，5（臺北，1982.12），頁279-298。

13 〔清〕張廷玉等總裁，《明史》，卷170，〈于謙傳〉，頁4546。

14 毛佩琦等著，《中國明代軍事史》，頁432-437。

15 〔明〕李東陽等奉敕撰，〔日〕山根幸夫題解，〔正德〕《大明會典》（東京：汲古書院，1989，據東京大學圖書館《蓬左文庫》朝鮮古活字本等本影印），卷111，〈兵部六・大營〉，頁487。

16 〔明〕王世貞撰，《弇山堂別集》，卷8，〈皇明異典述三・兩京文臣總督〉，頁153。

重要？明太祖時期，若地方需要中央的軍事支援，原則上以五軍都督府的勳臣率兵前往，但隨後開始以文臣出任巡撫，代替勳臣的軍事任務。明成祖後，巡撫由大規模臨時派遣轉向專設，由宣德至成化朝逐漸成為定制。[17]巡撫之上，還有總督，兵部尚書出任總督軍務一職，首創於正統六年（1441），由王驥（1378-1460）[18]任兵部尚書兼大理寺卿總督軍務，出征雲南麓川。而第二位兵部尚書總督軍務之人，即是于謙。[19]于謙先後獲得「提督」、「總督」等職銜，從名稱來看「提」[20]為率領之意、「總」為統領之意，[21]皆有軍事總指揮權的意涵。「督」為監察、監督，[22]此職銜是奉天子之命督視軍隊。而總督軍務更是文臣領軍的最高職銜，以最高層級的兵部尚書出任，象徵代理天子領軍，可以號令各級文武官員。

總督軍務是戰時的最高軍事指揮官，其高度的軍政權限可先斬後奏，是為臨陣應敵而用，因此在戰爭結束後會隨即取消。[23]正統十四年十月十五日，明景帝賜于謙加少保宮銜後，于謙二度請辭總督軍務，希望降回「提督軍務」，一為恩賞過重，一為平息官場輿論的抨擊，但明景帝不允。[24]這顯示京師戒嚴雖除，但明英宗為人質、瓦剌隨時可能再度入侵，北京仍持續在備戰狀態。

于謙的「總督軍務」職銜是文職官掌軍務，但明代官方政書的〔正德〕《大明會典》及〔萬曆〕《大明會典》皆未明言文臣有

---

17 張德信，《明朝典制》，頁448-461。

18 永樂四年二甲第六十四名進士，曾巡撫延綏、寧夏、甘肅諸邊、佩平蠻將軍印。

19 張德信，《明朝典制》，頁457-458。

20 王力等原編，蔣紹愚等增訂，《古漢語常用字典》（北京：商務印書館，第四版，2014），頁377。

21 王力等原編，蔣紹愚等增訂，《古漢語常用字典》，頁520。

22 漢代引申為統帥諸軍的將領。王力等原編，蔣紹愚等增訂，《古漢語常用字典》，頁86。

23 〔正德〕《大明會典》，卷164，〈都察院一・巡撫地方〉，頁414。

24 〔明〕陳文等總裁，《明英宗實錄》，卷184，頁3637-3638，正統十四年十月壬戌條；卷184，頁3654-3655，正統十四年十月乙亥條。

無將權，可否直接處置將領，或是需經由總兵官來執行。景泰元年（1450）正月，昌平侯楊洪奏請四項軍務中，一項指出應賜于謙以「將權」，強化軍紀號令，令兵畏將過於畏敵，始可讓士卒敢戰，明景帝覆言總督軍務即將權。[25]將權中最嚴苛的一項，就是先斬後奏的生殺之權，可見總督軍務的權威之高。然而，時任兵科給事中葉盛（1420-1474）在其日記提到，京師保衛戰時有不少將士失律卻未被懲處，是因為于謙認為自專誅戮非宜。[26]這說明總督軍務除了位階高之外，更有將臣的節鉞之權，但于謙使用的很謹慎。

于謙身兼京軍與邊軍的統帥，主持戰事賞罰的公平性容易被朝臣放大檢視。景泰元年閏正月，參贊軍務右副都御史羅通奏京師保衛戰時濫陞官軍六萬六千有餘，邊軍殺敵卻未獲陞賞，暗指于謙、石亨等人邀功與賞罰不均，請兵部詳查。于謙除了解釋陞賞原因外，也再度請辭總督軍務。明景帝詔令五府、六部、都察院等會議賞罰名單，慰留于謙繼續整肅軍務。[27]二月，于謙再以災異為由請辭總督軍務與少保宮銜，明景帝不允。[28]

京師保衛戰後，北京的防務仍有一定程度的混亂狀況，即使有朝臣不滿于謙權大，但明景帝當時沒有其他更好人選取代于謙，仍倚重他來重整北京防禦。正統十四年十一月十二日，明景帝同意于謙奏請各營總兵把總等官在值操之日免於朝參，直接前往教場操練，于謙不時前往視察，以強化訓練。[29]至景泰元年閏正月，詔令石亨免朝

25　〔明〕陳文等總裁，《明英宗實錄》，卷187，頁3778-3780，景泰元年正月丁亥條。

26　〔明〕葉盛撰，魏中平點校，《水東日記》（北京：中華書局，1997），卷5，〈時將不敢專殺〉，頁50。

27　〔明〕陳文等總裁，《明英宗實錄》，卷188，頁3809-3812，景泰元年閏正月丁未條。

28　〔明〕陳文等總裁，《明英宗實錄》，卷189，頁3892，景泰元年二月己亥條。

29　〔明〕陳文等總裁，《明英宗實錄》，卷185，頁3681-3682，正統十四年十一月戊子條。

參，于謙每三天就要下教場巡視。[30]為求臨敵之際兵將相識，將勳臣分配統領三大營，五軍營由武清侯石亨主持，都督范廣（？-1457）副之；三千營由昌平侯楊洪（1381-1451）主持，[31]都督孫鏜（1392-1471）副之，各統官軍四萬人。神機營由安遠侯柳溥（？-1461）主持，都督過興副之，統官軍二萬人。另選驍勇頭目，領二、三千人為遊兵。[32]此時，京營由勳臣掌理管操，總督軍務于謙則成為位列勳臣之上的文臣軍事總管。

于謙以少保兵部尚書兼總督軍務頒布的軍政命令，皆獲明景帝同意執行，當中反映了那些狀況？景泰元年閏正月，于謙指出在京官軍逃亡甚多，呼籲立榜十日內逃兵自首可以歸營免罪，十日後才依律處置。[33]二月，他指出先前令紫荊關、倒馬關、白羊口、保定府、易州、涿州等地修砌關口、挑掘壕塹的進度落後，近期邊關警報不斷，即令加派官軍協助駐軍修築防禦工事，紫荊關一千五百人、倒馬關一千人、白羊口五百人、易州涿州一城各增五百人，人給銀一錢購買鋤鍤等器械。[34]四月，指示從紫荊關一路往東北至天壽山的駐軍協防調度。由易州策應紫荊關，真定、保定策應倒馬關、居庸關、白羊口，天壽山、黃花鎮有警則京師策應。[35]再令都指揮同知石端等率五軍營馬步官軍二萬前往易州、涿州、保定、真定、通州等地協防。[36]五

---

30 〔明〕陳文等總裁，《明英宗實錄》，卷188，頁3836，景泰元年閏正月戊午條。

31 〔清〕張廷玉等總裁，《明史》，卷173，〈楊洪傳〉，頁4614、4609。

32 〔明〕陳文等總裁，《明英宗實錄》，卷186，頁3732-3733，正統十四年十二月乙未條。

33 〔明〕陳文等總裁，《明英宗實錄》，卷188，頁3808-3809，景泰元年閏正月丁未條。

34 〔明〕陳文等總裁，《明英宗實錄》，卷189，頁3878，景泰元年二月丙戌條。

35 〔明〕陳文等總裁，《明英宗實錄》，卷203，頁4344，景泰二年四月癸未條。

36 〔明〕陳文等總裁，《明英宗實錄》，卷191，頁3973-3974，景泰元年四月己亥條。

月，京營與入調衛所軍的月支口糧都分三次撥給，且依次遞減五升，于謙奏請一體支給。[37]同月，推薦陞用都指揮使、都指揮同知、署都指揮同知、都指揮僉事等武官，以補足京營將領。[38]

景泰元年六月，于謙會同太監曹吉祥以戰時體制議請佈防北京城，將分守地形、人數繪圖呈報。北京城外正北、西北與西南，各駐防二萬人，這三面城外區域皆有土城，一半駐守城內，一半於城外布陣，以正北、西北與西南一帶為防禦核心。城外土城不可比北京城牆高，以免被敵軍用於觀測城內狀況，外圍則使用鹿角、戰車、神銃、牌刀、弓箭等依序防禦，並於營外多掘壕塹暗溝，內置釘板、鐵蒺藜等陷阱。由都督范廣與都指揮石彪各將輕騎為遊兵，隨時出擊策應巡哨。[39]

于謙身負兵部尚書之職，不只關注北京城，更著眼京畿防務。景泰元年七月，于謙認為南京應預先防備流民與盜賊，避免事發後才由北京選兵遣將的倉促行為。奏請由文臣封伯的靖遠伯王驥出任南京兵部尚書「總督機務」，來處理南京防務。[40]明景帝同意後，再派守備太監袁誠、豐城侯李賢一同訓練軍馬、安撫百姓。[41]從明景帝同意在南北二京任用兵部尚書總督軍務，「總督機務」的位階雖不比「總督軍務」，仍可見整體文官領軍地位提升與擴大。

從京師保衛戰之後超過半年，北京與邊關的防務仍十分緊張。于謙下達政令的軍務範圍從京營、京畿到邊關，行政單位跨越五軍都督

37　〔明〕陳文等總裁，《明英宗實錄》，卷192，頁3982，景泰元年五月甲辰朔條。

38　〔明〕陳文等總裁，《明英宗實錄》，卷192，頁3992，景泰元年五月庚戌條。

39　〔明〕陳文等總裁，《明英宗實錄》，卷193，頁4055-4057，景泰元年六月甲午條。

40　〔明〕陳文等總裁，《明英宗實錄》，卷194，頁4077-4078，景泰元年七月己酉條。

41　〔明〕陳文等總裁，《明英宗實錄》，卷196，頁4157-4158，景泰元年九月癸丑條。

府、六部、都察院。可見總督軍務的職權可以省去如五府六部的會議行政流程，藉由皇權直接調派戶部糧餉，甚至是保舉文武官員入仕晉升。當時的軍隊維持狀況仍有逃兵、怯戰等問題，但于謙為維持兵額與防務執行，他選擇以寬宥具保的方式，也讓朝臣參劾的目標逐漸凝聚到他身上。

景泰二年（1451）二月，于謙藉雷雨擊損南京大報恩寺塔災異，請辭總督軍務未獲允。[42]十一月，六科給事中、十三道監察御史劾奏于謙、石亨等人庸劣，明景帝以當今用人之際，姑記之。[43]十二月，于謙以掌兵部事又兼總兵權的業務繁重，乞令副都御史羅通接任提督訓練軍馬，他專理兵部事。明景帝不允，惟令羅通協贊提督操練，作為于謙的副手。[44]兩年內，于謙五度請辭總督軍務未獲允許，無論是向明景帝示意謙卑或是軍務繁忙、朝臣參劾不斷的理由，都說明文官統領京營在政治上仍受到不少質疑。

二、從總督軍務轉為提督團營

明廷設置用來挽救京師於危瀾的總督軍務一職，為何沒能在景泰朝後延續？而在此後出現的提督團營，又與總督軍務有何異同？以下將就景泰至成化間的團營置廢、總督軍務與提督團營的選擇與追認、總督團營與提督團營之辯等問題加以申論。

---

[42] 〔明〕陳文等總裁，《明英宗實錄》，卷201，頁4293-4297，景泰二年二月甲申條。

[43] 〔明〕陳文等總裁，《明英宗實錄》，卷210，頁4513-4514，景泰二年十一月壬寅條。

[44] 〔明〕陳文等總裁，《明英宗實錄》，卷211，頁4541，景泰二年十二月丙子條。

（一）景泰至天順間的團營置廢

景泰元年的京營包含戰時招募的兵員與將官，官兵的位階、戰技、糧餉、紀律都十分雜亂，有待整理以維繫戰力。景泰元年三月，致仕的國子監祭酒李時勉（1374-1450）建議教習武臣子弟《武經七書》等兵法，在教場演練團營列陣破敵的作戰隊形，明景帝令有司採用。[45]這是朝臣建請重整京營編組的開端，但時勢並不允許明廷或于謙專心整備京營。

早在閏正月，明廷為維繫邊關安定，同意兵部議請派武清侯石亨、都指揮同知楊能率領京營於二月前往宣大巡哨。[46]出發前，于謙再令楊能巡哨時，將鷂兒嶺、土木堡一帶陣亡官兵遺骸收拾埋葬。[47]二月，明景帝賜武清侯石亨佩鎮朔大將軍印充總兵官，率京軍三萬前往大同鎮巡哨、都指揮同知楊能充遊擊將軍，統京軍一萬五千前往宣府鎮巡哨。[48]此巡哨不單是穩定邊關軍心，實際上更有與瓦剌部隊接戰。如三月時楊能就在蔚州興寧巡撿司一帶遇到敵軍，但被巡按監察御史張昊參奏未戰而退，後由于謙擔保令其留任將功贖罪。[49]石亨更回報在大同鎮及鴈門關等處時有瓦剌上千或近萬的外族部隊在邊境剽掠，當下進行協防並奏請補給糧餉。[50]

景泰元年十二月，武清侯石亨建請編選官兵，每一營一萬人，

---

45 〔明〕陳文等總裁，《明英宗實錄》，卷190，頁3928-3931，景泰元年三月癸酉條。
46 〔明〕陳文等總裁，《明英宗實錄》，卷189，頁3854，景泰元年閏正月壬申條。
47 〔明〕陳文等總裁，《明英宗實錄》，卷189，頁3869，景泰元年二月辛巳條。
48 〔明〕陳文等總裁，《明英宗實錄》，卷189，頁3877-3878，景泰元年二月丙戌條。
49 〔明〕陳文等總裁，《明英宗實錄》，卷192，頁3997-3999，景泰元年五月壬子條。
50 〔明〕陳文等總裁，《明英宗實錄》，卷192，頁4015-4016，景泰元年五月乙丑條。

置坐營都督一員統領，下轄都指揮各三員，明景帝詔兵部集各營總兵官，議而行之。[51]二年四月二十六日，宣府鎮馬營堡東門遭到百餘外族騎兵進攻，明廷令兵部推選文臣一員總督軍務前往協防宣府鎮。[52]二十七日，明廷以工部尚書石璞提督軍務先往宣府計議邊備，令武清侯石亨充總兵官、都督孫鏜充左副總兵、范廣右副總兵、過興左參將、張義右參將，總共選出團營六萬名操練待戰。[53]此時，文獻上已有京營選出精銳編為團營的記載，但僅知六營六萬人以及部分將官，但這是為出征而設的編組，而非常例。

一般認為，團營始於景泰二年十二月二十二日，于謙奉詔會議戰守方略，提出從京營中抽選精銳分五營團練以備出戰，此即「團營」。[54]于謙先從京營中選出十萬官軍，為五個「團營」。三年（1452）十二月初五日，于謙再度調整團營編制，從五團營十萬人擴編為十團營十五萬人。三大營兵額分配不同，五軍營八萬、神機營五萬、三千營二萬，同時以太監分別提督各營。其二者配置如表2-1。

---

51 〔明〕陳文等總裁，《明英宗實錄》，卷199，頁4234-4235，景泰元年十二月壬辰條。

52 〔明〕陳文等總裁，《明英宗實錄》，卷203，頁4350-4351，景泰二年四月甲午條。

53 〔明〕陳文等總裁，《明英宗實錄》，卷203，頁4352，景泰二年四月乙未條。

54 〔明〕陳文等總裁，《明英宗實錄》，卷211，頁4546-4548，景泰二年十二月丙戌條。

表2-1　五團營與十團營設置比較表

五團營（一營）			十團營（一營）		
指揮官	下轄將領	每員下轄兵額	指揮官	下轄將領	每員下轄兵額
坐營都督1員	把總督指揮	二萬人	坐營都督1員	都指揮	一萬五千人
把總都指揮官4-6員	把總官	三千、五千人	都指揮3員	指揮	五千人
把總官20員	領隊官	一千人	指揮15員	把總	一千人
領隊官200員	管隊	一百人	把總30員	管隊	五百人
管隊400員		五十人	管隊300員		五十人

資料來源：〔明〕于謙撰，《于忠肅公文集一》，〈疏〉，〈建置五團營疏〉，收入〔明〕陳子龍等選輯，《明經世文編》（北京：中華書局，1962，景明崇禎[1628-1644]雲間平露堂刻本），卷33，頁241-244。〔明〕陳文等總裁，《明英宗實錄》，卷224，頁4856-4857，景泰三年十二月癸巳條。

從景泰元年至三年底，團營每一年僅有一次調整，時間進程相當緩慢，從選人到官軍編組仍處於雛型階段。除北方邊患尚未減輕外，團營內部管理不易。景泰三年底，于謙重組團營後，大同鎮告警求援，于謙一度要將團營開往前線，惟明景帝詔團營以鞏固京師為首務而未啟行。[55]早在十月，于謙就指出京營軍士有許多權要及官旗私縱役使的狀況未能解決。[56]至十二月，于謙與太監阮簡、監察御史給事中等到京營內巡視，發現點名不到的兵員以萬計，甚至沒有完整衣甲。于謙認為總兵官、坐營把總等官因循苟且，奏請轄下缺軍一萬以上的軍官要罰俸半年，以下者罰三月，限半月內齊集。每十日點名一次，如未改善則必殺不赦。但兵科給事中李英等則參劾應由總督于

[55] 〔明〕于謙著，魏得良點校，《于謙集》（杭州：浙江古籍出版社，2015），〈奏議卷之二・兵部為預備邊務事〉，頁79-81。

[56] 〔明〕陳文等總裁，《明英宗實錄》，卷222，頁4803，景泰三年十月壬寅條。

謙、副都御史羅通負起最大責任。明景帝詔令皆宥之。[57]期間，于謙也有增給官兵糧餉與額外賞賜布一疋，[58]然而當于謙試圖深入掌握團營內部時，仍要面對武將消極執行以及對立政敵的反對。

因瓦剌威脅尚存，明景帝倚重于謙主持軍務，也造就他的權力超越兵部尚書執掌的範疇。明景帝的決策與選任官員多受于謙影響，但在迎回英宗、易儲、復儲等政治事件陸續發生後，明景帝開始任用潛邸舊臣儀銘、石璞為增設兵部尚書，加副都御史羅通為兵部侍郎等，做為牽制于謙權勢的政治操作。[59]兵部尚書總督軍務的權力實是一把雙面刃，對內影響朝政，甚至是儲君議題，令明景帝對于謙的防範日益增加。

景泰八年（1457）正月十七日，武清侯石亨、太監曹吉祥合謀發動奪門之變，明英宗復位，改元天順，二十二日，明英宗詔斬于謙。[60]天順元（1457）年二月，明英宗令靖遠伯王驥兼兵部尚書掌部事；[61]四月，團營取消，重新恢復三大營制度，每營各有兩名勳臣總管，忠國公石亨、會昌侯孫繼宗總管五軍營，太平侯張軏、懷寧伯孫鏜總管三千營，安遠侯柳溥、廣寧侯劉安總管神機營；太監曹吉祥、劉永誠、吳昱、王定同理各營軍務。[62]然隨著石亨、曹吉祥相繼謀逆，原五軍營副總管的外戚會昌侯孫繼宗，從天順四年（1460）十一月成為三營總

---

[57] 〔明〕陳文等總裁，《明英宗實錄》，卷224，頁4880，景泰三年十二月乙卯條。

[58] 〔明〕陳文等總裁，《明英宗實錄》，卷221，頁4780-4781，景泰三年閏九月甲子條；卷226，頁4926，景泰四年二月己丑條。

[59] 明景帝透過內閣與增設官員來牽制于謙的權勢，其政局變化細節可見林家維從吏部尚書王直的視角分析。林家維，〈明代王直（1379-1462）研究〉（臺北：國立臺灣師範大學歷史學系碩士論文，2017），頁164-226。

[60] 〔明〕陳文等總裁，《明英宗實錄》，卷274，頁5787-5788，天順元年正月壬午條；卷274，頁5806-5811，天順元年正月丁亥條。

[61] 〔明〕陳文等總裁，《明英宗實錄》，卷275，頁5851，天順元年二月壬子條。

[62] 〔明〕陳文等總裁，《明英宗實錄》，卷277，頁5919，天順元年四月癸丑條。

兵官，天順五年（1461）七月加封太保，成為京營最高的執掌官。[63]自于謙死後，兵部的權力大幅縮減，不但京營內沒有設置文臣，團營制度取消，亦失去主導京營與北京防禦的話語權。撤除兵部尚書總督軍務，象徵取消防禦北京的專責官員，朝臣沒有權限可以同時調度京軍與各地明軍，軍事動員與警戒從戰備恢復到平時狀態。

（二）成化間置罷團營

明憲宗（1447-1487）即位後，取消八年的團營制度為何再度恢復，其軍事指揮體制與先前有何區別？又為何會有短時間置廢的狀況？這些問題，在〔正德〕與〔萬曆〕《大明會典》以及《明史》中略而不記，近代研究以逃兵、役占等兵員質量問題為置廢論點，並闡明團營是從三大營中選出的精銳，三大營為預備役的「老營」，二者並存。[64]外在威脅使得團營制度再度出現。

因西北邊境有警，明憲宗於天順八年（1464）二月下令簡閱京軍，將軍士分為二等，一等為征戰、二等為工役，以為戰爭準備。[65]三月，在會昌侯孫繼宗與兵部尚書馬昂的議請下，明憲宗同意恢復十二團營，總計湊滿十二萬人。每營各用坐營侯伯、協贊、都督、都指揮等官，由孫繼宗「提督團營」操練，派遣給事中、御史各一員巡察。[66]四月，兵部尚書馬昂請明憲宗勑諭孫繼宗等整肅軍容，派遣監

63 〔明〕陳文等總裁，《明英宗實錄》，卷321，頁6672，天順四年十一月丁酉條；卷330，頁6797，天順五年七月庚申條。

64 黃冕堂，〈論明代的京營〉，頁28-35。青山治郎，《明代京營史研究》（札幌：響文社，1996），頁41-96。閻啟鑫，〈明代團營營制考〉，《桂林師範高等專科學校學報》，25：1（桂林，2011.11），頁61-65。方志遠，《明代國家權力結構及運行機制》，頁197-198。

65 〔明〕劉吉等總裁，《明憲宗實錄》（臺北：中央研究院歷史語言研究所，1984，據中央研究院歷史語言研究所民國五十一年[1962]刊本影印），卷2，頁41，天順八年二月癸巳條。

66 〔明〕劉吉等總裁，《明憲宗實錄》，卷3，頁90-91，天順八年三月戊寅條。

鎗內臣十二員進入各營；[67]孫繼宗奏報三大營缺馬，明憲宗命兵部行太僕寺選撥三千匹給五軍營、二千五百匹給三千營、一千五百匹給神機營。[68]成化元年二月，明憲宗再度簡閱十二團營將士後，認為選練的官兵數量不足，素質也不佳。他勑諭兵部尚書王竑會同給事中、御史各三名與京營總兵官等人再度揀選一等、二等的軍士，不許役占隱匿。這次除了汰選兵員外，同時更換把總等官共八十六人。[69]

成化二年（1466）正月，十三道監察御史魏瀚等奏言：

> 今京師軍士不下三十餘萬，間或占役于私家，或借工于公府，或買閑而輸月錢，或隨從而備使令；其操練者大率多老弱，不勝甲冑者也。且馬多羸瘠而不堪騎操，器非犀利而不足以制勝，使之折衝禦侮，安能嬰鋒而挫銳。[70]

指責勳戚沒有盡責管理京營，請任命給事中、御史各一員不時前往監察。明憲宗令六部、都察院議覆後，決定解散十二團營，回歸三大營制度，由給事中、御史前往查核回報。[71]其實不只有勳戚會任意役使京軍，兵部尚書馬昂也私役京軍修理自己的祖墳，但明憲宗不追究。[72]顯見文武官員都有在公務與私人方面，把京軍挪移做工的狀況。

明廷解散團營後，成化二年五月，巡撫陝西右副都御史項忠奏報河套可能遭到外族大舉入侵，奏請推舉文武大臣一人為總督，率軍

---

67 〔明〕劉吉等總裁，《明憲宗實錄》，卷4，頁98-99，天順八年四月庚寅條；卷4，頁100-101，天順八年四月壬辰條。
68 〔明〕劉吉等總裁，《明憲宗實錄》，卷4，頁106，天順八年四月己亥條。
69 〔明〕劉吉等總裁，《明憲宗實錄》，卷14，頁327-328，成化元年二月乙巳條。
70 〔明〕劉吉等總裁，《明憲宗實錄》，卷25，頁483，成化二年正月戊申條。
71 〔明〕劉吉等總裁，《明憲宗實錄》，卷25，頁483-485，成化二年正月戊申條。
72 〔明〕劉吉等總裁，《明憲宗實錄》，卷4，頁104-105，天順八年四月乙未條。

前往支援並節制延綏、寧夏各兵共同抵禦。會昌侯孫繼宗等議報目前不適合以武臣統領京兵赴之，但明憲宗詔令推舉武臣一員赴延綏總制諸軍調度。[73]即使在需要京軍出征的狀態下，孫繼宗仍以三大營軍少，另調撥錦衣衛及在京諸衛軍餘六千人修理天地壇殿廡及西海子橋梁。[74]六月，明憲宗諭彰武伯楊信佩平虜將軍印充總兵官統京營兵一萬、馬一萬五千二百匹、百餘砲、千餘鎗，再調大同鎮五千步騎兵、宣府鎮三千騎兵、寧夏騎兵二千出征延綏搜套。[75]八月，明憲宗命兵部尚書王復整飭邊備，會昌侯孫繼宗、大學士李賢等會議後，決議調四千京軍委都指揮二員協防，一員駐密雲、古北口，一員駐懷來、永寧，並將養馬官軍二萬員名取回京營操練。[76]十二月，平虜將軍總兵官彰武伯楊信奏報預計明年三月春季進行搜套，先選三大營官兵共一萬三千名，其中大同鎮、宣府鎮各駐五千名，偏頭關駐三千名。[77]

成化三年（1467）正月，蒙古毛里孩以求貢為名率軍攻大同鎮，明憲宗勑京營總兵官太保會昌侯孫繼宗等，率領團營精兵五萬迎擊。孫繼宗建請調回搜套中的楊信，令其屯駐代州，選京營二萬人與之會兵，另調三萬人至宣府鎮。[78]四天後，明憲宗諭令撫寧侯朱永（1433-1496）佩平胡將軍印充總兵官，率領官軍二萬前往代州，並令京營速整十五萬兵馬以聽調策應。[79]四月，太子少保戶部尚書馬昂、都察院

---

73 〔明〕劉吉等總裁，《明憲宗實錄》，卷30，頁585-587，成化二年五月辛未朔條。

74 〔明〕劉吉等總裁，《明憲宗實錄》，卷30，頁607-608，成化二年五月乙未條。

75 〔明〕劉吉等總裁，《明憲宗實錄》，卷31，頁618-619，成化二年六月壬子條。

76 〔明〕劉吉等總裁，《明憲宗實錄》，卷33，頁657-661，成化二年八月戊申條。

77 〔明〕劉吉等總裁，《明憲宗實錄》，卷37，頁743-744，成化二年十二月壬戌條。

78 〔明〕劉吉等總裁，《明憲宗實錄》，卷38，頁767-768，成化三年正月壬辰條。

79 〔明〕劉吉等總裁，《明憲宗實錄》，卷38，頁768-770，成化三年正月丙申條。

右副都御史林聰、太監懷恩等奏報三大營選得一等官軍結果，五軍營七萬九千三百四人、三千營一萬四千八百六十人、神機營四萬九千七百四十五人，共一十四萬三千九百有九人。明憲宗令此批人馬分十二營操練，並推舉文武大臣各一員總督其事務。[80]同月，正式重建十二團營，由工部尚書白圭（1419-1474）改兵部尚書太子少保不妨部事與定襄伯郭登、太監裴當提督十二營操練。再令太監劉永誠、傅恭與三大營總兵每月三次赴團營會操，遇有調遣公同計議。[81]

明憲宗曾二度檢閱京營，詔令京營總兵官孫繼宗、兵部、都察院等官要嚴加整頓官兵，說明他對掌控京營的重視。因團營兵將素質不佳，令其不信任團營的管理制度，最後詔令廢除。然而，河套與大同鎮的外患威脅，促使明廷須派京軍出征協防。一方面北京仍需三大營為駐防主力，不能輕易調派出征，故重新建立專為出征的十二團營，以兵部尚書、勳臣、太監共同「提督」團營。明廷用「提督」取代「總督軍務」又有三大營與團營的同時存在，將京營的指揮權一分為二，三大營仍是京營總兵官孫繼宗統領，提督團營的權限僅止於所轄十二團營，不能管理三大營，更不能比照總督軍務跨部會指揮。同時，提督團營是專為出征操練而設的職官，不能指揮也不能影響北京防禦的戒備層級。

（三）總督軍務與提督團營的選擇與追認

明憲宗重新建立團營，雖然沿用文臣統領團營，卻不給予「總督軍務」而是「提督團營」的職銜，為何會有不一樣的選擇？天順八年七月：

> 兵科給事中秦崇奏言：「兵戎，國之大事。京師，天下之根本。

---

80 〔明〕劉吉等總裁，《明憲宗實錄》，卷41，頁833，成化三年四月辛丑條。

81 〔明〕劉吉等總裁，《明憲宗實錄》，卷41，頁841，成化三年四月癸丑條；卷42，頁862-863，成化三年五月壬午條。

> 宜並用文武，以協心濟事。今南京參贊機務則有尚書，各邊同理軍務則有都御史，而京營操練獨委武臣，非所以慎謀猷、重根本也。請簡命文武大臣才望素著者一員，與諸總戎武臣協同總督軍務，以備緩急。」事下兵部議。尚書馬昂等謂：「正統己巳多事之秋，實嘗命前少保兵部尚書于謙以總督軍務之任。天順改元，盡歸各營。已勑太監劉永誠、太保會昌侯孫繼宗等提督矣。今欲參用文臣，未敢專決。」上曰：「姑置之」[82]

在這段君臣對話中，可看到兵部期待恢復如于謙時期由兵部掌管京營的權力，試探明憲宗的態度，但被明憲宗冷處理。

天順五年，兵部尚書馬昂曾以兵部尚書總督軍務，但不是像于謙一樣防禦京師，而是與總兵官懷寧伯孫鏜，率京軍一萬五千騎兵前往陝西擊虜。[83]馬昂會如此保守，實際上和于謙權起權落的政治氛圍有關。兵部文臣在北京防禦與管理京營的權勢高度來自于謙，更源於明景帝對于謙的信任。但于謙到景泰三年仍持續以自身權為過重而請辭「總督軍務」，[84]文臣、武臣、內臣的衝突，明英宗在幽禁期間或能知曉。而後，明英宗透過石亨、曹吉祥掌控的京營兵馬復位，更擔心掌握京營的權臣可能反叛，隨後的曹石之變印證其想法，故違反祖制，以外戚孫繼宗任京營總兵官。[85]至明憲宗即位，權臣掌京營造成的問題歷歷在目，故明憲宗不願表態，更不同意有能跨部院權力的「總督軍務」來執掌京營以及團營。

然而，若京營缺乏文臣制衡，令勳臣或內臣權漲，也不是明憲

82　〔明〕劉吉等總裁，《明憲宗實錄》，卷7，頁173，天順八年七月己卯條。

83　〔明〕陳文等總裁，《明英宗實錄》，卷329，頁6768，天順五年六月壬午條。

84　〔明〕陳文等總裁，《明英宗實錄》，卷223，頁4834-4835，景泰三年十一月丁丑條。

85　洪國強，〈論于謙與景帝君臣關系的變動及其對土木之變後京營領導體制重建的影響〉，頁117-131。

宗樂見。成化三年四月，明憲宗重建十二團營後，令白圭改兵部尚書太子少保「不妨部事」與定襄伯郭登、太監裴皆為「提督」十二營操練，有事當公同計議。[86]成化十年（1474）十二月，白圭過世後，[87]十一年（1475）二月明憲宗令太子少保兼左都御史王越同理院事「不妨部事」兼提督十二團營操練。[88]值得注意的是，二人都加註「不妨部事」，表示以兵部或都察院的本職為主，團營事務為次，文臣兼管的層級更從兵部首長降級為都察院首長。

成化十三年（1477）八月，原兵部尚書項忠被罷職為民，照資歷是王越最有望升任兵部尚書，但明廷最終拔升陝西巡撫余子俊為兵部尚書。王越心生不滿，因而自陳職專都察院，恐誤團營事，奏請解除兼任提督團營，明憲宗不允。[89]十月，明憲宗為安撫王越，加兵部尚書銜。[90]王越的兵部尚書銜是加給的，主職仍在都察院且不管兵部事，其權位高度不及過去以兵部尚書主職管京營的于謙及白圭。這一體制的改變，使得京營指揮權在明代職官發展上有了新的啟發。

王越提督團營與過去文臣總督軍務或提督團營相近，但又有不同的特例。成化十六年（1480）正月，王越加提督軍務與監督軍務汪直、平虜將軍印充總兵官保國公朱永領京軍萬人赴延綏禦虜。[91]二

86 〔明〕劉吉等總裁，《明憲宗實錄》，卷41，頁841，成化三年四月癸丑條。

87 〔明〕劉吉等總裁，《明憲宗實錄》，卷136，頁2558-2559，成化十年十二月辛丑條。

88 〔明〕劉吉等總裁，《明憲宗實錄》，卷138，頁2592，成化十一年二月乙巳條。〔明〕王圻，《續文獻通考》（上海：上海古籍出版社，1995，《續修四庫全書》史部・政書類第761-767冊，據明萬曆三十年松江府刻本影印），卷88，〈職官考五・兵部堂屬・皇明〉，頁482。

89 〔明〕劉吉等總裁，《明憲宗實錄》，卷169，頁3058，成化十三年八月癸卯條。〔清〕張廷玉等總裁，《明史》，卷171，〈王越傳〉，頁4574。

90 〔明〕劉吉等總裁，《明憲宗實錄》，卷173，頁3131-3132，成化十三年十二月丙辰條。

91 〔明〕劉吉等總裁，《明憲宗實錄》，卷199，頁3494-3495，成化十六年正月丁酉條。

月，王越領導的京營、宣大聯軍在威寧海子獲得大捷，[92]王越因此獲封威寧伯世襲太子太保。因監察御史許進奏言：

> 本院職司風紀、責任匪輕，須得本官仍掌院事，愈見增重。乞照先年兵部尚書王驥、禮部尚書楊善事例，仍令本官兼職管事。……上命兼都御史掌印提督團營如故。[93]

王越本職為左都御史，是都察院的首長，現在卻以處理兵部與提督團營的事務為主，認為王越應如先前兵部、禮部尚書以部事為主，兼職處理團營。明憲宗命王越仍以提督團營為主，為專任的提督團營官。為何許進希望王越是兼掌，而王越跟王驥與楊善又有何不同？

關鍵在王驥、楊善的事例與王越不同，王世貞言：

> 京營兵馬例以公侯伯總督，而文臣或提督或協理；南京守備，例亦用公侯伯，而文臣稱參贊，其奏疏行移坐次，皆出其下。惟景泰初，于肅愍謙以少保、大司馬稱總督軍務，列武靖侯石亨上。王忠毅（王驥）以靖遠伯、大司馬，稱總督機務，坐守備寧遠伯任禮左。蓋以二公望重，故優寄之，後不爾也。[94]
>
> 天順中，楊善以禮部尚書改掌左軍都督府，成化中，王威寧越以左都御史改掌前軍都督府，仍總五軍營兵，提督團營操練。俱帶伯爵。[95]

---

[92] 〔明〕劉吉等總裁，《明憲宗實錄》，卷201，頁3523-3525，成化十六年三月丙戌條。

[93] 〔明〕劉吉等總裁，《明憲宗實錄》，卷201，頁3531-3532，成化十六年三月戊戌條。

[94] 〔明〕王世貞撰，《弇山堂別集》，卷8，〈皇明異典述四・三兩京文臣總督〉，頁153。

[95] 〔明〕王世貞撰，《弇山堂別集》，卷9，〈皇明異典述四・文臣理武職〉，頁159。

《明史》亦載：

> 明制，文臣不得封公侯。越從勳臣例，改掌前軍都督府，總五軍營兵，督團營如故。自是真為武人，且望侯矣。[96]

《明憲宗實錄》所載較簡略，難以清楚其意，而後的史料中可看到王越提督團營職位的內在轉換。祖制之下，只有勳臣可統領京營，從于謙開始破例，于謙是透過加官銜與宮銜始可位列勳臣之上，王驥雖加靖遠伯，二人本職仍是文臣。而楊善封伯，以禮部尚書改掌左軍都督府，是文臣轉武職典軍。王越先是文臣的身分，以太子少保兵部尚書都察院左都御史提督團營操練，而後轉武職，即不再有兵部尚書銜，以太子太保威寧伯都察院左都御史掌前軍都督府、總五軍營兵、提督團營操練。王越的文武職銜位次互換，以不完全違反祖制的方式來總領三大營，先後以文臣與勳臣的身分提督團營，是極端的特例。

王越多數時間領團營在外協防邊境，鮮少論及京師內的團營管理。至成化朝晚期，團營最嚴重的問題是兵額不足。如成化十九年八月，明憲宗命太監懷恩、戶部尚書余子俊閱視團營，發現官兵目前逃跑或亡故者有一萬五千二百六十人，馬匹倒死一萬六千二百六十三，加上調往宣大等邊境協防的二萬三千餘京軍，兵額缺耗急需填補。[97]

因此，朝中開始有議請文臣提督團營，以填補王越不在北京時管理團營政務。弘治元年（1488）六月，明廷令都察院左都御史馬文升（1426-1510）提督團營操練。其事起於鴻臚寺右少卿李鐩奏：

> 京營操練舊以文武大臣協同提督，頃年以來止用武職總兵，而文臣不與。乞於文職大臣內簡命一員往任其事，或遇有警，即

[96] 〔清〕張廷玉等總裁，《明史》，卷171，〈王越傳〉，頁4575。

[97] 〔明〕劉吉等總裁，《明憲宗實錄》，卷243，頁4113-4115，成化十九年八月乙亥條。

同征剿。則文武相資，而戎務有備矣。

事下廷議，列銜以請。

上命文升蒞其事，賜之勑曰：朕惟國家費糧餉以養軍士，無非為衛國安民之計。先因五軍、三千、神機三大營官軍，有名無實，役占數多，曾命內外官員會同清理。揀選精壯官軍十二萬，分為十二營操練，每營用內外官各一員坐營管操。……軍士缺伍，聽於三大營選撥，其三大營太監、總兵官仍自照舊操練所留官軍，以壯威武。每月兩次，赴十二營與爾等會操試驗。遇有調發，公同計議，不得自分彼此。[98]

從李鐩的奏言，可見他已將王越列為武職看待，故於新帝即位後奏請再設文臣提督團營。從明孝宗的勑諭中，可知除了三大營沒有設置文臣外，三大營與團營有各自獨立的指揮體系。二者每月要一起操練兩次，遇事更要公同計議，說明三大營與團營是互不統屬的對等單位。

弘治二年（1489）二月，兵部尚書余子俊卒，明廷陞都察院左都御史馬文升為兵部尚書仍提督團營操練。[99]據嘉靖朝工部尚書雷禮編纂的《國朝列卿紀》中〈兵部提督團營後改協理戎政年表〉及萬曆朝陝西布政司參議王圻《續文獻通考》，皆載自馬文升後的劉大夏起，到嘉靖朝設立協理京營戎政前，皆是兵部尚書不妨部事提督團營。[100]提督團營雖不比于謙的總督軍務權大，但兵部對京營與團營的控制權，在弘治朝後重新提高，再度開啟兵部尚書提督團營的時代。

---

98 〔明〕李東陽等總裁，《明孝宗實錄》，卷15，頁376-378，弘治元年六月戊申條。

99 〔明〕李東陽等總裁，《明孝宗實錄》，卷23，頁536，弘治二年二月乙卯條。

100 〔明〕王圻，《續文獻通考》，卷88，〈職官考五・兵部堂屬・皇明〉，頁482。〔明〕雷禮纂輯，《國朝列卿紀》，卷54，〈兵部提督團營後改協理戎政年表〉，頁119-121。

（四）總督團營與提督團營之辨

檢閱明代政書、私史與清修《明史》（表2-2），「團營」成立的時間在正統十四年、景泰元年間，並以于謙為首任「提督團營」或是、「提督」、「統督軍務」。然在《明英宗實錄》中，于謙的職位始終是兵部尚書「總督軍務」，沒有出現「提督團營」的字句，這是為什麼？

表2-2　提督團營創設記載

歷史時間	記載	出處
正統十四年	正統十四年始設**提督團營**，以兵部尚書或左都御史兼領之。	《國朝典彙》
	提督團營初總於世勳宿將，自正統十四年土木之變，命兵部尚書于謙不妨部事**統督軍務**。	《國朝列卿紀》 《續文獻通考》
景泰元年	景泰初選三大營精銳官軍，分立十營團操衍，命本部尚書或都御史一同**提督**。	〔正德〕 《大明會典》
	景泰元年始設**提督團營**，命兵部尚書于謙兼領之，後罷。	《明史》
	凡督理戎政等官。景泰初年，選精兵團練，以兵部尚書或都御史領之。弘治元年，以都御史**提督**，領敕行事。後以兵部尚書兼提督。	〔萬曆〕 《大明會典》

資料來源：〔正德〕《大明會典》，卷111，〈兵部六・團營〉，頁488。〔萬曆〕《大明會典》，卷134，〈營操・京營・營政通例〉，頁360。〔明〕雷禮纂輯，《國朝列卿紀》，卷46，〈兵部序〉，頁730。〔明〕王圻，《續文獻通考》（上海：上海古籍出版社，1995，《續修四庫全書》史部・政書類，第761-767冊，據明萬曆三十年松江府刻本影印），卷88，〈職官考五・兵部堂屬・皇明〉，頁482。〔明〕徐學聚，《國朝典彙》，卷35，〈官制・兵部〉，頁129。〔清〕張廷玉等總裁，《明史》，卷72，〈職官一・兵部附協理京營戎政〉，頁1754。

于謙的冤罪到成化朝才逐漸平反，至弘治二年十二月明孝宗為于謙立祠，加贈光祿大夫柱國、諡忠愍。[101]于謙的歷史定位正式由逆轉忠，提督團營制度也步入兵部尚書兼任的穩定設置，加上弘治朝開始編纂〔正德〕《大明會典》，後代史書承其史觀。因此，即使于謙在景泰朝始終是「總督軍務」管理團營，從未獲明景帝任命「提督團營」，且「提督」位階不如「總督」之高，後人仍追認于謙是首任「提督團營」。而于謙到馬文升之間曾提督團營的羅通、王竑、白圭、王越，雖有職銜與文武臣身分各異，為明廷在團營創制前期的摸索階段，後來亦列為文臣提督團營。故于謙總督軍務的史事湮沒，而以提督團營方式追認其功績。

第二節　提督團營專任與常設化的議論

弘治朝後，明廷以兵部尚書兼任提督團營，以兵部事優先，次及團營，不是專任官。但從于謙起的事例，提督團營須定期進入團營檢閱操練或核對兵額、糧餉、器具等，不是僅有處理行政文書，這對掌管全國軍政事務的兵部尚書並非輕鬆的工作。弘治十五年（1502）八月，工部左侍郎李鐩疏言團營事重，若以各部掌印官自有職任難於兼理，請專委任一員，明孝宗不允，仍命兵部尚書劉大夏（1436－1516）兼理。[102]承平時期，兵部尚書或仍有餘力兼掌提督團營，但戰爭時期呢？

弘治十八年（1505）五月，韃靼小王子進犯宣府鎮，戰線綿延二十餘里，宣府巡撫李進（？-1512）、宣府總兵官張俊（？-1519）退

[101] 〔明〕李東陽等總裁，《明孝宗實錄》，卷33，頁722-723，弘治二年十二月辛卯條。

[102] 〔明〕李東陽等總裁，《明孝宗實錄》，卷190，頁3499-3500，弘治十五年八月庚子朔條。

守萬全右衛城。該役明軍陣亡二千一百六十五人、傷一千一百五十六人、失馬六千五百餘匹，被擄掠人口物資不計。時人謂正統己巳兵禍以後，明軍所未有的重大敗仗。[103]張俊隨即請京軍支援，明武宗（1491-1521）先令都指揮陳雄、張澄俱充右參將，限三日內各率京營兵二千人出征；後再加命都督李俊、神英充參將，各領兵二千馳往。[104]太監苗逵等奏應增加援軍，明武宗最終令兵部檢團營二萬人往援。[105]六月，明武宗勑兵部尚書劉大夏、英國公張懋（1441-1515）及科道各一人清查團營官軍，選其精銳，嚴加訓練以俟調用。[106]

團營最終並未前往宣府鎮，因為正當明廷調兵遣將時，韃靼已自行退兵。監察御史李廷光表示京營出兵征勦整點數日（實際上已動員二個月），仍無法備齊出兵，請勑責兵部尚書劉大夏先行規劃防禦政策，令英國公張懋清查京營官軍。明武宗表示已諭令二人，李廷光亦可一同查核，但李廷光不久後過世。[107]七月，明武宗命張懋、劉大夏簡閱十二營，奏報見操官軍精銳六萬五百七十四人，分為五營，各以把總指揮二十人；稍弱者二萬五千三百四十六人，各存原伍一體操練；不堪者二百八十三人發回次撥，明武宗諭二人用心督練。[108]此時團營僅有六萬餘人，對比景泰八年團營十五萬之數，五十年不到的時間只剩三分之一多。

弘治十八年七月，兵部尚書劉大夏疏言兵部事叢冗恐誤營務，請

103 〔明〕費宏等總裁，《明武宗實錄》（臺北：中央研究院歷史語言研究所，1984，據中央研究院歷史語言研究所民國五十一年[1962]刊本縮編），卷1，頁28-30，弘治十八年五月戊申條。

104 〔明〕費宏等總裁，《明武宗實錄》，卷1，頁30，弘治十八年五月戊申條。

105 〔明〕費宏等總裁，《明武宗實錄》，卷1，頁31-32，弘治十八年五月庚戌條；卷1，頁34-35，弘治十八年五月壬子條。

106 〔明〕費宏等總裁，《明武宗實錄》，卷2，頁38，弘治十八年六月乙卯條。

107 〔明〕費宏等總裁，《明武宗實錄》，卷2，頁64-65，弘治十八年六月甲子條。

108 〔明〕費宏等總裁，《明武宗實錄》，卷3，頁87-88，弘治十八年七月甲申朔條。

如景泰事例添官提督，明武宗同意，令戶部左侍郎許進改兵部左侍郎同劉大夏提督團營操練。[109]劉大夏此處奏言的事例，是指景泰二年羅通協贊提督軍務，作為總督軍務于謙的副手，[110]即提督團營有正副官並存。許進到職後，再以惠安伯張偉協同提督團營操練。[111]

明武宗下令清查團營兵額數目缺少的問題，但真的查出問題時又該如何解決？弘治十八年十一月，禮科給事中葛嵩等奉勑閱十二營與三大營官軍揀選狀況，要求不得假執事名目隱占役使。惠安伯張偉奏三大營所屬乃專為護駕禁兵以及中軍、五面神旗俱乞免揀選。兵部上言已有聖旨令旗下官軍送操，三大營官兵經科道官閱畢後存留本營操練不得私役。葛嵩再請神旗下執事官軍只留二百員名於本營供事，其餘撥至團營，明武宗同意。然而，保國公朱暉、豐城侯李璽等再上言各司執事官軍額設四千零六十八名，是專為聖駕及四時節序儀典之用，如只留五分之一，恐臨期缺用，要求皆存留不調撥團營。兵部、科道官與勳臣之間為了儀衛部隊是否調用團營而爭論不下，彼此相互參劾。明武宗最後同意勳臣的要求，隱占執事官軍姑置不問。[112]勳臣藉口舊制反對兵部與科道官清查隱占，文臣缺少明武宗的支持，對隱占之事也有心無力。

劉大夏請設提督團營的副手時，除了動員團營出征的繁忙業務外，他已高齡六十九歲，顯示其年力或難以負荷需要進入京營檢閱的需求。與此同時，多一位兵部文臣介入京營，勢必擾動文臣、勳臣、內臣的權力分配。劉大夏清理隱占兵額引起勳臣反對，他覆議撤四方鎮守中官非額設者，又奏減皇城、京城守視中官，也成為內臣的眼中

[109] 〔明〕費宏等總裁，《明武宗實錄》，卷3，頁91，弘治十八年七月戊子條。
[110] 〔明〕陳文等總裁，《明英宗實錄》，卷211，頁4541，景泰二年十二月丙子條。
[111] 〔明〕費宏等總裁，《明武宗實錄》，卷3，頁109，弘治十八年七月丁未條。
[112] 〔明〕費宏等總裁，《明武宗實錄》，卷7，頁220-222，弘治十八年十一月庚寅條。〔清〕張廷玉等總裁，《明史》，卷89，〈兵一・京營〉，頁2178。

釘。明武宗最初都同意劉大夏的改革建言，但隨著勳臣與內臣的反對，又取消改革。劉大夏認為自己的建言都不被取用，便屢次以年老疏辭，終於正德元年（1506）五月致仕。[113]隨後，陞兵部左侍郎許進為兵部尚書仍兼提督團營，[114]提督團營副手同時取消。

明武宗對團營事務的消極，主要在於其目光已從團營轉向新的單位。正德元年三月，兵科都給事中艾洪奏言團營支援的大同鎮戰役中，邊軍列前多被殺傷，團營在後記功得利，如此將士何以用命？[115]因此，明武宗於從團營官軍中選出二萬四千人，建立東官廳，令惠安伯張偉督同坐營都督李俊、署都指揮同知許泰、都指揮張澄、劉祥操練。[116]如此一來，團營降為後備役，更可以合理調取做工。兵部尚書許進言團營不是為營造而立，應回歸作戰部隊本質，又奏內監役京軍，守皇城內侍橫索月錢諸弊。但明武宗寵信太監劉瑾，許進多處與委蛇，期待明武宗聽取建議，無奈不聽，八月被調往吏部。[117]

面對韃靼入侵、河北民變、寧王叛變等戰亂，明武宗不斷設置新的京軍單位以調用出征。繼正德元年的東官廳之後，正德七年（1512）以遼東、宣府、大同、延綏四鎮入衛兵三千人留於京營，號「外四家」，與團營三千兵輪調操練。正德九年（1514），選團營六千兵，以及禁軍四衛營、勇士營各選三千兵，合計一萬二千兵，成立西官廳。[118]而這些新設立的單位，都用邊將、勳臣、宦官為提調或提

---

113 〔明〕費宏等總裁，《明武宗實錄》，卷7，頁214-217，弘治十八年十一月乙酉條；卷9，頁280-281，正德元年正月戊戌條；卷13，頁404，正德元年五月丙申條。〔清〕張廷玉等總裁，《明史》，卷182，〈劉大夏傳〉，頁4847-4848。

114 〔明〕費宏等總裁，《明武宗實錄》，卷13，頁415，正德元年五月丙午條。

115 〔明〕費宏等總裁，《明武宗實錄》，卷11，頁344-345，正德元年三月乙酉條。

116 〔明〕費宏等總裁，《明武宗實錄》，卷11，頁347，正德元年三月丙戌條。

117 〔明〕費宏等總裁，《明武宗實錄》，卷15，頁455-458，正德元年七月甲申條；卷16，頁490-491，正德元年八月乙丑條。〔清〕張廷玉等總裁，《明史》，卷186，〈許進傳〉，頁4925。

118 英國公張懋奏奮武營將臺迤西空地造官廳為操練申令之所，後名西官廳。

督軍務，使兵部文臣在京營中的地位大幅下降。

明武宗不信任團營戰力，改寵信勳臣與宦官，大量調取邊鎮兵之時，兵部仍試圖重整團營，以維繫衛戍北京的根本武力。正德十年（1515）閏四月，明廷改戶部尚書王瓊（1459-1532）為兵部尚書提督團營。[119]正德十一年（1516），工科給事中翟瓚奏請添提督以鎮軍旅、慎選舉以備將材、重伍兵以謹團練、禁役占以實營伍四事，王瓊議請聖裁，四月二十四日，聖旨：提督官不必添設，餘如議。王瓊在奏疏中言：

> 查照景泰、天順、成化等年事例，添設或尚書侍郎都御史一員為總提督，常川在營會同操練，不妨以他務，不奪以他官，無非欲委任專一整飭軍旅之意。[120]

建請應有專員「總提督」團營，除照往例該員須時常入營督導操練，才能發現與持續處理營中問題，更有恢復于謙「總督軍務」權限的試探，但最後明武宗要兵部尚書兼管即可，不願另設文官提督京營。

嘉靖初期，朝臣疏請設置專任提督團營官。嘉靖二年（1523）三月，兵部尚書彭澤以衰老不能兼理為由，[121]請命大臣一人專掌團營，明世宗（1507-1567）命兼領營務不必辭。[122]嘉靖六年（1527）十

〔明〕費宏等總裁，《明武宗實錄》，卷101，頁2093，正德八年六月壬寅條。方志遠，《明代國家權力結構及運行機制》，頁198。

119 〔明〕費宏等總裁，《明武宗實錄》，卷124，頁2492，正德十年閏四月己卯條；卷125，頁2499，正德十年五月丁亥朔條。

120 〔明〕王瓊，《晉溪本兵敷奏》（上海：上海古籍出版社，2002，《續修四庫全書》史部・詔令奏議類，第59冊，據北京圖書館藏明嘉靖二十三年廖希顏刻本影印），卷1，〈為審大計以重本兵疏〉，頁575-578。

121 彭澤由致仕中重新啟用為太子太保兵部尚書都察院左都御史兼提督團營。〔明〕張居正等總裁，《明世宗實錄》，卷2，頁94，正德十六年五月甲子條；卷6，頁245，正德十六年九月丙辰條。

122 〔明〕張居正等總裁，《明世宗實錄》，卷24，頁696，嘉靖二年三月癸亥條。

二月，明世宗主動提起整理團營，令大學士楊一清（1454-1530）著手。楊一清覆陳整理團營的六事，首項即強調兵部尚書職重事繁不應兼掌營務，請專設都御史為提督。後五事則為擇取將領、慎選戰鋒、嚴訓練、禁止私役、查處京營馬匹等細節。明世宗令兵部如議速行。[123]同月，兵部尚書王時中會舉提督兩廣新建伯南京兵部尚書王守仁、提督陝西三邊軍務太子太保兵部尚書王憲與兵部左侍郎伍文定，明世宗認為兩廣與甘肅戰事尚未平息，二人不可召回。最後改太子少保刑部尚書李承勛為兵部尚書兼都察院左都御史加太子太保提督團營軍務。[124]

在楊一清與明世宗的私下對話中，可看到為何要提督專官及衙門隸屬的問題。楊一清最初希望李承勛比照王越之例，其言：

> 若以在部任事之臣兼之，終是委任不專，難責成效。如成化年間，王越以右都御史，後升左都御史提督軍務，仍協管院事。蓋以協管院事為名，使其官有歸著，其實專督營務也。[125]

左都御史是都察院的首長，但王越只是名義上的都察院掌印官，實際上是專管團營。同時期都察院有二位左都御史，王越另有宮銜太子少保，故明武宗再加太子太保給李賓，令李賓位高於王越，不會有一院二首長的問題發生。[126]

---

[123] 〔明〕張居正等總裁，《明世宗實錄》，卷83，頁1873-1876，嘉靖六年十二月己未條。

[124] 此處載李承勛由太子少保再加為太子少保，然對照後來宮銜的議論與明實錄記載，應是加為太子太保。〔明〕張居正等總裁，《明世宗實錄》，卷83，頁1884-1885，嘉靖六年十二月丁卯條。

[125] 〔明〕楊一清撰，唐景紳、謝玉傑點校，《楊一清集》（北京：中華書局，2001），《密諭錄》，卷5，〈政諭上・論推用提督團營文臣奏對〉，頁1003-1004。

[126] 〔明〕劉吉等總裁，《明憲宗實錄》，卷138，頁2592，成化十一年二月乙巳條。

以單一都察院職位提督團營較單純，但當提督團營同時有兵部尚書及都察院御史銜時，究竟該定位於哪一個衙門的官員？楊一清言：

> 今六卿分職，並都察院，俱以見任掌印者為重。承勛吏部改刑部，若令以兵部尚書兼右都御史提督固善，然不知歸著於何衙門？若在兵部掌印，則仍蹈舊轍，顧此失彼。如止帶兵部之銜，則是一空閑官員，略似有抑。查得成化年間王越以太子太保兵部尚書兼左都御史掌管都察院事，兼提督團營軍務。今宜照此例，將李承勛改兵部尚書兼左都御史本院掌印，不妨院事，兼改提督團營軍務，如此則委任專而事體重矣。……承勛赴營操練之日，凡朝參奏事及在院陞堂放排等事，俱佐貳官代行，如張璁署掌都察院之例。況管操止在巳時（上午九點至十一點）以前，操散，赴院了事，可也。[127]

李承勛擁有部院雙重職銜後，本職歸屬都察院，如此可兼顧事權與衙門隸屬定位。提督團營官每日都要在上午九點至十一點間，進入團營檢閱操練，結束後再回都察院辦公。

嘉靖七年（1528）正月新年祭祀時，明世宗發現李承勛的行走與班次都在禮部尚書兼文淵閣大學士張璁（張孚敬，1475-1539）與吏部尚書兼翰林院學士桂萼（？-1531）之上。明世宗因而不悅的問楊一清原因，楊一清覆言因李承勛獲賜太子太保，位列從一品，張璁、桂萼的尚書身分只得正二品。按二人的資歷之高，卻居於實際都察院掌印官之下，確實不妥，建議加張璁、桂萼一品散官，使其地位與李承勛平等。[128]初十

[127] 〔明〕楊一清撰，《楊一清集》，《密諭錄》，卷5，〈政諭上・再論推用提督團營文臣奏對〉，頁1004-1005。

[128] 〔明〕張居正等總裁，《明世宗實錄》，卷84，頁1892-1893，嘉靖七年正月己卯條。〔明〕楊一清撰，《楊一清集》，《密諭錄》，卷5，〈政諭上・論崇禮大臣本〉，頁1014-1015。

日，明世宗手勑加桂蕚太子太保，再加張璁少保兼太子太保。[129]明世宗最初照前例專設提督團營，但未確實考量其與朝臣間的權位高低，故在此時進行調整，令李承勛不會成為朝中實質最高的地位。

明世宗的即位經歷外藩入繼與大禮議等政治風波，對京營將官除適用才任外，更有出身與政治背景的考量。如嘉靖六年（1527）十二月七日，廷議推舉新任提督團營內臣，有兩名候選名單，一是大學士楊一清薦舉的張永，其在正德駕崩後，提督京城九門防變。[130]另一位是明世宗未登極以前，服侍於潛邸的馬俊。馬俊雖跟明世宗較為親近，但他不識字也不擅長於軍務，且明世宗意識到「凡今各衙門事，多被隨朕來京之人壞了。彼皆不自知悟，反怨朝廷。」[131]依附新帝而陞官的人可能與前朝舊臣有行事磨擦，容易引起非議。最後以張永掌御馬監印，提督團營兼管神機營操練。

明世宗命楊一清整理團營，令李承勛與張永作為執行者，短時間內提出報告。嘉靖七年正月，張永清查十二團營原額官軍應為十一萬七千餘人，今存五萬四千四百餘、原額馬十五萬二百餘匹，今存一萬九千三百餘匹。今存兵馬包含病弱不可用者，盡速清勾補汰，明世宗令兵部依議行。[132]四月，李承勛回報團營軍額選補驗送已有七萬七千餘人，加上外衛班操共可得十一萬。[133]十二月，提督團營太監張永暴

---

129 〔明〕張居正等總裁，《明世宗實錄》，卷84，頁1894，嘉靖七年正月癸未條。

130 張永，京師保定府新城人，正德朝歷任掌三千營兼管三千哨馬營、管神機營并提督十二團營，經寧夏寘鐇之變、剿平劉瑾、宸濠之變等事，武宗駕崩後鎮守京城九門防變。〔明〕張居正等總裁，《明世宗實錄》，卷83，頁1862，嘉靖六年十二月庚戌條。〔明〕楊一清著，《楊一清集》，《密諭錄》，卷5，〈政諭上・論起用舊臣奏對〉，頁1001-1003。

131 〔明〕張居正等總裁，《明世宗實錄》，卷83，頁1862，嘉靖六年十二月庚戌條。

132 〔明〕張居正等總裁，《明世宗實錄》，卷84，頁1899，嘉靖七年正月辛卯條。

133 〔明〕張居正等總裁，《明世宗實錄》，卷87，頁1976-1977，嘉靖七年四月戊午條。

斃，桂萼懷疑是武定侯郭勛（？-1542）所為，楊一清不斷鼓動明世宗將郭勛排除在京營之外，以利團營整理。嘉靖八年（1529）二月，明世宗罷郭勛典兵及保傅官銜，令於中府帶俸閒住。[134]

嘉靖八年正月，兵部尚書胡世寧致仕後，明世宗於二月令李承勛回兵部管事，李承勛因此辭去都察院御史銜。[135]此時，李承勛的兵部尚書不再是虛銜，而是實質的掌印官，從隸屬都察院轉陞入兵部。四月，他奏言團營今方裁革冗員，似不必專官，或可如正德朝許進以兵部侍郎提督團營仍管部事。明世宗同意取消專任提督團營，令他不妨部事兼提督團營。[136]嘉靖九年（1530）十月，明廷陞都察院右都御史汪鋐為兵部尚書仍兼右都御史提督團營軍務。[137]明廷不僅取消專任提督團營官，更將其隸屬從兵部調回都察院。

嘉靖朝時期，明廷用兵部文臣兼都察院御史銜出任提督或總督邊鎮已非常頻繁，但往往遇事才啟動選任機制，沒有預先儲備人選。嘉靖十年（1531）五月，兵科給事中王璣提出應儲備人選，其言：

> 兵部舊設兩尚書，一掌部事，一提督團營。今以都御史兼團營，分憲臺之重，宜更推一尚書，尚曾專督之。有事則奉命行邊，無事則三年一往經略邊務。[138]

認為兵部尚書提督團營是隸屬兵部而非都察院，明世宗詔團營官兼督

---

134 祁向文、胡克誠，〈楊一清與嘉靖朝清理團營風波〉，《蘭臺世界》，6（瀋陽，2013.2），頁104-105。

135 〔明〕張居正等總裁，《明世宗實錄》，卷98，頁2296，嘉靖八年二月癸酉條。

136 〔明〕張居正等總裁，《明世宗實錄》，卷100，頁2368，嘉靖八年四月癸酉條。

137 〔明〕張居正等總裁，《明世宗實錄》，卷118，頁2814，嘉靖九年十月癸酉條。

138 〔明〕張居正等總裁，《明世宗實錄》，卷125，頁2998-2999，嘉靖十年五月戊戌條。

如故，餘如議行。要研判提督團營是否兼任與隸屬兵部還是都察院，須檢視身負部院職銜的順序，以及部院是否有另一位掌印正官。

而後，提督團營的專設時置時罷。嘉靖十二年（1533）正月，巡按直隸御史聞人銓以團營必須支援邊鎮作戰，請專設提督團營督導營務，明世宗令兵部詳議，兵部覆議現有編組不應輕動，不專設提督團營。[139]十三年（1534）二月，兵科都給事中曾忭以邊警屢報，兵部尚書王憲難以兼攝防虜與團營，請專設提督團營，令王憲可專心部事。兵部復議後，明世宗同意，陞都察院左都御史王廷相為兵部尚書兼都察院左都御史提督團營仍掌院事，[140]此時王廷相本職隸屬都察院。至二十年（1541）九月，王廷相因罪罷職為民。[141]明廷改太子太保南京戶部尚書劉天和（1485-1545）為兵部尚書提督團營軍務，[142]此時劉天和未加都察院御史銜，籍隸兵部。

嘉靖二十一年（1542）八月，吏科給事中周怡論劾戶部尚書李如圭、兵部尚書張瓚（1473-1542）及提督團營兵部尚書劉天和各不職，指時年五十七歲的劉天和年垂衰暮，理宜優閒付之。明世宗令劉天和自陳，劉天和便乞休致獲允。[143]九月，兵部尚書張瓚奏請推補提督團營官，明世宗以提督官非祖宗舊制，不必推補，令張瓚兼督。[144]連續二任專任提督團營官至此又取消，以籍隸兵部的兵部尚書張瓚兼

139 〔明〕張居正等總裁，《明世宗實錄》，卷146，頁3386-3390，嘉靖十二年正月戊辰條。

140 〔明〕張居正等總裁，《明世宗實錄》，卷159，頁3560-3563，嘉靖十三年二月癸酉條。

141 〔明〕張居正等總裁，《明世宗實錄》，卷253，頁5077-5080，嘉靖二十年九月乙未條。

142 〔明〕張居正等總裁，《明世宗實錄》，卷253，頁5086，嘉靖二十年九月己亥條。

143 〔明〕張居正等總裁，《明世宗實錄》，卷265，頁5261-5262，嘉靖二十一年八月辛丑條。

144 〔明〕張居正等總裁，《明世宗實錄》，卷266，頁5268，嘉靖二十一年九月甲寅條。

理。十月，張瓚卒。[145]十一月，明廷改掌都察院事兵部尚書毛伯溫為兵部尚書不妨部事提督團營。[146]

嘉靖二十三年（1544）秋，順天巡撫朱方以防秋畢請撤客兵，結果韃靼小王子趁機進攻宣府鎮萬全右衛，一路往南攻掠蔚州、完縣，京師戒嚴。明世宗大怒，杖斃宣大總督翟鵬，削毛伯溫籍為民，杖罪八十，戍極邊。[147]十一月，命兵部尚書戴金不妨部事提督團營軍務。[148]同月，給事中徐養正、何光裕建請專設提督團營大臣以整建團營，但明世宗令不必添設。[149]

嘉靖二十八年（1549）六月，兵科給事中張廷槐奏言：

> 先年團營提督專設尚書，邇來或廢或置或兼以本兵，本兵部事既劇，營務復繁，勢必顧此失彼。則團營專官之設似不容已，請擇廷臣有才望者任之。……疏下兵部，因攷上歷年提督廢置之詳。上謂：「先年專設提督文臣，未見有裨營務，仍令本兵兼理，不必增置。」[150]

這是庚戌之變前最後一次科道官積極奏請專設提督團營，其顧慮在於兼任者雖有提出勘驗後應解決的問題，但任期不定、兼任、置廢反

---

145 〔明〕張居正等總裁，《明世宗實錄》，卷267，頁5290，嘉靖二十一年十月丙午條。

146 〔明〕張居正等總裁，《明世宗實錄》，卷268，頁5298-5299，嘉靖二十一年十一月壬申條。

147 〔明〕張居正等總裁，《明世宗實錄》，卷291，頁5592-5593，嘉靖二十三年十月乙酉條。〔清〕張廷玉等總裁，《明史》，卷18，〈世宗本紀〉，頁236；卷198，〈毛伯溫傳〉，頁5242。

148 〔明〕張居正等總裁，《明世宗實錄》，卷292，頁5600，嘉靖二十三年十一月壬寅條。

149 〔明〕張居正等總裁，《明世宗實錄》，卷292，頁5605，嘉靖二十三年十一月乙卯條。

150 〔明〕張居正等總裁，《明世宗實錄》，卷349，頁6318-6319，嘉靖二十八年六月戊申條。

覆，實際上難以長時間督導完成改革。然而，明世宗此時並不想徹底解決京營兵額缺乏、隱占、挪移做工以致毫無戰力的問題。

設置專任提督團營官的議論，從景泰朝到嘉靖朝持續不斷。期間，或由提督團營官，或由科道官奏請設置，但除非真的遇到邊境戰爭危及，明廷多不願設置專官。但在置廢的過程中，明廷對於提督團營的品秩、衙門隸屬逐漸清晰固定化。到嘉靖朝，曾經專任者僅三人，李承勛、王廷相籍隸都察院，劉天和籍隸兵部。兼任者只有汪鋐籍隸都察院，其他皆籍隸兵部，從劉天和以後的張瓚、毛伯溫、戴金、唐龍、路迎、陳經、王以旂、趙廷瑞、翁萬達、丁汝夔都固定以兵部尚書兼任。[151]

第三節　勳臣對提督團營的爭權

一、文武臣衝突

于謙在北京保衛戰的表現，讓明朝轉危為安，惟其掌握軍政大權與接連封賞，埋下了日後政治鬥爭的種子。于謙身負多重身分，既是兵部尚書更是總督軍務，可號令三大營、團營、入衛軍與全國兵馬。位高權重容易引起衝突，于謙也有自知之明，景泰朝數度請辭免少保與總督之命，但明景帝不許。兵科都給事中蘇霖奏言：「臣竊見于謙平日軍務悉憑節制，自總兵而下，莫不箝口結舌以依從，俛首帖耳以聽服。」[152]于謙以總督軍務侵奪原屬勳臣管轄的京營事務，無論在三

[151] 〔明〕張居正等總裁，《明世宗實錄》，卷298，頁5676，嘉靖二十四年四月戊戌條；卷306，頁5778，嘉靖二十四年十二月甲辰條；卷313，頁5854，嘉靖二十五年七月己未條；卷327，頁6033，嘉靖二十六年九月丙辰條；卷333，頁6112-6113，嘉靖二十七年二月戊辰條。張德信編著，《明代職官年表》，頁557-585。

[152] 〔明〕陳文等總裁，《明英宗實錄》，卷238，頁5182-5183，景泰五年二

大營或團營中，位階高於勳臣，勳臣的不滿與反撲伺機而動。

文臣與勳臣的衝突，包含人事任命權、訓練權責歸屬、陋習矯正等問題。如景泰五年（1454）三月，神機營操練點名，官軍有六千餘人未到，十團營也有四千八百餘人未到，于謙劾各營把總管隊官縱放之罪。明景帝以邊警屢傳，暫時寬宥不治，限四月內俱赴操，如仍不到則連罪處置。[153]景泰六年（1455）三月，協贊提督軍務右都御史羅通以前旨令公侯伯操練，鎮遠伯顧興祖、崇信伯費釗、建平伯高遠、會昌伯孫繼宗皆赴教場操習，但仍有如魏國公徐承宗家居酒色博奕、不習弓馬，明景帝寬宥不治。[154]文臣將三大營或團營管理不善的原因究責於勳臣，但皇帝寬縱勳臣，埋下文臣與勳臣的對立，又無法解決舊習陋規。

文臣介入京營、團營的管理，除有法治與舊習的衝突，甚至有管理階層彼此勢如水火的情況。如嘉靖七年正月，明世宗至南郊大祀，團營扈蹕將士居然多數沒有隨扈，兵部尚書提督團營李承勛與提督三千、神機二營兼掌十二團營太監張永要求徹查追究，提督團營武定侯郭勛反對，經明世宗裁奪，革任把總湯清等管隊官。稍後，又發生管隊官被把總官打罵，張永懷疑把總毆打管隊是因為科歛不遂，郭勛反駁把總本來就可用打罵管教下屬，且張永也未提出科歛證據，二人遂起口角。李承勛指出張永多次進入營中重申嚴禁將官科歛，郭勛認為張永在譏諷他，李承勛居中協調未果。認為二人絕難同處，奏請調走其中一人以維持營務，惟明世宗仍要求三人協心辦事。[155]

此事餘波不斷，先前革任的提督管隊等官，照例要立即選補，

月壬辰條。

153 〔明〕陳文等總裁，《明英宗實錄》，卷239，頁5219-5220，景泰五年三月壬申條。

154 〔明〕陳文等總裁，《明英宗實錄》，卷251，頁5429，景泰六年三月辛亥條。

155 〔明〕李承勛，《少保李康惠公奏草》（臺北：中央研究院傅斯年圖書館藏明嘉靖二十三年[1544]嘉惠堂八千卷樓丁氏藏書刊本），卷12，〈糾舉・論糾勳臣疏〉，頁15a-16a。

但郭勛有意庇護湯清等人，故意不補缺，任許多軍官職位懸缺近一年。嘉靖七年十二月，郭勛奏請為湯清等人復職，甚至出言挑釁李承勛。[156]李承勛二度上疏請辭，疏中說明身為提督團營官，居然常受武將參劾，實傷君恩憲體，令其毫無尊嚴。[157]且郭勛又以此參劾承勛上欺朝廷、下欺同僚，挑撥吏部尚書桂萼與李承勛的選人經過。李承勛疏言：「臣受任以來，每以興起廢弛禁革姦弊為職，彼則以循襲為舊規，以整頓為生事，議論不合，積不能平。」[158]顯示郭勛的言行令李承勛、張永難以與其共事。明世宗先安撫郭勛與李承勛，令二人以公務優先，不要一直奏牘彼此不是。[159]

這起事件讓明世宗十分煩惱，更與楊一清討論是否該更換郭勛。楊一清言：「夫戎政之舉，雖有內臣、文武相兼提督，而其本則在主將，古人所謂責在元帥是也。」[160]認為勳臣應是能夠協調的最高權責人，但郭勛已然不適任，建請撤換，惟明世宗仍難以決定。

嘉靖八年二月，郭勛被告發不法收取賄賂達萬兩，甚至收取知州金輅的賄賂。金輅因罪遣隆慶衛充軍，郭勛居然遣人劫囚，完全目無法紀。明世宗要內閣票擬處分方式，閣臣顧慮郭勛權勢而不敢執行，仍請明世宗裁奪。郭勛所恃者為大禮議時期與大學士張璁、禮部尚書霍韜（1488-1541）等人一同支持明世宗，故深受寵信。廷議時，霍韜甚至認為郭勛曾在大禮議時期支持他們，故即使違法與才能不足也要偏袒支持，責問桂萼為何不協助指責李承勛。桂萼覆言李承勛與張永是認真為國家做事，不可因袒護郭勛而不顧國家，霍韜遂無言以

[156] 〔清〕張廷玉等總裁，《明史》，卷199，〈李承勛傳〉，頁5263-5266。

[157] 〔明〕李承勛，《少保李康惠公奏草》，卷13，〈辭謝・辭總憲疏〉，頁7b-8b。

[158] 〔明〕李承勛，《少保李康惠公奏草》，卷13，〈辭謝・辭兼提督戎務疏〉，頁8b-10a。

[159] 〔明〕張居正等總裁，《明世宗實錄》，卷96，頁2249-2251，嘉靖七年十二月戊子條；卷97，頁2281-2282，嘉靖八年正月戊子條。

[160] 〔明〕楊一清著，《楊一清集》，《密諭錄》，卷5，〈政諭上・論舉代提督團營官奏對（三篇）〉，頁1005-1009。

對。最後明世宗仍念郭勛為勳戚世臣，僅罷其職，令於中軍都督府帶俸閒住。[161]

此外，文臣與武臣除在管理決策上的磨合外，禮制上的位階也是事端之一。明廷用文臣巡撫或總督，在官銜與宮銜上的加給，原意是讓文臣得專一調遣軍務，卻在儀制上引起勳臣不滿。如成化十四年，總鎮兩廣太監顧恒奏言往例在衙門內的座位席次以左為尊，監軍的顧恒居中，總督兩廣軍務兼理巡撫右副都御史朱英居左，總兵官平鄉伯陳政居右。但此時兵部定議總兵係伯爵以上者居左，巡撫係僉都御史以上者居右。導致總兵官平鄉伯陳政爭奪左位，朱英以其為總督軍務，與巡撫事體不同而爭論不定，明世宗諭令朱英以巡撫位次。[162] 嘉靖五年四月，明廷舉辦會武宴，宴請武舉中式者五十名，由大學士費宏主席，兵部把郭勛位次列於兵部尚書之下。郭勛因而上疏爭言，過往大祀等禮儀時，他坐在尚書之右，這次是武宴，不應居於文臣下。[163]

勳臣受皇權庇蔭而恃權傲大，文臣與內臣對團營事務的執行與監督，甚難不受勳臣影響，或與勳臣同流。明人王世貞言：

> 營務唯撫寧伯（朱永）最久，自侯進封公，凡三十餘年。而英國公張懋自五軍營來代。正德中，英國老成，不能無朘削士，而監軍大璫張永、谷大用，陸誾等橫甚不制也。前後所與英國共事者，新寧伯譚祐、鎮遠侯顧溥、保國公朱暉，俱有聲。……將有貪廉，政有叢舉，而夙弊大約如故。京師陸海，易以影射，一

161 〔明〕張居正等總裁，《明世宗實錄》，卷98，頁2308-2310，嘉靖八年二月戊寅條。〔明〕楊一清著，《楊一清集》，《密諭錄》，卷5，〈政諭上・論郭勛罪狀奏對〉，頁1010-1011。

162 〔明〕劉吉等總裁，《明憲宗實錄》，卷184，頁3314，成化十四年十一月癸未條。

163 〔明〕張居正等總裁，《明世宗實錄》，卷63，頁1471，嘉靖五年四月辛巳條。

> 也；輦轂權貴所萃，動則掣肘，二也；人不見敵，縱有拳勇，不習戰，三也。[164]

成化、弘治與正德三朝，三大營、團營由保國公朱永[165]與英國公張懋實質主導，受到皇權庇蔭的勳臣，在缺乏監督制衡的力量下，團營的的戰力自然每下愈況。或因王世貞的文人身分，其私史中對勳臣的載述多為驕縱的負面形象。然而更應該關注的是，皇帝基於分權和制衡的權力重組，造成既得利益者的損失，才是衝突對立的主要原因。

二、總督、總制與提督的任用原則

明代以文臣領軍務出鎮地方，是因事而任、事畢則罷，為特定任務型的職官。據〔正德〕《大明會典》：

> 凡各處巡撫官，初遣尚書、侍郎、都御史、少卿等官，後專用都御史。初名巡撫或名鎮守，後定為巡撫。兼軍務者加總督、贊理，掌糧餉者加總督兼理，他如整飭邊備、提督邊關及撫治流民等項，皆隨事異名。若邊境有事，又有總督、提督、總制、參贊、贊理及經略、巡視之名。近例，尚書侍郎治事于外者，兼都御史，以便行事，事畢而罷。[166]

文臣雖是領軍務與都察院憲職，但明廷會視地域範圍、動亂規模給予文臣不同層級的事權。在京營內，從土木到庚戌之變期間，僅于謙獲

[164] 〔明〕王世貞撰，《弇山堂別集》，卷89，〈兵制考〉，頁1704-1706。

[165] 成化年間，朱永戰功彪炳，二度獲賜特進榮祿大夫柱國，由撫寧伯進封保國公，子孫世襲伯爵，本身免二死，子免一死。〔明〕劉吉等總裁，《明憲宗實錄》，卷63，頁1277，成化五年二月戊子條；卷120，頁2320，成化九年九月庚戌條；卷198，頁3481，成化十五年十二月辛未條。

[166] 〔正德〕《大明會典》，卷164，〈都察院一‧巡撫地方〉，頁414。

總督軍務職稱，此後文官出任皆稱提督。但明廷是如何決定賜與總督、提督、總制等層級，而地方督撫與中央的提督團營又有何差異？

文臣領軍的職銜，在正德至嘉靖朝議論與變化最多。明武宗好武，讓勳臣與內臣在邊鎮與京師的軍中多得高位。正德十一年，明武宗設置從團營選調的「東、西官廳」，從邊鎮軍選出的「外四家」，以及以內臣組成的「中軍」這些體制外的駐京武力，令其晨夕操演於京城內，聲響及至九門。[167]明武宗甚至自封「總督軍務威武大將軍總兵官」，以太師鎮國公朱壽印信之名行於宣大邊鎮。[168]這導致軍制混亂，如原為總督兩廣軍務都御史，先是改名「總制軍務」，又再改為提督。[169]

正德十四年（1519）二月，明武宗令西官廳監督平虜伯朱彬提督十二團營，六科十三道疏言明武宗寵用邊將太過，請降朱彬回舊職銜，明武宗不聽。[170]正德十六年（1521）三月，明武宗傳旨改西官廳為威武團練營，原任西官廳監督太監張忠、安邊伯朱泰、平虜伯朱彬等俱提督團營教場。六科都給事中汪玄錫、十三道御史張仲賢等奏言威武團練營既以明武宗為主將，卻在麾下的勳臣加提督之名，是僭越兵部職權，希望取消詔令，明武宗不聽。[171]當年，明武宗崩於豹房，明世宗即位後，罷威武團營，遣還各邊軍。[172]

正德十六年七月，兵部奏因明武宗自任文臣總督軍務及總兵官太

---

167 〔明〕費宏等總裁，《明武宗實錄》，卷134，頁2663-2664，正德十一年二月壬申條。

168 〔明〕費宏等總裁，《明武宗實錄》，卷153，頁2959-2960，正德十二年九月癸巳條。〔清〕張廷玉等總裁，《明史》，卷16，〈武宗本紀〉，頁210。

169 〔明〕費宏等總裁，《明武宗實錄》，卷175，頁3384，正德十四年六月丙子條。

170 〔明〕費宏等總裁，《明武宗實錄》，卷171，頁3289-3290，正德十四年二月丁卯條。

171 〔明〕費宏等總裁，《明武宗實錄》，卷197，頁3676-3677，正德十六年三月庚申條

172 〔清〕張廷玉等總裁，《明史》，卷16，〈武宗本紀〉，頁212。

師鎮國公，導致臣下必須改職官名以避諱，引起新職銜與舊制不符的爭議。明世宗同意將避總督軍務稱號而改提督者皆恢復總督軍務。[173]如嘉靖二年二月，兵部以大同虜警，因戒備區域必須涵蓋宣府、大同、山西三鎮，以及山西的偏關、雁門關、寧武關與紫荊、倒馬、居庸等關，範圍廣大而事權不一。兵部請勑提督宣大軍務刑部右侍郎兼都察院左僉都御史臧鳳可以節制這些區域，明世宗同意。[174]三月，兵部尚書彭澤奏請命臧鳳由提督改總制，以重事權，未獲允。[175]十一月，明世宗命總制改提督軍務。[176]因「總制」或「總督」始有跨越轄區的事權，但甫經詔令，邊鎮督撫即多改以提督軍務為名，終於回歸較合理的安排。

職稱改制僅是原則，在陝西三邊與宣大山西等前線軍鎮仍有「總制」。嘉靖七年八月，明世宗以陝西三邊提督軍務事權重大，詔舊改為總制更給關防。[177]嘉靖十年十一月，總制陝西三邊兵部尚書王瓊言：「總制」是弘治朝專為防禦套虜而設的職官，現只是修邊分兵防守而無戰事，交由各轄鎮守管理即可，請罷總制。但明世宗以三邊地廣虜情叵測，防守調遣事權必宜歸一，總制設置如故。[178]嘉靖十二年二月，巡撫宣府右副都御史劉源清亦陞任兵部右侍郎仍兼前職總制宣大偏關保定等處軍務。[179]

---

[173]〔明〕張居正等總裁，《明世宗實錄》，卷4，頁207，正德十六年七月戊寅條。

[174]〔明〕張居正等總裁，《明世宗實錄》，卷23，頁654，嘉靖二年二月戊寅條。

[175]〔明〕張居正等總裁，《明世宗實錄》，卷24，頁696，嘉靖二年三月癸亥條。

[176]〔明〕張居正等總裁，《明世宗實錄》，卷45，頁1168，嘉靖三年十一月壬午條。

[177]〔明〕張居正等總裁，《明世宗實錄》，卷91，頁2084，嘉靖七年八月戊申條。

[178]〔明〕張居正等總裁，《明世宗實錄》，卷132，頁3134，嘉靖十年十一月壬申條。

[179]〔明〕張居正等總裁，《明世宗實錄》，卷147，頁3395，嘉靖十二年二月戊寅條。

而後，明廷對總督、總制的官名管制日趨嚴謹。嘉靖十五年（1536），因宣大、延綏、寧夏邊警，湖廣道御史徐九臯等奏請設宣大總制，官名更為總督。明廷同意，以周敘陞兵部左侍郎兼都察院右僉都御史總督宣大偏關軍務，陝西三邊總制亦同步更名總督。[180]二十五年（1546），南京給事中萬虞愷等奏陳邊務時，疏中將總督稱為總制，被明世宗責不練事體而奪俸一年。[181]嘉靖三十年（1551），廷臣會推兵部尚書人選時，吏部尚書夏邦謨提到候選人的職稱為「總制」。明世宗特別下詔「朝廷稱制，不許稱總制」，責備夏邦謨不遵奉，夏邦謨引罪自責而獲宥。[182]

文臣總督軍務是職權與地位都位極人臣的職官，晚明士人孫承澤言：「如一省難作，則總督調近省之食與兵，或擊其首，或邀其尾。……無借兵之苦，無萃食之擾。」[183]說明動亂規模與需要調動兵馬糧餉的範圍之廣，必須擁有能跨越省份、部會的職權始可運作。因明武宗自封總督，導致總督必須改職稱以避諱，但能擁有接近「總督」職權的職稱就是「總制」。從明世宗的解釋可知「總制」是比「總督」更高階，專屬於朝廷之用，因此後來地方皆用「總督」，總督之稱才形成慣例。

正德到嘉靖朝之間總督、總制、提督的改制雖聚焦於地方，但實際上也影響文臣執掌京營的職官設計。從于謙擔任總督軍務後，京營不再有文臣總督軍務，而後不只降為提督，管理權限更限縮於團營內。京營之所以不再用文臣「總督」，是因為職權高於勳臣，于謙在任期間過於壓抑勳臣。即使後來改為「提督」，並多以兵部或都察院官兼任，文臣

180 〔明〕張居正等總裁，《明世宗實錄》，卷193，頁4069，嘉靖十五年十一月甲寅條。

181 〔明〕張居正等總裁，《明世宗實錄》，卷315，頁5893，嘉靖二十五年九月壬申條。

182 〔明〕張居正等總裁，《明世宗實錄》，卷370，頁6617，嘉靖三十年二月辛巳條。

183 〔清〕孫承澤著，王劍英點校，《春明夢餘錄》（北京：北京古籍出版社，1992），卷48，〈都察院・總督・巡撫〉，頁1029-1031。

介入京營仍引起勳臣的不滿。在庚戌之變後，明世宗要常設文臣管理京營，勢必要考量文臣位階必須在勳臣之下，避開擁有高度位階權限的總督軍務、總制之職稱。因此，協理京營戎政的職稱產生，不僅要考量現有官制與權限範圍，更有政治權術的歷史背景顧慮。

第四節　小結

明英宗的北征行動是遵行天子守邊的「祖制」，但從結局來看，明英宗的將略不如明太祖與明太宗，更造成國家陷入覆亡的危機。土木堡之變後，瓦剌進圍京師，明景帝任用于謙為兵部尚書總督軍務，是天子守邊模式中，開創文臣代理天子掌控全國內外軍務的先例與特例。在明景帝的支持下，于謙以兵部尚書為本職，加總督軍務銜，同時擁有軍政、軍令及先斬後奏的將權，為首度在京師內運作的軍職文官。

瓦剌退兵北京城後，由於明英宗仍是人質，威脅並未解除，故北京城仍處於預備戰爭狀態。在此背景下，于謙以整備能即刻作戰為目標，將京營一分為二，一為精銳的團營，一是預備役的三大營。三大營原各為單一兵種，團營將步、騎、火器這三個兵種合為一營，增強偕同作戰與戰術運用變化。同時提高基層軍官數量，輔以內臣監軍，以強化兵將相習，穩定土木堡之變後北京防禦的危急情勢。

然而，于謙代表的文臣領軍擴權太大，埋下勳臣、內臣與對立政敵反撲的種子。于謙得勢時，嚴重威脅勳臣與內臣的利益，武清侯石亨與太監曹吉祥表面上都十分配合，檯面下卻積極策動明英宗復位，力圖推翻于謙。奪門之變後，明英宗為政治因素殺于謙，廢除于謙建立的團營制度與相關人事任命，更取消兵部文臣掌理京營的權力，完全回歸土木堡之變前的制度格局。

于謙死後不久，石亨與曹吉祥皆有謀逆之舉，這讓仰賴京營復位的明英宗十分恐懼，故破壞祖制，以外戚孫繼宗典掌京營。明英宗取消總督軍務一職，除顧慮于謙帶起的文官兼任軍職，也有解除京師戰備狀態，回歸承平的防務模式。沒有總督軍務，代表繼任的兵部尚書不再擁有于謙一般能直接指揮五府六部的軍權，更失去管理京營的法理。

明憲宗即位後，因西北戰局需要京營支援，必須拋開于謙時期的政治包袱，整備能夠立即應戰的京營。明憲宗同意朝臣奏請恢復團營制度，確立團營專做出征的定位，復設提督團營，而三大營為預備役及工役用。但在指揮系統上重新調整，勳臣恢復為京營與團營的最高指揮官，兵部尚書兼任提督團營是協同勳臣督導團營操練，太監負責監軍。

最初兵部尚書提督團營的地位不高，職權限縮至督導營務操練，這是明廷因應于謙總督軍務時過於集權的反省。若領京營或團營出征時，其職位會與京官分離，不會像于謙一樣同時能兼掌中外兵馬。但隨著邊境戰事升溫，給予提督團營發揮的機會。其中，成化朝的王越是十分獨特的提督團營官，他先以兵部尚書兼都察院左都御史提督團營出征，而後因領京營征戰告捷獲封威寧伯仍提督團營。王越最初是以都察院官加兵部銜提督團營，實際上是籍隸都察院的增設文官，他不用管理都察院，為專任提督團營，這種作法與邊鎮督撫相同。而封威寧伯後，從文臣轉為武臣，故可在不違背祖制的規範下，以勳臣身分掌前軍都督府、五軍營以及提督團營。這是運用祖制未言及的灰色地帶，讓文臣管理京營的嘗試，同時避免像于謙時集權過高而無法制約。

弘治朝起，明廷固定以兵部尚書不妨部事提督團營。註明不妨部事，代表兵部尚書督導團營事務是非本職的附屬工作，且只能管到團營，更不能管理兵額、器械來源的三大營。這些限制顯示明廷不想給予文臣太高權限，僅是彈性監督，甚至可有遇事卸責的灰色空間。另一方面，因于謙的政治冤案確定平反，文臣介入京營軍務的行為逐漸制度化。明廷編纂〔正德〕《大明會典》，追認于謙是首任「提督團營」，儘管他從未獲得此職銜，以及置廢期間曾任職的羅通、王竑、白圭、王越皆為提督團營。將成化到弘治朝期間的提督團營官列入京營沿革史之中，團營制度確定體制化。

明武宗十分尚武，對京營的介入超越明憲宗、明孝宗，更因寵信勳臣與內臣，文臣對京營與團營的影響力降至新低。此時陸續面臨外患與內亂，明武宗只著眼組建即戰力，再從團營中抽調精銳，陸續組成東官廳、西官廳，甚至調邊鎮軍駐京為「外四家」。重視表面而不重後勤管理，尤其是逃兵、役使、空額占糧等問題，結果是可用的京軍數量不斷下降。團營從景泰八年十五萬、弘治十八年六萬餘，到正德朝東西官廳約一萬至二萬四千之間，雖可調往前線作戰，但內在持續走向崩壞。

在京師沒有緊急戰事的氛圍下，從明英宗到明世宗前期都沒有完全同意專設提督團營，即使有也十分短暫。期間，提督團營本人或科道官多次奏請專設提督團營，其理由或為個人年齡能力、避免朝臣非議、戰況緊急等。但最直接的問題是，依照于謙的設計，提督團營必須定期親自入營督導，這對兵部尚書或都察院御史來說，需要在本職以外耗費更多時間心力協調勳臣與內臣來處理營務。

在專設與置廢議論的過程中，明廷逐漸摸索出提督團營適合的職銜與宮銜配置。于謙以少保兵部尚書總督軍務，本籍在兵部，擁有實權的從一品官，位極人臣。提督團營雖有兵部尚書與都察院御史銜，然實質籍隸兵部或都察院之下，而非部院掌印官，最後轉而穩定由兵部尚書兼任。職銜與宮銜的配置，最初是以方便軍事運作調度為目的，但同時也影響到文武禮制位次，成為文臣與勳臣衝突的引發點之一。

明世宗即位後，取消東西官廳、外四家的編組，回歸團營制度。嘉靖六年，明世宗主動詔令大學士楊一清整頓團營，令刑部尚書李承勛加太子太保改兵部尚書兼左都御史提督團營，這是文臣提高對京營掌控的少見契機。李承勛位列從一品官，是景泰朝以降最接近于謙權位的提督團營，亦比照王越為籍隸屬都察院的專任提督團營。李承勛迅速查出團營官兵缺額六萬餘人、缺馬十二萬餘匹，然在清查過程中，武定侯郭勛與李承勛、提督太監張永的衝突，以及隨後楊一清致仕，團營整頓轉瞬即逝，根本的管理問題並未解決。直到庚戌之變前，明世宗否決朝臣多次專設提督團營的奏請，更時置時罷，對團營的管理消極。

在改革京營與規劃北京防務的過程中，由於沒有發生重大戰役危機，提督團營的能改善京營的問題十分有限。尤其改革牽扯勳臣、內臣的利益變動，但皇帝若不支持文臣的建議，甚至屢屢對勳臣寬宥的情況下，改制往往無疾而終。從天順朝到正德朝，京營與團營仍能調兵出征協防邊境，但根本的缺額、役占、挪移做工問題都沒有解決，導致能夠出戰的京軍數量，從于謙時的十五萬名團營，到正德朝大幅下降至萬餘人。明武宗甚至破壞祖制，調邊鎮軍與組織內臣從軍，但這些臨時起意沒有長期規劃的組織，終與明武宗一同逝去。明世宗即位後，西北邊境的入侵壓力日趨頻繁，在嘉靖二十九年前京師已數次戒嚴。最終發生庚戌之變，令明世宗必須正視京營整頓與京師防禦的問題，從而由設置提督團營的經驗，衍生出協理京營戎政一職。

圖2-1　明武宗康陵

資料來源：作者攝（北京市，2024.8）

第三章　協理戎政：庚戌之變、戎政府與北京防禦軍鎮化

土木堡之變後到嘉靖朝的駐京武力，無論是三大營或團營，可用之兵的質量不斷減少，對比洪武、永樂時期強盛的中央軍，呈現完全相反的面貌。特別的是，除明景帝任用于謙建立團營，短暫強化北京與京畿之間的防禦佈署外，後任天子不僅限縮文臣提督團營權限，亦未長期且積極解決兵額素質問題。即使因為于謙擴權太過而令後任天子警惕文臣執掌京營，卻未特別擔憂北京的防禦問題，究竟是為什麼？

從北京之外的防禦建置來看，明廷大幅強化北邊軍鎮與建立文官軍事體系。在北京西北面，由遠至近，陝西三邊、山西、大同、宣府，逐步軍鎮化，修築長城、強化駐軍兵額、班軍輪戍，令邊鎮戰力提升。同時派遣文臣總督軍務，建立文官軍事體系，如陝西三邊總督、宣大山西總督，形成可執行跨軍鎮、省分、部會的戰略調遣。[1]由於邊鎮的文臣督撫皆由中央進行任務式派遣，任期不定亦不會久駐，同時有內臣監軍，大幅降低駐軍反叛後威脅中央的可能。北京在外圍軍鎮的保護下，土木堡之變到嘉靖朝以前，戰爭皆在長城境外或遠方軍鎮，僅在正德六年（1511）直隸霸州境內的劉六、劉七民變，始有一次京師戒嚴。

自明廷取消于謙兵部尚書總督軍務後，北京的軍事指揮以勳臣總兵官為主，至正德朝更有邊將與內臣的介入，後繼兵部尚書兼任的提督團營僅是管理團營操練運作而已。在京師取消的總督軍務卻在邊鎮

1　彭勇，《明代北邊防禦體制研究：以邊操班軍德演變為線索》，頁161-172。趙現海，《明代九邊長城軍鎮史：中國邊疆假說視野下的長城制度史研究》，頁658-666、700-727。李新峰，《明前期軍事制度研究》，頁122-139。

大肆運作，到嘉靖二十九年（1550）以前，陝西三邊總督、宣大總督的選任已十分成熟，也能完成禦邊的任務，京師的防禦狀態呈現外圍強化而內在削弱的現象。

從第二章的析論可知，自成化朝重建的團營，雖然兵額每下愈況，但到正德朝為止，仍能派遣至多萬餘名前往京畿或邊鎮協防，帳面上仍似堪用。若要徹底整頓團營，將牽涉到勳臣宿將的利益，而在京勳臣的政治關係與影響力極大，提督團營又以兵部尚書兼任的狀態，多未獲天子長期支持，勢難徹底根治。因此，在邊軍優於京軍的情況下，明廷沒有整頓團營弊病與北京防禦戰略的急切需求。

然而，韃靼俺答汗的大軍繞過邊鎮、朵顏衛的防禦，直接突入古北口，沿潮河川南下包圍北京城。京師的外圍防禦完全失效，韃靼入侵的速度與區域超乎明廷預想，導致明廷臨戰任命文臣將官、整頓兵馬糧餉，戰爭準備十分混亂。明世宗在紫禁城內就可看到京畿的戰火煙硝，覆亡的恐懼感直入眼簾。因此，戰後明世宗決心徹底整頓京營與北京防禦，依託祖制之名，廢除團營、東西官廳等臨時制度，恢復三大營制度，新建戎政府，以強化管訓。本章審視庚戌之變與戎政府成立的經過，明廷朝野之間如何議論國防改革？更重要的是，明廷創設協理京營戎政與過往的總督軍務、提督團營有何異同，制度的規劃與實際運作是否相符？戎政府與軍鎮督撫制度的相似，能否視為北京防禦軍鎮化？

第一節　庚戌之變與以祖制之名成立的戎政府

一、庚戌之變

自韃靼左翼博迪與右翼吉囊相繼死去後，右翼的俺答成為韃靼諸部中勢力最龐大的可汗。嘉靖二十五年與二十六年（1546-1547），俺答汗二度向明廷求貢，明廷皆拒並斬殺來使，雙方關係惡化，韃靼年年大舉入侵。同時，位於大興安嶺以北的左翼也逐漸仿效右翼南牧，分佈於薊遼邊外，原與明廷友好的朵顏衛向韃靼把都兒、打來孫投降，長城之外的部落不約而同開始南侵。[2]

嘉靖二十九年二月，宣府鎮諜報韃靼大軍移駐威寧海子，北京城進入備戰警戒。兵部指出韃靼可能的進攻路線，一從大同鎮朔州入，進而攻白羊、橫嶺、紫荊、倒馬等關；二是由宣府鎮入，進而攻黃花鎮、白馬、古北口等隘口，兵部要求京營聽征士馬三支待警啟行。若由宣府鎮進入，則須駐防薊州、保定，先遣河間兵一支駐密雲，保定兵一支駐通州，由薊州撫鎮節制。[3]

七月初，明廷令東西兩官廳出兵協防居庸關、黃花鎮、古北口、白羊口、白馬關、懷來城。[4]八月初三日，韃靼二度進攻宣府鎮北路。[5]初四日，東官廳參將吳尚賢、西官廳參將梁臣領兵二支，一駐密雲、一駐懷來，支援宣薊二鎮。次日，發遼東兵一支駐白馬關、易州漢達軍一支駐古北口。[6]韃靼無法攻入宣府鎮，遂東移駐大興州，離古北口一百七十里。[7]此時，朵顏三衛受韃靼威脅，一面侵擾明朝邊境，又一面向順天巡撫王汝孝求賞，王汝孝憤其索賞無厭，遂率兵出境追殺，使雙方關係惡化。[8]同時，駐防居庸關的大同鎮總兵仇鸞賄賂韃靼，求

2　〔清〕張廷玉等總裁，《明史》（北京：中華書局，1997），卷18，〈明世宗本紀二〉，頁237。達力扎布，《明代漢南蒙古歷史研究》（海拉爾：內蒙古文化出版社，1997），頁111-116。

3　吳彥儒，〈明嘉靖朝宣府鎮的軍事措施之研究：1521-1566〉，頁101-104。

4　〔明〕張居正等總裁，《明世宗實錄》（臺北：中央研究院歷史語言研究所，1984，據中央研究院歷史語言研究所民國五十一年[1962]刊本縮編），卷363，頁6466-6467，嘉靖二十九年七月癸卯條。

5　〔明〕張居正等總裁，《明世宗實錄》，卷364，頁6479，嘉靖二十九年八月壬戌條。

6　〔明〕張居正等總裁，《明世宗實錄》，卷364，頁6479，嘉靖二十九年八月乙丑條；卷364，頁6479，嘉靖二十九年八月丙寅條。

7　〔明〕張居正等總裁，《明世宗實錄》，卷364，頁6482，嘉靖二十九年八月癸酉條。

8　〔明〕張居正等總裁，《明世宗實錄》，卷363，頁6461-6462，嘉靖二十九年七月己亥條。

其不要進攻大同鎮。[9]明軍雖有預防韃靼進攻古北口，但在仇鸞賄敵與朵顏哈舟兒、陳通事二人的引導下，設防無效，十四日韃靼沿潮河川至古北口攻入薊州。[10]十六日，韃靼擊潰王汝孝，由石匣營進入密雲縣，再轉掠懷柔並包圍順義城，後因保定兵駐城內，自行離去。[11]十七日，韃靼欲攻通州，因無法度過白河，遂駐營白河東岸孤山一帶，持續掠奪密雲、懷柔、三河、昌平等地，明廷宣布京師戒嚴。[12]

古北口被突破後三日，韃靼兵臨北京城下，北京進入全面戰爭狀態。明廷令「在京大小文臣中有知兵者，悉聽兵部尚書丁汝夔委用」，[13]以丁汝夔（？-1550）為北京防禦戰的總指揮官。北京城防禦最初以英國公張溶擔任總督九門，後明世宗依嚴嵩（1480-1567）等議，改用文武大臣各一員，以定西侯蔣傳、吏部左侍郎王邦瑞（1495-1561）任總督京城九門，都察院右僉都御史商大節（？-1553）督率五城兵馬司，武舉之應試官生及壯民皆徵招協助晝夜防守。[14]京城九門的配置為：正陽門英國公張溶、吏部右侍郎李默；崇

9 〔明〕趙時春撰，〈仇鸞本末咸寧侯〉，收入〔明〕焦竑輯，《焦太史編輯國朝獻徵錄》（上海：上海古籍出版社，2002，《續修四庫全書》史部・傳記類，第525冊，據上海圖書館藏明萬曆四十四年徐象橒曼山館刻本影印），卷10，〈伯二・除封〉，頁362。

10 〔明〕張居正等總裁，《明世宗實錄》，卷364，頁6482-6483，嘉靖二十九年八月乙亥條；卷364，頁6483，嘉靖二十九年八月丁丑條。〔清〕張廷玉等總裁，《明史》，卷328，〈朵顏傳〉，頁8508。

11 〔明〕張居正等總裁，《明世宗實錄》，卷364，頁6483，嘉靖二十九年八月丁丑條。

12 〔明〕張居正等總裁，《明世宗實錄》，卷364，頁6485，嘉靖二十九年八月戊寅條。

13 〔明〕張居正等總裁，《明世宗實錄》，卷364，頁6485，嘉靖二十九年八月戊寅條。先前，明廷於嘉靖二十八年十一月任命兵部尚書丁汝夔（？-1550）不妨部事提督團營，惟僅是勳臣的輔佐官，未有實質統兵權。《明世宗實錄》，卷354，頁6380，嘉靖二十八年十一月乙亥條。

14 〔明〕嚴嵩，《嘉靖奏對錄》（臺北：國立故宮博物院藏原北平圖書館藏明嘉靖（1522-1566）刊本），卷5，〈請用巡視九門大臣〉，頁1a-b。〔明〕張居正等總裁，《明世宗實錄》，卷364，頁6487-6488，嘉靖二十九年八月戊寅條。

文門襄城伯李應臣、戶部左侍郎駱顒；朝陽門撫寧侯朱岳、右通政張濂；東直門東寧伯焦棟、太僕寺少卿張舜臣；安定門豐潤伯曹松、大理寺右寺丞王達；德勝門定國公徐延德、都察院左副都御史梁尚德；西直門安鄉伯張坤、大理寺右少卿倪嵩；阜城門宣城伯衛錞、大理寺左寺丞陶謨；宣武門靖遠伯王瑾、禮部右侍郎程文德。九門各增指揮四員、軍兵五百名，皇城四門各增指揮一員、校尉五百名，給張溶等分督之。皇城四門監視官為禮部左侍郎王用賓、錦衣衛都督陸炳、給事中張勉學、御史魏謙吉。[15]（圖3-1）

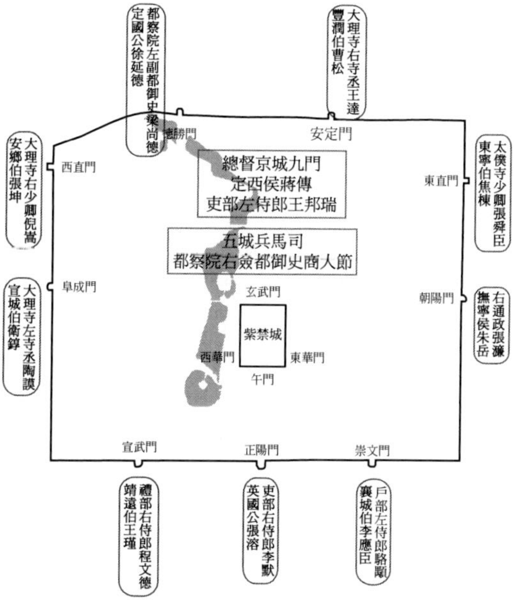

圖3-1　北京城九門指揮將官圖

資料來源：據侯仁之，《北京歷史地圖集》（北京：北京出版社，1988），明北京城圖繪製。

15　〔明〕張居正等總裁，《明世宗實錄》，卷364，頁6485-6488，嘉靖二十九年八月戊寅條。

北京城內外駐軍方面，以團營四勇字營之正兵，共四營列於城外，每營各坐營官一員，協理官二員，統馬步官軍一萬名，東北於果樹埧，西北於北海店，東南於十里河，西南於彰義門；以兩官廳未出征官軍及顯武等營中的奇兵，九門各一營，每營各參將一員，協理官一員，統馬步官軍六千員名。而北京城外居民稠密，無法立即疏散，直接在街口築墻、治壕、結立柵門等防禦工事，京畿區域如密雲、良鄉、昌平等處，無墻堡可守者移至順天府，以徹底清野。徵調入衛京畿方面，明世宗詔大同總兵仇鸞即刻由居庸關發兵出擊，徵調薊鎮諸路及河南山東兵入援北京城。令保定副參等官至通州、遼東參將至順義、山西遊擊至良鄉、宣府副總兵至昌平、大同總兵至鞏華城，各自迎敵。[16]

禮部尚書徐階（1503-1583）認為兵部令京軍駐防北京城外，雖為安撫軍民之計，但若京軍臨陣脫逃，反可能影響軍心導致兵敗如山倒。明世宗同意，以仇鸞的大同鎮兵馬列在京軍之前為先鋒，以壯聲勢，前線兵馬錢糧俱聽仇鸞調遣。[17]另一方面，朝臣擔心住家遭韃靼或宵小趁機劫掠，也請令京軍移駐城內。因此，王邦瑞於九門下各增派兵一千人、巡捕官軍分營東西長安街，商大節請九門城上各添兵千人，丁汝夔於城內十王府、慶壽寺各駐一營三千人。如此，將駐防城外的京軍調動一半入駐城內。[18]

八月十八日，韃靼兵距北京城只有二十里，仇鸞率大同鎮兵二萬三千駐安定門外，列兵於白河西岸與韃靼對峙，保定巡撫楊守謙（1505-1550）率三支兵馬共四千五百員駐東直門外，加上稍後宣

---

16 〔明〕張居正等總裁，《明世宗實錄》，卷364，頁6485-6488，嘉靖二十九年八月戊寅條。

17 〔明〕張居正等總裁，《明世宗實錄》，卷364，頁6488-6489，嘉靖二十九年八月戊寅條。

18 〔明〕鄭曉，李致忠點校，《今言》（北京：中華書局，1984），卷4，〈三百三十二〉，頁188。

府、山西、延綏等鎮援軍約五萬餘人。[19]京師戒嚴後二日內，北京城內外已集結超過十萬兵員，但臨時湊集與任命的部隊、將官眾多，指揮權位階與轄區權責是一大問題。

八月十九日，明世宗認為仇鸞的作戰經驗比京軍豐富，希望仰仗其節制京城內外兵馬，密諭嚴嵩草擬制敕，以仇鸞為總督，楊守謙為贊理，隨後明世宗以太祖、成祖無使用贊理官的前例，不必陞楊守謙為贊理。[20]但明世宗次日改變主意，二十一日陞仇鸞為平虜大將軍，統轄中外兵馬，文官三品以下、武官副總兵以下不用命者，俱許以軍法從事，楊守謙以兵部左侍郎兼都察院右副都御史協同仇鸞提督內外諸軍務。[21]此舉有違總管禁兵者不得兼領外兵的舊制，[22]是日後仇鸞擴增權勢的主因，也是促成恢復如于謙時總督軍務可總領京營與入衛軍隊的開端。

---

[19] 〔明〕嚴嵩，《嘉靖奏對錄》，卷5，〈請賞勞將士〉，頁2b-3a；卷5，〈論京城防守事件〉，頁3a-b。〔明〕張居正等總裁，《明世宗實錄》，卷364，頁6489-6490，嘉靖二十九年八月己卯條。〔明〕徐學聚，《國朝典彙》（臺南：莊嚴文化事業有限公司，1997，《四庫全書存目叢書》史部・政書類，第264-266冊，據中國科學院圖書館藏明天啟四年徐與參刻本影印），卷170，〈北虜〉，頁585-586。十八日未時，保定巡撫楊守謙、統副總兵朱揖、參將祝福兵駐東直門外；參將馮登兵駐安定門外；守備井田兵駐崇文門外。鄭曉，《今言》，卷4，〈三百三十二〉，頁188。

[20] 〔明〕嚴嵩，《嘉靖奏對錄》，卷5，〈論總督將臣〉，頁5b；卷5，〈論調駐守各地方兵〉，頁5b-6a。

[21] 〔明〕嚴嵩，《嘉靖奏對錄》，卷5，〈論總督將臣〉，頁5b。〔明〕張居正等總裁，《明世宗實錄》，卷364，頁6492，嘉靖二十九年八月辛巳條；卷364，頁6496-6497，嘉靖二十九年八月條。

[22] 〔明〕王世貞撰，魏連科點校，《弇山堂別集》（北京：中華書局，2006），卷9，〈皇明異典述四・文武臣掌中外兵〉，頁163。

圖3-2　庚戌之變韃靼進攻路線圖

資料來源：據譚其驤，《中國歷史地圖集・第七冊》（北京：中國地圖出版社，1996），頁44-45，為底圖繪製。

八月二十日，韃靼自通州渡白河往西進攻，前鋒七百餘騎攻至安定門北面教場，仇鸞等與其交鋒，斬韃靼首級十三、奪馬十匹。[23]另一支攻至東直門外馬房，綁走八名內臣。[24]二十一日，韃靼掠奪西山、黃村、沙河、大小榆河等京畿區域，明世宗斥責兵部消極作戰。稍後，韃靼派俘虜的內臣楊增持貢書來求貢，明世宗召大學士嚴嵩、李本、禮部尚書徐階於西苑議論。嚴嵩指韃靼僅在城外掠食不足為患，徐階言其正在城下殺人放火，怎能說只是掠食，要趕緊思考防

23　〔明〕張居正等總裁，《明世宗實錄》，卷364，頁6493-6494，嘉靖二十九年八月辛巳條。

24　〔明〕鄭曉，《今言》，卷4，〈三百三十二〉，頁189。

策。明世宗要嚴嵩拿出貢書來討論，嚴嵩回覆此禮部事，徐階回：「事雖在臣，然關係國體重大，須乞皇上主張」，令明世宗不悅：「正須大家商量，何得專推與朕？」[25]。明世宗與嚴嵩等會談後，唯恐韃靼所求非是朝貢貿易，而是城下之盟，[26]最後遣使要求韃靼依過往程序向大同鎮官員提出貢文，藉此拖延時間以待援軍進入北京。

明世宗與嚴嵩等人議論時，派內臣觀察外廷大臣會議，期望有不同的辦法。國子監司業趙貞吉（1508-1576）宣稱只要遣官宣諭諸將監督力戰並重賞功，就能輕易退敵。明世宗遂令趙貞吉陞左春坊左諭德兼河南道監察御史，給賞軍銀五萬兩前往宣諭。但趙貞吉的官職銜並無實權，沒有將士願意聽命，明世宗大怒，罵其漫無區畫，隨之廷杖貶謫。[27]

八月二十三日，各地援軍進駐北京，韃靼一路由昌平往古北口，一路由鎮邊城、白羊口等處，意圖經宣府鎮北、東路撤退。宣府鎮早有防備，宣大總督軍門標下參將李朝陽埋伏岔道；宣府兵車營坐營都指揮僉事劉環領軍二千五百名，至懷來城西與宣府東路參將孫寶合營；寅時，參將孫寶與同監營旗牌官李桂等，從四海冶堡南橫嶺統領官軍八百七十餘名，至懷來城乾橋兒與巡撫衙門標下官軍王尚忠等合營，各路將官完成埋伏佈署。當日，韃靼由高崖、白羊口、橫嶺兒等處進入宣府鎮東路懷來地方後遭到襲擊。[28]二十四日，韃靼北撤至清

---

[25] 〔明〕張居正等總裁，《明世宗實錄》，卷364，頁6494-6496，嘉靖二十九年八月壬午條。

[26] 〔明〕張居正等總裁，《明世宗實錄》，卷364，頁6499-6503，嘉靖二十九年八月甲申條。

[27] 〔明〕張居正等總裁，《明世宗實錄》，卷364，頁6494-6496，嘉靖二十九年八月壬午條。〔清〕張廷玉等總裁，《明史》，卷193，〈趙貞吉傳〉，頁5122-5125。

[28] 〔明〕張居正等總裁，《明世宗實錄》，卷364，頁6501-6503，嘉靖二十九年八月甲申條。〔明〕蘇祐，《穀原先生奏議》（臺北：國立故宮博物院藏原北平圖書館藏明嘉靖三十七年[1558]清豐知縣李汝寬刊本），〈督府疏議〉，卷1，〈虜寇奔突地方官軍鏖戰克獲疏〉，頁19a-29b。〔明〕孫世芳等纂，欒尚約輯，〔嘉靖〕《宣府鎮志》（臺北：臺灣學生書局，1969，據明嘉靖四十年[1561]刊抄補本影印），卷26，〈征戰考〉，頁1160-1161。

河北側，鄰近天壽山東山口、康陵果園等處，明陵近在咫尺，明世宗令仇鸞嚴加護衛陵寢，不得有失。[29]

對比宣府鎮設防的效率與指揮精確，京師內反有許多衝突。仇鸞的大同鎮兵軍紀不良，趁亂掠奪百姓資產引起不滿。但明世宗仰賴仇鸞及率先赴援京師之功，仍特赦大同鎮兵之罪並交回仇鸞。另一方面，明世宗怒斥楊守謙以沒有兵部檄文為由，於韃靼攻至安定門時堅守不戰，令錦衣衛逮捕楊守謙與兵部尚書丁汝夔。改以吏部左侍郎王邦瑞攝兵部事，再加不妨部事兼提督團營，都御史艾希淳代領守謙兵。[30]

八月二十五日，京畿大雨，王邦瑞等人認為雨勢可拖緩韃靼撤退，將官皆請戰追擊，明世宗同意，並命兵、戶、工三部配合後勤支援，是日京師解嚴。[31]二十六日，仇鸞率兵追至白羊口東側紅橋雙塔寺，韃靼面對明軍南北夾擊，兵分二路北撤，一路從高厓口、鎮邊城等處，一路由古北口。兩路明軍追擊韃靼的戰果截然不同，韃靼見總兵趙國忠列陣於天壽山後，未戰即走，而仇鸞正好面對這批轉向往古北口的韃靼，交戰後明軍死傷千餘人，仇鸞不僅未勝還差點被俘虜。[32]而後，仇鸞僅敢尾隨韃靼，至二十八日韃靼突破古北口遠離，仇鸞仍以平民或死去的韃靼首級詐稱勝仗。[33]

另一方面，八月二十七日，韃靼從橫嶺口轉往懷來，宣大總督蘇

---

29 〔明〕張居正等總裁，《明世宗實錄》，卷364，頁6503-6504，嘉靖二十九年八月乙酉條。

30 〔明〕張居正等總裁，《明世宗實錄》，卷364，頁6502-6503，嘉靖二十九年八月甲申條；卷364，頁6506-6507，嘉靖二十九年八月丁亥條。

31 〔明〕張居正等總裁，《明世宗實錄》，卷364，頁6503-6504，嘉靖二十九年八月丙戌條。

32 〔明〕張居正等總裁，《明世宗實錄》，卷364，頁6506-6507，嘉靖二十九年八月丁亥條。

33 〔明〕張居正等總裁，《明世宗實錄》，卷364，頁6508-6509，嘉靖二十九年八月己丑條。嘉靖二十三至二十八年，時任宣大總督翁萬達持續增防宣府鎮，令韃靼須繞過宣府鎮南侵。韃靼一支部隊選擇由宣府鎮北撤，雖依靠騎兵的速度成功撤離，但受宣府鎮駐軍的圍剿，損失部分掠奪物資，說明宣大總督蘇祐的指揮得當及宣府鎮軍的戰力素質優秀。吳彥儒，〈明嘉靖朝宣府鎮的軍事措施之研究：1521-1566〉，頁119-121。

祐（1492-1571）、宣府巡撫趙錦等人擊斬韃靼四十八人，生擒三人。二十八日，明軍追擊韃靼至下花園堡。二十九日未時，李朝陽等軍追擊至泥河；申時，北路參將田琦與同監營旗牌官胡江領軍二千五百六十三名追擊至七里村。九月初一日，韃靼由張家口石蟞梁、野孤嶺等處離境。[34]宣府鎮軍共斬首五十級，內酋首一級。奪回被擄人口一千四百二十餘名，收獲來降人口魏朝名、劉定兒等十七名，奪獲馬及騾、驢、牛、羊共三百一十九匹，收獲夷器一千四百一十二件。[35]（圖3-3）

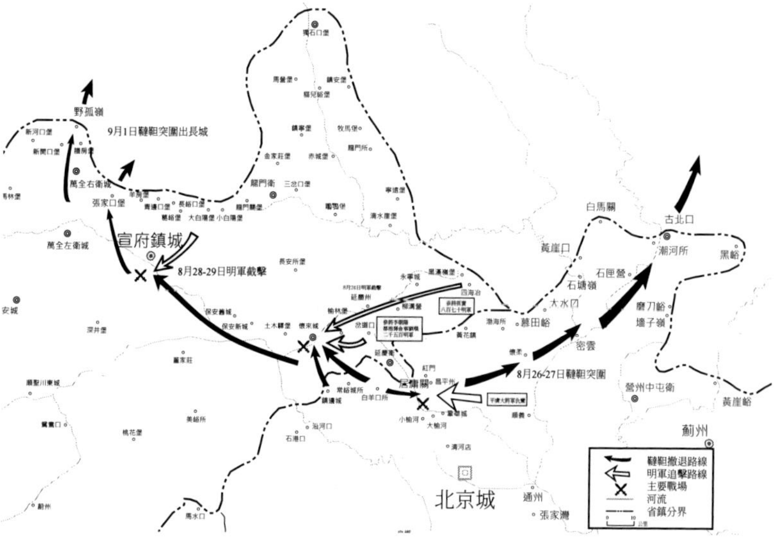

圖3-3　韃靼撤退與明軍截擊圖

資料來源：據譚其驤，《中國歷史地圖集・第七冊》（北京：中國地圖出版社，1996），頁44-45，為底圖繪製。

34　〔明〕張居正等總裁，《明世宗實錄》，卷364，頁6508，嘉靖二十九年八月戊子條。〔明〕蘇祐，《穀原先生奏議》，〈督府疏議〉，卷1，〈虜寇奔突地方官軍鏖戰克獲疏〉，頁19a-29b。〔明〕孫世芳等纂，欒尚約輯，〔嘉靖〕《宣府鎮志》，卷26，〈征戰考〉，頁1160-1161。

35　〔明〕蘇祐，《穀原先生奏議》，〈督府疏議〉，卷1，〈虜寇奔突地方官軍鏖戰克獲疏〉，頁29b-35b。

從八月十四日韃靼入侵起，十七日京師戒嚴、二十五日京師解嚴，表面上明軍逼退韃靼入侵，但實際狀況呢？當時北京城有京營、五城兵馬司、北京城九門，京畿有薊州、昌平、保定等衛所軍，以及仇鸞等邊鎮入衛軍。這期間的將官任命與權責不斷改變，最初由兵部尚書丁汝夔總領中外兵馬，後改為平虜大將軍仇鸞，再加楊守謙為文臣副手；北京城防最初以英國公張溶總督九門，後改定西侯蔣傳，後以王邦瑞換丁汝夔、艾希淳替換楊守謙。頻繁的陣前換將，直接影響戰守策略前後不一的矛盾，令下層將官疲於奔命。

丁汝夔雖為兵部尚書統領中外兵馬，然實際上受到許多掣肘，萬曆朝後的史料中揭露許多嚴嵩、仇鸞等掌權者隱蔽之事。丁汝夔接下兵部尚書後發現團營「兵不下五六萬，其中又多老弱遊惰不堪者，遣將分領屯城內外，時京兵久不見敵，驅之出，皆涕泣不敢前，諸將亦未臨，行陣俱色變。」[36]且如前述為保護城內達官顯要的宅第，又調動一半員額入城，能作戰的數量嚴重缺乏。加上丁汝夔令人探查韃靼逼近通州的地點，但偵查人員在北京城外數十里見到逃回北京的傷者，就回報韃靼兵至。而大同鎮軍在京畿劫掠百姓，自稱是朵顏部的遼陽軍，讓百姓誤以為朵顏也反叛入侵，情報失準造成軍民不安。[37]京軍尚未迎敵已有潰敗跡象，這也是徐階建議以大同鎮軍列於城外的原因之一。

當韃靼兵臨北京城下時，丁汝夔向嚴嵩求策，嚴嵩告知：「京師與邊上不同，邊上戰敗，猶可掩飾。此處戰敗，皇上必知。莫若按兵不動，任賊搶足，便自退回。」[38]建議不戰。楊守謙無法以所轄兵力

---

36 〔明〕王圻撰，《續文獻通考》（上海：上海古籍出版社，2002，《續修四庫全書》史部・政書類，第761-767冊，據明萬曆三十年松江府刻本影印），卷162，〈兵考二・禁衛兵〉，頁231。

37 〔明〕徐學聚，《國朝典彙》，卷137，〈兵部〉，頁179-180。

38 〔明〕楊繼盛，〈楊椒山集〉，〈早誅奸險巧佞賊臣疏〉，收入〔明〕陳子龍等選輯，《明經世文編》（北京：中華書局，1962），卷293，頁3088-3089。

出擊，以沒有兵部檄文為由據守。韃靼得以在北京城下掠劫，許多在北京城西北方的內臣住家都遭到兵火，便向明世宗稱：「將帥為文臣制，故寇得至此」[39]。而仇鸞在郊區未入援，朝中無法即時知道他是否在作戰，導致朝野怒火都指向丁、楊二人不積極出戰，成為問斬的罪因。[40]

戰前準備與後勤支援也十分混亂。如成國公朱希忠管理的京營，戰前的員額數多是為冒領糧餉而虛報，戰時為避免被發現員額不足，故意頻繁調動駐軍位置以作掩飾。軍隊駐紮地不斷變動，導致為數不多的京營在戰前疲於奔命，糧餉配發也因此混亂，侵占糧餉的流言四起。明世宗詔邊將勤王，而入衛軍到達後，提供內外官兵的糧餉還在戶部跑公文流程，導致官兵饑疲，甚至有發粟米卻沒提供烹煮器具的現象。[41]

庚戌之變揭露的北京防禦問題，就是臨時任命的將官與編組的軍隊，無法組織有效的防務。從指揮權責更易頻繁，以致政令前後矛盾開始，北京城的戰守決策受到皇帝與大學士等朝野人士直接干涉，令前線將官無所適從。應為防禦主力的京營，長期由勳臣管理，戰時卻轉交兵部尚書，兵部尚書無法完全掌握京營內部狀況，才會在戰時發現兵額不足、器械缺乏、素質不佳等問題。再加上各地的入衛軍，臨戰時不易整合調度，形成各自為戰、軍力分散的狀況。因此，戰後明

---

39 〔清〕張廷玉等總裁，《明史》，卷204，〈楊守謙傳〉，頁5394。

40 〔明〕張居正等總裁，《明世宗實錄》，卷364，頁6507-6508，嘉靖二十九年八月丁亥條。〔明〕徐學聚，《國朝典彙》，卷137，〈兵部〉，頁179-180。此外，楊守謙督學陝西時，仇鸞為甘肅總兵，楊守謙曾向告發仇鸞賄賂北虜，仇鸞記恨於心。庚戌之變後，向明世宗告楊守謙按兵觀望縱賊劫掠之罪。〔明〕屠隆撰，〈司馬恪愍楊公守謙傳〉，收入〔明〕焦竑輯，《焦太史編輯國朝獻徵錄》，卷58，〈都察院五・總鎮侍郎〉，頁175。其他兵敗的明軍將領如巡撫王汝孝、總兵羅希韓，因賄賂嚴世蕃而逃過死罪。〔明〕王世貞撰，〈大學士嚴公嵩傳〉，收入〔明〕焦竑輯，《焦太史編輯國朝獻徵錄》，卷16，〈內閣五〉，頁574-575。

41 〔明〕徐學聚，《國朝典彙》，卷137，〈兵部〉，頁179-180。〔明〕王圻撰，《續文獻通考》，卷162，〈兵考二・禁衛兵〉，頁231。

廷認為從軍隊管理、指揮權責與戰略方針，應有整體的規劃與統籌，始能再次避免混亂無序的狀況。

二、創設戎政府

從明代政制發展的角度，明太祖所創的衙門為不可擅改的「祖制」，但並非堅不可破。史實上明成祖違反的祖制不在少數，他自行詮釋祖制的定義來自圓其說，朝臣同樣以祖制之名作政治術語攻防。因時制宜是國家延續與富強所必須的轉變，故君臣在議論創設、變動各種職官或衙門時，「祖制」就是托古改制或守舊的最好理由。庚戌之變後，明世宗與朝臣如何在「祖制」的限制和詮釋改革京營，以下將論述之。

庚戌之變時，主要仰賴入衛邊鎮軍防禦北京，京師內的團營、三大營狀況比于謙時更不堪戰，故重建京營及鞏固北京城防禦是首要任務。嘉靖二十九年八月二十九日，嚴嵩奏請選官專責管理京營，添設薊鎮提督、招募民兵等事，以恢復京營、北京城防，補充戰鬥時的人員器械損失等項。首先是京營，請兵部選有邊鎮作戰經驗的武臣擔任提督，選文臣一人專理營務。先前因調度八支京軍駐防薊州等處，北京城防人力不足，遂從北直隸、山東、山西、河南、廬鳳、徐邳等處招募，補足京營兩萬人員額。再派一名大臣督導薊州軍，增兵築臺，以為屏蔽。要兵部預擬北京城內外防守事宜，吏兵二部更要儲備專責人才，或將其調於近處，以免戰時不知該用何人、倉皇失措的狀況再度發生。北京城九門防守上，以五城居民火甲人等護守垜口，在京七十八個衛所官軍輪駐箭樓敵臺，於各門外駐三千兵、門內駐五百，再設三千遊兵（騎兵），增強駐防武力。[42]明世宗允行嚴嵩所議，其改

---

[42] 〔明〕張居正等總裁，《明世宗實錄》，卷365，頁6511-6516，嘉靖二十九年九月辛卯朔條。〔明〕嚴嵩，《嘉靖奏對錄》，卷5，〈請乞選官專理團營添設薊鎮提督及募民兵舉用職官等事〉，頁11a-12b。

善方案涵蓋京營、北京城防以至京畿邊鎮，並要儲備將才。

同日，王邦瑞也提出京營的編組改革政策。他認為目前從京營中抽選出來的團營兵額數偏低，能用者不過五、六萬人。從景泰時抽選京營兵編練十團營、十二團營，至正德朝的兩官廳，都有勳臣世冑紈袴子弟主導訓練，不僅不知軍旅，更役占空名支餉。[43]但王邦瑞不先處理勳臣，而是先針對內臣進行攻擊：

> 今國家之所患者惟虜，所最甚患者唯士卒弗振。臣以為斯二患者，非深患也。所謂深患者，唯在中貴人典兵權耳。夫今之團營，即漢之北軍、唐之府兵、宋之禁旅，所以衛京都，備不虞至重矣。其令勳臣掌之者，謂其明武略；其令文臣共之者，謂其督怠弛；其令中貴人監之者，謂其防壅蔽。總之以厲兵振威焉耳。乃者胡馬來，臣調團營兵，令出城擊胡。而十二營半空，見卒又罷弱不任旗鼓。夫卒至罷弱，罪屬之文武二臣不得解矣，至空無人者，則乃中貴人為之耳。外語籍籍，咸以為有輸錢脫更之弊，是本用監軍，反用蠹軍矣。[44]

過往勳臣、文臣、內臣三者各司其職，權力分散又彼此監督，是維持軍紀素質的關鍵。然而勳臣恃權、內臣收賄的影響，令過往兵部尚書王瓊、毛伯溫、劉天和等試圖修整的努力無疾而終。王邦瑞請罷內臣監軍之制，改由科道官監督，並自請主持京營改革。[45]消除內臣監軍，可以剪除勳臣的側翼，增加文臣科道官，讓文臣更容易對抗勳

[43] 關於京營的兵源徵調，可參見羅麗馨，〈明代京營之形成與衰敗〉，頁1-36；〈明代京營之組織〉，頁101-132。彭勇，《明代班軍制度研究——以京操班軍為中心》。

[44] 〔明〕王維楨，《王槐野存笥稿》，〈序・奉送大司馬鳳泉先生歸宜陽序〉，收入〔明〕陳子龍等選輯，《明經世文編》，卷262，頁2776-2778。

[45] 〔明〕張居正等總裁，《明世宗實錄》，卷365，頁6511-6516，嘉靖二十九年九月辛卯朔條。

臣，以取得主導決策的地位。

針對嚴嵩與王邦瑞的議請，明世宗對不影響祖制的調度很快便同意，但革除內臣、團營整頓等議題則未立即決斷。明世宗無法理解京營為何有三大營、團營、兩官廳的不同，也十分困惑該如何選任提督團營官，便問嚴嵩有關京營的歷史。嚴嵩說明後，明世宗再次提出疑問：

> 御批：十二營既係景泰間故事，何便只管承行？不如三大營為實，兩官廳又是多出，卿等以為何？如炳（陸炳）見任目前難代，似可用鸞。至於正副之名是何年立？[46]

嚴嵩回覆：

> 伏奉御批，臣等計得十二營及兩官廳委非初制，俱係後來添出。聖諭謂：「何便只管承行？不如三大營為實。」仰惟聖見超卓，除去繁瑣，併合精銳，以復成祖之舊，誠又政體之一新也。至於提督官先年用文臣武臣各一員，其「正副之名是何年立？」臣等不能詳記，不敢妄對。目今裁革，使事權統一，未為不可。[47]

在這段君臣對話中，可知明世宗即位二十九年仍未詳細了解京營狀況，但經此一役，他開始積極認識京營制度及思考如何改變。而最重要的是，明世宗與嚴嵩以恢復「明成祖的祖制」為名，復永樂朝的三大營規制，並專設提督官以集中統御事權。

九月初二日，明世宗跟嚴嵩討論兵部推舉的勳臣中誰可任提督團

[46] 〔明〕嚴嵩，《嘉靖奏對錄》，卷5，〈奉諭推用團營提督官并設置緣由對〉，頁13b。

[47] 〔明〕嚴嵩，《嘉靖奏對錄》，卷5，〈奉諭推用團營提督官并設置緣由對〉，頁14a。

營官？嚴嵩認為首推錦衣衛掌衛事右都督陸炳，其次為仇鸞，言道：

> （陸）炳處事調度有方，威令素行。近日京城內無奸宄竊發之虞，炳之力也，故人心推服。（仇）鸞身經戰陣，謀勇素著，二臣皆足當是任。伏乞聖明簡用一員。[48]

嚴嵩雖未直言該用何人，卻已提示仇鸞實戰經驗較陸炳豐富。陸炳（1510-1560）是十分貼近明世宗的寵臣，以軍籍隸錦衣衛，其母為明世宗乳母，自幼從母入宮隨侍。嘉靖十八年（1539），明世宗南巡時，夜裡行宮失火，陸炳從火場中救出明世宗，而後官運亨通。嚴嵩雖然都有仇鸞、陸炳的賄賂與奉承，陸炳知仇鸞倚仗戰功，未敢與之抗衡，直到仇鸞病危才向明世宗告發其罪。[49]因此，第一波京營改制的人事選任中，由仇鸞拔得頭籌。

九月初五日，明世宗同意王邦瑞所請，詔令廢除十二團營、兩官廳，以仇鸞為京營總兵官提調三大營，各營用偕同提督二員，加贊理軍務文臣一員。恢復祖制令事權歸一，蓄精銳以濟實用，其餘細節交兵部會議。[50]初七日，兵部會議京營興革，宗旨為恢復祖宗之舊，不必抽選京營另組團營，只要軍數確實，一營足矣。共提出六項改革方針：

> 一、議併團營以復祖制。將十二團營、兩官廳官軍悉併入五軍營，仍分中、左、右、哨、掖五枝，每枝添設坐營官一人，參將二人，遊擊二人；三千、神機及五軍所屬二千圍子手等營，俱如故。
>
> 二、議足軍額以充營伍。正統間各營團操官軍有四十三萬五千餘

---

[48] 〔明〕嚴嵩，《嘉靖奏對錄》，卷5，〈奉諭推用團營提督官并設置緣由對〉，頁13a。

[49] 〔清〕張廷玉等總裁，《明史》，卷307，〈陸炳傳〉，頁7892-7894。

[50] 〔明〕張居正等總裁，《明世宗實錄》，卷365，頁6517-6519，嘉靖二十九年九月乙未條。

人，今之所存僅十二、三，命提督贊理官清查見在實數，設法處補。

三、議點視官員以便查理。巡營科道官久則易玩，宜如弘治年間例，一年一易，每年以十二月題差，次年十一月復命，舉劾大小將領以備黜陟，仍添差司官四人佐之。

四、議革內臣以清宿弊。自古宦者不得典兵，今三大營內尚有內臣提督監槍等項，不下二、三十人，此輩既不知兵又專以役占為務，俱宜裁革。

五、議選邊將以壯士氣。見在提督坐營公侯伯等官，各令自陳，去留取自上裁，都指揮以下，兵部同贊理文臣汰去不職，別選知兵之將充之，使本營將領各練本營士卒，遇警即率所部出征，不得更諉他人。

六、議處班軍以便防秋。河南、山東、大寧、中都等處原領班軍十六萬有奇，每年春秋更番上班摻備，往往為各營借公私占之資，自今請令于五月中赴京，各都司統率入營，一体摻練，至十一月中旬掣回休息，不必兩班赴京，如此則每歲京營秋防之時，可得軍十五、六萬人，比之召募尤為省費。[51]

《明世宗實錄》內未載的是，三千營改名神樞營，原十二團營的奮、耀、練、顯四武營併入五軍營；取、果、效、鼓四勇營併入中軍左右哨；立、伸、揚、振四威營併入中軍左右掖。中軍左右哨掖各設坐營官一員領正兵，正兵專備守城，設參將二員領奇兵，有警以奇兵出征。[52]從內容來看，其實不完全是恢復明成祖之制。團營分別併入三

---

[51] 〔明〕張居正等總裁，《明世宗實錄》，卷365，頁6520-6524，嘉靖二十九年九月丁酉條。

[52] 〔明〕李東陽等奉敕撰，申時行等奉敕重修，〔萬曆〕《大明會典》（上海：上海古籍出版社，1995，《續修四庫全書》史部・政書類，第791冊，據明萬曆[1573-1619]內府刻本影印），卷134，〈兵部十七・京營・舊團營制〉，頁356-357。

大營內、清點兵額實數、整備班軍、選練將官可視為復如明成祖之制。而設立科道官監督，是以弘治朝案例演變為定制；革除內臣則是恢復明太祖不任用內臣監軍。

九月初八日，明世宗指贊理京營官須有較高操守及善於應變的能力，召嚴嵩問吏部推舉王邦瑞與南京刑部右侍郎張時徹誰較合適？張時徹（1500-1577）歷任都察院右副都御史巡撫四川、都察院右僉都御史巡撫江西，巡撫四川時平定白草番之亂，有軍功。[53]嚴嵩認為王邦瑞在同輩中稱有才名，卻未必名符其實。但整理京營為急務，張時徹在南京，無法立即來京師，姑且先用王邦瑞，觀察其措舉，等到張時徹來再加以試驗。[54]

九月初九日，王邦瑞由吏部左侍郎改兵部右侍郎兼都察院右僉都御史贊理京營，同時兵部推薦一批總兵官、參將、守備升調入三大營中。[55]嚴嵩認為王邦瑞贊理京營事，不適合同時辦理兵部事，建議另外找人如謝蘭或兵部左侍郎史道來署掌兵部事。[56]可見任人抉擇，從客觀上是該員的履歷，尤其有無實戰經驗，主觀上以明世宗決定為依歸，但嚴嵩的奏言有實質影響力。此時，雖言恢復祖制，但明成祖時的三大營制並沒有文臣贊理京營，實是仿照提督團營，文武臣並置的做法。贊理京營官不再如提督團營時是兵部官兼任，而是籍隸兵部、掛兵部與都察院官銜前往專任管理京營。

稍後，王邦瑞奏陳地方鎮守總兵官有掛印信掌軍務，巡撫有關防

53 〔明〕余慎行撰，〈張司馬先生時徹傳〉，收入〔明〕焦竑輯，《焦太史編輯國朝獻徵錄》，卷42，〈南京兵部一・尚書一〉，頁255-258。

54 〔明〕嚴嵩，《嘉靖奏對錄》，卷5，〈論推用京營贊理〉，頁15b-16a。張時徹後來調任兵部右侍郎，負責監督正陽、崇文、宣武三門外城施工。〔明〕張居正等總裁，《明世宗實錄》，卷368，頁6593，嘉靖二十九年十二月甲申條。

55 〔明〕張居正等總裁，《明世宗實錄》，卷365，頁6524-6525，嘉靖二十九年九月己亥條。〔明〕余繼登，《典故紀聞》（北京：中華書局，1981），卷17，頁314-315。

56 〔明〕嚴嵩，《嘉靖奏對錄》，卷5，〈論用人管理部事〉，頁16a-b。

可制約，奏請贊理京營軍務應比照，新鑄給關防，以便行事。[57]明世宗認為其事只在京營，中央與外地不同，不予同意。九月二十一日，仇鸞以戰爭和承平時的行政制度不同，[58]請賜執掌京營用的關防。明世宗以為不適合移用五軍都督府之印來處理京營事務，依嚴嵩、徐階、史道會議後，新鑄關防一顆，給京營文移之用，原賜與仇鸞平虜將軍印則先行繳回，遇警再給。[59]

仇鸞與王邦瑞都奏請關防，明世宗最後決定著重仇鸞，掌握關防的重要性是什麼？從職官制度史的角度，中國自春秋時代以降，璽印是權力機構和昭明信用的憑證。[60]洪武四年已訂下若遇緊急調軍，須由中書省及大都督府奏請皇帝頒下寶印，始可調軍遣將。[61]永樂朝後，衙門皆有方印，因事添設的官員或衙署，則賜關防治事，關防遂成為位階次於方印的官印。[62]因此，持有印信即象徵獲得皇帝授權，在衙門中就是首領官。值得注意的是，京營提督官是由兵部推選勳臣擔任，不會兼任外職，也不由外官兼任、不加掛將軍印。仇鸞提出中

57　〔明〕俞汝楫等編撰，林堯俞等纂修，《禮部志稿》（臺北：臺灣商務印書館，1983-1986，《景印文淵閣四庫全書》，據國立故宮博物院藏本影印），卷64，〈印制備考・給印・請給關防〉，頁80。

58　當時仇鸞是掛平虜將軍印擔任大同鎮總兵官，尤其「平虜將軍印非大征伐不輕假人，天下大帥示慎重也」，此印代表對外征戰的軍權。李承勛撰，〈鎮守遼東征虜前將軍題名記〉，收入〔明〕陳仁錫，《皇明世法錄》（北京：北京出版社，2000，《四庫禁燬書叢刊》史部，第15冊，據中國史學叢書景明崇禎刻本影印），卷60，〈遼陽〉，頁583。

59　〔明〕嚴嵩，《嘉靖奏對錄》，卷5，〈論京營合用關防〉，17b-18a。

60　明代除承襲歷朝以來的方形印信外，明太祖為勘合防奸又創長方形的印信「關防」。關防即是將原為正方形的印信分為左、右半印，左半置於明廷內府、右半發於各地衙門。凡中央有事要發文地方，官員到內府領取印有左半印的官紙填寫，文移到辦事衙門時就核對左右印記是否吻合，此即勘合，勘合後始可執行。〔明〕胡廣等總裁，《明太祖實錄》（臺北：中央研究院歷史語言研究所，1984，據中央研究院歷史語言研究所民國五十一年[1962]刊本縮編），卷141，頁2222-2223。洪武十五年正月甲申條。

61　郭福祥，《明清帝后璽印》（北京：國際文化出版公司，2002），頁4、44。

62　〔明〕沈德符撰，楊萬里校點，《萬曆野獲編》（上海：上海古籍出版社，2012），卷13，〈禮部一・不識方印〉，頁295。王廷洽，《中國古代印章史》（上海：上海人民出版社，2006），頁139。

外官員印信不同，但沒放棄自身的平虜將軍印，或有掌握中外軍權的意圖，這點明世宗仍有防備，故令其繳回將軍印。

九月二十二日，明世宗與嚴嵩持續討論是否應設衙門來管理京營。明世宗認為駐外的鎮守總兵官皆有衙門與印信，豈有中央京營不如地方，應建立專責衙門曰「大帥府」，並革去團營、兩官廳。嚴嵩贊同專設衙門，但表示明太祖時分大都督府為五府、分中書省為六部，使兵權分散五府，調發之權歸兵部，如此文武相制而無獨專之患。因此，三大營仍只用關防以便行文，有事再給大將軍印用以行軍即可。[63]由於嚴嵩的奏對錄中，在論及定名的大部分段落亡佚，故僅能從篇名與片語中推論，最後以「大帥府」名聲過隆，[64]明世宗將之改名「戎政府」。

為何管理京營的衙門要稱為戎政府？從明代軍事衙門的命名中，明太祖奠鼎南京創設「大元帥府」來管理駐京的四十八衛官軍，後改為「大都督府」，最後分為五支並定為「五軍都督府」。戎政府在創設之初曾考慮名為「大帥府」，應有仿效明太祖之意，但又不能僭越。「戎政」本指軍旅之事，故戎政府之名或由此而來。

十月初一日，明世宗正式詔令創設戎政府，下轄三大營，改京營提督官名，以武臣咸寧侯仇鸞為「總督京營戎政」，鑄戎政印給之，以文臣兵部左侍郎王邦瑞為「協理京營戎政」，不給關防，二人之下設副參等官二十六名。[65]明世宗給予戎政印，在明代制度上象徵什麼？明廷在臨事任官或創設新職官、衙門時，會視其重要性來新鑄相應的印信關防，令其自內府印綬監領取，便於文移各部會。[66]而武職

63 〔明〕嚴嵩，《嘉靖奏對錄》，卷5，〈論建立大帥府及京營關防〉，18a-b。

64 〔明〕嚴嵩，《嘉靖奏對錄》，卷5，〈論大帥府名聲過隆〉，18b。

65 〔明〕張居正等總裁，《明世宗實錄》，卷366，頁6537，嘉靖二十九年十月辛酉朔條。〔明〕李東陽等奉敕撰，申時行等奉敕重修，〔萬曆〕《大明會典》，卷134，〈兵部十七・京營・今京營制〉，頁357。

66 〔明〕俞汝楫等編撰，林堯俞等纂修，《禮部志稿》，卷64，〈印制備考・給印・請給關防〉，頁80。嘉靖八年起，新的印記關防，其刻字專以

衙門中，洪武朝開設的五軍都督府也有給印，但僅用作戰時期，平時也收歸內府。[67]戎政府成立並有專屬的官印，說明戎政府正式成為明朝政府的衙門，京營從永樂朝選派勳臣、景泰朝派提督團營等臨時調遣的管理模式，進入衙門管理時期。

明代衙門或職官的印信，能說明其職權與分界，而戎政府的戎政印是什麼規制？又與邊鎮總兵官的印信有何異同？明廷給予邊鎮總兵官的將軍印如平羌、鎮朔、征蠻等，其型制為銀印，用銀九十兩、方三寸三分、厚九分、虎為鼻鈕、柳葉篆文，其權力視一品稍殺、二品稍豐，位為正二品官，[68]戎政印為「柳葉篆文，虎鈕，如將軍所掛印」[69]。戎政印與將軍印型制相同，但明廷特別明令稱謂不得名「總兵」以強化中央與地方的不同。[70]持戎政印者位同正二品官，可隨時遣發軍馬，不必等待三司文移。[71]明世宗決定把戎政印交給仇鸞，使其成為戎政府的最高首長。最後，仇鸞與王邦瑞共同呈請加強言論管制，減少改革過程的不滿輿論，加速新制確立。[72]二十四日，明廷以恢復三營為名祭告太廟，讓戎政府獲得祖制的背書。[73]

《洪武正韻》字體，除非《洪武正韻》不載，才可用《許氏說文》。若二書無從查考者，始用先儒著述六書等書參考。〔明〕李東陽等奉敕撰，申時行等奉敕重修，〔萬曆〕《大明會典》，卷79，〈禮部・儀制清吏司・印信〉，頁1256。

67 〔清〕張廷玉等總裁，《明史》，卷89，〈兵一・京營〉，頁2181。

68 〔明〕李東陽等奉敕撰，申時行等奉敕重修，〔萬曆〕《大明會典》，卷79，〈禮部・儀制清吏司・印信制度〉，頁427。〔明〕俞汝楫等編撰，林堯俞等纂修，《禮部志稿》，卷64，〈造印・造辦各印〉，頁81-82。〔明〕沈德符撰，《萬曆野獲編》，卷2，〈列朝二・符印之式〉，頁48。

69 〔明〕鄭曉，《今言》，卷1，〈五十〉，頁27。

70 〔明〕李東陽等奉敕撰，申時行等奉敕重修，〔萬曆〕《大明會典》，卷134，〈兵部十七・京營・營政通例〉，頁360。

71 〔明〕俞汝楫等編撰，林堯俞等纂修，《禮部志稿》，卷36，〈主客司執掌・凡信符金牌〉，頁672-673。

72 〔明〕張居正等總裁，《明世宗實錄》，卷366，頁6539-6540，嘉靖二十九年十月己巳條。

73 〔明〕張居正等總裁，《明世宗實錄》，卷366，頁6546-6547，嘉靖二十九年十月己卯條；卷366，頁6551，嘉靖二十九年十月甲申條。

戎政府設有幕僚人員，須有辦公場所，而北京城的衙門位置多南京之制，新設立的戎政府究竟應設於何處？觀北京城的衙門配置，承天門至大明門為中線，西以武職衙門為主，如五軍都督府、錦衣衛；東為文職衙門，六部、欽天監、翰林院等。據明人陳仁錫《皇明世法錄》載戎政府坐落於紫禁城東華門之東北向南。[74]萬斯同《明史》載，是仇鸞奏請改昌國公張鶴齡故居為戎政府，並以大同鎮軍五百名充當衛戍。[75]今人侯仁之、徐苹芳的考證，戎政府在東華門更東邊的東安門外明照坊，位於燈市口大街北。[76]萬曆二年（1574），明神宗令戎政府旁的東西二間空宅做為總協二臣之官署與住所，就近辦公。同時從三營中聽選六支家丁，也住在戎政府旁，由六副將來統領訓練。[77]

---

74 〔明〕陳仁錫，《皇明世法錄》，卷44，〈戎政事宜〉，頁175。

75 〔明〕徐樞輯，《嘉隆識小類編》（臺北：中央研究院歷史語言研究所傅斯年圖書館藏明鈔本），卷6，〈團營考〉，頁22a-29b。〔清〕萬斯同撰，《明史》（上海：上海古籍出版社，2002，《續修四庫全書》史部・別史類，第326冊，據北京圖書館藏清[1644-1911]抄本影印），卷106，〈兵衛一・京營〉，頁12-26。

76 〔明〕張爵，《京師五城坊巷衚衕集》（北京：北京古籍出版社，1982），〈序〉，頁4。〔清〕朱一新，《京師坊巷志稿》（北京：北京古籍出版社，1982），卷上，〈燈市口大街〉，頁111；〈佟府夾道〉，頁111-112。徐苹芳編著，中國社會科學院考古研究所編輯，《明清北京城圖》，頁24、59。戎政府原址，應於今北京市東城區同福夾道三號，第一六六中學校地內。

77 〔明〕顧秉謙等總裁，《明神宗實錄》（臺北：中央研究院歷史語言研究所，1984，據中央研究院歷史語言研究所民國五十一年[1962]刊本縮編），卷21，頁562-564，萬曆二年正月己丑條。〔明〕李東陽等奉敕撰，申時行等奉敕重修，〔萬曆〕《大明會典》，卷134，〈營操・京營・營政通例・凡操練〉，頁363。

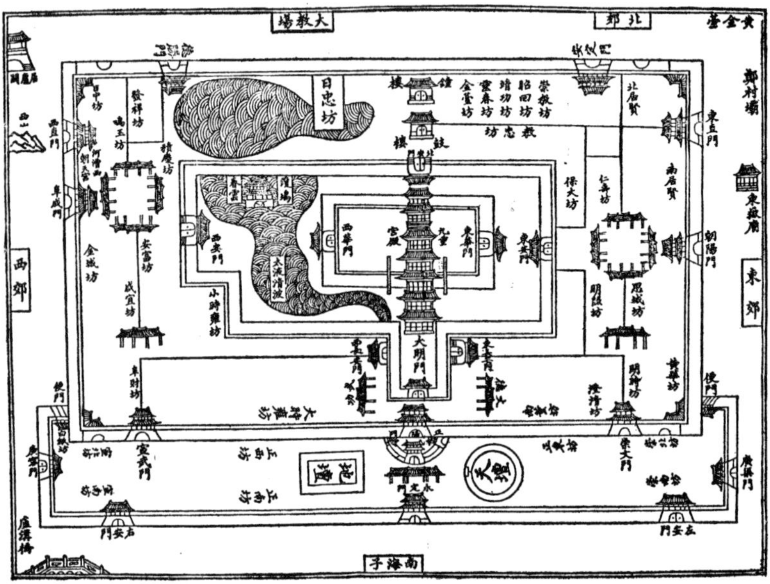

圖3-4　京師五城坊巷衚衕圖載明照坊位置

資料來源：張爵，《京師五城坊巷衚衕集》（北京：北京古籍出版社，1982），〈序〉，頁4。

圖3-5　戎政府原址，現為北京市第一六六中學校地

資料來源：作者攝（北京市，2019.6）

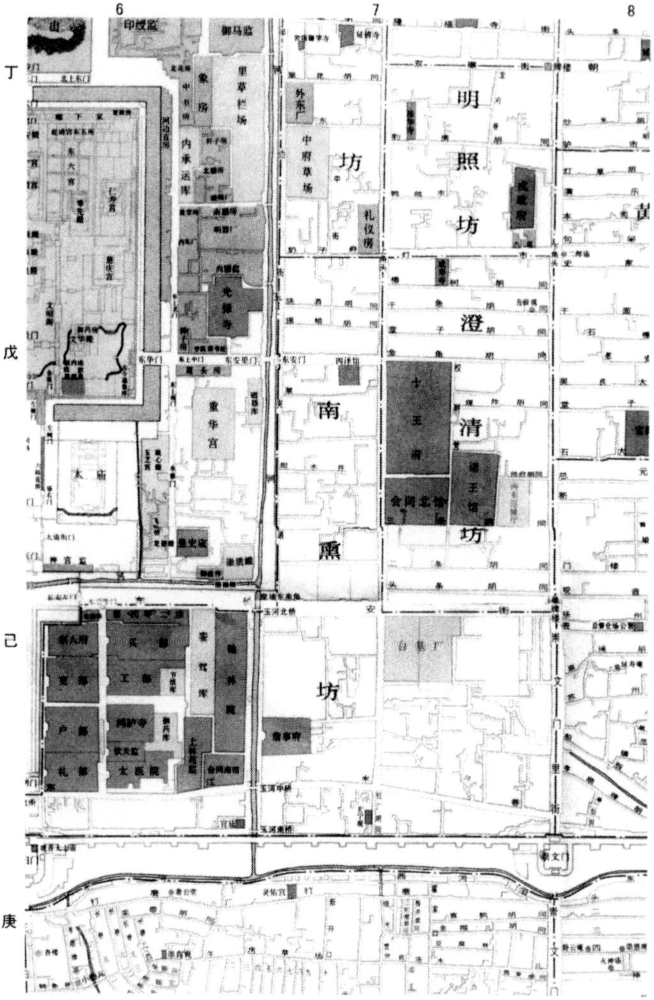

明北京城复原图(分图7)

圖3-6　明代戎政府位置圖

資料來源：徐苹芳編著，中國社會科學院考古研究所編輯，《明清北京城圖》（上海：上海古籍出版社，2012），明北京城復原圖，分圖七。

三大營的營區，皆設於北京城北面。五軍營居中，位於安定、德勝門外，營區南面建閱武門一座，為天子校閱地。閱武門至北向的土城，長一千七百四十二步，內設將臺一座，是天子閱視座位。前方設旗臺二座、號令石榜碑一座、鼓二座、石旗架二座。演武廳一座在東官廳之南，每逢雙月十六日，欽差內官五府僉書兵科等衙門比試新襲替官舍之處。神樞營居東，於安定門外之東；神機營居西，於德勝門外之西。[78]

圖3-7　德勝門箭樓現狀
資料來源：作者攝（北京市，2023.8）

「祖制」是明世宗在位時期頻繁出現的議題，明世宗在嘉靖朝前期透過詮釋洪武祖制來進行政治革新，[79]而在軍事改革上宣稱法明成祖之制。明世宗宣稱「戎政府」是恢復明成祖的三大營，但內在軍事指揮系統卻是承襲景泰朝團營並加以修改。是勳臣、文臣、內臣三堂

78　〔明〕陳仁錫，《皇明世法錄》，卷44，〈戎政事宜〉，頁174-175。
79　田澍，〈洪武祖制與嘉靖前期革新〉，《社會科學戰線》，5（長春，2000.9），頁153-159。

體制改為勳臣與文臣相互制衡體制。嘉靖八年至十年陸續裁撤地方鎮守中官，大幅減低內臣對軍政的影響，當時京營的提督監槍內臣尚未被革廢。明世宗革除永樂朝以來的內臣監軍制度，改派遣文臣京營巡視官監控。內臣的位置雖然被文臣巡視官取代，但戎政府的主導官仍是以掌管戎政印的武臣總督京營戎政為首，以文臣為協理經營戎政輔之。如此設計是繼承明太祖對勳臣的優待、遵循永樂朝以來勳臣總領京營的慣例，彰顯自身入繼的正統性，是明世宗重視勳臣的原因。[80]

明世宗以祖制救時制的方式改變京營制度，有遵循舊制也有新制。從萬曆朝的閣臣中，我們可以發現明人托古改制的精神核心。歷任浙江、保定巡撫張鹵（？-1598）的京營議提及：

> 至我先帝，當庚戌歲，虜騎長驅，大飭戎務，乃革十二團營及東西官廳之名，盡歸五軍，以光復我高皇帝之舊制。因神機為神機，改三千為神樞，以式增我文皇帝之宏規。總之為三營，以盡其大，分之為：一總督、一協理、二巡視、四副將、三十二營、四百餘員千把總之間，以盡其詳實。昭析太甚，固未嘗分數不明也。在先帝力復祖制，百方慎重之心，會于群臣，告于祖廟，才耆定規畫，其詔旨昭如日星，有曰：『這事體非輕，必復祖制，方可事權歸一。』又曰：『朕復祖制，三營修武，當時諸臣合詞稱頌，有曰規模宏遠，修理精詳，上增二祖修攘之耿光，下垂萬世治安之成憲。』臣嘗莊誦對揚，以為我朝京軍三大營之制，是高皇創立于始、文皇增定于中、先皇完成于終。[81]

---

80 如嘉靖十一年（1532），明世宗對劉基、李文忠、常遇春、鄧愈、湯和五家後裔恢復勳臣爵位，並加欽承祖業封號。秦博，〈明代勛臣政治權力的演變〉（北京：中國社會科學院研究生院碩士學位論文，2013），頁81-83。

81 張鹵，〈張給諫奏議二〉，〈議・附進京營議〉，收入〔明〕陳子龍等選輯，《明經世文編》，卷365，頁3943。

指出明廷重新編組團營結構，將團營與東西官廳併回五軍營，是為恢復明太祖的舊制；編設總督、協理、巡視、副將等職，確立三大營的職官與從屬，令其管理階層更為嚴謹詳實，解決過去權責歸屬不詳的問題，以彰顯明成祖的規制。故言京軍創制經歷太祖創制、太宗擴增至世宗而完備。在政治術語中，他不斷強調祖制的法統重要，奉承旁系入繼大統的明成祖、明世宗為明太祖的正統傳承，以確立明世宗的歷史定位。在託古改制之下，京營名稱復舊，但內在實大異於前朝。

第二節　北京防禦軍鎮化：戎政府的組織

一、戎政府與督撫軍鎮的組織對照

戎政府有總督京營戎政、協理京營戎政，邊鎮有總督巡撫與總兵官，同樣是勳臣與文臣相互配合的軍事指揮系統，二者之間有何異同？首先從勳臣與文臣的地位變遷來看，明人沈德符言：

> 國初武事俱寄之都指揮使司，其後漸設總兵，事權最重。今宇內文臣為巡撫者，俱係添設，非國初舊制，以故稱贊理軍務，不過贊助總兵官戎機。如京營兵部大臣，稱協理戎政者亦然。……蓋舊時名號尚稍低昂，而事寄到今則一矣。武臣以總兵官為極重，先朝公侯伯專征者，皆列尚書之上。自總督建後，總兵稟奉約束，即世爵俱不免庭趨。其後漸以流官充總鎮，秩位益卑。當督撫到任之初，兜鍪執仗，叩首而出，繼易冠帶肅謁，乃加禮貌焉。[82]

---

[82]〔明〕沈德符撰，楊萬里校點，《萬曆野獲編》，卷22，〈督撫・提督軍務〉，頁464。

他認為明廷相當尊崇勳臣，其地位在六部尚書之上。後衍伸出文臣贊理軍務，是協助總兵官的職官，直到總督軍務出現後，文臣的地位始高於勳臣。協理京營戎政的功能跟巡撫一樣，是輔助總兵官，位階不如總督。

明代邊鎮與地方的軍事統御結構是「兵事專任武臣，後常以文臣監督」[83]，為以文馭武模式，文臣更從輔助勳臣的下屬轉為長官。在邊鎮行之有年的制度，在京師的戎政府雖同樣設置文武大臣，為何地位卻相反而行？從督撫制度的發展脈絡來看，永樂朝後，邊鎮的文臣巡撫不斷擴權，尤其軍務權力更明顯。明仁宗洪熙元年，以武臣疎於文墨，選任文臣巡撫加「參贊軍務」來協助總兵官處理軍機文書，武臣的地位日漸低於巡撫及總督。巡撫或總督有提督、參贊、協贊等職銜名稱，其名目沒有定制，但原則是以中央官的職銜（憲銜、部銜）節制三司、總兵官而總領一方，至正統末年已形成督撫皆有都察院御史銜出任的習慣。[84]達到以文制武，防止武官跋扈，始終聽命中央的地方勢力。[85]至嘉靖朝，北邊軍鎮已常態設置總督、巡撫、總兵官，以文制武的階層制度已從任務指派趨向穩定設置。

戎政府以復歸祖制為名，協理京營戎政與督撫同樣以兵部銜掌軍務，但沒有都察院御史銜，且戎政印交付總督京營戎政，制度上偏重武臣的地位。戎政府中總督與協理的權力消長情況又是如何？沈德符言：

> 印曰戎政之印，則總督專掌，坐是文臣不敢專制。如咸寧侯仇鸞，則憑恃上寵，奴視協理矣。自鸞敗。文臣稍得發抒，終不能自行其意。直至今上己亥，王懷棘世揚以大司馬領協理，始請別

83　〔明〕李東陽等奉敕撰，申時行等奉敕重修，〔萬曆〕《大明會典》，卷128，〈兵部十一・鎮戍三・督撫兵備〉，頁297。

84　張哲郎，《明代巡撫研究》，頁27-33。李新峰，《明前期軍事制度研究》，頁134-139。

85　關文發、顏廣文，《明代政治制度研究》（北京：中國社會科學出版社，1995），頁91-94。

> 鑄一關防，以便行事。上允之。自是協理大臣，始得與掌印勛臣均事權。[86]

仇鸞主政時，協理京營戎政遭到極度貶抑，在仇鸞病故後，總督與協理的關係稍緩，但協理仍無法主導決策。直到萬曆二十七年（1599），協理京營戎政兵部右侍郎王世揚（？-1608）獲賜關防後，[87]其事權始能與總督平均。

明代軍事傳統中，勳戚出身的武臣憑著皇權、世勳關係，即使有過或戰鬥不符期待，地位仍難以動搖。在京師的勳臣比邊鎮更是權貴，甚至位列六部尚書之上。因此，協理京營戎政雖然官銜與宮銜跟文臣總督十分相近，但在明廷的設計中，是作為勳臣總督京營戎政的副手。傳統與創新的磨合十分漫長，戎政府成立近五十年後，制度上協理京營戎政才與總督京營戎政平均事權，地位接近平等。

二、總督京營戎政及協理京營戎政的職責

在京營的運作中，三大營皆為勳臣直接管理，如今設置協理京營戎政作為總督京營戎政的副手，權責該如何分配？據〔萬曆〕《大明會典》可觀察到明廷逐年調整總督京營戎政與協理京營戎政的權責，到隆慶朝才大致底定各自的權責與共同職掌之務，這些改變呈現什麼問題？

在國家祭祀及外交上，勳臣是天子的首要代理人，又以京營提督官為重。自洪武元年起，明廷每年於仲秋之日在旗纛廟、霜降日在教場祭祀山川，年終祭太廟；永樂朝後，每月初一及十五日由神機營提督官在教場祭火雷之神。總督京營戎政承此祭祀傳統，負責奏請、祭

---

86 〔明〕沈德符撰，楊萬里校點，《萬曆野獲編》，卷13，〈禮部一‧協理關防〉，頁290。

87 〔明〕顧秉謙等總裁，《明神宗實錄》，卷337，頁6240。萬曆二十七年七月辛亥條。

畢、復承命。[88]嘉靖三十九年（1560），朵顏部的泰寧頭目到北京，由總督京營戎政接待，此後夷使到京俱照此例。[89]顯示總督京營戎政承襲京營提督官的全部職務。

協理京營戎政實質管理京營的業務及決策權逐年增加，制度上的地位漸從協助總督京營戎政，轉為共同管理。首先是儲訓勳臣子弟與操練官兵，皆由戎政文武大臣共同考核成績及給予賞罰。嘉靖二十九年，神樞、神機二營所屬官兵如未達編制數量，由戎政文武大臣會同巡視科道官選補。三十一年（1552），凡二十歲以上之公、侯、伯，皆送兵部擇定官職，分撥至各營、副、參、遊、佐等官，一同入營學習、操練，如遇將官調往宣大薊州等處，亦即隨營前去。藉此察知地理夷情、學習戰陣。四十二年（1563），凡三十五歲以下在京五軍都督府未經管事的新襲公、侯、伯，或不分年歲之應襲爵，都送京營由戎政文武大臣定日期隨營考驗武功，年底偕同巡視京營科道奏覆勤惰勇怯。四十三年（1564）起，隨營勳戚的弓矢、策論需每年較試二次，熟練者記錄在簿，不熟習者由戎政文武大臣督責戒飭。每月初一、初八、十五、二十三日，戎政文武大臣監督官兵操練，其餘二十六天交由各營將官分練各兵。戎政文武大臣及巡視科道不必同行，可以隨時入營校閱賞罰。隆慶三年（1569）議准，每年底將送營觀操的公、侯、伯選為坐營遊擊官的儲備官，每三年酌量敘遷。[90]

其二是京營兵額實數與糧餉支應有浮報超支的長期弊端，影響軍隊的實戰力以及國家財政。嘉靖三十五年（1556）起，糧餉預支規定由戎政府主持並會同兵部清查官兵領受糧餉實數，應支給月糧必須及

---

88 〔明〕李東陽等奉敕撰，申時行等奉敕重修，〔萬曆〕《大明會典》，卷92，〈祠祭清吏司・群祀二・旗纛禡祭及祭所過山川祭神旗附〉，頁620。

89 〔明〕李東陽等奉敕撰，申時行等奉敕重修，〔萬曆〕《大明會典》，卷109，〈主客清吏司・賓客・會同館〉，頁113。

90 〔明〕李東陽等奉敕撰，申時行等奉敕重修，〔萬曆〕《大明會典》，卷134，〈營操・京營・營政通例〉，頁360-362。嘉靖四十三年，戎政文武大臣會同兵部照武舉例對監生考較弓馬等武藝。〔萬曆〕《大明會典》，卷5，〈文選清吏司・選官〉，頁99。

時發放。負責發放的軍官如超額發放，即按照層級處罰如表3-1。

表3-1 京營月糧預支懲處級距表

軍官層級	預支超額及懲處		
	三成	五成	八成
少軍衛所、掌印官	問罪住俸	問罪降一級	問罪降一級、調發別衛
都司掌印官		參問住俸	一體降級

資料來源：〔明〕李東陽等奉敕撰，申時行等奉敕重修，〔萬曆〕《大明會典》，卷134，〈營操・京營・營政通例〉，頁365。

以實在軍數發放，逃亡者不列入，如已發完，有未來領取者，掌印等官照此例懲處。另外如有受財賣放、贓多罪重，照律例問擬。[91]

次為定期操練及汰除軍兵。嘉靖三十年起，由戎政文武大臣會同巡視科道及兵部驗軍主事，清查京營老弱軍士。三十一年，每年防秋結束後，京營科道官與在營將領舉劾官兵的成績，再覆請兵部與戎政文武大臣考察去留。四十三年年終起，戎政文武大臣與京營科道官考閱京營將領，兵部官不得干預，若遇閱視之年則年終不用考閱。[92]

明廷訂立戎政府定期進行京營操練與汰除軍兵，其執行成效的獎懲上從戎政大臣，下至一般軍士。隆慶元年（1567）起，訂下三年之內，視三大營補充兵額與練兵之成效，由兵部議請黜罰戎政大臣。隆慶三年起，考閱下等者，軍士照常發落、家丁師範革糧一石隨操，太差就革除名糧，從上等軍士補任。以後照例考閱，互相陞降。三考上等者，改充管隊。五考上等，照邊方効勞年久事例給與冠帶。大閱有成，賞賜戎政大臣、各銀二十兩、紵絲三表裏。巡視京營科道、各銀十兩、一表裏。四年（1570），秋操歇日閱視具奏。萬曆四年（1576），營千把總員可

91 〔明〕李東陽等奉敕撰，申時行等奉敕重修，〔萬曆〕《大明會典》，卷134，〈營操・京營・營政通例〉，頁365。

92 〔明〕李東陽等奉敕撰，申時行等奉敕重修，〔萬曆〕《大明會典》，卷134，〈營操・京營・營政通例〉，頁367-369。

經巡視科道疏薦，由戎政大臣舉用。資深的京營將領查其才識卓越、操履無虧者，由戎政大臣具奏、兵部題請加恩。[93]

京營是駐防京師的戰鬥部隊，但對明廷而言也是大量的人力資源。各時期的京營官兵都有被徵調做工，如修建宮殿、門樓、北京城等，時而被權貴占役等，這會耗損官兵體力以及操練成效。[94]因此，隆慶二年起，明廷要求工部、內官監等衙門，若遇有重大工程必須會同兵部、戎政衙門一同議請。即便同意也要酌量撥給，不得直接撥用。[95]

其三，管理官兵犯罪刑罰。嘉靖三十六年（1557），若京營官兵在北京城內犯法或詞訟，除強盜、殺人等重罪外，審問都要在京營內。四十二年，擴及京畿區域的京營官軍，罪刑審問期間仍要在營，暫扣月糧、聽候發落，不可輕易監禁，避免妨礙差勤操練任務。而且查證審問皆要會同戎政府，拘提人犯也要戎政府許可。四十三年，若京營軍士重複犯罪，更要懲處上級將領甚至戎政大臣。[96]

其四，管理經費帳目。嘉靖三十二年（1553）起，戶部徵收京營草場子粒銀兩共一萬三千五百兩，今後每年徵解兵部貯庫，按季聽戎政大臣印信手本到部，才可關支賞軍等用。按季將收放數目填造文冊二本，一送兵部一送科道查考。隆慶二年，題准戎政大臣將營中各項銀兩入庫收貯，於營操官內選擇廉幹者一人專司其事。凡遇犒賞公費，量數給發，其樁朋銀兩依期呈報戎政衙門貯庫。季終，差官類解太僕寺庫。仍置文簿，付本官收掌，逐一登記錢糧。[97]

93　〔明〕李東陽等奉敕撰，申時行等奉敕重修，〔萬曆〕《大明會典》，卷110，〈主客清吏司・給賜一・大閱遣閱營操附〉，頁120；卷134，〈營操・京營・營政通例〉，頁362-363；370。

94　彭勇，《明代班軍制度研究——以京操班軍為中心》，頁292-319。羅麗馨，〈明代京營之研究〉，頁130-132。

95　〔明〕李東陽等奉敕撰，申時行等奉敕重修，〔萬曆〕《大明會典》，卷134，〈營操・京營・營政通例〉，頁366。

96　〔明〕李東陽等奉敕撰，申時行等奉敕重修，〔萬曆〕《大明會典》，卷134，〈營操・京營・營政通例〉，頁374。

97　〔明〕李東陽等奉敕撰，申時行等奉敕重修，〔萬曆〕《大明會典》，卷134，〈營操・京營・營政通例〉，頁375。

從嘉靖到萬曆朝，京營改革時間長達近二十年。如勳臣子弟的晉用訓練不再只限於營內考核，更增加駐外派遣的實戰歷練。又如借調京營兵力進行工役活動已是長年以來的習慣，嘉靖朝未能改善，直到隆慶朝才定下規章。值得注意的狀況，京營官兵連犯罪審問期間都不能監禁，顯然員額十分吃緊，且各項考核的賞罰包含戎政大臣以下各級官員與基層士兵。

三、從提督團營到協理京營戎政的職掌變化

景泰朝的提督團營與嘉靖朝的協理京營戎政都是歷經京師保衛戰後迅速創立的職官，目的都是改革京營管理，強化北京的防禦能力。這兩個職官創設時間差距近一百年，從制度設計與實際運作的內容來看，茲以表二呈現兩者的異同。

表3-2 提督團營與協理京營戎政的職官異同表

異同處	提督團營	協理京營戎政
職銜	兵部尚書或侍郎	兵部尚書或侍郎
職掌	管理京營	協助總督京營戎政
品秩	從一品	從二品
專兼任	兼任	專任
衙門	兵部或都察院	戎政府
任期	不固定	不固定
設置期間	時間短，續任斷層時間較長	長期定置，續任斷層時間短

表中可見提督團營與協理京營戎政都是兵部文臣出任，職階為尚書或侍郎，未預設任期長短。而二者的不同處，在於提督團營多是兵部官兼任，少數在都察院辦公，品秩較高；協理京營戎政是掛兵部官銜專任，於戎政府辦公，品秩稍低。最重要的改變是京營業務由兵部委派專

任官，而不是由主官兼任，讓協理京營戎政專責一務，不會因兵部事而兼顧不暇。其次，制度上協理京營戎政為總督京營戎政之副手，品秩也較低，更不如提督團營之權大，但實質的管理工作都由協理京營戎政負責，加上幕僚人員的協助，管理京營的工作流程逐漸形成制度。

對比〔正德〕《大明會典》與〔萬曆〕《大明會典》中的京營組織制度，可發現協理京營戎政與提督團營有十分明顯的區別。二部會典的吏部條目並未記錄提督團營，對照兵部條目內容記錄提督團營由兵部尚書或都御史擔任，曾二度罷廢又復置，說明提督團營為非常設性的任務導向職官。而戎政府在〔萬曆〕《大明會典》中，協理京營戎政、三大營的掾史、典吏皆收錄於吏部的在京衙門條目中。[98]

此外，戎政府也設將軍駙馬都尉一員，此職自明初以來即有典兵出鎮及掌府部事的例子，但並非常設於衙門之中。明世宗安排一名外戚於戎政府中，但此職並無實際軍政權，也沒有奏陳營務的義務，或可說是取代內臣，作為皇帝耳目的監督之職。同時，又設提督倉場戶部一員，專責處理軍餉等後勤供給。[99]從職務分工來看，說明戎政府與協理京營戎政已成為明代政府的定制職官。

四、官兵編組的改進：嘉靖朝戎政府與舊三大營、十二團營的比較

明世宗恢復的三大營制度，實際上只有表面稱號，內部組織已經有大幅變革。首先，從軍事指揮系統的改變來看，營中的軍官人數有大幅改變。舊三大營以勳臣為京營總兵官，下轄軍官人數為五軍營五十三名、三千營六十六名、神機營九十名，共二百零九名。十二團營由兵

98 〔明〕李東陽等奉敕撰，申時行等奉敕重修，〔萬曆〕《大明會典》，卷7，〈吏部・吏員・在京衙門〉，頁132。

99 〔明〕李東陽等奉敕撰，申時行等奉敕重修，〔萬曆〕《大明會典》，卷7，〈吏部・吏員・在京衙門〉，頁132。〔清〕張廷玉等總裁，《明史》，卷76，〈職官五・駙馬都尉〉，頁1856。

部尚書或都察院御史任提督團營，直轄提督團營的掌號官三名，下轄十二團營每營軍官二十三名，共二百七十六名。嘉靖二十九年初創戎政府時，分總督京營戎政與協理京營戎政，其下將領精簡，五軍營包含大將在內共十一名、神樞營八名、神機營八名。至四十三年，三大營下各分十營，五軍營軍官一百九十六名、神樞營二百零八名、神機營一百八十二名，總計五百八十六名。（詳細結構可見圖3-8到圖3-10）

明代京營歷經多次改編，過去研究指出逃兵役占致使兵額減少，存兵亦是老弱，為戰力不斷衰弱的主因。[100]但從各時期的軍官數與兵額變化來看，可以看到京營逐漸由大規模軍團轉變為中型軍團。舊三大營時總兵額近八十萬名，[101]由二百零九名軍官管理。十二團營時，一個營的都督從管領兩萬降至一萬人，十二營總兵額十二萬人，但軍官總數增加至二百七十六名。[102]從舊三大營到十二團營的改變，令每一名軍官所管轄兵額減低，使軍官的督導更貼近基層，並讓軍官久任，促使兵將彼此熟習，此為于謙提升戰力的方法。

戎政府初期，京營兵額約存十三萬人，由包含總督與協理二臣在內僅不到三十名軍官管理。[103]奧山憲夫認為嘉靖二十九年的改革，除指揮系統的配置改變外，最重要是挑選精銳兵員與獲得穩定兵額來源。改革前的問題，在於將領既隱匿實際兵額，又虛報兵額以詐領糧餉，以致挑選出來的兵多為老弱又虛耗糧餉。[104]戎政府的首要的工作在選兵與練兵，尚未詳細考慮到更細部的組織規劃與作戰編組。此問題根基於仇鸞表面選練京營軍隊，實際上則引入大量邊鎮軍隊與班軍做為主力，以強壯且具戰力的邊軍作為表象，隱藏其對京營管理的因循舊例。

---

[100] 羅麗馨，〈明代京營之形成與衰敗〉，頁1-36；〈明代京營之組織〉，頁101-132。

[101] 張德信，《明朝典制》，頁391-394。

[102] 閻啟鑫，〈明代團營營置考〉，《桂林師範高等專科學校學報》，25：1（桂林，2011.1），頁61-65。

[103] 〔明〕張居正等總裁，《明世宗實錄》，卷393，頁6894-6896，嘉靖三十二年正月戊寅朔條；卷394，頁6931，嘉靖三十二年二月丁巳條。

[104] 奧山憲夫，《明代軍政史研究》，頁339-360。

其次，戰術任務編組的演進。表3-3是京營各時期兵種編組的變化，最明顯的改變是從一營一兵種，轉換為一營多兵種。團營時期下轄五軍、三千、神機的三大營編組，每個團營編制一萬人，一個團營內有三種兵種。戎政府的三大營制，每一大營內部卻是團營的編組，一大營有三種兵種，其下再細分為戰兵、車兵、城守、執事共十營。過去，舊三大營依其兵種有各自專長的戰術，戰時彼此配合作戰。而今，一個營中有複數兵種，不用擔心不同營的騎兵、步兵、火器構通協調不佳，戰術運用較過去靈活，更能面對變化複雜的戰局。更特別的是，僅嘉靖二十九至三十年明廷就新造了二千三百輛以上的戰車，車兵營數量佔全京營部隊的45%，成為京營的主力兵種，四十三年更增造四千輛戰車。[105]戰車在北邊抵禦蒙古騎兵的實績顯著，明廷增加十營的戰車營，大幅強化京營的遠程攻擊能力。

表3-3　京營兵種編組變遷表

<table>
<tr><th colspan="2">永樂朝</th><th colspan="4">景泰－正德朝</th><th colspan="3">嘉靖四十三年</th></tr>
<tr><td>三大營</td><td>兵種</td><td rowspan="4">十二團營</td><td colspan="2">三大營</td><td>兵種</td><td rowspan="4">戎政府</td><td>三大營</td><td>兵種</td></tr>
<tr><td>五軍營</td><td>步兵</td><td rowspan="3">團營</td><td>五軍營</td><td>步兵</td><td>五軍營</td><td>步、騎、火</td></tr>
<tr><td>三千營</td><td>騎兵</td><td>三千營</td><td>騎兵</td><td>神樞營</td><td>步、騎、火</td></tr>
<tr><td>神機營</td><td>火器</td><td>神機營</td><td>火器</td><td>神機營</td><td>步、騎、火</td></tr>
</table>

資料來源：〔萬曆〕《大明會典》，卷134，〈兵部十七・京營〉，頁356-359。

[105] 周維強，《明代戰車研究》，頁182-192。

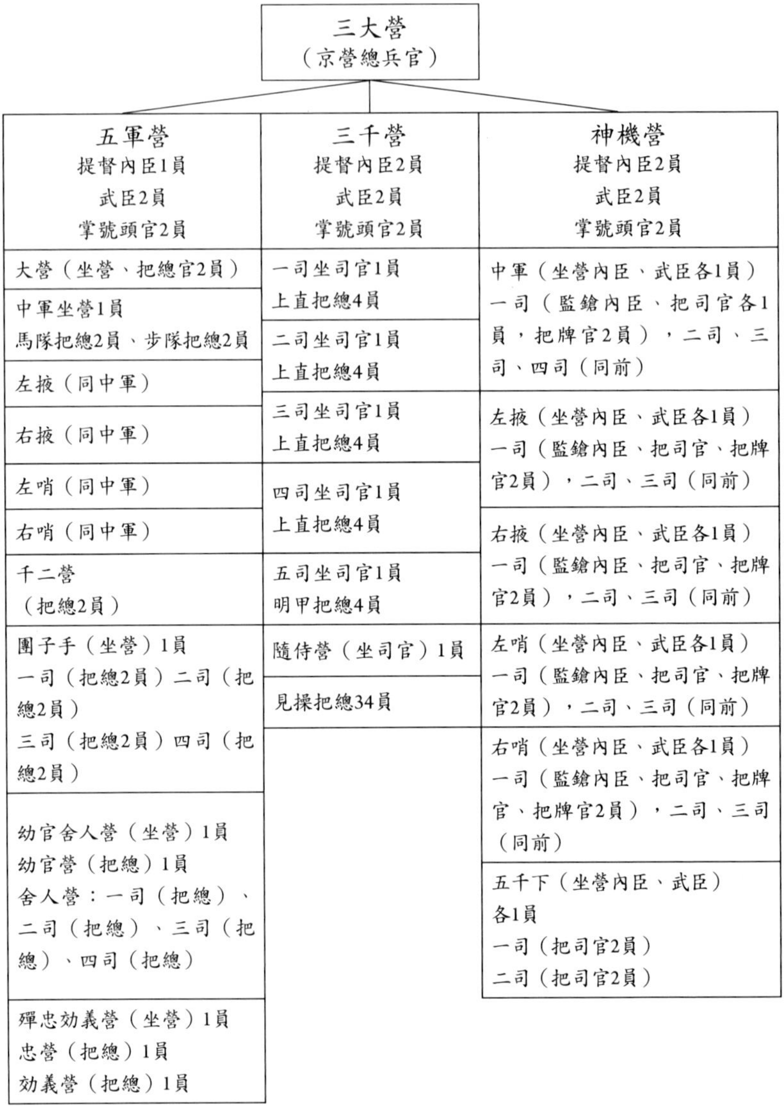
三大營
（京營總兵官）
五軍營
提督內臣1員
武臣2員
掌號頭官2員
三千營
提督內臣2員
武臣2員
掌號頭官2員
神機營
提督內臣2員
武臣2員
掌號頭官2員
大營（坐營、把總官2員）
中軍坐營1員
馬隊把總2員、步隊把總2員
左掖（同中軍）
右掖（同中軍）
左哨（同中軍）
右哨（同中軍）
千二營
（把總2員）
團子手（坐營）1員
一司（把總2員）二司（把總2員）
三司（把總2員）四司（把總2員）
幼官舍人營（坐營）1員
幼官營（把總）1員
舍人營：一司（把總）、二司（把總）、三司（把總）、四司（把總）
殫忠効義營（坐營）1員
忠營（把總）1員
効義營（把總）1員
一司坐司官1員
上直把總4員
二司坐司官1員
上直把總4員
三司坐司官1員
上直把總4員
四司坐司官1員
上直把總4員
五司坐司官1員
明甲把總4員
隨侍營（坐司官）1員
見操把總34員
中軍（坐營內臣、武臣各1員）
一司（監鎗內臣、把司官各1員，把牌官2員），二司、三司、四司（同前）
左掖（坐營內臣、武臣各1員）
一司（監鎗內臣、把司官、把牌官2員），二司、三司（同前）
右掖（坐營內臣、武臣各1員）
一司（監鎗內臣、把司官、把牌官2員），二司、三司（同前）
左哨（坐營內臣、武臣各1員）
一司（監鎗內臣、把司官、把牌官2員），二司、三司（同前）
右哨（坐營內臣、武臣各1員）
一司（監鎗內臣、把司官、把牌官、把牌官2員），二司、三司（同前）
五千下（坐營內臣、武臣）
各1員
一司（把司官2員）
二司（把司官2員）

圖3-8　舊三大營制組織圖

資料來源：〔萬曆〕《大明會典》，卷134，〈兵部十七・京營・舊三大營制〉，頁354-356。

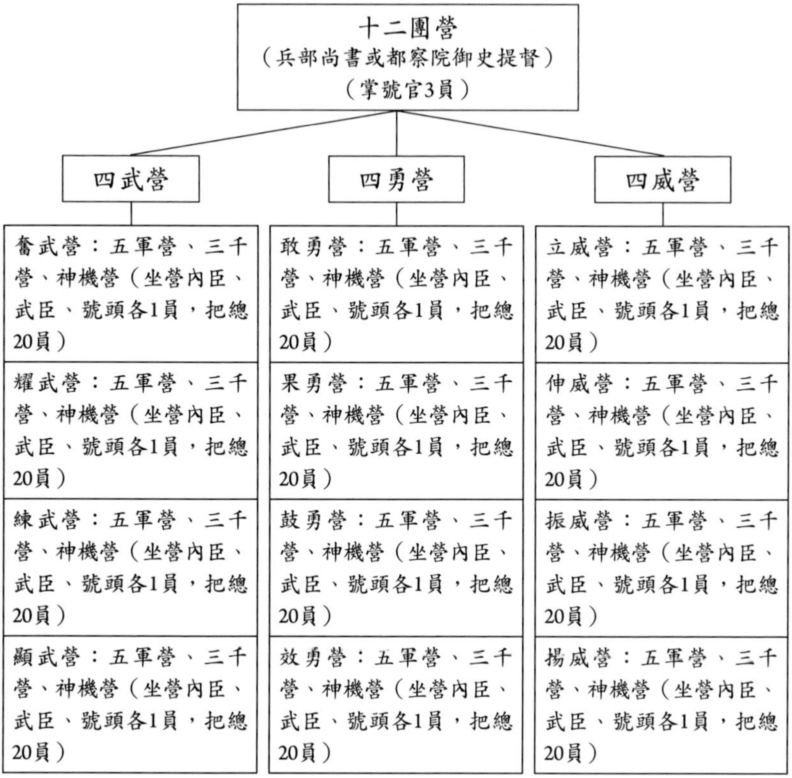

圖3-9　景泰朝十二團營組織圖

資料來源：〔萬曆〕《大明會典》，卷134，〈兵部十七·京營·舊團營制〉，頁356-357。

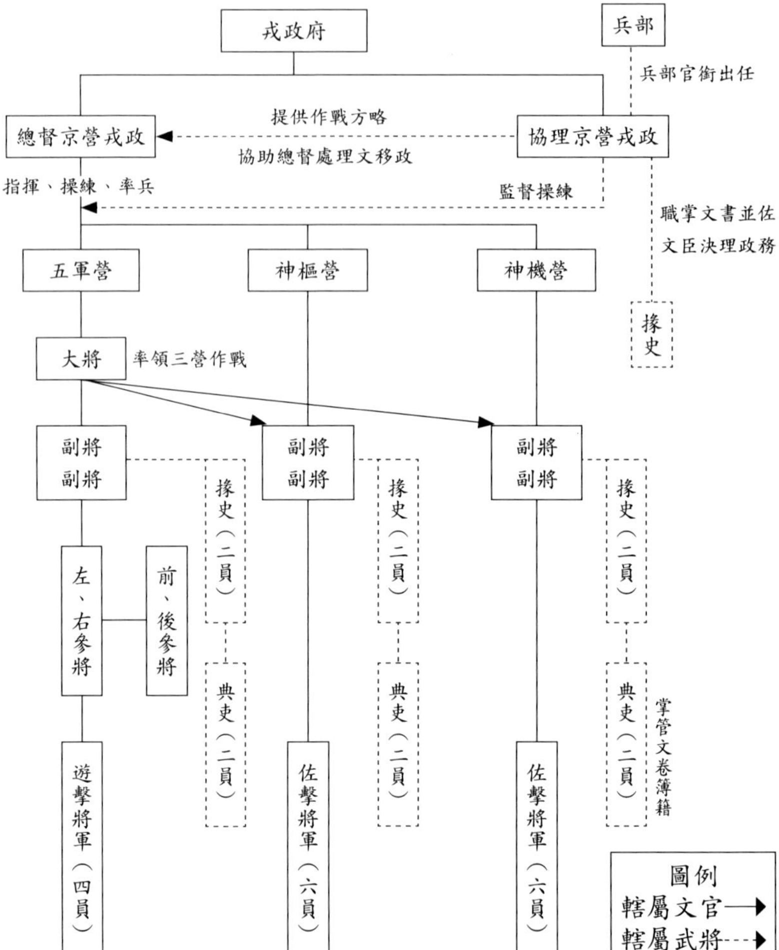

圖3-10　嘉靖二十九年戎政府組織圖

資料來源：〔萬曆〕《大明會典》，卷134，〈兵部十七・京營・今京營定制〉，頁357-359。

嘉靖四十三年，三大營再度改編。三大營各自擁有十營兵馬，五軍營為四個戰兵營、四個車兵營、兩個城守營，共五萬名，再加外備兵六萬六千六百六十六名；神樞營為三個戰兵營、三個車兵營、三個城守營、一個執事營，共四萬八千名，再加外備兵四萬名；神機營有戰兵營三個、車兵營三個、城守營四個，共四萬二千名，再加外備兵四萬名，總計可用兵額達二十八萬之數。五軍營設有大將一員統兵一萬，更較神樞、神機營多五萬六千六百六十名，高了近55%的兵力，此配置顯示五軍營是三大營的核心，更是尊崇五軍營是最早創設、源於洪武制度的表現。（見表3-4、3-5）

表3-4　十二團營與戎政府組織對照表

<table>
<tr><th colspan="5">十二團營</th><th colspan="5">戎政府</th></tr>
<tr><th>大營</th><th colspan="2">指揮官</th><th>番號</th><th>指揮將領</th><th>大營</th><th colspan="2">指揮官</th><th>番號</th><th>指揮將領</th></tr>
<tr><td>耀武營
10,000人</td><td rowspan="6">勳臣提督</td><td rowspan="6">文臣提督</td><td>五軍
三千
神機</td><td>坐營武內臣
頭號
把總二十員</td><td rowspan="6">五軍營
50,000人</td><td rowspan="6">總督京營</td><td rowspan="6">協理京營</td><td>戰兵一營
7,000人</td><td>左副將</td></tr>
<tr><td>練武營
10,000人</td><td>五軍
三千
神機</td><td>坐營武內臣
頭號
把總二十員</td><td>戰兵二營
6,000人</td><td>練勇參將</td></tr>
<tr><td>顯武營
10,000人</td><td>五軍
三千
神機</td><td>坐營武內臣
頭號
把總二十員</td><td>車兵三營
6,000人</td><td>參將</td></tr>
<tr><td>敢勇營
10,000人</td><td>五軍
三千
神機</td><td>坐營武內臣
頭號
把總二十員</td><td>車兵四營
3,000人</td><td>遊擊將軍</td></tr>
<tr><td>果勇營
10,000人</td><td>五軍
三千
神機</td><td>坐營武內臣
頭號
把總二十員</td><td>城守五營
3,000人</td><td>佐擊將軍</td></tr>
<tr><td>効勇營
10,000人</td><td>五軍
三千
神機</td><td>坐營武內臣
頭號
把總二十員</td><td>戰兵六營
7,000人</td><td>右副將</td></tr>
</table>

<table>
<tr><th colspan="5">十二團營</th><th colspan="5">戎政府</th></tr>
<tr><th>大營</th><th colspan="2">指揮官</th><th>番號</th><th>指揮將領</th><th>大營</th><th colspan="2">指揮官</th><th>番號</th><th>指揮將領</th></tr>
<tr><td>鼓勇營
10,000人</td><td rowspan="5">勳臣提督</td><td rowspan="5">文臣提督</td><td>五軍
三千
神機</td><td>坐營武內臣
頭號
把總二十員</td><td rowspan="4">五軍營
50,000人</td><td rowspan="4">總督京營</td><td rowspan="4">協理京營</td><td>戰兵七營
6,000人</td><td>練勇參將</td></tr>
<tr><td>立威營
10,000人</td><td>五軍
三千
神機</td><td>坐營武內臣
頭號
把總二十員</td><td>車兵八營
6,000人</td><td>參將</td></tr>
<tr><td>伸威營
10,000人</td><td>五軍
三千
神機</td><td>坐營武內臣
頭號
把總二十員</td><td>車兵九營
3,000人</td><td>遊擊將軍</td></tr>
<tr><td>揚威營
10,000人</td><td>五軍
三千
神機</td><td>坐營武內臣
頭號
把總二十員</td><td>城守十營
3,000人</td><td>佐擊將軍</td></tr>
<tr><td>振威營
10,000人</td><td>五軍
三千
神機</td><td>坐營武內臣
頭號
把總二十員</td><td rowspan="10">神樞營
48,000人</td><td rowspan="10">總督京營</td><td rowspan="10">協理京營</td><td>戰兵一營
6,000人</td><td>左副將</td></tr>
<tr><td colspan="5" rowspan="9"></td><td>戰兵二營
6,000人</td><td>練勇參將</td></tr>
<tr><td>車兵三營
6,000人</td><td>參將</td></tr>
<tr><td>車兵四營
3,000人</td><td>遊擊將軍</td></tr>
<tr><td>城守五營
3,000人</td><td>佐擊將軍</td></tr>
<tr><td>戰兵六營
6,000人</td><td>右副將</td></tr>
<tr><td>車兵七營
6,000人</td><td>練勇參將</td></tr>
<tr><td>執事八營
6,000人</td><td>參將</td></tr>
<tr><td>城守九營
3,000人</td><td>佐擊將軍</td></tr>
<tr><td>城守十營
3,000人</td><td>佐擊將軍</td></tr>
</table>

十二團營				戎政府				
大營	指揮官	番號	指揮將領	大營	指揮官		番號	指揮將領
				神機營 42,000人	總督京營	協理京營	戰兵一營 6,000人	左副將
							戰兵二營 6,000人	練勇參將
							車兵三營 3,000人	遊擊將軍
							車兵四營 3,000人	佐擊將軍
							城守五營 3,000人	佐擊將軍
							戰兵六營 6,000人	右副將
							車兵七營 6,000人	練勇參將
							城守八營 3,000人	佐擊將軍
							城守九營 3,000人	佐擊將軍
							城守十營 3,000人	佐擊將軍

資料來源：〔萬曆〕《大明會典》，卷134，〈兵部十七・京營・舊團營制〉，頁356-357；卷134，〈兵部十七・京營・今定京營制〉，頁357-359。

表3-5 嘉靖四十三年戎政府各營編組兵額表

五軍營		神樞營		神機營	
將領	統兵數	將領	統兵數	將領	統兵數
大將	10,000				
副將	7,000	副將	6,000	副將	6,000
副將	7,000	副將	6,000	副將	6,000
左參將	6,000				
右參將	6,000				
前參將	6,000	佐擊將軍	3,000	佐擊將軍	3,000
後參將	6,000	佐擊將軍	3,000	佐擊將軍	3,000
遊擊將軍	3,000	佐擊將軍	3,000	佐擊將軍	3,000
遊擊將軍	3,000	佐擊將軍	3,000	佐擊將軍	3,000
遊擊將軍	3,000	佐擊將軍	3,000	佐擊將軍	3,000
遊擊將軍	3,000	佐擊將軍	3,000	佐擊將軍	3,000
	共60,000		共30,000		共30,000
外備兵	66,660	外備兵	40,000	外備兵	40,000
	共126,660		共70,000		共70,000

資料來源：〔萬曆〕《大明會典》，卷134，〈兵部十七・京營・今定京營制〉，頁357-359。

第三節　仇鸞專擅時期的戎政

戎政府的創制，大幅改革京營組織結構，從軍種編組、軍官配置到專屬戎政衙門有文書胥吏作為行政後勤管理。戎政府的統御結構雖以總督京營戎政為尊，但引入大量文官進行運作，不免會影響勳臣武將原有的陋習利益。制度的設計與實際運作後，明廷遭遇什麼問題？改革是否符合期待，又能否立即看到成效？

嘉靖二十九年十一月至三十一年八月是仇鸞主政時期，首任協理京營戎政王邦瑞僅在任一個月即調兵部尚書，因明世宗及內閣較支持仇鸞，王邦瑞的政策多遭阻攔。嘉靖二十九年十一月，巡撫大同都察院右僉都御史趙錦陞兵部右侍郎兼右僉都御史為第二任協理京營戎政[106]。嘉靖三十年二月，趙錦接替王邦瑞為兵部尚書，[107]他無論在職協理京營戎政或兵部尚書，都十分配合仇鸞，直至仇鸞病故才向朝廷告發其罪，試圖劃分關係。隔年十一月，廷臣指其為仇鸞黨人，遭發戍極邊。[108]

在重建北京防禦的過程中，由於明世宗不斷催促，期待短時間能看到成果，這給予總督京營戎政仇鸞調動邊軍入北京，在短時間內製造壯盛軍容的表象。嘉靖二十九年十月初四日，仇鸞言京營只能守城，難以主動格戰，為強化北京防禦，應遣四名御史、十三名調兵將領到各邊調兵來京防秋。調大同、甘肅、寧夏、延綏、宣府各三千人，延綏再加習戰家丁一千人，及應援宣大遊兵二枝，共計超過一萬

106 〔明〕張居正等總裁裁，《明世宗實錄》，卷367，頁6566，嘉靖二十九年十一月己亥條；卷367，頁6568，嘉靖二十九年十一月己巳條。

107 吏部原推舉提督兩廣兵部尚書張經（？-1555）、宣大總督蘇祐、兵部侍郎聶豹（1487-1563）、兵部右侍郎翁萬達與趙錦，最後明世宗擇取趙錦。〔明〕張居正等總裁裁，《明世宗實錄》，卷370，頁6617，嘉靖三十年二月辛巳條。

108 〔明〕張居正等總裁裁，《明世宗實錄》，卷390，頁6853-6854，嘉靖三十一年十月己未條。

六千人，限明年五月抵達北京備禦。兵部覆：「若藩籬盡撤，則堂宇何賴？今不權時審勢，漫行調取，命使四出，非計之得也。臣等熟計，莫若因鸞說而善用之。」[109]大力反彈仇鸞挖東牆補西牆的計畫，請待明年春天有警時，各鎮再各調三千人入衛，惟甘肅、延綏距京較遠，限以二月啟程，五月到京即可。明世宗最初同意兵部，後因仇鸞固請前議，迫使兵部從其議執行。[110]

明代是守勢國防，明太祖所立《皇明祖訓》首章即言不可無故興兵，甚至列下十五個鄰近的不征之國。唯一例外是面對西北方的外族，必須隨時處於備戰狀態。[111]祖訓言備戰，仍符合守勢國防的基本原則，但沒有規定不可主動出擊，尤其有明成祖、明英宗北征，甚至武宗北巡宣府鎮的前例。明世宗同意仇鸞大膽的調動邊軍計畫，實是為北征做準備。十月十三日，明世宗諭示內閣曰：

> 昨胡氛侵內，直犯深入，雖荷天祐不日自退，然欺上大罪未明。近日士庶以及宗室亦懷忿恨，非朕私也。且賊未至之前數日，朕常以虜事問卿元輔，卿謂佳兵不祥，夫以太平日久，人人惡談武備。今若以賊已去，又不經心，後患必甚于茲。要當講求征伐之大計，勿論其犯否，庶可伸我中夏之氣象，卿等以為當如之何乃可？又諭云：「今若直搗巢穴而殺之，未為無名，所難食居一兵二也，縱有財無粟，軍何由給？須大豐三五歲，鮮旱澇之災，食足兵雄，乃可如皇祖時長驅三千里，茲便欲大伐，祗恐未得時耳。虜既未遭大挫，必復欺犯。今只備此為是，二諭勿秘示諸府

109 〔明〕張居正等總裁，《明世宗實錄》，卷366，頁6538，嘉靖二十九年十月甲子條。

110 〔明〕張居正等總裁，《明世宗實錄》，卷366，頁6541-6542，嘉靖二十九年十月癸酉條。

111 〔明〕朱元璋撰，《皇明祖訓》，（臺南：莊嚴文化事業有限公司，1997，《四庫全書存目叢書》史部・政書類，第264冊，據北京圖書館藏明洪武禮部刻本影印），〈祖訓首章〉，頁168。

部科道，令皆曉朕謂。[112]

明世宗以韃靼深入北京為恨，庚戌之變大損明朝國威，韃靼隨時可能再度入侵，而朝野安逸於承平，若能仿效皇祖北征，則可絕後患。要求內閣思考如何準備足夠的兵員與糧餉，並要內閣傳達其心意給廷臣。

十月十九日，明世宗諭示仇鸞：

> 朕定將兵制數，五軍勿易，二營之副將今止用一人，不必又二人。將大將所統三營之兵，仍外添能戰之將六人，分領摻練。眾將之選，不必備員，須經戰陣者，亦勿由部用，卿須力主復二祖初建之武威可也。[113]

明世宗明定三大營的將兵員額，令添設六名練勇參將，由仇鸞選任，各自領五軍營的二個戰兵營，神樞、神機營的戰兵、車兵營。這違反武將由兵部推選的常例，顯示明世宗對整兵建軍速度的急迫心態。

十月二十三日，明世宗諭示內閣：

> 昨入犯之寇，華人為多，外域之臣敢於我前帶信，坐觀城池可歟？不一征誅，何以示懲？殺人盈萬，天豈不怒焉？聞其歸亦多毒瘡死者，此時以承平日久，不可更以好武為阻，惟財用乏，固非君理之事。然所司不奉旨，曰不敢便行。今先集兵聚糧為要，卿等示兵戶二部臣知。[114]

---

112 〔明〕張居正等總裁，《明世宗實錄》，卷366，頁6549-6551，嘉靖二十九年十月癸未條。

113 〔明〕張居正等總裁，《明世宗實錄》，卷366，頁6546-6547，嘉靖二十九年十月己卯條。

114 〔明〕張居正等總裁，《明世宗實錄》，卷366，頁6550-6551，嘉靖二十九年十月癸未條。

明世宗的憤恨溢於言表，更對朝臣苟安的心態引以為痛，諭戶兵二部集兵聚糧。更要仇鸞能像成祖「長驅胡虜三千里」以恢復國威。仇鸞順著明世宗的心態，再請賜「經略」一職，以便節制宣大、薊遼、偏關、延綏等處，他將於十二月中前赴宣大，準備明年三月大舉北征。這等於將北方九邊軍鎮的兵力全部交由仇鸞，動員明朝所有北方邊防武力。

明世宗未回覆仇鸞請職，諭示兵部集議北征的方略，兵部議覆：

> 皇上以神武不世出之資，深惟社稷大計，義師順動，足以應合天人，所謂仁者無敵，事在不疑也。總兵官鸞慨然決策，請行所奏經略調度等事，臣等已會戶工二部計處兵食，簡閱器械，先期給之。仍請特差大臣一員，前赴薊鎮積芻峙粮，以待非常之舉。[115]

兵部不久前才大力反對仇鸞的京邊軍互調，此次卻異常配合仇鸞，展開北征的準備。明世宗再諭：「虜賊逆天犯順，神人共憤，欺上之罪未明，必當征討為上。爾等既集議僉同，凡當預備事宜，所司亟擬行，督餉大臣如議添設。」在戎政府成立不到一個月，且北京的防禦尚未重建完善之際，明世宗的首要目標卻是北征。

十月二十四日，巡視京營主事申旞參劾仇鸞恃寵弄權，認為京營事務改造應廣納意見並詳細思考，不應由仇鸞一人決策。仇鸞得知後，反告申旞侵官攬權，影響行事效率。明世宗下旨將申旞下鎮撫司拷訊，並革除巡視京營一職。[116]此時，仇鸞恃寵而驕的行為雖引起部分官員反彈，但整體而言如兵部已察覺明世宗渴望北征與袒護仇鸞的形勢，此時已聽不進任何反對聲音，僅能遵從行事。

---

115 〔明〕張居正等總裁，《明世宗實錄》，卷366，頁6550-6551，嘉靖二十九年十月癸未條。

116 〔明〕張居正等總裁，《明世宗實錄》，卷366，頁6551，嘉靖二十九年十月甲申條。

京營與邊鎮軍相互調操並非仇鸞首先倡議，如正德七年（1512），明武宗經司禮監傳諭各部議論京軍與邊軍互調操練的可行性。當時華蓋殿大學士李東陽（1447-1516）即言十項不便，除邊軍入京可能危害宗室或軍紀不佳等因素，實際上更在乎「京軍備邊不習戰陣，難保必勝，恐損國威。」[117]不敢嘗試以京營作戰的鴕鳥心態。庚戌之變時，禮部尚書徐階也曾提出京兵邊軍互調，得明世宗讚許執行。實際上，仇鸞是重新提出前議，惟成效並不顯著。而後嘉靖四十年（1561），兵部尚書楊博也提出修改京邊互調的作法，但明世宗已不再同意。[118]

從實際情況來看，京邊互調並非根治北京防禦的辦法，且會拖垮長城邊防。邊防精銳調入北京，使邊軍數量與質量下滑，以京營職銜調邊者倚仗京官權勢橫行，對邊防毫無助益。[119]而進駐北京的邊軍，訓練與管理皆與京營分開，對京營的成長幾無助益。明世宗或著眼選練京營至能夠作戰需要時間，故同意仇鸞先以邊軍穩固北京防禦，以期恢復禁衛武力與國威。

明朝的皇權與勳臣集團的政治關係緊密，勳臣是皇權的重要支柱，[120]故其擁有的皇權庇蔭與特權，是政務推行的助力也是阻力。[121]仇鸞憑藉勳臣身分與庚戌之變的表現，在明世宗支持下，不單以總督京營戎政掌控戎政府的政令，更擴及北京防禦的軍務調度。仇鸞侵奪兵部的

117 〔明〕李東陽，〈議邊軍入衛疏〉，收入〔明〕孫旬輯，《皇明疏鈔》（上海：上海古籍出版社，2002，《續修四庫全書》史部・詔令奏議類，第464冊，據上海圖書館藏明萬曆十二年自刻本影印），卷50，頁438-439。〔明〕費宏等總裁，《明武宗實錄》（臺北：中央研究院歷史語言研究所，1984，據中央研究院歷史語言研究所民國五十一年[1962]刊本縮編），卷94，頁1995-1997，正德七年十一月丁亥條。

118 彭勇，《明代北邊防禦體制研究：以邊操班軍的演變為線索》，頁240-242。

119 羅麗馨，〈明代京營之形成與衰敗〉，頁1-36。

120 朱鴻，〈明太祖誅夷功臣的原因〉，《國立臺灣師範大學歷史學報》，8（臺北，1980.5），頁47-89。

121 如私役軍士、強搶百姓妻女或財物、濫殺無辜、經營高利貸等。王毓銓，《王毓銓史論集》（北京：中華書局，2005），頁632-649。

國防策畫以及銓選用人職掌，超出了戎政府原有的義務與職掌層級。

嘉靖二十九年十二月初三日，仇鸞向明世宗奏陳以大同、宣府、遼東、甘肅、寧夏、延綏六鎮主動出擊擾邊的戰略。仇鸞認為若各邊鎮明軍主動出擊，可讓韃靼疲於奔命，使其難以集結兵力南侵。仇鸞甚至要求明軍「或打其營帳，或屠其老小，或奪其牛馬，或勦其零騎。」[122]不求正規作戰的勝利，甚至屠殺韃靼老弱族人的首級亦可請功，奪獲馬匹則四分入官、六分歸之，務求將戰爭的恐懼烙印在敵軍心中。明世宗悉從其請，惟奪獲馬匹依兵部覆議改為全數歸於邊鎮。

明代定例，兵部掌天下武官選授，當正副總兵官出缺時，由兵部會推名單交由皇帝裁奪。[123]仇鸞完全不遵循定例。如十二月初四日，明世宗依仇鸞議，添設昌平、易州都御史與副總兵各一員，別設分守一員於鞏華城。[124]初七日，明世宗再同意仇鸞奏請由京營副將成勳替換薊州總兵李鳳鳴、密雲副總兵徐仁替換大同總兵徐珏任。這些用人過程，兵部尚書王邦瑞甚至不得與聞，王邦瑞因而奏陳：

> 朝廷易置將帥，必採之公論，斷自宸衷，所以慎防杜漸，示臣下不敢專也。且內而京營大將專統六師，外而列鎮主將宣力四方，原自不相統攝，無有京營大將定擬黜陟各鎮之例。今鸞輒坐名擬任，擅自更易，臣恐天下九邊握兵柄者，目屬心嚮，釁端漸長，其于國體政經關係非細，謹昧死請。[125]

直言過往朝廷易置將帥皆採公論，避免臣下專斷攏權。且京營總兵官

122 〔明〕張居正等總裁，《明世宗實錄》，卷368，頁6576-6577，嘉靖二十九年十二月壬戌條。

123 〔明〕李東陽等奉敕撰，申時行等奉敕重修，〔萬曆〕《大明會典》，卷118，〈兵部一・兵部〉，頁181。

124 〔明〕張居正等總裁，《明世宗實錄》，卷368，頁6579，嘉靖二十九年十二月癸亥條。

125 〔明〕張居正等總裁，《明世宗實錄》，卷368，頁6582，嘉靖二十九年十二月丙寅條。

是專統京營，不能干涉地方軍鎮的人事調遣。如果以後各邊勳臣皆相效尤，是嚴重的影響國家政體運作。

明世宗為仇鸞辯護曰：

> 戎政初修，忠將是託，況朕有密諮，非其自擅，若尔等肯選任諸將集練兵卒，隨事効忠，比常加意，使用無不當，籌無不臧，亦不待伊言，矧令君自勞心。今一矢未發，先自攻譖，大臣謀國之忠，當如是耶。[126]

明世宗將明軍戰力難與韃靼抗衡的責任，歸咎於兵部選將練兵的失職，同時表彰仇鸞的忠誠。從前述籌備成立戎政府的君臣對話，可看出明世宗所言的密諮，就是明世宗與大學士嚴嵩、徐階等內廷君臣的密集商議。仇鸞倚仗的不僅是皇權，更有內閣大學士的支持，所以能夠侵奪兵部選任武臣與調遣的職權。

中央與地方將官的推舉人事權原不相統攝，京營總兵官的推舉權應僅限於京營，不應擴權至地方，制度上是防範恐軍權過於集中。但一心北征的明世宗並不理會，反而斥責王邦瑞的不是。[127]嘉靖三十年二月初十日，王邦瑞奏陳五項安壤大計，令明世宗認為其政策反覆、推諉塞責，將其革職為民，不許再用。[128]王邦瑞去職後，由趙錦接任兵部尚書，以戶部右侍郎傅鳳翱（1487-1551）陞兵部左侍郎兼右僉都御史任協理京營戎政。[129]傅鳳翱久歷邊鎮有威名，歷任巡撫甘肅、

---

[126]〔明〕張居正等總裁，《明世宗實錄》，卷368，頁6582-6583，嘉靖二十九年十二月丙寅條。

[127]〔明〕張居正等總裁，《明世宗實錄》，卷368，頁6582-6583，嘉靖二十九年十二月丙寅條。

[128]〔明〕張居正等總裁，《明世宗實錄》，卷370，頁6611-6612，嘉靖三十年二月戊辰條；卷370，頁6614-6615，嘉靖三十年二月乙亥條。

[129]〔明〕張居正等總裁，《明世宗實錄》，卷370，頁6617，嘉靖三十年二月辛巳條；卷371，頁6625，嘉靖三十年三月丙申條；卷374，頁6677，嘉靖三十年六月丙辰條。

江西、陝西，以六十五歲入職協理京營戎政，明世宗於傅鳳翱就任後召見慰勞。傅鳳翱指出武臣橫肆反側，京營兵缺額嚴重，多被內臣調去擔任勞役，若嚴法取締，又會流言喧噪不服，表示對管理京營的憂慮。傅鳳翱為更深入了解決京營狀況，不顧身體健康不佳，留營中，數日後病卒。[130]

嘉靖三十年四月十二日，為實行京邊互調與準備北征，明世宗同意仇鸞專管四萬入衛邊鎮兵與一萬京營兵，他官不得調遣，兵部與戶部皆順，不敢多言。[131]二十四日，經略京城內外都察院左副都御史商大節（？-1553）奏請明世宗令兵部詳議北京駐防兵馬究竟何部是屬兵部、仇鸞或商大節，以清楚權責轄屬。商大節須負責防禦北京城四郊，但僅能節制京城巡捕官軍而不能指揮。仇鸞不只親領京營五萬精銳兵馬，又能任意調動巡捕官軍駐區，不讓商大節與其他將領知悉。如此一來，駐防北京城的將領形同架空職權，不僅難以指揮戰守，失職的責任又歸商大節等人，實難確保京師防禦安全。明世宗怒斥商大節推艱避難，命錦衣衛將他送鎮撫司杖訊，隔年死於獄中。[132]

六月二十六日，仇鸞奏報韃靼聚兵二十萬準備入侵，自請帶兵迎戰。嚴嵩向明世宗奏言仇鸞實際上要帶實戰經驗較強的邊軍遠離北京尋找不知何在的敵軍，而讓京營及民兵駐守北京迎戰敵軍主力，無法理解其意。[133]禮部尚書徐階也贊同嚴嵩的憂慮，但未敢直言不可用此

130　〔明〕何遷撰，〈贈右都御史兵侍應臺傅公鳳翔墓志銘〉，收入〔明〕焦竑輯，《焦太史編輯國朝獻徵錄》，卷42，〈兵部四・侍郎二〉，頁174-177。

131　〔明〕張居正等總裁，《明世宗實錄》，卷372，頁6649，嘉靖三十年四月庚午條。

132　〔明〕張居正等總裁，《明世宗實錄》，卷372，頁6652-6653，嘉靖三十年四月壬午條。〔清〕張廷玉等總裁，《明史》，卷204，〈商大節傳〉，頁5395-5396。

133　〔明〕張居正等總裁，《明世宗實錄》，卷374，頁6676-6677，嘉靖三十年六月癸未條。〔明〕嚴嵩，《嘉靖奏對錄》，卷6，〈論大將出兵事宜〉，頁11a-b。

策，僅要求招募騎兵加強北京防禦。[134]嚴嵩則再奏請留山東、北直隸民兵駐防北京，以安民心。[135]內閣認為目前需要邊軍留駐北京防禦，京營的戰力仍未可靠。

八月，明廷詔兵部尚書史道（1485-1554）兼都察院右僉都御史為協理京營戎政。[136]他在嘉靖十五年巡撫大同鎮時創建五堡，數度抵禦韃靼入侵有功。[137]六十六歲奉召入職協理京營戎政，然而長年經理邊方，上任二個月後奏陳被科道論劾，便以年老目疾求退，吏部也認為無可厚非，明世宗不同意，降俸一級留用。但二週後，史道又被論劾，明世宗允其退休。[138]

八月十六日，明世宗令仇鸞統領京邊兵馬二萬七千餘人，赴薊州白羊口等地閱視關隘，要求看到京畿防務整頓的成果。[139]仇鸞奏請應征討朵顏，懲罰其庚戌之變時導引韃靼入境，以壯明朝聲威。兵部尚書趙錦、總督薊遼兵部右侍郎何棟（1490-1573）皆反對，指出朵顏的忠順反覆尚屬小患，若除去朵顏，其地境遠難守、補給難施，萬一讓蒙古佔領，更是自毀藩籬，與強敵再無緩衝間隔。明世宗聽取建議，駁回仇鸞北征朵顏的要求。[140]期間，仇鸞開始推諉先前王邦瑞、

---

134 〔明〕張居正等總裁，《明世宗實錄》，卷375，頁6679-6680，嘉靖三十年七月丁亥朔條。

135 〔明〕嚴嵩，《嘉靖奏對錄》，卷6，〈請留山東北直隸民兵守護京師〉，頁12a-b。

136 〔明〕張居正等總裁，《明世宗實錄》，卷376，頁6698，嘉靖三十年八月乙酉條。

137 不著撰人，〈兵部尚書鹿野史公道行狀〉，收入〔明〕焦竑輯，《焦太史編輯國朝獻徵錄》，卷39，〈兵部二·尚書二〉，頁113-118。

138 〔明〕王紹元，《白厓奏議·附錄京營疏稿》（臺北：漢學研究中心，1990，景日本內閣文庫明嘉靖三十八年序刊本），〈白厓臺中疏搞〉，卷1，〈懇乞天威罷斥昏瞀大臣以肅戎政以定國是疏（會題稿）〉，頁14b-17b。〔明〕張居正等總裁裁，《明世宗實錄》，卷378，頁6711-6712，嘉靖三十年十月丁巳條；卷378，頁6717，嘉靖三十年十月壬申條。

139 其中包含五軍營戰車官軍四千二百人。〔明〕張居正等總裁，《明世宗實錄》，卷376，頁6694，嘉靖三十年八月辛未條；卷376，頁6698，嘉靖三十年八月乙酉條。

140 〔明〕張居正等總裁裁，《明世宗實錄》，卷376，頁6696-6697，嘉靖三

尹耕等人阻擾其軍機行事，奏請辭去軍務，明世宗要其不可因他人妒忌而不任事，不允辭。[141]十月十五日，何棟回報已逮捕導引俺答入犯的哈舟兒與陳通事，[142]進兵朵顏一事遂告停止。

十月二十二日，由戶部右侍郎蔣應奎改兵部右侍郎兼僉都御史任協理京營戎政。[143]蔣應奎在職至嘉靖三十一年九月，任期近十一個月，是這段期間任期最長的協理，因其子於大同鎮川堡奪部屬之功，被黜為民。[144]仇鸞擅權期間的協理京營戎政，或為年老、或為奉承仇鸞，平均任期也短暫，多承命行事，無法確實執行選兵練將的任務。

韃靼駐軍邊境，持續要求明廷在邊鎮互市，明廷朝野為了是否開市議論紛紛。嘉靖三十一年正月初四日，大同巡撫史道奉命回京，奏言韃靼想要以牛羊交換穀豆不得，於去年十一月間大舉入搶三次。督撫派通事責問俺答，俺答表示：「諸貧虜無從得食，禁不能止，如中國法雖嚴，民間豈盡無寇竊耶？我能自不入犯，不能禁部下之不盜也。」[145]呈現不作為的態度。十二月，明廷同意於大同開市，但最後演變成軍事衝突。仇鸞擔心遭到追究，便奏請讓他選邊鎮將士萬人，縱放敵軍進入古北口以南，自己再往前決戰，形成前後包夾的形勢來殲滅敵軍。

明世宗認為兵、戶、工三部已經準備北征將近一年，為何沒有準備好，而要從邊鎮抽兵？詔令查核兵馬錢糧實數。兵部尚書趙錦回

十年八月戊寅條。

[141] 〔明〕張居正等總裁，《明世宗實錄》，卷377，頁6701，嘉靖三十年九月丙戌朔條。

[142] 〔明〕張居正等總裁，《明世宗實錄》，卷378，頁6714-6715，嘉靖三十年十月己巳條。

[143] 〔明〕張居正等總裁裁，《明世宗實錄》，卷378，頁6718，嘉靖三十年十月丙子條。

[144] 〔明〕張居正等總裁裁，《明世宗實錄》，卷390，頁6853-6854，嘉靖三十一年十月己未條。〔明〕楊繼盛，〈楊椒山集〉，〈早誅奸險巧佞賊臣疏〉，收入〔明〕陳子龍等選輯，《明經世文編》，卷293，頁3088。

[145] 〔明〕張居正等總裁，《明世宗實錄》，卷381，頁6741-6742，嘉靖三十一年正月丁亥條。

覆目前京營兵額十五萬餘，除防禦北京九門與陵寢的兵馬外，各鎮入援兵後有超過十萬兵馬，再加上大寧都司班軍五萬六千名設防薊鎮，比往年備禦更甚。但認為仇鸞縱敵深入薊鎮有高度風險，即使戰勝也是重傷內地。明世宗詔令京營大將、在外總督鎮巡加意訓練，以待督戰。[146]期間，明世宗密諭嚴嵩有關仇鸞的戰術是否得當？嚴嵩言仇鸞久經戰陣，請明世宗放心，並要兵部全力配合。[147]但仇鸞到薊鎮後，僅派部下出戰，獲取零星首級，將未能大捷的原因推為將官臨敵不勇，明世宗開始注意到仇鸞誇大不實的一面。[148]

嘉靖三十一年五月初一日，虜酋大把都兒、黃台吉等再度犯邊。兵部奏仇鸞領宣府鎮兵一萬、大同鎮兵二萬入衛北京，應募補兵馬來填補邊防空缺，至今未實際募補一兵一卒，邊境堪戰者僅餘二、三千人。戶部更言二十九年以來被破壞的邊牆尚未修補完畢，且仇鸞練兵二載屢屢報請盔甲、糧料等費用，卻從未臨陣出征過。明世宗令諸司務實修舉，誤事者治以軍法。[149]初三日，仇鸞再度要求統率宣大二鎮的入衛軍，兵部反對並強調不可縱敵深入。明世宗平衡二方，令二鎮兵馬入衛時聽仇鸞命令，在邊鎮則聽宣大督撫調遣，並要求仇鸞回京議事。[150]

六月初二日，仇鸞奏請將部分京營調至邊鎮防禦，以期為「轉弱為強軍」。這批部隊為三千人一枝共六枝，合計一萬八千人，宣府鎮、大同鎮、薊鎮各駐三千人，每年六月出發十月回京。但明世宗

---

146 〔明〕張居正等總裁，《明世宗實錄》，卷381，頁6741-6744，嘉靖三十一年正月丁亥條。

147 〔明〕嚴嵩，《嘉靖奏對錄》，卷6，〈再對虜患及大將出邊〉，頁17b-18b；卷6，〈論調邊兵〉，頁18b-19a；卷6，〈論調兵宜與虜戰〉，頁19a-20a。

148 〔明〕張居正等總裁，《明世宗實錄》，卷384，頁6781-6782，嘉靖三十一年四月乙卯條。

149 〔明〕張居正等總裁，《明世宗實錄》，卷385，頁6791-6792，嘉靖三十一年五月壬午朔條。

150 〔明〕張居正等總裁，《明世宗實錄》，卷385，頁6794-6796，嘉靖三十一年五月甲申條。

並未應允，令京營只在營內操練不可調外，並開始思考收回仇鸞兵權。[151]明世宗開始對仇鸞改觀，一是其握有重兵卻無任何表現，二是原本支持仇鸞的嚴嵩等人反彈。如嚴嵩密奏明世宗，認為將尚未訓練精實的京營派去邊鎮，是用不教之兵以戰，恐怕徒費糧餉而已。[152]

八月初四日，薊鎮回報俺答、把都兒、打來孫等聚集邊外，意圖再度從古北口入侵。此時仇鸞生病不能視事，明世宗遂詔收仇鸞的大將軍制敕將印，令內外軍務由戶部右侍郎蔣應奎改兵部右侍郎兼僉都御史協理京營戎政主導防務。[153]初九日，嚴嵩表示日前不知仇鸞生病真偽而不敢議對，今透過兵部尚書趙錦確定仇鸞病危，則應速選武臣代任，以面對韃靼南侵，同時建議降低武臣軍權。[154]

嘉靖三十一年八月十二日仇鸞病故，[155]勳臣主導戎政府的局面，因仇鸞病故得有轉變的機會。八月十五日，兵部奏言舊制文武大臣都是提督名銜，權力相當可相互制約，是防範專擅的機制，請恢復舊有的提督職稱。明世宗認為欽定的「總督京營戎政」職稱並無不妥，惟在用人是否洽當而已。[156]九月十一日，明世宗諭示內閣：

> 朕思所更戎政有未當者，茲與卿等改之。祖宗舊制曰：提督團營義與今稱總督同否，非外出豈可用欽差二字乎？又上下六營，其

---

151 〔明〕張居正等總裁，《明世宗實錄》，卷386，頁6801，嘉靖三十一年六月癸丑條。

152 〔明〕嚴嵩，《嘉靖奏對錄》，卷7，〈論京兵遣赴三鎮徒費糧餉〉，2b-3a。

153 〔明〕張居正等總裁，《明世宗實錄》，卷388，頁6822-6823，嘉靖三十一年八月甲寅條。

154 〔明〕嚴嵩，《嘉靖奏對錄》，卷7，〈請選將暫充提督及收鸞勅印〉，5a-6a。〔明〕張居正等總裁，《明世宗實錄》，卷388，頁6823-6824，嘉靖三十一年八月己未條。

155 〔明〕張居正等總裁，《明世宗實錄》，卷388，頁6824，嘉靖三十一年八月壬戌條。

156 〔明〕張居正等總裁，《明世宗實錄》，卷388，頁6826-6828，嘉靖三十一年八月乙亥條。

> 名尚在。今制以正備二兵為名，是否又轉弱為強一事，此鸞之逆情，宜宣示軍中，令勿以此抱怨，必盡力於國。[157]

關於舊有的「提督團營」與現在的「總督」執掌內涵、外派官員所用「欽差」的職能，明世宗再度向內閣提出諮詢，並對六營兵制的變動歸咎於仇鸞做法的錯誤，宣諭軍中不要以此抱怨。

大學士嚴嵩、徐階、李本皆附從明世宗之諭，表示欽差是仇鸞自稱確有不當，革除上下六營之名、轉弱為強軍，令戎政官清查三大營正兵、備兵實數。同時再列出六項修改事：

> 一、故事軍器當藏之內府，有警則給，事已復納，所以戒不虞也。昨鸞建議得自製用，失祖宗防微深意，宜查收貯庫，如舊關給。
> 二、欽定戎政廳本無首領官、六房掾吏，鸞欲專擅，乃奏請設官鑄印，凡事不關兵部，任私滋弊，宜亟行裁革。
> 三、各營將官皆鸞所自擇，多賄進者，宜令兵部分別才能，大加斥汰。
> 四、各都司班軍賣逃及行糧侵耗之數，宜詳覈。
> 五、鸞以京營名邊將，且歲調邊兵非經久之術，乞下本兵議。
> 六、往者京師所募民兵四千，鸞并入營中，軍民雜居，事体非便，亦當議改。[158]

明世宗詔令將此議與相關事宜交由兵部檢視回報。從前述的君臣對話中，可見仇鸞不按制度擇取將兵、索賄、擅權、冒領糧餉等事。仇鸞

157　〔明〕張居正等總裁，《明世宗實錄》，卷389，頁6835，嘉靖三十一年九月庚寅條。

158　〔明〕嚴嵩，《嘉靖奏對錄》，卷7，〈論戎政當正事宜〉，8b-10b。〔明〕張居正等總裁，《明世宗實錄》，卷389，頁6835-6836，嘉靖三十一年九月庚寅條。

能如此濫權，明世宗與嚴嵩實有縱容之處，當仇鸞病故後，由其承擔所有京營改革不善的罪名。

嘉靖三十一年九月，明廷經嚴嵩推薦命兵部左侍郎聶豹（1487-1563）協理京營戎政。[159]聶豹與嚴嵩為同鄉，早年受嚴嵩擢陝西按察司副使，備兵潼關，徐階也曾幫他訟冤，與當時內閣關係良好。但他與仇鸞對立。[160]聶豹在嘉靖三十年陞任兵部右侍郎時奉命巡視京城九門，就由徐階代陳五項九門防禦事宜。內容包含京城九門開關時間，除敵軍進逼城下，當閉門據守外，平日仍應日出而開，日落而關，以免影響京城百姓生活；對逃入京城避難的百姓，要安排寺廟、空房等地方安置，不可索取金錢，更要提供糧食；管控城內竊盜治安；確保北京與西山之間的運煤通路，保障城內生火物資不缺。最重要的是審慎處理北京城防官軍的調遣，目前城外駐紮官軍九千名，城上巡捕官軍僅四千名，各守鋪官軍六千名。人力十分緊缺，臨戰時更無法只靠這樣的人數固守，故請勅下兵部不得擅調前項官軍，避免號令不一、責任不專。[161]

聶豹任協理京營戎政僅三個月，三十二年正月陞兵部尚書，期間曾與徐階商議四項京營戎政事。一是徐階認為京營四萬馬匹之數應減半，以省草料花費，減去的馬匹數量，需要時就從產馬地照例徵銀二十兩取用。如此一來，省下的草料銀與徵用馬價銀就可以轉為供養駐京邊軍。二是三大營子粒銀舊屬戶部供養馬之費，去年仇鸞拿來作銀牌賞軍，應處理此違法之例。最後二項是考選京營將官去留，以及處理營中徵募的民兵，確保軍兵素質。[162]由於聶豹任職協理京營戎政期

159　〔明〕張居正等總裁裁，《明世宗實錄》，卷389，頁6847，嘉靖三十一年九月乙巳條；卷393，頁6923，嘉靖三十二年正月癸卯條。

160　〔清〕張廷玉等總裁，《明史》，卷202，〈聶豹傳〉，頁5336-5337。

161　〔明〕徐階，《世經堂集》（臺南：莊嚴文化事業有限公司，1997，《四庫全書存目叢書》集部・別集類，第79冊，據北京大學圖書館藏明萬曆徐氏刻本影印），卷7，〈奏疏二・政事類〉，〈條陳門禁・代雙江師〉，頁493-495。

162　〔明〕徐階，《世經堂集》，卷22，〈書一・上雙江先生論戎政〉，頁

間短，亦無史料佐證其議是否被採用，但從他在兵部右侍郎、協理京營戎政到陞任兵部尚書的這段時日，僅有簡易的京營整飭政策提出。

戎政府設置勳臣總督、文臣協理的目的，在於平時操練與戰時運作都是統一單位，如邊鎮督撫與總兵官的模式，充分集中事權。明人鄒德溥評：「今所謂戎政府也，蓋舉十餘萬眾而統於一，自開國以來，兵權未有若斯之重矣。」[163]說明戎政府隨時可以動員作戰的兵權效率。然而，制度設計與實際執行未必相符。如何擇人、用人，就是戎政府能否發揮效力的關鍵。[164]仇鸞擅權、協理京營戎政屢屢更易，致使京營的整飭持續空轉。

仇鸞死後，明世宗才開始整飭人事。嘉靖三十一年十月，戎政廳本無首領官，因官員附從仇鸞而有關防印信，即裁革。[165]十月初十日，明世宗懲戒奉承仇鸞的官員，發兵部尚書趙錦戍極邊、光祿寺卿董懋中口外為民。[166]但除去了仇鸞，仍有內閣權臣的問題，當時嚴嵩父子用事，將帥率以賄進，無論最初與嚴嵩關係是否良善，這段期間的兵部尚書如丁汝夔、王邦瑞、趙錦、聶豹，幾乎難以施展其策，甚至善終。[167]

84-85。

163 〔明〕鄒德溥，《鄒泗山先生文集》（臺北：中央研究院歷史語言研究所傅斯年圖書館藏安成紹恩堂刊本清[1644-1911]刊本），卷1，〈館課・擬京營戎政府題名記〉，頁69b。

164 周鵬認為此次改革，隨著首任協理戎政尚書與總督京營戎政皆相繼去職，因用人失當而失敗。周鵬，〈試析明代嘉靖京營戎政改革〉，頁24、27。

165 〔明〕張居正等總裁，《明世宗實錄》，卷389，頁6835-6836，嘉靖三十一年九月庚寅條。

166 〔明〕張居正等總裁，《明世宗實錄》，卷390，頁6853-6854，嘉靖三十一年十月己未條。

167 〔清〕張廷玉等總裁，《明史》，卷186，〈許進傳〉，頁4929。

第四節　小結

嘉靖二十九年的庚戌之變，京師被韃靼大軍包圍，京營無法自力驅逐，惟有守城待援。明世宗為恢復拱衛京師的根本武力，更希冀再度北征以報圍城之恥，他以恢復祖制為名進行京營與職官制度改革。在嚴嵩的建議下，明世宗取消團營，恢復三大營制度，在三大營之上設專責衙門「戎政府」，改昌國公張鶴齡故居為衙門之所。

「祖制」是明世宗創制戎政府的法統根本，也是京營整建的參照模型。明世宗與嚴嵩討論設置專責衙門，令京營管理得以制度化，加強文書行政程序，令各項奏改得有備考。原先衙門訂名「大帥府」，意為仿效明太祖奠鼎南京時的「大元帥府」，後以名聲過隆，不應僭越而改名為「戎政府」。戎政府成立後，明世宗詔令祭告太廟，藉此宣示天下，戎政府是有法統依據的正式衙門。

明世宗宣稱遵循明成祖的規制來恢復三大營編組，期許恢復往日壯盛的軍容。他廢除景泰朝以來各種京營抽調精銳或是邊軍入衛的混編制度，如團營、官廳、外四家等，從選軍到練軍都以三大營為依歸。希冀解決因為抽調而造成的隱匿、役占，以及停止京營調做工役的長期現象，讓京營回歸戰鬥部隊的本質。

「祖制」是明世宗用以掩飾創制的政治術語，從戎政府、協理京營戎政到三大營的新編組，實際上都不在二祖的「祖制」之內。「戎政府」實際上是景泰朝團營及邊鎮的制度延續及融合。在軍事指揮系統上，戎政府是比照邊鎮督撫模式設立文武首長，改變京營由勳臣單一統領且沒有專屬衙門的傳統。明廷鑄「戎政印」給總督京營戎政專管，確立其為戎政府最高首長，以示明太祖、明成祖以來尊崇勳臣的傳統。戎政印型制比照邊鎮總兵官的將軍印，而名稱不同，是為區別地方與中央。持印者位同政二品官，如同戰時體制，擁有先斬後奏的軍事動員權，並可號令六部以下官員。在戎政府中，總督京營戎政位次高於協理京營戎政，不同於邊鎮督撫以文臣總督為尊、勳臣總兵官為次的模式。更剔除明成祖以來內臣監軍的傳統，改由文臣科道官巡視京營以為監督。

然而，在協理京營戎政創設之前，如于謙的總督軍務到後來的提督團營都屬於臨時且任務型，不是常設狀態，更沒有恢復祖制、祭告太廟等政治宣示。因戎政府獲得祖制的背書，協理京營戎政始可合法且常態的介入傳統由勳臣主政的京營事務。相比于謙以外的提督團營都是兵部或都察院官兼任，協理京營戎政固定以兵部官加都察院御史銜專任，能夠長期監督選練業務，進而處理汰選老弱與不實兵額現象。尤其戎政府設有掾史、典吏為各營副將的輔佐官，完善營中事務的記錄，有利於日後備查。

從以軍事編組來看，明成祖的「三大營」是各為步兵、騎兵、火器的一營一兵種；新的三大營則僅存名稱，內在是延續團營的一營三兵種，多個小營合為一大營。戎政府強化各兵種的聯合策應、陣形變化，大幅提升戰車、火器的裝備比例，特別明顯針對反制騎兵的戰技與戰術演練。而團營時期一名將級軍官要統領一萬人，戎政府的將級軍官一人統領最低三千人，最高至七千人，兵將更為熟習、兵種策應更強化，就能讓戰力倍增。

因此，戎政府的各項設計，大幅比照邊鎮督撫及其衙門，實際上將北京的防禦戰略全面軍鎮化。而為區別地方與中央的差異，在名稱與內涵上有所調整，如軍鎮最高首長是「總督」，地方上的總督是文臣，戎政府的總督是勳臣，文臣則加「協理」之稱，有別於地方以文馭武的型制。

戎政府與相關制度的設計，有一定預期的改革成效，但實際運作情況能否一致？首任協理京營戎政王邦瑞的執行汰選軍士兵、清點虛報糧餉軍額等問題，都是切中時弊的改革，但與總督京營戎政仇鸞不合，改革尚未開始即去職。而後繼協理京營戎政者，除已年老力衰的傅鳳翱、史道外，戎政改革與協理京營戎政的職能受到仇鸞恃功擅權及賄賂閣臣的影響，實際上空轉兩年，並未徹底執行。

戎政府創立初期運作空轉，與明世宗求功急進，希望快速整軍報復韃靼，以恢復明朝國威的心態有關。仇鸞迎合明世宗的心態，延續明武宗時的政策，以邊鎮軍力取代京營，無論在兵額與戰力上都能立即見效，藉此掩飾京營整飭的工作進度。然而，當明世宗屢次要求仇鸞出兵，而仇鸞調動麾下邊鎮軍隊遊走京師與京畿之間，完全拿不出任何實戰成績，明世宗才發現遭到蒙蔽。

在仇鸞病逝後，明世宗將戎政失當的責任完全歸咎仇鸞，朝臣為顧及皇帝尊嚴，同樣指責仇鸞。兵部以照例推舉新任總督京營戎政官為契機，向明世宗奏請文武大臣應如舊制，用提督名銜相制行事，避免其中之一人擅權亂政，可看出兵部拉高協理京營戎政的職權與總督京營戎政平行的企圖。明世宗以總督京營戎政是由他定名，關鍵在任職之人是否忠心，堅持總督京營戎政為主，協理京營戎政為輔的制度。經此一事，明世宗也冷靜下來不再堅持北征，並檢討過分寵信勳臣，導致制度無法依設計模型運作的問題。創制後的新舊制度磨合、選人任將、內閣政治因素，京營改革與北京的防禦整建仍在起步階段。

第四章　文武協濟：嘉靖朝中晚期的戎政興舉

仇鸞的專擅除造就勳臣勢力坐大，文臣或迎合政治形勢或反抗無效，讓京營與北京防禦的整頓僅能完成制度面的設計，並未按照新的制度來執行。明世宗發現仇鸞陽奉陰違的準備北征，隨後也冷靜下來，要求戎政府按制度整頓防務。此時，明世宗不再全面相信官員的單一說法，對一件戎政的執行狀況，會分別詢問文武戎政大臣、內閣大學士、兵部官員，甚至是巡視京營科道官，以確保不受蒙蔽。明世宗積極介入戎政，能否緩和總督京營戎政與協理京營戎政的緊張關係，對於政務推動是否有助益？另一方面，庚戌之變後韃靼並未給予明朝太多喘息時間，持續在嘉靖三十三年與四十二年不斷來犯。在戰爭壓力下的戎政府究竟如何運作，協理京營戎政能否符合明廷鞏固京師的期待？

第一節　戎政建設與京師戒嚴

一、勳臣的京營操練

嘉靖三十一年（1552）八月，明世宗命豐城侯李熙（1504-1553）為第二任總督京營戎政。[1]李熙，字仲光，號緝菴，南京鳳陽府定遠人，其先祖在永樂朝因征討有功，進榮祿大夫柱國豐城侯，食祿一千石，賜鐵券世襲。嘉靖十三年受命統領團營中的耀武營，後歷任總兵官提

1　〔明〕張居正等總裁，《明世宗實錄》（臺北：中央研究院歷史語言研究所，1984，據中央研究院歷史語言研究所民國五十一年[1962]刊本縮編），卷388，頁6830，嘉靖三十一年八月戊寅條；卷394，頁6941，嘉靖三十二年二月甲戌條。

督神機營、掛平蠻將軍鎮守湖廣等職，庚戌之變時提督京城九門。[2]

李熙在年底提出四項振舉戎務的計畫，議從十三萬京營部隊中，每三人選一人來訓練，共四萬名。五軍營分二萬二千，一萬由總督戎政統屬，一萬二千分屬四遊擊；神樞、神機二營各九千，分屬三佐擊。選出的部隊，一年給銀一兩，訓練時每月加給操糧五斗、提供器械，一年約費銀十二萬餘兩，經費從各省班軍的行糧爭取一半而來。操練時間是早晨至日落而歸，妨礙其生計，日久影響士氣，宜每三、六、九日入營，以均節勞逸養銳氣，禁止訛言，矯正畏事之習。[3]

嚴嵩向明世宗建言應解決兵員來源短缺的問題，而不是從現有兵員再挑出來練。若京師只靠這四萬兵員防禦，那京營內其他十萬兵即是浪費糧餉的棄物，但避免李熙日後藉口諉罪，仍按照其議挑選、增給糧餉，惟其餘營軍仍責令照舊訓練，期許訓練成可戰之兵，避免將來都靠邊軍入衛。明世宗聽完嚴嵩回覆後，降旨：

> 朕更新戎政，設置將領，欲使士馬悉變精強，緩急皆得其用，李熙等受茲重寄，當殫心整理，以副任使。今既有建白，准令慎選嚴練，務堪戰守，其餘營兵，仍一體清查訓練，不得諉以揀出遂爾廢弛。班軍赴京操備，係祖宗成法，豈宜擅更折銀，不允行。所議增給銀米，戶部如數給與，一年以後奏請裁奪。[4]

2 〔明〕王叔果撰，〈豐城侯熙李墓志銘〉，收入〔明〕焦竑輯，《焦太史編輯國朝獻徵錄》（上海：上海古籍出版社，2002，《續修四庫全書》史部・傳記類，第525冊，據上海圖書館藏明萬曆四十四年徐象橒曼山館刻本影印），卷7，頁243-244。

3 〔明〕張居正等總裁，《明世宗實錄》，卷393，頁6894-6895，嘉靖三十二年正月戊寅朔條。

4 〔明〕嚴嵩，《嘉靖奏對錄》（臺北：國立故宮博物院藏原北平圖書館藏明嘉靖（1522-1566）刊本），卷7，〈論班軍折銀非宜〉，頁13a-14b。〔明〕張居正等總裁，《明世宗實錄》，卷393，頁6896-6896，嘉靖三十二年正月戊寅朔條。

除李熙所選四萬人外，再由兵部選備兵一萬人，令兵部主事方祥、李僑、王遴、王之誥同巡視科道官覆選訓練。

從前述君臣對話中，可知修舉戎政諸多問題。如京營兵不是全職軍人，其俸祿無法支持生活，平時要有維持生計的工作，一定程度影響軍紀與戰技。明世宗要恢復祖制三大營的威武，即使兵額數量沒有明成祖時近百萬大軍的規模，至少要維持現有十三萬兵額的編制。李熙沒有提出解決方案，僅在殘軍之中挑選再練。在明世宗與嚴嵩的討論中，可知勳臣善於蒙蔽問題，明世宗無法直接道破並強迫勳臣立即改善，只好轉向責令兵部及科道官巡視回報，以便觀察京營實際運作情況。這也是兵部文臣得以透過舉報、實務成果來侵奪勳臣事權的契機。

明廷在啟動京營兵額整頓時，北京仍靠大量邊鎮入衛軍駐防京畿。嘉靖三十一年九月，明世宗同意提督軍務後軍都督府都督僉事時陳與提督薊州軍務孫襘調整駐軍區域。[5]目前各鎮入衛兵共十八支，大多駐防古北口，建議將其中八支分駐他處：

> 以遼東、甘肅、寧、固、延綏八枝邊兵，分別奇正，以為戰守。以二枝駐石匣營，四千為奇，專備策應古北口，二千為正，協力守邊。一枝駐密雲，外備古北口，內護陵寢。二枝駐昌平州：二千為正，於黃花鎮、渤海所協守；橫嶺四千為奇，專聽策應大水峪、河防口并連口。一枝駐懷柔縣：一千為正，協同主兵守邊；二千為奇，策應本邊之急。二枝駐通州，以防糧道，護畿輔。如此則虜不得南，內地自固矣。[6]

---

[5] 孫襘歷任延綏遊擊將軍、大同與宣府副總兵，庚戌之變後以京營遊擊將軍在大同鎮防邊，嘉靖三十一年八月陞為提督軍務後軍都督府都督僉事。〔明〕張居正等總裁，《明世宗實錄》，卷366，頁6538-6539，嘉靖二十九年十月甲子條；卷388，頁6823，嘉靖三十一年八月己未條。

[6] 〔明〕張居正等總裁，《明世宗實錄》，卷389，頁6836-6838，嘉靖三十一年九月乙未條。

如此一來，在外有邊鎮作為北京的第一道防線，第二道防線就是京畿內遍佈邊鎮入衛軍，以節省兵馬調動花費。

而後，嘉靖三十二年（1553）二月至八月，韃靼猛攻宣府鎮中、西、南各路，七月至八月戰況最激烈，韃靼以二十餘萬之眾與明軍交戰於宣府鎮廣昌、蔚州等處，宣府鎮副總兵郭都、新開口地方參將史略陣亡。[7]宣大總督蘇祐指揮宣府鎮、大同鎮、薊鎮等區防禦得當，韃靼雖進逼紫荊關等處，卻無法深入京畿，只能撤退。[8]

在宣府鎮戰事開啟時，京營不但不能前往支援，更需要靠邊鎮入衛軍協防。而嘉靖三十二年二月豐城侯李熙病逝，明廷隨即次月令後軍都督府掌府事平江伯陳圭（1509-1554）總督京營戎政。[9]嚴嵩向明世宗進言這兩年京營兵並未訓練，無法驅使為戰，[10]可見狀況堪慮。為此，明世宗認為需要增加入衛班軍，做為京營修舉時期的替代武力。明廷令山東、河南、中都的春秋二次入衛班軍併為一次，專設為一營由參將統領，四月初入京，十月初離開，此政策維持約七個月。三十二年十月，戰況緩解後，以平江伯陳圭奏請恢復舊制，[11]春班以三月初至，八月終回；秋班以九月初至，次年二月終還，戎政大臣監

7 吳彥儒，〈明嘉靖朝宣府鎮的軍事措施之研究：1521-1566〉，頁124-125。〔明〕張居正等總裁，《明世宗實錄》，卷394，頁6940，嘉靖三十二年二月壬申條。

8 〔明〕張居正等總裁，《明世宗實錄》，卷402，頁7044-7047，嘉靖三十二年九月辛酉條。

9 〔明〕張居正等總裁，《明世宗實錄》，卷395，頁6943-6944，嘉靖三十二年三月甲申條。

10 〔明〕嚴嵩，《嘉靖奏對錄》，卷8，〈邊事對〉，頁5a-6a。

11 陳圭，字世秉，謚武襄，安徽合肥人，歷任京營僉書中軍府、總兵官出鎮兩廣，由後軍都督府掌府事陞總督京營戎政。三十三年十二月卒於任，年四十六，在任一年九個月。國立中央圖書館編，《明人傳記資料索引》（臺北：國立中央圖書館出版，1978），頁578。〔明〕張居正等總裁，《明世宗實錄》，卷395，頁6943-6944，嘉靖三十二年三月甲申條；卷417，頁7247，嘉靖三十三年十二月己丑條。〔明〕嚴嵩，《嘉靖奏對錄》，卷8，〈論班軍入衛事宜〉，頁8a-9a。

督，不許擅自將部隊挪移作其他工役。[12]

入衛班軍舊制隸屬兵部管轄，但仇鸞曾以總督京營戎政統領入衛班軍與邊鎮軍。新舊制度屢屢變動，入衛班軍應由戎政府還是兵部來管理？嘉靖三十三年（1554）九月，平江伯陳圭與兵部尚書聶豹（1487-1563）[13]爭執入衛班兵的管轄權，明世宗命巡視科道官查議如何處理。給事中殷正茂、御史姚一元等人指出據三十一年的詔命，兵部負責入衛班兵的發操查點；據三十二年的詔命，戎政府管理入衛班兵在營事務。明世宗詔依三十二年的規定，班軍上班後即為營兵，歸戎政府管轄；兵部需點齊入衛班軍人數後移交戎政府，下班時亦要確實清查。[14]

此時，從明世宗、內閣、兵部與戎政府，都知道京營兵的素質難堪戰守，北京仍要靠邊鎮入衛兵及春秋輪調班軍駐防。在明代政制的結構中，戎政府是屬於兵部管轄，但戎政府設立後最初四年的實際運行狀況，二者反而近似平行單位，總督京營戎政與兵部官員的政策時而相左，最後都要明世宗來裁決。然而，總督京營戎政李熙、陳圭的對選練兵馬的成效，連自己都不夠信任，也給予兵部攻擊的機會。相較之下，兵部規劃入衛軍駐防時間、防區分畫、支援協調，以及北京城營建的工作都有可見成果，讓明世宗日後的裁決多偏向兵部的提案。

二、楊博的京畿防禦規劃

嘉靖三十二年三月，明世宗為了解京畿現狀，令兵部右侍郎楊博兼都察院右僉都御史行邊。[15]楊博至六月回京述職，十二月陞兵部

---

12 〔明〕張居正等總裁，《明世宗實錄》，卷403，頁7055-7057，嘉靖三十二年十月丙申條。

13 三十一年年九月至三十二年正月，聶豹任兵部左侍郎協理京營戎政，後陞兵部尚書。

14 〔明〕張居正等總裁，《明世宗實錄》，卷414，頁7207-7028。嘉靖三十三年九月壬戌條。

15 〔明〕張居正等總裁，《明世宗實錄》，卷395，頁6943，嘉靖三十二年三月壬午條。

左侍郎兼都察院右僉都御史總督薊遼保定等處軍務。[16]楊博（1509-1574）歷任兵部武庫主事、職方郎中等職，曾隨大學士翟鑾（1477-1546）閱視九邊，時任兵部尚書張瓚（1473-1542）多倚靠其辦事，後陞任甘肅巡撫，這些經歷讓楊博對外族及邊防現況十分了解。[17]

從明世宗與嚴嵩的對談中可知，京畿各地的駐軍劃地自守，彼此策應支援的協調很差。在入衛邊鎮軍駐地問題上，總督薊遼何棟要求分布薊州，後軍都督府都督僉事時陳要求駐箚近京，明顯有所歧異。又或先前仇鸞所轄家丁，兵部已奉詔將其散歸各邊鎮，卻又再度行文提取。宣大總督蘇祐不得不奏陳邊務事體紛更，官員難以協調彼此事責。[18]明世宗為釐清各官所言虛實，詔令楊博行邊。

楊博行邊的首要工作，就是強化庚戌之變的事發地點「薊州」的防禦能力。薊州一帶內有險峻山勢地形，外有朵顏三衛緩衝，原非外患威脅的第一要衝。但庚戌之變改變了現況，致使明廷開始詳加規劃薊州駐防以及鄰近區域的防務配置。當時順天巡按王忬提出設立薊遼總督，將北京城北方與東北方列於管轄內，但至嘉靖三十三年，薊遼總督始成定制，總督駐密雲、巡撫駐薊州遵化，防秋之日移駐昌平。[19]

嘉靖三十二年四月，楊博上〈經略昌平地方疏〉，分別為議置巡撫、改設總兵、移置將領、查處遊兵、預備山後、調停月糧，經兵部尚書聶豹等議覆後，明世宗允行。[20]首先議置巡撫的目的是區劃昌平

---

16 〔明〕張居正等總裁，《明世宗實錄》，卷399，頁7007-7008，嘉靖三十二年六月甲午條；卷405，頁7083，嘉靖三十二年十二月庚寅條。

17 〔清〕張廷玉等總裁，《明史》（北京：中華書局，1997），卷102，〈楊博傳〉，頁5655。吳彥儒，〈明嘉靖朝宣府鎮的軍事措施之研究：1521-1566〉，頁92-93。

18 〔明〕張居正等總裁，《明世宗實錄》，卷395，頁6951，嘉靖三十二年三月壬辰條。〔明〕嚴嵩，《嘉靖奏對錄》，卷7，〈邊事對〉，頁20a-b。

19 〔明〕楊博，《楊襄毅公奏疏》（北京：北京書目文獻出版社，1988，《北京圖書館古籍珍本叢刊》，據研理樓藏明萬曆[1573-1619]刻本影印），〈薊遼奏疏・議移督撫駐箚以便防禦疏〉，頁320-321。

20 〔明〕楊博，《楊襄毅公奏疏》，〈經略奏疏・經略昌平地方疏〉，頁285-288。〔明〕張居正等總裁，《明世宗實錄》，卷397，頁6977-6979，

與順天二縣的轄區，楊博希望改昌平都御史為巡撫，專守慕田峪、渤海所以西地；順天巡撫專守古北口、石塘嶺以東地方。兵部尚書聶豹認為已設有薊遼總督，沿邊共分有八區，各設參將遊擊，如彼此協調應援，畿輔自保無虞。最後確定革昌平都御史，昌平轄區由順天巡撫管轄，防秋時巡撫移駐昌平。而鎮守副總兵張琮改為鎮守居庸、昌平等處副總兵專護陵寢，天壽山、鞏華城、黃花鎮、居庸關一帶地方參遊守備聽張琮調遣，皆聽總督官節制。（圖4-1）

其次，移黃花鎮參將駐地。因黃花鎮以東的渤海所、慕田峪、賈兒嶺、田仙峪、李家莊一帶與外族比鄰，每月皆有入侵警報。將黃花鎮參將杜煇移渤海所，渤海所守備移黃花鎮，以參將移駐威脅較重區域。第三，鎮邊、長峪、橫嶺三城外通懷來內連京畿，卻只設守備一員、把總二員，而三城後方的白羊口反而設置遊擊一員、守備一員，重兵反而在前線後方。故將白羊口遊擊徐麟移至鎮邊城，其所部兵馬在鎮邊、長峪、橫嶺各發一千，白羊口只留守備。調動期間，先檄提督時陳移兵二枝駐近地為援。

第四，備防山後。係指宣府鎮轄區永寧、四海冶、隆慶、懷來一帶，此處屬於山間河川谷地，地形平坦，一旦韃靼突破，隨即威脅黃花鎮等陵寢區域。故嚴斥宣大總督蘇祐、宣府巡撫劉璽、巡按御史蔡朴清查皇陵區域何處須修守，若韃靼由此入，則先治宣府官軍之罪，次及為昌平官員。事實上，蘇祐自嘉靖三十年四月已展開宣府鎮的防禦補強，如修築長城與敵臺，派二營官軍分駐大小紅門與懷來南山口，調客兵四支增防，長城以北屬宣府，南方屬於昌平。由宣府副總兵孫時謙領奇兵三千駐大小紅門，再調西路張家口兵車營步軍三千五百名駐棒槌峪等處。[21]

嘉靖三十二年四月戊寅條。

[21] 吳彥儒，〈明嘉靖朝宣府鎮的軍事措施之研究：1521-1566〉，頁123-124。

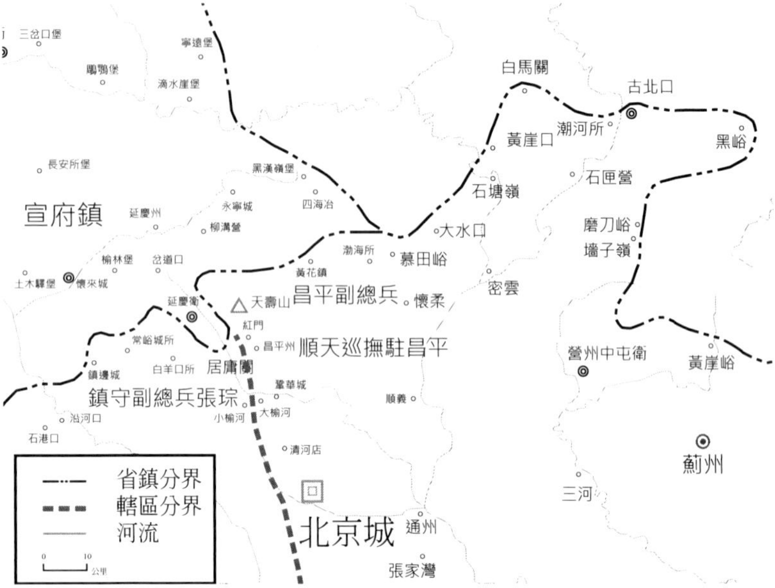

圖4-1　防秋時節，順天府、宣府鎮轄區劃分圖

資料來源：據譚其驤，《中國歷史地圖集·第七冊》（北京：中國地圖出版社，1996），頁44-45，為底圖繪製。

第五，永安、鞏華二營的月糧，每次支糧至少延後五、六日甚至半個月，應加緊補給。最後，補給馬匹，永安營原馬九百九十匹、鞏華城原馬一千五百一匹，前者現有七百四十四匹、後者現有一千零三匹，數量皆不足。先從鄰近的懷柔、密雲、順義三縣寄養馬匹調來補充，或動支太僕寺馬價銀三、四萬兩，運送都御史王輪買馬給軍。

同年六月，明廷再依楊博的意見，強化薊州巡撫、薊鎮總兵官等人之事權。因先前總兵官節制參將，巡撫節制分守、守備等官，指揮系統各有分野，今調整後令薊鎮的守備、參將、總兵官、巡撫依層級聽上級指揮。其次，強化駐軍層級，令紫荊關之馬水口專責守備，沿河口、大龍門由總管改設把總，其萊樹菴口城垣多置客兵防守。而紫荊關、倒馬關二關由守備陞為參將，再募三千鄉夫協防。[22]

楊博以巡撫甘肅的經驗，述說「墩城」是簡易、便宜又有效的防禦工事。[23]「墩城」是由五到七戶的小村合力築一小城，一面為七丈、高二丈七尺，城中有欄馬墻壕二道，墩門懸置板橋防敵循道而上。城中築墩臺，墩臺一面四丈，高二丈五尺，臺上蓋房一層、架樓一層，最上面蓋天棚一層。若為大村，可多築數墩以做夾擊之勢。相較傳統城堡需費千金銀兩以上、千人才可守備，墩城所費僅需百兩，數十人即可守。楊博將墩城圖式畫好送交都御史吳嘉會、艾希淳、王輪，令督同兵備及府州縣等官，勸民修築薊保二鎮地方。同時，薊鎮平山營起至昌平居庸關、沿河口止的長城與墩臺已修復過半，但冷口關外仍有未完成的邊城一萬四千三百五十六丈、墩臺九十二座、附牆敵臺一百三座、房二百一十三間，明世宗命總督鎮巡官嚴督修治後，同意楊博疏辭憲職回京。[24]

三、北京城南城興築

明代的京師建築有一定規制，永樂帝營建北京城時，只完成初步草創，當時北京城只有內城而無外城。[25]北京城內城的東西城牆沿用元大都城垣，南城牆向南推進二里餘，北城牆則內縮五里。明英宗時修築九門的城樓，增設城門外的箭樓與城牆四角的角樓，加深城壕、磚包城垣內側等。成化十二年（1476），定西侯蔣琬（？-1487）也以防禦安全及南京城制為依據，奏請修築外城，但廷議最後擱置。

---

22 〔明〕張居正等總裁，《明世宗實錄》，卷399，頁7004-7005，嘉靖三十二年六月辛卯條。

23 〔明〕楊博，《楊襄毅公奏疏》，〈經略奏疏・議築簡便墩城疏〉，頁293-295。

24 〔明〕張居正等總裁，《明世宗實錄》，卷399，頁7007-7008，嘉靖三十二年六月甲午條。

25 楊新成，〈明代宮室的營建和形制布局簡述〉，《故宮學刊》，6（北京，2010.8），頁116-130。

明世宗登基後，曾於嘉靖二十一年（1542）規劃興建外城，但因時逢重修太廟，財力無法負擔而作罷。[26]庚戌之變時，明廷閉鎖城門，百姓因沒有城池保護，民怨譁然，後雖讓百姓入內避難，又因糧食不足而造成米價騰貴，致使修築外城的需求更為急切。嘉靖二十九年十二月，明世宗依嚴嵩所請，詔令兵部右侍郎張時徹（1500-1577）、都察院左副都御史商大節、都督陸炳督修正陽、崇文、宣武三關廂外城，但隔年二月，明世宗同意陸炳建議等國力稍復再執行，工程未完成即停止。[27]

嘉靖三十二年三月三十日，兵科給事中朱伯辰、通政使趙文華等議北京城外南關有十萬戶居民，也是各國商旅與物資的聚集所在，若有外城維護，可保障居民安全與強化防禦。嚴嵩亦言南京有外城的設計，明成祖定鼎北京時或未及設想，去年南關已興築一面城牆，今日正是將防禦興築完善的時機。明世宗同意所請，令外城興築必須四面完備，以符合王制，命總督京營戎政平江伯陳圭、協理京營戎政許論（1495-1566）等會同欽天監官等人督導興築。[28]許論歷任兵部武選司主事、順天巡撫，因有熟悉北方邊務的經歷，參與營建北京城南城的規劃與監督執行。三十三年五月改兵部右侍郎兼都察院右僉都御史總督宣大山西等處軍務。[29]許論自幼從父歷邊境，受廷推順天巡撫時，

[26] 何寶善，〈明世宗增築北京外城〉，《故宮博物院院刊》，4（北京，1986.12），頁47-48。余三樂，〈嚴嵩與北京外城的修筑〉，《北京社會科學》，2（北京，1996.5），頁86-92。

[27] 〔明〕張居正等總裁，《明世宗實錄》，卷368，頁6593，嘉靖二十九年十二月甲申條。

[28] 〔明〕嚴嵩，《嘉靖奏對錄》，卷7，〈修築外城對〉，20b-21a。〔明〕張居正等總裁，《明世宗實錄》，卷395，頁6956-6958，嘉靖三十二年三月丙午條。

[29] 〔明〕張居正等總裁，《明世宗實錄》，卷394，頁6929-6930，嘉靖三十二年二月癸丑條。〔明〕汪道昆，〈許恭襄公論傳〉，收入〔明〕焦竑輯，《焦太史編輯國朝獻徵錄》，卷57，〈都察院四．總鎮尚書〉，頁120-122。

以其著《九邊圖論》進呈御覽，獲明世宗青睞，加右僉都御史。

嘉靖三十二年閏三月初六日，兵部尚書聶豹、錦衣衛都督陸炳、陳圭、許論與戎政府等官員勘查適合修築外城的地點，並會同欽天監監正楊綽確定堪輿、高地、前方後圓等結構，確定築城牆約七十餘里。其修築區域為：

> 自正陽門外東馬道口起，經天壇南墻外及李興王金箔等園地，至蔭水菴墻東止，約計九里。轉北經神木廠、獐鹿房、小窰口等處，斜接土城舊廣禧門基趾，約計一十八里。自廣禧門起轉北而西，至土城小西門舊基，約計一十九里。自小西門起經三虎橋村東馬家廟等處，接土城舊基，包過彰義門，至西南直對新堡北墻止，約計一十五里。自西南舊土城轉東，由新堡及黑窰廠經神祇壇南墻外，至正陽門外西馬道口止，約計九里。大約南一面計一十八里，東一面計一十七里，北一面勢如椅屏計一十八里，西一面計一十七里，周圍共計七十餘里。內有舊址堪因者約二十二里，無舊址應新築者約四十八里，間有遷徙等項，照依節年題准事例，撥地給價，務令得所。[30]

此次南城興築是自永樂朝以後最大規模的擴建，四面城牆長度相近，為正方形架構，共計七十餘里（約39.96公里）[31]，完工後北京城形成「回」字形結構，擁有雙重城牆保護。

在結構上，規定城牆基厚二丈，收頂一丈二尺，高一丈八尺，墻垛口五尺，共高二丈三尺。城外掘護城河，取出之土即用於築城，上再加磚。扣除連結原北京九門之門外，在南城開十一座門，每門設門樓五間，四角設角樓四座，通惠河兩岸各量留便門，不設門樓。城牆

---

30 〔明〕張居正等總裁，《明世宗實錄》，卷396，頁6961，嘉靖三十二年閏三月丙辰條。

31 明制一里約0.528公里。

上築敵臺四十四座，每座長二丈五尺，廣二丈，收頂一丈二尺，每臺上蓋舖房一間供官軍駐守，四面共計敵臺一百七十六座，舖房一百七十六所。城內築上城馬道，五路四面，共計馬道二十路。此外，北京城西直門外及通惠河二處增設大水關二座，八里河黑窰廠等低窪處設小水關六座。在各門旁造門房二所，共二十二所，供守門人居住。每築城一丈需三百餘人工，除雇募民工，請兵部提供備兵與班兵輪流興築。總計費用約銀六十萬兩，由戶部出二十四萬兩、兵工二部各出十八萬兩，兵工二部掌印官每三日輪流派一員前往督工，明世宗批示擇日興工。[32]

閏三月十九日為興工日，成國公朱希忠授命總督京營戎政陳圭、協理京營戎政許論、工部左侍郎陶尚德等人協心區劃監督工程進度。朱希忠並祭告太廟曰：

> 古者建國必有內城外郭以衛君守民，我成祖肇造北京，郭猶未備，蓋定鼎之初未遑及此。茲用臣民之議，先告聞于祖考，爰建重城，周迴四羅，以成國家萬世之業，擇閏三月十九日興工。[33]

明代重大施政皆須祭告太廟後行之，以示尊崇祖先，取得施政的正當性。朱希忠的祭告文即是尊崇成祖定鼎北京，修建南城是京師必備的規制與安全考量，更再度肯定北京城是明朝京師的正統地位。

四月十六日至二十三日，明世宗與嚴嵩及各部官員的議論後，決定變更設計。最初明世宗諭旨築城必須注意承重問題，聽聞北京城西面是最難施工處，要嚴嵩等人思考如何處理。平江伯陳圭、都督陸炳、侍郎許論等覆言重城四面原議用夯土建築，在垛口、腰牆及各城

32 〔明〕張鹵輯，楊一凡點校，《皇明制書》（北京：社會科學文獻出版社，2013），《大明官制》，〈北京九門名〉，頁1422。〔明〕張居正等總裁，《明世宗實錄》，卷396，頁6960-6965，嘉靖三十二年閏三月丙辰條。

33 〔明〕張居正等總裁，《明世宗實錄》，卷396，頁6970，嘉靖三十二年閏三月乙丑條。

門才用磚砌，因西面地勢低窪，且是較難施工的沙質地，故建議先完成南面，往東、北、西的逆時鐘方向依序修築。明世宗同意，但持續詢問嚴嵩意見，嚴嵩視察後回覆目前南面修築地基有深五尺到八尺，因地面高低與地基深淺的關係，地面板築大多疊一至二板，最高到十一板才能達到頂部水平。明世宗聽後仍十分擔心城牆能否持久，認為或可先做好南面城牆，待財力有餘時再完成四周之制。嚴嵩跟陳圭等議論後，奏請保護京城南面較為富庶的區域，將原來南面闊二十里的設計變更為十二、十三里，然後便往北與舊城牆連結，透過這次修築就可以推算其他面修築所需經費，明世宗同意變更修築設計。[34]因此，原先規劃「回」字型的北京城重城，變成只增加包覆南面的「凸」字形結構。（圖4-2）

七月初八日，北京城西面的阜成門敵臺興工。[35]十月二十八日，南城的城門先行完工，明世宗為各門命名，以正陽門外門名永定，崇文門外門名左安，宣武門外門名右安，大通橋門名廣渠，彰義街門名廣寧。[36]次年四月至五月，南城的城牆全部完工，[37]而北京城的九門雖同時進行修理，但直到三十四年九月才完工。[38]

34　〔明〕嚴嵩，《嘉靖奏對錄》，卷8，〈水患併城工對〉，3b-4a；卷8，〈城工對〉，4a-5a。〔明〕張居正等總裁，《明世宗實錄》，卷397，頁6980-6982，嘉靖三十二年四月丙戌條。

35　〔明〕張居正等總裁，《明世宗實錄》，卷400，頁7014，嘉靖三十二年七月壬子條。

36　〔明〕張居正等總裁，《明世宗實錄》，卷403，頁7060-7061，嘉靖三十二年十月辛丑條。嘉靖四十三年正月，永定門等七門再增築甕城，六月完工。《明世宗實錄》，卷529，頁8630，嘉靖四十三年正月壬寅條；卷535，頁8689，嘉靖四十三年六月丁酉條。

37　〔明〕嚴嵩，《嘉靖奏對錄》，卷8，〈論城工完諸臣加恩〉，頁10a-b。〔明〕張居正等總裁，《明世宗實錄》，卷409，頁7141，嘉靖三十三年四月丁酉條。

38　〔明〕張居正等總裁，《明世宗實錄》，卷426，頁7380，嘉靖三十四年九月戊午條。

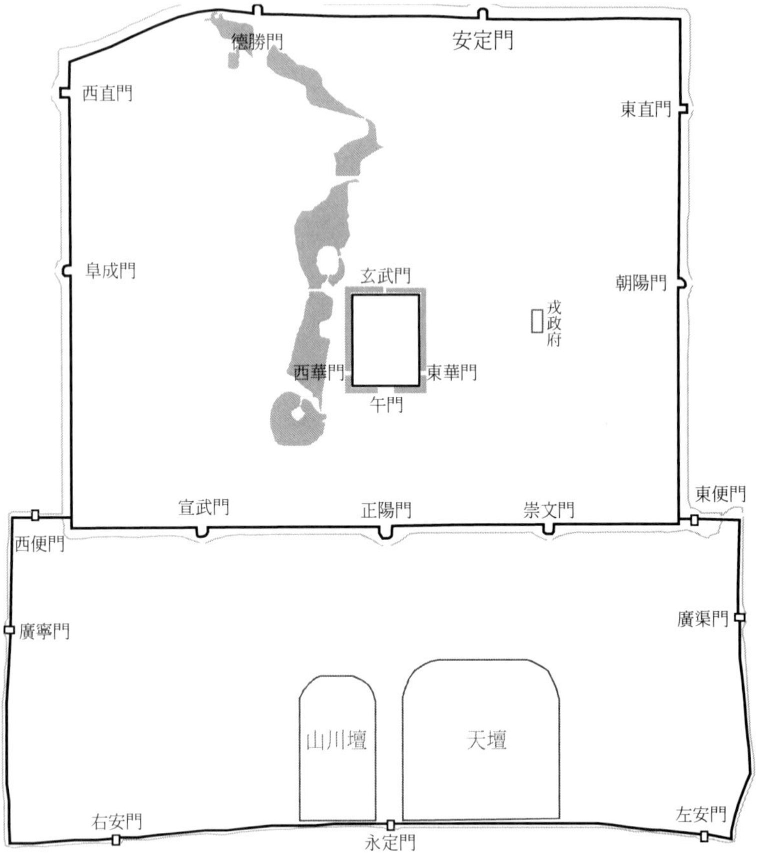

圖4-2　北京城南城興築圖

資料來源：據侯仁之，《北京歷史地圖集》，明北京城圖繪製。

圖4-3　永定門現狀
資料來源：感謝香港故宮文化博物館　周維強研究員提供

四、嘉靖三十三年京師戒嚴

明廷修舉京營戎政、佈防京畿、定置薊遼總督、營建北京城等事到底有無成效，隨即面臨考驗。嘉靖三十三年六月，宣大薊鎮探知韃靼可能大舉入侵，兵部請陳圭等預先佈署營兵駐地，作戰時由提督軍務後軍都督府都督僉事時陳追擊於外，陳圭防守於內。陳圭言京營兵未歷戰事，仍請以邊兵四支為先鋒。明世宗令兵部議，兵部回覆：

> 往歲調取邊兵者，以京師重城未完，南關居民繁富，聞警恐易動搖。而圭是時總戎方數月，將不識兵，亦難責以戰，故也。今屹然重城既足自固，而營兵操練日久，又非不教之兵，以此待虜，

> 虜必不敢復萌深入之計，圭亦不必復借邊兵以自衛。且陛下更新戎政者四年矣，正期營兵日強，可以漸省邊兵入衛之費。今大將方議出戰，乃無一將一兵可衝鋒者，是京營數十萬眾將焉用之？況不守邊關而守京師，又棄近郊不守而守京城，撤門戶之扞蔽，而屯兵堂奧以為衛，此逆鸞誤國之左計，可復踵而行乎？[39]

兵部言北京城南關重城已修建好，戎政府也已設置四年，北京應由京營保護而不是一直倚仗入衛邊軍。兵部趁機攻擊陳圭的政策跟仇鸞一樣是誤國之策，在總督京營戎政主持戎政的四年來，京營兵質量毫無起色。明世宗看到後，指責兵部言詞反覆，究竟想表達什麼？詔令京畿區域由時陳指揮防禦，陳圭只負責防禦北京。[40]明世宗、總督京營戎政與兵部都知道目前要靠邊鎮入衛兵及班兵防禦北京的事實，明世宗沒有再深究兵部影射總督京營戎政管理京營的成效不佳，也是明世宗面對軍情緊急時的暫時妥協。

此時，韃靼把都兒、台吉射書宣府鎮，請求明廷開市，明廷認為韃靼將藉事入侵，令諸鎮戒備，同時間宣府鎮已擊退百餘騎兵。[41]宣大總督許論從降人得知韃靼可能大舉南侵，奏請將宣大遊擊胡吉、楊世臣二營分別移駐懷來、隆慶，與保安、永寧二營並列。如韃靼攻居庸關，已有四營在此拒敵，不需一日諸路援兵即至；如在居庸關以東有警，亦可朝呼夕至。明世宗從其議。[42]八月，韃靼以十萬餘騎兵大舉入侵山西數日即突然後撤，明廷檄薊遼保定各鎮嚴兵備陣。[43]

39　〔明〕張居正等總裁，《明世宗實錄》，卷411，頁7163-7164，嘉靖三十三年六月癸未條。

40　〔明〕張居正等總裁，《明世宗實錄》，卷411，頁7164，嘉靖三十三年六月癸未條。

41　〔明〕張居正等總裁，《明世宗實錄》，卷411，頁7165，嘉靖三十三年六月丙戌條；卷411，頁7166，嘉靖三十三年六月戊子條。

42　〔明〕張居正等總裁，《明世宗實錄》，卷412，頁7174-7175，嘉靖三十三年七月壬子條。

43　〔明〕張居正等總裁，《明世宗實錄》，卷413，頁7185，嘉靖三十三

九月二十一日，把都兒與打來孫在白廟兒駐兵數萬，預計二十七或二十八日入侵古北口。二十四日巳時（上午九點至十一點），韃靼行軍至黑霧山，二十五日二更至孛河車，離明朝邊境二百五十餘里，二十六日辰時至未時（上午七點至下午三點），不斷有韃靼騎兵四處偵查。是日楊博、順天巡撫吳嘉會皆至古北口，楊博下令以密雲為後方基地，分佈各路官軍以紅門兒為駐防中心，西至鴿子洞，東至砦子谷，其餘駐防黃崖子、黃榆溝、桃園兒、透洞兒等長城上，並在潮河川兩岸架設火砲陣地。[44]

二十七日卯時（上午五點至七點），韃靼十萬餘騎自虎頭山起營，看到大量明軍駐防古北口，即轉攻龍王谷長城。楊博率軍從卯時至午時（上午五點到下午一點）交戰，未時（下午一點至三點）轉戰至磚垛子、沙嶺兒長城，至天黑才結束戰鬥。戌時（晚間七點至九點），韃靼駐軍營火遍布山間，楊博令古北口管夜不收指揮邵勇帶火砲潛入敵營四周，半夜時分一齊點放，韃靼遭到驚嚇，營區混亂至天亮才恢復穩定。二十八日卯時，戰鬥再度開始，辰時（上午七點至九點）韃靼兵分二路攻龍王谷及磚垛子、沙嶺兒，巳時（上午九點至十一點）韃靼以三、四千騎攻松嶺兒，午時（上午十一點至下午一點）再添五千餘騎搶攻，皆遭明軍擊退。十月初一日天亮，韃靼退至長城外二十餘里的三岔口結營不動，至辰時只有三百餘騎至孤山兒墻下短暫進攻。初二日子時（晚間十一點至凌晨一點），古北口夜不收回報韃靼回駐虎頭山下，初三日酉時（下午五點至七點），韃靼由十八盤小興州等處退去，京師解嚴。[45]

年八月乙亥條；卷413，頁7186，嘉靖三十三年八月庚辰條；卷413，頁7187，嘉靖三十三年八月乙酉條。

44 〔明〕楊博，《楊襄毅公奏疏》，〈薊遼奏疏・大虜寇邊大致克捷疏疏〉，頁328-337。〔明〕張居正等總裁，《明世宗實錄》，卷414，頁7209，嘉靖三十三年九月乙丑條、丙寅條。〔清〕張廷玉等總裁，《明史》，卷327，〈韃靼傳〉，頁8482。

45 〔明〕楊博，《楊襄毅公奏疏》，〈薊遼奏疏・大虜寇邊大致克捷疏疏〉，頁328-337。〔明〕嚴嵩，《嘉靖奏對錄》，卷9，〈虜犯古北口連

戰後，明軍從逃回漢人的口中得知：

> 聽得眾達子說，二十九年搶來時，如走堂屋一般，牛羊、段子、老婆、孩子搶得飽飽回去。今年二月裏來搶一遭，不得進，空手回去。打來孫、把都兒七箇大頭兒領著達子十萬，自七月裏商量，到如今一定要如二十九年的一般進來。不料牆高了，人馬狠了，又會射箭了，站著不肯動。我既不得進去，又將我好漢達子腦戴（袋）打破了。商量都說無喫的，每日殺馬喫用。打來孫說，來了一場，東邊還有一箇口子，再去試一試，若進不得，回去罷。[46]

韃靼再度由潮河川南侵，希望如庚戌之變時搶得大量人馬物資。惟與前次不同的是，明廷大舉增修長城、墩臺，[47]並且徵調邊鎮入衛軍、防秋班軍，據牆固守，加上薊遼總督楊博的指揮領導，成功擋下韃靼。

從此役可知北京此時以邊鎮、入衛兵及班兵為主要佈防武力，京營反成為次要。如戰爭前，宣府鎮巡官奏請調整入衛兵與京營駐防京畿的位置，以相互策應，但明世宗仍令京營只留守京師。[48]兵科都給事中王國禎言：

> 近年調邊兵以守畿輔，今歲又掣邊兵以守關廂。夫團營兵馬數非不多，累世之所恤養者謂何？頻年之所選練者謂何？乃一遇寇警輒稱無兵，又欲借遠方罷勞之卒以為倚恃。則朝廷朘百姓之膏

日問對〉，頁7b-9b。〔明〕張居正等總裁，《明世宗實錄》，卷414，頁7210，嘉靖三十三年九月丁卯條；卷415，頁7211-7212，嘉靖三十三年十月庚午條；卷416，頁7223-7226，嘉靖三十三年十一月癸卯條。

46 〔明〕楊博，《楊襄毅公奏疏》，〈薊遼奏疏・大虜寇邊大致克捷疏〉，頁332。

47 景愛，《長城》（北京：學苑出版社，2008），頁173-175。

48 〔明〕張居正等總裁，《明世宗實錄》，卷400，頁7011，嘉靖三十二年七月乙巳朔條。

血，而終年養此無所用之眾，何為者哉？乞申諭戎政大臣設法訓練，遇有外警，即分布諸郊，往來調度，庶幾禁旅精強，不失祖宗居重馭輕之初意。[49]

自庚戌之變以來，京營兵員缺額、選練的問題一直沒有執行完確，導致北京城的防禦仍要靠外援，京營與邊軍的強弱本末倒置。這次京師解嚴後，巡按直隸御史徐紳再指出「京營兵既冗，而又增募至四萬人，中間多老弱冒替者」[50]凸顯執行慢如龜步，京營軍官仍是透過冒名頂替來貪取糧餉。至年底，在巡視京營科道考選下，始有五軍營參將李相、李爵，佐擊將軍高尚志、吳子英、申有爵等十一員，因貪墨詔革任。[51]從官員的奏報中，不難看出京營兵額選練的執行成效不彰。

第二節　文臣與勳臣的磨合

京營整頓是否能成功，與皇帝的意志和勳臣是否配合有密切關係。明朝建國仰賴勳臣集團，養成勳臣在皇權庇蔭下，可違法亂紀不受懲處，上行下效的驕惰習氣。[52]嘉靖朝時，在邊鎮與地方上的文臣督撫擁有調遣勳臣總兵官的權力，是文臣與勳臣長期磨合的成果，但在京營內的磨合才正要開始。如嘉靖元年至二十年執掌京營的武定侯郭勛，即使面對大學士楊一清、張璁、兵部尚書李承勛、太監張永等文臣與宦官合作之下，最終仍讓改革失敗，郭勛繼續挾恩寵、敗壞兵

49 〔明〕張居正等總裁，《明世宗實錄》，卷404，頁7068-7073，嘉靖三十二年十一月癸亥條。
50 〔明〕張居正等總裁，《明世宗實錄》，卷417，頁7237-7238，嘉靖三十三年十二月乙亥條。
51 〔明〕張居正等總裁，《明世宗實錄》，卷417，頁7243，嘉靖三十三年十二月癸未條。
52 秦博，〈勛臣與晚明政局〉，《史林》，4（上海，2015.8），頁73-89。

政。[53]

首任總督京營戎政仇鸞空轉戎政四年，後繼的李熙、陳圭雖未立下改革典範，但配合兵部修建北京城南城等事，勳臣與文臣之間展開合作。至鎮遠侯顧寰出任總督京營戎政，憑其個人威望與態度，令勳臣的反對力量大減，文臣與勳臣的合作深化，戎政得以展開新局。此時明朝北有韃靼，東南有倭寇，軍事人才多已派往第一線戰場，如何選出適任的協理京營戎政，著實困擾明廷朝野。同時，制度上的協理京營戎政不比于謙的總督軍務，其位階在總督京營戎政之下，又必須聽命兵部尚書與內閣大臣，少有提出修舉政策，主要奉命執行。故戎政策畫反多出自兵部尚書，甚至兵部尚書就曾任協理京營戎政，在兵部強勢主導下，協理京營戎政的地位也逐漸提升。

一、鎮遠侯顧寰的合作：舊制維護與修正

鎮遠侯顧寰（1503-1581），字君錫，號平溪，南京江都人，嘉靖七年（1528）襲侯。[54]歷任五軍營坐營、左軍都督府僉書、南京守備、總兵官提督漕運鎮守淮安地方、神機營坐營，嘉靖三十三年十二月任總督京營戎政，直至隆慶四年正月調任提督漕運鎮守淮安，在任長達十六年。[55]萬曆朝進士謝廷諒為其作傳：

> 咸寧侯仇鸞奏調邊軍，驍勇者數萬，人隸近畿，陽言京兵雜征戍，陰匿占鬻遣如故，肘腋之間，廁以豺虎，蓋人人寒心也。鸞

53　〔清〕張廷玉等總裁，《明史》，卷130，〈郭英・曾孫勛傳〉，頁3823-3824。

54　國立中央圖書館編，《明人傳記資料索引》，頁9846。

55　〔明〕張居正等總裁，《明世宗實錄》，卷417，頁7247，嘉靖三十三年十二月癸巳條。〔明〕張居正等總裁，《明穆宗實錄》（臺北：中央研究院歷史語言研究所，1984，據中央研究院歷史語言研究所民國五十一年[1962]刊本縮編），卷41，頁1009，隆慶四年正月己巳朔條。

> 死而磔其屍，正其罪，代之者愈益甚。至是命公總督京營戎政，人人舉額歡聲載道。謂公為名將家子，且所在廉平，澤南洽而威北讋矣。……肅皇帝拊髀咨嗟，有頗牧之思焉，數密諭輔臣：「較覈熊羆士，文武大臣中有能備干城衛社稷者乎？」對曰：「亡有，惟幄運籌有鄭曉，而曉老矣。顧寰雖非戰將，練京兵善操縱，京兵素驕媠，操未畢而逭，參將縛其人，矢貫其耳，一軍皆譁，寰撫諭乃定。蓋寰之得士卒心已久，王甲論寰不過為陳劉地，劉固好談論人，夸張躁率，陳之貪暴誰能堪之，此二人者必不可用也。」於是特命都御史李燧協理戎政佐公，卒未有易公而代其任者。夫以肅皇帝之威斷不測，臣下凜然救過，惟恐不贍，乃君相間相與謀度注意，公如此其篤也，此非其忠誠悃愊，憂國奉公如渴饑，烏能結主知，而怡泰乎。[56]

從傳中可看到明人清楚京營兵驕惰、不守軍紀的狀況，[57]勳臣將領即使位階不同，由於身家因素，亦可能不服從長官。一時之間要能號令軍紀，惟名門之後，又有實戰經歷的顧寰，始能威懾下屬。

顧寰有何政績，又與協理京營戎政、兵部等朝野的互動如何呢？顧寰首先整肅京營兵操練的紀律，過往營兵在不用操練的月份，規定每五日清點一次，若遇臨時警報，實際上難以迅速集結。顧寰奏請將五軍營正兵與標下兵共四萬人分為四班，每班一萬人，每班每個月輪

56　〔明〕謝廷諒，〈鎮遠侯榮僖公顧寰〉，收入〔明〕焦竑輯，《焦太史編輯國朝獻徵錄》，卷7，〈侯一・世封侯〉，頁236-237。

57　謝廷諒所言穿耳事件，是夏季操練時，一名軍官早退，參將張琮用箭貫穿其耳，營內譁然，直到顧寰前往撫諭並參奏張琮後，才順利安撫，可見京兵管理的困難。〔明〕徐階，《世經堂集》（臺南：莊嚴文化事業有限公司，1997，《四庫全書存目叢書》集部・別集類，第79冊，據北京大學圖書館藏明萬曆徐氏刻本影印），卷2，〈答防春等諭〉，頁393-394。此條亦見〔明〕徐階，《徐文貞公集》，卷1，〈奏對・答防春等諭〉，收入〔明〕陳子龍等選輯，《明經世文編》（北京：中華書局，1962），卷244，頁2548-2549。

流駐京，加口糧二斗以示優恤。令北京城隨時有一萬人駐防，不必再從城外調集。[58]兵科給事中游震得等建議一營內的兵應取自同一衛所，以便約束，兵部同意此議。但顧寰認為重新調配隸屬會造成兵將不相習、強弱混雜的問題，請求維持舊案，另再要求三大營各挑選出精銳為正兵，其餘為備兵。明世宗決議仍如舊制，並要求日後若官員的建請窒礙難行，兵部等官員不得依其覆議後又改變。[59]

嘉靖三十六年（1557）三月，把都兒大掠薊鎮東部的永平、遷安等處，建昌副總兵蔣承勛陣亡，薊遼總督王忬（1507-1560）因誇飾戰功，職銜從兵部左侍郎兼都察院右都御史降為兵部右侍郎兼都察院右僉都御史。明世宗問嚴嵩薊鎮邊牆的修築狀況，嚴嵩回奏庚戌之變後，已花費近百萬銀兩修築古北口一帶，但把都兒等仍從山勢險峻不易通行的流河口、桃林口、劉家口三處入侵。[60]明世宗斥責薊鎮修邊六年仍未完固，要求王忬盡快回報。因為此役，明世宗認為京營正備兵總數不及十萬，令顧寰等人加緊選閱操練以備戰。[61]

---

58 〔明〕張居正等總裁，《明世宗實錄》，卷422，頁7328，嘉靖三十四年五月乙卯條。

59 〔明〕張居正等總裁，《明世宗實錄》，卷423，頁7332-7333，嘉靖三十四年六月乙亥條。

60 〔明〕嚴嵩，《嘉靖奏對錄》，卷11，〈計修邊墻〉，4a-b。嘉靖三十七年三月，巡按直隸御史萬民英巡視薊鎮後，指出兵部左侍郎順天巡撫吳嘉會（1512-1588）在嘉靖二十九年十月至三十五年三月間，修理牆子嶺以東、白馬關以西的邊牆共計一萬三千一百八十丈三尺四寸，城牆高度低薄導致容易被突破，且共用銀五十七萬三千四百三十餘兩，冒領公帑超過四分之一，又於三十六州縣索撫賞銀，一時庫藏盡空。七月，吳嘉會革職為民，前任致仕薊遼總督何棟冠帶閒住。〔明〕張居正等總裁，《明世宗實錄》，卷457，頁7731，嘉靖三十七年三月戊辰條；卷461，頁7783-7784，嘉靖三十七年七月戊申條。〔明〕鄭曉，《鄭端簡公奏議》（上海：上海古籍出版社，1995，《續修四庫全書》史部・詔令奏議類，第476冊，據上海圖書館藏明隆慶項氏萬卷堂刻本影印），卷12，〈刑部類・會看查勘侍郎吳嘉會修邊疏〉，頁54-56。

61 〔明〕嚴嵩，《嘉靖奏對錄》，卷11，〈預計邊防對〉，2b-3a。〔明〕張居正等總裁，《明世宗實錄》，卷446，頁7599-7603，嘉靖三十六年四月己丑條。

顧寰除監督修築北京南城外，其奏事多為糧餉或官軍選調。[62]如過往邊將會招收熟悉夷情的在地人為家丁，庚戌之變時，京營將領也招收家丁，戰後存留京營。但京營家丁非編制內兵員，不由戶部支餉。豐城侯李熙奏請革除後，仍留六百名家丁。顧寰以今防秋用人之時，請兵部會戎政大臣及巡視科道官選閱熟習戰陣之人，各級軍官保留副將十人、參將遊擊將軍各七人，防秋的三個月比照正兵給行糧馬料，防秋日畢則發回。[63]奧山憲夫認為京營導入北邊將領家丁後，破壞了原從衛所抽兵入京營的制度，兵力來源轉換為招募。[64]而明廷事實上不斷禁止家丁入佔京營兵額，更要求減少招募家丁，規定現有家丁領取月口糧來源須另覓財源，不得成為定例避免邊鎮效仿。

二、京師警衛的軍事化

北京城的防禦，除了京營、入衛兵、班軍之外，還有一支作為警備任務的部隊「京城巡捕」。京城巡捕隸屬於五城兵馬司，負責抓拿盜匪、巡邏北京城內外區域等，維持日常秩序。京城巡捕在成化朝以前編制不逾千人，至成化年間，因京城內外盜賊盛行，調撥團營二百名進入京城巡捕，強化緝捕人力。弘治朝起，由三千營內選四名指揮千百戶，統領京城巡捕。[65]京城巡捕的兵源及軍官都由京營抽調組成，實際上已可視為京營的旁支，為京師警備軍事化的開端。

嘉靖元年（1522），京城巡捕的軍事化更擴張。增設城外巡捕把總一員，添撥官軍一千名；將北京城分為五個區域，各以把總一員，

62　〔明〕張居正等總裁，《明世宗實錄》，卷422，頁7328，嘉靖三十四年五月乙卯條；卷473，頁7943-7944，嘉靖三十八年六月甲寅條；卷475，頁7962，嘉靖三十八年八月甲辰條。

63　〔明〕張居正等總裁，《明世宗實錄》，卷450，頁7640-7642，嘉靖三十六年八月乙未條。

64　奧山憲夫，〈嘉靖二十九年の京営改革について〉，《東方学》，63（東京，1982.1），頁89-103；《明代軍政史研究》，頁362-372。

65　〔清〕張廷玉等總裁，《明史》，卷89，〈兵一・京城巡捕〉，頁2189。

各轄一千名，共計六千名部隊。城內為東邊、西邊，城外為西南、東南、東北，南至海子，北至居庸關，西至蘆溝橋，東至通州。嘉靖二十一年（1542）再添巡捕官軍五千名，庚戌之變後編制官軍一萬一十八名、馬五千六百四十一匹。[66]京城巡捕的編制兵額，已接近京營一營人數。

京城巡捕在帳面上是人馬充足的部隊，但作為京營的旁支，也承襲實際兵額不足的弊端。嘉靖三十年（1551）五月，兵科給事中徐公遴疏陳巡捕官軍原額一萬二千，今含老弱者僅滿五千，明世宗下旨速為抽選。[67]巡捕官軍的兵員來自京營，京營本就缺兵，因此招募民兵補充。三十四年（1555）正月，巡視京營給事中丘岳等回報缺軍三百餘人、馬四十餘匹，巡捕指揮樊經及參將茂鎮指缺軍多為招募的民兵逃跑，因沒有籍冊難以追緝，缺馬是因私借或私占官馬。明世宗詔樊經革職，茂鎮奪俸半年，兵部再議報民兵應否留下。[68]透過招募民兵，確實補充京城巡捕的兵額，但相較衛所出身的軍籍兵，民兵的軍紀更難管控。

兵部尚書楊博指出京城民兵是庚戌之變時臨時招募成伍，素質較低落，若全數淘汰，這些民兵失去生計，於情不堪。現在京城巡捕員缺，與其調京營兵填補，不若將民兵撥調過去更適合，以籍隸北京者屬巡捕參將管轄，與尖哨軍人相兼巡邏，其他籍隸保定、真定者，發該兵備道為民兵，逃者不補。明世宗同意，諭示民兵影占雜役、虛冒糧餉情況較多，要求巡視科道官嚴選。二個月後，明世宗還沒聽到成果回報，詔令除楊博新任不追究外，奪兵部侍郎翁溥俸兩月、該司

66　〔明〕李東陽等奉敕撰，申時行等奉敕重修，〔萬曆〕《大明會典》（上海：上海古籍出版社，1995，《續修四庫全書》史部・政書類791，據明萬曆[1573-1619]內府刻本影印），卷136，〈兵部十九・巡捕〉，頁386-388。

67　〔明〕張居正等總裁，《明世宗實錄》，卷373，頁6664-6665，嘉靖三十年五月乙卯條。

68　〔明〕張居正等總裁，《明世宗實錄》，卷418，頁7259，嘉靖三十四年正月乙丑條。

掌印官俸三月。又過二個月後，巡視京營給事中丘岳、御史溫景葵等查奏目前巡捕民兵有二千一百五十四人，外郡者六百二十六人應遣還籍，在京者一千五百二十八人，其精銳可留者僅四百九十四人。[69]

除挑選精銳與利用民兵來補充京城巡捕的人數，明廷也另外制定特別的豁免法條。嘉靖三十六年（1557）起，五城兵馬司下轄官兵只要在京城衙門內有詞訟，除非是殺人強盜這類重大情節案件外，其他犯法事項或要作證出庭，皆要速審速決。由兵部與戎政大臣監督負責，不可輕易監禁，以免妨礙操練。嘉靖四十二年（1563）更擴及京營官軍，即使要提人審問，仍要回營操練，轉行戶部暫扣月糧以聽候發落，且須會同戎政府查核同意後才可拿人。[70]

同年七月，提督京城巡捕參將任俊申奏請強化其事權，明世宗從之。若五城及各把總怠惰不職，提督京城巡捕參將可參呈送問；將各地把總官的履歷、功過，每年年終填註考語，置立文簿送部考察；通行京營及各衛軍官登記在簿，如巡捕把總有缺時，可隨時候補推用。額設捕盜馬五千六百四十一匹，今缺其太半，乞行撥補；各軍馬匹依轄區分駐，白天養於同一處，以便隨時徵集。把總須督導下層軍官於夜間巡邏，確認官兵有確實上哨崗位；每年防秋月日，選官軍三千下夜巡邏，聽把總委官隨時演習；在京城內外地畫圖造冊，分別寺院菴觀大小街巷，專責官軍巡邏。[71]

京城巡捕原屬北京城內外治安維護，至嘉靖朝擴增至京畿區域甚至長城內側。京城巡捕的軍事化，不僅是為了強化治安能力，更讓京師在危急時能多一支應敵戰力。但其官兵皆由京營抽調編成，連帶繼

69　〔明〕張居正等總裁，《明世宗實錄》，卷421，頁7293-7294，嘉靖三十四年四月戊辰條。

70　此外，京營官軍中，正身免其民差，戶下餘丁仍要照丁派差做工。〔明〕李東陽等奉敕撰，申時行等奉敕重修，〔萬曆〕《大明會典》，卷134，〈兵部十七・營政通例〉，頁374。

71　〔明〕張居正等總裁，《明世宗實錄》，卷424，頁7353，嘉靖三十四年七月丁巳條。

承京營固有的虛報冒額問題。京城巡捕的勳臣官階及權勢較京營內的低，令兵部尚書及科道官在查核修舉時的阻力較少，更強化管控，固有的兵額及民兵問題期望於嘉靖三十四年底前恢復至編制數量。但七年後，實際兵額仍只整備至編制的七成，馬匹約六成。[72]（表4-1）

表4-1　庚戌之變後京城巡捕官軍編制與實額變化表

嘉靖朝	二十九年	三十年	三十四年	四十一年
編制官軍	一萬零一十八名			
實額官軍		五千餘名	三千六百八十二名	七千一百餘名
編制馬匹	五千六百四十一匹			
實額馬匹			二千八百餘匹	三千七百七十六匹

資料來源：〔明〕楊博，《楊襄毅公本兵疏議》（臺南：莊嚴文化事業有限公司，1997，《四庫全書存目叢書》史部・詔令奏議類，第61冊，據浙江圖書館藏明萬曆十四年師貞堂刻本影印），卷8，〈遵諭申飭京城巡捕事宜疏〉，頁425-426。

三、協理京營戎政的選任及職掌範圍

設立戎政府即象徵協理京營戎政成為明廷正式職官，選任方式與六部官員同樣是經過廷推，最後由皇帝圈選產生。在前七任的履歷中，皆是北京部院官員出身，都曾於北邊任職巡撫，其中王邦瑞、趙錦、聶豹更陞任兵部尚書。這些相似的履歷，說明軍事經歷是十分重要的考量因素。但實際上沒有制式的條件規範，自第八任至第十七任期間，除任期開始增長外，明廷嘗試晉用不同部門、層級的官員，試圖找到最合適的選任方法與人員。

72　〔明〕楊博，《楊襄毅公本兵疏議》（臺南：莊嚴文化事業有限公司，1997，《四庫全書存目叢書》史部・詔令奏議類，第61冊，據浙江圖書館藏明萬曆十四年師貞堂刻本影印），卷8，〈遵諭申飭京城巡捕事宜疏〉，頁425-426。

嘉靖三十三年五月，許論遷轉宣大總督，戶部右侍郎謝九儀改兵部右侍郎繼為第八任協理京營戎政。嘉靖三十五年四月陞兵部左侍郎，五月陞戶部左侍郎。今存文獻闕漏或沒有記載，任期一年十一個月。第九任，鄭曉（1499-1566），初授兵部職方主事，因職務得閱覽朝中軍事奏章、圖籍檔案，被時任兵部尚書金獻民囑咐撰《九邊圖志》，經歷與許論相似，讓他對北邊軍務有一定認識。仕途上，曾因大禮議與反對者同跪左順門，遭世宗令錦衣衛逮繫入獄，以及反對嚴嵩用人遭貶。後巡撫鳳陽抵禦倭寇肆掠有功，獲明世宗調回北京任兵部右侍郎，嘉靖三十五年四月至三十七年三月以南京吏部尚書改都察院右都御史兼兵部右侍郎協理京營戎政，後陞刑部尚書，任期一年十一個月。[73]

第十任，嘉靖三十七年三月，劉采（1500-1573）以南京兵部右侍郎改兵部左侍郎協理京營戎政，任期一年四個月。[74]第十一任，嘉靖三十八年七月，殷學以南京兵部右侍郎陞兵部右侍郎協理京營戎政。三十九年五月，吏科都給事中梁夢龍劾殷學託病數月，且求官戶部左侍郎、漕運總督等職，明世宗怒斥殷學游詞欺辯，黜為民，任期十個月。[75]同月，明廷以南京兵部右侍郎李遂（？-1566）改兵部右侍郎

---

73 〔明〕戚元佐，〈刑部尚書端簡公曉傳〉，收入〔明〕焦竑輯，《焦太史編輯國朝獻徵錄》，卷45，〈刑部二‧尚書〉，頁368-370。〔明〕張居正等總裁，《明世宗實錄》，卷434，頁7477，嘉靖三十五年四月己丑朔條；卷457，頁7729，嘉靖三十七年三月甲子條。〔清〕張廷玉等總裁，《明史》，卷199，〈鄭曉傳〉，頁5271-5274。

74 〔明〕耿定向，〈劉端簡公采傳〉，收入〔明〕焦竑輯，《焦太史編輯國朝獻徵錄》，卷43，〈南京兵部二‧尚書〉，頁263-267。〔明〕張居正等總裁，《明世宗實錄》，卷457，頁7732，嘉靖三十七年三月己巳條。〔明〕顧秉謙等總裁，《明神宗實錄》（臺北：中央研究院歷史語言研究所，1984，據中央研究院歷史語言研究所民國五十一年[1962]刊本縮編），卷27，頁677-678，萬曆二年七月戊戌條。國立中央圖書館編，《明人傳記資料索引》，頁8660。

75 〔明〕張居正等總裁，《明世宗實錄》，卷484，頁8081，嘉靖三十九年五月乙亥條。〔清〕張廷玉等總裁，《明史》，卷205，〈李遂傳〉頁5419-5422。

協理京營戎政。李遂受命時，逢南京振武營兵變，沒有實際至北京上任。[76]但李遂在處理南京的京營振武營時，同樣用戎政的字句來描述京營業務，或可窺見明廷用協理京營戎政的概念來管理南京京營。[77]

明廷確定李遂無法上任後，半個月內廷推刑部右侍郎傅頤、戶部左侍郎石永這二位同科進士。[78]明世宗言：「參戎重寄，非王邦瑞不可」，[79]欽選王邦瑞為兵部尚書協理京營戎政，王邦瑞以六十五歲之齡再度上任。明世宗俱允行王邦瑞條陳營務整飭。第一項是紀戎政以尊聖制，令兵部選官一名，專責備考明代京營經制始末集成刊印，分給京營各級將領遵守，令其日後不許隨意請議改變。[80]

其次是兵額、馬匹的補充與管理。王邦瑞直言不清楚明太祖、明成祖時期實際的京營人數，而景泰中期實際有四十三萬五千餘人，後

---

76 不著撰人，〈南京兵部尚書李遂傳〉，收入〔明〕焦竑輯，《焦太史編輯國朝獻徵錄》，卷42，〈南京兵部一・尚書〉，頁255。〔明〕張居正等總裁，《明世宗實錄》，卷474，頁7952，嘉靖三十八年七月壬午條；卷484，頁8081，嘉靖三十九年五月乙亥條；卷485，頁8091，嘉靖三十九年六月丙申朔條。〔清〕張廷玉等總裁，《明史》，卷205，〈李遂傳〉頁5419-5422。

77 〔明〕李遂，《李襄敏公奏議》（臺南：莊嚴文化事業有限公司，1997，《四庫全書存目叢書》史部・詔令奏議類，第61冊，據山西大學圖書館藏明萬曆二年陳瑞刻本影印），卷12，〈議處營官以修戎政疏〉，頁199-200。

78 〔明〕張居正等總裁，《明世宗實錄》，卷485，頁8091，嘉靖三十九年六月丙申朔條。傅頤，字師正，號少崖，沔陽人。嘉靖十一年進士，授廬陵知縣，官終戶部尚書。石永，字壽卿，號靜齋，威縣人。嘉靖十一年進士，歷御史，巡山海關，按淮揚、四川，皆振風紀。為陝西副使，濬泉溉田，民甚德之。巡撫延綏，禦寇於環慶有功。總督川湖貴州軍務，擒苗酋沈亞當等，累擢戶部左侍郎。國立中央圖書館編，《明人傳記資料索引》，頁96、680。

79 〔明〕郭朴，〈兵部尚書襄毅王公邦瑞墓志銘〉，收入〔明〕焦竑輯，《焦太史編輯國朝獻徵錄》，卷39，〈兵部二・尚書二〉，頁111。

80 〔明〕楊博，《楊襄毅公本兵疏議》，卷5，〈覆協理戎政尚書王邦瑞條陳營務疏〉，頁360-361。〔明〕張居正等總裁，《明世宗實錄》，卷488，頁8127-8130，嘉靖三十九年九月辛卯條。〔明〕李東陽等奉敕撰，申時行等奉敕重修，〔萬曆〕《大明會典》，卷134，〈兵部十七・營政通例〉，頁362-363。

約三十餘萬人。戎政府創立後，欽定三大營正備兵應有二十六萬六千六百六十人，目前實際總數僅十二萬名，而且此數量是經過多次招募揀選後的成果。同時，中都、大寧、山東、河南等外衛班軍原額十六萬，今班軍到達北京者不滿二萬。可見無論是京營或班軍的實際駐軍都未達編制數量，應每年專派清軍御史一員清點人數並辦理補充。

欽定的京營副、參、遊等軍官為三十員，旗下正兵十二萬人，外備兵十四萬六千六百六十人。王邦瑞指目前神樞、神機二營的將官共十員，所部兵僅二千人，皆不足一枝三千人，缺額不可讓京營軍官自行選練，避免延續占役賣放等弊端。五軍營現存三萬餘備兵，應由戎政大臣協同科道官中揀選，一員將官補足統領三千人，再撥付給二營來補足缺額。令總計三營三十員將官、三十支部隊達滿額編制。家丁的運用上，原任邊方經戰陣後調入京營的將官，可招募二十名邊人為家丁，每月給米二石、犒賞銀五兩或太僕馬價或本營子粒銀內支付，讓作戰經驗可以傳承。[81]原在北京招募的家丁革除、三大營老弱者汰除。最後是京營需求六千匹馬，但目前太僕寺僅有四千匹，且薊遼總督也奏請調動一半提供防秋。在權衡緩急後，先撥一千匹給京營，並令戶部補給久欠的料草。王邦瑞指出兵額整備數量已較十年前略有增長，戰馬缺少也是長期的問題，仍要持續追蹤管理。

從整飭京營的內容來看，無論是兵額、糧餉、訓練上，過去長期混亂無序。王邦瑞訂下專責官員備考明代京營經制始末，就是要改變過去勳臣管理時期沒有資料備查的問題。京營規制有紀錄可查後，就不會一直重複奏請修整同樣事項，或是官員掩飾內容，令皇帝無法核實真偽。今存的史料中，無法得知王邦瑞下令編纂的制書有無完成，但從萬曆朝京營巡視官張延登（1566-1641）的《京營巡視事宜》[82]錄存

---

[81] 〔明〕李東陽等奉敕撰，申時行等奉敕重修，〔萬曆〕《大明會典》，卷134，〈兵部十七．營政通例〉，頁370。

[82] 〔明〕張延登，《京營巡視事宜》（華盛頓：國會圖書館藏明萬曆四十二年楊元刊本）。

歷年奏准京營革新事項，顯示嘉靖朝以後確有編纂相關書籍。從張延登的書中更可見相關改制收入〔萬曆〕《大明會典》之中。這說明在戎政府中，兵部官員能夠更精確掌握京營狀況，減低勳臣的影響力。

嘉靖四十年十二月王邦瑞卒，明廷以太子少保江東（？-1565）為兵部尚書兼都察院右副都御史協理京營戎政，是第十四任。[83]次年四月改總督宣大山西等處軍務，任期四個月，四十四年九月卒於宣府鎮懷來。[84]嘉靖四十一年四月，蔡汝楠（1516-1565）以巡撫河南都察院右副都御史陞兵部右侍郎協理京營戎政。嘉靖四十二年五月，明世宗在西齋宮祭祀時，看到他面目醜陋，遂詔回部管事，任期一年一個月。[85]

明廷當月令南京兵部右侍郎喻時（1506-1570）改兵部右侍郎協理京營戎政，喻時上任後曾奏請八項政策。[86]嘉靖四十二年十月，韃靼與朵顏聯合攻入薊鎮，京師戒嚴。戰後，明世宗責問為何又讓韃靼攻入京畿，是不是因為兵部官員不適任？徐階回覆是蔡汝楠等才不足贊戎務，明世宗再問：

> 二臣原吏部推，何以此才當此任，縱無他私，亦不宜動循資格，必更之。京兵宜精練，成祖初制四十萬，今止剩八九萬，可歎。其鄭曉、楊順、葛縉何如？在朝臣有堪戎務者否？或內出用一人，外廷當知重此事，今須早理，不宜只講虛文。得如成祖時十

---

[83] 〔明〕張居正等總裁，《明世宗實錄》，卷504，頁8322-8323，嘉靖四十年十二月戊辰條；卷504，頁8325，嘉靖四十年十二月丙子條。

[84] 〔明〕明實錄，〈太子太保兵部尚書兼都察院左副都御史江東傳〉，收入〔明〕焦竑輯，《焦太史編輯國朝獻徵錄》，卷57，〈都察院四．總鎮尚書〉，頁131。

[85] 〔明〕茅坤，〈通議大夫南京工部右侍郎白石蔡公汝楠行狀〉，收入〔明〕焦竑輯，《焦太史編輯國朝獻徵錄》，卷53，〈南京工部二．侍郎〉，頁747-748。〔明〕張居正等總裁，《明世宗實錄》，卷508，頁8375，嘉靖四十一年四月辛巳條；卷521，頁8532，嘉靖四十二年五月壬辰條。

[86] 〔明〕王世貞，〈喻司徒時傳〉，收入〔明〕焦竑輯，《焦太史編輯國朝獻徵錄》，卷32，〈南京戶部二．侍郎〉，頁592-594。〔明〕張居正等總裁，《明世宗實錄》，卷521，頁8536，嘉靖四十二年五月丁酉條。

> 分之一，即為上矣。[87]

明世宗不滿吏部近期推選的兵部尚書及協理京營戎政表現，要外廷對人才選用更加嚴謹。徐階透過御史董堯封、錦衣衛左都督朱希孝探訪，得報僅鄭曉為官不曾貪污冒功，但因年事已大，仍不適任。[88]但徐階沒把話說死，以用人為吏部事，只要諭令吏部尚書嚴訥舉才務在得人、不要拘泥資格限制即可。[89]稍後，明世宗派內臣傳達諭令：

> 今又理戎務，京兵本也，協理者不堪用，且本兵二佐亦須得人，喻時、蔡汝楠令南部候改。即推果諳戎政曾歷邊事可用者，各二三員以聞。卿訥勿循常例，破格推用，以濟國事。[90]

明世宗調走喻時，再要求吏部推選的人必須要有軍事經歷才可用。可見協理京營戎政即使能力或政績有好評，仍不敵朝中政治影響。

喻時去職後，吏部尚書嚴訥推舉兵部職方司郎中張志孝、湖廣布政司參政李燧可任，明世宗選李燧陞都察院右僉都御史協理京營戎政。[91]明世宗不循廷推常例，而直接徵詢吏部尚書，除呈現對先前數任戎政官的失望，以至於大膽的試用新人，亦是探尋有那些經歷的官

---

87 〔明〕張居正等總裁，《明世宗實錄》，卷527，頁8602-8603，嘉靖四十二年十一月丁酉條。

88 〔明〕徐階，《世經堂集》，卷2，〈答防春等諭〉，頁393-394。

89 〔明〕徐階，《世經堂集》，卷2，〈答推用某某等諭〉，頁391-392。

90 〔明〕張居正等總裁，《明世宗實錄》，卷527，頁8602-8603，嘉靖四十二年十一月丁酉條。

91 李燧原職為從三品官，後陞都察院右僉都御史為正四品，品秩雖然稍降，但都察院為憲職，故實際上在中央職官的地位更高；而萬恭則由正四品跳二級為正三品。〔明〕李東陽等奉敕撰，申時行等奉敕重修，〔萬曆〕《大明會典》，卷10，〈吏部九・資格〉，頁179-181。〔明〕張居正等總裁，《明世宗實錄》，卷527，頁8602-8603，嘉靖四十二年十一月丁酉條。文史哲出版社編，《明清進士題名碑錄索引》（臺北：文史哲出版社，1982），頁1336。

員適合擔任此職。

至嘉靖四十三年七月，巡視京營給事中辛自修等奏陳京營狀況：

> 京營重務，茲者兵連十萬，棊布雲屯，軍實亦誠眾矣。旌旗熠燿，輪轅壁列，軍容亦誠壯矣。然具卒十萬，大半市人，戰陣未經，驕怯成癖，若非深溝高壘，堅壁重防，未免見虜倉皇，攖鋒不易。則夫都城四面，預相地形，熟觀向道，以為進兵策應之機者，不可以草率定也。諸將提兵，人懷倖念，使非聲勢相依，休戚一體，雖十倍前兵，竟為單弱。則夫申明節制，隨坐應援，以嚴同舟共濟之義者，不容以姑息處也。馬匹、盔甲、弓矢、火器缺一不可，而火器尤為喫緊。當事臣工不為預處，萬一警報倏忽，器具不利，患既切膚，徒悔噬臍，是豈人臣忠於所事之義哉？至於擁兵十萬株守都門，而虜勢緩急，咫尺莫辨。臣等往年巡視城門，蓋親見其然矣。即欲發一兵扼一路以振先聲，何可措其手足，則夫選軍出探，接報傳呼以預知敵情，而為制勝之策者，又可不多方以從事乎？目今秋事方來，警報叵測，總協大臣正宜晝夜思維，朝夕兢惕，備其所未備，急其所當急，不宜泄泄然，循行数墨，侵執常套。臣切見總督戎政鎮遠侯顧寰不能以家視國，開誠布公，恐恐唯唯，動多顧忌。協理僉都御史李燧，外僚越遷，望實未副，心疑氣沮，展布終難。乞飭寰洗心滌慮，仰報殊恩。仍敕吏部將李燧酌議別用，速舉素知兵事者代之，庶安攘有賴耳。[92]

辛自修分析京營部隊駐守北京城內，擁有城壘保護，遇事可以守待援。長久養成觀望散漫，不會預先進行訓練及準備，甚至是偵查哨探。他指責顧寰因循舊態，但僅止於要求他反省，對李燧則言其從外

[92] 〔明〕張居正等總裁，《明世宗實錄》，卷536，頁8701-8703，嘉靖四十三年七月己未條。

部越級升遷而來，職銜與威望實際上難以擔當此任，應另舉人代之。明世宗令吏兵二部評審顧寰與李燧，二部回覆應如辛自修所議，李燧遭免職。[93]明世宗罷免李燧後，私下派遣內臣觀察兵部右侍郎萬恭（1515-1591），後經吏部推舉決定要其出任協理京營戎政。[94]萬恭上任前曾上疏選兵、議將、練兵車、火器等事，明世宗皆允行，隨即因生病無法上任，後改陞巡撫浙江都御史兼兵部右侍郎趙炳然為兵部尚書代之。[95]

在前述十任協理京營戎政的經歷中，分析其政績與遷轉經過，能更清楚理解明廷用人方式與朝中政局狀況。從政績內容來看，僅有再度回鍋任職的王邦瑞在《明世宗實錄》中留下較明顯的政策，其餘九人無論任期長短皆無重大政策。從職銜來看，除超陞的李燧是都察院右僉都御史銜，七人皆為兵部侍郎銜，僅有王邦瑞及江東為兵部尚書銜。顯示這時期協理京營戎政的位階定位在總督京營戎政之下，而王邦瑞及江東是因其履歷已不低於兵部侍郎，所以必須授予兵部尚書以敬之；鄭曉則是降級擔任。

十人中有八人有指揮軍事作戰的經驗，江東跟喻時甚至官至邊鎮總督。六人是由南京調任上來，不同於與先前都從北京官員中選取。在劉采的傳記中可窺見部分原因：

---

93 〔明〕張居正等總裁，《明世宗實錄》，卷536，頁8701-8703，嘉靖四十三年七月己未條。

94 趙炳然獲任命後，萬恭恰好康復，給事中胡應嘉劾其詐疾避事、受黔國公沐朝弼賄賂，萬恭為表示並非空口取得尊位，自請發邊效力，遂授兵部左侍郎兼都察院右僉都御史巡撫山西。萬恭巡撫山西時，曾率兵擊退韃靼五萬騎兵，後轉任總理河道提督軍務治理黃河水患，一時稱才臣。〔明〕鄧以讚，《鄧定宇先生文集》（臺南：莊嚴文化事業有限公司，1997，《四庫全書存目叢書》集部・別集類，第156冊，據蘇州市圖書館藏明周文光刻本影印），卷4，〈誌銘・兵部左侍郎雨溪萬公墓誌銘〉，頁376-380。文史哲出版社編，《明清進士題名碑錄索引》，頁725。〔清〕張廷玉等總裁，《明史》，卷223，〈萬恭傳〉，頁5872-5873。

95 〔明〕張居正等總裁，《明世宗實錄》，卷539，頁8730，嘉靖四十三年十月丙子條。

北上，值虜警報日至，而團營協理缺人，在位者爭引避，因廷推及公，公受任自矢曰：「我無橫草功，蒙恩至此，即有急，便當以身殉耳。」[96]

當時北邊警報不斷，邊鎮總督巡撫無法抽調回京，而北京官員紛紛躲避獲得廷推出任，故明廷多自南京取人。任期雖有逐漸增長的趨勢，但變動幅度仍大，且有不是因在職期間的功過而離職。較特別的是蔡汝楠，他是明代知名學者湛若水的學生，十八歲中進士，仕途期間有軍事經歷，以四十六歲之齡任事，只因面貌不討明世宗喜歡而去職。而明世宗責備京營事務時，在戎政府內權重的總督京營戎政，受到責罰比權輕的協理京營戎政還低，反映明世宗對文武臣偏私的差距。儘管明世宗嘗試越級取人，執行後發現沒有一定位階經歷的文臣更難以服眾，顯見協理京營戎政一職吃力不討好的現況。

四、署掌兵部事的前協理京營戎政

協理京營戎政更易頻繁、職銜較低，戎政修舉政策反而多出自兵部，甚至是協理京營戎政陞任為兵部尚書後，在兵部主導戎政，兵部尚書與協理京營戎政的關係更加緊密。嘉靖三十七年（1558）三月，因辛愛、黃台吉自前年十一月至今包圍大同鎮右衛。[97]刑科給事中吳時來奏劾宣大總督楊順等人戰守失策、兵部尚書許論不職等事，明世宗詢問嚴嵩意見後，決定撤換楊順、許論革職為民，令曾任宣大總督的兵部右侍郎江東急去暫理，急詔父喪守制的楊博回任兵部尚書。[98]

---

96 〔明〕耿定向，〈劉端簡公采傳〉，收入〔明〕焦竑輯，《焦太史編輯國朝獻徵錄》，卷43，〈南京兵部二・尚書〉，頁265。

97 〔明〕張居正等總裁，《明世宗實錄》，卷453，頁7680-7681，嘉靖三十六年十一月丁丑條。

98 〔明〕張居正等總裁，《明世宗實錄》，卷457，頁7723-7727，嘉靖三十七年三月丙辰條。〔明〕嚴嵩，《嘉靖奏對錄》，卷12，〈科論楊順路楷

此時，韃靼數千騎兵又從宣府鎮滴水崖入侵永寧，宣府鎮、薊鎮要求支援。明世宗再命兵部尚書楊博總督宣大山西，督師前往支援，兵部高層官員的調動，令擁有軍事經歷又曾任協理京營戎政的刑部尚書鄭曉暫署兵部事。[99]

（一）查核兵額與京軍工役問題

嘉靖三十七年二月，鎮遠侯顧寰奏言修築大朝門的工作量龐大，京營軍力不敷，奏請在京各衛所官旗出銀募夫，讓京營官兵可休養恢復。但工部反對，謂工事重大，已將十萬軍夫分為四班輪流應役，又雇募民夫四萬六千八百餘人協助，令勞逸平均，不知為何單獨勞役到京營，又要出銀代役？明世宗同意工部議，拒絕顧寰奏請。[100]然而，工部說明制度規定京營官兵服工役有輪替，可有休息期間，顧寰則顯示事實與制度違背的狀況。

三月，為支援西北邊鎮軍事，明世宗詔令正在修城的京營官軍，提撥三萬五千名為聽征出戰官軍。鄭曉指京營官兵長期負擔北京城修城工役，不分正兵備兵都十分疲憊，過往戎政府文武大臣雖有奏請改善，仍沒有真正解決。請求將此批出戰官軍調回營操練，工役與出戰二項任務如何協調，建議敕令工部、京營文武大臣、監察工程巡視科道一同計議。明世宗同意所請，但指出內閣曾告知他聽征官軍是不用服雜役的，而且訓練至今一直未見精猛，殿工稍緩無妨，能夠臨戰才重要。[101]因為邊鎮戰役需調動京營出征官軍，卻帶出官軍平常不是訓練備戰，而是當作勞役工人的問題。

事情對〉，頁7a-9a。

99 〔明〕張居正等總裁，《明世宗實錄》，卷457，頁7731，嘉靖三十七年三月丁卯條；卷457，頁7731-7732，嘉靖三十七年三月戊辰條。

100 〔明〕張居正等總裁，《明世宗實錄》，卷456，頁7709，嘉靖三十七年二月辛卯條。

101 〔明〕鄭曉，《鄭端簡公奏議》，卷11，〈兵部類・製做工京營正兵疏〉，頁21-22。〔明〕張居正等總裁，《明世宗實錄》，卷457，頁7732，嘉靖三十七年三月辛未條。

京營做工的問題，明世宗從內閣與戎政府得到不同的回覆。嚴嵩向明世宗表示目前營內除聽征官軍外，備兵及外衛班軍共有九萬餘，又有錦衣衛旗校等。現在需要三萬人力做工，將此批人力分為三班就夠用。過去有旨正兵不許做工，但戎政官都是調動正備兵一同做工，直到邊鎮有警才奏言此問題。且建議官軍利用做工免日操，亦可收做工維持堪戰體能之效，促請明世宗裁示。[102]

當時營建宮殿要京營負擔多少人力？鄭曉指出京營除了聽征三萬五千名外，目前只有正兵四萬四千五十一名，備兵三萬六千八百三十八名，班軍已到八千四百七十五名，未到班軍一萬九千六百六十四名。因做工人力需京營出七成，錦騰五衛出三成，故總需軍夫四萬名，京營應出二萬八千名。但人力仍然短缺，大朝門工三萬名，壽明殿及城垣等工共一萬五千名尚未撥足，請兵部盡速撥款馬價銀三十萬兩雇工。鄭曉與工部尚書歐陽必進討論後，修築壽明殿、大高玄殿、雷霆洪應殿、重簷金殿、石子山、西苑躧水城垣各工，除工部民夫外，軍籍的工人皆聽戎政大臣指揮。[103]京營正備兵加上班軍目前總計八萬九千三百六十四名，卻要出二萬八千名協助工役，要維持輪班提供三成以上的人力，若加上持續軍事操練，對軍人的體能是極高負擔。

鄭曉在處理京營官兵調動人力做工時，同步清查官兵數目。三月初六日，鄭曉會同巡視京營、監察道御史、兵部委官職方清吏司主事等，在教場與每營官兵對冊逐名揀選，整理出目前三大營有九萬七千五百零二名官軍。不僅老弱精壯參差不齊，不到舊有編制一半，更有幾年前招募的官軍舍餘、勇士革退各衛所軍以及長陵等衛存留。同時有許多陳年問題，如弘治朝起不准招募的軍人有替補，但該員過世後，一代至二代的後人仍以其名報冊，持續領取軍餉。這類軍役餘丁照例是不報冊的，但鄭曉認為這些人住在城內，又時常出入軍營，素

102 〔明〕嚴嵩，《嘉靖奏對錄》，卷12，〈朝工對〉，頁11a-b。

103 〔明〕鄭曉，《鄭端簡公奏議》，卷11，〈兵部類・會議做工軍夫疏〉，頁22-23。

質比這幾年招募的民兵更好，請准兵部查驗後登記入冊。鄭曉認為只靠清勾原籍戶丁只是虛應故事，必須將三大營官軍的姓名、年貌、衛所皆清查造冊，以作為日後清點考核人員的憑據。為確實完成清查並加速作業，對替補代操的違法者給予自首寬免的優待，減低勳臣將領的反彈。[104]同年，明廷同意三萬五千名聽征官軍在三個月防秋期間，每人每月行糧四斗五升，若有逃亡或身故導致的缺額，由營內、各衛餘丁、解到新軍之中補充，不許從另一營內調取，以免難以稽查領取錢糧馬匹的名單。[105]

明世宗設立戎政府之初明令京營專責備戰，不得調為勞役事務。但實際上，北京城修築與修繕紫禁城仍有調動京營以及入衛班軍。鄭曉指出過去營造紫禁城內乾清宮等處，動員內外各色人匠及摘撥三大營、錦衣、騰驤等衛軍效力共十萬人，光是運木、運石、搭廠卸料就要三萬人，三大營至少撥五萬人輪流做工。但現在三大營實際的正備兵通計不過九萬七千餘名，從中選出聽征官軍三萬五千三百名，分布內外拱護京城陵寢的京營只剩六萬一千餘名。而調往北京的班軍，照例為十四萬六千八百餘人，大寧班軍五萬七千六百餘人須留守薊鎮，中都班軍四萬一千九百名留守防禦倭寇，能到北京防禦的只有山東與河南班軍，分春秋二班共四萬七千餘名，但實到人數只有一萬三千二百六十八名。[106]

鄭曉呈報京營人數與抽調做工的狀況，顯示兵額管理及人力缺乏。明世宗上諭內閣，聽征官軍不應有雜役，同意讓聽征的三萬五千名京營官軍先回營操練，其餘的京營官軍仍要提供人力支援北京城工

104 〔明〕鄭曉，《鄭端簡公奏議》，卷11，〈兵部類・選軍疏〉，頁33-36。〔明〕李東陽等奉敕撰，申時行等奉敕重修，〔萬曆〕《大明會典》，卷134，〈兵部十七・營政通例〉，頁368。

105 〔明〕李東陽等奉敕撰，申時行等奉敕重修，〔萬曆〕《大明會典》，卷134，〈兵部十七・營政通例〉，頁371。

106 〔明〕鄭曉，《鄭端簡公奏議》，卷11，〈兵部類・大工軍役疏〉，頁36-38。

事。由於京營戰力的整飭至今仍未見實效，故此時大朝門等興建更必須加緊完成，以保護北京城。[107]九月，大朝門修完。[108]鄭曉希望減少京營官軍抽調做工，讓軍隊回歸操練備戰的本業，明世宗雖同意這個想法，但在戰力素質不明確的狀況下，寧願先將北京城修築完畢。

嘉靖三十七年七月，兵科給事中郭嵩（1518-1571）條陳營務，指出三大營營務日以因循。明世宗曰：「近來營務廢甚，諸臣漫不經理，有負委託，今後務在從實操練，以備戰守。」[109]對修舉戎政的績效十分不滿，但仍寬大處置，僅諭示訓斥。這段期間，相較於顧寰仍因循保守，協理京營戎政與兵部尚書奏請與承擔較多京營事務，在實務上強化了兵部對京營內部狀況的了解。

（二）營兵整訓操練

除兵部尚書與戎政府官員外，巡視京營給事中等外部監察官員也是督導戎政修舉成效的要角。嘉靖三十八年（1559）十一月，巡視京營給事中蘇景和等人條上戎政七事，經兵部議覆後獲允行。[110]首先，京營目前堪戰者僅三萬七千餘人，應選在營官軍二十支，補足共六萬人常備操練，而各營備兵十八支分隸神樞與神機營專備征戰。其次，選練精兵八支在本營操練，其他三大營的選剩備兵仍照舊管帶。第三，統領將官需要久任，陞遷必須等到代任者到任才可離任，以令兵將相習。第四，由於軍紀不良，令刑部依罪刑輕重速審，情節輕者即

---

107 〔明〕張居正等總裁，《明世宗實錄》，卷457，頁7732，嘉靖三十七年三月辛未條。

108 〔明〕張居正等總裁，《明世宗實錄》，卷464，7832-7833，嘉靖三十七年九月辛卯條。永樂時稱奉天門，嘉靖三十七年重修後更名大朝門，嘉靖四十一年重修更名皇極門。〔明〕李東陽等奉敕撰，申時行等奉敕重修，〔萬曆〕《大明會典》，卷181，〈工部一・營造一〉，頁193。

109 〔明〕張居正等總裁，《明世宗實錄》，卷461，頁7794，嘉靖三十七年七月甲子條。

110 〔明〕張居正等總裁，《明世宗實錄》，卷478，頁7999-8001，嘉靖三十八年十一月乙未條。

令歸伍，重者須經多次查問，確認後應盡早頂補其缺。第五，總督與協理大臣應平均責任並久任，將領亦當久任，巡視科道官應照例三年始易，令彼此熟悉，延續政令執行。最後是考察副將以下實績，以為黜陟之憑，並清查各營役占私人，令軍人盡歸營伍。

嘉靖三十九年（1560）五月，明世宗同意蘇景和等人疏請增選戰兵以重訓練。從三大營中選出壯士六萬人分為二十支，五軍營十二支、神機與神樞營各四支。每支三千員，一支內用中軍官一員、千總二員、把總十二員。[111]這批部隊可免除工役，專在營內訓練以聽征戰調遣。同時，總督與協理各自有專屬的五百名聽征官軍、巡視科道的聽用官軍三百名都免除工役，並依聽征官軍之例支給口糧。[112]

在鄭曉暫掌兵部尚書期間，藉由京營官兵工役的問題，趁勢進行系統性的整理官兵名冊與核實，讓京營兵額缺少、頂替的問題明朗化。兵額不實的陳年陋習，在缺兵與避免降罪勳臣導致反彈的現實考量下，用自首寬免罪責作為改革勸誘。而後，巡視京營給事中蘇景和等人奏請下，強化兵額核實與操練的執行力，進一步要求文武戎政大臣應要平均負責及久任，不只改善究責文臣多於武臣的現象，更實質提升協理京營戎政的地位。

第三節　文臣領軍：兵部尚書楊博主導下的戎政

嘉靖後期，北京與京畿邊鎮的防策多出自楊博，他是繼王邦瑞之後深獲明世宗倚重的兵部文臣。嘉靖三十四年三月，四十六歲的楊博升任兵部尚書，次年正月以父喪回籍守制，三十七年四月因大同右衛戰事

111 〔明〕李東陽等奉敕撰，申時行等奉敕重修，〔萬曆〕《大明會典》，卷134，〈兵部十七・營政通例〉，頁371。

112 〔明〕張居正等總裁，《明世宗實錄》，卷484，頁8078，嘉靖三十九年五月辛未條。

奉召以兵部尚書總督宣大山西等處軍務，三十八年五月調任總督薊遼保定，至十二月回北京，加太子少保。[113]據《明史・楊博傳》所載：

> 嚴嵩父子招權利，諸司為所撓，博一切格不行。嵩恨博，會丁父憂去。帝數欲召博還，又虞邊，以問嵩。嵩雅不喜博，請令江東署部事，俟秋防畢徐議之，遂不召。秋防訖，加太子太保，留鎮如故。哼素把伶及叛人了都記等數以輕騎寇邊，博先後計擒之。又數出奇兵襲寇，寇稍徙帳。因議築故總督翁萬達所創邊牆，招還內地民為寇掠者千六百餘人。又請通宣、大荒田水利，薄其租。報可。改薊遼總督。秋防竣，廷議欲召博還，吏部尚書吳鵬不可。鄭曉署兵部，爭之曰：「博在薊、遼，則薊、遼安；在本兵，則九邊俱安。」乃召還，加少保。帝憂邊甚，博每先事為防，帝眷倚若左右手。嘗語閣臣：「自博入，朕每憂邊，其語博預為謀。」博上言：「今九邊，薊鎮為重。請敕邊臣逐大同寇，使不得近薊，宣、大諸將從獨石偵情形，預備黃花、古北諸要害，使一騎不得入關，即首功也。」帝是之。[114]

楊博鎮邊期間，明世宗數次想召其回北京，一方面邊鎮戰事不斷，一方面嚴嵩恨楊博不畏懼其權勢，但楊博戰功彪炳亦無從參劾，故建議楊博駐邊，令其不得回北京。但在鄭曉的力爭之下，楊博獲召回京，明世宗希望運用楊博駐邊經驗，強化北京與京畿防禦。楊博獲得重用，令協理京營戎政得到兵部的大力支持。

---

[113] 〔明〕張居正等總裁，《明世宗實錄》，卷460，頁7771-7772，嘉靖三十七年六月丁丑朔條；卷465，頁7850，嘉靖三十七年十月辛酉條；卷472，頁7926-7927，嘉靖三十八年五月辛巳條；卷479，頁8010，嘉靖三十八年十二月庚戌條。

[114] 〔清〕張廷玉等總裁，《明史》，卷214，〈楊博傳〉，頁5657-5658。〔明〕嚴嵩，《嘉靖奏對錄》，卷13，〈請以楊博改任薊鎮〉，頁2a-b。

一、兵部尚書楊博與京營調防薊鎮

庚戌之變後，薊鎮成為韃靼等部落進兵京畿的一大路徑，從內地轉為前線要衝，整備薊鎮成為要務。明廷於嘉靖三十三年定設薊遼總督，但從嘉靖二十九至四十二年間，薊遼總督更換六任，僅楊博一人未遭治罪，薊鎮的領導及駐軍戰力素質低落，無法獨力完成防務，必須調用大量客兵，包含邊鎮軍及入衛的京操班軍來協防。[115]因此，明世宗持續派遣兵部官員閱視薊鎮的防務狀況。

嘉靖三十九年（1560），閱視薊鎮兵部職方司郎中王叔果回報：「本鎮舊兵疲勞飢渴，弱而不可練，新兵烏合應募，驕而不暇練。」[116]明世宗怒斥諸臣不實心奉詔，令明年再度閱視。四十年（1561）八月，明世宗認為韃靼可能於秋天擾邊，要楊博先訂立防策。楊博認為俺荅、黃台吉、把都兒及土蠻等將聯合入侵薊鎮，請求強化哨探宣府鎮獨石口一帶的哨探，防範其從白草川、三間防一帶入侵。薊鎮內的昌平鎮、居庸關、鎮邊城、黃花鎮與宣府鎮的懷來、延慶、永寧、四海冶相鄰，令兩鎮總督需協力固守，再補足薊鎮的主客兵糧。明世宗同意所奏，並令戶部於年例外加發餉金四萬兩。[117]

九月初三日寅時，內閣傳達上諭，聽聞邊境傳報韃靼動態異常，命邊方警戒、京營備戰。兵部回覆韃靼自夏天駐紮鄰近宣府鎮的青山，應是攻擊薊鎮，可能是聲西擊東之計。明世宗同意兵部議，詔山西、大同、宣府、薊鎮等鎮巡官員分牆守禦，不可輕易主動出擊，令顧寰與王邦瑞整備京營作戰。[118]此時，閱視薊鎮兵部職方司主事許汝

---

[115] 周維強，《明代戰車研究》，頁211-216。彭勇，《明代北邊防禦體制研究：以邊操班軍的演變為線索》，頁83-111。

[116] 〔明〕張居正等總裁，《明世宗實錄》，卷487，頁8117-8118，嘉靖三十九年八月癸亥條。

[117] 〔明〕楊博，《楊襄毅公本兵疏議》，卷7，〈遵諭條上定策遏虜疏〉，頁396-397。〔明〕張居正等總裁，《明世宗實錄》，卷500，頁8268-8270，嘉靖四十年八月壬申條。

[118] 〔明〕楊博，《楊襄毅公本兵疏議》卷7，〈遵諭申飭京邊備虜疏〉，頁

驥回報自六月以來薊鎮的練兵狀況，總結來看薊鎮駐軍仍有軍紀不佳、兵額短缺、缺乏糧餉又有冗員的問題。明世宗怒斥「各官不畏明旨，敢爾欺肆。」[119]令薊鎮總兵張承勳革職，連同已革職的薊遼總督許論查明其罪狀，並將巡撫、副總兵等十五人降級。[120]

九月十八日，薊遼總督楊選上奏極弊十五事，指陳薊鎮主兵戰力薄弱的諸多原因，仍請求保留延綏、固原、寧夏等調入邊兵，做為駐防主力。明世宗斥薊鎮撫臣遇警輒張皇告急，庚戌之後邊兵入調乃權宜之計，至今十一年過去仍沒有辦法自主防禦，實在沒有為國忠計者。因而令楊博構思如何不依靠邊兵防守薊鎮，又可以訓練薊鎮主兵的方法。[121]

明世宗同意楊博十項修整薊鎮防務，令巡撫官每月、總督每二個月加強閱視成效；每十人中，八人習火器，二人習弓矢，令薊鎮官兵能夠倚牆據守等。逐年遞減邊兵入衛數量，期待薊鎮能自主防禦。因陝西的固原、寧夏、延綏三處班軍距離薊鎮遙遠，來往軍旅疲憊，先取消延綏遊擊所領不滿額的一千五百名遊兵，其餘陝西班軍都用騎兵不用步兵，待嘉靖四十一年後薊鎮主兵練成，就每年遞減一支班軍。楊博認為顧寰、王邦瑞這幾年對京營整備狀況不錯，由京營兵填補延綏等兵撤防後的防區。令其選兵專駐居庸關、鎮邊城，四支防春，正

397-398。〔明〕張居正等總裁，《明世宗實錄》，卷501，頁8277-8278，嘉靖四十年九月癸巳條。吳彥儒，〈明嘉靖朝宣府鎮的軍事措施之研究：1521-1566〉，頁69。

119 〔明〕張居正等總裁，《明世宗實錄》，卷501，頁8280-8283，嘉靖四十年九月庚子條。

120 〔明〕楊博，《楊襄毅公本兵疏議》，卷7，〈覆薊鎮閱視郎中許汝驥分別功罪條陳事宜疏〉，頁400-404。

121 邊兵入衛耗費人力、財力，亦對當地防禦有所影響。如嘉靖三十九年六月，楊博同意去年寧夏巡撫霍冀（1516-1575）指出寧夏的駐軍本來就不多，又須選兵入衛，令官兵遠離駐地操勞，實不利當地防禦。〔明〕楊博，《楊襄毅公本兵疏議》，卷5，〈覆寧夏撫鎮官霍冀等免選遊兵令奇兵入衛疏〉，頁351。〔明〕張居正等總裁，《明世宗實錄》，卷475，頁7961-7962，嘉靖三十八年八月癸卯條；卷501，頁8286-8291，嘉靖四十年九月乙巳條。

月十五啟行，三月終回營；四支防秋，七月十五日啟行，九月終回營。每支三千名，其中三百名騎兵專做傳報，其餘二千七百名為步軍。令疆臣日常督練火器，強化哨探情資。最後請戶部發銀十萬兩，再借工部銀十三萬兩，作為一年份的兵餉。[122]總計三十支的京營部隊中，於四十二年另輪調八支、四十三年再調八支，持續輪調令每一支部隊都有守邊作戰經驗。[123]

十二月十九日，楊博再度說明京營調駐薊鎮的目的。一是讓京兵到邊境歷練熟習作戰，藉此轉弱為強；二是居庸關與鎮邊城外，尚有懷來、保安在其前，若有警報，京營可一日內到達，比從宣大遠調而來更省時間及經費；三是春防之月，只留邊兵三支，若有警報難以兼顧，若由京兵防禦此二區，則邊兵可專守古北口、冷口等處，據戰力有效分配前線與後防區域；四是官軍已部署就位，可依明年春天邊境狀況再決定是否派遣，避免虛耗糧餉。明世宗大致同意楊博所議，惟待薊鎮警報後，京營兵再出動一至二支，避免徒增糧餉。[124]

薊鎮在庚戌之變後成為戰場前線，是明廷要大力整飭的國防缺陷。薊鎮主兵的質量無法在短時間內改善，只能依靠大量邊鎮軍及京操班軍入駐協防。經年累月後，不僅遠水救不了近火，更消耗大量經費。因此，楊博嘗試將王邦瑞整訓後的京營部隊輪流調駐薊鎮，減低

---

[122] 〔明〕楊博，《楊襄毅公本兵疏議》，卷7，〈奉旨條上破格整理薊鎮兵食疏〉，頁406-410。〔明〕張居正等總裁，《明世宗實錄》，卷501，頁8286-8293，嘉靖四十年九月乙巳條。〔明〕李東陽等奉敕撰，申時行等奉敕重修，〔萬曆〕《大明會典》，卷29，〈兵部十二・鎮戍四・各鎮分例一・薊鎮〉，頁310。晚明陳子龍眉批：「京兵不宜遠征，恐蹈唐人神策之事，至於出戍□畿，其策可行也」認同京營以防禦京畿為主，若用以遠征，則恐唐代神策軍的故事，成為顛覆或操弄皇權的武力。〔明〕楊博，《楊襄毅公奏疏四》，〈疏・奉旨條上破格整理薊鎮兵食疏〉，收入〔明〕陳子龍等選輯，《明經世文編》，卷276，頁2915。

[123] 〔明〕楊博，《楊襄毅公本兵疏議》，卷7，〈覆巡視西關御史黃紀條陳整理薊鎮三事疏〉，頁415。

[124] 〔明〕楊博，《楊襄毅公本兵疏議》，卷7，〈議發京兵輪戍薊鎮疏〉，頁418-419。〔明〕張居正等總裁，《明世宗實錄》，卷504，頁8326，嘉靖四十年十二月丁丑條。

陝西等偏遠軍鎮的支援，更讓京營有駐邊經驗，而不是僅在教場演練。雖然明世宗對抽調京營駐薊鎮的做法趨於被動與保守，但據〔萬曆〕《大明會典》所載，確定仍是四支京營兵固定輪調。[125]

二、勳臣子弟的儲訓及京營火器整備

明代官制中，六科給事中代皇帝監察百官，有參與議政的職權。[126]因此，戎政府中除文武戎政大臣外，巡視京營科道官也可以奏請戎政事務。嘉靖四十二年五月，總督京營戎政鎮遠侯顧寰及巡視京營左給事中陳瓚等提出選正兵、選官、籍查月糧、賞糧以振兵威、查補倒損馬匹等九項政務，其中選正兵、倡勇敢、飭營伍三項成為日後定制。[127]

「選正兵」是日後閱視時，先令各營將領挑選武藝精熟者備調遣與教習，老弱不堪者令替補，然後戎政大臣會同巡視科道照例會選，造冊送部。「倡勇敢」是遇秋操時，每營選武藝精強者為一等共一萬八千名，月支糧六斗，其次武藝未閑而力可教習者為二等，月支糧三斗以示激勸。同時，文武戎政大臣、巡視科道官、車兵三萬名、隨征官軍一千六百名皆月支糧三斗，守城官兵四萬二千一百十四名，月支糧一斗。「飭營伍」是通州新舊遊兵二支目前有四千三百六十餘名，挑出三千名，設中軍官一員、千總官二員、把總官十二員，分為十二司，每司各軍二百五十名，仍聽佐擊將軍約束，併入京營內。[128]二是指出嘉靖三十八年改巡視科道官為三年一任，但與將領相熟後容易因

---

[125] 〔明〕李東陽等奉敕撰，申時行等奉敕重修，〔萬曆〕《大明會典》，卷29，〈兵部十二・鎮戍四・各鎮分例一・薊鎮〉，頁310。

[126] 張德信，《明朝典制》，頁278-283。

[127] 〔明〕張居正等總裁，《明世宗實錄》，卷521，頁8533-8535，嘉靖四十二年五月壬辰條。

[128] 〔明〕李東陽等奉敕撰，申時行等奉敕重修，〔萬曆〕《大明會典》，卷134，〈兵部十七・營政通例〉，頁363-371。

循故事，因此建請恢復弘治十一年及嘉靖二十九年時的一年一換，以緊密監督京營各項政務的執行成效。[129]

同月，刑科給事中馮成能指過往南北兩京勳戚子弟應襲舍餘會在國子監習禮學、武學，又有武舉遴選。但為儲備京營將來的將官人才，建請將在京五軍都督府內勳臣子弟，襲爵未經管事、三十五歲以下、各爵應襲不拘年紀，俱送京營聽戎政文武大臣定以日期隨營較射。在營內仍教習武經七書、百將傳等書，並撥給軍伴十名聽其跟用。戎政府記錄其姓名後呈報，每年年底由巡視京營科道官考察其勤惰勇怯回報。[130]四十三年，明廷要求隨營勳戚每年較試二次，考核弓矢、策論，表現良好者記錄在冊，若營中有參遊坐營官出缺，例酌量推補，表現不好則由戎政大臣督責戒飭。[131]

嘉靖四十二年七月初九日，明世宗令加強整飭京營弊端，避免營務仍有賣放私役、科剋作弊、額數徒存、虛費糧餉、不堪調遣等陋習，差遣監察御史與巡視京營官員視察回報。[132]二十二日，總督京營戎政鎮遠侯顧寰條議六項京營訓練事，其重點實際上分為練兵、禮制法紀與軍械裝備。首先是挑選一萬八千人分為六支部隊，分別由六名

---

129 王紹元為同時期巡視京營科道官，其奏議內收入建請事項與《明世宗實錄》略有不同，以實錄所收奏准執行項目為準。〔明〕王紹元，《白厓奏議・附錄京營疏稿》，〈陳愚見以裨營務疏〉，頁4b-15a。〔明〕李維楨，《大泌山房集》（臺南：莊嚴文化事業有限公司，1997，《四庫全書存目叢書》集部・別集類，第152冊，據北京師範大學圖書館藏明萬曆三十九年[1611]刻本影印），卷67，〈王大条家傳〉，頁160。〔明〕張居正等總裁，《明世宗實錄》，卷521，頁8533-8535，嘉靖四十二年五月壬辰條。

130 〔明〕楊博，《楊襄毅公本兵疏議》，卷11，〈覆給事中馮成能儲養世胄團練鄉兵疏〉，頁493。〔明〕李東陽等奉敕撰，申時行等奉敕重修，〔萬曆〕《大明會典》，卷134，〈兵部十七・營政通例〉，頁361。〔明〕張延登輯，《京營巡視事宜》，〈二・會典・營務十九款・嘉靖四十二年議〉，頁5b。

131 〔明〕李東陽等奉敕撰，申時行等奉敕重修，〔萬曆〕《大明會典》，卷134，〈兵部十七・營政通例〉，頁361。

132 〔明〕張延登輯，《京營巡視事宜》，〈一・勅書・勅巡視京營給事中・嘉靖四十二年一道〉，頁1a-3a。

邊將帶領操練。其次，在紀律禮制方面，令京營的副將參遊等官，若與在京官員沒有統屬關係，則以賓禮相處即可，不必特別引避。而京營將官若有犯法，先由戎政府查核確實後，使許上報參劾。第三，查核京營火器數量，督導官兵熟悉火器操作，並要求工部派員教導京營官兵製造戰車以及操練的方法。同時，京營與守城官軍的盔甲弓矢皆須預先編列配發，以免臨事倉皇失措。明世宗同意，指示京營為兵戎之本，選練事宜不可敷衍有負委任。[133]

本文第三章第二節中，京營在庚戌之變後擴建了二千三百輛以上的戰車，車兵營佔各營的四成五。至嘉靖四十二年期間，雖有訓練火器的要求，卻幾乎沒有訓練官兵使用戰車的奏議。然從修舉戎政的歷程來看，前段時期多是以補充兵額為主，能夠調邊協防即說明人員補充編組有成，故下一階段就是操練戰技為目標。對比顧寰請求工部協助京營官兵操練戰車，時任協理京營戎政喻時對戰車的觀點：

> 鶡鴠車，鶡鴠車，書生莫漫泥兵書，武剛、偏廂，古所予，蚴蟉宜險，艾豭宜平，不可居。龍沙鴈門崎以嶇，執此擊胡空嗟嘘。房琯用之無片旟，時異勢殊那截如。中丞何言言見沮，王鉞胸中甲兵定不疏。胡為乎？向人嘈嘈怨齟齬。[134]

舉出唐肅宗時宰相房琯（696-763）在陳濤斜之戰用車戰失敗、成化朝提督京營王越（1423-1498）對戰車的評價都是機動性不足，在戰場效果不彰。但喻時的任期僅半年，其觀點也未付之奏議，故不影響此時的戰車操驗，惟可見官員對戰車的實用性存有不同觀點。

火器是京營使用比例最重的兵器，令官兵熟悉操作十分重要。當

133 〔明〕張居正等總裁，《明世宗實錄》，卷523，頁8552-8553，嘉靖四十二年七月戊戌條。〔明〕李東陽等奉敕撰，申時行等奉敕重修，〔萬曆〕《大明會典》，卷134，〈兵部十七・營政通例〉，頁374。

134 〔明〕喻時，《吳皐先生文集》（北京：中國國家圖書館藏明嘉靖二十四年[1545]陳大賓刻本），卷1，〈讀鶡鴠車說〉，頁41a-b。

時兵部與工部尚書雷禮指出祖宗舊制要求火器、火藥與軍械平時無事收於內府，以為防微杜漸，遇事關領，事畢交還，在日常操練之時也要每日領取每日交還。但在嘉靖朝末期逐步放寬限制，嘉靖四十一年已准許北京城各門存放軍火器械，應存、應發器械須分類存放，並將損壞短少數目造冊呈報，其餘器械仍發兵仗、軍器等局交收。[135]

顧寰希望操練期間，將使用的軍械知會工部，移至城門或城內空地，操練完畢後由戎政大臣督導官兵繳回，以節省存取時間及手續。[136]但後來發生領出的軍械遭盜賣或遺失毀損，故改存放盔甲廠內，仍強調兵器與部隊的必須分開管理，避免官兵擁械自重。[137]而四十三年閏二月，明世宗同意巡視京營科道官辛自修議請軍器、兵仗二局造給京營的盔甲火器，皆交付戎政府自行督理。[138]至隆慶元年，明廷議准北京城各門的武器仍舊存於各門庫房內，令守門指揮等官看守，置立循環簿，每年五月由兵工二部委官會同照冊查盤。又因朝陽、東直、安定、德勝四門是通行要道，廣渠、東便二門接近運河，各門除原用連珠砲、快鎗、夾靶鎗外，添給中樣鐵佛朗機二十架、一窩蜂砲六位、快鎗四十桿，以強化防禦火力。[139]

135 〔明〕李東陽等奉敕撰，申時行等奉敕重修，〔萬曆〕《大明會典》，卷193，〈工部十三・軍器軍裝二・火器〉，頁324-325。
136 〔明〕楊博，《楊襄毅公本兵疏議》，卷10，〈會議京營操練神器關領交納定期疏〉，頁480-481。
137 〔明〕張居正等總裁，《明世宗實錄》，卷528，頁8617-8618，嘉靖四十二年十二月戊午條。
138 〔明〕張居正等總裁，《明世宗實錄》，卷531，頁8655，嘉靖四十三年閏二月壬寅條。
139 〔明〕李東陽等奉敕撰，申時行等奉敕重修，〔萬曆〕《大明會典》，卷193，〈工部十三・軍器軍裝二・火器〉，頁325。

三、嘉靖四十二年京師戒嚴與戰後整備

（一）京師戒嚴

嘉靖四十二年九月二十日寅時，明世宗見風象異常，要求邊鎮提高警覺。楊博飭宣大總督江東移駐懷來，專備南山一帶，督促修繕自四海冶至鎮邊城的長城，宣府鎮總兵官馬芳、宣府巡撫楊巍統率兵馬聽江東調遣；昌平鎮總兵官何淮，兵備副使栗永祿則加強防衛居庸關、黃花鎮、渤海所等接近陵寢區域。[140]因薊遼總督楊選（？-1563）綁架朵顏酋長辛愛的岳父通漢向明廷邀功，辛愛憤而聯合把都兒率軍入侵。[141]

十月二十一日午時，朵顏、韃靼聯軍入侵薊鎮墻子嶺、磨刀峪長城，薊遼總督楊選以明軍斬敵二級報功，但當夜聯軍就破牆而入。[142]聯軍入境令楊選及順天巡撫徐紳畏懼遭懲處，率標兵退至北京城東直門外。因楊選隱匿情報的緣故，明廷不明瞭軍情嚴重性，僅先要求邊境部隊戒備。明廷令徐紳守通州及張家灣一帶，先前發去京兵一支聽徐紳調度，加緊派遣夜不收哨探，以掌握敵軍動態。若敵軍往西走，會從高崖等口以出宣府鎮；若往東走，會從石塘口、古北口，若再往東則從舊路或馬蘭一區以出流河。令江東、楊巍備兵於高崖口內外，石塘嶺參將董麒、兵備參政張邦彥駐大水谷、白馬關等處，古北口參將郭琥、兵備副使盧鎰駐古北口、龍王峪等處，薊州兵備副使紀公巡駐馬蘭峪。朵顏、韃靼聯軍得到充分準備，進入牆子嶺結營二日後才開始搶掠，明軍已然處於被動防禦狀態。[143]

---

140 〔明〕楊博，《楊襄毅公本兵疏議》，卷11，〈遵諭戒嚴邊備疏〉，頁499-500。

141 〔明〕張居正等總裁，《明世宗實錄》，卷526，頁8582-8584，嘉靖四十二年十月丁卯條。〔清〕張廷玉等總裁，《明史》，卷204，〈楊選傳〉，頁5400-5401；卷327，〈韃靼傳〉，頁8484。

142 〔明〕徐階，《世經堂集》，卷2，〈又答兵事諭一〉，頁388；卷2，〈又答兵事諭二〉，頁388-389。

143 〔明〕楊博，《楊襄毅公本兵疏議》，卷11，〈覆都給事中丘橓等條陳禦虜事宜疏〉，頁509-510。〔明〕張居正等總裁，《明世宗實錄》，卷

二十二日至二十五日，楊選令密雲副總兵胡鎮、薊州總兵孫臏、遊擊趙溱等前往應戰。明軍攻到三河受阻，雙方交戰於鄭官屯，保定總兵官祝福率兵支援，但趕至前，孫臏、趙溱皆陣亡，胡鎮受創後從西面突圍，朵顏、韃靼聯軍遂大掠灤東順義、三河等縣邑村鎮。[144]京畿遭到掠奪的聲響火光，連在西苑中的明世宗都看見。為避免城外入援官軍的事權不一難以指揮，明世宗詔令宣大總督江東由居庸關迅速調兵入援，總督城外包含楊選在內的馬芳、姜應熊、劉漢等官軍。城內指揮由兵部尚書楊博負責，文武大臣分守皇城五門、京城九門及重城七門，顧寰整備京營以追剿韃靼，令官員堅守糧餉集貨地的通州、張家灣，以大同總兵官劉漢防守陵寢、楊選駐東直門、宣府總兵官馬芳領六千入駐紮廣渠門以擋韃靼由通州方向進攻京師。在重城七門中，兩便門及水門最重要，工部尚書雷禮已將水門堵塞，以增加護城河水深，東便門由馬芳分兵駐防，西便門目前無兵駐防，令江東區處。遣官補胡鎮等人之軍餉，以增追剿之力。[145]二十二日未刻，馬芳入居庸關，該夜抵達北京城，江東於二十四日，姜應熊於二十五日分別率軍抵達。[146]

二十五日，傳聞朵顏、韃靼聯軍從香河退至通州河之東，向平谷縣移動，明廷令江東移往順義持續追擊，並計畫伏兵在古北口，楊選

526，頁8585，嘉靖四十二年十月己巳條。

144 〔明〕張居正等總裁，《明世宗實錄》，卷526，頁8584，嘉靖四十二年十月丁卯條；卷527，頁8589-8592，嘉靖四十二年十一月丁丑條。

145 〔明〕徐階，《世經堂集》，卷2，〈答兵事諭一〉，頁385；〈答兵事諭二〉，頁385-386；〈請勑江東總督入援官兵〉，頁386；〈又答兵事諭一〉，頁386；〈又答兵事諭二〉，頁386-387。〔明〕張居正等總裁，《明世宗實錄》，卷526，頁8582-8584，嘉靖四十二年十月丁卯條；卷526，頁8584，嘉靖四十二年十月己巳條。戰後，工部尚書雷禮奏請修繕永定門等七門重城，四十三年正月在之上增築甕城，又強化東西便門的建築防禦，六月完工。《明世宗實錄》，卷528，頁8609，嘉靖四十二年十二月乙巳朔條；卷529，頁8630，嘉靖四十三年正月條；卷535，頁8689，嘉靖四十三年六月丁酉條。

146 〔明〕徐階，《世經堂集》，卷2，〈又答兵事諭一〉，頁388；卷2，〈又答兵事諭二〉，頁388-389。〔明〕張居正等總裁，《明世宗實錄》，卷526，頁8585，嘉靖四十二年十月己巳條。

擇以敵軍東移自詡追殺功求賞。[147]明世宗懷疑問徐階，徐階回覆韃靼仍駐營在平谷，此動態是將掠奪財物運回營區，未必是要全面撤退，僅可稱追送，不能稱追殺。明世宗怒言：

> 上曰：然，選等正是送去，敢言追殺，其誰欺乎？今外兵四集，內士又出，只遊戲一場，不過庚戌之轍又故事矣。茲著博等會東所計，有甚奇方定策，付諸將行，如何以伸華威，如何以報人害？大勦一場，且聞彼邪夜戰不能，或謂何不夜攻，然我軍亦不禁豈可取勝哉？皇高祖考歲一巡邊，皇兄亦聖威震彼，乃今內逆欺，外賊侮，可慨。[148]

從明世宗的語意中，可窺見其思慕明宣宗能巡邊及明武宗的軍事威名，對比如今軍事的挫敗，甚至猶如庚戌之變再現，非常的憤怒不滿。

在明世宗的憤怒下，徐階趕緊找楊博商量，由楊博條上戰守十事，區劃各路官兵防禦任務。楊博的戰術重點分為在外截擊，在內防禦北京城、陵寢三路。在外截擊方面，宣大總督江東統領宣大標兵及各路遊兵，督導宣府總兵官馬芳統兵六千名，大同總兵官姜應熊統兵三千名支援。保定巡撫李遷（1511-1582）領漢達官軍及保定總兵官祝福前赴良鄉聽候應援，戶部先於昌平、通州、良鄉、順義儲備糧食以為軍馬支用。因通州地方為糧米船隻聚集地，尤其張家灣一帶商賈多，除知州張守中防禦外，令楊選再添兵一支協防，楊選則調駐石匣營。在內防禦方面，戎政大臣顧寰、喻時領京營駐防北京城東北二方，城守由英國公張溶、兵部侍郎胡松調度，動支太僕寺馬價銀銀四千兩給張溶、胡松專備犒賞。在陵寢方面，調黃花鎮參將申維岳、兵

---

147 〔明〕徐階，《世經堂集》，卷2，〈答追賊及賞軍諭〉，頁387；卷2，〈答兵事諭〉，頁387-388。

148 〔明〕張居正等總裁，《明世宗實錄》，卷526，頁8582-8584，嘉靖四十二年十月丁卯條。

備參政栗永祿於昌平，聽總兵官何滌指揮，隨時支援鎮邊城、居庸關。最後，令大同巡撫劉燾、宣府巡撫楊巍募死士搗巢以做牽制，如能斬虜首一顆，賞銀五十兩陞一級，小頭目一顆者，賞銀一百兩陞二級，大頭目如辛愛把都兒者，賞銀五百兩，大陞三級。[149]

此時，大同總兵姜應熊等僅能堅守順義，等到朵顏、韃韃搬運輜重撤退時，才率騎兵於後遙望。當朵顏、韃韃抵達鴿子洞時，遭到參將郭琥率兵用火器、擂木滾石伏擊，遂轉道龍王峪、磚窯兒等處。但整體而言，明軍只是斬殺零星敵軍，並非大勝。明世宗聞之大怒，直指官兵每日三至四次的捷報，卻一再證實是混淆視聽，但為確保前線將士士氣，仍厚賞江東、胡鎮等人，對兵部少有獎勵，表示其不滿。[150]

二十六日酉時，迎和門司禮監太監黃錦回報胡鎮在通州河東追敵，明廷派官領取通州倉糧料，在楊選、徐紳營內撥軍護送支援。[151]二十七日，昌平鎮總兵官何滌、原任大同鎮總兵官劉漢領其軍與永寧、鞏華城官軍及入衛邊兵駐防北京城外，京營兵馬四支分布於內。黃花鎮守備邵良移往黑山寨，防範樓子峪、鑴關兒等處。[152]二十八日，刑科給事中李瑜奏言：

> 虜駐牧順義、三河已八日矣，諸臣竟擁兵觀望，畏縮不前，力戰之臣自胡鎮外無聞焉。夫馬芳留守京師，勢難責之戰矣。選、紳、臏失守地方，當效死以償。責東、應熊、福，名為入援，當

[149] 祝福在敵軍未至牆子嶺前已駐防良鄉。〔明〕楊博，《楊襄毅公本兵疏議》，卷11，〈奉旨條上戰守方略疏〉，頁507-509；卷11，〈奉旨查勘保定總兵官祝福入援後至疏〉，頁510-511。〔明〕張居正等總裁，《明世宗實錄》，卷526，頁8583-8584，嘉靖四十二年十月丁卯條。

[150] 〔明〕張居正等總裁，《明世宗實錄》，卷527，頁8589-8592，嘉靖四十二年十一月丁丑條。

[151] 〔明〕楊博，《楊襄毅公本兵疏議》，卷11，〈遵諭餽餉戰將營中疏〉，頁510。

[152] 〔明〕楊博，《楊襄毅公本兵疏議》，卷11，〈遵諭分兵守護陵寢疏〉，511。

> 前驅以犯難，乃坐視胡鎮被圍，一卒不援至，煩皇上親降旨，遣兵亦何及矣。[153]

明世宗不滿明軍以守為戰的態勢，詔令江東嚴督諸將迅速勦逐，錦衣衛逮繫楊選、徐紳、密雲兵備副使盧鎰、分守墻子嶺參將馮詔、延綏遊擊將軍嚴瞻、分守通州參將胡燦等人入京訊治。

三十日，大同總兵官姜應熊等攻入密雲，斬首三十餘級、奪馬四十匹，朵顏、韃靼聯軍往三河北方後撤，北京軍情稍緩。明世宗不欲令敵軍滿載而歸，問楊博構思如何反制，楊博覆言山路崎嶇，敵軍無法立即離開，該處有江東與胡鎮駐防，加上遼東兵、保定兵前往支援，必有勝算。[154]十一月初二日，朵顏、韃靼聯軍遠離邊境，京師解嚴，明世宗褒獎江東加太子太保廕一子國子生，其餘有功官兵陞賞。仍令江東督同薊州巡撫溫景葵（1507-1576）、總兵官胡鎮照舊分布防守、訓練兵馬，尤其嚴防古北口、石塘、黃花鎮、牆子嶺此四處，須天寒河凍方可解嚴。而京營兵馬在外防守陵寢四支與駐密雲二支，皆調回京營整備。[155]

（二）薊鎮軍務善後

嘉靖四十二年十一月初五，楊博上奏十項薊鎮軍務善後事，明世宗同意並詔令薊鎮及宣大三邊總督等官各遵行。在兵馬調配上，因此次戰役的第一前線中，鎮巡官下轄的標兵是最快速能動員的武力，且素質較佳，如胡鎮在孤山之戰中能奮力阻禦。舊例僅有總督下轄一支

---

153 〔明〕張居正等總裁，《明世宗實錄》，卷526，頁8585-8586，嘉靖四十二年十月癸酉條。

154 〔明〕張居正等總裁，《明世宗實錄》，卷526，頁8586-8587，嘉靖四十二年十月乙亥條。

155 〔明〕楊博，《楊襄毅公本兵疏議》，卷11，〈分布兵馬責成戰守疏〉，頁511-512。〔明〕張居正等總裁，《明世宗實錄》，卷527，頁8589-8592，嘉靖四十二年十一月丁丑條。

標兵三千名，現擴增至五支，從現有軍兵或家丁中挑選組成共計一萬五千名，分別由總督、巡撫等官管領（表4-2），平時分區駐守，戰時由總兵胡鎮統為一營出擊。招募銀兩從山東、河南民兵銀內動支，若不夠用則由兵部與戶部一同計處。

表4-2　薊鎮新制標兵配置表

標兵直屬	管領標兵將官
薊遼總督劉燾	參將王孟、夏見
	參將黃演
薊鎮總兵胡鎮	守備董一元
昌平總兵官何准	遊擊王世英
順天巡撫溫景葵	參將李康民

延綏、寧夏、固原、宣府、大同、遼東、保定七鎮俱有入衛兵，要求各總督官汰弱募強，務必滿額三千名。過往薊鎮總兵官為撫賞朵顏三衛而常駐三屯營，但離總督駐防的密雲較遠，目前以古北口、石塘嶺軍情較急，應於春秋二防之時移駐石匣營。軍工設防上，古北口等在長城關卡內設置地坑伏砲等陷阱；令沿邊二十家設立一墩堡。從位置而言，宣府、薊鎮等處皆仰賴宣府鎮獨石口參將的哨探情報，以獲得韃靼動態。為有利明軍調防，請令獨石參將附屬薊遼總督節制，如獲知敵軍前往薊鎮，則速為通報，與薊鎮將領同樣論功行罰。撫賞方面，對薊鎮、入衛邊兵糧賞從厚計處，如薊鎮官兵能讓敵軍無法入境，即使沒有斬獲首級，仍能陞賞，且所獲馬器悉予之，此為薊鎮特例，以鼓勵士氣；為避免朵顏三衛勾結韃靼，令督撫官多方宣示朝廷恩威。[156]

[156] 〔明〕楊博，《楊襄毅公本兵疏議》，卷11，〈條上經略薊鎮善後十事疏〉，頁512-515。〔明〕張居正等總裁，《明世宗實錄》，卷527，頁8593-8595，嘉靖四十二年十一月庚辰條。

十一月初九日，明世宗依照楊博建議，傳諭自後各鎮入衛及應援薊鎮者，不論參將守備俱聽薊鎮總兵官節制，有急徑自調遣，不必先照會總督。再令楊博計議如何擇將練兵，以及處理朵顏三衛叛服不定之事。[157]楊博認為朵顏以明朝強弱為順逆依據，壯大自身實力才能壓制外族，集廷臣條議十四事，其建設京畿防禦的重點主要在將官調動、薦舉任用、練兵與防禦工事建設，督令薊遼總督劉燾、薊州巡撫溫景葵查處執行，強化將領素質與官兵紀律。[158]

在練兵上分主兵與鄉兵，強化官方駐軍與地方保防武力，同時增加火器的數量。主兵方面，各鎮入衛邊兵無事時，挑選三至五百名戰技精良官兵來教習薊鎮駐軍，每十人中八人學火器，二人學弓箭。面對韃靼騎兵的威脅，明軍以強化遠程攻擊能力為反制。由於此役，將官的家丁作戰表現較佳，楊博請令副將以下至提調等官，皆可自募家丁二、三百人，納於官軍配額之內給予糧餉。鄉兵方面，令鄉村設立正副隊長領導鄉村壯夫，將若斬獲虜首一顆願陞者照例升級，不願陞者賞銀五十兩，奪獲的馬匹器械盡數給賞。此役胡鎮、王孟夏等人大量使用火器來擊退韃靼騎兵，令薊遼總督劉燾查核薊鎮各區現存火器數量，分別守牆與出戰之用，缺少的數目即刻向工部請給。在防禦工事上，薊鎮跟昌平地區過去倚靠山脈作為華夷界線，令劉燾等派遣官員勘查沿線地形，以便依地形設墩堡、柵欄、水源下毒或廣植樹木、挖設品窖等用來防禦騎兵。對朵顏三衛採取恩威並施，包庇或勾結外患的部落不予貢市，順從的部落則獎賞金銀。最後，令戎政大臣勘察京營營兵素質，選出精兵一、二萬人以防緩急。[159]

---

157 〔明〕楊博，《楊襄毅公本兵疏議》，卷12，〈遵諭會官集計邊務疏〉，頁516；卷12，〈請命薊鎮總兵官節制客兵疏〉，頁523-524。〔明〕張居正等總裁，《明世宗實錄》，卷527，頁8598-8600，嘉靖四十二年十一月甲申條。

158 〔明〕楊博，《楊襄毅公本兵疏議》，卷12，〈遵諭會官集計邊務疏〉，頁516-517。

159 〔明〕楊博，《楊襄毅公本兵疏議》，卷12，〈遵諭會官集計邊務疏〉，頁518-522。〔明〕張居正等總裁，《明世宗實錄》，卷527，頁8598-

薊鎮因為山脈及朵顏外衛的阻隔，在防禦工事、火器軍械以及軍事操練都因長期安逸而鬆散。楊博的善後處置中，大量提拔經歷此次戰役的官兵及當地鄉民，並動員觀察地形民情，修築防禦工事，是務實與應急的做法。同時也規範宣府、薊鎮、各地入衛軍與京營之間的協防方式，讓薊鎮與京畿區域的駐防權責更為清晰。

（三）北京城與京營整備

此次朵顏、韃靼聯軍入侵的區域未及北京城下，但是軍事行動是動態關聯，除軍隊動員外，更大的影響是難民百姓移動。徐階指出先前庚戌之變時，京畿百姓爭相進入北京，場景混亂連帶影響治安與軍事調度。此次因北京城南城的修建，使得經濟富庶的南關區域受到安全保障，更有多餘空間收容城外居民入內避難，彰顯其興築的價值與必要。[160]而與軍工設施相輔相成者，就是京營駐防官兵的素質。

京營在這次戰役中沒有直接迎敵，配屬京畿區域以及北京城防，事實上屬於後備部隊及最後防線。京營的軍務狀況雖比庚戌之變時較佳，但仍未達到明世宗理想能恢復到太祖、成祖時期的程度。十二月初三日，總督京營戎政鎮遠侯顧寰覆陳選練將官的方法，首先挑選一萬八千名分為六支，以六員邊將分別統領。其次，取消流於形式的列營放砲，改以各營將領分別督導，有成效即行陞賞。如與京營無相統攝的武臣將官，在京相遇不必迴避，以賓禮處之即可，提升京營官兵的地位士氣。京營官兵若有犯法，則須會同戎政府查核明白才可舉發。重視戰車兵的訓練，請工部先提供一營的兵車來訓練，並逐步推廣。列營守城官軍預先編派，以備戰時不會倉皇無據，其編排名冊分

8600，嘉靖四十二年十一月甲申條。「品窖」是在道路上挖設深二點五公尺的洞，用以捕抓騎兵，同時在附近伏兵，以便攻擊中陷阱的騎兵。吳彥儒，〈明嘉靖朝宣府鎮的軍事措施之研究〉，頁61-62。

160 〔明〕徐階，《世經堂集》，卷2，〈答重城諭一〉，頁392-393；卷2，〈答重城諭二〉，頁393

兩本，一本留營一本送兵部備考。[161]

從嘉靖四十二年至四十三年正月，薊鎮的警報頻傳，明世宗十分擔心北京的防禦是否完善。此時，刑科左給事中王楷乞以顧寰不職罷黜，而京畿作戰目前由薊鎮總兵官胡鎮統領，是以京營究竟能否出戰，是交給胡鎮或是總督京營戎政顧寰領軍？管理與實戰領導成為明世宗煩惱的問題，徐階認為出令行軍調遣是總督之戎權，若使胡鎮平時可用，將置顧寰的總督權柄於何處？顧寰雖非出戰的將才，但能制約驕惰的京營官兵，難有人能替換。[162]楊博集廷議後，後軍都督府掌府事太師兼太子太師成國公朱希忠、吏部尚書兼翰林院學士嚴訥等議顧寰頗得軍心，一時勳臣無出其右，建議繼續供職。[163]從制度上來看，總督京營戎政必須自公侯伯地位的勳臣中選出，但此位階的勳臣，就體能與實戰經驗等現實考量下，鮮有人選可供擇取。因此，明世宗認為總督京營戎政只可恤練兵卒，若要帶兵衝鋒則應另選副將負責。同時，確保保衛京師的官兵都能確實領到糧餉，有功時再加以賞銀。[164]

四、楊博會議京營戎政

嘉靖四十二年京師戒嚴，明廷的入衛部隊與戰場指揮雖未如前兩次混亂，也未讓敵軍兵臨城下。但京畿作戰與設防主要仍靠宣大入衛軍，京營負責守城，為實質的後備部隊。經歷王邦瑞與楊博督導後，

---

161 〔明〕楊博，《楊襄毅公本兵疏議》，卷12，〈覆薊鎮督撫官劉燾等條議善後事宜疏〉，頁530；卷12，〈覆總督戎政鎮遠侯顧寰等條陳營務疏〉，頁531-532。

162 〔明〕徐階，《世經堂集》，卷2，〈答防春等諭〉，頁393-394。

163 〔明〕楊博，《楊襄毅公本兵疏議》，卷12，〈會議總督戎政鎮遠侯顧寰留用以責後效疏〉，頁536-537。

164 〔明〕徐階，《世經堂集》，卷2，〈答京營總督諭一〉，頁394-395；卷2，〈答京營總督諭二〉，頁395；卷2，〈答京營總督諭三〉，頁395。〔明〕張居正等總裁，《明世宗實錄》，卷529，頁8628-8629，嘉靖四十三年正月甲午條。

京營編組與兵額補編獲得實質提升，但究竟有無實戰能力，仍是一大問號。對此，巡視京營左給事中辛自修提出京營的現況與整訓工作。

嘉靖四十三年六月初七日，辛自修奏請五項整訓工作，明世宗依擬執行。在戰技訓練上，應時常檢閱步兵、騎兵、車兵的協同操演，京營目前有戰兵六支、車兵十支，務令各兵能熟習旗鼓指揮進退，且車兵要能做到止則為營、行則為陣的精熟度。其次，將戰兵營與車兵營的馬匹補足至一千五百匹，專聽征調之用，家丁的馬匹則需於訓練後交還，更要監督馬匹養護，減少死亡數量。同時，清解馬價銀，依新鑄法及大天秤衡量，確立每副五百兩、各官花壓印，以避免官員趁機侵欺。軍紀管理上，四衛營官兵原屬於禁軍系統，官兵狂惰不聽操練，令提督官加強約束，令其如法訓練，其中的御馬監太監由四衛營內中軍坐營等官內推舉。京城巡捕原為捕盜等維持秩序之用，原任將領有虛應故事，役占家丁的狀況，責令兵部督導巡捕郎中楊吉會同新任提督任俊加強管理，並將三千分官軍為兩班，以能夠作戰防禦為操練目標。[165]

七月，辛自修分析京營及北京防禦的狀況，提出更換文武協理戎政大臣，以改善京營的訓練及軍紀狀況。經過吏部與兵部會議後，顧寰仍舊供職，李燧罷歸聽用，協理京營戎政一職由巡撫浙江都御史兼兵部右侍郎趙炳然陞兵部尚書代之。稍後，楊博、顧寰、辛自修及河南道監察御史劉存義會議後提出：

> 京營之兵專為京師而設，祖宗居重馭輕、強幹弱枝，意甚深遠。邊關之事，責之邊兵，所以張京兵之羽翼；京師之事，責之營兵，所以壯邊兵之根本，氣脈相通，聲勢相倚。如去冬變生倉

---

165 〔明〕楊博，《楊襄毅公本兵疏議》，卷14，〈覆巡視京營科道官辛自修等條陳營務疏〉，頁565-567。〔明〕李東陽等奉敕撰，申時行等奉敕重修，〔萬曆〕《大明會典》，卷134，〈兵部十七・四衛營〉，頁378-379。

卒，請調紛紛，以致戎政二臣莫知所適從，欲聽其徵調，則腹心為重，調去一枝，京城便少一枝之用。欲阻其徵調，則口語橫生，一人倡之，百人從而和之。即今正值防秋，臣等以為先當定其規模，中外之臣始便遵守。除通州、昌平原係京師肩負肘腋，遇有警急酌量分發策應，已於開款內備陳外，其餘密雲、順義、三河、良涿等處雖有警急，上聽總督軍門徑發邊兵策應，不得仍前輕討京兵，致誤大計。[166]

楊博等人點出文武戎政大臣的軍事調遣權責，在戰時受到極大制約，尤其難以抗衡朝中大臣的集團勢力，不僅無法政由己出，更要承擔失敗責任，最終影響到京營防禦北京城的核心任務。因此，藉著提出祖制下的京營傳統，將京營兵與邊鎮兵的調遣權責與戰守區域劃分清楚，定調京營固守北京城，京畿區域只防禦通州與昌平，其餘密雲、順義、三河、良涿等地皆要邊鎮總督以邊鎮兵作戰。

七月二十四日，明世宗要求務實舉行楊博奏請的十項京營防務。

（一）核操練之實

楊博認為治兵須有分練與合操，令官兵武藝及聯合作戰相輔相成。過往操練之日，分練與合操為同一日，將士必須先列營站立，等主將入營後以砲聲為號令，開始行軍。而後中軍、文書主案者分批入營稟報後才開始操練，行政過程冗長，導至將士疲怠。現在合操之日不必分練，分練之日不必合操。每個月共有五日，分別是初一、初八、十五、二十三、二十四日，戎政二臣皆入營總閱一次，將士先在教場列隊而坐，聽到第一聲砲響起立、第二響列營、第三響開操，藉此節省時間體力。操演技藝不分火器弓矢，只要射中懸掛的銀牌，即

166 〔明〕楊博，《楊襄毅公本兵疏議》，卷14，〈會議京營戎政核實十事疏〉，頁574。〔明〕張居正等總裁，《明世宗實錄》，卷537，頁8707-8708，嘉靖四十三年八月庚午朔條。

以銀牌賞之，未射中者酌量懲處。

剩下的二十六日，當戎政二臣至營中後，隨即舉砲三聲，將官各自帶兵操練，弓矢火器的演射以銀牌為靶，打中即賞之。戎政二臣與巡視科道官各自隨意入不同營區校閱，觀看操練成果酌量獎懲。結束時舉砲三聲，戎政二臣回衙門處理文書行政，如此可兼顧操練確實、避免將士長時間待命，戎政事務亦可在白天接續處理。[167]

（二）核戰守之實

強調京兵主守與邊兵主戰的任務原則。當京師有警，除北京城南方有重城防禦不必急於設營外，其餘部隊依序動員。從東便門起往西至西便門外一、二里（約0.5-1.0公里）處設置十個戰車營，東北方是防禦重點，駐防八個戰車營，西方用二個戰車營，每營鄰近處再設兩個假營以為欺敵。戰兵營六個，其中四個分別由副將統領，於北京城東南西北的城下駐防，彼此緊鄰以便聯繫。餘下兩個戰兵營由兵部尚書及文武戎政大臣統帥，駐防地點隨機調配，以外壯車營聲勢，內助都城防守。若通州、昌平請求支援，以參將、佐擊率領此二個戰兵營前往應援。[168]

（三）核將領之實

自庚戌之變以後，明廷採用經歷邊鎮磨練的將官進入京營，期望透過這些邊將帶入實戰的經驗以強化京營。經過十餘年的施行，這些邊將多以不敢違主帥之令、不敢變祖宗之制為理由，與京營官兵不諧和，致使操練成果不彰。楊博提出自己會與戎政二臣嚴格督導軍紀，

167　〔明〕楊博，《楊襄毅公本兵疏議》，卷14，〈會議京營戎政核實十事疏〉，頁575。〔明〕李東陽等奉敕撰，申時行等奉敕重修，〔萬曆〕《大明會典》，卷134，〈兵部17‧營政通例〉，頁363。

168　〔明〕楊博，《楊襄毅公本兵疏議》，卷14，〈會議京營戎政核實十事疏〉，頁575-576。〔明〕李東陽等奉敕撰，申時行等奉敕重修，〔萬曆〕《大明會典》，卷134，〈兵部十七‧營政通例〉，頁371。

從心理層面處理兵將不和諧。營務的統領大綱由兵部尚書與戎政二臣負責，各營事務由主將管理，達到分層負責，不要相互掣肘。[169]

（四）核軍士之實

前期選練已半年，仍有相同問題，兵員在操練後，反而顯露衰疲疾病不堪用。因此，楊博與戎政二臣會在每次操練時，要求各營將官詳加閱視，一發現不合格的兵員就隨即轉任城守備。汰選時間縮短至每個月都會有，以期隨時汰換素質不佳的兵員。[170]

（五）核論議之實

京營政令不宜更動繁瑣，避免前一項號令的成果未見，隨即有新指示，朝令夕改事無所成。謀略規劃當廣泛，決斷當速行。[171]楊博提出的檢討，反映了明廷創立戎政府後，從兵部尚書、戎政二臣、六部侍郎到各科道官都有上奏戎政革新議論。如前文所提，這些新政多獲明世宗應允施行，然而新舊政令或有衝突，或有重複，以致營政的施行沒有效率，也無法長久。是以楊博建請營務調整號令一旦下達，至少要等待一定時間看成果如何，再做是否延續或更動的決定。

（六）核火器之實

火器是六個戰兵營與十個車兵營的主要武裝力量，故其配置數量、種類與養護極為重要。楊博建請優先完備這十六營的火器武裝，配給的火器要特別精良，避免膛炸，且要配發迅速，令官兵訓練時皆有火器可用。每營的常備武器規範化，車兵一營須連珠砲三百二十

169 〔明〕楊博，《楊襄毅公本兵疏議》，卷14，〈會議京營戎政核實十事疏〉，頁576。
170 〔明〕楊博，《楊襄毅公本兵疏議》，卷14，〈會議京營戎政核實十事疏〉，頁576。
171 〔明〕楊博，《楊襄毅公本兵疏議》，卷14，〈會議京營戎政核實十事疏〉，頁577。

位、夾靶鎗一千桿；戰兵一營連珠砲一百位、夾靶鎗一千三百桿，十六營所需槍砲共二萬一千六百桿。春秋二防時照數領出，鉛子隨火器倍給，令軍士練習演放，若收營太晚，則可先將火器放於德勝、安定二門新設的庫房內。演放的火器中，品質佳的留營備用，損壞則送回兵杖局修理，避免裝備良莠混和，令京營部隊有足夠的火器與時間進行操練。[172]

（七）核兵車之實

京營導入大量的戰車，製造與保養維持費用都比養馬更便宜。惟每年春秋二防時，兵部尚書與戎政二臣需備查各車營的戰車狀況，車輪繩索有無損壞不牢固等狀況，皆備行工部以維持正常運作。[173]

（八）核城守之實

京師九門中，正陽、崇文、宣武三門外有重城，每門駐守二百名，由號頭一員統率，其餘阜成、西直、德勝、安定、東直、朝陽六門與重城（即北京城南城）七門以把總管領，每門駐軍五百名，共三千五百名。而北京城與重城的敵臺、敵臺垛口也總計駐守一萬六千六百九十七名（分布如表4-3）。這批部隊由班軍內調撥駐守，每門再派將官一員督率千總、把總官管領，日夜巡邏，同時造冊駐守人員名單，避免有逃跑混充的弊端。[174]

---

172 〔明〕楊博，《楊襄毅公本兵疏議》，卷14，〈會議京營戎政核實十事疏〉，頁577。〔明〕李東陽等奉敕撰，申時行等奉敕重修，〔萬曆〕《大明會典》，卷134，〈兵部17‧營政通例〉，頁363。

173 〔明〕楊博，《楊襄毅公本兵疏議》，卷14，〈會議京營戎政核實十事疏〉，頁577。

174 〔明〕楊博，《楊襄毅公本兵疏議》，卷14，〈會議京營戎政核實十事疏〉，頁577。

表4-3 北京城與重城敵臺、敵臺垛口駐軍分布表

防區	駐地數量	單位駐軍	總兵力
都城敵臺	102座	每座軍10名	1,020
都城敵臺垛口	6,400處	每口軍1名	6,400
重城敵臺	57座	每座軍5名	285
重城敵臺垛口	8,992處	每口軍1名	8,992

（九）核彈壓之實

北京城內分十處，東西鼓樓二處、東西四牌樓二處[175]、東安門與西安門大街二處、左右長安門大街二處、東西江米巷口二處，一處駐軍五百名，共五千名。各委中軍僉把總官管領，聽候調用，東西各總委將官一員提調。北京城南城分共駐守六處，珠市口東西二處、左安門與東便門之間一處、右安門與西便門之間一處、永定門內東西二處，各處駐軍五百，共三千名。各處皆由千、把總管領，東西各委派將官一員提調。二項遊兵都從三等城守軍人或班軍內挑選充任，以避免潛伏奸細。在北京城與南城常備駐軍，二項遊兵從三等城守軍人或班軍內挑選充任，以避免潛伏奸細。[176]

（十）核哨探之實

鑑於日前薊遼總督楊選隱匿軍情，楊博認為不能再單憑邊鎮的傳報，京營需要有自己的哨探情報以保萬全。建請每年春季二、三月與秋季八、九月時，由京營各官家丁內挑選年輕力壯熟悉路程之人，執火牌前去薊鎮宣大沿邊分投哨探。比照邊鎮夜不收哨探賞例，情報確

[175] 東四牌樓位於東城區朝陽門內，元代稱十字街大市街，1954年東四牌樓徹底拆除。西四牌樓是西四的全稱，它與皇城以東的東四牌樓相對稱明代統治者在西四設有西帥府、燕山前衛（親兵衛）和西城兵馬司衙署。

[176] 〔明〕楊博，《楊襄毅公本兵疏議》，卷14，〈會議京營戎政核實十事疏〉，頁578。

實者陞實授一級、陣亡者陞署一級、被傷者量賞。[177]

楊博此議中，從將官管理、軍械整備到戰略佈署，不僅當時採用，更收入〔萬曆〕《大明會典》之中，說明楊博的改革影響深遠。戎政府在制度上是以總督京營戎政為首領官，有權提出政策與執行，但在實務處理上演變成政令皆由兵部出，進一步強化文臣統御京營的實際層面。

五、協理趙炳然議定京營操練陣法、戰技與戰車

第八至十七任的協理京營戎政，除王邦瑞受明世宗倚重而能確實執行政務外，或因任期時間，或因政爭紛擾，且未必熟習在任的兵部尚書，難顯政策執行的實效。至嘉靖末年，終有一位履歷與政策觀念與兵部尚書楊博相仿的協理京營戎政就任。趙炳然（1507-1569）曾任兵部右侍郎兼都察院右僉都御史巡撫浙江，剿平倭寇有功。[178]嘉靖四十三年七月至四十四年十月以兵部尚書協理京營戎政，時年五十七歲，後遷兵部尚書兼都察院右副都御史總督宣大山西軍務，嘉靖四十五年（1566）閏十月奉召回北京接任兵部尚書。[179]

趙炳然就任後，查閱戎政府的檔案、巡視京營並與兵部等官會議後，歸納出「選將、練兵、足食、備器、修馬政、查占役、革奸弊、明賞罰」共八項軍事改革的重點，上奏〈為披瀝愚衷備陳末議以飭戎務事〉建請推行七項戎政事務。[180]楊博以〈覆協理戎政尚書趙炳然條

---

[177] 〔明〕楊博，《楊襄毅公本兵疏議》，卷14，〈會議京營戎政核實十事疏〉，頁578。

[178] 〔明〕張居正等總裁，《明世宗實錄》，卷536，頁8701-8703，嘉靖四十三年七月己未條。〔清〕張廷玉等總裁，《明史》，卷202，〈趙炳然傳〉，頁5348-5349。

[179] 〔明〕張居正等總裁，《明世宗實錄》，卷551，頁8872，嘉靖四十四年十月壬申條；卷564，頁9033，嘉靖四十五年閏十月己丑條。

[180] 〔明〕趙炳然，《趙恭襄文集一》，〈疏・為披瀝愚衷備陳末議以飭戎務事〉，收入〔明〕陳子龍等選輯，《明經世文編》，卷252，頁2656-

陳整飭營務疏〉調整其內容後獲明世宗同意施行。[181]

趙炳然條陳首三事是「議營陣以定操演、練步技以全戰兵、增戰兵以固車營」，內容緊扣合單兵操作武器的純熟以及戰兵與車兵協同作戰，強化各營陣的動態陣形變化純熟度。他著重改善京營的操練程序，任用有實戰經歷的將領，領導部隊演練陣形變化。明軍的馬匹無論是數量或質量皆不如韃靼，故著重訓練步兵以火器與其他兵器的配合來抗衡騎兵。嘉靖四十三年的京營改編，重建了三大營的兵額與戰力質量。此時，三大營各自擁有十營兵馬，五軍營有四個戰兵營、四個車兵營、兩個城守營，共五萬名，再加外備兵六萬六千六百六十六名；神樞營有三個戰兵營、三個車兵營、三個城守營、一個執事營，共四萬八千名，再加外備兵四萬名；神機營有戰兵營三個、車兵營三個、城守營四個，共四萬二千名，再加外備兵四萬名，京營大軍可用之兵達二十八萬之數。其中，車兵營佔京營的45%，車兵與戰車的數量約比維持在20:1，大幅提升戰車成為京營主要武力。[182]

五軍營設大將一員統兵一萬，更較神樞、神機營多五萬六千六百六十名兵員，高了近55%的兵力，顯示五軍營仍是三大營的核心主力。對比團營的十五萬名、十二團營的十二萬名、兩官廳不到十萬名，[183]一名將級軍官要統領一萬人；戎政府的將級軍官一人統領最低三千人，最高至七千人，兵將更為熟習，戎政府在汰選老弱與解決不實兵額的努力，已見成效。

其四為「實行伍以壯城守」，由於原有城守兵十四支已撥掉四支為戰兵，為避免兵額不足，以備兵、京衛、餘丁中勾選，或再招募以

2657。

181 〔明〕楊博，《楊襄毅公本兵疏議》，卷15，〈覆協理戎政尚書趙炳然條陳整飭營務疏〉，頁597-598。

182 趙炳然條陳的首三事著重戰車、火器與步兵協調作戰，戰術與科技分析詳見周維強《明代戰車研究》，今據其內容整理。周維強，《明代戰車研究》，頁187-192。

183 羅麗馨，〈明代京營之研究〉，頁16-30。

確保十支城守營皆為一營三千名的滿額兵員。城守與車兵一例操練，令其不僅可防禦亦可征調。[184]

第五是「正兌支以裕軍儲」，清查京營官軍的糧米供給，確保供需無虞。趙炳然以其擔任兩年浙江巡撫的經驗，指出徵收糧米到支給官兵的過程中，都有可能影響官兵實際獲得的糧米品質。應嚴格要求京倉官斗吏書所收的糧米要乾圓潔淨，若品質不佳應再至別處收購，不可以讓吏書從中苛刻，將劣米提供給官軍，並時常查修倉房。[185]但此項未見於兵部的議覆，應未獲准施行。

第六是「足班軍以充拱衛」，北京不只單靠京營駐防，也靠山東、河南、中都的輪調班軍入衛，依春秋二季進京駐守。近年班軍時常未依期入衛，甚至不來或半途逃脫，以致駐防軍力不如從前。趙炳然建請要求兵備都司須清查人數，各巡撫、巡按須督察班軍啟程後，始得題奏。懲處方面，軍一班不到者罰班半年；軍兩班、官一班不到者，發至居庸等關罰班半年；官兩班、軍三班不到者，發邊衛罰班一年；全班不到者，掌印與箚付官提解來京降一級調發邊衛。同時，要求給班軍的月糧須確實派發。[186]

最後是「錄久勞以示鼓舞」，京營的戰力有賴軍官督促操練，但軍官的升遷獎勵很少被顧慮到，甚至有任職超過十年未曾升遷。訪查京營軍官中，大號頭有八員、中軍有三十一員、千總有六十餘員、把總有三百餘員，需要將總數近四百餘人的軍官「錄久勞以示鼓

---

184 〔明〕趙炳然，《趙恭襄文集一》，〈疏・為披瀝愚衷備陳末議以飭戎務事〉，收入〔明〕陳子龍等選輯，《明經世文編》，卷252，頁2658-2659。〔明〕楊博，《楊襄毅公本兵疏議》，卷15，〈覆協理戎政尚書趙炳然條陳整飭營務疏〉，頁599。

185 〔明〕趙炳然，《趙恭襄文集一》，〈疏・為披瀝愚衷備陳末議以飭戎務事〉，收入〔明〕陳子龍等選輯，《明經世文編》，卷252，頁2659。

186 〔明〕趙炳然，《趙恭襄文集一》，〈疏・為披瀝愚衷備陳末議以飭戎務事〉，收入〔明〕陳子龍等選輯，《明經世文編》，卷252，頁2660。〔明〕楊博，《楊襄毅公本兵疏議》，卷15，〈覆協理戎政尚書趙炳然條陳整飭營務疏〉，頁599。

舞」。[187]楊博指示戎政二臣查有不職者即時淘汰，每半年整理一次保薦清單，詳列何人應調往邊鎮，或由邊鎮調入京營，清單配合巡視科道官的報告交兵部查核，如此推陞確實始可激勵士氣。[188]此議也收入〔萬曆〕《大明會典》中，並強調每年年終科道官向明廷覆命時，戎政大臣會同考閱一次，兵部官不得干預，若當年有閱視則免重閱。[189]

此外，強化管理京營的紀律與戰鬥素質。四十五年五月二十七日，兵部議覆京營科道官段朝宗等奏請，明世宗令依議行。在軍事管理上，將領總京營事務大綱，千總、把總分其節目，要求戎政大臣嚴督各營大小將領，操練當日黎明進營，巳時擊鼓散營，在訓練中挑選精銳以備日後調度，合操練習列營，分操練習弓射、火器，務讓兵將相識。若有點閱不到或喧嘩失律者，輕則以軍法捆打，重則調發邊衛。京營副將應節制參將、遊擊等官，督導官兵操練，善於作戰者為戰兵，善於防禦者為車兵，善於火器者執火器，令各員盡其所長。每五日教習馬射一次，於馬上舞刀舞鎗，增強戰技。後勤方面，發放折糧折草時，負責的指揮千把總等官，務要公同秤足數，敢有巧立名色苛扣者，一體治罪；新造的連珠、夾靶等鎗砲，除備齊應用的鉛子、火藥、藥線，新造火器皆要試放過，確保武器可用，軍器的存領倉庫令戶工二部逕自議處。最後，針對內城與外城的防守軍人以及在營內的城守軍人數量，清查後造冊三本，分別送兵部、巡視科道官與營內留存，相互備查。[190]

187　〔明〕趙炳然，《趙恭襄文集一》，〈疏・為披瀝愚衷備陳末議以飭戎務事〉，收入〔明〕陳子龍等選輯，《明經世文編》，卷252，頁2659。

188　〔明〕楊博，《楊襄毅公本兵疏議》，卷15，〈覆協理戎政尚書趙炳然條陳整飭營務疏〉，頁599。

189　〔明〕李東陽等奉敕撰，申時行等奉敕重修，〔萬曆〕《大明會典》，卷134，〈兵部十七・營政通例〉，頁369。

190　〔明〕楊博，《楊襄毅公本兵疏議》，卷19，〈覆巡視京營科道官段朝宗等條陳營務疏〉，頁689-691。

六、北京城護城河疏濬工程

嘉靖四十五年四月十九日，以北京城九門外河渠壅塞，明世宗詔遣科道官各一員、兵工二部司屬各一員，督工修理，並踏勘西山河源，凡有臨河引水灌田者，亟令改正，勢豪之家不得抗阻，違者奏參重治。[191]二十二日，兵部、工部會議過後，回報正陽門往東起至東便門止，中間挑濬三分之一；東便門往北起至東直門止，全部挑濬；安定門東角起至德勝門往東止，中間挑濬三分之二，德勝門迤西起至水磨碓閘止，則俱不用挑，但應築外堤一道，高約五尺、挑深五尺。為引高梁橋之水（高梁河），西北向應築堤三尺、疏深六尺；自西直門往北起至高梁橋止，俱挑濬，西直門往南起至阜城門再往北止，不用挑濬。阜城門往南起至西便門止，中間挑濬三分之一；自西便門起至宣武門往東止，中間挑濬大約不上一分。明世宗同意，詔令施工期間，兵工二部堂上官與戎政大臣不時往來閱視。[192]

圖4-4　東便門現狀

資料來源：感謝香港故宮文化博物館　周維強研究員提供

[191]〔明〕張居正等總裁，《明世宗實錄》，卷557，頁8960，嘉靖四十五年四月庚辰條。

[192]〔明〕楊博，《楊襄毅公本兵疏議》，卷18，〈會議疏濬京城河渠疏〉，頁681-682。

五月二十二日，監工科道官倪光薦等請修南城護城河，先修西、南、東側，最後才修北側（即內城的南側）。西便門往南、廣渠門往北，近河堤岸較狹窄，一面向外再鏟削使寬廣，一面用石包砌城角以防壅決；青龍橋的木閘薄漏，改修為石閘一座，高約五、六尺，寬約二、三尺，用木板酌量河水淺深，依降雨多少隨時啟閉。施工與搬遷收購民宅之費用，除戎政、工部堪動銀兩外，兵部於太僕寺支取罰工銀二千兩，發職方司處置。[193]經此建設，北京城不僅城牆的防禦區域增廣，挖濬城外護城河，更多了一道屏障。從議論施工的內容中，可見工程難度不高，反而是搬遷百姓民居以及豪勢家族的影響較多，故可見南城城牆與護城河皆非直線修建，略有曲折。另一方面，為維持護城河水位高度，適時阻止百姓引水灌田，也略顯京城外圍的民生用水需求缺乏。

第四節　小結

明世宗在位的最後十五年，除了南倭北虜戰亂，又經歷嘉靖三十三與四十二年的二次京師戒嚴，戰爭的威脅從未停歇，運用未有戰事的短暫時間修整戎政著實不易。這段期間京營的整頓成果，青山治郎認為改革以龍頭蛇尾做收，官兵的私役、賣放、侵剋軍糧等弊病並未完全肅清，對照前代冊籍記錄兵額二十六萬六千六百餘，實際上仍有十四萬餘額的欠缺，京營整體走向衰退。[194]以嘉靖朝對比永樂朝的兵額數量，當然不如前代，但應該關注的是北京防務確實有從谷底爬

193　〔明〕楊博，《楊襄毅公本兵疏議》，卷19，〈會議監工科道官倪光薦等疏濬京城河渠疏〉，頁686-688。

194　青山治郎，《明代京營史研究》，〈明代嘉靖朝の京營にっいて〉，頁97-142。青山治郎，《明代京營史研究》，〈明代の京營にっいての一考察——嘉靖新三大營內に三十小營のおける形成にっいて〉，頁198-220。

起。嘉靖四十五年，兵科給事中魏時亮奏陳巡視京營的狀況言：

> 皇上更定三大營，而戎政始新。大臣祗奉德意，易紈袴、用邊將，而積弊始釐。近復立鎗箭之賞，別車戰之伍，而各兵操演諸務，始漸有足觀者矣。[195]

戎政府成立後，京營的兵額、軍械與戰力素質，已略有所成。

戎政修舉的過程十分不易，協理京營戎政從管理基層將官、擬定訓練政策、糧餉器械調度，到與勳臣集團磨合，以及最上層的六部、內閣、皇帝，政治運作層層連動。一個政策，從視導京營現場、提出、廷議到內閣與皇帝討論，最後裁決發布，內容多會經過不斷調整。而在實際執行時，對外同時有戰爭與移防需求，對內會遇到基層陽奉陰違，甚至直接反抗的狀況，以致改革十分緩慢。

嘉靖朝中晚期的戎政興舉，此階段值得注意的是勳臣集團的妥協與磨合。歷經仇鸞專擅後，明世宗反省自己遭到蒙蔽，且不能任用太過強勢的勳臣出任總督京營戎政。從豐城侯李熙、平江伯陳圭到最久任的鎮遠侯顧寰，這三位對內閣、兵部尚書與協理京營戎政介入京營事務的配合較高。為何總督京營戎政願意合作，對於戎政推行十分重要？京營官兵源於在京衛所兵，其中不乏勳臣子弟，這些基層士卒在在官階之外的特殊身分，使其往往藐視法制。在〔萬曆〕《大明會典》中可見對京營官兵的描述：

> 四十三年題准，京營軍士，刁潑成風、藐視將領、投帖訐告。甚至兵馬司輒行拘執，弓兵番子凌虐百端。今後軍士敢有仍蹈前非者，拏問重究。將領貪婪失職，戎政大臣、巡視科道、不時論

[195] 〔明〕魏時亮，《魏敬吾文集》，卷1，〈疏・議處兵戎要務疏〉，收入〔明〕陳子龍等選輯，《明經世文編》，卷370，頁3990。

> 劾。不得輕准軍士告訶，有傷大體。[196]

若沒有一定身分地位的勳臣出任總督京營戎政，難以在壓制違紀犯法與維持軍伍士氣之間取得平衡。這三位都是靖難勳裔，更鎮守地方多年，身分實績皆足以壓制京營內的功臣子弟。[197]

同時，協理京營戎政的適任來源以及權限大小仍有波動變化。從第六任聶豹至十八任趙炳然之間，總共十三位協理京營戎政中，有八位沒有都察院御史銜，監察事權稍低，顯示明廷還在摸索合適協理京營戎政的權柄範圍。在明世宗要求與歷任協理京營戎政的履歷中，擁有領導軍務或參與戰役的經驗十分重要。然而，由於北邊戰事頻繁，難以調動邊鎮督撫出任，而北京官員多認為這職位不好做而紛紛躲避。令明廷改從南京六部、地方巡撫，甚至超擢一位湖廣布政司李燧出任協理京營戎政，但資歷較淺實難以服壓朝中官員，成效有限，最後仍傾向選用熟習北邊民族與北方邊鎮的督撫居多。

在嘉靖四十三年以前，僅有再度回任協理京營戎政的王邦瑞有在官方史料內留下明顯整訓營務的記錄。王邦瑞在一年半的任期內，確保兵馬額數、糧餉、操練項目等各項改革，須有完整的文書記錄以待備查，這些檔案不止影響〔萬曆〕《大明會典》纂修京營條目的內容，更成為京營管理的定例。此時的協理京營戎政影響力有限，反而是兵部尚書取得營務整頓的主導權。如鄭曉在協理京營戎政任上以鮮少主動提出戎政，反而升任兵部尚書後實際執行改革。

楊博是橫跨嘉靖、隆慶二朝的關鍵人物，他雖未任協理京營戎政，但卻帶起戎政運作步入軌道，提升協理京營戎政在戎政府與朝中的政治地位。楊博從嘉靖三十二年擔任兵部右侍郎兼都察院右僉都御史巡邊，後歷任兵部尚書、刑部尚書，可以說是明世宗在外廷最信任

---

196 〔明〕李東陽等奉敕撰，申時行等奉敕重修，〔萬曆〕《大明會典》，卷134，〈兵部十七・營政通例〉，頁374。

197 秦博，《明代勳臣制度研究》（北京：中華書局，2023），頁462-463。

的兵部官員之一。楊博在顧寰的合作下，從北京城與京畿之間的防區議定、策應機制到推薦協理京營戎政，進而主持三大營編組改造、大量製造戰車火器、定立勳臣子弟的儲備訓練與升降流程，更經過嘉靖四十二年京師戒嚴的戰役考驗。嘉靖朝最後一任協理京營戎政趙炳然在楊博支持下，延續以車營為核心的戰術，強化步兵、騎兵、車兵的協同作戰演練，最終整訓二十八萬大軍。如此，讓兵部對掌管京營的權柄逐年加深。

戎政興舉中，內閣是僅次皇帝、勳臣的重要一環。內閣大學士雖然是文臣，但未必都同意兵部議請，其政治動態影響戎政甚劇。嚴嵩是嘉靖朝後期最具權勢的內閣大學士，戎政府的創設與用人都是嚴嵩主導與同意，在戎政的推動上有功也有過。如嚴嵩曾建議丁汝夔在庚戌之變的京師保衛戰中堅守不出、亦支持仇鸞擅權，但最後都能推諉其過。然而，嚴嵩支持興築北京城南城、疏濬北京城護城河，後期支持楊博推動戎政改革，也不可謂無成。明人沈德符言：

> 比夏誅而嚴分宜在事，凡秉國十九年，以吏兵二曹為外府，稍不當意，或誅或斥。二曹事之如掾吏之對官長，主奉行文書而已。嚴之見逐，徐文貞為政，無專擅之名，而能籠絡鉤致，得其歡心。[198]

協理京營戎政與兵部尚書的任免受內閣影響極大，明世宗雖然改善倚重勳臣與內臣的政策，反而促成內閣權勢的上升。但整體而言，戎政運作步入軌道後，北京防禦的強化正逐步踏實中。

---

198 〔明〕沈德符撰，楊萬里校點，《萬曆野獲編》（上海：上海古籍出版社，2012），卷9，〈內閣三・閣部重輕〉，頁205-206。

第五章　隆慶與萬曆初期軍事革新

嘉靖朝晚期，歷經政局與戰爭紛擾下，戎政府的運作緩緩步上軌道，北京城的硬體防禦及京畿策應也較過去增加。制度運作的關鍵在於人，必須從皇帝、內閣、六部到文武戎政大臣的協調，始可有所作為。隨著支持創設戎政府的內閣大學士嚴嵩倒台、明世宗駕崩，戎政府最穩固的倚靠不在，會否在明穆宗即位後人亡政息？

明穆宗即位後，新任內閣與內臣為籠絡皇帝信任，攻擊前朝弊政、人事是最有效的方法。明穆宗對戎政的不熟悉，仰賴內閣的建議與想法，內閣政治的影響是兩面刃，可以崩壞前朝努力，也可持續增強戎政。如內閣之間在鬥爭時，明穆宗聽信朝臣致使協理京營戎政屢屢更易，將協理京營戎政改為閱視、提督而分散事權，甚至罷置。張居正（1525-1582）權掌時，戎政獲得大力支持，迎合明穆宗好武的心態，舉辦隆慶大閱，戎政的興盛甚至延續到萬曆朝初期。隆慶朝只有短暫六年、張居正柄政至萬曆十年，這段期間協理京營戎政一度從廢棄，轉換為定制，甚至納入國家禮制之中，變化極巨。本章將述論制度的轉折，說明協理京營戎政如何在政治風暴之中持續為明朝國防做出貢獻。

第一節　明穆宗與內閣對選任戎政的爭論

一、隆慶初年京師戒嚴與戎政更易

職官在任的時間長短關乎政策推行與執行的穩定，是明廷評定任官者才能與職官效用的關鍵。嘉靖十七年（1538）十一月，明世宗詔令吏部銓選內外文職官員務要量材授任、久任，不許無故更調；二十七年（1548）各衙門官有才識者，可以調補兵部。[1]兵部官員久任的規定似已常制，但從嘉靖朝至明穆宗即位前共十八任協理京營戎政遷轉頻繁的狀況，以及嘉靖三十八年（1559）明世宗詔令總督與協理大臣應平均責任並久任，至嘉靖四十二年（1563）吏部指出內外遇缺即行推補，填註考語率多溢辭，要求官員的考語須送部院覆考，[2]顯見官員久任的政策難以完全執行。

嘉靖後期的內閣首輔嚴嵩、徐階，深刻影響皇帝裁決，也關係協理京營戎政的任免與執政。嘉靖四十一年（1562）嚴嵩致仕後，徐階成為內閣首輔。明穆宗即位時，徐階草擬的即位詔書中，三十項政策中有十五項跟官員升遷任免考察有關。[3]大規模的人事政策，顯示徐階意欲拉攏人心或肅清異己，以便於推行其施政。隆慶元年（1567）五月，徐階發動言官彈劾高拱、郭朴，令其相繼退出內閣，成功清掃嚴嵩人馬。[4]內閣與朝野之間的權力鬥爭，也影響協理京營戎政的任免。

嘉靖四十四年十月，趙炳然轉任宣大總督，間隔五個月後，四十五年（1566）二月，任命刑部右侍郎遲鳳翔（？-1582）陞兵部左侍郎協理，但在同年十二月初二日回兵部管事仍暫協理戎政。[5]十二

---

1 〔明〕張居正等總裁，《明世宗實錄》（臺北：中央研究院歷史語言研究所，1984，據中央研究院歷史語言研究所民國五十一年[1962]刊本縮編），卷218，頁4485，嘉靖十七年十一月辛卯條。〔明〕李東陽等奉敕撰，申時行等奉敕重修，〔萬曆〕《大明會典》（上海：上海古籍出版社，1995，《續修四庫全書》史部・政書類，第789冊，據明萬曆[1573-1619]內府刻本影印），卷5，〈吏部四・改調〉，頁108。

2 〔明〕張居正等總裁，《明世宗實錄》，卷528，頁8614，嘉靖四十二年十二月庚戌條。

3 〔明〕徐階，《世經堂集》（臺南：莊嚴文化事業有限公司，1997，《四庫全書存目叢書》集部・別集類，第79冊，據北京大學圖書館藏明萬曆[1573-1620]徐氏刻本影印），卷5，〈視草・擬登極詔〉，頁440-445。

4 趙世明，《高拱與隆慶政治》（成都：西南交通大學出版社，2014），頁15-22。

5 〔明〕張居正等總裁，《明世宗實錄》，卷506，頁8345-8346，嘉靖四十一年二月壬戌條；卷555，頁8935，嘉靖四十五年二月辛巳條；卷566，頁9059，嘉靖四十五年十二月戊子條。

日，明廷迅速選出刑部左侍郎王本固（1515-1585）改任兵部左侍郎協理。[6]然二日後明世宗駕崩，明穆宗依徐階所擬《登極詔》，令公、侯、伯與六部等四品以上官員自陳去留，[7]時任總督京營戎政鎮遠侯顧寰與協理京營戎政王本固自陳後皆供職如故。[8]嘉靖四十五年十二月，明穆宗在祭告明世宗與宗廟時，將「更新戎政」列為前朝重要功績。[9]明穆宗也頻繁更新戎政，王本固在隆慶元年四月改為吏部左侍郎。[10]明廷先將原任總督宣大兵部右侍郎郭宗皋（1499-1588）陞為刑部右侍郎，再改兵部右侍郎協理，但五月改調南京都察院右都御史。[11]

郭宗皋復官職已六十八歲，任職協理京營戎政不到一個月，如此短暫時間難有作為。同年調任南京兵部尚書參贊機務後遭到戶科給事中莊國禎彈劾衰庸不職，從吏部尚書楊博為其辯護的言談中，可以看

---

6 〔明〕張居正等總裁，《明世宗實錄》，卷566，頁9063，嘉靖四十五年十二月戊戌條。不著撰人，〈南京吏部尚書王公本固傳〉，收入〔明〕焦竑輯，《焦太史編輯國朝獻徵錄》（上海：上海古籍出版社，2002，《續修四庫全書》史部・傳記類，第525冊，據上海圖書館藏明萬曆四十四年徐象樗曼山館刻本影印），卷27，〈南京吏部・尚書〉，頁403-404。〔清〕萬斯同撰，《明史》（上海：上海古籍出版社，2002，《續修四庫全書》史部・別史類，第318冊，據北京圖書館藏清[1644-1911]抄本影印），卷318，〈王本固傳〉，頁498。〔清〕張廷玉等總裁，《明史》（北京：中華書局，1997），卷205，〈胡宗憲傳〉，頁5410-5415。

7 〔明〕徐階，《世經堂集》，卷5，〈視草・擬登極詔〉，頁442-443。〔明〕張居正等總裁，《明穆宗實錄》（臺北：中央研究院歷史語言研究所，1984，據中央研究院歷史語言研究所民國五十一年[1962]刊本縮編），卷1，頁17，嘉靖四十五年十二月壬子條。

8 〔明〕張居正等總裁，《明穆宗實錄》，卷2，頁61-62，隆慶元年正月上己巳條；卷3，頁71，隆慶元年正月下甲戌條。

9 〔明〕張居正等總裁，《明穆宗實錄》，卷3，頁73-74，隆慶元年正月下乙亥上條。

10 〔明〕張居正等總裁，《明穆宗實錄》，卷7，頁193，隆慶元年四月丁亥條。

11 〔明〕張居正等總裁，《明穆宗實錄》，卷3，頁77，隆慶元年正月下丙子條；卷7，頁201，隆慶元年四月丙申條；卷8，頁230-231，隆慶元年五月辛未條。

到當時任官考量，楊博言：

> 為照郭宗皐為御史時抗疏直諫，為總督時得罪權貴，兩次廷杖二百，死而復蘇，謫戍靖虜二十餘年，辛苦備嘗，機宜深諳……頃者南京兵部尚書員缺，臣等會集三品以上官虛心評議，咸謂薊遼、宣大、陝西三邊總督見奉欽依不許遷轉南京，軍情未定，必須就近推用，方不誤事。彼中雖有尚書劉采、吳嶽與郭宗皐俱係新任，俱年六十之上，就中論之，諳練邊務，則宗皐為最，且先該戶兵二部特薦，臣等故首推之。……以南都根本重地，兵食二事並為緊要，無非為官擇人之意。但人惟求舊，新者不如舊者之練。昔人有言，使臣捕虎逐鹿，則誠老矣，使策國事則尚少。參贊、總督之臣，均為策國事者，即使七十之年，精力未衰，尚當留用。[12]

嘉末隆初的三位協理京營戎政都是刑部侍郎出身，改用北京出身的官員，一是任北邊總督者，卸任後不可轉調北京以外區域，確保若有緊急狀態時，仍有策畫能臣可用。其次，楊博強調總督之臣均為策國事者，除說明受推薦任協理京營戎政者久歷疆場的老臣，也將協理京營戎政視為邊鎮總督的一類。明穆宗雖同意楊博求情而留用郭宗皐，[13] 但郭宗皐或許已對官場看淡，隨即以年老求退，不再出仕。

隆慶元年二月，楊博推薦復起曹邦輔（1507-1576）為都察院左副都御史協理院事，五月改都察院右副都御史兼兵部右侍郎協理京營戎政。九月京師戒嚴，韃靼即將進攻薊鎮，十月陞兵部左侍郎兼都察

12 〔明〕楊博，《楊襄毅公奏疏》（臺北：中央研究院歷史語言研究所傅斯年圖書館藏明萬曆間（1628-1644）刊本），〈吏部奏疏〉，卷2，〈覆給事中莊國禎劾尚書郭宗皐等留用疏〉，頁31b-33b。

13 〔明〕張居正等總裁，《明穆宗實錄》，卷11，頁309，隆慶元年八月己亥條。

院右僉都御史總督薊遼保定等處軍務。[14]嘉靖朝，曹邦輔在歷任湖廣按察司副使與都察院右僉都御史提督軍務巡撫應天時，分別督軍平定河南師尚詔民變與倭寇柘林之亂。[15]楊博清楚曹邦輔不止能策畫軍務，更有親臨戰場的本領，但因北邊軍情緊急而調往總督薊遼。明穆宗即位初期，協理京營戎政都是由吏部尚書楊博所推薦，但或因北邊戰況而調任，或因個人因素離職，任期都未及一年。

隆慶元年八月，明穆宗希望到天壽山舉行秋祭禮，情報指出土蠻欲犯喜峯口、把都兒等欲犯古北口等處，是秋收後最危險的時期。徐階等官員從二十六日至二十七日內連續奏請阻止，疏言天子之孝以保安社稷為大，舊制發引之送止於午門，而祭禮在太廟，遣官員代替天子親奉陵寢即可。更實際的問題在天壽山北面即是黃花鎮，距離邊境不到半天路程，明穆宗被勸阻數次後才不悅的同意停止。[16]隨後，京師西、北、東向邊境全面進入戰爭狀態，證明群臣對軍情掌握與安全顧慮的確實。

九月初四日，俺答率軍進攻山西大同鎮，井坪、偏頭關、老營堡、驢皮窰等處皆有戰況。十四日石州失守，知州王亮殉職，宣大總督王之誥親率宣府鎮遊兵二支前往雁門關支援，宣府總兵馬芳防守南山。二十一日，土蠻由界領口、羅漢洞攻入薊鎮，宣府鎮又得黃台吉也將入侵的情報。明穆宗令薊遼總督劉燾率薊鎮總兵李世忠、順天巡撫耿隨卿督守

14　〔明〕楊博，《楊襄毅公奏疏》，〈吏部奏疏〉，卷1，〈奉詔起用致仕尚書葛守禮等疏〉，頁9b-11b。〔明〕張居正等總裁，《明穆宗實錄》，卷4，頁121，隆慶元年二月上癸卯條；卷8，頁236，隆慶元年五月己卯條；卷13，頁361，隆慶元年十月己亥條。

15　〔明〕張居正等總裁，《明世宗實錄》，卷401，頁7031，嘉靖三十二年八月辛丑條。

16　〔明〕徐階，《世經堂集》，卷4，〈止駕詣天壽山疏一〉，頁429-430；〈止駕詣天壽山疏二〉，頁430；〈止駕詣天壽山疏三〉，頁430-431。〔明〕王世貞，《嘉靖以來內閣首輔傳》（臺北：明文書局，1991，收於周駿富輯，《明代傳記叢刊・名人類》），卷6，〈高拱〉，頁400-401。〔明〕張居正等總裁，《明穆宗實錄》，卷11，頁317-319，隆慶元年八月戊申條。

灤河，阻止其西渡，將漕糧已抵張家灣者運入灤城，未抵者暫留於河西；昌平總兵劉漢防禦黃台吉，京營左參將陳良佐、遊擊將軍邵勇防禦皇陵；王之誥自鴈門還駐懷來，巡撫曾亨自保定移防通州。[17]二十二日，令在薊鎮巡邊的遲鳳翔督兵暫駐昌平，以防西面。[18]

九月二十四日，總兵李世忠率兵東援永平，與土蠻交戰於撫寧南李家莊，斬首五十級。俺答駐兵石州，不時派騎兵抄掠交汾等處，宣大總督王之誥請增兵赴援，明穆宗詔發宣府遊兵一支，調保定巡撫曹亨、河南巡撫劉應節、延綏總兵趙岢各引兵分道救石州。王之誥本想再調回入衛京師的三支宣大遊兵，並親率馬芳等西援石州，但明穆宗不放心北京防務，不同意其請並宣布京師戒嚴，令巡倉御史集結糧餉運回城內；依巡視京營刑科左給事中孫枝建請兵部與京營諸臣條議京城防守事宜。[19]因防範黃台吉從陵寢區進攻，明廷不敢調動古北口、黃花鎮一帶駐軍，徐階請命遲鳳翔暫代劉燾調度，王之誥、馬芳仍駐宣府鎮以防黃台吉，王之誥原管遊兵二支及延綏兵一支、河南兵一支、保定兵一支，共計一萬五千人往援石州。[20]

十月初四日，給事中王治等劾兵部尚書郭乾、侍郎遲鳳翔衰懦不職，楊博為其說情，令郭乾以病乞歸，遲鳳翔因「臨敵易將，兵家所忌」降俸三級，次日俺答退兵，京師解嚴。[21]戰役結束後，明廷陸

17　〔明〕徐階，《世經堂集》，卷4，〈進禦虜傳帖〉，頁432；卷4，〈進發兵傳帖〉，頁432。〔明〕張居正等總裁，《明穆宗實錄》，卷12，頁322，隆慶元年九月乙卯條。

18　〔明〕張居正等總裁，《明穆宗實錄》，卷12，頁340，隆慶元年九月癸酉條。隆慶元年，薊鎮邊牆因連月豪雨而傾倒，明穆宗詔令吏兵二部推派才識大臣一員會同總督鎮巡官閱視修築進度，吏部尚書楊博推薦遲鳳翔可任，授兵部左侍郎兼都察院右都御史經略邊事。〔明〕徐階，《世經堂集》，卷4，〈進修省等傳帖〉，頁428。〔明〕張居正等總裁，《明穆宗實錄》，卷10，頁280-281，隆慶元年七月丁卯條。

19　〔明〕張居正等總裁，《明穆宗實錄》，卷12，頁341-342，隆慶元年九月乙亥條；卷12，頁343，隆慶元年九月丙子條。

20　〔明〕徐階，《世經堂集》，卷4，〈面對後再論邊事〉，頁432-433。

21　〔明〕楊博，《楊襄毅公奏疏》，〈吏部奏疏〉，卷2，〈覆都給事中王治等劾尚書郭乾等去留疏〉，頁34b-36a。〔明〕張居正等總裁，《明穆宗

續究責各級官員，宣大總督王之誥回籍、山西巡撫王繼洛謫戍，而後又發生「李世忠冒功案」，導致薊鎮文武高層官員全部懸缺。北邊軍事人才空缺，令先前朝議薦舉南方平倭將官得以實現，如兩廣總督譚綸、福建總兵戚繼光等都有豐富作戰與使用戰車、西方火器的經驗。[22]戚繼光甚至得薊遼總督劉燾推薦，一度短暫以福建總兵官協理京營戎政，是以武職身分就任協理京營戎政的唯一特例，一個月後改神機營副將。[23]

隆慶元年九月，都察院右僉都御史巡撫保定曹亨（1506-1588）率軍支援石州，破敵於龍泉關。京師解嚴後，十月二十四日陞兵部右侍郎協理京營戎政，再陞兵部左侍郎，隆慶大閱後獲賜飛魚服、廕一子，隆慶三年四月回兵部。[24]曾短暫擔任協理京營戎政的王本固、曹邦輔、戚繼光都參與平倭戰爭，郭宗皐官至宣大總督，曹亨更在石州之役立下軍功。且楊博在嘉靖朝晚期任兵部尚書，於嘉末隆初轉任吏部尚書，對這群官員的能力十分熟悉，說明這些人的閱歷都是一時之選，也確實能夠實際面對戰陣。

京師解嚴、曹亨上任後，隆慶二年（1568）正月，給事中孫枝提出：

> 協理戎政大臣今未及一載，而更代者五人（從王本固到曹亨），

實錄》，卷13，頁349，隆慶元年十月乙酉條；卷13，頁350，隆慶元年十月丙戌條。

22 周維強，《明代戰車研究》，頁230-237。

23 〔明〕張居正等總裁，《明穆宗實錄》，卷13，頁358，隆慶元年十月乙未條；卷14，頁403，隆慶元年十一月庚辰條。

24 〔明〕張居正等總裁，《明穆宗實錄》，卷13，頁366，隆慶元年十月乙巳條。〔明〕高拱，《高文襄公集》（臺南：莊嚴文化事業有限公司，1997，《四庫全書存目叢書》集部・別集類，第108冊，據北京圖書館藏明萬曆刻本影印），卷15，《掌銓題稿》，〈覆尚書曹亨乞休疏〉，頁204-205。〔明〕過庭訓，《本朝分省人物考》（上海：上海古籍出版社，2002，《續修四庫全書》史部・傳記類，第535冊，據北京大學圖書館藏明天啟刻本影印），卷93，〈河南汝寧府二・曹亨〉，頁544-545。

> 即超世之才，不能于旬月間指揮訓練、整齊約束，使將士服習。宜審擇其人，即不能久任，亦必假以歲月，令得從容展布，毋數遷易，以增煩擾。吏部覆議，從之。[25]

無論官員能力好壞與資歷深淺，都需要時間才能了解，進而改善或增強京營防務。

同月，南直隸提學御史周弘祖陳邊防五事，再度強調官員久任的重要性。每當官員稽查京營兵是否在籍、要整頓清理時，常因官兵流言中傷而中止稽查，應要求戎政大臣不畏浮言執行，有警即調營兵與內外夾擊。經兵部議覆，明穆宗依擬執行。[26]

嘉末隆初的混亂情況，在於明穆宗甫即位，更換前朝官員，嘗試進用嘉靖朝平倭戰爭中的鎮巡官員來改進京營，急於看到成效所致。但同時面臨俺答、土蠻大舉入侵，人事調度以擊退敵軍、加強邊境防禦為優先，京營戎政官難以久任，京營的管理自然耽擱下來。政務推行需時，成效更不是朝夕可見，張居正在此背景下進入內閣，透過「六事疏」展開軍政改革，後文將詳述之。

二、明穆宗、內閣與內臣對戎政的分權事件

嘉靖四十五年，兵科給事中魏時亮巡視京營，奏陳官兵的整訓「始漸有足觀者矣」[27]，說明經歷兵部尚書楊博與王邦瑞、趙炳然二任協理京營戎政的經營後，京營的編組與操練紀律都略有所成。但時

---

25 〔明〕張居正等總裁，《明穆宗實錄》，卷16，頁435，隆慶二年正月甲子條。

26 〔明〕張居正等總裁，《明穆宗實錄》，卷16，頁447-448，隆慶二年正月丙子條。

27 〔明〕魏時亮，《魏敬吾文集》，卷1，〈疏・議處兵戎要務疏〉，收入〔明〕陳子龍等選輯，《明經世文編》（北京：中華書局，1962），卷370，頁3990。

隔一年，卻有著相反的奏報，箇中因素為何？隆慶元年七月，兵科都給事中歐陽一敬等上言八事，直指「兩京營兵姑息之弊，乞時其簡教，而散其黨聚」[28]，兵部覆言：

> 兩京兵制在北則戎政府，素不練習，徒畜不捕之貓，在南則振武營，桀驁尤甚，至養貽患之虎，此大患也。今宜令戎政大臣時加簡教，勿仍姑息。罷南京振武營，兵各歸大小教場及神機等營，有缺勿補。敢有飛語惑眾者，必寘以法。[29]

兵部居然回覆北京的戎政府平時沒有操練官軍，而南京振武營不止驕兵難馴，甚至被視為潛在的內亂份子，應予以解散。

明廷對戎政府與振武營的處理方式相差甚遠，對戎政府僅是口頭訓斥戎政大臣，數日後直接命令解散振武營。[30]而後近一個多月，沒有明廷追蹤戎政府練兵的記錄。隨即九月就發生俺答與土蠻南侵的戰爭，期間明廷調動京營左參將陳良佐駐防天壽山陵寢，北京城內的京營也動員佈防。因此，從歐陽一敬與兵部的奏陳中，雖提及戎政府練兵問題，但應不是緊急嚴重之事，明廷敢動員京營出城協防，說明對其戰力有一定信心，實際上目標是處理曾經叛變又無法根治的南京振武營。[31]

明穆宗即位初，屢次藉故出遊，如隆慶元年五月幸舊邸、[32]八月

28　〔明〕張居正等總裁，《明穆宗實錄》，卷10，頁275，隆慶元年七月乙未條。

29　〔明〕張居正等總裁，《明穆宗實錄》，卷10，頁275-276，隆慶元年七月乙未條。

30　〔明〕張居正等總裁，《明穆宗實錄》，卷10，頁282，隆慶元年七月戊辰條。

31　振武營在嘉靖朝成立與兵變的經過可見方弘仁，〈明嘉靖朝五次兵變初探〉，《明史研究專刊》，5（臺北，1982.12），78-82頁。

32　〔清〕談遷著，張宗祥校點，《國榷》（北京：中華書局，1988），卷65，頁4056，隆慶元年五月丙寅條。

欲前往天壽山等，可見其不安於紫禁城的心態。因皇帝出巡的路線與地點都必須動員京營設防，以保安全無虞，故大臣也勸諫皇帝不要輕出，在君臣對話之間，明穆宗終於逐漸納諫並了解京營與北方邊防的問題。其中的關鍵，在文臣成功壓抑內臣對皇帝的影響。

隆慶元年九月初二日，明穆宗突然詔令以內臣呂用、高相為團營坐營官，恢復內臣監軍制度。兵部尚書郭乾奏言：「先帝裁定革去團營，盡復二祖三大營之舊，官有定員，不用內侍，此萬世不刊之典，遺訓昭然，今一旦易之不可。」[33]堅決反對設立坐營官。但明穆宗言：「朕觀《大明會典》有內臣監營之制」[34]仍下令內閣草擬設立詔令。初五日，兵科給事中歐陽一敬、巡視京營給事中孫枝、御史韓君恩等各自上疏內臣不當坐營，且團營裁革已久，亦無營可坐，奏請收回前令。[35]

明穆宗問徐階何故官員不奉令，徐階覆言查得洪武朝沒有團營，是景泰朝設立，嘉靖二十九年裁革，因《大明會典》是正德年間所修，所以沒有記載此事。巡視科道官的奏請，是希望明穆宗遠遵太祖之制、近守先帝定制。[36]明穆宗不悅，回批：「朕著內臣坐營，科道官也說，你每也這等說，怎麼主意不遵，你每說來。」[37]徐階回先帝參照太祖初制廢去內臣後，事權逐漸統一，操練成效頗佳，且「內臣坐營，若據見在之制，則已無營可坐。若必欲用內臣，則須將先帝定制盡行更變，不惟臣等不敢，切恐聖心亦有所未安者。」[38]建請不

33　〔明〕張居正等總裁，《明穆宗實錄》，卷12，頁321，隆慶元年九月癸丑條。

34　〔明〕張居正等總裁，《明穆宗實錄》，卷12，頁321，隆慶元年九月癸丑條。

35　〔明〕張居正等總裁，《明穆宗實錄》，卷12，頁323，隆慶元年九月丙辰條。

36　〔明〕徐階，《世經堂集》，卷4，〈進擬科道諫止內臣坐營票帖〉，頁431。

37　〔明〕徐階，《世經堂集》，卷4，〈繳內臣坐營諭〉，頁431-432。

38　〔明〕鄧士龍輯，許大齡、王天有主點校，《國朝典故》（北京：北京大學出版社，1993），卷38，〈世宗實錄四〉，頁858。

改。明穆宗表示既然先年裁革，遂罷設坐營官。[39]

隆慶元年十二月，明穆宗令內臣練習騎射，欲恢復內操。內操是由內臣領軍、內臣組成的天子親軍，最早出現於正德朝，操練場地在皇城內教場，其地點名稱屢有變遷，主要在西苑的北海五龍亭西北處。[40]御史鍾繼英奏陳：「宮中內地，不宜使人提凶器、習危事。」反對在皇宮內練兵。[41]雖然嘉靖三十一年（1551）時，明世宗曾在宮內設教場、御視臺及相關營舍給內營操練及閱視之用，但沒有持續。[42]徐階再上疏：「先帝時嘗欲立二內營，而復止之，此必有深意在，不可不三思也。」明穆宗同意取消。[43]內閣與朝臣以先帝制度及宮廷內不應有武鬥為由勸阻內臣習武。實際上是在阻止內臣擁有軍權，且駐紮在宮廷內，對皇權與文官政治是一大威脅。

明穆宗聽信內臣而發的詔令，屢次遭閣臣勸阻，先前勸阻的理由中並未明言針對皇帝與內臣。至隆慶二年正月，戶科給事中石星（1538-1599）言：「陛下入春以來，天顏漸癯，視朝漸稀，章奏頻閣，逸遊屢肆，用是不避斧鉞。」因而條上六事勸諫。其中，直言明穆宗自正月以來似稍倦於勤，在回覆朝臣的奏請中，不允者往往沒說原因，同意施行者又常延遲許久。是否因內臣緣故而不達聖聽或有關內臣之事則稽遲不允，若因內臣之故而延誤軍機，實為禍不淺。最後提及聽聞內臣專作威福，且欺瞞陛下，希望明穆宗查明忠奸。明穆宗大怒，以其無禮，命廷杖六十，黜為民。[44]

---

39 〔明〕張居正等總裁，《明穆宗實錄》，卷12，頁323-324，隆慶元年九月丙辰條。

40 許冰彬，〈試析明代宦官內操的興衰及特點〉，《故宮博物院院刊》，159（北京，2012.1），頁29-40。

41 〔明〕徐階，《世經堂集》，卷4，〈請允御史鍾繼英奏止內教場操練〉，頁434。

42 〔明〕張居正等總裁，《明世宗實錄》，卷382，頁6762-6763，嘉靖三十一年二月己巳條。

43 〔明〕王世貞，《嘉靖以來內閣首輔傳》，卷6，〈高拱〉，頁401-402。

44 〔明〕張居正等總裁，《明穆宗實錄》，卷16，頁452-457，隆慶二年正月己卯條。

萬曆朝史家鄧士龍評論此二事言：

> 山陵之幸，盤遊之漸也；團營之坐，侵權之漸也。苟非輔臣力爭，即科道章疏無由行矣。乃徐階至再至三，終始不易。懼之以虜，以危其心，則宗社安；稽之以制，以正其志，則奸謀寢。天下軍民默受其賜，而彼中人導諛專恣之習，亦少沮矣。[45]
>
> 自內臣呂用、高相謀坐團營，而徐階再三進諫，後寥寥無聞矣。石星此疏，一則曰內臣抑遏章奏，不使達于聖聽；二則曰內臣專作威福，讒譖行于讜直。觸其所忌，而犯其所必斥，則其廷杖為民也宜矣。然忠言昭灼，公道復明，則其懾閹豎而扶綱常者，詎不偉哉！[46]

讚許徐階、石星等官員的勸諫，徐階的影響尤深，閣臣約束明穆宗對政務的勤倦態度，並成功壓抑內臣對軍事及政治權力的擴張。而透過這些事件，減少閣臣奏請與傳旨過程中的內臣介入，實有增加明穆宗對京營與邊防事務的認識，有助於明穆宗對軍務的決斷能力。

三、京師外衛：楊博的宣大薊昌防務區劃

庚戌之變後，韃靼進攻薊鎮的頻率提高，明廷持續構思區劃薊鎮與其他軍鎮的防區。到隆慶初年，薊鎮的防區分野、戰略制定逐漸有一個明確的方向。首先是決議「南山戰守之策」，宣府鎮的南山參將作為薊鎮轄區內南山的防禦主力，薊鎮的昌平總兵相互策應。其次是「擺邊不如合戰」，明軍沒有足夠人力駐守在所有長城線上，故無需大量興築長城，而是在境內駐點集中兵力，遇警前往應戰。[47]

45　〔明〕鄧士龍輯，《國朝典故》，卷38，〈世宗實錄四〉，頁859。
46　〔明〕鄧士龍輯，《國朝典故》，卷38，〈世宗實錄四〉，頁863-864。
47　周維強，《明代戰車研究》，頁216-225。

俺答與土蠻相繼退兵後，薊鎮防務不能留在政策區劃，必須有更精確的細節執行。隆慶元年十月二十六日，明穆宗令內閣及朝中文武官員提供建議。[48]二十九日，吏部尚書楊博依旨條陳邊計，認為在有長城可防之處如薊州、昌平、保定，應據高防禦。而山西、宣府、大同、遼東四鎮無長城防禦之處，則應堅壁清野，令其無利可掠。[49]其用意是力求將戰場侷限在內長城以北的區域之內。

其次，楊博言：

> 近歲薊鎮潘家口、磨刀谷失守，總督王忬、楊選相繼棄市，而總兵、參將、遊擊反從末減，是以今歲虜警，屢稱敵戰，竟無一將請纓而死，可以見其情實矣。頃蒙宸斷，逮繫鎮巡，人心始知警惕，而副參等官田世威、劉寶、胥進忠、吳光裕等分有信地不能固守，其罪尤重，亦當先行收問。合無將田世威等提拿到京，聽法司查照所犯，一併擬罪，以為邊臣縱寇殃民者之戒。[50]

楊博認為文臣與武臣都要承擔戰守成敗之責，平衡賞罰是鞏固人心與軍事紀律的關鍵，如此才能將士用命，不會觀望不作為，同時追究田世威等武臣的防禦過失。隨後山西巡按御史王漸奏陳失事罪狀，令山西副將田世威、參將劉寶等下獄。[51]

對武將究責是平衡賞罰，但從另一角度來看，也是文臣與武臣相互權鬥的寫照。隆慶二年十月，獄中的山西總兵申維岳、守備楊

---

48 〔明〕張居正等總裁，《明穆宗實錄》，卷13，頁364-365，隆慶元年十月甲辰條。

49 〔明〕楊博，《楊襄毅公奏疏》，〈吏部奏疏〉，卷2，〈奉詔條陳邊計疏〉，頁37b-38a。

50 〔明〕楊博，《楊襄毅公奏疏》，〈吏部奏疏〉，卷2，〈奉詔條陳邊計疏〉，頁38b-39a。

51 〔明〕張居正等總裁，《明穆宗實錄》，卷13，頁370-371，隆慶元年十月庚戌條。

瀛、參將畢高等二十四人遭處斬。[52]次年（1569）正月，經宣府總兵馬芳求情，明穆宗同意特赦獄中的山西副總兵田世威、參將劉寶等戴罪立功。[53]十月，兵科都給事中張鹵上疏反對，認為應一律誅決以正軍心，明穆宗以張鹵瀆擾，命奪俸二月。[54]其中，田世威在庚戌之變時奉命入衛京師，後升任宣府遊擊將軍，屢立戰功。歷任提督大同兵車營、神機營副將，是擅長指揮戰車與火器的將領。在明宗室朱睦㮮（1517-1586）為田世威撰作墓誌銘提及「虜陷石州，初公至任，憤武備不振，上禦虜三十二事，語頗激切，當事者不悅，至是坐觀望不救，繫詔獄。」[55]可見田世威的罪狀事有蹊蹺。明廷對督撫將帥的獎懲未必反映真實功過，查核過程也費時，這也是朝臣的奏言中時常提及獎懲問題的因素。

楊博總計提出六項戰守之議，其重點核心是各鎮是否維持擺邊的防禦策略。在薊昌二鎮，楊博認為此處擁有山險，自庚戌之變後在河坊口、古北口、黑谷關、一片石等處都有加強修繕防禦。近年墻子嶺、界嶺口的失守，有官員認為長城沒有發揮功效，不應守牆，但實是守兵單弱、援兵不至的調度失策。建請薊遼總督曹邦輔督同鎮巡等官閱視長城狀況，及時修補；在春秋二防時期，每路各以一、二千名入衛邊兵駐防，即可在敵軍攻長城時，居高臨下回擊。山西鎮是否維持擺邊，應令宣大總督王之誥具實奏聞。而保定鎮前有宣府、大同二鎮，後有紫荊、倒馬、龍泉等關與連綿山險可恃，近年多預先擺邊，

52 〔明〕張居正等總裁，《明穆宗實錄》，卷25，頁681，隆慶二年十月辛巳條。

53 〔明〕張居正等總裁，《明穆宗實錄》，卷28，頁745-746，隆慶三年正月癸亥條。

54 〔明〕張鹵，《張給諫奏議二》，〈疏・慎法紀以振戎機疏〉，收入〔明〕陳子龍等選輯，《明經世文編》，卷365，頁3937-3938。〔明〕張居正等總裁，《明穆宗實錄》，卷37，頁937-939，隆慶三年九月丁丑條。

55 〔明〕朱睦㮮，〈左軍都督府署都督僉事山西副總兵田公世威墓志銘〉，收入〔明〕焦竑輯，《焦太史編輯國朝獻徵錄》，卷108，〈都督府三・都督僉事・田世威〉，頁292-294。

徒勞士卒與糧餉，應改為春秋二防時期分定地方照常操練，得警報後再乘墻拒守即可。[56]

在預期設防方面，建請春秋兩防時期，宣大兵馬先入駐南山，而非前議待有警入衛。先年山西遭到入侵後，大同鎮總兵官梁震便會率兵出邊攻擊，令其顧慮後防而不敢久駐境內。建請令宣大總督王之誥在大同鎮與宣府鎮同樣辦理，且冬春時期更應免除開邊啟釁之罪，令官軍主動出擊，以震懾邊境。最後是令遼東巡撫魏學曾等設法開墾荒蕪，購儲糧食，民間也要自行蓄存一至三年的糧食以備。[57]

十一月初十日，徐階奉諭上奏十三項防虜之策，認同楊博的建議並有所擴充。明穆宗允行，其概述如下。[58]在軍紀與制度上，於半年或數個月後派大臣巡視薊鎮，查核操練、賞罰、城堡修築、軍械整備等項，而後每三年巡查一次。臨陣時如有士兵退縮，將官可先斬後奏，把總以下臨陣退縮，則總兵官至遊擊亦同，若遊擊將軍以上，則須呈報總督同意。而近來有文臣凌辱將官、侵奪所職的狀況，令總兵見總督，副總參遊見撫按，自稱則呼名，稱總督曰：軍門，撫按曰：本院，不許口稱老爺、小的，自損威重。

其中，邊鎮督撫與將官是否適合久任？徐階認為邊境與內地不同，有能者在邊境積勞不得遷轉，在內地者養尊處優，二者待遇不公平。因此，督撫兵備等文官應以三年滿事例陞蔭，總兵等武官則是任內修舉防秋、三年無事者，經督撫具奏題請加恩。如有犯罪，或降秩俸，或革職銜，各仍令在任管事，立功自贖，勿易其地。在賞罰上，與楊博同樣要求各邊總督、巡撫與總兵的責任均重。

---

56 〔明〕楊博，《楊襄毅公奏疏》，〈吏部奏疏〉，卷2，〈奉詔條陳邊計疏〉，頁39a-41a。

57 〔明〕楊博，《楊襄毅公奏疏》，〈吏部奏疏〉，卷2，〈奉詔條陳邊計疏〉，頁39b-42a。

58 〔明〕徐階，《世經堂集》，卷4，〈繳詳議邊計諭〉，頁433-434。〔明〕張居正等總裁，《明穆宗實錄》，卷13，頁382-394，隆慶元年十一月辛酉條。

在官兵操練方面，除加強訓練外，增加武臣的培訓與招募額外民兵。邊境將官令總督鎮巡增重火器訓練，戎政府亦比照辦理訓練京營。若有精通火器、弓矢、槍刀等藝之人，招募為軍，即資給路費，差人伴送兵部覆試，亦可自行赴部報考，量請錄用。在邊境城堡處招納民兵，令有司於各鄉里選編壯丁成伍，推一人為堡長，堡長若擒斬有功，照依軍人每功陞一級世襲，不願陞者賞銀五十兩，堡民得功亦照軍職部下擒斬例陞賞。惟民兵止許閱視賞罰，不得調赴他役或用於其他非軍事任務。此外，在邊外多置木牌，羅列斬殺酋首及招撫人數獎賞。（表5-1）

表5-1　斬首與召降賞賜表

賞賜／目標	官職	土地	金錢
俺答、黃台吉、把都兒、吉能、土蠻	伯爵世襲	田宅	銀五千兩
擺腰、兀慎	都督僉事、世襲指揮使	田宅	銀二千兩
趙全、周元	都指揮僉事，世襲指揮同知	田宅	銀一千兩
五百名以上	指揮同知，世襲	無	無
三百名以上	指揮僉事，世襲	無	無
百名以上	不明官職	無	無
十名以上	無職，免其差役	無	無

資料來源：〔明〕徐階，《世經堂集》，卷4，〈繳詳議邊計諭〉，頁433-434。

防禦工事上，凡臨邊衛所州縣及鄉市村落有騎兵可通行處，其舊有城堡低薄者增修，無者即創築，竣工後由巡按御史勘奏賞罰。費用由各撫按等官設法支出，或發庫藏官銀，不得用歲解贓罰銀。如有軍民願捐資助工者，以禮勸獎。而城守以火器為優先武裝，快槍、神槍、佛郎機、一窩蜂、連硃砲等，令各府州縣如法製造。如有擅長使用火器者，註為神器手，免其雜差，轉發各城堡教習防禦。最後是後勤管理，令吏部會同九卿科道，推舉熟悉中塩法與屯田的官員，清理邊境荒田與稅收問題，使邊境能夠糧食自足。同時，考察沿邊府州縣掌印官，且府佐知州、知縣，必多以年力精壯之進士除授，次揀選舉人，以利繕城堡、團民兵等事得人才管理。

在薊鎮的戰略制定上，對比先前薊遼總督劉燾與給事中吳時來在境內的野戰方案，楊博與徐階仍是主張修長城及擺邊，決戰於邊境。楊博的重點在運用山西、大同、宣府、薊鎮的北邊長城作為第一防線，保定以北的長城為第二防線。因韃靼經宣大鎮入侵時，必須突破兩道長城始可進入京畿，故第一防線的擺邊必須耗費較大人力經費，而後段防線等有警再駐防即可。然而，薊鎮跟山西三鎮不同，僅有北面一道長城，故須有其他邊軍協防。未免轄區分野導致權責不清，南山戰守政策雖已定案，但楊博仍認為宣大駐軍需要在春秋二防時期東移協助薊鎮。

從徐階的奏言中，可見邊境督撫的地位凌駕武臣，權責的不平衡，連帶影響戰時指揮及戰後功過的歸屬。徐階雖協調文臣與武臣之間地位不平等，但在升遷待遇上，實際上對督撫較有利，督撫可調回中央，武將無論功過，仍須駐防戰場前線。對將官的能力要求與賞罰適中，官兵運用火器的議題被特別凸顯，無論野戰或守城戰，強化遠程武器來反擊騎兵是一致的共識。但招募邊民，以民兵方式增加邊境防禦能力，也反映出明廷不想增加官方的軍費糧餉且兵力缺乏的問題。

至此，薊鎮的防禦戰略，從理論進入實際執行，有了明確的方向。固守現有長城防禦線，在強化駐軍及民兵的戰鬥素質後，即可嘗試集中兵力的野戰模式。要達成此目標，核心在官員的領導能力，故必須選派合適官員稽核賞罰與升遷。楊博從兵部尚書轉任吏部尚書後，徐階支持他提出的軍事建言，但徐階額外強調官員素質甄別，將執行的責任交付楊博承擔。

第二節　禮制與兵權：謁陵及隆慶大閱

一、天壽山春祭：京師與邊鎮的戰備動員

明代帝王謁拜祖宗陵寢，不僅止於孝道的禮俗，更有藉伸展孝思為名，行宣示正統、閱武、擇壽宮等其他政治意涵。如宣宗、英宗的謁陵活動，多有巡邊耀武之意。但土木之變後，明景帝、復位的英宗、憲宗、孝宗未有謁陵之行。武宗雖有一次謁陵，但遊獵之實多於孝思；世宗謁陵則有因外藩入繼大統而生的政治目的。[59]謁陵是重要的政治與禮法象徵，明廷朝臣放棄或減少謁陵次數，實與北邊國防形勢改變，令皇帝與朝臣都沒有自保的信心有關。

天壽山陵寢區緊鄰北面的黃花鎮、渤海所等邊境，隆慶元年土蠻入侵薊鎮、黃台吉窺伺黃花鎮已說明該區的危險性。徐階等大臣雖勸阻成功一次，但沒有消除明穆宗謁陵的堅持。因此，為護衛天子謁陵行程與京師安全，明廷朝臣、兵部與戎政府都必須做好防禦規劃與戰備動員。然而，經過這次謁陵，令明穆宗對邊防事務的關注態度大為改變。

隆慶二年二月初十日，明穆宗勑諭要至天壽山春祭，令禮部擇日以聞。禮部奏上儀注一本，規劃二月二十七日至三十日的天壽山春祭禮儀活動。錦衣衛設丹陛儀衛隨扈天子，兵部奏請簡命文武大臣居守京師、直守皇城四門、京城九門，分調京營參遊等官，把守各山口關隘。戎政府則選點扈駕軍馬及差科道官點閘，隨天子謁陵。戶部照例關給扈從官軍行糧，工部差官修理橋梁道路，光祿寺隨處預備御膳及

59 明代帝王的謁陵活動與其政治意涵可見朱鴻，〈以展思為名：明代皇帝的謁陵活動〉，收入國立臺灣師範大學歷史學系編，《近世中國的社會與文化（960-1800）論文集》（臺北：國立臺灣師範大學歷史學系，2007年），頁163-216。胡漢生，《明長陵》（北京：北京燕山出版社，2010）。

酒飯供具。

隨行的官員包含五軍都督府、六部、都察院、通政司、大理寺的堂上掌印官各一員，司屬官各一員；詹事府、翰林院、國子監、太僕寺掌印官各一員，六科十三道官各一員。太僕寺、太常寺、光祿寺、尚寶司、制敕房、中書科、鴻臚寺、順天府應該執事人員、太醫院、欽天監掌印官各一員。在途供事以便衣，朝參以常服。

謁陵期間，由成國公朱希忠、總督京營戎政鎮遠侯顧寰隨扈明穆宗。英國公張溶、左都御史王廷居守北京城，北京城重城諸門及皇城的防禦，各由勳臣統軍駐防，京城九門兼用文職大臣一員。天壽山駐軍、隨扈、防守官軍各有額外賞賜，馬軍人銀六錢、步軍人銀三錢，京城九門、皇城四門的宿圍子手及巡捕官軍人銀二錢。薊鎮、宣府鎮進入戰備，薊遼總督曹邦輔率標兵一支駐防黃花鎮，宣大總督陳其學率標兵一支駐防南山。[60]

二十七日免朝，巳時，明穆宗由長安左門出，后妃輦轎由東安門出，扈從官、前行居守大臣、文武百官俱吉服在德勝門外恭候送駕。當日抵達鞏華城行宮駐驛，昌平州官吏、師生、耆老等跪迎道傍。明穆宗用膳後外出，隨從官員見行五拜三叩頭禮。二十八日早上，官員朝參後，先抵天壽山行宮等候，明穆宗駕至天壽山紅門降輦，由左門入陞輿，后妃後隨至，用膳後出見官員，是日駐感思殿。二十九日，駐感思殿，從官行禮如常儀。三十日，明穆宗著青袍親詣長陵、永陵行春祭禮，遣官俱青服，分別祭祀其他陵寢區。駙馬都尉許從誠、彰武伯楊炳、安平伯方承裕、慶都伯杜繼宗、德平伯李銘、固安伯陳景行，祭獻陵、景陵、裕陵、茂陵、泰陵、康陵。西山陵園區，遣都督沈至祭景皇帝，都指揮陳書祭恭讓章皇后，都指揮王極祭孝懿皇后，都指揮江魚祭哀冲、莊敬二位太子各陵園。[61]祭祀結束後，當日由原

60　〔明〕徐階，《世經堂集》，卷4，〈繳邊事諭〉，頁435-436。〔明〕張居正等總裁，《明穆宗實錄》，卷17，頁478，隆慶二年二月庚寅條。

61　朱鴻，〈以展思為名：明代皇帝的謁陵活動〉，頁193。

路返回北京。[62]

明穆宗在謁陵期間，不改其遊幸的心態。據王世貞載錄：

> 其明年春警稍解，上竟行謁陵禮，甫至齋宮，而使中貴人滕祥、李芳以意問曰：「行禮在次日，上欲輕騎一出觀形勝可乎？」階曰：「上以祀來乎？以觀形勝來乎？以祀來，則先遊而後行禮，非所以展孝思也。」祥等曰：「然。」乃祀畢而後出遊。[63]

徐階提醒明穆宗即位後首次謁陵，必須以禮法為先，私心為後，其建言為明穆宗所納。明穆宗這次出遊觀覽邊鎮形勝，也造就對邊鎮問題的認識與關切，謁陵結束後諭示諸臣：

> 朕躬謁我祖考陵寢，始知邊鎮去京切近如此。茲薊州總督官來朝言，近日虜情如何，今邊事久壞無為。朕實心整理者，但逞辭說弄虛文，將來豈不誤事？卿等其即以朕意傳諭宣薊二鎮諸臣，令彼知儆。其宣薊二鎮官軍來護從者，可量賞否？卿等及戶兵二部臣議擬以聞。[64]

雖無法知悉明穆宗輕騎出遊的經過，但可見他對宣府鎮、薊鎮的防務更加留心。明穆宗令徐階轉知曹邦輔、陳其學令各知儆，勉修實務，並與兵部尚書霍冀、戶部尚書馬森計議邊軍貧苦，以賞羨餘銀五千兩犒賞護駕的宣、薊二鎮駐軍。[65]

62　〔明〕張居正等總裁，《明穆宗實錄》，卷17，頁473-476，隆慶二年二月庚寅條。

63　〔明〕王世貞，《嘉靖以來內閣首輔傳》，卷6，〈高拱〉，頁400-401。

64　〔明〕張居正等總裁，《明穆宗實錄》，卷17，頁489-490，隆慶二年二月己酉條。

65　〔明〕徐階，《世經堂集》，卷4，〈繳邊事諭〉，頁435-436。〔明〕張居正等總裁，《明穆宗實錄》，卷17，頁489-490，隆慶二年二月己酉條。

隆慶二年六月，明穆宗諭示徐階：

> 秋防期到，不知各邊整理如何？去年邊臣誤了事，朕不曾重處他。聞今內外的官，還只是口說徇私，不實心共幹。卿等可傳示兵部說與譚綸等，各要著實防禦，若似先時虛言誤事，縱虜深入的，朕定重處不饒。[66]

尤其要求薊遼總督譚綸提出實際政策與成效，譚綸因此得以大舉推行薊鎮的軍政改革。

隆慶元年十月後，包含譚綸在內已陸續有福建總兵戚繼光、福建巡撫汪道昆、廣西總兵俞大猷等南方將官被提舉入京。他們是彼此熟悉的平倭戰爭同僚，擅長西方火器與相關戰術。[67]隆慶二年四月起，譚綸逐步提出薊鎮野戰兵員與軍器整備；六月，提出「據牆以戰，禦之邊外」的戰略，將總兵設於中路三屯營，增設東路建昌營、西路石匣營二位副總兵，平均轄區與設防武力。並採用西方火器、創建薊鎮戰車營、招募南兵等。[68]

隆慶朝前二年，明穆宗在有遊幸、聽信宦官的現象，而後在閣臣高拱、徐階與部臣、科道官、言官的力諫下，遊幸的心態大為收斂，對北京防務的認識與關注不再僅止於紙上。在邊境上，宣府與薊鎮的轄區分野確認，提攜南方將官強化薊鎮防務都逐漸步上正軌。戎政府首次戰備動員，進行護衛謁陵與北京防禦任務。然而，明穆宗對朝臣多次抗顏勸諫的行為，在心中逐漸累積不滿，明人黃景昉言徐階與明穆宗的關係「動忤聖懷，亦時異勢殊，無盛筵不散之理」[69]君臣合作

66 〔明〕徐階，《世經堂集》，卷4，〈繳防邊諭〉，頁437。
67 周維強，《明代戰車研究》，頁232-237。
68 〔明〕徐階，《世經堂集》，卷4，〈繳南兵諭〉，頁437-438；卷4，〈進兵部練兵票帖〉，頁438。譚綸與戚繼光在薊鎮練兵的經過與考證，可見周維強，《明代戰車研究》，頁237-296。
69 〔明〕黃景昉著，陳士楷、熊德基點校，《國史唯疑》（上海：上海古籍

走向破裂，徐階在隆慶二年七月致仕。[70]內閣雖然改組，但未改變明穆宗重視軍事的態度，尤其京營能否面臨實戰，須更高強度的操練模擬始可得知，恢復閱軍即是下一階段目標。

二、正德、嘉靖二朝京營大閱議論

「大閱」是國家對軍事高度重視的表徵，自先秦至元代，天子檢閱軍隊的活動屢屢可見，這不只是強化軍隊戰技，更與禮儀高度結合，是為「國之大事，在祀與戎」。[71]明代「大閱」最初是一項習俗而非常制，明太祖在校場或午門外「閱武」，明成祖則是出征前或途中「隨地閱武」。此時的明軍戰力強盛，雖名為閱武，實為作戰演習。明初在尚武展示的議題上，君臣利益一致，始能以此展現君臣一體的強大氛圍。後僅宣宗、英宗與憲宗有舉行形式化的閱武，成化十一年（1475）至隆慶三年（1569）間，明代帝王有九十四年沒有校閱京營。期間，亦有士大夫認為尚武展示無實質軍事意義，耗費經濟與勞動力，致使閱武無法舉辦。[72]

正德、嘉靖二朝中，雖沒執行大閱，但仍有朝臣建請京營閱兵的經過，可發現京營積累不振的問題，當時為何懸而未決，進而始知隆慶大閱的價值。正德朝時，京營部隊仍有支援邊防與剿平地方盜亂。如正德六年正月，山東萊州、直隸徐淮等處爆發盜賊襲擊官方府庫的動亂，明廷令坐營署都指揮同知李瑾統京營千人討之。[73]三月，

出版社，2002），卷8，〈隆慶・萬曆〉，頁122。

70　趙世明，《高拱與隆慶政治》，頁20-22。

71　高壽仙，〈「大閱」之禮的面子與裡子——作為改革產物的明代隆萬大閱〉，頁78-80。

72　魯大維（David M. Robinson），〈全球史視野下的明朝尚武展示〉，《故宮學刊》，1（北京，2017.7），頁37-42。

73　〔明〕費宏等總裁，《明武宗實錄》（臺北：中央研究院歷史語言研究所，1984，據中央研究院歷史語言研究所民國五十一年[1962]刊本縮編），卷71，頁1576-1577，正德六年正月辛巳條。

巡撫薊州都御史李貢回報霸州盜匪劉晨、劉六等殺死京營指揮張英等六人，明廷再發京營精銳官軍二千人增援。[74]六月，兵部尚書何鑑（1442-1521）認為京營軍無法壓制直隸、河南、山東盜賊，請求調派宣府、延綏等邊兵協助平叛，是正德、嘉靖朝調邊兵入京之始。[75]而後，明廷轉而令兵部左侍郎陸完兼都察院左僉都御史提督軍務，統領宣府、延綏、及京營官軍勦賊，至七年九月平叛結束。[76]在勦賊戰役中，可見京營有一定的作戰能力，但是或是軍官的能力、或是戰場形勢需求，最後由兵部官員統領京營，而非京營本身的勳臣將官。

正德七年十月，工科給事中潘塤（1476-1562）奏稱：

> 今為武臣者皆乳臭木偶，有警則調邊將邊兵，此倒持之勢也。臣愚以為，宜如景泰、天順間例，添設都御史一員，專理京營戎務，而兵部尚書仍每年二次會同閱視，令伍兵中各報所長，以類教習，各取其優者，遞為伍兵之師，務令兼通。教之晝戰，辨其旗物；教之夜戰，辨其名號。責成將領，各以所部教習多寡為優劣而賞罰之。年終大閱，則倣洪武間御前試驗之例，以警其惰。至於將軍營、四衛營亦各操練，而大司馬及都御史俱得以綜核之。[77]

京邊互調與武臣素質是二大問題，應如景泰、天順朝時期以文臣專管京營，輔以兵部尚書每年二次閱視，並且如洪武朝舉辦御前試驗。兵

---

74 〔明〕費宏等總裁，《明武宗實錄》，卷73，頁1605-1606，正德六年三月丁巳條；卷73，頁1617，正德六年三月庚午條。

75 〔明〕費宏等總裁，《明武宗實錄》，卷77，頁1698，正德六年七月癸酉條。

76 〔明〕費宏等總裁，《明武宗實錄》，卷78，頁1705，正德六年八月己卯條；卷78，頁1711-1712，正德六年八月丙戌條；卷92，頁1965-1966，正德七年九月乙未條。

77 〔明〕費宏等總裁，《明武宗實錄》，卷93，頁1988-1990，正德七年十月庚午日條。

部認為潘塤之議可行，獲明廷同意。潘塤的主張國家軍事強度應以京營為本的宗旨，為達此宗旨，必須以文臣取代武臣在京營的指揮權，更試圖恢復以實戰演習為主的軍事閱武。

十一月，明武宗令太監蕭敬傳旨，令京營、宣府官軍各三千名，對調北京與邊鎮操習備禦。兵部與廷臣上奏反對言：

> 邊軍赴京防守，京軍赴邊操練，則更代煩擾，去往疲勞。是乃無故而常勤數千之兵，不惟虛費糧餉，抑且示人以弱。蓋祖宗成憲，京軍所以衛內，不以無故而外出，恐有四方窺伺之虞。邊兵所以捍外，不以無事而弛備，恐有一旦倉卒之患。今使外兵拱衛，內兵輕出，恐非居重馭輕，安內攘外之要也。但當揀選各營將領，明信賞罰，猝有警急，內兵自足用矣……臣子所當守者，祖宗一定之法也，初立五軍、三千、神機三大營，後又添設奮武等十二團營，使統領得人，節制有方，士氣自倍，必不在邊兵下。況今北虜在邊，黃河冰合，邊兵正宜在各鎮防禦，請候明年河開，或各邊無警，徐議兑調。[78]

朝臣反對虛耗糧餉以及違反常例，認為無法增加京營戰力素質，更在高風險時期減低邊防戰力。其言談中，可知朝臣對京營戰力的評價是遠低於邊鎮軍隊。然而，明武宗不理會朝臣意見，詔令京營與宣府鎮各調三千人，限十日內京邊互調，且每年春秋更替，官兵每人賞銀一兩。大學士李東陽亦上奏十不便，懇請收回君命，明武宗仍不聽，最後四鎮邊兵團操於大內，號為外四家軍。[79]武宗沒有校閱京營，反而是在西苑內檢閱邊鎮兵。

---

78 〔明〕費宏等總裁，《明武宗實錄》，卷94，頁1994-1995，正德七年十一月丁亥條。

79 〔明〕費宏等總裁，《明武宗實錄》，卷94，頁1995-1997，正德七年十一月丁亥條。

從平定劉六、劉七的叛變，到後來試圖校閱京營的過程中，朝臣普遍評價京營的戰力素質較邊兵差，也認為京營不應輕易出戰，萬一戰敗更顯臉上無光。然而，明武宗持續派遣京軍駐防京畿，甚至是邊鎮的作戰。如正德八年五月，韃靼多次進逼山西靈丘，發京營官軍九千人，守倒馬、紫荊、居庸、龍泉、黃花鎮、古北口諸關隘，以便支援。[80]正德九年七月，韃靼連營數十，進逼大同鎮天城、陽和以及懷安，明廷發京營官軍二萬人從征宣大。[81]

嘉靖朝有二次京營閱武的嘗試，但最終未施行。一是嘉靖十五年（1536）為提振武官子弟及勳爵新襲者的謀略素質，明世宗同意兵部奏請將原設於北京城東偏處的武學，改設於紫禁城西隅大興隆廢寺，令才望素著諳兵的文臣一員提督講武。選各府掌印僉書侯伯，及各營坐營將官二、三十員，每月三日，赴堂講武經等書，八日演習武藝。每年十一月，請天子車駕幸講武殿行大閱禮，考校將帥以及賞罰黜陟；二月、五月的十五日，嚴加校閱弓馬兵書，開具等第，熟閑通曉可遇缺推補，否則不得陞敘。[82]

第二次是嘉靖二十二年（1543）正月，禮科給事中陳棐會同兵部尚書毛伯溫議言北邊民族數度入侵，奏請舉行大閱、大射禮以強振明軍士氣。[83]他列舉周代以降帝王閱兵的典故，以及太祖、成祖時的狀況：

> 大閱之禮，今不可考見。然臣等伏讀《大明會典》內一款，開載洪武六年定教練軍士律，凡騎卒必善馳射及鎗刀，步兵必善弓弩及鎗。凡在京衛所每一衛以五千人為則，內取一千人，令所管

---

80 〔明〕費宏等總裁，《明武宗實錄》，卷100，頁2083-2084，正德八年五月丁亥條。

81 〔明〕費宏等總裁，《明武宗實錄》，卷114，頁2305，正德九年七月乙丑條；卷114，頁2314，正德九年七月丁丑條。

82 〔明〕張居正等總裁，《明世宗實錄》，卷186，頁3932-3934，嘉靖十五年四月甲午條。

83 〔明〕張居正等總裁，《明世宗實錄》，卷270，頁5329-5330，嘉靖二十二年正月壬申條。

> 指揮等官領赴御前試驗，以次輪班在外都司衛所亦然。至於箭步鎗法，俱有定式，而以其能否為之，賞罰有差。其所致意於武備者，如此蓋我二祖神武聖文兼致其用，是以豐功偉烈，遠出前代之上，而不可及者也。……上請聖裁，行令各衙門修理道路，將臺旗皷器械等項完備，恭請大駕幸臨閱武大教場舉行，古今之曠典以成，安不忘危之道，而文事武備兼舉無遺矣。[84]

「大閱」雖然沒有成為正式典制及收錄在〔正德〕《大明會典》中，若世宗能夠在十一月舉辦大閱，在禮制上可以完成前人未竟之業，在軍事上更有強化京營質量與精神層面的實際意義。

禮部議覆：

> 今京營戎政，偷弛已極，尺籍徒存，而戎伍則缺；操練有名，而簡閱無實，將帥去本業，老弱耗軍資。如蒙法駕親閱，大講武事，視其舉廢，以施賞罰。則聖意所加，既可以生旌旗之色；而先聲所暢，尤足以破犬羊之膽，此實國之大事，今之當務也。其大射儀式既不應古誼，且與今政體不便，請先舉大閱禮。[85]

禮部認為應先舉行實用性高的大閱禮，而緩禮儀成分較高的大射禮，以符合目前軍事作戰的需求。然而，嚴嵩向世宗表示，七年前預計在大興隆廢寺辦理講武堂及相關業務，但同一時期紫禁城內陸續興築慈寧宮、慈慶宮、養心殿、端敬殿等宮室，因財政無法負擔而作罷，目

---

84 〔明〕嚴嵩，《南宮奏議》（上海：上海古籍出版社，1995，《續修四庫全書》史部・詔令奏議類，第476冊，據北京圖書館藏明嘉靖二十四年[1545]嚴氏鈐山堂刻本影印），卷22，〈邦典・大閱大射禮議〉，頁437-438。

85 〔明〕張居正等總裁，《明世宗實錄》，卷270，頁5330，嘉靖二十二年正月壬申條。

前仍面臨同樣問題。[86]最後世宗決議都不舉辦。[87]

正德、嘉靖二朝的京營閱兵中，可發現朝臣以實際軍事演習為宗旨，透過常態演習來強化京營官兵的素質。武宗自稱總督軍務威武大將軍的性格，展現其偏好調遣邊鎮軍，甚至開創京邊互調的先例，以邊鎮軍在西苑內檢閱。此時的京營在武宗心內或許地位較低，即使沒有常態校閱，從作戰調遣來看仍維持有二萬名額的可用之兵。世宗最初曾同意大閱京營，但因為財政吃緊並未實際執行。而大射是天子祭於郊廟時，與助祭諸臣射於宮內，擇賢者來進行祭祀，表彰以禮擇士，在明代更是太祖令士人知兵的制度。[88]在嘉靖二十二年的奏請中，可以窺見朝臣欲從「大射」禮儀制度來打動世宗舉行大閱的方法，惟未成功。此外，從史料的角度而言，「戎政」一詞是戎政府成立後才頻繁出現於明朝官方史料，而「大閱」隆慶三年始成定例，《明世宗實錄》與〔萬曆〕《大明會典》皆編修於萬曆朝，可見史官受當代詞彙影響，是為隆慶朝京營戎政「大閱」的先聲。

三、閣臣張居正與隆慶大閱

明制的親征、遣將、大射與大閱四項軍禮中，親征、遣將是軍事征戰的前奏，大射是日常軍事訓練及禮儀制度的呈現。[89]明代「大閱」依照皇帝有無親臨與軍事動員狀況，可分為儀式性與軍事性的閱兵。在隆慶朝以前無固定舉辦地點，或於近郊、西苑，沒有一定流程

---

86 〔明〕嚴嵩，《南宮奏議》，卷22，〈邦典・大閱大射禮議〉，頁439。楊新成，〈明代宮室的營建和形制布局簡述〉，頁116-130。

87 〔明〕張居正等總裁，《明世宗實錄》，卷270，頁5329-5330，嘉靖二十二年正月壬申條。

88 〔明〕徐一夔，《大明集禮》（筑波：筑波大學附屬圖書館藏明嘉靖九年[1530]序經廠刊本），卷35，〈大射〉，頁1a-3b。

89 任方冰，《明清軍禮與軍中用樂研究》（北京：中央音樂學院出版社，2014），頁19-20。

制度。[90]正式的「大閱」在隆慶三年創設，是最晚確立的軍禮，[91]這是軍事演習與禮儀制度的完整結合。明代大閱京營的頻率自成祖以後不斷降低，從前段可知朝臣對舉辦大閱有奏請也有反對，但舉辦與否端在皇帝決斷。

從京營的內在層面來看，兵額與將官素質在庚戌之變前達到最低，且皇帝需考慮勳臣在朝中的勢力與將相和諧，難以確實執行大閱。歷經嘉靖晚期兵部尚書、協理京營戎政與總督京營戎政的磨合後，京營在官兵編選、戰技訓練、戰術配置有大幅的變革，但進入隆慶朝後，沒人能擔保能否實戰。在內閣首輔徐階致仕後，吏部尚書兼建極殿大學士李春芳（1510-1584）繼為首輔，李春芳為人恭慎，不以勢凌人，因而讓禮部尚書兼武英殿大學士張居正得以主掌內閣政治。[92]張居正獲得實權之後，在明穆宗的支持下，開始進行政治與軍事上的新政策。

在近代學者的研究成果中，可知張居正主導的隆慶、萬曆朝二次「大閱」多給予正面評價，不只提升國家士氣與威望，更是威懾北邊民族，促成俺答封貢的契機。[93]近人研究對隆慶大閱的析論及運用的史料各有詳略，以下將梳整隆慶三年大閱的始末，說明皇帝、內閣、兵部、禮部與戎政府之間如何運作大閱，以及對軍制與國政的影響。

（一）隆慶大閱源起

張居正自隆慶元年二月入閣後，先是協助徐階薦舉的譚綸、戚繼光練兵薊鎮，而後與私交不錯的首輔高拱共同擬定北方邊務。張居正

90 〔明〕李東陽等奉敕撰，申時行等奉敕重修，〔萬曆〕《大明會典》，卷135，〈大閱〉，頁380。

91 〔明〕李東陽等奉敕撰，申時行等奉敕重修，〔萬曆〕《大明會典》，〈重修凡例〉，頁21。

92 〔清〕張廷玉等總裁，《明史》，卷193，〈李春芳傳〉，頁5118-5119。

93 王天有，〈試論穆宗大閱與俺答封貢〉，《北京大學學報（哲學社會科學版）》，1（北京，1987.3），頁92-100。

的軍事改革特點，是從明廷內政到經濟、軍事、邊防一體統籌，邊防是內政的延續。他透過政治運作，令內閣對軍政人事、外交方針有一致性的方向。因此，從文臣武將的任用為始，進行吏治整頓，確保政令能深入掌握基層。對外完成對蒙古封貢通市的和平模式，緩和邊境戰爭與財政壓力，再藉此時期強化武備修整。[94]

整飭京營是張居正關切的核心問題之一，如何革除弊政，並將成果展現於天子及世人面前，即是一大考驗。隆慶二年八月，張居正以救時之急務奏陳〈六事疏〉，[95]前五項為省議論、振紀綱、重詔令、覈名實、固邦本，係針對朝政施行、官員紀律、功過獎懲、擇取官員等政治風氣的議改。但這是假設皇帝同意後，透過頒布詔令勸警百官僚屬，偏向政治宣傳的諭示而不是制式化執行並要驗收。第六項「飭武備」中分為邊防與京營二項重點，在邊防上對兵額、糧餉不足，將士訓練與賞罰的問題，他認為邊吏的選擇十分關鍵，運用團練鄉兵及墩堡防禦，且令邊鎮督撫如實督導有無確實執行，即使遭到入侵也不會有太嚴重損失。並在秋防結束後，查核有無實效。[96]張居正在「飭武備」的內容與目的與前項不同，不是僅有飭令官員而已，更要求確實執行並有核閱機制。

在京營方面，張居正言：

> 再照祖宗時，京營之兵數十萬，今雖不足，尚可得八、九萬人，若使訓練有方，亦豈盡皆無用。但士習驕惰，法令難行，雖春秋

[94] 張海瀛，〈張居正軍事改革初探〉，《晉陽學刊》，1（太原，1986.3），頁41-48。

[95] 〔明〕張居正等總裁，《明穆宗實錄》，卷23，頁625-640，隆慶二年八月丙午條。〔明〕張居正，《新刻張太岳先生詩文集》（臺南：莊嚴文化事業有限公司，1997，《四庫全書存目叢書》集部・別集類，第114冊，據明萬曆四十年[1612]唐國達刻本影印），卷36，〈陳六事疏〉，頁777-782。

[96] 〔明〕張居正，《新刻張太岳先生詩文集》，卷36，〈陳六事疏〉，頁781-782。

> 操練，徒具文耳。臣考之古禮，及我祖宗故事，俱有大閱之禮，以習武事而戒不虞。今京城內外守備單弱，臣常以為憂。伏乞敕下戎政大臣，申嚴軍政，設法訓練，每歲或間歲季冬農隙之時，恭請聖駕親臨校閱，一以試將官之能否，一以觀軍士之勇怯。有技藝精熟者，分別賞賚，老弱不堪者，即行汰易。如此不惟使輦轂之下常有數萬精兵，得居重馭輕之道，且此一舉動，傳之遠近，皆知皇上加意武備，整飭戎事，亦足以伐狂虜之謀，銷未萌之患，誠轉弱為強之一機也。[97]

以太祖與成祖時期曾有軍事演習，而後英宗、宣宗亦曾閱兵之事，勸進明穆宗舉辦大閱並親臨閱兵。透過軍事演習來觀察軍隊的戰力素質，也是測試戎政大臣的指揮管理能力。

九月初一日，明穆宗認同張居正所奏，詔令各部院看議以聞。[98]二十日，兵部尚書霍冀（1516-1575）議覆張居正所陳。在邊鎮方面為六議，其重點有三。一是制度管理，要求吏部秉公擇取邊吏，確實執行勾補以補足逃亡之數，兵額確實則可減少冗兵冒領等浪費問題，至於屯田、鹽引等則請戶部審議。二是軍事訓練，在邊鎮舉行團練，五人一伍，五伍一隊，各立隊長與教師。兵備官每季閱視一次呈報督撫，督撫官每年閱視一次呈報兵部，作為賞罰憑據。要求督撫官不可任意淩辱將官，有事允許將官呈報兵部，若將官有建功，可超格封拜，不要隨意因小事論劾，讓將官肯實心效死。增加團練鄉兵，令沿邊郡縣不分城市、村堡、軍餘、民舍皆列為鄉兵，如邊軍隊伍之制，

---

97 〔明〕張居正，《新刻張太岳先生詩文集》，卷36，〈陳六事疏〉，頁782。

98 〔明〕張鹵輯，《皇明嘉隆疏抄》（上海：上海古籍出版社，1995，《續修四庫全書》史部・詔令奏議類，第466冊，據上海圖書館藏明萬曆[1573-1619]刻本影印），卷9，〈題為披瀝愚忠直陳時政切要以仰裨聖治事〉，頁359。〔明〕張居正，〈題為披瀝愚忠直陳時政切要以仰裨聖治事〉，收入〔明〕霍冀，《大閱錄》（北京：線裝書局，2010，《天一閣藏明代政書珍本叢刊》，據明內府刻本影印），頁335-345。

十隊為司，設司長、副司長，十司為哨，設哨總、哨正。其村堡人少者，五十人為一隊，每堡中設一堡長，一堡副領之。不妨礙農務時訓練，每年冬春之間，視其有勞者，量加獎賞。若遇敵襲，各率鄉兵乘城防守，以五色旗為號。鄉兵有斬獲者，照官軍例陞賞，雖無斬獲而防守無失者，也斟酌獎賞，司長、哨總各給冠帶。鄉兵練成後，督撫兵備及府州縣官亦可敘功陞轉。最後是議併守城堡，若敵軍突破長城，官兵應進入城堡內防禦，但並非每座城堡都能盡守，故要選擇合適地點固守大城堡，除官方自主修城浚壕外，也鼓勵軍民自願助修。[99]邊鎮作戰不強調堅守長城防線，而是集中兵力於城堡，以據點防禦為核心，再彼此相互支援。同時，鼓勵平民軍事化，不只是協助修築軍工堡塞，更著重訓練鄉兵。可減省中央的軍事支出，同時增加地方上能夠動員的作戰人數。

在京營議題上，霍冀言：

> 祖宗設立京營，屯兵數十萬，凡遇各邊有警，輒令出征，蓋所以居重馭輕，而固天下之本也。歲久逃亡者眾，見存僅九萬餘人，而其中又多四方竄籍之人，有以一人而應三、五役者，即春秋操演亦虛文耳。今宜盡核逃亡之數報冊，有名者行衛查補，無名者發單清勾。兵數既足，仍行戎政大臣從實操練，季冬會同巡視科道閱視勤惰以聞。至於大閱之禮，宣宗嘗行之兔兒山，英宗嘗行之北郊，又嘗行之西苑，成憲具在。今皇上聖性英資同符列祖，當戎務廢弛之秋，正四方改觀易聽之會，伏望自隆慶三年為始，於季冬農隙之候，恭請聖駕親臨校閱，一以甄別將官，驗其教練之多寡，以黜陟之次第，一以考校軍士，視其技藝之高下，以為賞賚之等差。但有老弱即行汰易，以後間歲一舉。如此不惟京營

[99] 〔明〕張居正等總裁，《明穆宗實錄》，卷24，頁660-662，隆慶二年九月戊辰條。

> 卒伍可變弱以為強，即邊塞諸軍亦望風而思奮矣。[100]

兵額的管理仍要持續監督，這是維持軍隊素質與糧餉控管的基本問題。霍冀也認同大閱能夠檢視與維持京營作戰素質，更精確的指出前代帝王曾在西苑以西，兔園中的兔兒山、西苑以及北郊等地閱武。希望在隆慶三年十二月農產收成後舉辦，而後每年舉辦一次，不只提升京營戰力，也作為邊鎮軍隊的典範。

經過內閣、兵部議論後，明穆宗諭示「大閱既有祖宗成憲，允宜修舉」[101]，令兵部與戎政大臣預作準備，明年八月前回報如何舉辦。在君臣對話之中，仍可見祖宗舊制是十分重要的政治術語，以作為推行政務的根據。晚明史家談遷評論言：

> 江陵（張居正）相業，見于六事，按其言徵之，靡不黎然舉也，他相多敷陳塞，曰身自負之矣。當日首輔華亭（徐階）之後，興化（李春芳）代柄，雖皆宿齒，好折禮節士，于經國實用奚當哉。[102]

張居正所舉政務不是單從禮法與制度，而是較前人更重視經國實用的現實意義。

隆慶三年正月，明廷奏准總督京營戎政顧寰為明穆宗親閱前的準備，修築廳臺、撥補扈衛官軍駐蹕之所及預令廠衛五城嚴加巡邏。[103]

---

[100] 〔明〕張居正等總裁，《明穆宗實錄》，卷24，頁662-663，隆慶二年九月戊辰條。〔明〕霍冀，《大閱錄》，〈題為披瀝愚忠直陳時政切要以仰裨聖治事〉，頁345-352。此疏亦收於〔明〕霍冀，《霍司馬疏議》，〈疏・覆陳飭武備事宜〉，收入〔明〕陳子龍等選輯，《明經世文編》，卷323，頁3446-3447。

[101] 〔明〕張居正等總裁，《明穆宗實錄》，卷24，頁663，隆慶二年九月戊辰條。

[102] 〔清〕談遷著，張宗祥校點，《國榷》，卷65，頁4094，隆慶二年八月丙午條。

[103] 〔明〕張居正等總裁，《明穆宗實錄》，卷28，頁742，隆慶三年正月丙辰條。

初十日，兵部尚書霍冀針對顧寰條陳之事增補程序，一是修理教場廳臺，兵部會同工部、戎政府官員會勘估價，由太僕寺庫藏該營犒賞銀內動支，以副將一員總理其事。二是明穆宗閱武之日所需扈衛官軍，令戎政府將數量提交兵部，太僕寺巡捕提督張時春負責的京城巡捕派二班官軍擺列，若人數不夠，則城守官軍及錦衣衛官兵補上。三是當日每門錦衣衛選委東西司房千百戶一員帶領辦事，旗校六十名，嚴謹門禁，兵部仍差司屬三員，會同五城御史分管各門，公同錦衣衛官旗來回巡視。觀禮的文官，一品者帶僕人六名，二品至五品以上者二名，六品以下者一名，照例赴工部關領牌面。如有違規多帶者，將額外僕人拿送兵馬司關押，候兵部指名參究。廠衛再差辦事旗校一百名，於各營分投巡警，但係閒人觀看，即行擒拿究治。[104]

正月十八日，霍冀奏呈大閱的場地規劃。[105]規制比照南海子，[106]建大門一座，東西二小門專候皇帝出入，安定門外自東向西，德勝門外自西向東，應開大道一條，修墊寬平。德勝門東向路口約佔弘慈寺地長七十餘丈、闊二十丈，官廊房十間，民房六間，民地長一十三丈、闊七丈；安定門西向路口，官地上有四間民宅，民房二十餘間，民地長八丈五尺、闊十丈。弘慈寺地用營中空地照畝兌換，官房拆毀，民房照值估計銀三百兩查給。換地、填墊道路、建設大門、修理將臺營廳等，共用銀七千五百二十九兩九錢六分，會同工部尚書朱衡等，以太僕寺於庫貯犒賞銀內動支全額，咨行總督與協理戎政大臣，查照欽天監擇吉期開工。二月，舊例司禮監太監每三年閱視一次京營，明穆宗諭示大閱期間罷遣，以後如例行。[107]

---

[104] 〔明〕霍冀，《大閱錄》，〈題為披瀝愚忠直陳時政切要以仰裨聖治事〉，頁352-360。

[105] 〔明〕霍冀，《大閱錄》，〈題為披瀝愚忠直陳時政切要以仰裨聖治事〉，頁360-367。

[106] 今北京市南海子公園，在北京城南二十里，為皇家林園。〔明〕孫承澤著，王劍英點校，《春明夢餘錄》（北京：北京古籍出版社，1992），卷3，頁23。

[107] 〔明〕張居正等總裁，《明穆宗實錄》，卷29，頁763-764，隆慶三年二月

此時，明朝已經近一世紀沒有舉行皇帝親自校閱的活動，詳細流程該如何安排是一大問題。四月十五日，兵科都給事中張鹵等題報詳閱〔正德〕《大明會典》後發現「大閱」的儀式沒有載錄於兵部條目，而《大明集禮》雖有「親征」、「大射」的儀式程序，但也沒有「大閱」條目，直言「祖宗曠久未行，故典制闕文未載，今當詳定。」[108]明穆宗同意。可以確定此時才正式開始規劃「大閱」的禮儀細節。

（二）京營動員訓練

大閱的主體是戎政府官兵，必須在大閱之前做好動員訓練，文武戎政大臣的表現更是朝中關注焦點。隆慶二年十二月時，明廷已同意巡視京營科道官陳行健所陳營政六事。[109]其中提及要改變弓箭考核內容，將靶增高一寸、闊三寸，距離八十步，以增強士氣。明廷放寬武技標準，即是隱誨官兵戰技素質降低的問題。另一項重點是，官軍領取錢糧分發時，常有貪污侵吞的問題，應選廉潔者擔任出納。此項議請成為定制收入〔萬曆〕《大明會典》中，由戎政大臣將營中各項銀兩入庫收貯，於營操官內擇廉幹者一人專司。凡遇犒賞公費，其樁朋銀兩依期呈報戎政衙門貯庫。每年季冬，差官類解太僕寺庫，仍置文簿，付本官收掌，逐一登記錢糧。[110]

隆慶三年四月初八日，江西道監察御史蘇士潤上言大閱將屆期，而京營武備猶廢弛如故，應治鎮遠侯顧寰失職之罪。明穆宗令顧寰策勵供職，訓練事宜兵部詳議以聞。明日，顧寰上疏辭任，明穆宗不許。[111]二十八日，令公、侯、駙馬、伯、錦衣衛官預先演習藝射，議

戊子條。

108 〔明〕張鹵，〈兵部為乞命詳定大閱儀式以光昭聖典事〉，收錄於〔明〕霍冀，《大閱錄》，頁367-371。

109 〔明〕張居正等總裁，《明穆宗實錄》，卷27，頁731-733，隆慶二年十二月辛丑條。

110 〔明〕李東陽等奉敕撰，申時行等奉敕重修，〔萬曆〕《大明會典》，卷134，〈營操・京營・營政通例・凡犒賞將士〉，頁375。

111 〔明〕張居正等總裁，《明穆宗實錄》，卷31，頁812-813，隆慶三年四月

賞罰內容，候大閱之日，各於御前較射。[112]大閱預定舉辦的時間在農收之後，根據前議也至少是八月以後，此時論劾顧寰之舉，可視為文臣督促勳臣的行為。顧寰卻展現寧可辭官的傲慢，皇帝未嚴加苛責，仍對勳臣釋出安撫態度，令訓練事宜由兵部負責。這一轉換，也坐實兵部與協理京營戎政可以越過總督京營戎政，實質管理京營的權限。

四月，協理京營戎政曹亨回任兵部，明廷啟用回籍聽勘的王之誥，以原官任兵部左侍郎兼都察院右僉都御史任協理京營戎政。[113]王之誥在隆慶元年任職宣大總督時，因石州之役獲罪罷官回籍。而能夠獲得重新啟用，據《明史》載：「張居正專政，之誥與有連，每規切之。」[114]可見張居正為施行大閱，也從人事上任用親近自己的官員。

同月，禮科給事中張鹵（1523-1598）上〈預上京營五論以大振戎機疏〉，說明大閱之前需要改善的京營問題。首先論劾顧寰的態度：

> 今月初四日，因總督京營戎政鎮遠侯顧寰奏老疾辭任。本到科臣即謬向兵部尚書霍冀面議，謂我皇上今茲之舉，正欲分別諸將功罪，以明敕賞罰，使寰賢而整飭營務有功，則論功行賞，當首及寰，今日之任不可辭。使寰不肖，而廢格營務有罪，則明法敕罰，當首及寰，今日之任不得辭。且萬無使寰當無事時則優游十五年，以享大將之尊，至此卻脫然遠退，以使他人代，當其臨事之難之理，繼該部覆題，見其亦不擬寰謝任。[115]

張鹵認為顧寰是京營將兵之首，應當以身作則，不可遇事則退。顧寰

辛巳條。

112 兵部，〈兵部為聖駕大閱在邇乞勅部臣預定應行事宜以便責成以昭神武事〉，收入〔明〕霍冀，《大閱錄》，頁371-373。

113 〔明〕張居正等總裁，《明穆宗實錄》，卷31，頁819，隆慶三年四月辛卯條。

114 〔清〕張廷玉等總裁，《明史》，卷220，〈王之誥傳〉，頁5784-5785。

115 〔明〕張鹵，《張給諫奏議二》，〈疏・預上京營五論以大振戎機疏〉，收入〔明〕陳子龍等選輯，《明經世文編》，卷365，頁3938。

在大閱的準備上或許消極，但並非反對，這是文臣藉機對勳臣的政治攻擊。從現實層面來看：

> 今上相繼御極，凡舉大事，必先遣其在營府，有事于郊廟，必充上公往，禮成必加賚。陵寢、壇壝、耕籍，大閱亦如之。間復遣行督漕，旋復召，謂老成人典刑不宜辭殿陛也。公竟以老屢疏乞休，天子重違公意，益褒予，加少保，奉朝請蓋，異數也。其後二年乃卒，年七十有九，訃聞，上震悼輟朝一日，賜祭十六壇，贈太保，謚榮僖。[116]

無論是在軍事活動或禮儀祭祀，顧寰所司職位都是僅次天子的重要一角。顧寰仍有依令管理京營，如石州之役後，在隆慶元年十二月會同巡視科道官孫枝等考閱三大營將領，提交優劣名單後，明廷分別獎賞與革任。[117]而此時他已六十六歲，故以老邁請辭，有跡可循，未必如張鹵所言遇事則避。

張鹵所奏京營五論，目的在先行督促兵部與戎政府，在大閱之前調整好京營的將官狀態。第一項是營伍消頹，指出兵額在隆慶元年左給事中孫枝巡視時尚有九萬，隔年給事中陳行健巡視時只存八萬，短時間內減少兵額數過多，要求嚴加清查勾補，不得仍以老弱充數。第二項是教演虛飾，指出京營操練時，官兵虛應故事的現象。其言：

> 近年京營操練，每日平明，以號頭舉放大炮三聲，為進操之期。至所謂操者，如群兒登場。但出一二慣習熟爛規格，以為般弄，為將者更不知出一另著發一新語，以真相較閱。日才辰初，號砲

116 〔明〕謝廷諒，〈鎮遠侯榮僖公顧寰〉，收入〔明〕焦竑輯，《焦太史編輯國朝獻徵錄》，卷7，〈侯一・世封侯・顧寰〉，頁237。
117 〔明〕張居正等總裁，《明穆宗實錄》，卷15，頁411，隆慶元年十二月壬辰條。

> 再舉三聲，間有一營將領，尚營陣未畢，比較未完，即所般弄者。且方行未竟，各營之軍，輒已散漫群囂，徑出不顧，求能使三軍手足利而耳目明。真如臨陣交鋒景象，一不可得，京師所以謂安定門外砲聲，為誑費朝廷糧賞之具。故今昔有識諸臣，每于此不勝憤激，至有謂若守今京營積弊而不變其法，一遇緩急事變，非但不可賴，亦不能集。宜于京城東北曠郊，令指揮以下，將兵以居，各立保伍，給兵符為信，且守且練，有事但命將統之。[118]

操練實況有如兒戲，官兵只是照制度活動而且散漫無紀律。建請將操練地點改於北京城東北方郊區，軍官領兵符指揮，令其如同出外駐防。更進一步調操，選取南北久經戰陣名將入值京營，令每人領一、二千人，每次以一、二萬的兵額，分為數支調至離北京三、五百里內操練。令兵將習慣軍事演習，若面臨戰事則可快速適應面對。

第三項是將不聯屬，目前制度上各級將官所部兵員，兵員僅熟悉直屬長官，若有事時，其他平行或更高層官員的難以調動別支部隊。晚明陳子龍評此：「邊鎮大帥與參遊無別，患皆坐此。」應令將權歸一，以便調度。意即無法一人指揮多支部隊，軍事動員的彈性較低，這對需要集中大量兵力的作戰有明顯影響。第四項是兵無統紀，官兵在操練時入場隊伍錯亂，散操時喧嘩無紀律。張鹵以各兵種的操練為例，騎兵與步兵無法配合行動，長槍、圓牌、弓箭、火器各隊的協調聯動也不確實。應先令騎兵與步兵各自為營訓練，以強化基本。[119]其五為軍法不信，應確立法條與刑責，令官兵畏法而不敢怠玩。奏請兵部、戎政府與巡視科道官員再加詳議。[120]

118　〔明〕張鹵，《張給諫奏議二》，〈疏・預上京營五論以大振戎機疏〉，收入〔明〕陳子龍等選輯，《明經世文編》，卷365，頁3939-3940。

119　〔明〕張鹵，《張給諫奏議二》，〈疏・預上京營五論以大振戎機疏〉，收入〔明〕陳子龍等選輯，《明經世文編》，卷365，頁3940-3941。

120　〔明〕張鹵，《張給諫奏議二》，〈疏・預上京營五論以大振戎機疏〉，

明廷將張鹵、巡視京營禮科給事中李巳、湖廣道監察御史劉思問的奏請，令兵部議覆。兵部尚書霍冀統整後，[121]首先同意李巳、劉思問的嚴訓練與張鹵的教演虛飾、兵無統紀之奏，議設教師制度，規劃獎懲以策勵將士。從京營兵中選出精熟武技者為教師已有先例。嘉靖六年，令每營選箭手、刀手、鎗手、牌手、銃手，各一、二人為教師，並使轉相教習。十三年奏准，號頭、千把總等官督教一年以上，由提督京營官會同兵部驗收，教成八分者推薦陞賞，六分以下者罰治。[122]嘉靖朝的教師制度，最初沒有訂立訓練模式與獎懲，即使後期有增加規則，精熟的程度與獎懲仍有模糊空間。對照庚戌之變的實況，將官連守城時都膽怯不安，遑論教師制度有著實舉行與成效。

霍冀的京營教師制度，有精確施行對象及各項成果對照獎懲。沒有官銜卻熟悉弓箭、鎗刀、火器者選為教師。上等教師，每月加糧六斗；次等每月加糧三斗。教導全隊完成者，給冠帶、充名色把總；一半者，給賞銀牌、花紅；十數名者，准附過。全無教練者，重責、革去教師名糧。現職把總領二百五十人、千總領五百人，若教練全體完成，即可優先推薦聽補中軍號頭員缺。教師帶領訓練完成一半者，從厚犒賞；十分之三者，准尉過；全無者，停俸。有全營教練者，加都督僉事，副將則加都督同知。止教一半者，從厚獎賞；三分之一者，照常供職；十分之二者、重加罰治。全無教練者，降初職一級，革任回衛。三年內，由兵部與巡視科道官勑諭獎懲黜陟。合操之日，總督與協理戎政入營後開始，當營操練完畢後舉砲，令其他營離開。留其中一、二支部隊，試練馬隊與步隊協調，務完盡利用一整日。分操之日，各將官帶所屬部隊一起校閱。操練用的靶擴增為高七尺、闊三

收入〔明〕陳子龍等選輯，《明經世文編》，卷365，頁3941-3942。

121 本段以霍冀的《大閱錄》載錄為主，此疏亦收於〔明〕霍冀，《霍司馬疏議》，〈疏・條議京營訓練事宜疏〉，收入〔明〕陳子龍等選輯，《明經世文編》，卷323，頁3447-3449。

122 〔明〕李東陽等奉敕撰，申時行等奉敕重修，〔萬曆〕《大明會典》，卷134，〈營操・京營・營政通例・凡操練〉，頁362。

尺，減低擊中難度，同時操練長鎗、圓牌、火器、弓箭等武器。而騎兵必須全副盔甲著裝演習，以模擬實際作戰。[123]

將不聯屬的問題，認為參、遊等官不必等候主官，可隨時調動官兵教演。校閱有實效者超薦，虛飾者參劾。在軍法上，營操之日，已部屬又亂動、演習未畢而散者，依情節輕重處罰；散播流言喧嘩者，輕則遠調邊境衛所，重則擬死罪，令知所警。[124]在將兵素質上，精選三萬人，分戰兵十支，統以十將，將及以下的哨總、千總若有不相宜者可互調。五人中有逃一人責及伍長，二人責及什長，五人責及隊長，十人責及哨總。三萬人外，更選精卒入備兵。車兵營內，每營量分數百為為奇兵，以候摘補。戰兵之缺，以各衛舍餘驍健者充之，補充數量不可超過萬人，亡故不必勾補。各營家丁以武藝高下為去留標準，但退選者仍可留營隨操，不可領軍糧。[125]

兵額目前僅存八萬，問題在冒替多。清勾難。且補役耗時費力。更替補役時，文書往來間容易被偽造修改，故此後須先在該衛覆實，具結呈兵部，兵部一行各府知會，一送驗軍主事驗發，以稽核對照。每年春秋二季開操日，令各軍將官兵的強弱、年貌註記在名牌上，以

---

123 〔明〕霍冀，《大閱錄》，〈為聖駕大閱在邇懇乞聖明嚴飭戎政以光神武以威夷夏事〉，頁373-388。〔明〕張居正等總裁，《明穆宗實錄》，卷32，頁825-827，隆慶三年五月丙午條。〔明〕張延登，《京營巡視事宜》（華盛頓：國會圖書館藏明萬曆四十二年[1612]楊元刊本），〈二會典・營務十九款・隆慶元年議〉，頁6b-7b。〔明〕李東陽等奉敕撰，申時行等奉敕重修，〔萬曆〕《大明會典》，卷134，〈營操・京營・營政通例・凡操練〉，頁363；〈凡考閱〉，頁370。。

124 〔明〕霍冀，《大閱錄》，〈為聖駕大閱在邇懇乞聖明嚴飭戎政以光神武以威夷夏事〉，頁388-395。〔明〕張居正等總裁，《明穆宗實錄》，卷32，頁827，隆慶三年五月丙午條。

125 〔明〕霍冀，《大閱錄》，〈為聖駕大閱在邇懇乞聖明嚴飭戎政以光神武以威夷夏事〉，頁396-400。〔明〕張居正等總裁，《明穆宗實錄》，卷32，頁827-828，隆慶三年五月丙午條。〔明〕李東陽等奉敕撰，申時行等奉敕重修，〔萬曆〕《大明會典》，卷134，〈營操・京營・營政通例・凡輪操〉，頁366；卷134，〈營操・京營・營政通例・凡選補〉，頁368。

此對照。查冊有名者，即准收補，無名行衛所取結，若為親族，可准更名領取食糧，異姓則治妄報者之罪。每月初一、十五日，把總向兵部回報逃兵、亡故數量，行衛所查補。對於逃兵者，按《大明律例》初犯打七十棍，再犯打一百棍，三次者調外衛。但沒有自首條例，故擬一個月內自首歸營免責罰，超過一個月未自首，旁人可告發並得賞銀二兩，包容隱蔽者以連坐法處置。[126]

役佔問題當嚴禁，如營官將領有領軍伴銀兩，每名每月須給銀四錢，又額外役佔人力，導致財政與人力負擔。故擬定各級軍官最多可有的軍伴與書算人數如表5-2：

表5-2　京營軍伴數表

	總督	副將	參將、遊擊	號頭	中軍、千總	把總
軍伴	24	20	18	10	5	4
書算	2	1	1	1	0	0

資料來源：〔明〕霍冀，《大閱錄》，〈為聖駕大閱在邇懇乞聖明嚴飭戎政以光神武以威夷夏事〉，頁411-413。

若超過五名降一級，六名降二級，十名降三級，二十名以上罷職發邊衛充軍，賣放包納者同前例。[127]與嘉靖四十三年的規定比較，軍伴與書算員額並未改變。但先前都超額使用，在無法確定軍伴是否名符其實的狀況下，其薪餉等同軍官的額外收入。故須嚴加管控，以強化軍紀與財政管理。

戰馬是運輸及戰術運作的重要畜力，養馬一直是明代軍事與財政的重要議題。據監察御史與兵部的調查，目前每戰兵營應有一千匹

126 〔明〕霍冀，《大閱錄》，〈為聖駕大閱在邇懇乞聖明嚴飭戎政以光神武以威夷夏事〉，頁401-411。〔明〕張居正等總裁，《明穆宗實錄》，卷32，頁828-829，隆慶三年五月丙午條。

127 〔明〕李東陽等奉敕撰，申時行等奉敕重修，〔萬曆〕《大明會典》，卷134，〈營操・京營・營政通例・凡軍伴〉，頁370。

馬、車兵營二百匹、城守五十匹，除作戰外，更有擺塘傳報的重要任務。但常淪為軍官騎坐與軍士私用。應領糧草養馬的人，在鄉間轉為其耕種之資，在京城轉用賃借之值，馬匹缺乏養護，不斷損失。現優先補馬至一萬三千五百匹，以確保戰備。再督責各營將領記簿，兌馬之期，即按部以次兌領。若有損失，先將馬匹耳記錄送官查驗，五年內，令買補賠償。五年外，照舊例收樁朋、內臟銀。每月末旬，各營官馬調集一處，總協大臣與巡視科道官點驗。有瘦損不堪用者，五匹以上責把總，十匹以上責千總，五十匹以上參治將官。初犯、再犯及拐馬，馬仍在者，照舊例責打發落，官免降級；若三犯以上及馬匹無存者，追馬完畢俱調發外衛，差操官仍降一級。拐馬在逃者，騎占賃借者，具照《大明會典》前例處理。[128]

自洪武朝起，明廷以中都、山東、河南、大寧等都司官軍，每年春秋輪戍京師，謂之班軍，除增補京師防禦，也可強化軍隊戰技訓練與經驗交流。霍冀指出入京操練的班軍原額共十六萬，但現今查處後發現在京班軍多淪為工役，逃跑亡故後，已不及原額一半。這一半中，又有人以買閒來免去兵役或徭役，以中都司的班軍尤為無忌，一入營中，衣甲器械一無所有，視工作為本業，以操練為虛文。霍冀請令各班軍挑精壯軍士三支，每支務足三千名，照原分營分令，專一在營操練，聽候調遣。自隆慶二年起，除遇重大緊急工作，不得將班軍借撥做工。而自去年起負責修重城外河及疏濬皇城御河的班軍，則待工完後查閱歸營，只留老弱專備修工。明穆宗皆如所議務實行，同時咨行戎政府、兵部、戶部、工部、都察院、太僕寺等衙門。[129]五月初九日，明廷再同意顧寰具題補足戰馬、查理逃軍、取用官員三事，兵

128　〔明〕霍冀，《大閱錄》，〈為聖駕大閱在邇懇乞聖明嚴飭戎政以光神武以威夷夏事〉頁413-419。〔明〕張居正等總裁，《明穆宗實錄》，卷32，頁829-830，隆慶三年五月丙午條。

129　〔明〕霍冀，《大閱錄》，〈為聖駕大閱在邇懇乞聖明嚴飭戎政以光神武以威夷夏事〉，頁420-425。〔明〕張居正等總裁，《明穆宗實錄》，卷32，頁830，隆慶三年五月丙午條。

部議覆後續處理。太僕寺照數兌領戰馬，務足一萬三千五百匹之數；對逃兵出示榜諭，自首可回營。而在京七十二衛現任官員在閱武日各要披戴盔甲擺班伺候，革除及聽用官員則送戎政府衙門再次考驗，酌量推用。[130]

兵部據巡視科道官的奏報，主導京營業務的整訓。從過程中可看到京營將官與班軍難以管控的問題，如官兵利用買閑導致沒有認真執行軍人業務，或是軍馬倒損數量多。這與明廷利用京營與班軍做工役，以及軍官仗勢而執法不嚴有緊密關聯，呈現惡性循環的狀態。同時導致逃兵數量增加，但為了補足兵額，逃兵還可寬宥在一個月內自首，以及必須等京城工役結束才可歸建，仍可見執法跟現實考量的矛盾。然而，兵部主導下的制度規劃，讓勳臣武將的權勢受到法制的約束，在顧寰老邁的情況下，執行重擔落在協理京營戎政王之誥身上。

（三）隆慶大閱規劃與執行

大閱能否順利推動，除京營的動員訓練外，朝野政治的風向也是影響皇帝決斷的重要因素。朝中官員並非全然同意施行大閱，如南京刑科給事中駱問禮認為大閱並非目前急務，應每日親詳覽奏章，大政即可立矣。[131]張居正對此回覆的一段中提到：

> 臣愚竊以為國之大事在戎，今人心懈惰如此，若非假借天威，親臨閱視，不足以振積弱之氣，而勵將士之心。又自皇上御極以來，如耕藉以示重農之意，視學以彰崇儒之美，一二大典禮，皆以次第舉行。則大閱之禮，亦古者聖王詰兵治戎，安不忘危之意。且稽之列

130 〔明〕霍冀，《大閱錄》，〈題為查取聽用將官及清理曠職官員事〉，頁425-430。

131 〔明〕駱問禮，《萬一樓集》（北京：北京出版社，2000，《四庫禁燬書叢刊》集部，第174冊，據北京大學圖書館藏清嘉慶活字本影印），卷22，〈真言兵刑二事以暢公論以明治體疏〉，頁310-312。

聖實錄，在祖宗朝亦間有行者，遂爾冒昧具奏上請。[132]

耕籍、視學都是天子親臨的大禮，大閱更是必列入史冊，可名列祖宗之側，透過大閱禮的舉行，加重明穆宗的政治與歷史地位。

而對駱問禮的反對，張居正跟其學生陝西僉事提調學校曾省吾（1532-？）的信中提到：

承示大閱事，誠為要論。今武備廢弛如此，不及今圖之，則衰宋之禍，殆將不遠。僕於此事頗殫心力，乃昨南科有疏，又以此非急務，今朝野喁喁，方謂朝廷舉希曠之典，九邊將士亦莫不扼腎而思奮。而此君乃獨持異議，人之識見，相去豈不遠哉。[133]

張居正十分期盼大閱的成效，能大舉振興京營及整個明朝軍隊士氣，卻也感嘆並非所有士人都能跟他有同樣的眼光。

隆慶三年六月，明穆宗看過駱問禮與張居正的疏文後，令兵部看議以聞。於是兵部尚書霍冀等回覆：

大閱之禮具載周官，而我朝洪熙、宣德間亦嘗舉行，成憲具在，固不可廢。且國有大事，詢謀僉同三人占，則從二人之言。自閣臣建議後，禮官考訂儀注，科道條畫事宜，屢勤章奏。使一旦停罷，若四方觀聽何。況茲禮一舉，不惟京營生氣，而邊海之區咸知朝廷銳意武事，喁喁然亦思所以自效矣。故臣等以為大閱決不可罷，伏惟皇上斷然行之，以後仍照舊例三歲一舉。容臣等題請差司禮監官，會同閱視，申飭賞罰，不敢數煩聖駕，庶典禮明而

132 〔明〕張居正，《新刻張太岳先生詩文集》，卷36，〈再乞酌議大閱典禮以明治體疏〉，頁786-787。

133 〔明〕張居正，《新刻張太岳先生詩文集》，卷21，〈答督學曾確菴〉，頁577。

臣等亦獲免于煩瀆之咎矣。[134]

霍冀再度贊同張居正的意見，尤其能威震邊方，一舉而多效，認為大閱不可因其他意見而廢。同時為避免皇帝不想親閱，更提出之後可派司禮監官代替閱視。明穆宗閱後，同意照張居正及兵部之意舉行大閱。此事明人沈德符評言：

初穆宗好觀武事，時江陵為末相，遂於條陳疏中特列一款曰實武備，請上每秋大閱，躬詣校肄。上大喜，褒美允行。自是而內教場習射等事起矣。此公善於逢君如此。[135]

張居正不僅能從軍事現實來建言，更善於掌握皇帝的心理。

六月二十八日，大閱的流程主要由巡視京營禮科給事中李巳、湖廣道監察御史劉思問起草，再經兵部議覆，呈報明穆宗同意。[136]八月初一日，禮部尚書高儀回覆參古制兼酌時宜後，已擬定大閱流程，依聖旨於九月內舉辦，經會同欽天監擇吉日，預定於九月十二日卯時（上午五點至七點）開始大閱，前期由工部搭行宮於將臺之北。[137]據高儀的奏文，大閱預期舉辦時間是九月十二日，而《明穆宗實錄》所載條目時間為二十一日，有九日的落差，今仍以實錄所載為準。初三日，兵部以大閱，請發太僕寺庫銀一萬兩犒京營官軍，人一錢。明穆

---

134 〔明〕張居正等總裁，《明穆宗實錄》，卷33，頁859-861，隆慶三年六月甲申條。

135 〔明〕沈德符撰，楊萬里校點，《萬曆野獲編》（上海：上海古籍出版社，2012），〈補遺・列朝・穆宗仁儉〉，頁669。

136 〔明〕霍冀，《大閱錄》，〈題為聖駕大閱在邇乞勑部臣預定應行事宜以便責成以昭神武事〉，頁430-438。〔明〕張居正等總裁，《明穆宗實錄》，卷33，頁867-870，隆慶三年六月庚子條。

137 〔明〕高儀，《高文端公奏議》（臺北：國立故宮博物院藏原北平圖書館藏明萬曆二十九年[1601]錢塘高氏家刊本），卷9，〈大閱儀注〉，頁43a-47b。〔明〕張居正等總裁，《明穆宗實錄》，卷36，頁909-913，隆慶三年八月甲辰條。

宗以軍士勞苦，命人給三錢。[138]以下據霍冀、高儀與《明穆宗實錄》所載之規劃與實際執行內容梳理如下。

九月二十日，大閱前一日，明穆宗以常服親行大閱禮，預告於內殿，用告詞行四拜禮，如出郊常儀。司禮監設御幄於將臺上，總協戎政大臣、巡視科道官督率將領軍兵預肅教場內外。皇帝移駕路線的守門擺隊官兵，從京城巡捕及錦衣衛鎮撫司中取用，令文武大臣各一員總理提督各該守門內外官軍。每門以京營官、錦衣衛千百戶及廢棄將官各一員監守，並令廠衛及五城御史督責兵馬司，嚴禁閑人往來觀望。違者拿送監，候事畢奏請治罪。命固安伯陳景行守備承天門，慶都伯杜繼宗、吏部右侍郎兼翰林院學士呂調陽守衛京城九門、皇城五門；命恭順侯吳繼爵、安鄉伯張鋐、吏部左侍郎王本固、戶部左侍郎劉自強分閱千把總以下及軍士武藝，御史向程、劉堯卿、王圻、蘇士潤監射。[139]

九月二十一日早，英國公張溶於教場內祭旗纛之神。[140]三大營官軍俱各披戴鮮明盔甲，盛陳旌旗器械，於本營擺列。選撥將官四員，統領有馬戰兵二千名，四名將官各領五百名為御駕前導，在長安左門外伺候扈從。另有一千名在御駕之後，一千名在教場等候，進入教場後依序回歸營中。城守備兵撥出圍宿。文職各堂上官、六科十三道掌印官，并禮科、兵科、禮部儀制司、兵部四司官及糾儀監射御史、鴻臚寺供事官，武職除應該參閱外，其餘都督以上并錦衣衛堂上及南鎮撫司掌印僉書官，各具大紅便服關領扈從。牙牌懸帶，俱詣教場伺候。

---

138 〔明〕張居正等總裁，《明穆宗實錄》，卷36，頁925，隆慶三年八月乙丑條。

139 〔明〕張居正等總裁，《明穆宗實錄》，卷37，頁945，隆慶三年九月庚寅條；卷37，頁945，隆慶三年九月辛卯條。

140 〔明〕張居正等總裁，《明穆宗實錄》，卷37，頁945，隆慶三年九月辛卯條。

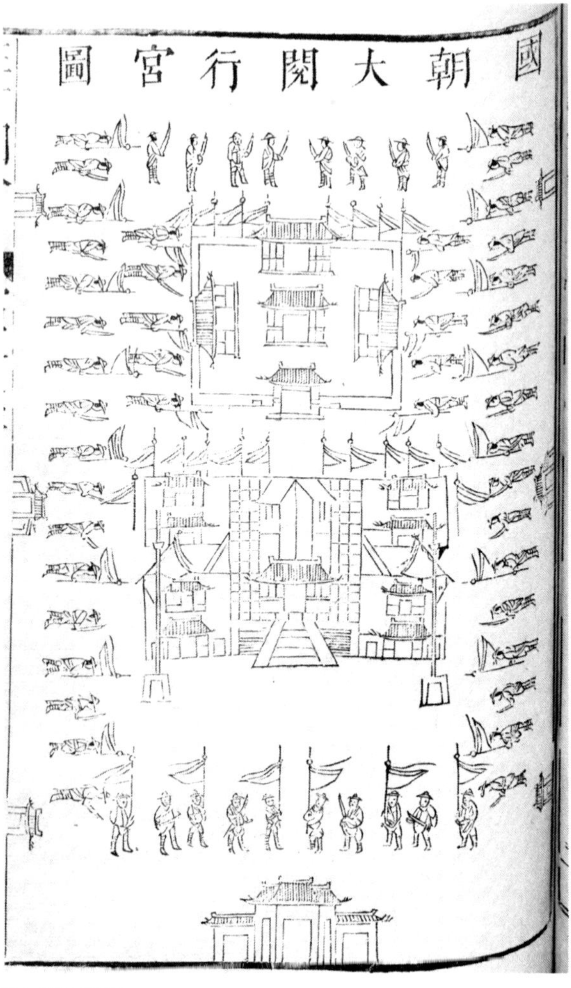

圖5-1 國朝大閱行宮圖

資料來源：〔明〕王圻纂輯，黃晟重校，《類書三才圖繪》（慕尼黑：巴伐利亞國立圖書館藏清雍正乾隆間槐蔭草堂刊本），〈宮室三卷〉，頁6a。

從圖5-1明人王圻繪製的《國朝大閱行宮圖》中，可見行宮於上方，中間為閱武將臺，最下方是閱武門，四周有隨扈將士。

是日免朝，錦衣衛備鹵簿，大駕設輦於皇極門下正中，明穆宗著戎服乘輦由長安左門出。扈駕官軍前後導，從鉦鼓響器振作。[141]從安定門出至閱武門外，總協戎政官率領大小將佐官著戎服跪迎，候駕過，方起隨入。將臺下，官兵北向序立，駕進閱武門內，中軍舉號砲三，各營鉦鼓響器振作，扈從官序立於行宮門外迎駕，駕到行宮門外，降輦，兵部官導明穆宗入行宮，鳴金止鼓，候明穆宗陞座，扈從官行一拜叩頭禮如例。明穆宗賜酒飯，各官仍叩頭謝恩，畢，即退出於將臺下，東西序立。兵部官跪奏請登臺大閱。兵部鴻臚寺官導明穆宗登臺，陞御幄，舉號砲三。鴻臚寺官跪奏，京營將士叩頭，贊一拜叩頭禮畢，分東西侍立。

大閱開始，總協戎政官列於扈從官之北，其餘將佐列於扈從官之南，兵部尚書跪奏請令各營整搠人馬，承旨畢，將臺上吹號笛，舉黃旗，總協戎政官、指揮、副、參、遊、佐等官，各歸所部，整搠人馬。兵部尚書跪，奏請閱陣。神樞、神機二營戰兵十支、車兵十支，共六萬官軍以方陣由南往北走向將臺，一砲聲，往東、西門合衝，與騎兵集結後停止。在東、西門做禦敵陣形。演練完畢，將臺鳴金擊德勝鼓，開營將臺上吹號笛，舉黃旗，俱各回營。其中，車兵與戰兵各一營合為一小營，合三支為一大營，以大營操演，小營不必分演，結束後俱各回營。

稍後，兵部尚書跪奏，請閱射，總協戎政官、指揮、副、參、遊、佐、坐營、號頭、中軍、千總等官，及聽射公、侯、駙馬、伯、錦衣衛等官，俱於將臺下比較射藝。先期規劃與〔萬曆〕《大明會典》皆載用都察院御史與兵部司官各四名監督，惟本次大閱時實際用

141 禮部原規劃皇帝著常服，據實錄所載是著戎服，這也符合穆宗的喜好，穆宗甫即位時「穆廟立，值南郊，以戎服出。蓋上喜習武服，此自便。」見〔明〕朱國禎撰，王根林點校，《湧幢小品》（上海：上海古籍出版社，2012），卷1，〈戎服出郊〉，頁16。〔明〕張居正等總裁，《明穆宗實錄》，卷37，頁945-946，隆慶三年九月辛卯條。

四名御史監射。[142]各官校閱者、項目與地點如表5-3。

表5-3　校閱項目分配表

監督官			
都察院御史二名、兵部司官二名 （實際為湖廣道御史向程、江西道御史蘇士潤、雲南道御史劉堯卿、王圻）			
校閱官	演閱者	項目	地點
皇帝	公、侯、駙馬、伯、錦衣衛	馬箭、步箭	御前
總協大臣	副、參、遊、佐、坐營、號頭、中軍、千總等官（校閱官：總督顧寰、協理王之誥）	馬箭、步箭、鎗刀、火器諸藝	教場
府部大臣四員	把總以下家丁軍人 （校閱官：恭順侯吳繼爵、安鄉伯張鋐、吏部左侍郎王本固、戶部左侍郎劉自強）	馬箭、步箭、鎗刀、火器諸藝	神樞、神機各廳

弓箭是考核個人武藝技術的重要指標，分為騎馬與站立時射箭，依據擊中數來賞罰。由五軍都督府及錦衣衛負責將素習弓馬者揭職名送兵部，五品以下官員可自願參與閱射。閱射前一天，兵部將名單奏進，閱射之日，司禮監官將名單置於御案，兵部堂上官督同職方司郎中於臺下唱名行射。每人馬上射三箭，步下六箭，中者鳴鼓以報。賞罰標準如表5-4：

142　〔明〕李東陽等奉敕撰，申時行等奉敕重修，〔萬曆〕《大明會典》，卷135，〈大閱〉，頁380。

表5-4　閱射賞罰次序表[143]

<table>
<tr><th>職位</th><th>馬箭</th><th>步箭</th><th>獎賞</th><th>遷轉註記</th></tr>
<tr><td rowspan="7">職官一等內</td><td>三</td><td>六</td><td>十兩銀牌一面，紵絲二疋折銀五兩。</td><td>平昔無過，曾經薦揚者，仍附記在簿、特加超擢。</td></tr>
<tr><td>三</td><td>四或五</td><td>五兩銀牌一面，色段二疋折銀三兩。</td><td>平昔無過，亦附記錄用。
平昔官箴有玷，謀勇無取，止是厚賞。
如公侯伯，在超擢錄用之例，除賞賚外，遇有兩京坐府員缺，依次擢用。</td></tr>
<tr><td>二、三</td><td>二、三</td><td>三兩銀牌一面，色紗一疋折銀一兩。</td><td></td></tr>
<tr><td>二</td><td>一</td><td>一兩五錢銀牌一面</td><td></td></tr>
<tr><td colspan="2">其中之一</td><td></td><td>策勵供職。</td></tr>
<tr><td>不中</td><td>三以上</td><td>一兩銀牌一面</td><td></td></tr>
<tr><td colspan="2">皆不中</td><td></td><td>公侯伯，罰住祿米三個月。
錦衣衛及各衛願射官，各罰俸三個月。
營中將領，罰俸半年。
平昔有過者，京衛者革任隨營操備，外衛者革任回衛差操。</td></tr>
</table>

143 〔明〕李東陽等奉敕撰，申時行等奉敕重修，〔萬曆〕《大明會典》，卷135，〈大閱〉，頁380-381。〔明〕俞汝楫等編撰，林堯俞等纂修，《禮部志稿》（臺北：臺灣商務印書館，1983-1986，《景印文淵閣四庫全書》，景國立故宮博物院藏本），卷37，〈主客司職掌三・給賜・賜在京文武官員人等公差附・大閱賜遣閱營操附〉，頁686-687。

職位	馬箭	步箭	獎賞	遷轉註記
軍士	三	六	銀一兩，紅布三疋折銀一兩。	
	三	四以上	銀一兩，紅布一疋折銀三錢。	
	二至三	二至三	銀一兩	
	二至三	一	銀四錢	
	其中之一			姑免責治
	不中	三以上	銀四錢	
	不中			照例決打。若係教師家丁、仍革支月糧一石

弓箭以外的項目是舞刀、鎗、鉤鐮，上等者賞銀三錢，紅布一疋折銀三錢；次等，賞銀二錢；三等，免其責治；四等，照例決打。其中，鎗、刀、火器等藝，聽總協戎政官各量取一隊，在御前呈驗。賞罰於次日具奏。

明穆宗在京營教場閱畢後，兵部尚書跪奏請大閱畢。將臺下舉號旗，總協戎政官及大小將領俱詣將臺下，北向序立。鴻臚寺官奏：傳制，贊：跪，各官皆跪，鴻臚寺官宣制，訖，贊，叩頭，各官叩頭，訖，先退出閱武門外伺候。仍贊：扈從官行叩頭禮，訖，鴻臚寺官奏：禮畢，明穆宗回行宮少憩，扈從官趨至閱武門內序立，伺候送駕。明穆宗出宮，諭示總督戎政等官及將士曰：「詰戎講武，保治弘圖，訓練有方，國威乃壯，爾等其勉之。」[144]明穆宗陞輦，中軍舉號砲三，各營鼓吹齊鳴，鹵簿及馬戰兵導從如來儀，鉦鼓響器與大樂相應振作。此時奏《武成之曲》[145]：「吾皇閱武成，簡戎旅，壯帝京。

144 〔明〕張居正等總裁，《明穆宗實錄》，卷37，頁945-946，隆慶三年九月辛卯條。

145 武成之曲也是首創，隆慶三年八月十二日禮部具題，因過去皇帝幸學回還

龍旂照耀虎豹營，六師雲擁甲胄明。威靈廣播，蠻夷震驚，稽首頌昇平，四海澄清」。[146]總協戎政以下官候駕至，跪，叩頭，退。馬戰兵至長安左門外止，鹵簿大樂至午門外止。明穆宗回紫禁城，仍詣內殿參謁，如前儀。是日，沒有扈從的百官，各具吉服，於承天門外橋南，向北序立恭送，候駕出長安左門，退於本衙門辦事。駕還時，仍前序立迎接，候駕入午門，百官退。

二十二日早，大閱禮成，總協戎政官率將佐等官，各具朝服，上表謝恩。文武百官朝服侍班，行稱賀禮。明穆宗具皮弁服，御中極殿，執事官行禮畢，導駕官導明穆宗陞皇極殿，明穆宗受謝恩表。畢，樂作鳴鞭，總協戎政以下官入班，贊：四拜，贊：進表，贊：宣表目，又贊：四拜，退。百官入班鴻臚寺官致詞稱賀，贊：行五拜三叩頭禮，畢，鳴鞭樂作。駕興。兵部以各將士演營優劣中箭多寡，並教練等第，具本奏聞，請自上裁。[147]

二十四日，明穆宗敕諭總督顧寰、協理王之誥等曰：

> 朕惟國家設立京營以養戰士，平時則講軍實，遇警則壯國威，蓋以居重馭輕，安內攘外，為萬世計也。越我皇考又更新戎政，申飭宏規，專命文武大臣為之總督、協理，其制大備。夫何邇年以來，法令寖弛，蠹弊叢生，士馬消耗，器甲彫敝，將多怯敵，兵無選鋒，朕甚慮之。夫列屯坐食之兵非益寡，而春秋摻練之期非甚疏也。則

時，樂章例用神歡之曲。故大閱駕還時，教坊司應該作樂前導，八月十四日聖旨同意。〔明〕高儀，《高文端公奏議》，卷9，〈大閱樂章〉，頁47b。

146 〔明〕俞汝楫等編撰，林堯俞等纂修，《禮部志稿》，卷95，〈曠典備考・大閱・回鑾樂章〉，頁722-723。

147 兵部上奏勳臣及錦衣衛的大閱成績單，一等為撫寧侯朱岡等六十六人，二等為清平侯吳家彥等十三人，三等為襄城伯李應臣、中軍尚銳等五人；恭順侯吳繼爵等上奏千、把總及以下官兵武藝，各賞罰有差。明廷賜總督戎政鎮遠侯顧寰、協理侍郎王之誥、巡視科道官李己、劉思問等銀幣。〔明〕張居正等總裁，《明穆宗實錄》，卷37，頁946-948，隆慶三年九月壬辰條。

何以廢壞如是，無乃任事之臣，不能明宣朕意，而以空文塞責，與書不云乎，有備無患。故治兵講武，蒐卒簡乘，帝王之所重也。茲朕遠稽古典，近遵祖制，採納輔臣之言，以今年季秋親行大閱之禮，將領以下薄加賞罰，以示勸懲。惟爾等職司營務，為國牙爪，其尚仰體朕心，益脩戎備，無玩愒以廢事，無姑息以長奸，無營私以撓公，無苛刻以擾眾。務使部伍充實，士馬精強，訓練不為虛文，征調皆有實用，庶幾重根本之勢，消釁孽之萌，以稱朕張皇六師至意。如替朕命，責有所歸，爾等其欽承之。[148]

明穆宗十分滿意大閱的表現，在諭示中肯定明世宗創設戎政的制度革新，其制度不彰的問題歸咎於臣下，但經其重整、賞罰將士後，期許京營更加精實以面對實戰。是日，詔令大閱期間的扈從執事、戎政等官，自二十六日始放假三日，軍士免操五日。

隆慶大閱不只有皇帝與群臣看到，京師百姓都看到部分經過，其閱武的宣傳成效可從各方史料觀察。《明穆宗實錄》載：

上戎服登壇，軍容整肅，六軍之士各效其能，無敢喧譁違令者。京師老稚莫不快睹稱慶，以為曠典云。[149]

隆慶三年十二月，獲復起入閣的少傅兼太子太傅吏部尚書武英殿大學士高拱，[150]大讚明穆宗聖文神武、度越百王，上大閱之頌曰：

穆穆我皇，天授神武，德綏元元，威慴率土，白雉來供，楛矢庭

---

[148] 〔明〕張居正等總裁，《明穆宗實錄》，卷37，頁948-950，隆慶三年九月甲午條。

[149] 〔明〕張居正等總裁，《明穆宗實錄》，卷37，頁945-946，隆慶三年九月辛卯條。

[150] 〔明〕張居正等總裁，《明穆宗實錄》，卷40，頁994，隆慶三年十二月庚申條。

聚。赫赫王命，親修我戎，虎臣驂乘，鞬韐彤弓，嘽嘽徒旅，如雷如霆，駪駪騏驥，如龍劍舞，虹飛射舉，猿啼有謀。臣請纓以繫虜頸，有飛將效枝以作熊羆，用殄胡塵，四方其靖之。[151]

從高拱的頌文中，可遙想行軍演陣的視覺與聽覺傳播，確實有激勵百姓、提振軍隊自信的作用，這是歷經土木、庚戌之變後，朝野對明軍印象由弱轉強的轉折點。

〈太師張文忠公行實〉載：

是日，天子躬擐甲胄，太師戎服扈從，選卒十二萬，戈鋋連雲，旌旗耀日。天子坐武帳中，觀諸將士，為偃月五花之陣。已，乃閱騎射，簡車徒。禮畢，三軍之士皆呼萬歲，驩聲如雷。都城遠近，觀者如堵，軍容之盛，近代罕有。[152]

張居正並撰頌詞一首、詩歌一章、繪圖，進獻大閱圖詠一卷，以讚頌大閱的成功。[153]

除當代觀點以外，稍晚的天啟朝內閣首輔文淵閣大學士朱國禎（1557-1632）評論大閱言：

國朝聖駕大閱，惟隆慶三年一舉，其說發於張太岳（張居正），計費不下二百萬。海內因傳欲復河套，其實穆廟欲馳騁自快，非修故事，亦非幸邊功也。神考九年如之，亦太岳之意。然此舉儘

151 〔明〕高拱，《館閣偶詠》（臺北：中央研究院歷史語言研究所傅斯年圖書館藏清乾隆十六年[1751]高玉生補刊本），卷1，〈頌‧擬上大閱頌〉，頁4a-5a。

152 〔明〕張居正，《新刻張太岳先生詩文集》，卷47，〈太師張文忠公行實〉，頁122。

153 〔明〕張居正，《新刻張太岳先生詩文集》，卷46，〈進大閱圖頌卷疏〉，頁116。

可已，畢竟是撫按將帥事。[154]

明廷官方史料並未記錄舉辦大閱實際耗費金額，天啟朝內閣首輔朱國禎所言的二百萬之數有一定可信，也指出明穆宗好武的意圖與張居正合拍。大閱儀式中，以個人弓箭武藝為驗收核心，其他武器、陣形變換與兵種協調居次，可見大閱並非為真實軍事行動為焦點，宣傳耀武大於戰備動員。這筆鉅額費用支出與演陣確實值得，民間甚至傳言明廷將舉兵收復河套，張居正完全達到讓京營耀武的宣傳目的。

（四）大閱後的京營整頓

隆慶三年十一月，協理京營戎政王之誥趁大閱甫畢上奏〈戎政疏〉，提出整頓京營事務九項，其要如下。[155]請先強化總督及協理的直屬標兵數量，目前直轄標兵僅各一千人，若需緊急提調隨征，難以捍內禦外。請在直轄標兵之外再加精銳城守備兵二千人，共三千人，並量給馬匹，以應對緊急作戰。其次以戎政印掌於總督，協理不得用，若協理有緊急機要事要發文書，其他機關難以分辨真偽，請依鎮巡例給以關防。

在大閱以前，兵部與科道官已指出京營兵額需補充的問題，至大閱結束後，顧寰在十月時已奏請清勾各衛所原額營參官軍，若不足數量，就以召募補之，務滿十萬兵額。[156]王之誥在其後一個月再議抽補各衛所官軍舍餘，而京營內的家丁，原為邊鎮兵挑選而來，後來逃亡與冒充頂替多，應盡數汰革。其缺額由戰兵營選二百人、城守備兵二營各百人來補額，秋操考閱後，成績最差者仍淘汰。班軍方面，因薊鎮多事及江北

---

154 〔明〕朱國禎撰，王根林點校，《湧幢小品》，卷1，〈大閱〉，頁16。

155 〔明〕王之誥，《王中丞奏疏》，〈疏・論戎政疏〉，收入〔明〕陳子龍等選輯，《明經世文編》，卷287，頁3030-3031。〔明〕張居正等總裁，《明穆宗實錄》，卷39，頁980-983，隆慶三年十一月乙未條。

156 〔明〕張居正等總裁，《明穆宗實錄》，卷38，頁954-955，隆慶三年十月甲辰條。

盜起，中都班軍沒有赴班，現請赴班如故，除非有大工役，不得調取。但陳子龍評此事：「班軍之制甚為無益，地方極擾，而一至京師僅供匠役耳」[157]說明班軍多被轉作工人役使，沒有作為應有的軍事用途。

在儲訓與後勤方面，先前令公、侯、伯赴營視操，逐漸有成效，宜命巡視科道在年末時從公奏薦員缺，即酌量用之。管隊旗官多為無籍小兵，隨由伍長革任，導致營伍不整。應給予軍職，以可寄操聽用。霍冀在大閱前提出買補馬匹與相關賞罰，王之誥建議馬匹倒損五年內的買補賠償要改為一年以上即追銀一兩，二年以上者半之，以強化控管。最後是存恤解軍・移送軍人至京的軍人，原可領取口糧三石、休養三個月，然後回營操練。但有官吏苛索口糧，導致解軍逃故不至。請日後解軍至即發糧，令官吏無從貪汙。而官軍的月糧，又諸軍月粮、舊例支於京通二倉，但在開操之月不利遠支，宜坐支京倉，餘月支通倉便。經內閣與兵部議覆後，戎政府已有印，總督協理具可會行，不必發關防。而存恤解軍一制，《大明會典》有例載，不可輕廢，應令所司加強審驗，不讓姦吏騷擾，餘如王之誥言。[158]

第三節　內閣政爭的戰場：戎政府改制

隆慶朝的內閣在短短的五年半內數度改組，其中政治與人事因素之複雜，學者韋慶遠有深度的討論。他分析隆慶朝的徐階、李春芳、高拱、陳以勤、張居正、殷士儋、趙貞吉、高儀，這九人先後進入內閣或為同事，在利害關係、門生故吏與個人恩怨等交織下，不斷彼此纏鬥，卻又有間歇性的安定，並逐漸發展出強勢的首輔主導政務。[159]

---

157 〔明〕王之誥，《王中丞奏疏》，〈疏・論戎政疏〉，收入〔明〕陳子龍等選輯，《明經世文編》，卷287，頁3030-3031。

158 〔明〕張居正等總裁，《明穆宗實錄》，卷39，頁983，隆慶三年十一月乙未條。

159 韋慶遠，《暮日耀光：張居正與明代中後期政局》（江蘇：鳳凰文藝出版

從隆慶元年至隆慶四年之間，內閣的政爭對戎政府的影響仍屬正面，徐階、高拱、張居正並未因政爭而大肆攻擊對方的戎政議論，持續進行強化明軍的政策方針。

隆慶四年（1570）正月，由趙貞吉（1508-1576）提出的戎政改制，令戎政府歷經近一年的動盪，學者青山治郎運用《明穆宗實錄》梳理經過。[160]然而，更應注意內閣與六部等官員之間的議論內容，究竟是言有所本抑或為反而反？這場鬥爭也延續在文臣與勳臣之間的權力改變，總督京營戎政與協理京營戎政如何各自表述立場？

一、戎政改制：從協理、閱視到提督

在張居正倡議大閱時，除要掌握皇帝心意、統合內閣與六部的意見外，更難的是力抗不同觀點的朝臣。前述雖有駱問禮奏言大閱不必急，但他的職位僅是南京刑科給事中，也沒有得到更多言官或朝臣支持，影響力有限。然而，趙貞吉則不同，他是嘉靖十四年進士，入為翰林院庶吉士。面對韃靼的問題，他是堅決的主戰派，庚戌之變時便態度強硬反對議和，也因此得罪嚴嵩，遭到奪職貶官。隆慶朝初，獲起復為禮部左侍郎，掌詹事府，明穆宗幸太學時，趙貞吉議論侃直、進止有儀，引起明穆宗的注意，後遷南京禮部尚書，再陞禮部尚書。隆慶三年八月，趙貞吉獲中貴人陳洪引薦給明穆宗，得以進入內閣。[161]

隆慶三年十二月，高拱再起為少傅兼太子太傅吏部尚書武英殿大學士不妨閣務兼掌吏部事。[162]今人對隆慶朝內閣的研究中，可知張居

社，2017），174-263頁。吳仁安，〈張居正與明代中後期的隆慶內閣述論（下）〉，《江南大學學報（人文社會科學版）》，1（無錫，2013.1），頁57-64。

160 青山治郎，〈明代隆慶朝の京營について〉，《札幌大學女子短期大學部紀要》，1（札幌，1983.9），頁49-73。

161 〔清〕張廷玉等總裁，《明史》，卷193，〈趙貞吉傳〉，頁5122-5126。

162 〔明〕張居正等總裁，《明穆宗實錄》，卷40，頁994，隆慶三年十二月庚申條。

正在高拱入閣一事扮演推手，目的是要制衡趙貞吉。[163]此時，內閣首輔是李春芳，其他輔臣為高拱、陳以勤、張居正，這批閣臣地位非以功名或年資來排序。

表5-5　隆慶四年內閣閣臣科名與年歲表

	李春芳	陳以勤	張居正	高拱	趙貞吉
進士科名	嘉靖26年 1甲第1名	嘉靖20年 3甲第108名	嘉靖26年 2甲第160名	嘉靖20年 2甲第12名	嘉靖14年 2甲第2名
時年	60歲	59歲	45歲	60歲	62歲

從表5-5中可見僅有李春芳的科名優於趙貞吉，但年歲不及其長。但從內閣經歷相比之下，趙貞吉卻是內閣中的新人，閣權實排於末次。除了閣臣之間的地位外，王世貞也指出趙貞吉跟六部與其他官員的關係不佳：

> 既入，多所紛更，欲創革兵制，與兵部尚書霍冀異，使言官噪而逐之。又緣冀孽，吏部尚書楊博於陳洪（司禮監太監）復逐之，中外皆側目，春芳模棱而已，不能有所持衡。而居正與上左右合起拱於家，使掌吏部，故事居內閣者不當出理部事，理部事不當復與閣務。拱稱掌不言兼，當為部臣矣。以故不遣行人齎璽書諭，而僅部咨。拱日夜馳至京，而趙貞吉亦謀之春芳，欲掌都察院，春芳不能違拱。既陛見，與貞吉俱免奏事。承旨，遂參預閣務。[164]

趙貞吉跟兵部、吏部尚書皆有嫌隙，加上張居正推高拱復位，雖試圖聯合李春芳來反制，在競逐權力的過程中，趙貞吉一開始就落居下風。

---

[163] 趙世明，《高拱與隆慶政治》，頁28-30。
[164] 〔明〕王世貞，《嘉靖以來內閣首輔傳》，卷6，〈高拱〉，頁407-408。

（一）議降府為廳、改十營為五營

隆慶四年正月十一日，趙貞吉上奏〈論營制疏〉，闡明對戎政府的認識，並以恢復祖制之名要求變革戎政府制度：

> 夫我太祖分府以設將，則權任不偏，而得將將之法；我成祖分營以統兵，則分數易明，而得將兵之法。……則合兵法御眾如御寡之方矣。此祖制之盡善，所當世守者也。至嘉靖庚戌，嚴嵩欲為賊將仇鸞之地，遂請于先帝特設戎政廳，括內外兵籍，鑄總督戎政之印而授之于鸞。夫于五府之外而別立一廳，則盡變太祖分府之意矣。以十餘萬之眾而統于一人，則盡變成祖分營之意矣。時無骨鯁伐奸之臣，故賊臣得肆覬覦之計。向使鸞遲于伏誅，則時事之危未可測也。鸞誅而以鎮遠侯顧寰代之，寰惟知退讓自守，以保勳名，以避嫌忌耳，然而營兵則日弱矣。……臣愚晝夜慮此，竊謂分府設將之制未易卒復，而分營統兵之法猶可遵行。況近日兵部會推總督戎政之將，武臣之中無堪任者，蓋才足以統御十萬之眾，而能變弱為強者，非韓白之流不當能之，求之今時果難其人矣。若夫才堪將一、二萬之眾者，猶或可選擇而使也。合無將見操官軍九萬，分為左右中前後五營，各擇一將以分統之，責令開營教習，依法訓練，仍以文臣巡覈之。每歲春秋遣官校閱，凡將官之能否，軍士之勇怯，技藝之生熟，紀律之嚴縱，皆得奏聞而賞賚罰治行焉，務令五營齊成精銳。先將戎政印收入內府，有事則領勅掛印，而命將於閫外，事完則繳勅納印，而歸將於營中。如是則太阿之柄獨持于上，而輦轂之下常有數萬精兵可戰可守，聽調聽戍，隨所用，而無不宜矣。[165]

[165] 〔明〕趙貞吉，《趙文肅公文集》（臺南：莊嚴文化事業有限公司，1997，《四庫全書存目叢書》集部・別集類，第100冊，據杭州大學圖書館藏明萬曆十三年[1585]趙德仲刻本影印），卷8，〈論營制疏〉，頁353-355。

其追尊的祖制是太祖與成祖，認為嘉靖朝創制的「戎政廳」過於集中將權。如此大權在手，朝廷如何選擇可信的人任之，前有仇鸞擅權之例，後顧寰保守避嫌，導致營兵日弱，且顧寰調任後，兵部難以會推出新任人選。因此建議現有三大營各自下轄的戰兵、車兵、城守、執事共十營，改為五營如五軍都督府，各擇一將統領，收回戎政印，限縮戎政府的軍事動員權限。

從史料的角度觀之，趙貞吉的奏疏在《明穆宗實錄》中有經過刪節修改，奏請改制的意旨未變，但從用字刪改處以及朝政現況中，可發現這場改革的政治角力高於處理真實問題。趙貞吉原疏中意圖貶低戎政府地位的用字「戎政廳」，[166]在日後被張居正於《明穆宗實錄》改為「戎政府」。張居正是世宗與穆宗二朝實錄的總裁官，也經手〔萬曆〕《大明會典》的編修，[167]京營戎政的相關史事，是從世宗實錄開始列入後朝實錄的編纂凡例。[168]萬曆三年二月，張居正奏請恢復起居注官與相關制度，即言申明史職光復祖制以備一代令典，須將大閱等兵事照月纂錄。[169]張居正主導官修史書的解釋權，將戎政府詳載國史之中，趙貞吉未能在史筆上得勝。此外，總督京營戎政顧寰在隆慶四年正月初一日調任提督漕運鎮守淮安，[170]初七日已令恭順侯吳繼爵繼任總督京營戎政。[171]趙貞吉指兵部難以會推武臣出任，從時間點

---

[166] 〔明〕張居正等總裁，《明穆宗實錄》，卷41，頁1016-1018，隆慶四年正月己卯條。

[167] 謝貴安，《明實錄研究》（武漢：湖北人民出版社，2003），頁156-163。

[168] 〔明〕張居正等總裁，《明世宗實錄》，〈修纂凡例〉，頁9。〔明〕張居正等總裁，《明穆宗實錄》，〈修纂凡例〉，頁9。

[169] 〔明〕張居正，《新刻張太岳先生詩文集》，卷39，〈議處史職疏〉，頁30。〔明〕顧秉謙等總裁，《明神宗實錄》（臺北：中央研究院歷史語言研究所，1984，據中央研究院歷史語言研究所民國五十一年[1962]刊本縮編），卷35，頁825-831，萬曆三年二月丙申條。

[170] 〔明〕張居正等總裁，《明穆宗實錄》，卷41，頁1009，隆慶四年正月己巳朔條。

[171] 〔明〕張居正等總裁，《明穆宗實錄》，卷41，頁1009，隆慶四年正月乙亥條。

上新舊交接也才間隔七日，實有特別針對之意。

明穆宗雖賞識趙貞吉，但覽奏後言：「覽卿所奏具見忠謀，分營練兵係祖宗舊制，該部即與廷臣從實會議以聞。」[172]牽涉到祖制與大規模變革，不能便宜行事，須經由廷議獲得朝野支持始可行之。兵科都給事中張鹵提出當時廷議的問題：

> 每見今之會議，先期一日應該衙門於各該與議官員，通以手本畫知。至期，會於東闕。該衙門掌印官干所當議事，首發一言，或班行中，一、二人以片語微言，略為應答，或竟無一人應答。輒筆不停閣，輪書題稿，再揖而退。即事已完成，及既出闕門，尚有不知今日所議為何事者，或有明知其事不言。至是始嘖嘖具道其可否確然之狀以告人者，夫知其事而不言，與不知其事而不問其人，豈真如是之容默哉。……將輔臣貞吉原疏與臣此疏，各刊刻為幅。於應該與議官員，各分發一紙，仍附發書格紙一葉，首定書官銜、名氏，空其下方，令其於所應議京營事務，各自書應行應止緣由。如以為應行，要詳書何以見其應行。如以為應止，要詳書何以見其應止。各出己見，勿相通謀。至會議之日，各持議所，面與商同，即其事實考據。[173]

他指出議事程序沒有效率，部分官員只是跟著議論風向應答，甚至不知主題內容。建請參與廷議的官員都要實名書寫意見，以便在會議時有憑據可議。這不僅能提升議事效率，也代表官員必須公開表態以及確實負責。

---

[172]〔明〕張居正等總裁，《明穆宗實錄》，卷41，頁1018，隆慶四年正月己卯條。

[173]〔明〕張鹵，《張給諫奏議一》，〈疏・欽承詔命乞正廷臣會議條格疏〉，收入〔明〕陳子龍等選輯，《明經世文編》，卷364，頁3932-3933。〔明〕張居正等總裁，《明穆宗實錄》，卷41，頁1018，隆慶四年正月己卯條。

稍後，張鹵提出營制可變與不可變之處。前半段議為闡述戎政府是祖制完備的成果，言：「高皇創立于始，文皇增定于中，先皇完成于終。」希望以不變祖制之名維持戎政府的存續。後說明變與不變的問題：

> 先帝定制一更，則平日垂涎兵柄者，皆得以肆為協同參預之謀。將流弊潰決，不可更制。重之號令多，統紀愈弛。占役多，營伍愈耗。誅求多，侵削愈恣。又重之制度一新而法不可輒行，人心未定而教不可卒施，胥將以可為之時日，而盡曠于無益之紛變，……至謂大將原無專設、戎政不當有印，輔臣言此二事，獨誠為有稽。無以則當總督之設，銷戎政之印。三大營各專設總兵一員、副將一員，而五軍營再特加副將一員，為三大支，以司專領。又命文官大臣一員，特加本兵尚書級銜，以總提督。總督文臣一如巡視事例，照官銜職掌，另請欽給關防，以便行事。其巡視科道官員與關防敕諭，各仍照舊例存留，此既能守二祖之法，又不失先帝之意，抑庶乎其可行也。[174]

不變的關鍵，在增加有權將領，可能有號令紛亂，紀律更難管控的問題。但在論及可變之處時，在戎政府存續的架構下銷毀戎政印、增加副將，增加協理的職銜至兵部尚書，再提王之誥先前請給的關防。趙貞吉所議有英國公張溶等十六人支持，張鹵則獲成國公朱希忠等二十八人支持，而後給事中邵廉及魏體明，御史尚德恒各上疏言：「強兵在擇將，不在變法」。[175]

兵部尚書霍冀附議張鹵，奏言趙貞吉提出的仇鸞擅權之例，是將

---

174 〔明〕張鹵，《張給諫奏議二》，〈議・附進京營議〉，收入〔明〕陳子龍等選輯，《明經世文編》，卷365，頁3942-3944。

175 〔明〕張居正等總裁，《明穆宗實錄》，卷41，頁1018-1019，隆慶四年正月己卯條。

領無良而非法制不善，今日法制並未大壞，不必一直議論更改，若有意見可公眾討論。而今戎政府是分為三大營，下分三十小營，軍權不專於一將，執法不專於一人，仍是分營練兵與分權的處置方式。明穆宗言：「營制既經多官會議明白，俱依擬行。」[176]《明穆宗實錄》在此處未載錄最後決定用誰的方案，須從後續職官變動來檢視。

（二）四提督到六提督制

營制的改變，據〔萬曆〕《大明會典》載：

> 隆慶四年，議更營制。初革總督勳臣，用總兵官三員，各給關防。推文職大臣一員督理。又改總兵官為提督，仍用勳臣三員。又添文臣二員，與勳臣一同提督。又以六提督事權不一，仍復舊制。用武臣一員總督、文臣一員協理，給戎政印，繳三關防。又題准神樞、神機營各添設副將一員，五軍營革參將一員，神樞、神機營各革佐擊一員。[177]

勳臣與文臣的職銜都降級並更名為提督，各從一人擴為三人，是為六提督。這跟趙貞吉議將十營改為五營，並各一武臣統領的方案不同。張鹵所議也未要求增加二名文臣提督，都同意收繳戎政印。戎政府最高指揮機制的改制在當年隨即取消，卻保留增設神樞、神機營副將等次級指揮官的變化，讓二營地位上升，改變以五軍營為最的形勢。[178]

---

176 〔明〕霍冀，《霍司馬疏議》，〈疏・論京營疏〉，收入〔明〕陳子龍等選輯，《明經世文編》，卷323，頁3445-3446。〔明〕張居正等總裁，《明穆宗實錄》，卷41，頁1019-1021，隆慶四年正月己卯條。

177 〔明〕李東陽等奉敕撰，申時行等奉敕重修，〔萬曆〕《大明會典》，卷134，〈營操・京營・營政通例〉，頁360。

178 隆慶四年七月，明廷依兵科給事溫純奏請加重副將事權，故而添增三營副將，裁革參將與遊擊將軍各一員。〔明〕溫純，《溫恭毅公文集》（臺北：國家圖書館藏明崇禎十二年[1639]西京溫氏家刊本），卷2，〈秋防居期時事可慮乞賜大加振飭肅兵威以預圖安攘疏〉，頁5a-b。〔明〕張居

故明廷是在維持戎政府之下，將雙方制度折衷而成，共同點是分權且大幅分化勳臣職權，差異是戎政府的存廢，最後保留。

僅從政書的記載，難以理解變動的經過。按時序來看，改制同時更動人事，隆慶四年正月初七日，明穆宗命恭順侯吳繼爵總督京營戎政；[179]三十日，協理京營戎政王之誥轉任總督陝西三邊軍務。[180]二月二十日，巡視京營科道官魏體明、尚德恒以戎政更新，請推協理大臣。明穆宗曰：「京營務重，更名協理為閱視，令該部即將文臣堪任者并三營大將疏名以聞。」[181]協理京營戎政職名改為「閱視」，廷推南京都察院右都御史曹邦輔出任。此時尚未選出新任三大營總兵，湖廣道御史陳于階奏京營內多紈袴，應推舉邊將出任。兵部議覆因開操在即，先從三大營軍官中推補，仍行科道薦舉將才待用。

三月初七日，吳繼爵從總督京營戎政改任五軍營總兵官後，又與不是勳臣出身的袁正、焦澤同為總兵，意興闌珊的推辭其位，給事中魏體明、御史王友賢相繼劾吳繼爵抗違。明穆宗諭留吳繼爵，令兵部推舉勳臣出任三營總兵。兵科給事中溫純（1539-1607）疏言朝野議論有永革勳臣，又曰兼用勳臣，而皇上欲盡用勳臣，用人應擇人而不應拘限出身。[182]明穆宗以事已決定不改，十五日，明穆宗詔改三營總兵官為提督，以定西侯蔣佑領神樞營，平江伯陳王謨領神機營，同恭順侯吳繼爵俱改給勅諭關防，每月輪祭神旗，兵部只得再改袁正與焦

正等總裁，《明穆宗實錄》，卷47，頁1177-1178，隆慶四年七月丁丑條。

179 〔明〕張居正等總裁，《明穆宗實錄》，卷41，頁1009，隆慶四年正月乙亥條。

180 〔明〕張居正等總裁，《明穆宗實錄》，卷41，頁1032，隆慶四年正月戊戌條。

181 〔明〕張居正等總裁，《明穆宗實錄》，卷42，頁1047，隆慶四年二月戊午條。

182 〔明〕溫純，《溫恭毅公文集》（臺北：國家圖書館藏明崇禎十二年[1639]西京溫氏家刊本），卷1，〈慎選將領以重營務疏〉，頁10a-12a。〔明〕張居正等總裁，《明穆宗實錄》，卷43，頁1080，隆慶四年三月甲戌條。

澤的職位。[183]

從任命三營總兵官的人選中，可以看出勳臣與武職流官的經歷差異。袁正歷任宣府南路參將、副總兵官分守通州，再入選為京營副將、中軍都督府僉書；[184]焦澤歷任大同、山西總兵官，再升任五軍營副將。[185]而恭順侯吳繼爵亦非紈褲，在嘉靖朝出任鎮守兩廣，偕同俞大猷攻剿倭寇與山賊有功。[186]後因兵科都給事中歐陽一敬劾奏地方總兵官應起用非勳臣的流官為主，吳繼爵因此調回北京。[187]至於平江伯陳王謨曾於嘉靖三十九年以總兵官鎮守兩廣，[188]定西侯蔣佑則在出任京營總兵官前未曾出鎮地方。[189]

明穆宗最初任命的袁正與焦澤，不只長期鎮邊，且二人曾在庚戌之變的戰陣衝殺過，亦升任在京營中有一段時間，比較平江伯陳王謨及定西侯蔣佑的經歷，袁、王的統兵能力當無疑問。然而，明穆宗依文臣提案將恭順侯吳繼爵從總督京營戎政改為五軍營總兵官，這是職權上的實質降級。吳繼爵為蒙古後裔，先祖三代在永樂北征、正統土木之變、天順曹欽之難以身殉國，[190]勳裔的身分尊貴與袁正、焦澤簡

---

183 〔明〕張居正等總裁，《明穆宗實錄》，卷43，頁1088-1089，隆慶四年三月壬午條。

184 〔明〕張居正等總裁，《明世宗實錄》，卷367，頁6562，嘉靖二十九年十一月甲午條；卷389，頁6845，嘉靖三十一年九月壬寅條。〔明〕張居正等總裁，《明穆宗實錄》，卷42，頁1061，隆慶四年二月乙丑條。

185 〔明〕張居正等總裁，《明世宗實錄》，卷422，頁7326，嘉靖三十四年五月癸丑條。〔明〕張居正等總裁，《明穆宗實錄》，卷4，頁103，隆慶元年二月壬辰條。

186 〔明〕張居正等總裁，《明世宗實錄》，卷518，頁8497，嘉靖四十二年二月乙卯條；卷532，頁8662-8663，嘉靖四十三年三月己未條；卷561，頁8999-9000，嘉靖四十五年八月甲申條。

187 〔明〕張居正等總裁，《明世宗實錄》，卷562，頁9015-9016，嘉靖四十五年九月丁巳條。

188 〔清〕張廷玉等總裁，《明史》，卷106，〈功臣世表二·永樂朝〉，頁3144。

189 〔清〕張廷玉等總裁，《明史》，卷107，〈功臣世表三·正統朝〉，頁3202。

190 〔清〕張廷玉等總裁，《明史》，卷106，〈功臣世表二·永樂朝〉，頁

直判若雲泥。從吳繼爵的角度而言，無論裡子或面子都無法接受，便選擇辭職。最後明穆宗在京營武職主官的選擇上，仍以勳臣身分優先於實務經歷。

四月初七日，明廷同意江西道御史郜陛奏請以勳臣子弟為儲備軍官。作法為各公侯伯應襲、已襲爵位而年三十以下者，俱付京營，由提督、文臣教以騎射韜略，同時遴選武舉及武學官生之穎出者，相與淬勵之。年底巡視科道官察其有異等者，送部籍記。[191]

四月十九日，勳臣與文臣再度對職權改制提出各自見解。

> 提督京營恭順侯吳繼爵等奏：「祖制京營以文武大臣並為提督，載在會典。嘉靖間都御史汪鋐、兵部尚書劉天和、張讚俱與勳臣共事。庚戌後，始改勳臣為總督，文臣為協理，其名稱雖不同，而文武並用之義實未異也。比者皇上採納輔臣之議，分營練兵，復改總督為提督，協理為閱視，聖慮神謨，豈臣下所能仰窺萬一。臣等深惟部院大臣資望隆重，用以閱視，其任似輕而泛，未若提督有督率總理之責，身親為之者尤重且切。況營務廢弛已久，臣等才識淺薄，非藉文臣共事，卒難整飭。乞仍舊制以閱視改為提督。」
>
> 上許之。
>
> 已而，右都御史曹邦輔言：「吳繼爵等乞改臣閱視均為提督者，其詞若援舊制，而其實為奸避之計，以為無事。則彼勳爵居臣上不得相制，有事則臣當分任其責耳。伏荷俞旨，臣復何言，但繼爵等以三人各提督一營，而臣以一人共提督三營，其職掌及應接禮儀，宜下吏禮兵各部臣詳議。」

3174。

[191] 〔明〕張居正等總裁，《明穆宗實錄》，卷44，頁1104，隆慶四年四月甲辰條。

上曰：「已有旨矣，凡營務悉遵典禮行，毋妄議紛更。」[192]

「祖制」是雙方政策攻防的根據，吳繼爵著重恢復「提督」職稱，讓曹邦輔與自己同位，這動機頗不尋常。此時的制度是四提督管理三大營，每營各有一勳臣提督，文臣卻要一人提督三營。除了勞逸不均的可能外，曹邦輔意識到勳臣與文臣都位階「提督」，原則上是相互平行，但以何人的命令為先？故請明廷確立主從階層，以清楚責任歸屬。明穆宗的決策，顯然更偏向勳臣一方。

秦博指出隆慶朝的京營改制有一現象，即明穆宗不願明說，堅持以開國、靖難勳臣後裔為最終擇取總督京營戎政與京營總兵官的條件，導致營帥選任無法按照制度進行，此現象一直延續到晚明，選任的舊勳條件優先於軍事才幹。[193]

五月初五日，明廷令提督京營左都御史曹邦輔專督五軍營，前總督兩廣左都御史兼兵部左侍郎劉燾以原職提督神樞營，前總督宣大山西右都御史兼兵部右侍郎陳其學以原職提督神機營。劉燾、陳其學疏辭不允。[194]至此，戎政府從總督京營戎政、協理京營戎政各一人，改制為文武臣各三人，為六提督制。

從現存相關人物的史料中，無法得悉四月至五月之間，是誰提案要增加二位文臣提督。但從溫純的疏文中可見政治的權衡：

> 猶置練兵事不講，紛紛焉於禮度儀文間爭上下，臣竊謂他日誤軍國大計者，必此輩也。輿言至此，臣實寒心，伏乞勅下該部從長酌議，邦輔既改提督，凡各營之勤惰虛實，及一應練兵事宜，務要不時督率糾正，不許推諉，以負朝廷委任之意。仍乞嚴飭繼

[192] 〔明〕張居正等總裁，《明穆宗實錄》，卷44，頁1117-1118，隆慶四年四月丙辰條。

[193] 秦博，《明代勳臣制度研究》，頁464-468。

[194] 〔明〕張居正等總裁，《明穆宗實錄》，卷45，頁1128，隆慶四年五月壬申條。

> 爵及蔣佑、陳王謨等既欲藉邦輔資助，即虛心聽從。如天順中，（蔣）佑祖蔣貴之聽人指揮，率成名將，乃無愧於國。[195]

責任者應當有權，溫純建請三名武臣提督要遵從曹邦輔的指揮。在承平時，要讓京營勳臣聽從文臣指揮並法制化，實是難如登天。從後來六提督制度的設置，可知此疏未獲同意施行。但也促成明廷增設二名文臣提督，以達到文武平衡的作用。

九月二十九日，溫純疏言：

> 假令此六人盡才且賢惟一心，猶懼有十羊九牧之患。況一分兵馬，輒起異同，不惟文武不相能，即文臣中亦自相矛盾矣。千把總受參遊令，焂為四付將之令至，又焂焉而文提督之令至，又焂焉而武提督之令至。多指亂視，多言亂聽，居常猶忌之。以之臨敵，蔑不敗矣。各衛所官軍雜置三營中，即有功移，則以一官往來六提督之門，其費可知也。且三營各二副將，將各領兵五枝，不可謂分乎。分矣，得其人則合之為三大營，分之為六副將，又合之為一總督一協理。蓋祖用先帝之制，而諸副將之分屬統領者，又適當輔臣分制之議，夫誰曰不可。故臣等以為文武大統帥則莫如復先帝制便，其諸副將參游等官，仍從近議分統。但今日之患非練兵之難，而得將難。乃者營將類多選懦，與之談攻守事，則口噤莫為應，不是之慮，而曰建議、曰添將、曰取中旨，如兒戲，然其于兵政何所禪哉。[196]

改制後的四個月期間，六人各持意見，溝通效率低落，甚至沒有交

---

195 〔明〕溫純，《溫恭毅公文集》，卷1，〈虜患可憂營務久廢乞重事權以專責成疏〉，頁27a-29a。

196 〔明〕溫純，《溫恭毅公文集》，卷2，〈營制屢更統帥不一懇乞聖明亟賜裁定以正事權疏疏〉，頁16b-18a。〔明〕張居正等總裁，《明穆宗實錄》，卷49，頁1239-1241，隆慶四年九月甲午條。

集，導致命令反覆或矛盾，下層官兵深受其害。而後巡視京營御史王友賢亦極言新制不便，經過兵部覆議後，明廷罷設六提督，恢復為改制前組織，並重新推選文武戎政大臣。[197]

戎政府的文武戎政大臣由二人分為六人，收回戎政印改用關防，其下營制未改變。改制過程中，〔萬曆〕《大明會典》未載協理京營戎政先降為閱視，再經吳繼爵議請改陞為提督的流程。而《明史・兵志》載：

> 隆慶初，仍以總督為提督，改協理為閱視，尋併改閱視為提督。四年二月更京營制，三營各設提督，又各設右都御史一員提督之。九月罷六提督，仍復總督戎政一人。[198]

這次改制是從隆慶四年正月開始，《明史・兵志》的時序與內容並不精確，應是先設置三名武臣提督、一名文臣閱視，後改閱視為提督，再增二名文臣提督，是為六提督。趙貞吉著重恢復祖制的分權，卻沒有仔細考量時代環境與實際運作的問題，導致平時的命令與裁決流程已非常混亂，若是戰時則危害可能更加深重。

除了制度設計的缺陷以外，趙貞吉與內閣、六部的關係也是問題。如王世貞詳錄趙貞吉與兵部尚書霍冀從改制的議論，轉變成翻起在嘉靖朝時期的私怨，繼而彼此論劾的經過。[199]陳子龍評：

> 時趙大洲（趙貞吉）請罷戎政府更設五營，臺省多言不必更變

197 〔明〕張居正等總裁，《明穆宗實錄》，卷49，頁1239-1241，隆慶四年九月甲午條。〔清〕張廷玉等總裁，《明史》，卷89，〈兵一・京營〉，頁2181。

198 〔清〕張廷玉等總裁，《明史》，卷76，〈職官五・京營〉，頁1859。

199 〔明〕王世貞纂撰，董復表彙次，《弇州史料》（臺北：中央研究院歷史語言研究所傅斯年圖書館藏明萬曆間[1573-1619]刊本），〈後集〉，卷33，〈國朝叢記三・兵部內閣相訐〉，頁58a-64b。

者，霍司馬（霍冀）亦以為然，制遂不改。其後科臣楊鎔論霍司馬，霍疑內江（趙貞吉）主之，遂疏論內江，上因讓霍罷之，而郭乾代矣。[200]

明穆宗最初仍袒護趙貞吉，導致霍冀去職。[201]談遷評：

兵制遞變，五府後而為三營，三營後而為團營，其勢然也。內江（趙貞吉）欲復其舊，原非改轍，廷臣不深惟其故，紛互各執，則內江伉直自遂，輿情未附耳。江陵（張居正）議大閱而群成之，內江議營制而群格之，其作用固自殊也。嗟乎！文皇聚兵於京師，即屬府臣分領之，歲終第其強弱，視為賢否，又何事日後之廢置哉。[202]

大閱的成功讓朝野輿論風向多支持張居正，趙貞吉在此時議論京營改制反而顯得突兀。隆慶四年九月，俺答之孫把漢那吉率眾降明，朝野間為了是否要接受投降而爭議不止。明穆宗對科道官放肆議論的狀況日趨不滿，令高拱特察科道官。趙貞吉以堵塞言路反對高拱，亦是主戰不主和，內閣形成兩派對立。高拱最後得明穆宗支持，趙貞吉被令致仕。[203]紛擾近一年的京營改制，終在張居正與高拱的聯合下，維持戎政府的存在與組織結構。

---

[200] 〔明〕霍冀，《霍司馬疏議》，〈疏・論京營疏〉，收入〔明〕陳子龍等選輯，《明經世文編》，卷323，頁3445。

[201] 〔明〕張居正等總裁，《明穆宗實錄》，卷42，頁1047-1048，隆慶四年二月戊午條。

[202] 〔清〕談遷著，張宗祥校點，《國榷》，卷66，頁4123，隆慶四年正月己卯條。

[203] 趙世明，《高拱與隆慶政治》，頁43-51。〔明〕王世貞纂撰，董復表彙次，《弇州史料》，〈後集〉，卷33，〈國朝叢記三・高趙之郄〉，頁49a-54b。〔明〕張居正等總裁，《明穆宗實錄》，卷51，頁1279，隆慶四年十一月乙酉條。

隆慶四年十月，六提督制度取消，曹邦輔、陳其學、魏學曾三名文臣提督也相繼卸任。[204]明穆宗以譚綸的資歷與長駐邊鎮，令其從總督薊遼保定軍務兼理糧餉兵部左侍郎兼都察院右僉都御史，陞為都察院右都御史兼兵部左侍郎協理京營戎政，譚綸疏辭，明穆宗不允。[205]

值得注意的是，譚綸在寫與其弟的家書中，除了提及他整頓薊鎮軍務的成果，令外族有所忌憚，還發現許多官方史書未載明之事：

> 兄以南人肩此重負，洊歷三年，今秋（我）東西二虜糾合三十萬眾窺我薊邊，京師皆已戒嚴，人皆謂兄決不能支，賴天地祖宗洪庇，知我有備，竟爾解去，已為厚幸。乃以京營戎政紛更未定，又荷聖恩轉官都察院右都御史協理戎政，夫同一御史也，有左右僉都、左右副都，左右都則正卿也，與尚書對品。江西自戊戌而後無有正卿，今始自兄得之，真可謂布衣之極，敢復有他望哉。凡亞卿自侍郎而下，陞遷皆不辭旨，皆稱名，惟陞正卿則辭旨稱卿，此皆朝章。仍兼兵部左侍者，便於轄武職也，亦係祖宗舊制，如翰林院官即至尚書仍兼學士。但我朝無二俸兼支之例耳，賢弟輩不可不知，今錄去部咨一通，可熟觀之。[206]

協理京營戎政必有兵部職官銜，才能統轄武臣，此制的用途與邊鎮文臣總督相同。但京營的總督京營戎政是勳臣擔任，所以在禮制上協理仍聽命於總督京營戎政，這是與邊鎮督撫面對總兵官的不同處。

---

[204] 〔明〕張居正等總裁，《明穆宗實錄》，卷47，頁1207，隆慶四年八月乙卯條；卷47，頁1191，隆慶四年七月癸巳條；卷50，頁1259，隆慶四年十月壬子條。

[205] 〔明〕譚綸，《譚襄敏公奏議》，卷10，〈懇乞天恩俯容辭免重任以圖安分盡職疏〉，頁57a-b。〔明〕張居正等總裁，《明穆宗實錄》，卷50，頁1253，隆慶四年十月甲辰條。

[206] 〔明〕譚綸，《譚襄敏公遺集》（北京：北京出版社，2000，《四庫未收書輯刊》第5輯，據清嘉慶二十四年[1819]鄒庭芳活字本影印），卷2，〈報弟〉，頁694。

特別說明協理加上都察院的正都御史銜，其品位等同尚書，是從基層而非翰林院官所晉陞的最高階級，可謂位極人臣，故獲遷此職，照慣例必須疏辭以示謙遜。從創設到第二十六任譚綸為止，除王邦瑞兩度以原職兵部尚書就任外，有九位是單以北京或南京官銜協理而沒有加都察院御史銜。[207]故可推論，協理京營戎政若有加都察院御史銜，除職權較大的時期外，因與六部堂官位階接近，其意見能被更為重視。更特別的是，在〔萬曆〕《大明會典》中，協理京營戎政是隸屬兵部，以譚綸所言不能領二俸，則有加都察院御史銜者，都察院的職銜列於兵部之前，是領都察院薪俸而在兵部工作。此點與邊鎮督撫相同，為跨部院的特別職官。

隆慶四年九月至五年三月，明廷朝野聚焦於處理俺答封貢，在順利完成封貢與開設馬市後，明廷趁此段和平時期積極修補北方邊備。[208]隆慶五年八月，薊昌二鎮的敵臺完工，強化二鎮共十四路彼此之間的聯繫與防禦，譚綸在協理京營戎政任上沒有顯著政策施行，仍獲陞兵部尚書仍協理京營戎政如故。[209]十月初四日，譚綸以疾請告回籍，根據兵部題報其病症「忽染風症，痰涎湧塞，兩耳雷鳴，頭目眩暈，右體麻木，調治無減。」[210]半身麻痺的症狀應是腦出血，明穆宗准其請。[211]

隆慶五年十月十五日，明廷任命兵部右侍郎王遴（1523-1608）陞兵部左侍郎兼都察院右僉都御史協理京營戎政。隆慶六年九月，奉命閱視薊鎮，萬曆元年以兵部左侍郎閱視陝西四鎮，次年以病回籍。

---

207 分別是聶豹、謝九儀、劉采、殷學、李遂、喻時、遲鳳翔、王本固、郭宗皐。

208 趙世明，《高拱與隆慶政治》，頁76-88。

209 〔明〕張居正等總裁，《明穆宗實錄》，卷60，頁1467，隆慶五年八月庚戌條。

210 〔明〕高拱，《高文襄公集》，卷15，《掌銓題稿》，〈覆尚書譚綸養病疏〉，頁204。

211 〔明〕張居正等總裁，《明穆宗實錄》，卷62，頁1499，隆慶五年十月癸巳條。

萬曆十年七月再起為兵部左侍郎，十一月初五日以原官再任遴協理京營戎政，十一日陞南京工部尚書，萬曆三十七年四月卒。[212]

而在總督京營戎政方面，推選任官也是幾經波折。隆慶四年十月初九日，明廷命南京守備臨淮侯李廷竹總督京營戎政，但在十二月遭革任。[213]隨後朝野難以推補出新任總督，直至五年二月十九日，明穆宗特命顧寰再度復任。[214]此時的顧寰實無心官場，早在四年十月就以老疾辭任提督漕運總兵官，而復任總督後，又遭言官彈劾，疏乞解兵柄，明穆宗不允。[215]隆慶五年十一月，禮科都給事中張國彥論顧寰年老不能勝任，明廷命顧寰閒住，令掌左軍都督府事彰武伯楊炳總督京營戎政。[216]

隆慶五年十二月，巡視京營科道官梁問孟、侯居良奏陳營務十二事，兵部議覆後，明廷允行，令總督楊炳、協理王遴悉心整練。值得注意的焦點有人事管理上，公侯伯子弟及京衛幼官悉令隨營讀書習射課，優劣為他日錄用的憑藉，成績差者不准承襲。收在京衛所官舍餘丁，補殫忠、効義二營之舊汰軍，以其精壯子弟摘牌代役。令巡視科道官考第營中諸將優劣，送兵部視才更調。後勤管理，巡補官禁止役占軍士賃雇馬匹，開操時，令太僕寺官五日一入營，查驗馬匹。建房舍以安置戰車，加強保存。以戎務無掌故，其制度要考究祖宗建置或

212　〔明〕張居正等總裁，《明穆宗實錄》，卷62，頁1504，隆慶五年十月甲辰條。〔明〕顧秉謙等總裁，《明神宗實錄》，卷17，頁498，萬曆元年九月庚寅條；卷130，頁2419，萬曆十年十一月己未條；卷130，頁2421，萬曆十年十一月乙丑條。〔清〕張廷玉等總裁，《明史》，卷220，〈王遴傳〉，頁5789-5791。

213　〔明〕張居正等總裁，《明穆宗實錄》，卷50，頁1253，隆慶四年十月癸卯條；卷52，頁1299，隆慶四年十二月辛亥條。

214　〔明〕張居正等總裁，《明穆宗實錄》，卷54，頁1349，隆慶五年二月辛亥條。

215　〔明〕張居正等總裁，《明穆宗實錄》，卷50，頁1259，隆慶四年十月庚戌條；卷56，頁1385-1386，隆慶五年四月丁未條；卷56，頁1387-1388，隆慶五年四月己酉條。

216　〔明〕張居正等總裁，《明穆宗實錄》，卷63，頁1519，隆慶五年十一月庚午條；卷63，頁1520，隆慶五年十一月壬申條。

官員建議，應編纂成書以備參考。[217]

隆慶六年前半的京營事務記錄不多，明廷皆允行。一是楊炳議請每年秋天增加戰兵、車兵、城守兵的行糧。他指出自嘉靖三十七年以來，京營官軍長期貧困，須使其衣食充足，始能收到鼓舞軍心與訓練的成效。[218]一是巡視京營御史趙可懷指出工部所收弓箭堪用者少，應整理添造，聽京營協理大臣調度。但工部卻直接將製造材料與經費送到京營，王遴奏言京營內沒有存放的房舍，且調度不應屬於他的工作，制度上軍器皆應收藏在內庫以示防微杜漸，請令工部專委司官督造，若有不合格的武器，再由他跟巡視科道官參奏，明穆宗同意王遴所奏。[219]

隆慶四年的六提督制度造成京營人事的動盪紛擾，明廷啟用曹邦輔、譚綸、王遴出任協理京營戎政，其任內雖沒有重大施政，但是有穩定軍心及協調京畿防務的功效。明廷選任協理京營戎政的經過平順，相對的總督京營戎政就有擇人的問題，這也是京營科道官持續要求勳臣子弟入京訓練的原因，培養需時間且良將難得，這也是導致顧寰歷經嘉隆二朝久任的緣故。值得注意的是，制度上京營的軍裝甲械、冷熱兵器分別存放於軍器局、內庫、兵仗局，遇出操、春秋防或出征時才可前去領取。[220]因此王遴以制度及沒有存放地點反對弓箭存放京營是合理的，但卻可以為戰車而特別建造房舍存放，朝野也沒人反對，實為特例。

---

217 〔明〕張居正等總裁，《明穆宗實錄》，卷64，頁1535-1536，隆慶五年十二月戊戌條。

218 〔明〕張居正等總裁，《明穆宗實錄》，卷67，頁1606，隆慶六年閏二月己未條。

219 〔明〕張居正等總裁，《明穆宗實錄》，卷69，頁1660-1661，隆慶六年四月甲子條。

220 〔明〕李東陽等奉敕撰，申時行等奉敕重修，〔萬曆〕《大明會典》，卷193，〈軍器軍裝二‧火器‧不時關領〉，頁324。

二、儲備戎政：兵部侍郎的擴增與罷置

在〔萬曆〕《大明會典》的兵部職官中記有一條「隆慶四年，添設協理部事侍郎一員，尋罷。」[221]明廷增設兵部侍郎、又罷設，增罷設時間也不明確。趙世明指出這是高拱兵部體制改革的一部分，目的在儲備熟習軍事的人才，及試圖建立中央兵部與地方督撫的升遷制度。[222]惟其並未注意到協理京營戎政與此改革的相關影響，以下將梳理之。

隆慶四年二月二十五日，高拱以兵部原有二名兵部侍郎，請再增設二名，以協助兵部事。他指出近年邊關多事，僅有二名兵部侍郎協理部事，雖有添增侍郎一員協理京營戎政或調都察院御史協助，但並非定制來處理兵部事。兵部侍郎不能隨時離開北京，又可能需要巡閱邊境，或補任邊鎮總督。如果調其他單位官員，不僅因其非兵部職而不便行事，且會造成挪移不便。一有緊急派任，該官員未必在北京，往來就任需時，難以應急。因此，若增設二名兵部侍郎，可隨時調遣巡邊或補任邊鎮督撫，除節省調任時間外，其在兵部儲訓日久，對兵務與邊境軍情掌握度遠高於外官，可以迅速處理相關軍務。

高拱提出增設兵部侍郎能在邊鎮督撫與巡閱的調遣更有彈性，更規劃一套京官與邊鎮官的升遷、獎賞制度。他說明兵學是一項專業，其人才養成不易，而兵部尚書更應從兵部司屬中陞任，以利人有固志、長其專業。建請兵部專官不得遷轉他部，其升遷如圖5-2由左至右。

---

[221] 〔明〕李東陽等奉敕撰，申時行等奉敕重修，〔萬曆〕《大明會典》，卷2，〈吏部・官制一・京官〉，頁62。

[222] 趙世明，《高拱與隆慶政治》，頁53-65。

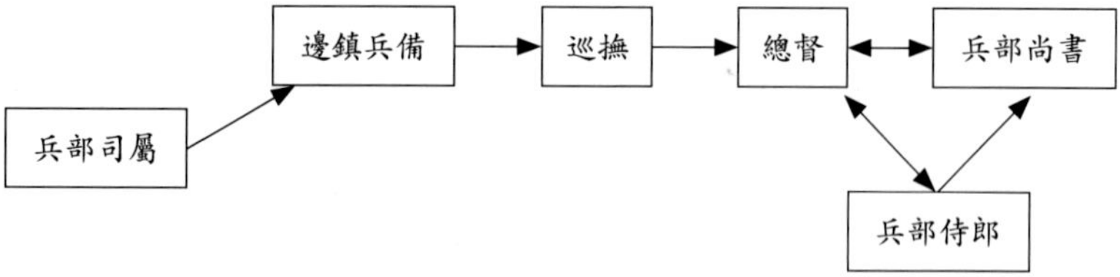

圖5-2　高拱建請兵部司屬遷轉流程圖

兵部尚書、侍郎需視軍情遷轉總督，曾任職總督與兵部侍郎者，始得陞任兵部尚書。因邊鎮官所處環境與凶險皆高於京官，所以在論俸資、議陞擢時，應特示優厚，以鼓勵進取。[223]二十七日，明穆宗依議行。[224]三月十八日，高拱奏言北邊軍鎮與南方福建廣州的風土環境不同，請分別其才能與熟悉區域。如此中央派往地方之官，可以迅速辨別地方奏報真偽，以應對可能的狀況，明廷依擬行。[225]

高拱增設兵部侍郎的謀劃，隨因薊鎮邊情緊急而顯現。八月二十二日，薊遼總督譚綸奏報古北口、黃花鎮等處即將面臨攻擊，需要中央調兵支援。高拱奏言目前兵部只有兵部尚書郭乾一人，四名兵部侍郎中僅有王遴提兵列營在外，翁大立、谷中虛、魏學曾俱尚未到任。目前有京營與昌平總兵協防黃花鎮，或將有其他增援，但沒有統一指揮，建請派順天府府尹栗永祿專去督理，並令吏部右侍郎靳學顏暫協理兵部事，明穆宗同意。[226]

高拱所提的四名兵部侍郎中，谷中虛在二月時從浙江巡撫調任

---

223 〔明〕高拱，《高文襄公集》，卷8，《掌銓題稿》，〈議處本兵及邊方督撫兵備之臣以裨安攘大計疏〉，頁119-121。

224 〔明〕張居正等總裁，《明穆宗實錄》，卷42，頁1055-1058，隆慶四年二月癸亥條。

225 〔明〕高拱，《高文襄公集》，卷8，《掌銓題稿》，〈議處本兵司屬以裨邊務疏〉，頁121。

226 〔明〕高拱，《高文襄公集》，卷8，《掌銓題稿》，〈虜情緊急議處當事大臣疏〉，頁122-123。

兵部右侍郎，[227]王遴在三月從宣府巡撫調任兵部右侍郎，[228]魏學曾在七月從遼東巡撫調任提督神樞營，八月陞任兵部右侍郎，翁大立在七月由工部右侍郎陞兵部左侍郎。[229]依改任時間點來看，這四位應該都已在北京任職，但卻僅有王遴在任。在這批人事遷轉中，實際上就是高拱認為兵部官遷轉期間，官員移動所形成的行政空檔狀態，而且不只影響中央，地方同樣有所牽連。如翁大立在山東治理水患略有所成時，奉命調任北京，翁大立甫離開山東，代任者陳大賓未至。山東沙、薛、汶、泗諸水驟漲，決仲家淺諸處，黃河又暴至，茶城復淤；淮河自泰山廟至七里溝亦淤十餘里。地方受害甚深，翁大立也因此遭給事中宋良佐劾罷。[230]

隆慶五年（1571）五月，高拱會官推大理寺卿張翀、河南巡撫栗永祿可補兵部右侍郎協理部事，在奏請過程中進一步述明四位兵部侍郎的位階高低與分掌業務。其言：

> 乃既設之後，兵部遂另立協理部事之名，以新設者為額外之員，自分彼此，互起猜嫌，殊非體國之公，何有協恭之義。合無行令各官，今後除左侍郎一員外，其右侍郎三員惟以到任先後為序，不得仍前爭講禮儀，致乖體統。至於職掌，尤宜預先分定，乃得早為之謀，不致臨時倉皇苟應故事。如遇總督員缺，或應巡閱邊務，照前題准事例，既於四臣中揀一人往。其平居無事，皆令在部協理。每遇防秋或有緊急，則以左侍郎在部，其右侍郎三員，以一防護陵寢，以一提督九門，以一護守通州漕糧。次序有定，

227 〔明〕張居正等總裁，《明穆宗實錄》，卷42，頁1071，隆慶四年二月丁卯條。
228 〔明〕張居正等總裁，《明穆宗實錄》，卷43，頁1081-1082，隆慶四年三月乙亥條。
229 〔明〕張居正等總裁，《明穆宗實錄》，卷47，頁1191，隆慶四年七月癸巳條；卷48，頁1207，隆慶四年八月乙卯條。
230 〔清〕張廷玉等總裁，《明史》，卷223，〈翁大立傳〉，頁5867-5869。

無相攙奪，臨時各照職掌而行，不必再行題請煩瀆。庶先事既有豫備，而臨事自可從容。[231]

明穆宗同意，以張翀陞兵部右侍郎協理部事。[232]從奏請增設兵部侍郎一年後，始將四位兵部侍郎的位階與職掌定位，並正式納入兵部衙門內，以左侍郎為尊，其餘以入部順序為次第。而當時著重需要派遣的防護陵寢、提督京城九門與護守通州這三項軍務，都是固防京師的重要職務。然而，隆慶六年六月，高拱被迫回籍後，[233]增設兵部侍郎的制度隨即在萬曆元年十月罷設。[234]這段制度除了在高拱的文集中記載較詳外，官方的政書與史書都記述的十分精簡，罷設的過程更是一筆帶過，其因由難以追考，應與張居正逼走高拱有關，政隨人息。

第四節　萬曆朝前期的戎政管理

明神宗以十歲之齡即位，一國軍政實際未由皇帝主導，而是經內閣官員議定後，以皇帝之命頒發。萬曆元年至十年，張居正人生最後的十年內，其權力達到頂峰，國家重要政務與人事任命多經其手。此時，內閣與文臣的權勢倍增，協理京營戎政是否相應獲得地位提升？隆慶議和後，京營與北京防務有何改變？以下將分述之。

---

231 〔明〕高拱，《高文襄公集》，卷8，《掌銓題稿》，〈推補兵部右侍郎竝分布事宜疏〉，頁123-124。

232 〔明〕張居正等總裁，《明穆宗實錄》，卷57，頁1403，隆慶五年五月甲戌條。

233 趙世明，《高拱與隆慶政治》，頁175-178。

234 〔明〕顧秉謙等總裁，《明神宗實錄》，卷18，頁524，萬曆元年十月乙丑條。

一、首輔張居正與協理京營戎政的任用

明神宗即位後，內閣延續明穆宗強化北邊的政務，令兵部官員閱視邊鎮。隆慶六年（1572）九月，協理京營戎政王遴奉命閱視邊鎮，明廷令兵部左侍郎石茂華（1522-1583）暫代。[235]石茂華在巡撫甘肅時，與時任陝西三邊總督王崇古一同禦寇。萬曆元年九月，陞都察院右都御史仍兼兵部左侍郎總督陝西三邊軍務，萬曆十二年（1584）五月於軍中積勞嘔血卒。[236]

石茂華調任後，當月由巡撫山西趙孔昭（1518-1583）改兵部左侍郎兼都察院右僉都御史協理京營戎政，九月回部管事，十月致仕。[237]時任吏部左侍郎兼翰林院侍讀學士張四維為其入京協理贈言：

> 迄今營制，團操兵額僅十萬餘爾。往時團操伍缺，有老家兵補之，蓋取諸京衛所。今諸衛所皆懸空籍，無一卒，而操兵且常不盈十萬之額，東南漕糧不減于昔，而度支廑廑無贏餘。此其故有難究詰者矣。夫疆場事誠難，然受天子專鉞之命，伸縮在己，故豪傑之士能以事功自見。輦轂之下，其關係重于邊塞。乃積習之患則未可驟治者，張燕公之在唐是已，玉泉公南淨海氛、北繫虜

235 〔明〕顧秉謙等總裁，《明神宗實錄》，卷5，頁203，隆慶六年九月壬子條。

236 〔明〕于慎行，〈兵部尚書兼都察院右副都御史贈太子少保謚恭襄毅菴石公茂華墓志銘〉，收入〔明〕焦竑輯，《焦太史編輯國朝獻徵錄》，卷57，〈都察院四・總鎮尚書・石茂華〉，頁131-133。〔明〕顧秉謙等總裁，《明神宗實錄》，卷17，頁498，萬曆元年九月庚寅條；卷149，頁2777，萬曆十二年五月己亥條。

237 不著撰人，〈兵部左侍郎趙公孔昭傳〉，收入〔明〕焦竑輯，《焦太史編輯國朝獻徵錄》，卷41，〈兵部四・侍郎二・趙孔昭〉，頁180-181。〔明〕王世貞纂撰，董復表彙次，《弇州史料》，〈後集〉，卷4，〈少司馬趙公傳〉，頁9b-15b。〔明〕顧秉謙等總裁，《明神宗實錄》，卷12，頁397，萬曆元年四月甲子條；卷17，頁503，萬曆元年九月癸巳條；卷18，頁517，萬曆元年十月戊申朔條。

頸，其才略勳望，表表著當代。聖天子欲以作新禁旅，加意授任焉，則今之營兵易耗蠹為精勇，復祖宗舊者，必于玉泉公見之矣。公雖入，惡能佚耶，公堅心直道不異古人，其所至有成績，不獨以才美。故余于公斯行，服天子知人之哲，且慶戎政之積蠹有瘳也。[238]

當時京營兵額不及十萬，缺額問題亟需處置，然而前任石茂華僅在位七個月內未主導處理此事。趙孔昭久歷邊鎮，時值壯年，是協理京營的一時之選。趙孔昭被賦予極高期待，但在任時間也僅五個月，又隨即退休。連續二任協理京營戎政皆未久任，改革難以推動。

王崇古（1515-1588）在嘉靖朝遷常鎮兵備副使，擊倭寇於夏港，追殲之靖江。在應天巡撫曹邦輔轄下擊倭寇於滸墅關，後偕俞大猷追倭出海。嘉靖四十三年改都察院右僉都御史巡撫寧夏，隆慶元年陞總督陝西、延、寧、甘肅軍務，四年改總督宣、大、山西軍務。[239]萬曆元年（1573）九月，以總督宣大山西軍務太子太保兵部尚書兼都察院右副都御史任協理京營戎政。[240]王崇古邊鎮經歷顯赫勝於王遴與趙孔昭，更是隆慶朝以來首位以兵部尚書擔任協理京營戎政者。

王崇古上任後，兵科左給事中蔡汝賢奏言：

王崇古始議通貢，二三年間朝廷免西顧之憂，其功誠偉，皇上任

---

238 〔明〕張四維，《條麓堂集》（上海：上海古籍出版社，2002，《續修四庫全書》集部・別集類，第1351冊，據山西大學圖書館藏明萬曆二十三年張泰徵刻本影印），卷22，〈送少司馬玉泉趙公奉召還闕序〉，頁615-616。

239 〔明〕焦竑，《澹園集》，〈光祿大夫柱國少保兼太子太保兵部尚書贈太保謚襄毅王公崇古墓誌銘〉，收入〔明〕焦竑輯，《焦太史編輯國朝獻徵錄》，卷39，〈兵部二・尚書二・王崇古〉，頁126-129。〔清〕張廷玉等總裁，《明史》，卷222，〈王崇古傳〉，頁5838-5843。

240 〔明〕顧秉謙等總裁，《明神宗實錄》，卷17，頁504，萬曆元年九月丙申條。

之亦可謂專矣。第虜情尚難測，邊防尚未固，正望崇古始終經略，成臣子之大忠，乃忽焉推舉京營。夫循資止可馭長才，非所以待豪傑，遷陟止可酬年勩，非所以振事功。今一月之內，戴才陞任矣，不浹旬崇古又推，再繼此劉應節亦推，邊疆重臣一朝盡易，豈廟堂久任責成之初意。且崇古久與俺答處，信義相孚，威望素服，無故驟易，能保老酋不疑，或新任者稍不滿意，致生釁端，豈可無慮。如憫獨勞，嘉乃丕績，則旌以璽書金帛，可優以崇階，世廕亦可，何必假京營以酬報邪。御史周詠等亦言，朝廷待崇古不薄，玉帶崇階，錦衣世襲，在崇古不知當何如圖報，昔李牧備邊十餘年，班超在西域且三十年，何嘗以勞久而逸之。今為崇古謀，則得矣，如邊疆大計何。上曰：朕體念邊臣，不欲竭盡其力，王崇古且著回京管理營務，便推堪任的替他。[241]

蔡汝賢認為明廷與俺答的關係尚未穩定，王崇古應留任以維繫邊疆安危，此時卻授以沒有緊急軍務要處理的協理京營戎政一職，反而顯得是酬庸。明神宗不接納此奏，仍言感念王崇古的辛勞，令其回京營。但此時明神宗年僅十歲，如此人事異動是否為其本意？

明神宗即位初，高拱因一句「十歲天子安能決事」，被張居正抓到機會並聯合馮保鬥倒。[242]數個月內，張居正排除異己，成為新任內閣首輔，並藉由代替皇帝擬旨的特權，掌握朝野人事調動。[243]而王崇古在任宣大總督時倡議隆慶議和，於朝中獲高拱與張居正支持，彼此有許多通信往來。其中，在萬曆初年張居正數次寫與王崇古的信中提到：

新皇聰穎異常，雖幼沖，已具大有為之度，區區愚忠，幸蒙俯

---

241 〔明〕顧秉謙等總裁，《明神宗實錄》，卷17，頁504-505，萬曆元年九月丁酉條。

242 樊樹志，《重寫晚明史・新政與盛世》（北京：中華書局，2018），頁68-75。

243 樊樹志，《重寫晚明史・新政與盛世》，頁92-100。

鑒。……昨本兵虛席，公論咸歸公與西石。乃太宰謂渠復銓之始，嫌於首用其親，且貢市方殷，猶借重望以鎮之。計非久，當別有簡命也。[244]

頃侍上於便殿，以言及邊事，上因問宣大重鎮，王總督何故取回？僕對言朝廷用人不宜竭其忠力，王在邊久，且少休之，他日不妨再用。上問誰可代者，僕遂以方金湖（方逢時）對。無何，而臺諫之疏至，僕竟以對上語，擬旨行之。然公之出入，實係虜之向背，邊鎮重輕，今東貢未完，金湖未至，僕於此兢兢，臥未能安枕也。古人去之日如始至，惟公留意焉。[245]

張居正信中表示明神宗雖年幼，但已有決斷的能力，並顯露出以兵部職位拉攏王崇古的意圖。在宣大總督的人事議論中，張居正回覆明神宗「用人不宜竭其忠力」要調回王崇古，於《明神宗實錄》內直接變成聖旨「不欲竭盡其力」，可見蔡汝賢的反對並非空穴來風。

從現存文獻考之，王崇古在任邊鎮總督時都會有軍務相關的奏請，但在協理京營戎政任內卻沒有他提請京營或北京防禦事務的記錄。萬曆元年九月至三年九月的任期內，王崇古仍在處理俺答請賞或合作相關的事務：

給虜酋順義王俺荅佛像、番經；賞前傳經番僧二人禪衣、坐具、紵絲；番僧衣并靴襪。授在虜番僧九人官，仍給禪衣、坐具、僧帽，及給其番官四人綵叚二表裏，木綿布四疋。禮部覆王崇古請也。[246]

244　〔明〕張居正，《新刻張太岳先生詩文集》，卷24，〈答王鑑川〉，頁612-613。

245　〔明〕張居正，《新刻張太岳先生詩文集》，卷25，〈與王鑑川言競業邊事〉，頁629-630。

246　〔明〕顧秉謙等總裁，《明神宗實錄》，卷19，頁533，萬曆元年十一月癸未條。

> 兵部覆總督宣大山西尚書王崇古奏，順義王俺荅等執送奸逆閻鶴等來獻，効順可嘉。虜中効忠華人王道科等密訪，傳報官通楊亮等往來虜營訪緝，各効勤勞，合加陞賞俺答等紵絲綵段有差，王道科等陞賞有差。[247]

此時方逢時已就任宣大總督，《明神宗實錄》仍稱王崇古為宣大總督。萬曆三年二月、六月，王崇古二度乞休，張居正書信挽留，最後以聖旨不准其請。[248]九月，王崇古改刑部尚書後，[249]有處理刑部事務的奏請。而在五年四月受命改兵部尚書後，直到十月致仕又沒有兵部事務奏請，[250]在兵部時不主其事，在邊鎮與刑部時卻照常辦公，這現象實有蹊蹺。查其墓誌銘：

> 公既解邊事，為部尚書，時傅御史應楨封事侵故相江陵，詔擬罪，公不從。薊帥戚繼光以公發其姦私，求解於江陵，公又不從。于是言者四起，而公始不得安其位矣。嗟嗟！公威讋名王，而不能討城狐之慝，信乎絕域而不能結委蛇之知，則信乎任事者之難也。[251]

王崇古在任協理京營戎政時，朝中政局令其動輒得咎，難怪僅消極執勤而無積極任事。

247 〔明〕顧秉謙等總裁，《明神宗實錄》，卷22，頁591，萬曆二年二月壬申條。

248 〔明〕張居正，《新刻張太岳先生詩文集》，卷33，〈答司馬王鑑川言抱恙勉留〉，頁745-746。〔明〕顧秉謙等總裁，《明神宗實錄》，卷35，頁807，萬曆三年二月甲戌條；卷39，頁910，萬曆三年六月丙戌條。

249 〔明〕顧秉謙等總裁，《明神宗實錄》，卷42，頁956，萬曆三年九月癸丑條。

250 〔明〕顧秉謙等總裁，《明神宗實錄》，卷61，頁1385，萬曆五年四月丙寅條；卷68，頁1474，萬曆五年十月甲戌條。

251 〔明〕焦竑，《澹園集》，〈光祿大夫柱國少保兼太子太保兵部尚書贈太保謚襄毅王公崇古墓誌銘〉，收入〔明〕焦竑輯，《焦太史編輯國朝獻徵錄》，卷39，〈兵部二・尚書二・崇古〉，頁128。

萬曆初，石茂華、趙孔昭、王崇古皆為邊鎮疆臣出任，治理地方的成績斐然，鎮撫一方的能力無庸置疑。但在執政上卻與前朝有一大不同之處，即鮮少主動奏請京營政務，是以執行兵部與內閣的命令為主。除石茂華、趙孔昭的任期短暫外，王崇古在任長達三年，但因朝中政治紛擾而轉趨低調。在協理京營戎政不主動提請政務的狀況下，戎政是如何運作？因張居正推行考成法，形成六科給事中監督六部的行政系統。[252]明廷透過六科給事中出任巡視京營科道官，由其巡視京營後提出檢討報告，提請相關人員執行管理改善，但實際上是如何執行？

隆慶六年七月，明神宗詔天下，說明革新軍政的方向。京營軍人有逃亡與冒名頂替的問題，為此特別寬裕逃兵可在二個月內自首免罪，若是發邊衛充軍卻逃兵超過一年者亦免罪，可發回原衛所為伍。[253]同月，明廷差戶科給事中陳蕖巡視京營，[254]年終論劾革京營參將、千總等官計十八員。[255]十二月再差刑科左給事中賈待問、江西道御史蘇士潤巡視京營。[256]當月，陳蕖等人條陳京營七事，選任大小將領、儲養武舉才勇、操兵不許雇代家丁、另選教師訓練槍牌火器、官馬不許任情差撥、緝捕盜賊、督察班軍上班日期與糧餉支用。[257]

萬曆元年六月，兵部覆京營五事，如整理將領職分、加強戰兵與車兵營的聯合操演、儲備將才、檢修清點各式軍器。現京營軍額僅

---

252 張海瀛，〈論張居正的考成法〉，《晉陽學刊》，5（太原，1987.10），頁50-56。樊樹志，《重寫晚明史・新政與盛世》，頁93-100。

253 〔明〕顧秉謙等總裁，《明神宗實錄》，卷3，頁112-125，隆慶六年七月辛亥條。

254 〔明〕顧秉謙等總裁，《明神宗實錄》，卷3，頁107，隆慶六年七月丙午條。

255 〔明〕顧秉謙等總裁，《明神宗實錄》，卷8，頁292，隆慶六年十二月己巳條；卷8，頁293，隆慶六年十二月庚午條。

256 〔明〕顧秉謙等總裁，《明神宗實錄》，卷8，頁295，隆慶六年十二月壬申條。

257 〔明〕顧秉謙等總裁，《明神宗實錄》，卷8，頁303-304，隆慶六年十二月壬子條。

八萬六千名，應選募汰弱，以補足兵額。[258]十二月，差山東道御史楊相巡視京營。[259]二年正月，巡視京營刑科給事中歐陽柏等條陳營務六事，兵部覆議，明廷准行。京營有待改善事項，在戰技訓練上，應強化騎射，於操演日演習步射十次後，再練馬射三次，並增加教演火器。在組織管理上，核實班軍在京則冒支行糧、在衛則虛領月米的弊病；四衛二營官軍原設坐營官各四員，在嘉靖八年時額軍三萬餘名、勇士五千四百餘名，但日後役占消耗幾半，應每營止留二員，以節省人力。此處在《明神宗實錄》中，纂修官罕見留下註文：「按此時不覈額軍壯士，而但裁營官，京營所以日就消耗也。」[260]

在行政調整上，以官銀修理戎政府東西空宅，做為總協戎政大臣居所，並令副將汰選與訓練家丁，居於戎政府旁。而提升戎政府地位職權的關鍵，在賜與戎政印：

> 昔世廟欽定戎政之印，後議收兵權，遂將印收入內府，易以總督京營關防。夫各邊鎮守既掛銀印，京營豈可直用關防。合將內庫收貯之印頒賜行，使令印信與營制一體光復。[261]

戎政府再度獲得戎政印，不僅是進一步提升軍權的使用，在制度上更明確比照邊鎮的行政模式，令戎政府更接近軍鎮體制。

原自嘉靖二十九年起，明廷派遣巡視京營科道官一年一任，年終考察覆命。[262]此時每半年即差遣科道官巡視，頻率較過往提升一倍。從

---

258 〔明〕顧秉謙等總裁，《明神宗實錄》，卷14，頁446-447，萬曆元年六月己巳條。

259 〔明〕顧秉謙等總裁，《明神宗實錄》，卷20，頁550，萬曆元年十二月丙寅條。

260 〔明〕顧秉謙等總裁，《明神宗實錄》，卷21，頁562-564，萬曆二年正月己丑條。

261 〔明〕顧秉謙等總裁，《明神宗實錄》，卷21，頁562-564，萬曆二年正月己丑條。

262 〔明〕李東陽等奉敕撰，申時行等奉敕重修，〔萬曆〕《大明會典》，卷

科道官的報告中，首先是顯示京營缺兵、逃兵問題嚴重，明廷必須選擇特赦以補回人力的窘境。但科道官不先清查兵額，反而針對營官精簡，從結果來看無法解決此事。其次，是官兵的訓練與軍器、馬匹管理都有待整理。而最特別的是，恢復戎政府使用戎政印，不僅是嘉靖朝恢復創設之制，也說明戎政府的兵權指揮將比照邊鎮的制度辦理。

從隆慶六年九月至萬曆十一年九月，張居正主政的十年期間，共有十三任協理京營戎政，這些人有何相似或不同之處？

劉應節（？-1590），隆慶元年巡撫河南，時俺答攻山西石州，劉應節率河南軍赴援，同年改整飭薊州等處邊備兼巡撫順天，任內數度禦寇有功。萬曆元年，朵顏與土蠻不時侵擾薊鎮，他任薊遼總督與戚繼光數度擊退，令其向明廷請和。[263]更疏濬通州至密雲的運河，強化京畿的後勤運補能力，展露其軍事與河工長才。[264]萬曆二年七月陞南京工部尚書，三年九月改兵部尚書協理京營戎政，五年（1577）四月改刑部尚書。[265]他是萬曆朝第二位以兵部尚書出任協理京營戎政者，歷北京三面北方邊鎮督撫，十分清楚京師防務狀況。萬曆四年（1576）正月，明廷同意工部右侍郎兼右僉都御史徐栻等議，預計在山東開運河以增加南北糧餉轉運，戶部與工部建請劉應節一同勘議工程事務。[266]二月，明廷同意戶科都給事中光懋所請，令劉應節暫輟營事赴山東開河地方處理漕運事。四月，漕運事務因技術問題議罷，劉應節回京。[267]隔年閏八月，因斥責太監馮保的錦衣衛從子馮邦寧，遭

134，〈京營・營政通例・凡考閱〉，頁369。

[263]〔清〕張廷玉等總裁，《明史》，卷212，〈戚繼光傳〉，頁5615-5616；卷220，〈劉應節傳〉，頁5787-5789。

[264]〔清〕張廷玉等總裁，《明史》，卷220，〈劉應節傳〉，頁5787-5789。

[265]〔明〕顧秉謙等總裁，《明神宗實錄》，卷42，頁956，萬曆三年九月丙辰條；卷61，頁1385，萬曆五年四月己巳條。

[266]〔明〕顧秉謙等總裁，《明神宗實錄》，卷46，頁1038-1039，萬曆四年正月癸丑條。

[267]〔明〕顧秉謙等總裁，《明神宗實錄》，卷47，頁1056-1057，萬曆四年二月丙寅條；卷49，頁1123-1127，萬曆四年四月庚午條。

言官劾罷後致仕。[268]

方逢時（？-1596），嘉靖四十一年（1562）任廣東按察司兵備副使與參將俞大猷剿擊倭寇，歷任分巡口北道山西按察司副使、都察院右僉都御史巡撫遼東、巡撫大同。隆慶四年，俺答之孫把漢那吉來降，方逢時向時任宣大總督王崇古商計與俺答談判，獲內閣高拱、張居正的支持，是隆慶議和成功的要角。萬曆元年九月，張居正將宣大總督王崇古調回北京任協理京營戎政，方逢時獲張居正推薦以兵部右侍郎兼都察院右僉都御史繼任宣大總督，二年陞兵部左侍郎兼都察院右副都御史，四年正月以三鎮貢市功，陞兵部尚書兼都察院右副都御史總督如故。[269]

方逢時與王崇古相繼為宣大總督，王崇古入京為兵部尚書後，二人相約一朝一野首尾共濟，維持明廷與俺答貢市，令邊境止戈。五年四月，以原官協理京營戎政，十月回部管事。[270]方逢時在任宣大總督時，將宣大山西三鎮與俺答的市馬揀選兌給京營，不僅可降低太僕寺經費壓力，亦可補充本土馬匹。[271]方逢時奉召協理京營戎政後，即上疏排除反對貢市的議論，力主貢市能帶來邊境安寧，於軍可節省戶部客軍糧餉、太僕寺馬價，於民可休養生息。他強調貢市的主導權在明

[268] 〔明〕馮琦，〈資德大夫正治上卿刑部尚書白川劉公應節行狀〉，收入〔明〕焦竑輯，《焦太史編輯國朝獻徵錄》，卷45，〈刑部二・尚書二・劉應節〉，頁376-381。〔明〕顧秉謙等總裁，《明神宗實錄》，卷66，頁1455，萬曆五年閏八月辛亥條。

[269] 〔明〕方逢時，《大隱樓集》（北京：北京出版社，2000，《四庫未收書輯刊》第5輯，據清乾隆四十二年滋元堂刻本影印），卷17，〈柱國少保兼太子太保兵部尚書金湖方公行述〉，頁792-793。〔明〕顧秉謙等總裁，《明神宗實錄》，卷45，頁1016-1017，萬曆三年十二月乙酉條；卷46，頁1040，萬曆四年正月甲寅條。。

[270] 〔明〕方逢時，《大隱樓集》，卷17，〈柱國少保兼太子太保兵部尚書金湖方公行述〉，頁792-793。〔明〕顧秉謙等總裁，《明神宗實錄》，卷61，頁1385-1386，萬曆五年四月壬申條；卷68，頁1475，萬曆五年十月壬辰條。〔清〕張廷玉等總裁，《明史》，卷222，〈方逢時傳〉，頁5844-5848。

[271] 〔明〕顧秉謙等總裁，《明神宗實錄》，卷44，頁988-989，萬曆三年十一月丁酉條。

廷，以此牽制俺答等部，無征戰之禍，也無和親之辱，是目前最可行之策，並隨疏附上〈北虜款貢圖〉。[272]方逢時在京協理戎政期間僅半年，其心力在力主貢市，維持隆慶議和的效力。

隆慶四年，遼東巡撫魏學曾調任提督神樞營，大學士高拱問誰可接任，魏學曾向高拱推薦張學顏（？-1598），遂由山西按察司副使擢陞都察院右僉都御史巡撫遼東，任內屢建功陞賞。[273]萬曆五年（1577）十月，陞兵部左侍郎協理京營戎政，十一月以六年考滿陞都察院右都御史舊銜協理如故。[274]奉命入京時，因土蠻與泰寧速把亥分犯遼寧、瀋陽、開原，張學顏仍在遼東禦敵，至六年正月平定後始回京。六年七月，改戶部尚書，十一年四月改兵部尚書。[275]

萬曆六年七月，孟重以都察院右副都御史巡撫保定陞兵部右侍郎協理京營戎政。[276]是年十二月，工科給事中劉中立、雲南道御史茹宗舜各劾孟重貪庸，孟重疏辯乞休不允。[277]七年四月，孟重在九個月任期間多次遭言官參劾，自請致仕，吏科給事中鄭秉厚復疏論劾，兵部覆戎政重務，既經屢摘，現自乞休致，宜允，明廷許之。[278]

楊兆（？-1587），萬曆七年四月由南京兵部尚書改兵部尚書協

[272]〔明〕顧秉謙等總裁，《明神宗實錄》，卷66，頁1453-1454，萬曆五年閏八月庚戌條；卷67，頁1457-1458，萬曆五年九月甲寅朔條。〔清〕張廷玉等總裁，《明史》，卷222，〈方逢時傳〉，頁5844-5848。

[273]〔明〕張居正等總裁，《明穆宗實錄》，卷54，頁1330，隆慶五年二月丙申條。〔清〕張廷玉等總裁，《明史》，卷222，〈張學顏傳〉，頁5853-5857。

[274]〔明〕顧秉謙等總裁，《明神宗實錄》，卷68，頁1477，萬曆五年十月丙申條；卷69，頁1504，萬曆五年十一月壬午條。

[275]〔明〕顧秉謙等總裁，《明神宗實錄》，卷77，頁1649，萬曆六年七月辛亥條；卷136，頁2529，萬曆十一年四月癸丑條；卷328，頁6080，萬曆二十六年十一月辛亥條。

[276]〔明〕顧秉謙等總裁，《明神宗實錄》，卷77，頁1651，萬曆六年七月甲寅條。

[277]〔明〕顧秉謙等總裁，《明神宗實錄》，卷82，頁1738-1739，萬曆六年十二月丙申條。

[278]〔明〕顧秉謙等總裁，《明神宗實錄》，卷86，頁1798，萬曆七年四月己卯條。

理京營戎政，九年六月以疾乞歸。[279]萬曆八年十月，楊兆疏辭協理京營戎政並以有旨令兵部侍郎代管，明神宗命其供職候裁，仍勑吏部查議冗濫者俱裁之。[280]九年正月，吏部議請汰除京師冗官，協理京營戎政即在汰除的冗官之列內遭到革除。[281]

第三十六任到第三十九任：萬曆九年四月，王一鶚（？-1591）以兵部左侍郎協理京營戎政，[282]十年十月十三日丁憂回籍。[283]十三年八月，奉起為兵部左侍郎右僉都御史總督薊鎮保定軍務兼理糧餉。[284]十五年陞兵部尚書，十九年卒，贈太子太保。[285]王一鶚丁憂後，明廷再起兵部左侍郎王遴二度擔任協理京營戎政。[286]但不到六天，王遴即

279 〔明〕申時行，《賜閒堂集》（臺南：莊嚴文化事業有限公司，1997，《四庫全書存目叢書》集部・別集類，第134冊，據北京大學圖書館藏明萬曆刻本影印），卷7，〈皇帝勑諭總督京營戎政彰武伯楊炳協理京營戎政揚兆等〉，頁139-140。〔明〕張居正等總裁，《明穆宗實錄》，卷50，頁1259，隆慶四年十月壬子條。〔明〕顧秉謙等總裁，《明神宗實錄》，卷27，頁673，萬曆二年七月癸巳條；卷70，頁1513，萬曆五年十二月庚子條；卷86，頁1800，萬曆七年四月辛巳條；卷112，頁2148，萬曆九年五月庚寅條；卷113，頁2151，萬曆九年六月甲午條；卷185，頁3470，萬曆十五年四月甲申條。

280 〔明〕顧秉謙等總裁，《明神宗實錄》，卷105，頁2040，萬曆八年十月辛丑條。

281 〔明〕顧秉謙等總裁，《明神宗實錄》，卷108，頁2076-2078，萬曆九年正月辛未條。〔清〕清高宗敕撰，《續文獻通考》（臺北：臺灣商務印書館，1987），卷51，〈職官考一〉，〈官制〉，〈明〉，頁3253。

282 〔明〕顧秉謙等總裁，《明神宗實錄》，卷90，頁1864，萬曆七年八月辛丑條；卷111，頁2129-2130，萬曆九年四月癸丑條。

283 〔明〕王一鶚，《總督四鎮奏議》（臺北：正中書局，1985，《玄覽堂叢書續集》，據萬曆十六年[1588]刊本影印），卷1，〈交代疏〉，頁1a-2b。〔明〕顧秉謙等總裁，《明神宗實錄》，卷130，頁2419，萬曆十年十一月己未條。

284 〔明〕顧秉謙等總裁，《明神宗實錄》，卷163，頁2980，萬曆十三年七月戊子條；卷166，頁3015，萬曆十三年閏九月戊午條。

285 〔明〕顧秉謙等總裁，《明神宗實錄》，卷240，頁4465，萬曆十九年九月丁丑條。

286 〔明〕顧秉謙等總裁，《明神宗實錄》，卷130，頁2419，萬曆十年十一月己未條。

陞南京工部尚書。[287]萬曆十年十一月，以兵部左侍郎賈應元（1556-1613）協理京營戎政。[288]萬曆十一年二月，刑科給事中田疇奏劾賈應元貪瀆，甚至勒索代王府贓銀，明廷於五月令其革職冠帶閑住。[289]萬曆十一年二月，以總督漕運兼管河道太子少保兵部尚書兼左副都御史凌雲翼改協理京營戎政，八月以病乞休。[290]

張佳胤（1527-1588）歷任巡撫應天、保定、陝西、宣府，在宣府巡撫任內修築南山長城一千六百九十四丈，強化獨石口、半壁、貓兒峪三城，撫平俺答下轄的部落，維持貢市穩定。萬曆十年三月，因杭州兵變，召為浙江巡撫平叛、穩定地方秩序，明神宗欽點陞都察院右都御史管兵部左侍郎事。[291]萬曆十一年八月再陞兵部尚書協理京營戎政，因薊遼邊警，九月改薊遼總督。[292]

從任期交接來看，每一任的交接詔令都在當月接續。除王一鶚

---

287 〔明〕顧秉謙等總裁，《明神宗實錄》，卷130，頁2421，萬曆十年十一月乙丑條。

288 〔明〕顧秉謙等總裁，《明神宗實錄》，卷76，頁1646，萬曆六年六月戊申條；卷130，頁2419，萬曆十年十一月己未條；卷130，頁2424，萬曆十年十一月己巳條；卷514，頁9709，萬曆四十一年十一月己卯條。〔清〕鄭僑生修，葉向昇等纂，〔康熙〕《遵化州志》（上海：上海書店出版社，2006，《中國地方志集成・河北府縣志輯》，據國家圖書館藏清康熙抄本影印），卷11，〈人物志・賈應元〉，頁75。

289 〔明〕顧秉謙等總裁，《明神宗實錄》，卷133，頁2469-2470，萬曆十一年二月甲申朔條；卷137，頁2558，萬曆十一年五月己亥條。

290 〔明〕顧秉謙等總裁，《明神宗實錄》，卷133，頁2476，萬曆十一年二月辛卯條；卷140，頁2611，萬曆十一年八月庚申條。〔清〕張廷玉等總裁，《明史》，卷222，〈淩雲翼傳〉，頁5861-5862。

291 〔明〕張佳胤，《居來先生集》（濟南：齊魯出版社，2001，《四庫全書存目叢書補編》，據中國科學院圖書館藏明萬曆刻本影印），卷65，〈明光祿大夫太子太保兵部尚書贈少保居來張公行狀〉，頁725-734。〔明〕顧秉謙等總裁，《明神宗實錄》，卷122，頁2271，萬曆十年三月庚申條；卷124，頁2321-2322，萬曆十年五月乙酉條；卷140，頁2620，萬曆十一年八月丁丑條。張廷玉等總裁，《明史》，卷222，〈張佳胤傳〉，頁5857-5858。

292 〔明〕顧秉謙等總裁，《明神宗實錄》，卷140，頁2620，萬曆十一年八月丁丑條；卷141，頁2633，萬曆十一年九月庚子條；卷445，頁8445-8446，萬曆三十六年四月丁卯條。

與前任楊兆有二個月的時間重疊，王一鶚奉命協理京營戎政時為萬曆九年四月，而前任楊兆在六月才以疾乞歸獲准。因是王一鶚未至北京前，明廷仍以楊兆供職。而〔萬曆〕《大明會典》載協理京營戎政一職於九年裁革，十一年復設。[293]吏部雖於九年執行裁革冗官，時任戎政的楊兆屢屢疏辭無心在任，但實務上明廷仍持續派員繼任，〔萬曆〕《大明會典》所載顯與史實不合。

從十三位的任職內容而言，有四位任期超過一年、六位為兵部尚書、七位帶都察院御史銜，這些變化有何意義？前述譚綸的家書中，提及協理京營戎政在兵部侍郎加都察院御史銜之後可與兵部尚書對品，此時甚至以兵部尚書加都察院御史銜來就任，其地位有顯著提升。這是高拱、張居正主政下，協理京營戎政擴權的開端。

因張居正主導朝野人事任命，在相對和平時期引來蔡汝賢等官員論協理京營戎政一職為酬庸的非議。張居正的吏治，《明史》評其：

> 居正喜建豎，能以智數馭下，人多樂為之盡。俺答款塞，久不為害。獨小王子部眾十餘萬，東北直遼左，以不獲通互市，數入寇。居正用李成梁鎮遼，戚繼光鎮薊門。成梁力戰卻敵，功多至封伯，而繼光守備甚設。居正皆右之，邊境晏然。兩廣督撫殷正茂、淩雲翼等亦數破賊有功。浙江兵民再作亂，用張佳胤往撫即定，故世稱居正知人。然持法嚴。覈驛遞，省冗官，清庠序，多所澄汰。公卿群吏不得乘傳，與商旅無別。郎署以缺少，需次者輒不得補。大邑士子額隘，艱於進取。亦多怨之者。[294]

隆慶議和後，北邊仍有未獲得貢市的部落數度入侵，南方也有倭寇與叛亂，張居正任用的將官都順利撫平地方，維持社會秩序穩定。其吏

[293]〔明〕李東陽等奉敕撰，申時行等奉敕重修，〔萬曆〕《大明會典》，卷2，〈吏部・文選清吏司・官制一・京官〉，頁62。
[294]〔清〕張廷玉等總裁，《明史》，卷213，〈張居正傳〉，頁5646。

治改造，減少冗官，並增加官員遷轉流動，避免官員深植地方形成派系勢力。但也因裁官而讓原可陞任的職官遞補困難，引發不少怨言。

張居正用人有人際關係可循，鎮撫南方有功的淩雲翼、張佳胤，日後陞為協理京營戎政。十三位由北邊督撫陞轉為協理京營戎政中，有六位在邊鎮與王崇古共事，其連結的核心就是隆慶議和以及與俺答等部落開設貢市的相關人員。如王崇古在任宣大總督時，大同巡撫劉應節、宣府巡撫孟重與其一同以宣大山西三鎮貢市完成而獲明廷賞賜。[295]

二、俞大猷與京營戰車營整建

萬曆初期對京營最大型的整建內容為戰車營，既非由協理京營戎政、總督京營戎政提出，而是由兵部尚書譚綸引薦總兵官俞大猷（1503-1579）入職京營，藉其手推動戰車營整建。萬曆二年四月，譚綸閱後推薦俞大猷為後軍都督府僉事，其職在副將之上，在開操時撿閱京營的戰車與火器，以掌握狀況來進行調整。[296]

萬曆二年閏十二月，巡視京營工科給事中李熙、福建道御史周詠條陳六事，一選戰將，二蓄將材，三練戰兵，四習車兵，五覈養馬，六廣火器，兵部覆後，俱依議行。[297]選戰將，兵部會同總協大臣選取有邊鎮作戰經驗將領，優者補入戰兵營統領，次者補入車兵營，再次為城守。蓄將才，將會試中舉武舉官盡取到京，擇年力精壯者送戎政府做為儲備軍官。練戰兵，明年防秋時，三大營內依序調撥戰兵與車兵各一支，去黃花鎮、古北口等處屯駐，與邊兵一同訓練、作戰，更

295 〔明〕楊博，《楊襄毅公奏疏》，〈本兵奏疏〉，卷11，〈覆宣大總督尚書王崇古請錄三鎮貢市效勞邊臣陞賞疏〉，頁43b-47b。
296 〔明〕顧秉謙等總裁，《明神宗實錄》，卷24，頁621，萬曆二年四月乙丑條。
297 〔明〕顧秉謙等總裁，《明神宗實錄》，卷33，頁781，萬曆二年閏十二月丁酉條。

可節省募南兵與邊兵入衛的費用。[298]京營的馬是由太僕寺官與巡視科道官負責稽查，上個月巡視發現有二十歲以上及傷病不堪使用的馬，成為官兵冒領草料銀的工具。建請找空閒官廒或在戎政府旁小屋餵養，總協大臣就近督催汰補。[299]

他們認為兵種的重要性依序是先戰車，次騎兵，步兵為末，關鍵在戰車能抵禦騎兵衝鋒。京營原編組有大戰車四營，每營120輛，共480輛；小戰車六營，每營160輛，共960輛，總戰車數為1,440輛。檢閱後發現「先年修製既不如法，堆積年久，半多朽壞。其中153輛，節年送回該廠，至今未修。」幾乎所有戰車都無法使用，現存大車129輛（25輛無法維修）、小車198輛（72輛無法維修），堪修使用的車輛僅230輛，即使再從無法維修的車輛中揀選修整20輛，總計維修經費1,500兩，也只勉強二個車營使用。依俞大猷所進雙輪戰車款式，新造1,200輛以提供八個車營使用，材料須用榆、槐、棗、檀、楠、樺等堅硬的木種，每車配大佛郎機1座、中佛郎機2座、鳥銃2桿、地連珠2桿、湧珠大砲2位、夾靶鎗10桿。但庫存大佛郎機銃僅34座，每座重達三百斤，為減省工時費用，俱改每輛戰車配三座佛郎機，應用3,600座，庫存只有1,000座，尚少2,600百座。其餘如鳥銃缺600桿、地連珠多2,669桿，京師沒有湧珠大砲，照宣大陝邊規制每位重四十斤，造2,400位。每車大旗2面、小旗2面、木盾2面、虎叉2枝、長鎗2柄、大砍刀2柄。[300]

萬曆二年，俞大猷到任時，京營堪用的戰車總數僅存編制的

---

298 〔明〕吳亮輯，《萬曆疏鈔》（北京：北京出版社，2000，《四庫禁燬書叢刊》史部，第59冊，據山西大學圖書館藏明萬曆三十七年[1609]刻本影印），卷37，〈戎務類〉，李熙，〈陳末議以裨戎務疏〉，頁563-565。

299 〔明〕吳亮輯，《萬曆疏鈔》，卷37，〈戎務類〉，李熙，〈陳末議以裨戎務疏〉，頁565-566。

300 〔明〕俞大猷，《正氣堂續集》（北京：北京出版社，2000，《四庫未收書輯刊》第5輯，據清道光孫雲鴻味古書室刻本影印），卷6，〈京營車戰近議〉，〈科道題本〉，頁542-543；卷6，〈京營車戰近議〉，〈戎政府覆本〉，頁544-547；卷6，〈京營車戰近議〉，〈兵部覆本〉，頁547-548。

15%，而且除戰車外的相關火器軍備都要整修後才能使用，基本上毫無作戰能力，戰備維持相當低落。四年後，萬曆六年九月初八日，俞大猷以老乞歸，[301]離開前與任內合作的王崇古、劉應節、方逢時三任協理京營戎政的書信中提及戰車營的整備狀況。王崇古最初看過俞大猷進程的一輛戰車，隨即同意1,200輛，如今雖有部分戰車未製造完畢，但昨日科道官檢閱時言：

> 車雖未完，其戰兵十營、車兵十營合操之法俱已習熟。昨科道撮點二營閱視，其整齊也。四營、六營、八營、十營、二十營合操亦皆有簡易之法。猷不及教，以俟後人，可細思今日教閱成營，一一皆遵名公當日題請，已洞見其今日之成營。二十營之兵列陣於大教場之中，雄哉壯哉。繼今而後，守而不變，奠社稷，威夷狄之法，豈有踰於此者。[302]

可見戰備力已成形。方逢時從兵書中了解戰車的用途，但有許多不明白處向俞大猷請教，如沒有馬推，該如何操作？以及戰車適合於平地作戰，但在九邊多屬山區，甚至面對機動力高的騎兵時，該如何使用。[303]俞大猷也回信向方逢時說明偏廂車的外貌，[304]亦與劉應節討論營中將領每年舉劾，容易被小人妒賢嫉能所利用，必須謹慎處理。[305]

由此可見，此時協理京營戎政跟俞大猷的互動良好，是以有此績效。最後，俞大猷向友人表示：「戰車教成一軍共六萬人，京營改

---

[301] 〔明〕俞大猷，《正氣堂續集》，卷7，〈奏疏〉，〈兵部覆本〉，頁566-567。
[302] 〔明〕俞大猷，《正氣堂續集》，卷1，〈書〉，〈奉王鑑川書〉，頁489-492。
[303] 〔明〕方逢時，《大隱樓集》，卷13，〈書〉，〈與虛江俞總兵論車戰書〉，頁766。
[304] 〔明〕俞大猷，《正氣堂續集》，卷1，〈書〉，〈與方金湖書〉，頁489。
[305] 〔明〕俞大猷，《正氣堂續集》，卷1，〈書〉，〈與劉白川書〉，頁497-498。

觀矣。三相公及諸老親閱視，咸謂奠社稷威夷狄之法，無出乎此。僕平生志行矣，明年決圖歸計。」[306]自認功成身退。萬曆七年，俞大猷卒於家，譚綸十分傷心，在祭文中提及「大佛郎機銃已造五千架於京營，在薊鎮造車七百，京營已有一千二百輛」[307]足見經俞大猷的努力後，此時京營的火器、戰車以及訓練皆有可觀的成效。

庚戌之變後，京營擴建2,300輛以上的戰車，嘉靖末年楊博與趙炳然建立十個戰車營，每營有400輛車，共4,000輛。經過不到十年，戰車、火器的保存及官兵熟練度居然大幅下降。在經過俞大猷的整訓後，恢復到1,200輛可用的戰車部隊，數量雖不及前朝，但仍是十分龐大的規模。[308]然而，萬曆六年十一月起，京營與薊鎮、真保鎮的戰車營陸續奉命降低戰備甚至裁革。九年六月，巡視科道官姚學閔等陳乞罷京營戰車戍薊鎮防秋，薊遼總督吳兌也認為邊情稍緩，有大警再請發即可，持續六年的京營戰車至薊鎮防秋告終，改為在京訓練。這些現象說明俞大猷離任後，朝中支持騎兵派的官員勢力上升，軍事政策的興廢往往在轉瞬之間，但專業戰技的官兵養成不易，一經廢除，短時間難以再度恢復。[309]即使如此，萬曆十年時，京營仍能奉命至薊鎮遵化支援作戰。[310]

---

306 〔明〕俞大猷，《正氣堂續集》，卷1，〈書〉，〈與李思責書〉，頁496。

307 〔明〕譚綸，《譚襄敏公遺集》，〈榮哀錄〉，〈署都督同知提調京營車兵俞大猷祭文〉，頁726-729。

308 俞大猷整建戰車營的技術分析、調遣運作與成效，可見周維強，《明代戰車研究》，頁336-354。

309 周維強，《明代戰車研究》，頁356-360。

310 〔明〕顧秉謙等總裁，《明神宗實錄》，卷130，頁2428，萬曆十年十一月己卯條。

第五節　小結

從隆慶到萬曆朝初期，協理京營戎政在明朝政局中的情況，可說是「創業維艱、守成不易」。北京防禦與京營相關政務能否推行，需要皇帝、內閣、六部、總督京營戎政與協理京營戎政彼此有共識，始得良好成效。本章闡述歷任協理京營戎政的遷轉與任職情況，驗證其制度逐漸完備。然而，制度典章之上，深刻受人事政局的影響，完善的制度是否匹配現實狀況，是值得關注的焦點。

首先是皇帝的態度與內閣狀況，明穆宗對軍事有高度興趣，承繼明世宗的戎政更新是其國策之一。他即位初年就更換六位協理京營戎政，詔令要恢復三大營的內臣監軍、內臣於西苑操練騎兵，甚至是巡遊天壽山、薊鎮等地區。他急功好遊頗令朝臣困擾，在建極殿大學士徐階為首的勸諫下，逐漸了解北京防禦與京營的政務問題，接受閣臣約束、壓抑內臣的權力，主動認識戎政的沿革後，不改前制。

隆慶二年八月，明穆宗將權力下放與內閣，閣臣張居正以「飭武備」為重要政務，透過推動「大閱」，令總督與協理須積極合作整練京營以求表現。經過一年餘的籌備後，隆慶三年九月舉行大閱，明穆宗很滿意大閱成效，嘉獎總督、協理二人與相關官員，更讓京營將士放假休息。不止有皇帝與群臣看到大閱的成果，京師百姓看到京營威武壯盛的軍容表現，甚至謠傳明軍將出征恢復河套，令外族動員戒備，明軍完成裡外兼顧的耀武盛況。是歷經土木堡與庚戌之變後，朝野對京營印象由弱轉強的轉折點。

當內閣學士中一人獨大或黨派一致時，戎政推行會有明確的方向性，而內閣學士之間對立時，戎政易被影響而有政令反覆。大閱結束不久後，內閣學士變動，隆慶三年八月趙貞吉入閣，他以恢復祖制之名要求變革戎政府制度，實際上是在與張居正爭權。

最初，趙貞吉得到明穆宗支持，推動變革戎政府結構，議請貶低戎政府為戎政廳、回收戎政印改用關防，取消總督京營戎政與協理京營戎政，改以勳臣三人總兵官與文臣三人提督，是為六提督制。六提督制最大問題是事權分散、位階平等，六人彼此若無一致同意，政務難以決斷推行，實務上窒礙難行。張居正沒有站到第一線反對趙貞吉，而是推出高拱與之衝突，並運用大閱及隆慶議和成功的輿論風向，逼趙貞吉致仕。改制從隆慶四年正月提案、五月施行、九月取消，過程非常短暫。同時，張居正重新得到穆宗信任，也獲得多數內閣與部院官員支持，陸續負責編纂嘉靖、隆慶二朝實錄與〔萬曆〕《大明會典》，官方的政治解釋與歷史評斷皆掌握在張居正手中。

從制度層面來看，協理京營戎政一職究竟如何擇人、該做什麼工作，又有哪些職權？這些問題一直隨政局改變，到萬曆朝後逐漸明朗完善。在擇取上，明穆宗著重以北方邊鎮督撫轉任，也因為南方禦倭戰爭的關係而選用南人。內閣與朝野之間的權力鬥爭，會影響協理京營戎政的任免，但久任的任免方針仍是共識。

除調取邊鎮督撫擔任協理京營戎政外，高拱設計出一套地方督撫與中央兵部之間的升遷程序，以保障隨時有可用人才出任戎政。隆慶四年二月，高拱推動將兵部侍郎從原額二名增為四名。這二名增設侍郎用以調遣巡邊或補任邊鎮督撫的彈性增加，令其熟習內外事務。隆慶五年，更確立四位兵部侍郎的位階與職掌，正式納入兵部衙門內，以左侍郎為尊，其餘以入部順序為次第。官員遷轉制度化可以加強人才培育，排除選任中的派系分別、推選耗時等問題。然而，隨著張居正用計讓高拱於隆慶六年六月回籍後，增設兵部侍郎的政令就在萬曆元年十月罷設，政隨人息。

萬曆十年以前，明神宗年幼，內閣首輔張居政主持國政，延續隆慶朝的軍政整飭。這時的協理京營戎政多為張居正提拔出任，尤以隆慶議和與負責開設貢市的陝西、宣大邊鎮官員為多。以歷任陝西三邊與宣大總督的王崇古為首，石茂華、趙孔昭、劉應節、方逢時、孟重、王遴皆曾與王崇古共事，他們擁有應對韃靼民族外交與反制騎兵戰術的豐富經驗。同時，隆慶六年至萬曆五年的兵部尚書譚綸，仕途曾在南方勦倭、總督薊遼、協理京營戎政，可以說對戎政與南北人用兵戰術都富有經驗。譚綸引介俞大猷為後軍都督府僉事，入職京營整訓戰車火器部隊，俞大猷跟王崇古、劉應節、方逢時三位協理京營戎政合作將戰車部隊恢復到一千二百輛可用的水準，北邊疆臣與南方將官難得在戎政府內將相和諧。

在協理京營戎政的職權變化上，隆慶至萬曆初年間雖有上下波動，但長期來看是持續上升。從關防印信的使用來看，隆慶三年十一月，協理京營戎政取得關防，在戎政府中地位與總督趨向平行。但次年正月，因趙貞吉奏請收回戎政印，總督與協理的地位各降一階。至萬曆二年正月戎政府再度獲得戎政印，戎政印不再被取消，說明戎政府的兵權指揮將比照邊鎮的制度辦理。萬曆二十七年，協理京營戎政王世揚得到關防，取得與勳臣同樣的事權。同時，南北二京的巡城御史也同時獲得關防，整體而言，南北二京的文臣都獲得軍務權增加。

在官銜方面，歷任兵部尚書與協理京營戎政的譚綸，自言協理京營戎政必有兵部職官銜始可統轄武臣。加上都察院的正都御史銜，其品位等同尚書，而都察院的職銜列於兵部之前，是領都察院薪俸而在兵部工作。從隆慶元年郭宗皐至萬曆十年王一鶚為止，共有十七任協理京營戎政，其中五位帶兵部尚書銜、十位有都察院御史銜，官銜普遍提高。協理京營戎政得到如同邊鎮總督的職權與地位，惟中央與地方最大不同處，在制度上協理京營戎政位階仍是副於總督京營戎政。從〔萬曆〕《大明會典》載協理京營戎政於萬曆九年罷、十一年復設，但從官員派任實況來看，這段時間一直有協理京營戎政在位，所載顯與史實不合。

協理京營戎政在戎政府與朝中的地位與職權提昇，但也有外在的分權與牽制。從戰略角度而言，薊鎮、宣府鎮的防務督導更嚴，強化邊牆、武裝的維護，做為長城沿線的第一層防禦。而第二層，將昌平、保定的軍務層級提高，規模雖不及有總督、巡撫駐防的大軍鎮，但也接近府級軍力。讓京營輪流前往京畿區域駐防，提高協調策應與實戰經驗。而後張居正推行考成法，以六科給事中為監督衙門政務執行效率與提出政策，由協理京營戎政執行清查京營兵額、馬匹養護、戰技訓練任務。這些改變，讓北京防禦形成多道防護，提高戎政的執行成效。但也侵奪協理京營戎政指揮京畿防禦、調度部院層級官員的權力。再加上為避免引來言官的攻擊以及得罪張居正，協理京營戎政多承命執行為主。

綜觀隆慶到萬曆初期，雖有政爭影響、亦有調整與侵奪協理戎政職權。但整體而言，京營的整頓、京畿防禦策應與協理京營戎政官的任用，都可視為進步。萬曆九年的「大閱」，更是延續前次大閱的水平，讓北京的軍鎮化管理模式更為成熟穩固。

第六章　萬曆朝的戰爭與戎政

在張居正病逝後，明神宗親政，朝中反對張居正的勢力紛紛群起攻擊其政。戎政的官僚、政務與張居正密切相關，政局的改變對戎政執行有何影響？隨後，明廷陸續面臨國內外大型戰爭，這些戰爭沒有直接動搖北京安危，但間接影響京營的軍械、人員、經費運作。而萬曆朝後期，明神宗長期怠政，對奏疏與用人時常留中或不報，朝政施行陷入空轉。但明神宗並未中斷欽點任用協理京營戎政，讓協理京營戎政成為少數仍可在朝中運作的京官。然而，這也讓協理京營戎政必須身兼數職，在位者苦之，欽點繼位者避之。萬曆末年的薩爾滸之役，讓長期累積的怠惰逐漸浮上檯面。

第一節　壬辰倭禍前的協理京營戎政與其政務

萬曆十年（1582）六月，張居正病逝後，明神宗主政的心態日趨強勢，但同時健康也出現狀況，倦勤反覆頻繁，[1]甚至從十七年（1589）後對章奏開始多留中不下。[2]在萬曆二十年（1592）壬辰倭禍開始前，境內各地處於相對承平的時期，明神宗對朝務的關心及內閣政治氛圍的改變會否影響協理京營戎政的政務？以下將分析歷任協理京營戎政在職的狀況。

萬曆十一年（1583）十月，明廷以南京兵部右侍郎辛應乾（？-1592）陞兵部左侍郎協理京營戎政。[3]辛應乾任期長達四年四個月，

1　樊樹志，《重寫晚明史・朝廷與黨爭》（北京：中華書局，2018），頁203-208。

2　劉楚楚，〈神廟留中奏疏匯要研究〉（長沙：湖南大學岳麓書院歷史碩士論文，2017）。

3　〔明〕何東序，《九愚山房稿》（臺北：國家圖書館藏明萬曆三十一年

從現存史料中僅知萬曆十四年（1586），處理三大營馬匹倒損變賣共一千四百五十三匹，[4]沒有大型戎政的奏請記錄。十五年（1587）二月十一日，吏科河南道交章彈劾工部尚書何起鳴與辛應乾，明神宗留用。[5]但十六日，工科右給事中張棟認為在先前交章彈劾各官中，只有何起鳴與辛應乾留用，不能服眾，[6]因此再上疏：

> 況應乾之巡撫山西也，谿壑無厭，取輕僚屬，以致為知縣苑時葵所傾。今之協理京營也，廉隅不飭，私庇將官，以致為御史楊四知所鄙，此獨非顯過耶。[7]

這些指控較針對個人，辛應乾沒有戀棧官位，隨即自陳致仕。[8]

萬曆十五年二月，宣府巡撫蕭大亨（1532-1612）改都察院右僉都御史兵部右侍郎協理京營戎政，五月回兵部管事，任期僅三個月餘。[9]

[1603]河東何氏刊本），卷29，〈大中丞辛公祠記〉，頁1a-4b。〔明〕顧秉謙等總裁，《明神宗實錄》（臺北：中央研究院歷史語言研究所，1984，據中央研究院歷史語言研究所民國五十一年[1962]刊本縮編），卷134，頁2506，萬曆十一年閏二月辛巳條；卷142，頁2639，萬曆十一年十月庚戌條。

4 〔明〕顧秉謙等總裁，《明神宗實錄》，卷172，頁3149，萬曆十四年三月乙卯條。

5 〔明〕顧秉謙等總裁，《明神宗實錄》，卷183，頁3416，萬曆十五年二月庚午條。

6 〔明〕張棟，《張可菴先生疏稿》（臺北：中央研究院歷史語言研究所傅斯年圖書館藏明萬曆四十一年[1613]刊本），卷2，〈工科稿・劾辛侍郎疏〉，頁27a-29b。

7 〔明〕張棟，《張可菴先生疏稿》，卷2，〈工科稿・劾辛侍郎疏〉，頁29a。

8 〔明〕顧秉謙等總裁，《明神宗實錄》，卷266，頁4941，萬曆二十一年十一月甲寅條。

9 〔明〕張居正等總裁，《明穆宗實錄》（臺北：中央研究院歷史語言研究所，1984，據中央研究院歷史語言研究所民國五十一年[1962]刊本縮編），卷37，頁937，隆慶三年九月丁丑條；卷64，頁1554，隆慶五年十二月丁巳條；〔明〕顧秉謙等總裁，《明神宗實錄》，卷99，頁1976，萬曆八年閏四月己酉條；卷111，頁2135，萬曆九年四月辛酉條；卷183，頁3424，萬曆十五年二月庚辰條；卷186，頁3474，萬曆十五年五月甲午條。

十七年奉命總督宣大，累官至刑部尚書、兵部尚書，後期以刑部尚書署印理兵部尚書事，轉任兵部尚書後亦署理刑部尚書事。[10]萬曆三十三年（1605）三月，蕭大亨再度短暫署協理戎政，三十六年（1608）歸鄉，四十年（1612）卒於家，擔任兵部、刑部尚書合計十三年餘。[11]

萬曆十五年五月，以南京兵部尚書傅希摯（？-1597）改兵部尚書協理京營戎政。[12]傅希摯上任後，屢屢遭言官以年老為由劾罷。十五年七月至十六年十月，傅希摯遭彈劾與自請致仕期間，魏時亮以都察院左副都御史暫管協理京營戎政。[13]明神宗數次慰留傅希摯，於十七年三月准其致仕，加太子少保。[14]這段期間，傅希摯僅是掛名協理

---

10 〔明〕顧秉謙等總裁，《明神宗實錄》，卷209，頁3925，萬曆十七年三月壬申條；卷285，頁5275，萬曆二十三年五月丁丑條；卷373，頁6998，萬曆三十年六月丙申條；卷402，頁7528，萬曆三十二年十月己未條。

11 〔明〕李維楨，《大泌山房集》（臺南：莊嚴文化事業有限公司，1997，《四庫全書存目叢書》集部・別集類，第150冊，據北京師範大學圖書館藏明萬曆三十九年刻本影印），卷17，〈蕭少傅年譜序〉，頁673-675。〔明〕申時行，《賜閒堂集》（臺南：莊嚴文化事業有限公司，1997，《四庫全書存目叢書》集部・別集類，第134冊，據北京大學圖書館藏明萬曆刻本影印），卷31，〈光祿大夫少傅兼太子太傅兵部尚書蕭公偕配封一品夫人劉氏合葬墓誌銘〉，頁637-640。〔明〕顧秉謙等總裁，《明神宗實錄》，卷407，頁7595，萬曆三十三年三月庚寅條；卷452，頁8543，萬曆三十六年十一月庚子條；卷492，頁9263-9264，萬曆四十年二月辛巳條。

12 〔明〕張居正等總裁，《明穆宗實錄》，卷55，頁1361，隆慶五年三月庚午條；卷57，頁1399，隆慶五年五月丁卯條；卷63，頁1524，隆慶五年十一月辛巳條；〔明〕顧秉謙等總裁，《明神宗實錄》，卷186，頁3475，萬曆十五年五月丙申條；卷24，頁617，萬曆二年四月丙辰條；卷67，頁1461，萬曆五年九月乙丑條；卷88，頁1828-1829，萬曆七年六月戊戌條；卷133，頁2483-2484，萬曆十一年二月辛丑條；卷159，頁2922，萬曆十三年三月己卯條；卷174，頁3191，萬曆十四年五月戊戌條。〔清〕張廷玉等總裁，《明史》，卷223，〈傅希摯傳〉，頁5875-5876。吳耀明、傅新水、孫晨光，〈清廉任事的明代尚書傅希摯〉，《衡水學院學報》，17：3（衡水，2015.6），頁71-75。

13 〔清〕張廷玉等總裁，《明史》，卷221，〈魏時亮傳〉，頁5819-5821。

14 〔明〕顧秉謙等總裁，《明神宗實錄》，卷188，頁3520，萬曆十五年七月丙申條；卷191，頁3582-3583，萬曆十五年十月丁卯條；卷191，頁3596，萬曆十五年十月乙亥條；卷209，頁3909，萬曆十七年三月庚戌條；卷209，頁3910，萬曆十七年三月癸丑條；卷209，頁3916，萬曆十七

京營戎政，實際是魏時亮代理。

萬曆十五年七月，魏時亮奏陳〈安攘要務十四議〉，明神宗納其言，令所司覆行，[15]其議請中有關京營與北京防禦最相關者有三。首先是於京營遍置火器，他認為守城應以大將軍神銃，能遠射且威力甚鉅；佛郎機銃則能夠持續連射，火力輸出的時效其他火炮難以企及。其他三眼鎗、夾把鎗、虎飛炮等，應多建造並令官兵熟習。如一營三千人，一千騎兵精習騎射，其他二千名應熟習火器。督促戎政府選練戰兵，不足數再募土兵充伍，選擇有作戰經驗與戰技熟練之人為教師。其二是應嚴格京邊互練之例，讓有作戰經驗的邊將調入京營，以其訓練京軍。然而，邊將內調後多厭苦勞，應給將官與其帶練最多三十名家丁雙倍糧餉，以示優恤其辛勞。[16]次月，巡視京營科道苗朝陽等議設教場以練官兵、重補官以責實效、議賞功以示激勸、覈馬匹以實營伍，政務與魏時亮所請接軌，明神宗令兵部覆行。[17]

同時在昌鎮還有軍政影響民政的問題：

> 京師德勝門外諸陵紅門路號九十，日可往回。官府從容，輿馬晨發而午且至。況各衙門官員往者，各可自備輿夫、自備馬匹，而不必于中途更換者也。糧料燈籠自帶，無勞供億；僕從傘扇自隨，何用兵導。迺清明霜降二祭暨上陵，文武衙門即雖未行牌至州，該州定于中途換馬，驛卒索錢貼夫，或候宿于州城，或餽送于陵上，或跪迎于道途。管軍各官馬兵，前道張皇荅應不勝苦楚，勞勩飢疲，不忍見聞。在京官原無一毫之益，而在該鎮實受

年三月己未條；卷312，頁5824，萬曆二十五年七月乙未條。

15 〔明〕顧秉謙等總裁，《明神宗實錄》，卷188，頁3516-3517，萬曆十五年七月辛卯條。

16 〔明〕魏時亮，《魏敬吾文集二》，〈疏．題為摘陳安攘要議以裨睿採疏〉，收入〔明〕陳子龍等選輯，《明經世文編》（北京：中華書局，1962），卷371，頁4019-4020。

17 〔明〕顧秉謙等總裁，《明神宗實錄》，卷189，頁3546，萬曆十五年八月乙丑條。

萬分之困，此最宜痛禁節省。[18]

陵寢工匠、軍隊及驛遞頻繁往來京師與昌鎮，當地百姓須勞費接待，連帶影響軍務。要求兵部咨箚各衙門，除駐防與維修陵寢的兵工二部堂屬等官、監視大臣、科道督工內臣都應暫減半應付，春祭、秋祭陪同皇帝的大臣皆須自帶馬與所需器物，不可向昌鎮索取。

同年八月，魏時亮發現京營內沒有年幼的勳臣子弟在營訓練，與他在嘉靖朝末期巡視時的狀況相反。當時即要求年滿十六歲以上、三十五歲以下勳臣子弟入京營，聽總督與協理二臣教習弓馬策論，以此儲訓將才備用。應限期半個月內，查出該送營訓練的勳臣子弟，若有未送營者，薄罰祿米示懲，明廷同意其請。[19]從魏時亮所奏陳事項中，一方面可以看到明廷增強京營使用各式火器與訓練的狀況，戰技與軍器仍有持續更新。然而，更重要的是督導操練，邊將入京與勳臣將官的管理難以長久掌控，是一大隱憂。

萬曆十一年九月，吏部曾推時任宣大總督鄭洛（雒）為協理京營戎政，[20]當時明神宗言：

雒（洛）在邊鎮節省錢糧是好官，邊上該用他，如何推他京營，放在閑散。……既卿等所奏朕已點用，今後但凡各處要緊事情，

---

[18] 〔明〕魏時亮，《魏敬吾文集二》，〈疏・題為摘陳安攘要議以裨睿採疏〉，收入〔明〕陳子龍等選輯，《明經世文編》，卷371，頁4026。

[19] 〔明〕魏時亮，《魏敬吾文集二》，〈疏・為勳裔失教緩急乏人乞賜申飭舊制務敦預養以責成世臣報效疏〉，收入〔明〕陳子龍等選輯，《明經世文編》，卷371，頁4028-4029。〔明〕顧秉謙等總裁，《明神宗實錄》，卷189，頁3547，萬曆十五年八月丙寅條。

[20] 〔明〕顧秉謙等總裁，《明神宗實錄》，卷29，頁711，萬曆二年九月己丑條；卷36，頁838，萬曆三年三月甲辰條；卷76，頁1644，萬曆六年六月乙巳條。鄭洛的《鄭襄敏公赤牘》現藏山東大學中心校區蔣震圖書館特藏第一書庫，書信時間雖含括鄭洛擔任協理期間，但內容未涉及戎政事務，其史料介紹可見韓帥之文。韓帥，〈鄭洛著《鄭襄敏公赤牘》的史料價值〉，《古籍整理研究學刊》，3（長春，2019.5），頁82-84。

> 重大的不必以資格歷俸為則，必須推其堪任的用。[21]

明神宗認為相對邊鎮督撫而言，協理京營戎政是閑散的官員，顯見承平日久的安逸狀態。萬曆十七年三月，鄭洛以總督宣大太子太保兵部尚書兼都察院左副都御史改理京營戎政，在任一年四個月。[22]

鄭洛從隆慶五年的隆慶議和開始，至萬曆二十年卸任經略七鎮軍務為止，從參與協助到主持明蒙貢市，穩定明朝邊疆有功。[23]即使調任協理京營戎政，仍在朝中處理邊鎮事務。如萬曆十七年四月，順義王乞慶哈投書以迎奉佛僧請求撫賞，最後明廷一面戒備防禦，一面同意賞犒等物共用一萬四千四百餘兩。[24]工科給事中李汝華不認同撫賞，劾鄭洛畏敵貽患，且劾諸將吏侵軍資，明神宗僅將宣府巡撫王學書調別用，令鄭洛繼續供職。[25]同年十二月，工科給事中林材上言鄭洛能得到吏部推舉為戎政尚書，是因為張居正是其女兒主婚人，是倚靠權勢上位，明神宗未接納。[26]鄭洛因張居正的關係，在朝中不時被參劾，或也因此無心於協理京營戎政一職。先是在萬曆十七年十月辭免原兼左副都御史，[27]十八年（1590）六月至七月三度以疾乞休，明

21　〔明〕顧秉謙等總裁，《明神宗實錄》，卷141，頁2636，萬曆十一年九月乙巳條。

22　〔明〕顧秉謙等總裁，《明神宗實錄》，卷209，頁3924-3925，萬曆十七年三月己巳條。

23　韓帥，〈略論鄭洛在明代北部邊防中的作用——以《鄭襄敏公赤牘》為核心〉，《山西師大學報（社會科學版）》，46：3（臨汾，2019.5），頁97-100。

24　〔明〕顧秉謙等總裁，《明神宗實錄》，卷210，頁3940-3941，萬曆十七年四月戊戌條。

25　〔明〕顧秉謙等總裁，《明神宗實錄》，卷215，頁4028-4029，萬曆十七年九月戊午條。〔清〕張廷玉等總裁，《明史》，卷220，〈李汝華傳〉，頁5806。

26　〔明〕顧秉謙等總裁，《明神宗實錄》，卷218，頁4077-4078，萬曆十七年十二月甲申條；卷218，頁4078，萬曆十七年十二月乙酉條。

27　〔明〕顧秉謙等總裁，《明神宗實錄》，卷216，頁4049，萬曆十七年十月庚子條。

神宗不允。[28]

萬曆十八年七月，順義王撦力克西赴青海，火落赤、真相犯洮河，副總兵李奎、李聯芳先後被殺，西北戰事大起。[29]明廷隨即令鄭洛為兵部尚書兼都察院右都御史經略陝西四鎮及宣大山西等處邊務。[30]鄭洛於八月離開北京，經宣府、山西偏關至陝西，十月即向明廷回報邊關戰情與防禦調度。[31]「經略」是軍權特重的職官，地位更高於總督，多因重大戰事而臨時任命，如庚戌之變時都御史商大節經略京城內外，戰後以王忬、翁萬達、許宗魯為三輔經略等，「經略之號，非文帥所易當也」。[32]故鄭洛以兵部尚書經略七鎮，可見當時軍情的危急，而遠離中央的政爭紛擾，更能發揮其軍政專長。萬曆二十年二月，兵部尚書石星以鄭洛的軍功及威望，推薦繼續起用為京營戎政，但鄭洛因不斷遭議論而推辭，再以病乞休。[33]

鄭洛經略西北後，明廷在同月調總督薊遼兵部尚書兼都察院左副都御史張國彥（1525-1598）回京協理京營戎政。[34]萬曆十九年

---

28 〔明〕顧秉謙等總裁，《明神宗實錄》，卷224，頁4161，萬曆十八年六月乙酉條；卷224，頁4170，萬曆十八年六月甲午條；卷225，頁4180，萬曆十八年七月丙午條。

29 〔清〕張廷玉等總裁，《明史》，卷220，〈魏學曾傳〉，頁5976-5977；卷233，〈朱維京傳〉，頁6079。

30 〔明〕顧秉謙等總裁，《明神宗實錄》，卷225，頁4193，萬曆十八年七月己巳條。

31 〔明〕顧秉謙等總裁，《明神宗實錄》，卷228，頁4229-4230，萬曆十八年十月甲申條。

32 〔明〕沈德符撰，楊萬里校點，《萬曆野獲編》（上海：上海古籍出版社，2012），卷22，〈督撫・經略大臣設罷〉，頁471-472。

33 〔明〕顧秉謙等總裁，《明神宗實錄》，卷245，頁4573，萬曆二十年二月甲寅條。〔清〕張廷玉等總裁，《明史》，卷222，〈鄭洛傳〉，頁5850-5853。

34 〔明〕張居正等總裁，《明穆宗實錄》，卷63，頁1523，隆慶五年十一月己卯條。〔明〕顧秉謙等總裁，《明神宗實錄》，卷226，頁4202，萬曆十八年八月庚辰條；卷115，頁2177，萬曆九年八月辛丑條；卷143，頁2673-2674，萬曆十一年十一月辛丑條；卷185，頁3455，萬曆十五年四月甲子條。高峰，〈《明史》為什麼無張國彥列傳〉，《邯鄲學院學報》，1（邯鄲，2014.3），頁77-80。

（1591）九月，張國彥上疏京營的訓練任務：

> 每秋操以冬至始住，則沍寒之苦不堪，宜寅而進，午而散，戴盔甲以習其技，捷射藝以觀其能，凡軍人替役奉驗多至數月，則茹苦益甚。自今過堂及赴驗領糧不過十日，此所以恤軍者也。將領自邊方者，給贍米五石，而腹裏不與，則一視同仁之典宜舉。邊將之懦劣者入營備員，冀望躐等則扛鼎穿楊之能宜別。而杜請託，禁訛言，則紀綱肅，而戎政舉矣。[35]

以體恤為名放寬對士兵的訓練要求，加糧餉以安撫。對將官則有革任、降級等懲處，同月即革京營參將朱士元等回衛、劉守圭降職一級等各罰俸有差。[36]十月，明神宗令各軍弓矢每三年一次折價給軍，每年再將應修理的盔甲五百副送回兵部，令盔甲、王恭二廠修好。[37]

萬曆十九年十月，紫禁城前發生京軍聚眾包圍大臣的事件。起因於當年八月，閱視大同邊務光祿寺少卿曾乾亨條陳裁減大同官兵俸糧。[38]其內容轉傳至北京就變成要裁減京營俸糧，京軍便群聚到長安門口要向朝廷控訴，適巧遇到曾乾亨的兄長工部尚書曾同亨，京軍包圍曾同亨鬨嚷，直至兵部尚書石星到現場才控制住情況，諭令官兵解散回營。石星自陳失職乞賜罷斥，明神宗令石星安心任事，而五軍都督府堂官、京營總督、長安門指揮官等皆著法司提問。[39]

---

35 〔明〕顧秉謙等總裁，《明神宗實錄》，卷240，頁4469-4470，萬曆十九年九月戊寅條。

36 〔明〕顧秉謙等總裁，《明神宗實錄》，卷240，頁4475，萬曆十九年九月丁亥條。

37 〔明〕顧秉謙等總裁，《明神宗實錄》，卷241，頁4494，萬曆十九年十月壬寅條。

38 〔明〕顧秉謙等總裁，《明神宗實錄》，卷239，頁4438-4440，萬曆十九年八月丁未條。

39 〔明〕顧秉謙等總裁，《明神宗實錄》，卷241，頁4479，萬曆十九年十月癸巳朔條；卷241，頁4480，萬曆十九年十月甲午條。

大學士王家屏疏言京衛官軍聚譟、侮辱大臣，應嚴辦以正肅法紀。[40]明神宗向吏、兵二部發佈上諭：

> 近來新進後生得司耳目之職，全不持公心，專以挾私報復，妄逞胸臆，三五成群互相攻訐，淆亂國政不勝不已，是何景象？且為本兵正當鎮靜以寬，夫疊石之岡勢非不峻，而草木不茂，金鐵之溪水非不清，而魚鱉不生。前日各衛軍官諠譁禁庭，是何法紀？都本當重處。……二部、都察院一體申飭。今後再有這等，該部院指名參來重治，罪不宥。[41]

朝中官員以私怨相互參劾及京軍聽信謠言的情況，時勢氛圍相當混亂無紀。稍後，石星奏陳事情詳細經過，請罰治皇城把總陳忠、秦瀚，並自請賜罷斥，明神宗令供職如舊。[42]次月，明廷同意兵部題報懲處科道官與錦衣衛等造謠糾眾主事人員名單，脅從不深究。[43]此時，因張國彥的三個兒子都高中科舉，雲南道御史顧際明參劾其子是倚仗權貴而舉，應罷斥張國彥以肅官箴，張國彥為此以老疾求歸，明神宗未允。[44]十二月改刑部尚書，萬曆二十六年卒，賜太子太保飛魚一襲。[45]

---

40 〔明〕王家屏，《王文端公詩集二卷奏疏四卷尺牘八卷》（臺南：莊嚴文化事業有限公司，1997，《四庫全書存目叢書》集部・別集類，第149冊，據北京大學圖書館藏明萬曆四十年至四十五年刻本影印），〈奏疏〉，卷3，〈請究五府京營縱衛官譟亂揭〉，頁520-521。〔明〕顧秉謙等總裁，《明神宗實錄》，卷241，頁4482-4483，萬曆十九年十月丙申條。

41 〔明〕顧秉謙等總裁，《明神宗實錄》，卷241，頁4482，萬曆十九年十月丙申條。

42 〔明〕顧秉謙等總裁，《明神宗實錄》，卷241，頁4485，萬曆十九年十月戊戌條。

43 〔明〕顧秉謙等總裁，《明神宗實錄》，卷242，頁4522，萬曆十九年十一月乙酉條。

44 〔明〕顧秉謙等總裁，《明神宗實錄》，卷242，頁4513，萬曆十九年十一月甲戌條；卷242，頁4517，萬曆十九年十一月丁丑條。

45 〔明〕顧秉謙等總裁，《明神宗實錄》，卷243，頁4527，萬曆十九年十

萬曆二十年三月，以總督薊遼都察院右都御史兼兵部右侍郎蹇達（1542-1608）改協理京營戎政。[46]此時明朝已知豐臣秀吉將率軍入侵朝鮮，蹇達仍在備防，未立即回京。四月，明廷以協理京營戎政需人，急令兵部右侍郎顧養謙前往與蹇達交換，並將保定總兵倪尚忠移駐天津總管薊遼兵馬。[47]然而，萬曆二十一年（1593）二月，言官奏蹇達受賄，被令在籍聽勘，時逢母喪丁憂，直到三十年才復起為薊遼總督，因軍功陞兵部尚書加太子太保，三十六年七月卒於官。[48]

萬曆二十年六月，以工部左侍郎周世選（1532-1606）改兵部左侍郎協理京營戎政，十一月改都察院右都御史兼戶部右侍郎總督倉場，累官至南京兵部尚書。[49]周世選的任期僅五個月，且時間點與蹇達重疊，應是蹇達尚未從薊遼總督回京這段時間暫時代理。周世選任期間雖短，卻有留下重要的京營政務記錄。在〈酌議恤軍事宜以飭戎政疏〉中，他指出京營的數項管理問題。首先，軍士在營中隸屬副將、參遊等官，在衛所統於指揮、千戶百戶等官，不時遭到長官勒索

二月丙申條；卷327，頁6053-6054，萬曆二十六年十月庚申條。秦進才、邵服民，〈明刑部尚書張國彥夫婦合葬墓誌銘校點考釋〉，《文物春秋》，5（石家莊市，2002.10），頁16-27。

46 〔明〕張居正等總裁，《明穆宗實錄》，卷26，頁708，隆慶二年十一月甲子條。〔明〕顧秉謙等總裁，《明神宗實錄》，卷166，頁3015，萬曆十三年閏九月戊午條；卷218，頁4071，萬曆十七年十二月戊寅條；卷226，頁4202，萬曆十八年八月庚辰條；卷246，頁4591，萬曆二十年三月己丑條。

47 〔明〕顧秉謙等總裁，《明神宗實錄》，卷247，頁4594，萬曆二十年四月甲午條；卷247，頁4605，萬曆二十年四月丁未條；卷248，頁4620-4621，萬曆二十年五月庚辰條。

48 〔明〕李維楨，《大泌山房集》，卷113，〈太子太保兵部尚書蹇公行狀〉，頁294-302。〔明〕顧秉謙等總裁，《明神宗實錄》，卷257，頁4783，萬曆二十一年二月丙申條；卷295，頁5477，萬曆二十四年三月庚午條；卷387，頁7124-7125，萬曆三十年十一月甲申條；卷510，頁9659-9660，萬曆四十一年七月癸酉條。傅劍，〈明代重慶蹇氏家族研究〉（重慶：西南大學碩士學位論文，2014），頁27-32。

49 〔明〕顧秉謙等總裁，《明神宗實錄》，卷149，頁2779-2780，萬曆十二年五月癸卯條；卷230，頁3804-3805，萬曆十六年九月戊寅條；卷249，頁4635，萬曆二十年六月己亥條；卷426，頁8037，萬曆三十四年十月乙巳條。

月糧或是指派私務，官兵敢怒不敢言，應通令營中與州縣官嚴加查禁。他與太僕寺官將會在春操時查驗京營馬匹，老瘦不堪騎操的估價變賣，所得剩銀再以馬價、樁棚銀分給各營買補。京營弓矢例該三年一給，請咨行工部照戎政府所造式樣製造，並刻上工匠姓名以示負責。軍士稱上年所領弓箭大半不堪，每弓一張、矢一束，都要軍士自行補貼銀數錢買置，政府不該讓官兵有此負擔，請給予折色補之。最後是操練事宜，春舊例在停操月份，三大營軍士分為四班，如初一、十一、二十一日，各輪八營人馬計二萬四千有餘進營候點閱。但實際上官未必點、軍未必集。建請在停操當月，改為每隔一日止留二營，計軍六千在營擺列聽候查點，則月輪一次官兵不苦。[50]

自萬曆十一年起，明神宗開始規劃興築明定陵，由於工程浩大，不時調遣京營或班軍充作工役。軍人調充工役，不只影響正常戰備維持，更添增管理困難。如萬曆十二年，曾任協理京營戎政的兵部尚書張學顏要求時任戎政侍郎辛應乾回報班軍赴工事宜。[51]萬曆十八年正月，定陵施工接近尾聲，巡視京營科道官洪有復等奏言目前人多工少，明廷同意放歸班軍以節省月糧、體恤軍力，但工部仍請要求留五百人應用。[52]從中可見工部為保障施工人力充足，不願意放棄調度班軍。萬曆二十年一月，工部再以壽宮工程重大，班軍不敷使用，請調京營軍三萬名輪流赴工。周世選上言工程仍要數年才可完成，若調動京營近三分之一的軍力去做工，軍士將會生疏武藝、旗號不記，嚴重影響戰備，建請募銀顧人，避免京軍做工。[53]

---

50 〔明〕周世選，《衛陽先生集》（臺南：莊嚴文化事業有限公司，1997，《四庫全書存目叢書》集部・別集類，第136冊，據北京大學圖書館藏明崇禎五年[1632]周承芳刻本影印），卷3，〈酌議恤軍事宜以飭戎政疏〉，頁580-582。

51 〔明〕顧秉謙等總裁，《明神宗實錄》，卷156，頁2889，萬曆十二年十二月甲子條。

52 〔明〕顧秉謙等總裁，《明神宗實錄》，卷219，頁4109-4110，萬曆十八年正月癸丑條。

53 〔明〕周世選，《衛陽先生集》，卷3，〈營軍關係至重乞免工役以壯國

萬曆二十年十月，兵部尚書石星奏報日軍已逼近鴨綠江，自請率軍前往，並調寧遠伯李成梁及選京營軍千餘名隨行，明神宗以本兵居中調度不宜輕行，仍令宋應昌往任。[54]朝鮮戰事步步逼近明朝疆界，這次雖未調動京營，但周世選上疏將與總督戎政臨淮侯李言恭一同清點營中器械火炮，並條列整飭營務事項，以備不時之需。其動員的重點事項，優先遴選三大營中擅長指揮戰車與守城的千、把總將官備用；平常京軍進營操練是在寅時至辰時（上午三點至九點），現在起辰時後各留一司演練馬步射藝、刀鎗短兵或放大小火炮，依演示狀況給予賞罰，直到未時（下午一點至三點）方可解散。朝鮮戰事的敵軍是日本，令京軍仿浙兵在南方平倭戰爭所用戰技，每營造長鎗二百杆，狼筅一百杆，調薊鎮守臺浙兵南兵三十名入京營為教師。並增給行糧以及銀二至七錢，做為修械、整修弓矢之費。[55]

周世選重視戰車的製造與維護，他提到今年三月暫管戎政兵部左侍郎王基題添標營軍人二千名，新舊合共五千名分為二營操練，又添造輕車二百四十輛將漸次造完，應選取精壯軍人運駕方可演習。人員配置上，以車正一名指揮二輛車，每車用車丁三名，需車正一百二十名、車丁七百二十名，共司車軍士八百四十名。為不影響京營原有配屬，另挑選備兵或額外勾募，令坐營官何良臣等教習。戰車配屬的裝備也應趕緊置辦如表6-1。

威疏〉，頁582-583。

54 〔明〕顧秉謙等總裁，《明神宗實錄》，卷253，頁4705，萬曆二十年十月辛卯條。

55 〔明〕周世選，《衛陽先生集》，卷6，〈整飭營務疏〉，頁606-608。

表6-1　輕車裝備表

裝備	每車數量	共計
軍幕	1	240
軟簾	1	240
旗幟	2	480
小窩鋒砲	5	1,200
火箭	50	12,000
小拒馬鎗	2	480

資料來源：〔明〕周世選，《衛陽先生集》（臺南：莊嚴文化事業有限公司，1997，《四庫全書存目叢書》集部・別集類，第136冊，據北京大學圖書館藏明崇禎五年[1632]周承芳刻本影印），卷6，〈整飭營務疏〉，頁609。

隆慶五年曾建戰車房以存放戰車，而現在新造完成的標營輕車寄存於崇國寺（今北京市大隆善護國寺），加上長鎗、狼筅、藤牌等器械是交由官兵自行帶回家存放，就裝備管理而言並非妥善與長久之計。應建造新的車房以防損壞，每四輛車用一間房，於京營教場空閒處造六十間車房，再造十間局房於車房旁，用以安置鎗筅等物。[56]

56　〔明〕周世選，《衛陽先生集》，卷6，〈整飭營務疏〉，頁608-609。

圖6-1　大隆善護國寺今存金剛殿外觀（未開放）
資料來源：作者攝（北京市，2023.9）

綜觀第四十一至四十八任協理京營戎政，除蕭大亨與周世選外任期皆超過一年，官員有較多時間可深入了解京營狀況並執行政務。歷任之間的接續十分緊湊，甚至有新任因故未到任期間有其他人臨時暫代，如傅希摯、魏時亮；蹇達、周世選、王基。同時，八任中有二位為兵部尚書銜，在承平時期的職權與久任，可見明廷對其重視。然而，朝中政治紛擾，有五位從就任到卸任都與言官參劾有關，其理由甚至是年老或早年在基層任官時的故事。朝中黨同伐異的情況，也影響任事者對政務推動的心態與執行力。

在京營的管理方面，多偏向細節的改善而不是大方向更制。京營管理的難處在於勳臣將官驕縱，基層軍士遭到月糧與工役的剝削。故此時可見對將官的革任較多，並再度嚴格執行勳臣子弟入營訓練以做儲備將官，對基層軍士則是多寬減勞役、增給糧餉，將兵待遇與管理有所區別。較特別的是，為了準備朝鮮戰役，再度擴增戰車營，並從薊鎮調取南兵，以平倭戰爭的經驗來訓練京營將官。

第二節　戎政與萬曆三大征

萬曆朝後期明朝進入長期戰爭動員狀態，在國家西北、東北、東南依序發生大規模戰爭，史稱「萬曆三大征」。三大征分別是萬曆二十年二月至九月，致仕寧夏副總兵哱拜叛變；二十年四月至二十六年十一月，日本豐臣秀吉侵略朝鮮，史稱壬辰倭禍；二十一年正月至二十八年六月，四川播州楊應龍叛亂。京營雖沒有直接參與三大征戰役，但必須預先規劃京師與京畿戰守策略，以及維持戰備狀態。而對北京防禦影響最大的，則是壬辰倭禍與四川播州楊應龍叛亂，隨著戰爭的延長，協理京營戎政也成為朝中議論戰事方針的一員，帶動京師防禦的擴增。

一、壬辰倭禍

萬曆二十年三月，隨著日軍動員、渡海登陸朝鮮作戰，從前述蹇達、周世選的遷轉起，協理京營戎政調任多與薊州巡撫、遼東巡撫或薊遼總督相關。六月，日軍越過朝鮮大同江往北進攻，遼東巡撫郝杰指出支援的明軍僅停駐鴨綠江而未敢前進，奏請明軍進入朝鮮並接納安置逃亡的朝鮮君臣，明廷遂於七月令郝杰陞任薊遼總督。[57]

十一月，協理京營戎政周世選改都察院右都御史兼戶部右侍郎總督倉場後，[58]明廷以兵部左侍郎徐元泰（1536-？）陞都察院右都御史協理京營戎政，二十一年正月改南京刑部尚書。[59]徐元泰今存史料甚

---

57 〔明〕顧秉謙等總裁，《明神宗實錄》，卷238，頁4402，萬曆十九年七月乙丑條；卷249，頁4642，萬曆二十年六月乙丑條；卷250，頁4648，萬曆二十年七月己未條；卷250，頁4651，萬曆二十年七月癸亥條。

58 〔明〕顧秉謙等總裁，《明神宗實錄》，卷254，頁4727，萬曆二十年十一月戊寅條。

59 〔明〕顧秉謙等總裁，《明神宗實錄》，卷254，頁4729，萬曆二十年十一月壬午條；卷256，頁4753-4754，萬曆二十一年正月丁卯條。〔明〕

少，僅任協理京營戎政二個月餘，工科給事中韓學信有一短評：

> 元泰半年間，秋而戶部管大僉，冬而都御史管京營，春而司寇南中，在在能辦，未之解也。御史劉月梧言，元泰不二月而遷，陳有年、蔡國珍不半年而遷，朱鴻謨不五月而遷，是建官與無官等也。[60]

這一年朝廷用人頻繁更易，有職官難以施政的現象。

萬曆二十一年正月，郝杰（1530-1600）由總督薊遼保定都察院右都御史兵部右侍郎改協理京營戎政。[61]從萬曆十八至二十年，郝杰為遼東巡撫，其上屬為薊遼總督蹇達。郝杰不只繼蹇達任為薊遼總督，亦隨後陞任協理京營戎政。然而，郝杰與蹇達及遼東官員有所不合。如時任遼東總兵官李成梁領兵禦敵時多避強趨弱，甚至誘殺附塞者充首功，郝杰如實奏報，卻遭蹇達隱匿。遼東巡按御史胡克儉劾報蹇達等官隱蔽實情，郝杰也在參劾之列，但明神宗未懲處郝杰，而再陞其為都察院右都御史。[62]

郝杰在協理京營戎政任內十個月的京營狀況，或可從詹事府左庶子掌左春坊印信馮琦（1548-1603）贈入理戎政序窺見部分面貌：

> 今京營軍不過十二萬，老稚不任者居什三，廝養輿隸什五，負販及百工什九，名雖十二萬，實不當邊鎮三萬人。頃者我師西破

工樵，《方麓居士集》（臺北：國家圖書館藏明萬曆間[1573-1620]刊崇禎八年[1635]補刊墓誌銘本），卷2，〈大司寇華陽徐公奉溫綸予告還里序〉，頁30a-31b。

60 〔明〕許重熙，《嘉靖以來注略》（北京：北京出版社，2000，《四庫禁燬書叢刊》史部‧第5冊，據北京大學圖書館藏明崇禎六年刻本影印），卷9，頁182。

61 〔明〕顧秉謙等總裁，《明神宗實錄》，卷256，頁4755，萬曆二十一年正月甲戌條；卷256，頁4771，萬曆二十一年正月癸未條。

62 〔清〕張廷玉等總裁，《明史》，卷221，〈郝杰傳〉，頁5822-5823。

> 賊東破倭皆藉邊鎮力，禁旅不得分尺寸功也。……稍持之急，則鬨而起，口語藉藉，大臣且不安，大臣亦率一二歲去為他官。即相與因循為一二歲計耳，雖有後患，我勿與知，故曰非，但無法也。[63]

詹事府右春坊右中允李廷機贈其離任序：

> 先生謂予戎政非久任，詎可哉，輦轂之下龐難理，讙、易動，亟操則驟而更格，顯出則徑而反駴，善為者廣而約，持之明而晦，用之急而緩，行之以漸，移變不令有跡可尋。[64]

朝中官員對邊鎮軍的信心較高，對京營官兵的實戰力頗有堪慮。其問題在於基層官兵無法專為軍務，將官層級驕縱難以約束，這也導致有心的戎政官難以管理，無心者因循故事，粉飾太平。當時明廷朝野爭議與日本是和貢還是作戰，郝杰是不信任日本有和貢意圖的主戰派，但與多數人意見不同，遂求去，十月改任南京戶部尚書。[65]

萬曆二十一年十月，明廷以賈仁元（？-1595）都察院右都御史兼兵部右侍郎協理京營戎政。[66]賈仁元在巡撫延綏時，隨經略七鎮鄭

[63] 〔明〕馮琦，《北海集》（臺北：國家圖書館藏明萬曆末年[1605-1620]雲間林氏刊本），卷7，〈贈御史大夫少泉郝公入理戎政序〉，頁5b-7b。

[64] 〔明〕李廷機，《李文節集》（臺北：國家圖書館藏明崇禎間[1628-1644]刊本），卷17，〈送御史大夫少泉郝公遷南大司徒序〉，頁24a-26a。

[65] 〔明〕王家屏，〈資善大夫南京兵部尚書贈太子少保郝公杰神道碑〉，收入〔明〕焦竑輯，《焦太史編輯國朝獻徵錄》，卷43，〈南京兵部二・尚書二・郝杰〉，頁277-278。〔明〕顧秉謙等總裁，《明神宗實錄》，卷3，頁78，隆慶六年七月庚寅條；卷114，頁2163，萬曆九年七月乙丑條；卷213，頁3995，萬曆十七年七月壬戌條；卷265，頁4935，萬曆二十一年十月辛卯條；卷356，頁6648，萬曆二十九年二月辛未條。

[66] 〔明〕顧秉謙等總裁，《明神宗實錄》，卷255，頁4733，萬曆二十年十二月丁亥朔條；卷265，頁4935，萬曆二十一年十月乙未條。

洛處理延綏防務及平定寧夏哱拜叛亂。[67]二十二年（1594）三月，巡視京營科道楊東明奏陳賈仁元年老且有疾病在身，無法勝任京營繁重的業務，賈仁元因而求乞歸，[68]明神宗允其去，加兵部尚書以示優待。[69]二十二年四月，李汶（1536-1609）由兵部右侍郎協理京營戎政，[70]次年（1595）四月改都察院右都御史兼兵部右侍郎總督陝西。[71]這二位協理京營戎政在任尚無明顯施政，戎政主要由巡視京營科道楊東明奏陳執行。

萬曆二十一年四月二十四日，楊東明等條陳練火器、公選驗、增賞犒、增選鋒、明舉刺，次年六月兵部議覆。指出京營一司共二百五十人，在操練火器時，藉由火炮聲響煙障作掩護，實際並未放入鉛子，射擊成果多為作弊。宜令一司之軍分為二隊，每隊各一牌把，每軍鉛子三枚，甲放而後及乙籍記，以此為行賞錢糧的依據。[72]

楊東明則發現軍士替補需經過京營、衛所勘驗具結，有胥吏拖延驗軍，導致可以先請領月糧，但實際並無替補軍人，以此貪汙。因

[67] 〔明〕顧秉謙等總裁，《明神宗實錄》，卷96，頁1934，萬曆八年二月甲午條；卷175，頁3222，萬曆十四年六月戊寅條；卷211，頁3951，萬曆十七年五月甲寅條；卷242，頁4504，萬曆十九年十一月癸亥朔條。

[68] 〔明〕楊東明，《青瑣藎言》（臺南：莊嚴文化事業有限公司，1997，《四庫全書存目叢書》史部・詔令奏議類，第64冊，據上海圖書館藏明楊東晛刻本影印），卷下，〈論劾協理京營賈侍郎疏〉，頁395-396。

[69] 〔明〕顧秉謙等總裁，《明神宗實錄》，卷271，頁5040，萬曆二十二年三月甲辰條；卷286，頁5314，萬曆二十三年六月庚午條；卷289，頁5353，萬曆二十三年九月庚辰條。

[70] 〔明〕顧秉謙等總裁，《明神宗實錄》，卷102，頁2014，萬曆八年七月丙戌條；卷135，頁2509，萬曆十一年三月甲申條；卷272，頁5050，萬曆二十二年四月丁卯條。

[71] 〔明〕李維楨，《大泌山房集》，卷44，〈贈少傅大司馬李公序〉，頁422-424。〔明〕顧秉謙等總裁，《明神宗實錄》，卷284，頁5258，萬曆二十三年四月己未條。

[72] 〔明〕楊東明，《青瑣藎言》，卷下，〈條陳營務疏〉，頁391-392。〔明〕張延登，《京營巡視事宜》（華盛頓：國會圖書館藏明萬曆四十二年楊元刊本），〈十八紀要・練火器以精長技〉，頁59a-60a。〔明〕顧秉謙等總裁，《明神宗實錄》，卷274，頁5080，萬曆二十二年六月甲子條。

此，須實施公選驗，改替補流程為每雙月初三，各掌印都指揮、千百戶等官帶領替補等軍，聽巡視京營科道官選試造冊，初七日送交總督協理揀驗，十二日各具一冊送兵部與巡視科道官，二十日驗軍司會同科道官復驗。至於增賞犒、增選鋒、選教師、明舉刺，並非新改制而是要求官兵應照規定嚴格執行，同時行科道官與總協大臣勘驗，明神宗令責實舉行。[73]而戶部覆言增賞犒、增選鋒所需經費要調度太倉銀支用，但太倉銀匱乏，請兵部將故絕班軍行糧兌抵，明廷同意戶兵二部徑自酌處。[74]

八月二十三日，朝鮮戰爭中投降的日軍山查，被帶回作為京營教師，演練日本刀法，但東廠以為此人為間諜加以逮捕。楊東明為其求情，指出營中不少將領也有夷人家丁，甚至已列入籍冊，領取糧餉。京營納夷人為兵丁，就是要取其長以補短，若要查驗是否為間諜，則應全營查驗。明神宗同意所請，釋放山查。[75]

二十二年十二月，楊東明再條議京營五事，為清汰老弱、考選雙糧、犒賞軍士、稽查錢糧、調和將士。其內容大抵與先前相同，要求將官依法執政，但更重視巡視科道官與總協二臣親自監督與留下文案記錄。如戎政府每年須至太僕寺領馬價銀一萬二千兩、犒賞銀一萬六千兩，存於戎政府的府庫中，用於分發各營買馬犒軍之用。舊例有事先預支、有剩餘不還、移東就西、借新償舊等問題，沒有實支實銷，令將領可從中得利。故楊東明題請凡遇收支時，他將親詣戎政衙門，公同總協二臣將收支數目親筆登註，分別蓋上戎政印與巡視科道關防，庫房仍用他的關防封條封識，不許私開。[76]這些作業除增加總

[73] 〔明〕楊東明，《青瑣藎言》，卷下，〈條陳營務疏〉，頁392-395。〔明〕張延登，《京營巡視事宜》，〈十八紀要・練火器以精長技〉，頁60a-61b。

[74] 〔明〕顧秉謙等總裁，《明神宗實錄》，卷274，頁5084，萬曆二十二年六月辛未條。

[75] 〔明〕楊東明，《青瑣藎言》，卷下，〈敕降夷山查疏〉，頁396-397。

[76] 〔明〕楊東明，《青瑣藎言》，卷下，〈巡視京營復命疏〉，頁399。〔明〕顧秉謙等總裁，《明神宗實錄》，卷282，頁5225，萬曆二十三年

督、協理二臣的業務以外，顯示對中階軍官的不信任，但無法根治，只好由最高層級的文武大臣執行並由科道官監督。

萬曆二十三年四月，吏部推兵部左侍郎李禎、工部左侍郎沈思孝可任協理京營戎政，明神宗詔沈思孝陞都察院右都御史兼兵部右侍郎任之。[77]五月，巡視京營科道楊東明劾沈思孝趨和保位等語，沈思孝自陳乞歸田，明神宗以新奉點用，詔供職如舊。[78]五月，沈思孝先遭官員參劾，後捲入黨爭。首先，楊東明再度上疏吏部最初推李禎、呂坤未獲欽點，第二輪才點中沈思孝，質疑沈思孝獲欽點陞任協理京營戎政的經過有蹊蹺，更懷疑舒應龍、陳洪烈、劉弘寶等人去職是他挑釁，沈思孝三疏求去未獲允。[79]戶科給事中鄒廷彥疏論沈思孝欺世盜名挾權，明神宗怒奪鄒廷彥俸一年，楊東明降三級調邊方用。[80]大學士趙志皐等疏救楊東明，明神宗不許。[81]

七月，吏部尚書孫丕揚揭發巡撫秦燿、御史祝大舟等官員罪狀，引起包庇秦、祝的同黨上言反彈。其中，文選郎蔣時馨被劾受賄，沈思孝（？-1611）友人參政丁此呂也在罷黜之列。但蔣時馨懷疑是沈

二月辛未條。

77 〔明〕葉向高，《蒼霞續草》（北京：北京出版社，2000，《四庫禁燬書叢刊》集部，第125冊，據北京大學圖書館藏明萬曆刻本影印），卷14，〈資德大夫右都御史兼兵部右侍郎沈繼山公神道碑〉，頁199-201。〔明〕顧秉謙等總裁，《明神宗實錄》，卷163，頁2973，萬曆十三年七月乙亥條；卷240，頁4472，萬曆十九年九月癸未條；卷284，頁5266，萬曆二十三年四月戊辰條。

78 〔明〕顧秉謙等總裁，《明神宗實錄》，卷285，頁5280，萬曆二十三年五月壬午條。

79 〔明〕顧秉謙等總裁，《明神宗實錄》，卷285，頁5283，萬曆二十三年五月己丑條。李禎未獲欽點的原因，可見陳尚勝、張洋洋，〈萬曆二十五年春明朝兵部尚書調整研究〉，《山東大學學報（哲學社會科學版）》，3（濟南，2020.5），頁73-83。

80 〔明〕顧秉謙等總裁，《明神宗實錄》，卷285，頁5284-5285，萬曆二十三年五月辛卯條。

81 〔明〕顧秉謙等總裁，《明神宗實錄》，卷285，頁5285-5286，萬曆二十三年五月壬辰條。

思孝參他，故指參沈思孝包庇丁此呂。[82]期間，沈思孝想以疾乞休不被允許，請調南京亦不被允，派系之間相互參奏，到次年二月都持續不斷，明神宗皆力保沈思孝，重貶兩京言官三十餘人。[83]

萬曆二十三年，中日休戰期間，兵部尚書石星主導策畫冊封豐臣秀吉為日本國王，希望藉由封貢來取得政治上的風光與結束戰爭。但直至萬曆二十五年正月，冊封使才從日本回到朝鮮釜山，石星向明神宗回報冊封過程順利，駐紮釜山的日軍即將退去。然而事實並非如此，駐紮釜山的日軍非但未撤軍，反而增兵至二萬餘，朝鮮國王急向明朝求援。[84]

萬曆二十四年（1596）五月，朝臣議論對日政策期間，明神宗詔令無論封貢是否成功，明朝須掌握戰守的軍事先機，維持高度戰備以防萬一。並明確要求兵部博加訪求各省直將官有曾經禦倭熟慣水戰者，移調畿輔重地，各召赴京營聽用。[85]六月，沈思孝條陳京營應刷振五事，久任將領、教練標兵、舉用豪傑、增補馬匹、繕修戰具，皆如議行。[86]

這是沈思孝任內最重要的京營刷振條議。其重點為副將以下宜

---

82 〔明〕顧秉謙等總裁，《明神宗實錄》，卷287，頁5322，萬曆二十三年七月庚寅條。〔清〕張廷玉等總裁，《明史》，卷229，〈沈思孝傳〉，頁6006-6007。

83 〔明〕顧秉謙等總裁，《明神宗實錄》，卷288，頁5340，萬曆二十三年八月癸亥條；卷289，頁5350，萬曆二十三年九月丁丑條；卷289，頁5350-5351，萬曆二十三年九月丁丑條；卷289，頁5351，萬曆二十三年九月己卯條；卷289，頁5359，萬曆二十三年九月庚寅條；卷290，頁5371，萬曆二十三年十月丁未條；卷291，頁5393-5394，萬曆二十三年十一月乙酉條；卷294，頁5459-5463，萬曆二十四年二月庚戌條；卷294，頁5468，萬曆二十四年二月甲寅條；卷295，頁5478，萬曆二十四年三月辛未條。〔清〕張廷玉等總裁，《明史》，卷224，〈孫丕揚傳〉，頁5901-5902。

84 樊樹志，《重寫晚明史・新政與盛世》，頁461-469。

85 〔明〕顧秉謙等總裁，《明神宗實錄》，卷297，頁5553-5555，萬曆二十四年五月丙子條。

86 〔明〕顧秉謙等總裁，《明神宗實錄》，卷298，頁5589-5590，萬曆二十四年六月癸亥條。

以二、三年為一任，將領每個月可領的給養贍米有別，歷任北邊者五石，南邊者三石，建請一視同仁給予五石；左右標兵營是精銳部隊，其所用武器長槍、鳥銃等，皆是南兵擅使的武器，須以南將督練始可精熟技藝。建請陞神樞八營參將陳寅至標兵左營，原寧紹參將葉勸至標兵右營，專管教練。萬曆二十年三月，兵部左侍郎王基暫署營務時曾奏討一千匹馬給選鋒，操演後隨即被印馬御史樊玉衡題革。三大營原額馬二萬七百五十匹，自萬曆二十三年正月至十二月止，倒損一千二百七匹，變賣馬、廢馬一百二十匹，共損失一千三百二十七匹。其中的七百二十七匹馬，按例應於太僕寺取補，其餘六百匹照例由太僕寺會同巡視科道官招買。今邊方有警，一時招買不及，建請將太僕寺現存馬匹如數撥補，並補標兵一千匹以供操演。[87]

近年工部所造佛郎機銃、鳥銃、快鎗、連珠砲等，在營中試放時常膛炸傷人，改由工部的製造匠工演放也會膛炸，可見品質已不堪用。請令熟習火器的將官帶領火器手，會同工部監造官勘驗，火器不必拘於三年兌換之例，有瑕疵即換發改造。而大戰車一千二百輛、小車五百輛的狀況也難堪使用，急請工部委官前來估計維修價銀，或由工部維修或交各營將領自行監造。[88]京營的器械、馬匹的維護狀況都不佳，已知戰車的維修在多年後仍未解決，顯見官員督導不嚴。萬曆二十四年七月，沈思孝再度以疾求去，明神宗不允，至閏八月始准馳驛回籍。[89]

---

[87] 〔明〕吳亮輯，《萬曆疏鈔》（北京：北京出版社，2000，《四庫禁燬書叢刊》史部，第59冊，據山西大學圖書館藏明萬曆三十七年[1609]刻本影印），卷37，〈戎務類〉，〔明〕沈思孝，〈敬循職掌條上戎政事宜以固根本疏〉，頁582-584。

[88] 〔明〕吳亮輯，《萬曆疏鈔》，卷37，〈戎務類〉，〔明〕沈思孝，〈敬循職掌條上戎政事宜以固根本疏〉，頁584。

[89] 〔明〕顧秉謙等總裁，《明神宗實錄》，卷299，頁5598，萬曆二十四年七月己巳條；卷301，頁5643-5644，萬曆二十四年閏八月戊辰條；卷487，頁9191-9192，萬曆三十九年九月癸亥條；卷497，頁9361-9362，萬曆四十年七月丙申條。

萬曆二十四年九月，明廷以兵部右侍郎兼都察院右都御史顧養謙（1537-1604）協理京營戎政。[90]顧養謙奏辭未獲允，但也未赴任且持續疏辭，次年二月明廷准在籍調理。[91]故從萬曆二十四年九月至二十五年二月期間，協理京營戎政一職有其人而無其實，實際空缺近五個月。萬曆二十五年三月，明廷終於填補協理京營戎政的實質空缺，以戶部左侍郎李春光（1543-1621）改兵部左侍郎協理京營戎政。[92]當月為備戰前往朝鮮戰役，李春光奏請增設選鋒七千人，編成二萬名的部隊，但兵部以花費太鉅，議覆降為二千人，明廷最後僅同意增設一千名。[93]而後，以吏科給事中楊廷蘭、御史周孔教相繼論劾李春光昏眊無為，李春光因而上疏乞罷。[94]十二月，李春光十疏乞休，明廷始同意他回籍。[95]

明廷後續啟用的余立（？-1601）及泰寧侯陳良弼二人雖未共事過，但都曾在南京面對倭寇戰事。陳良弼歷任南京右府、提督操江、南京守備，萬曆二十四年五月轉總督京營戎政。[96]萬曆十四年十月，

---

90 〔明〕顧秉謙等總裁，《明神宗實錄》，卷107，頁2064，萬曆八年十二月丙午條；卷162，頁2966，萬曆十三年六月壬戌條；卷251，頁4675，萬曆二十年八月癸巳條；卷302，頁5658，萬曆二十四年九月戊戌條。

91 〔明〕顧秉謙等總裁，《明神宗實錄》，卷303，頁5692-5693，萬曆二十四年十月壬午條；卷307，頁5747，萬曆二十五年二月丁亥條；卷392，頁7397，萬曆三十二年正月癸亥條。

92 〔明〕顧秉謙等總裁，《明神宗實錄》，卷143，頁2670，萬曆十一年十一月壬辰條；卷255，頁4738，萬曆二十年十二月辛卯條；卷308，頁5762，萬曆二十五年三月乙巳條。〔明〕溫體仁等總裁，《明熹宗實錄》（臺北：中央研究院歷史語言研究所，1984，據中央研究院歷史語言研究所民國五十一年[1962]刊本縮編），卷5，頁230，天啟元年正月甲戌條。

93 〔明〕顧秉謙等總裁，《明神宗實錄》，卷310，頁5798，萬曆二十五年五月庚戌條。

94 〔明〕顧秉謙等總裁，《明神宗實錄》，卷313，頁5861，萬曆二十五年八月丙戌條；卷314，頁5871，萬曆二十五年九月戊戌條。

95 〔明〕顧秉謙等總裁，《明神宗實錄》，卷317，頁5910，萬曆二十五年十二月庚辰條。

96 〔明〕顧秉謙等總裁，《明神宗實錄》，卷297，頁5536，萬曆二十四年五月戊辰條。〔清〕張廷玉等總裁，《明史》，卷106，〈功臣世表二・永樂朝〉，頁3103。

余立由浙江左布政使遷右副都御史總理糧儲提督軍務兼巡撫應天等府地方。[97]二十六年（1598）二月，余立從兵部右侍郎改兵部左侍郎協理京營戎政。[98]

萬曆二十六年四月，陳良弼與余立共同上奏新設的備倭二營計畫，預計以此二營為護衛北京的主力。兵丁由京營中共抽選一萬名組成，京營由各衛所自行清勾、召募以補足原數。二營比照戰車營之例，給太僕寺馬八百匹，由精武藝者領養練習備戰。調度神樞、神機二營輕車三百零八輛，付備倭營訓習。經費方面，每年由太僕寺量動京營子粒銀三千兩給二營，為春秋操賞、置辦金鼓旗幟之用。[99]余立任期僅一年，二十七年（1599）三月，自陳致仕，[100]二十九年（1601）四月卒。[101]

然而，言官不僅止於參劾現任的協理京營戎政，離任後仍持續追剿。如萬曆二十七年二月，吏科都給事中趙完璧等、河南等道掌道事監察御史趙士登等糾舉一批官員各溺職，其中包含請致仕的沈思孝、李春光。惟明神宗仍詔該二人在籍隨時聽用。[102]

97 〔明〕顧秉謙等總裁，《明神宗實錄》，卷179，頁3336，萬曆十四年十月己巳條。

98 〔明〕張居正等總裁，《明穆宗實錄》，卷65，頁1562，隆慶六年正月戊辰條。〔明〕顧秉謙等總裁，《明神宗實錄》，卷277，頁5126，萬曆二十二年九月丙戌條；卷319，頁5936，萬曆二十六年二月乙丑條。

99 〔明〕顧秉謙等總裁，《明神宗實錄》，卷321，頁5976，萬曆二十六年四月辛巳條。

100 〔明〕顧秉謙等總裁，《明神宗實錄》，卷332，頁6138，萬曆二十七年三月癸未條。

101 〔明〕顧秉謙等總裁，《明神宗實錄》，卷358，頁6679，萬曆二十九年四月甲戌條。

102 〔明〕顧秉謙等總裁，《明神宗實錄》，卷331，頁6118，萬曆二十七年二月戊午條。

二、播州楊應龍叛亂與加給協理關防

萬曆二十六年七月，豐臣秀吉病逝，明軍趁勢追擊，於年底結束長達七年的壬辰倭禍，但隨之而來是四川播州楊應龍叛亂。楊應龍是播州宣慰使，其家族從唐代以來都是當地軍政的實際掌握者。早在萬曆十七年，明廷已知楊應龍有叛變意圖，惟考量到四川形勢偏遠險峻及鎮壓所需人力軍費，明廷仍以招撫為主。隨著西藏的西虜進攻四川松藩，以及壬辰倭禍開始，明廷暫緩對楊應龍的進剿。期間，楊應龍表示願率兵協助東征剿倭以示忠誠，明廷最後未允楊應龍北上。[103]但仍有川軍加入東征的明軍之中，等於有一支可能反叛的部隊駐在京畿。

萬曆二十七年三月，王世揚（？-1608）以兵部右侍郎加都察院右都御史協理京營戎政。[104]王世揚在萬曆十八年大理寺右少卿閱視延綏時，[105]與經略尚書鄭洛、延綏巡撫賈仁元同上奏延綏戰守及市馬政策，[106]三人先後升任協理京營戎政。歷任宣府巡撫、宣大總督。[107]三十二年十二月，以丁母憂去職，三十六年十二月卒於家。[108]在任五年九個月，是萬曆朝少見久任的協理京營戎政。

萬曆二十七年五月，王世揚上任後面臨川軍可能造成的威脅。

---

103 樊樹志，《重寫晚明史・新政與盛世》，頁478-489。

104 〔明〕顧秉謙等總裁，《明神宗實錄》，卷332，頁6150，萬曆二十七年三月己亥條。〔明〕沈潅，〈太子少保兵部尚書贈太子太保廣平王公世揚傳〉，收入〔明〕焦竑輯，《焦太史編輯國朝獻徵錄》，卷39，〈兵部二・尚書二・王世揚〉，頁131-135。

105 〔明〕顧秉謙等總裁，《明神宗實錄》，卷230，頁4267-4268，萬曆十八年十二月甲申條。

106 〔明〕顧秉謙等總裁，《明神宗實錄》，卷242，頁4504，萬曆十九年十一月癸亥朔條。

107 〔明〕顧秉謙等總裁，《明神宗實錄》，卷277，頁5126，萬曆二十二年九月丙戌條；卷285，頁5281，萬曆二十三年五月甲申條。

108 〔明〕顧秉謙等總裁，《明神宗實錄》，卷404，頁7549-7550，萬曆三十二年十二月丙寅條；卷453，頁8553，萬曆三十六年十二月辛酉條；卷461，頁8695，萬曆三十七年八月辛亥條。

因防秋期至以及東征部隊相繼歸建，往來北京人眾。明廷同意兵部奏請，令京營戒備、緝捕奸細。[109]六月，兵部題參川兵遊擊王之翰愆期不進，潛入京師，致營兵失伍離次，乞革任別委。同時嚴查各兵回鎮日期，四川撫按具報日期以憑查核。明神宗同意，並下令廠衛城捕衙門，挨訪緝拏滋事份子。大學士沈一貫奏言：

臣惟東征川兵不服發回，四散東行，聞其內土官多姓楊，必應龍之族，其兵必應龍管下之兵。夫應龍今方議勦，而此輩精健矯捷、騰躍如飛，流入畿輔又無紀律。今大工正興，軍匠喧雜，倘此輩中有乘機混入，或為細作，或肆狂圖，驚動宸嚴，大非穩便。伏乞皇上慎重起居，申嚴門禁，京城內外倍加戒嚴。至若兵部堂上見在止一本兵，京營之中，兵皆市徒，官皆債帥，無一足恃。臣願皇上加意于此，多選謀略大臣，入為侍郎，以備督撫不時之用。多選忠勇武臣，入補京營，以備將帥不時之用。而又明正賞罰，大肅紀綱，使人有所嚴畏遵守。其廠衛緝事乃國家緊要衙門，官尉人等別無恩澤，僅藉三年，類奏陞賞，使之鼓舞效力。乃今久吝不與，無以為激勸之資，乞循例推恩。[110]

明神宗覽後同意，再依沈一貫的建議諭旨兵部：

諭兵部大工未完，門禁當慎，著該管內外官員嚴加巡視關防。你部裏侍郎久缺，著吏部加意遴選曉練機宜堪任的來用。京營將官，你部也選才堪將帥的來用。京城內外地方，如有異言異服，無籍棍徒，指稱文武官吏，潛住結黨、流言煽惑、造作非為的，

---

109 〔明〕顧秉謙等總裁，《明神宗實錄》，卷335，頁6209-6210，萬曆二十七年五月庚申條。

110 〔明〕顧秉謙等總裁，《明神宗實錄》，卷336，頁6234-6236，萬曆二十七年六月己亥條。

廠衛城捕緝事衙門，即便訪拏具奏，不得縱容。[111]

此時北京城人員出入複雜，必須加強秩序穩定維護，而沈一貫表現出對京營將官素質的不信任，著請選任人選替換。

稍後，明廷同意王世揚奏請，賜鑄給關防以增加調度權限。[112]明人沈德符言：

> 京營之制，自嘉靖二十九年，復國初三大營，以文武大臣二人主之。武稱總督，文稱協理。印曰戎政之印，則總督專掌，坐是文臣不敢專制。如咸寧侯仇鸞，則憑恃上寵，奴視協理矣。自鸞敗，文臣稍得發抒，終不能自行其意。直至今上己亥，王懷棘世揚以大司馬領協理，始請別鑄一關防，以便行事。上允之。自是協理大臣，始得與掌印勛臣均事權。又五城巡視御史，向無關防，亦近年題請始鑄給。而南京五城臺臣，亦得之矣。[113]

藉由查緝川兵、穩定京師秩序的機會，王世揚使協理京營戎政得到關防，得以取得與勳臣同樣的事權。同時，南北二京的巡城御史也同時獲得關防，是京師文臣的軍務權增加。

明神宗下令兵部遴選京營將才，兵部覆言京營有總督、協理與科道官日與諸將共事，最為熟悉京營狀況，宜令其選汰將官，將工作丟回給戎政府處理。[114]十一月，王世揚條議戎政十事，兵部議覆後明廷

111 〔明〕顧秉謙等總裁，《明神宗實錄》，卷336，頁6236-6237，萬曆二十七年六月丙午條。

112 〔明〕顧秉謙等總裁，《明神宗實錄》，卷337，頁6240，萬曆二十七年七月辛亥條。

113 〔明〕沈德符撰，楊萬里校點，《萬曆野獲編》，卷13，〈禮部一・協理關防〉，頁290。是時王世揚因東征事功陞兵部尚書仍舊協理，故沈德符稱他是大司馬。〔明〕顧秉謙等總裁，《明神宗實錄》，卷339，頁6288-6292，萬曆二十七年九月乙卯條。

114 〔明〕顧秉謙等總裁，《明神宗實錄》，卷337，頁6242-6243，萬曆二十

詔如議行。[115]其內容如下：

（一）推用營官宜公——每年秋操後，營中見任將領、中軍、千選、把總等官，由總督、協理與巡視科道官一同公選，先閱馬箭，次閱步箭，依照年資、技藝、推薦分為三等，填寫具冊後送兵部，遇缺依次推陞。不得以科道官推薦濫用，年終小閱。[116]

（二）選鋒查補宜精——京營選鋒目前有一萬四千餘人，此為京營精銳，調閱時一發現年衰技劣者，即行汰補。選鋒有兩個等級，分別領單糧或雙糧。春秋二季操畢，遇缺額一名時，由單糧選鋒三名選出，造冊四本送四衙門，擇日會同至五軍營教場，候選者分別在總督主持的東廳、協理主持的西廳進行選拔，每人射六矢，中三者，當庭准補為雙糧，登記在簿。其餘依成績與年資依序選補。[117]

（三）存操訓練宜實——操練時間是寅至辰時，議請於開操日留一支持續訓練，由將官親自督導，依成果進行賞罰。

（四）歇操短點宜密——過去點名不密集，時有軍士逃閃，今後每日一營分定日期，官軍選鋒兼搭赴點，不到者嚴查究處。

（五）火器選鋒宜拔——先前選鋒武藝只選擅長弓箭而無火器，應於戰車十營中，每營各選出五百。每月加給行糧，一年需增給三千七百五十石。

（六）新增戰車宜裁——神機八營、神樞九營原為城守之兵，後改為車營。今戰車多半毀壞，而城守乏人。議裁戰車二營，改為城守，每月只需花費一千二百石行糧，節省軍費。

（七）軍馬更調宜禁——嚴禁各營軍馬互調，以避免規避查緝。

七年七月癸丑條。

[115]〔明〕顧秉謙等總裁，《明神宗實錄》，卷341，頁6332-6334，萬曆二十七年十一月庚午條。

[116]〔明〕張延登，《京營巡視事宜》，〈十會同・陞補定例〉，頁36b。

[117]〔明〕張延登，《京營巡視事宜》，〈十會同・會補選鋒〉，頁37a-38a。

（八）勳官入營宜擇——勳臣子弟原不必隨營操練，至此改為已受勳或有襲替資格的勳臣子弟，須送營教習。今許多入營者多為疏遠旁枝，入營後還占用軍伴、馬匹，此非培訓勳臣的原意。請再下旨，非勳爵應襲者不得混入。每年只二季，操練完畢會同戎政府考試一次，勳爵應襲者每逢二日入營操練，勳官每逢三、六、九日進操，各習射藝。[118]

（九）將官體恤宜周——宜查各營將官隨任親丁，各營缺伍頂補，以二名充一丁之餉。又各官養贍，應行戶部依照邊將之例給予，以示一視同仁之意。

（十）把總淹滯宜振——各營把總，官卑俸薄，年終舉薦時，一百人中僅二、三獲舉，獲舉之人於兵部推薦又耗費多年而未陞。今後應增加推薦推用，以鼓舞人心。

十二月，戶部對京營將官養贍及增火器選鋒等議，同意撥給經費。[119]次年八月，戶部以節省財政與朝鮮戰爭結束為由，對萬曆二十五年時李春光議增的一千名選鋒歸併於戰車二營，同時逐漸淘汰，遇缺不補。惟經戎政府總協二臣堅持不可裁，最後保留成功。[120]

從條議中，可以發現部分因循故事、趁機擴權以及戰術運用觀點改變的現象。如留營操練部分，前任協理京營戎政周世選於萬曆二十年已提報舉行；選拔將材也是巡視科道官一直監督的部分。此現象說明政策或因人亡政息、或因循故事，確實執行的時間有限。擴權的部分，武臣原應由五軍都督府推與兵部奏請，此時兵部將其工作轉與戎政府，可見戎政府得到武將人事推舉之權，地位提升與五軍都督府平行。最後是戰術運用上，王世揚對戰車與車兵的維護較不重視，或與朝鮮戰爭剛結束，經費有限之故。

---

118 〔明〕張延登，《京營巡視事宜》，〈十會同・勳爵教習〉，頁36b-37a。

119 〔明〕顧秉謙等總裁，《明神宗實錄》，卷342，頁6348-6349，萬曆二十七年十二月癸巳條。

120 〔明〕顧秉謙等總裁，《明神宗實錄》，卷350，頁6559-6556，萬曆二十八年八月壬午條。

第三節 萬曆怠政的影響

一、協理京營戎政的因循與兼職

（一）君怠政、臣因循

萬曆三十年（1602）四月，科臣宋一韓論王世揚跛躄不堪，這是王世揚長年來無法治癒的足疾，遂疏乞歸，明神宗不允。[121]當月，刑部尚書署理兵部事蕭大亨疏言：

> 樞筦重地，如臣衰老不能代署，乞將所推兵部左右各侍郎速賜簡用，俾臣得一意料理刑名，以免瘝曠。且京營擁十萬兵，護衛首善，關係匪輕。比尚書王世揚引疾不出，總督又給假治喪矣，該營重臣一旦虛無人，猝有緩急，誰為調度？臣既代庖在部，竊有深憂，并懇明旨，諭令世揚即出供職，既可無虞該營軍務，亦可代理兵部印務，邦政戎政，庶為兩得。
>
> 詔：「兵樞印務卿不難兼攝，不必辭。侍郎令寫原推來以待簡用，王世揚即出視事，已有旨矣。」[122]

王世揚請辭不獲准後，即報病假未視事，與顧養謙時相似，協理京營戎政有名無實。明神宗不准蕭大亨辭去代理王世揚的工作，使得蕭大亨身兼刑部尚書、兵部尚書與協理京營戎政三職。直到六月，明神宗以王世揚任職三年考滿，詔復職，王世揚才回到工作崗位上。[123]

---

121 〔明〕焦竑輯，《焦太史編輯國朝獻徵錄》，卷39，〈兵部二・尚書二・王世揚〉，頁131-135。〔明〕顧秉謙等總裁，《明神宗實錄》，卷371，頁6947，萬曆三十年四月癸巳條。

122 〔明〕顧秉謙等總裁，《明神宗實錄》，卷371，頁6964-6965，萬曆三十年四月甲寅條。

123 〔明〕顧秉謙等總裁，《明神宗實錄》，卷373，頁7015，萬曆三十年六月乙卯條。

三十一年（1603）正月，採煤內監王朝私帶京營選鋒兵劫掠百姓，引起朝中官員譁然。兵科都給事田大益奏言內臣藏兵，隨時會禍及天子社稷，但明神宗不聽，僅令王朝回宮。[124]朝臣對內臣無以施力，便轉向參劾王世揚讓京營選鋒逃從王朝，王世揚自乞罷斥，明神宗不允。[125]京營選鋒居然讓內臣私自調度，王世揚也未積極處理，這與他初上任時加強督導京營的奏言完全背道而馳。兵部尚書蕭大亨身兼數職、王世揚不斷乞罷引疾，明神宗隨意處置，讓軍事法紀逐漸敗壞。

在明神宗怠政的氛圍下，戎政府的管理日趨鬆散，以趙士楨進呈戰車火器與盔甲廠爆炸二事可見一斑。趙士楨撰寫《神器譜》分析日本鳥銃、西洋鳥銃、嚕密銃的製造法與操作優缺點比較，以及運用火器的戰術編組。萬曆三十年五月，趙士楨請皇帝敕令兵、工二部與都察院、戎政府詳加會議車銃之法。署兵部事的刑部尚書蕭大亨與都察院左都御史溫純在宣武門外西城下，試驗趙士楨研製的車銃火器，稱讚其鷹揚炮、嚕密銃的精確度、操作性與火力十分優秀。戎政尚書王世揚與泰寧侯陳良弼清查戎政府府庫還有銀一萬六千餘兩，可用來製造這批軍火。但在三十一年四月，工科給事中胡忻參論督造的京營將領何良臣曾有貪污紀錄，明神宗令兵部議處，兵部同意工部並迅速將何良臣革職，造車銃一事遂罷。兵部與工部協力革除何良臣的真實原因，是戎政府府庫銀沒有實際帳簿可追查，其他衙門也沒有副本，是官員們私下貪汙的小金庫，所以反對動用此款項。[126]

此外，萬曆三十三年七月，工科給事中胡忻巡視京營，又見其對京營上下其手。[127]次年（1606）五月，明廷同意他條陳京營五事。

---

124 〔明〕顧秉謙等總裁，《明神宗實錄》，卷380，頁7153-7155，萬曆三十一年正月丙寅條。

125 〔明〕顧秉謙等總裁，《明神宗實錄》，卷380，頁7160，萬曆三十一年正月甲辰條。

126 周維強，《明代戰車研究》，頁391-395。

127 〔明〕顧秉謙等總裁，《明神宗實錄》，卷411，頁7688，萬曆三十三年七月甲申條。

目前一千二百輛戰車過半損壞，責令京營自行修理。班軍多被調撥勞役而沒有執行營操，今後班軍到京，聽本部驗收發營，遇緊急工程許酌量撥派，餘盡留操練。京營官兵居住京城各地，遇警難以調集，議建造營房供京營官兵居住，三、五人共住一間，以外地的選鋒優先入住，其餘次第增修。經費從裁革缺官軍伴、備兵操賞、火籠鎗這三項一年的維持費一千二百銀轉用。每隊僅留五匹馬來運載火器，其餘交給無馬選鋒。京營募補軍人可即時發營食糧，不必復驗兵部。[128]

京營戰車過半不堪用，卻要京營自行維修負責，且運載火器的馬匹數量受限，以轉作騎兵。招募軍人可以即時發餉，且不用兵部驗帳；挪移經費進行營舍施工。這些舉動不僅有許多經費移動難以追查，更不重視維持戰車可以運作的戰備條件。此時協理戎政李汶仍在陝西，署理的蕭大亨身兼數職，以致下層官吏有機可趁。

三十三年九月，三大營官兵至盔甲廠領火藥，監放內官臧朝、王權因火藥日久結塊，令工匠以鐵斧劈開，劈下去後產生火星引發爆炸。同時誘爆廠內的火槍、火箭，燒死臧朝及把總傅鍾等十員，軍人李仲保等八十三名。其局內工匠人等、街市經過居民死傷者多不可稽。焚燬作房五連，約三十餘間。總督泰寧候陳良弼、工部署部事沈應文各具疏經過後，明神宗令掌廠內官王忠、王權下法司擬罪。軍器局大使范廷椿、副使張仁各奪俸二月，營廠工部主事魏說姑免究，死傷官軍著查明優恤。但隨後巡視京營科道胡忻等與巡城御史胡爾健各疏言修改管理實政，惟明神宗不理會。[129]

（二）兼職的協理京營戎政

萬曆三十一年十一月，發生影響冊立皇太子的「妖書案」，這是萬

128 〔明〕顧秉謙等總裁，《明神宗實錄》，卷421，頁7964-7965，萬曆三十四年五月丙子條。

129 〔明〕顧秉謙等總裁，《明神宗實錄》，卷413，頁7748-7749，萬曆三十三年九月丙申條。

曆朝「爭國本」政治鬥爭的一部分。期間包含協理京營戎政王世揚、保定巡撫孫瑋（後為第六十二任協理京營戎政）、陝西總督李汶（第五十二任協理京營戎政）、京營巡捕都督僉事陳汝忠皆牽連。[130]此時入朝為官，難免黨同伐異不斷發生，這導致無人願意擔任協理京營戎政。

萬曆三十二年十二月，王世揚丁母憂離任，[131]明廷以曾任協理京營戎政的兵部尚書蕭大亨署理為第五十八任協理戎政。[132]三十三年十一月，李汶因陝西河州擒斬功績，明廷詔以兵部尚書獲加兼太子太師回部協理京營戎政。[133]然而，李汶奉詔入京後，其實人仍在陝西總督任上，數度以老病乞罷，明神宗未允，更加其宮銜至少師兼太子太師。[134]至三十五年二月，李汶回到北京後再度乞歸，直至六月明廷同意其告病歸鄉。[135]因此，從萬曆三十三年十一月至三十五年六月，名義上李汶為協理京營戎政，實際在北京的時間僅在三十五年二月以後，但又不斷疏辭，故這段期間是蕭大亨實質署理協理京營戎政。

即使人事任命紛擾，但戎政府已成為在明朝軍政的一部分，運行的流程已趨成熟。已致仕的工部尚書溫純在贈李汶就任的序中提及：

---

130 〔明〕顧秉謙等總裁，《明神宗實錄》，卷390，頁7350-7351，萬曆三十一年十一月庚午條；卷392，頁7401-7402，萬曆三十二年正月癸酉條。樊樹志，《重寫晚明史・朝廷與黨爭》，頁95-117。

131 〔明〕顧秉謙等總裁，《明神宗實錄》，卷404，頁7549，萬曆三十二年十二月丙寅條。

132 〔明〕顧秉謙等總裁，《明神宗實錄》，卷407，頁7595，萬曆三十三年三月庚寅條。

133 〔明〕顧秉謙等總裁，《明神宗實錄》，卷415，頁7801-7802，萬曆三十三年十一月辛卯條。

134 〔明〕顧秉謙等總裁，《明神宗實錄》，卷416，頁7823，萬曆三十三年十二月戊申條；卷425，頁8027，萬曆三十四年九月丙戌條；卷428，頁8075，萬曆三十四年十二月辛酉條。

135 〔明〕顧秉謙等總裁，《明神宗實錄》，卷430，頁8115，萬曆三十五年二月甲辰條；卷434，頁8199，萬曆三十五年六月甲午條；卷444，頁8429，萬曆三十六年三月辛卯條；卷451，頁8531，萬曆三十六年十月甲子條；卷464，頁8760-8761，萬曆三十七年十一月乙巳條；卷475，頁8961，萬曆三十八年九月癸卯朔條。

> 國家戎事，內則樞府掌之，戎政府督之；外則中丞府監之，司馬門督之，而皆於職方焉。司公起家職方，於疆場要害邊塞情形，燭照而洞晰之有年矣。[136]

可以了解明朝在處理軍事政務時，各個機構彼此間的任務與關係，其施政規劃方向由內閣決定、戎政府執行、都察院監督、兵部執行，更重要的是這些決策都必須有職方（地圖）的專業基礎。

萬曆晚期，一人身兼多職的現象比比可見，如萬曆三十四年輔臣沈鯉、朱賡奏言：

> 臣等昨同文武百官齊赴文華殿門外恭候聖駕，見二品班內止戶部尚書趙世卿一員，各部院止有兵部尚書蕭大亨在告，其餘左右侍郎員缺更多。皇上方綜核吏治，而官聯殘缺乃至于此，政務叢挫，誰為修明理亂，所關良非細故。乞勅吏部查各衙門見缺，并前後會推人數，總具一本，亟賜點用，以慰中外之望。不報。[137]

官員缺額不補，政務無人處理或一人多功，蕭大亨甚至上奏三十疏，明神宗都不理。[138]明神宗的怠政，長久下來對國家軍政影響甚鉅。

萬曆三十五年六月，明廷以李化龍（1554-1611）少保兵部尚書協理京營戎政。[139]李化龍軍功履歷豐富，巡撫遼東時調度總兵董一元等防禦朵顏、泰寧與土蠻聯合進攻，解除遼東右屯城包圍戰，奪獲駱

---

[136] 〔明〕溫純，《溫恭毅公文集》（臺北：國家圖書館藏明崇禎十二年[1639]西京溫氏家刊本），卷7，〈送司馬中丞次溪李公奉召入理京營序〉，頁14a-17a。

[137] 〔明〕顧秉謙等總裁，《明神宗實錄》，卷418，頁7898，萬曆三十四年二月辛亥條。

[138] 〔明〕顧秉謙等總裁，《明神宗實錄》，卷430，頁8114，萬曆三十五年二月癸卯條。

[139] 〔明〕顧秉謙等總裁，《明神宗實錄》，卷434，頁8215，萬曆三十五年六月庚戌條。

駝千百匹，送京營與邊鎮使用。[140]任總督川湖貴州軍務兼理糧餉巡撫四川，平定楊應龍叛亂，後任工部右侍郎總理河道，以平播功陞兵部尚書加少保。[141]十二月，兵科都給事中宋一韓以大閱將屆期舉行，要求他赴任處理，明神宗不理。[142]稍後，李化龍疏辭戎政之命，明神宗不許。[143]三十六年四月，大學士朱賡奏言遼東百姓數千人北走投虜，李化龍以戎政尚書身分疏請寬宥百姓罪責，明神宗不報。[144]故可知李化龍至少有半年未專注於協理京營戎政一職。

萬曆三十六年六月，李化龍提出京營有十二項苦、十一項濫以及十九項宜舉事宜，明神宗同意令該部看議以聞。[145]李化龍花了三個月時間調查京營狀況，共列舉四十二項興革議案，後人在其墓誌銘記營政改觀矣。[146]但實際情況真如墓誌銘所言？十月，明廷鑄給協理戎政關防，[147]王世揚時期提請的關防，九年後始成真，象徵李化龍正式取得與

---

140 〔明〕顧秉謙等總裁，《明神宗實錄》，卷219，頁4113，萬曆十八年正月戊辰條；卷273，頁5067，萬曆二十二年五月庚子條；卷279，頁5167-5168，萬曆二十二年十一月己亥條。

141 〔明〕李維楨，《大泌山房集》，卷77，〈少傅兵部尚書贈太師謚襄毅李公墓志銘〉，頁323-328。〔明〕葉向高，《蒼霞續草》，卷14，〈少傅兼太子太保兵部尚書贈太師謚襄毅長垣李公神道碑〉，頁196-197。〔明〕顧秉謙等總裁，《明神宗實錄》，卷332，頁6150，萬曆二十七年三月己亥條；卷351，6574-6575，萬二十八年九月甲辰條。〔清〕張廷玉等總裁，《明史》，卷228，〈李化龍傳〉，頁5982-5986。

142 〔明〕顧秉謙等總裁，《明神宗實錄》，卷441，頁8374，萬曆三十五年十二月辛未條。

143 〔明〕顧秉謙等總裁，《明神宗實錄》，卷441，頁8385，萬曆三十五年十二月戊寅條。

144 〔明〕顧秉謙等總裁，《明神宗實錄》，卷445，頁8449，萬曆三十六年四月丁丑條。

145 〔明〕顧秉謙等總裁，《明神宗實錄》，卷447，頁8469-8471，萬曆三十六年六月丙辰朔條。

146 〔明〕李維楨，《大泌山房集》，卷77，〈少傅兵部尚書贈太師謚襄毅李公墓志銘〉，頁328。〔明〕葉向高，《蒼霞續草》，卷14，〈少傅兼太子太保兵部尚書贈太師謚襄毅長垣李公神道碑〉，頁197。

147 〔明〕顧秉謙等總裁，《明神宗實錄》，卷451，頁8533，萬曆三十六年十月辛未條。

總督戎政平等的事權。然而，李化龍隨即無法專心於戎政事務上。十一月，由於兵部尚書蕭大亨已致仕，明廷遂令李化龍署掌兵部印務。[148]

李化龍身兼二職，不僅要管理戎政府，更要處理全國軍務，而更大的問題是邊境不寧。李化龍在遼東巡撫任上時，兀良哈三衛不時藉故釁邊，甫平定十年餘又烽煙再起。萬曆三十七年正月：

> 安定、德勝二門有扶挈老幼，爭入避虜者。是時，薊督調遣黑峪口夷丁，經過兔兒山北。蓐食晨炊，清河居民望見火光，相駭謂虜至，遂致驚竄。輔臣以虜賊窺伺人心，驚皇如此，都下人民以商役破家，一有事變盡皆離心，誰為國家効守禦之力。而兵部、戎政兩署只李化龍一人，軍旅一動，凡百倥傯，何以答應？乞將兩侍郎先行簡下，亦使緩急有人，不至臨時失措。不報。[149]
>
> 是時邊民訛以虜警，逃入都門者至數萬眾。九門晝閉，都人相恐。兵部議以五軍等營，派定守門、守城信地。其城外東北角、天壇、地壇三處俱五軍營信地；東直、朝陽、廣渠二河以外，俱神樞營信地；東西城內二牌樓，係標兵左右營各信地。無事照常會操，有事列營防禦。又薊昌二鎮打探聲息最急，議將東北地方分為三路，東路自京縣通州等處，中路自京縣牛欄山等處，北路自京縣清河、沙河等處。各以原任守把一員，專管提塘，有警星夜飛報，無事三日一報。信地嚴，則三軍不致懈弛；探報明，則人心自無動搖矣。[150]

---

[148]〔明〕顧秉謙等總裁，《明神宗實錄》，卷452，頁8544，萬曆三十六年十一月癸卯條。

[149]〔明〕顧秉謙等總裁，《明神宗實錄》，卷454，頁8567，萬曆三十七年正月壬辰條。

[150]〔明〕顧秉謙等總裁，《明神宗實錄》，卷454，頁8570-8571，萬曆三十七年正月己亥條。

薊鎮百姓因謠言而逃難至北京城，連帶造成京師恐慌。這場事故凸顯明朝軍政的二大問題，一是民心不信任國家的重大危機，二是萬曆怠政導致政府衙門缺官，李化龍不僅身兼戎政與兵部，兵部左右侍郎自萬曆二十七年以來空缺不補，等於一人要處理四人公務。[151]儘管分身乏術，李化龍仍下令三大營駐守京師的防區分野，並強化情報偵探。同時，疏請發帑金二十萬於京師、三十萬發薊鎮以各修守戰。工部也上疏表示需要二十萬補造戎政府所需火器，但明神宗不允發，也不允從戶部暫借。[152]當月，明廷令李化龍以少保兵部尚書回部管事。[153]至此，李化龍的職銜雖一直是兵部尚書，但主官從協理京營戎政兵部尚書轉為兵部的兵部尚書，戎政成為次務。

六月，吏部尚書奏補都察院、協理京營戎政、山東巡撫、保定提督等中央地方共有三十餘員缺，明神宗不報。[154]稍後，李化龍以防秋在即，請速點用戎政，明神宗曰：「戎政重務，委難久缺，吏部即將原推的開寫來看。」[155]罕見同意補官。八月，大學士葉向高疏言協理戎政仍是兵部尚書帶管，還有其他重要職官皆出缺，請明神宗趕緊示下，實際上至十月皆未補。[156]萬曆三十九年（1611）十二月，李化龍卒於任上，享年五十八。明神宗感念其辛勞，給予祭九壇加二壇、全葬。[157]

與此同時，七月時兵部職方郎中徐鑾會同三大營六副將查驗京

---

151 〔清〕張廷玉等總裁，《明史》，卷228，〈李化龍傳〉，頁5986。

152 〔明〕顧秉謙等總裁，《明神宗實錄》，卷454，頁8570，萬曆三十七年正月己亥條；卷456，頁8609，萬曆三十七年三月戊申條。

153 〔明〕顧秉謙等總裁，《明神宗實錄》，卷454，頁8572，萬曆三十七年正月辛丑條。

154 〔明〕顧秉謙等總裁，《明神宗實錄》，卷459，頁8656，萬曆三十七年六月癸丑條。

155 〔明〕顧秉謙等總裁，《明神宗實錄》，卷459，頁8661，萬曆三十七年六月甲子條。

156 〔明〕顧秉謙等總裁，《明神宗實錄》，卷461，頁8696-8697，萬曆三十七年八月癸丑條；卷476，頁8989，萬曆三十八年十月戊子條。

157 〔明〕葉向高，《蒼霞續草》，卷14，〈少傅兼太子太保兵部尚書贈太師謚襄毅長垣李公神道碑〉，頁198。〔明〕顧秉謙等總裁，《明神宗實錄》，卷490，頁9222-9223，萬曆三十九年十二月庚辰條。

營戰車火器。火器部分，他認為現行的佛郎機銃及其六門子銃裝填步驟複雜，可改用重量較輕且便宜的百子銃，其單一造價僅二兩銀，建議造一千門供京營使用。鳥銃的保存狀況最差，建請招募能精製鳥銃的南人來維修與製造配製火藥，並請鳥銃教師十餘人，組訓三千鳥銃兵，配合戰車大炮作戰。在戰車方面，大兵車一千二百輛與輕車二百四十輛的保存狀況也不佳，大兵車的板木多朽壞，歲修僅油漆粉飾，並無實效；輕車的防護僅有牛皮，且車體太輕只能承載火炮。因此，徐鑾建議造新型雙輪輕車，重量介於大兵車與輕車之間，車制以京營千總陳雲鷺的車式為基礎。每車造價十二兩，擬製造三百輛，費銀三千六百兩。同時，仿戚繼光的車營制，以每車車正一人、舵工一人、推車勇士四人、銃手四人，配合步騎兵，共二十五人為一隊。二車為聯，四車為局，十六車為司，六十四車為部，一百二十八車為一營。但此議最終未獲明神宗同意。[158]

而且值得注意的是，早在三十四年五月工科給事中胡忻就提報京營戰車朽壞的狀況，要京營自行維修，也獲明廷同意。對比三年後徐鑾巡視的狀況，顯然這段期間沒有積極處理修護問題，可見這批戰車火器仍是持續放在營房內任其腐朽。

萬曆三十九年八月，明廷起太子少保舒應龍（？-1615）改兵部尚書協理京營戎政。[159]舒應龍歷任山東副使整飭徐州等處兵備、都察院右副都御史巡撫貴州兼督理湖北川東等處軍務、南京工部尚書、工部尚書總督河道管理軍務，[160]督撫地方資歷不低。十二月，明神宗不允

158 周維強，《明代戰車研究》，頁413-415。

159 〔明〕顧秉謙等總裁，《明神宗實錄》，卷486，頁9157-9158，萬曆三十九年八月丙戌條。

160 〔明〕顧秉謙等總裁，《明神宗實錄》，卷57，頁1310，萬曆四年十二月癸酉條；卷141，頁2622，萬曆十一年九月癸未條；卷145，頁2710，萬曆十二年正月癸卯條；卷193，頁3635，萬曆十五年十二月辛巳條；卷226，頁4205，萬曆十八年八月甲午條；卷245，頁4569，萬曆二十年二月戊申條。

舒應龍疏辭，令上緊供職，[161]次年四月舒應龍仍辭，不允。[162]舒應龍辭官不至，究竟有無實際在任？萬曆四十年五月署吏部尚書趙煥上言：

> 內閣者，人主心膂之臣，所與造膝而謀者也。當世廟靜攝時，閣臣皆入直西苑，一日御札相咨常三四。至今輔臣葉向高杜門三月矣，絲綸之地烟鎖塵封，闃無人跡，豈三月之內無一事可與輔臣相商者乎？六部分領庶政，都察院總持風紀，佐五位以率百僚，職任何如其重者。今吏部全空矣。兵部雖點尚書而未至，猶然空也。刑部止臣一人，并無侍郎。戶禮工三部各侍郎一人，並無尚書。都察院止一副都，左都、左僉俱久懸缺，何寥寥也。以一人理一署，尚苦獨力難支，若臣煥則又以刑部兼吏部，孫瑋則以倉場兼兵部與京營，身雖左支右吾，勢必顧此失彼。中間脫有事故，註籍數時，則公門長扃矣。欲姦弊不生，而事體不廢，胡可得哉？[163]

現實是戶部倉場尚書孫瑋兼領協理京營戎政，他同時還兼任兵部尚書，一人兼三職，其他部院衙門也缺官嚴重。七月，孫瑋上言：

> 臣自去冬奉旨帶管戎政，今春又署兵部印務。當茲倉場舊局未結，新運正般，重以邊情孔亟，營操伊邇，衰病庸臣，支撐難久，乞勑樞卿王象乾免代，速任戎卿，舒應龍兼程前來。因言皇上以纍纍三印，盡舉而攝之，臣豈真苦乏人耶？高賢大良如郭正域輩，竟已凋謝，識者惜之。然臣所知大臣中，猶幸有呂坤、劉

161　〔明〕顧秉謙等總裁，《明神宗實錄》，卷490，頁9220，萬曆三十九年十二月壬申條。
162　〔明〕顧秉謙等總裁，《明神宗實錄》，卷494，頁9304，萬曆四十年四月戊寅條。
163　〔明〕顧秉謙等總裁，《明神宗實錄》，卷495，頁9327-9329，萬曆四十年五月庚戌條。

> 元震、汪應蛟輩。部寺有鄒元標、孟一脉、趙南星輩。臺省中有王德完、馮從吾輩。久抑下僚有姜士昌、劉九經輩。之諸臣者，養厚器宏，行修節著，及時而用，不難媲美師濟。不然數年之後，恐皇上即欲用之，而不能盡待也。[164]

孫瑋至少從萬曆三十九年十一月就開始實際兼任協理京營戎政，而舒應龍不願赴任，明神宗沒有實質懲處，也沒有另選他人。兵科給事中吳亮嗣劾罷舒應龍稱病不任，大學士葉向高對朝中任官不至、推官不點的現象表示身心俱疲，疏請辭官，明神宗安撫葉向高後，仍要其入閣輔理。[165]

十一月，從戶科給事中商周祚的疏言中，舒應龍此時仍偃然故里。[166]明神宗或許是接受葉向高的懇求，終下令同意舒應龍告辭，協理京營戎政改由兵部尚書王象乾帶管印務。[167]萬曆四十三年四月，舒應龍卒於家。[168]自始至終，他名義上的任期是一年三個月，但從未到任，是有名無實的一任協理京營戎政。

孫瑋（1553-1624）也是一人身兼數職的協理京營戎政，[169]早在萬曆三十七年十二月，在都察院右都御史兼戶部右侍郎總督倉場任上，兼

164 〔明〕顧秉謙等總裁，《明神宗實錄》，卷497，頁9362-9363，萬曆四十年七月戊戌條。
165 〔明〕顧秉謙等總裁，《明神宗實錄》，卷500，頁9471-9474，萬曆四十年十月戊子條。
166 〔明〕顧秉謙等總裁，《明神宗實錄》，卷501，頁9496-9497，萬曆四十年十一月甲辰條。
167 〔明〕顧秉謙等總裁，《明神宗實錄》，卷501，頁9488，萬曆四十年十一月丁酉條；卷501，頁9500，萬曆四十年十一月丙午條。
168 〔明〕顧秉謙等總裁，《明神宗實錄》，卷531，頁10008-10009，萬曆四十三年四月甲辰條。
169 〔明〕顧秉謙等總裁，《明神宗實錄》，卷364，頁6784，萬曆二十九年十月丙寅條；卷371，頁6948，萬曆三十年四月丙寅條；卷449，頁8496，萬曆三十六年八月己未條。〔清〕張廷玉等總裁，《明史》，卷241，〈孫瑋傳〉，頁6270-6272。

署都察院事。[170]三十九年四月，大學士葉向高奏朝中缺官嚴重，九卿中僅孫瑋、翁正春、劉元霖三人在任，而內閣供事只葉向高一人。[171]

萬曆三十九年十一月，孫瑋陞兵部尚書，[172]四十年二月署掌兵部印信，[173]五月，孫瑋又必須署吏部尚書，他直言「臣衰暮之人，精神有限，雖輪日一進，勉強支吾。然顧此失彼，滋弊長姦，廢事曠職者誠不知其幾也。乞將各衙門會推諸疏亟賜點用。」[174]但情況並未改善。從他在七月的疏言中，可知他此時就已帶管協理京營戎政。[175]甚至年底又兼掌都察院事。[176]孫瑋帶管協理京營戎政的時間，約從萬曆三十九年十一月起，至萬曆四十年十一月為止。十一月時，明廷令兵部尚書王象乾（第六十三任）帶管戎政尚書印務。[177]未到月底，寧陽侯陳應詔請告解任總督京營戎政，但卸任前著代管協理官署。[178]

萬曆四十年十二月，以都察院右副御史都周盤（？-1621）兼兵郎右侍郎協理京營戎政。次年（1613）九月，引疾乞休，明神宗不允。[179]四十一年正月，明廷命兵部右侍郎魏養蒙（？-1622）署協理

[170] 〔明〕顧秉謙等總裁，《明神宗實錄》，卷465，頁8774-8775，萬曆三十七年十二月戊午條。
[171] 〔明〕顧秉謙等總裁，《明神宗實錄》，卷482，頁9074-9075，萬曆三十九年四月丙戌條。
[172] 〔明〕顧秉謙等總裁，《明神宗實錄》，卷489，頁9216，萬曆三十九年十一月癸丑條。
[173] 〔明〕顧秉謙等總裁，《明神宗實錄》，卷492，頁9271，萬曆四十年二月己丑條。。
[174] 〔明〕顧秉謙等總裁，《明神宗實錄》，卷495，頁9316，萬曆四十年五月庚子條。
[175] 〔明〕顧秉謙等總裁，《明神宗實錄》，卷497，頁9362-9363，萬曆四十年七月戊戌條
[176] 〔明〕顧秉謙等總裁，《明神宗實錄》，卷503，頁9568，萬曆四十年十二月癸丑條。
[177] 〔明〕顧秉謙等總裁，《明神宗實錄》，卷501，頁9488，萬曆四十年十一月丁酉條。
[178] 〔明〕顧秉謙等總裁，《明神宗實錄》，卷501，頁9503，萬曆四十年十一月甲寅條。
[179] 〔明〕顧秉謙等總裁，《明神宗實錄》，卷312，頁5841，萬曆二十五年七月甲辰條；卷370，頁6940，萬曆三十年三月甲申條；卷417，頁7868，

京營戎政印，[180]故周盤應是掛名而未赴任。[181]魏養蒙後改南兵部尚書，[182]於萬曆四十一年正月署理協理京營戎政，七月又署刑部印。[183]四十二年（1614）二月為兵部左侍郎，為護送福王朱常洵就藩洛陽而短暫離開北京。[184]

萬曆四十一年十一月，署吏部事兵部尚書王象乾疏言：

> 今日之官寮廢缺極矣。為兩京尚書者缺其五，為掌都察院者缺其三，為左右侍郎者缺其九，為副僉都御史者缺其三，為倉場、戎政及卿寺、京堂者缺其十，餘為總督、巡撫者缺其四。期間已點而未到，承命而疏辭者，不與焉。一時公卿大夫比于晨星，從來紀綱法度漸成廢格。每遇會推，北顧則南窮，南顧則北窮。議正則陪窮，議陪則正窮。推外則內窮，推內則外窮。是何皇上臨御以來，師師濟濟未稱乏人，而今厄塞乃爾也。乞將節次推起，諸疏速賜俞允，無令天下萬世疑皇上有禁錮諸臣之心也。[185]

南北兩京與地方督撫不只缺官嚴重，甚至以下詔點用的人也不願上任，明神宗不下令也無從懲處，惡性循環到達高峰。

萬曆四十二年二月，以太子少保都察院右都御史兼兵部右侍郎

萬曆三十四年正月庚午朔條；卷503，頁9568-9569，萬曆四十年十二月癸丑條；卷512，頁9681，萬曆四十一年九月庚午條。

180 〔明〕顧秉謙等總裁，《明神宗實錄》，卷504，頁9588，萬曆四十一年正月戊子條。

181 〔明〕顧秉謙等總裁，《明神宗實錄》，卷337，頁6255，萬曆二十七年七月丙子條；卷498，頁9398，萬曆四十年八月丁丑條。

182 〔明〕溫體仁等總裁，《明熹宗實錄》，卷28，頁1396-1397，天啟二年十一月甲午條。

183 〔明〕顧秉謙等總裁，《明神宗實錄》，卷510，頁9660，萬曆四十一年七月甲戌條。

184 〔明〕顧秉謙等總裁，《明神宗實錄》，卷517，頁9742，萬曆四十二年二月丙戌條。

185 〔明〕顧秉謙等總裁，《明神宗實錄》，卷514，頁9707-9708，萬曆四十一年十一月乙亥條。

總督陝西三邊黃嘉善（1549-1624）陞兵部尚書協理京營戎政。[186]黃嘉善並未上任，該年九月仍在陝西指揮官軍防禦，並以下屬斬首敵軍二百二十餘請賞。[187]而後，黃嘉善不斷疏辭。[188]萬曆四十三年（1615）四月，明廷以兵部左侍郎崔景榮（1559-1631）署掌本兵印信，並管理戎政事務。[189]崔景榮後累官宣大總督、兵部尚書、吏部尚書。天啟朝時因忤魏忠賢，又被言官劾陰護東林黨，被削奪為民，崇禎朝復原職。[190]九月，明廷改命兵部左侍郎魏養蒙署掌本兵印信，戎政事務著兵部左侍郎管右侍郎事崔景榮暫管。[191]

萬曆四十四年（1616）三月，朝臣奏請盡速點用黃嘉善，明神宗不理。[192]十月，黃嘉善從協理京營戎政改兵部尚書。[193]黃嘉善仍然持續辭疏未赴任，至四十六年（1618）六月才抵達北京通州仍稱疾，七月始視事。[194]故黃嘉善從萬曆四十二年二月至四十四年十月，名義上

---

186 〔明〕顧秉謙等總裁，《明神宗實錄》，卷290，頁5370，萬曆二十三年十月丙午條；卷360，頁6728，萬曆二十九年六月戊子條；卷468，頁8840，萬曆三十八年三月壬辰條；卷517，頁9739，萬曆四十二年二月甲申條；卷517，頁9758，萬曆四十二年二月己酉條。〔明〕溫體仁等總裁，《明熹宗實錄》，卷70，頁3349-3350，天啟六年四月辛巳條。

187 〔明〕顧秉謙等總裁，《明神宗實錄》，卷524，頁9877，萬曆四十二年九月甲戌條。

188 〔明〕顧秉謙等總裁，《明神宗實錄》，卷527，頁9910，萬曆四十二年十二月丙午條；卷542，頁10300，萬曆四十四年二月乙巳條。

189 〔明〕顧秉謙等總裁，《明神宗實錄》，卷471，頁8893，萬曆三十八年五月戊午條；卷531，頁10004，萬曆四十三年四月己亥條。〔清〕張廷玉等總裁，《明史》，卷256，〈崔景榮傳〉，頁6605-6606。

190 〔明〕不著撰人，《崇禎長編》（臺北：中央研究院歷史語言研究所，1984，縮景《痛史》本），卷52，頁3003，崇禎四年十一月庚午朔條。〔清〕張廷玉等總裁，《明史》，卷256，〈崔景榮傳〉，頁6605-6606。

191 〔明〕顧秉謙等總裁，《明神宗實錄》，卷537，頁10177，萬曆四十三年九月戊寅條。

192 〔明〕顧秉謙等總裁，《明神宗實錄》，卷543，頁10322，萬曆四十四年三月丙申條。

193 〔明〕顧秉謙等總裁，《明神宗實錄》，卷550，頁10405，萬曆四十四年十月丁未條。

194 〔明〕顧秉謙等總裁，《明神宗實錄》，卷561，頁9877，萬曆四十五年九月癸未條；卷571，頁10773，萬曆四十六年六月丁丑條；卷572，頁

是兵部尚書協理京營戎政，但期間或在總督三邊或稱病，實際上從未到任，而由魏養蒙與崔景榮相繼署理。

萬曆四十三年四月，崔景榮以兵部左侍郎第一次帶管協理京營戎政，九月再奉命暫管。[195]四十五年（1617）六月，大學士方從哲、吳道南疏言本兵、協理俱未履任，至今仍是崔景榮一人兼二職，請速點補，明神宗不報。[196]九月，明神宗欽點的兵部尚書黃嘉善與戎政尚書薛三才疏辭未赴任，方從哲疏催剋期任事，皆不報。[197]四十六年二月，崔景榮受不了這種情況，屢疏乞休不獲允，便從大明門叩辭出城候旨，同時刑部尚書李誌、侍郎張問達相繼求去。明神宗此時才言：「今九列乏人，豈人臣相率求去之時？著遵屢旨速出，毋得再陳。」[198]三月，大學士方從哲言崔景榮已難強留，明廷遂令戎政印信由薛三才署掌。[199]四月，明廷同意崔景榮回籍調理。[200]

自壬辰倭禍戰役結束後，明神宗不但不上朝，群臣奏疏的批示也不斷下降，朝政陷入事多無決的循環。在人事任免上，中央與地方官員缺官嚴重，但協理京營戎政無論有欽點、兼任、帶管、署理的各種狀況，依前述整理如表6-2：

10804，萬曆四十六年七月壬寅條。

195 〔明〕顧秉謙等總裁，《明神宗實錄》，卷531，頁10004，萬曆四十三年四月己亥條；卷537，頁10177，萬曆四十三年九月戊寅條。

196 〔明〕顧秉謙等總裁，《明神宗實錄》，卷558，頁10541-10542，萬曆四十五年六月辛酉條。

197 〔明〕顧秉謙等總裁，《明神宗實錄》，卷561，頁10587，萬曆四十五年九月癸未條。

198 〔明〕顧秉謙等總裁，《明神宗實錄》，卷566，頁10659-10660，萬曆四十六年二月丁巳條。

199 〔明〕顧秉謙等總裁，《明神宗實錄》，卷567，頁10669，萬曆四十六年三月辛未條。

200 〔明〕顧秉謙等總裁，《明神宗實錄》，卷568，頁10695，萬曆四十六年四月丙辰條。

表6-2　萬曆朝後期協理京營戎政就職情況表

<table>
<tr><th colspan="2">職官狀況
年代</th><th>任命</th><th>實任</th><th>兼署</th></tr>
<tr><td>27年</td><td>3月</td><td colspan="2">王世揚
都察院右都御史兼兵部右侍郎</td><td></td></tr>
<tr><td rowspan="2">30年</td><td>4月</td><td rowspan="3">王世揚</td><td colspan="2" rowspan="2">蕭大亨
刑部尚書兼兵部尚書</td></tr>
<tr><td>6月</td></tr>
<tr><td>32年</td><td>12月</td><td>王世揚</td><td></td></tr>
<tr><td rowspan="2">33年</td><td>3月</td><td></td><td colspan="2" rowspan="5">蕭大亨</td></tr>
<tr><td>11月</td><td rowspan="2">李汶
太子太師都察院右都御史兼兵部尚書</td></tr>
<tr><td rowspan="2">35年</td><td>6月</td></tr>
<tr><td>12月</td><td rowspan="2">李化龍
少保兵部尚書</td></tr>
<tr><td>36年</td><td>4月</td></tr>
<tr><td></td><td>4月丁丑</td><td colspan="2">李化龍</td><td rowspan="2"></td></tr>
<tr><td></td><td>11月</td><td colspan="2">李化龍署理兵部尚書</td></tr>
<tr><td>37年</td><td>1月</td><td></td><td colspan="2" rowspan="2">李化龍
兵部尚書</td></tr>
<tr><td rowspan="2">39年</td><td>8月</td><td rowspan="3">舒應龍
太子少保兵部尚書</td></tr>
<tr><td>11月</td><td colspan="2" rowspan="2">孫瑋
都察院右都御史兼戶部倉場尚書
兼任兵部尚書</td></tr>
<tr><td rowspan="4">40年</td><td>11月丁酉</td></tr>
<tr><td>11月丙午</td><td rowspan="2"></td><td colspan="2">兵部尚書王象乾帶管印務</td></tr>
<tr><td>11月甲寅</td><td colspan="2">寧陽侯陳應詔</td></tr>
<tr><td>12月</td><td colspan="2">周盤
都察院右副御史都兼兵郎右侍郎</td><td></td></tr>
<tr><td rowspan="2">41年</td><td>1月</td><td colspan="2">魏養蒙
兵部右侍郎</td><td rowspan="2"></td></tr>
<tr><td>7月</td><td colspan="2">魏養蒙兼署刑部印</td></tr>
</table>

<table>
<tr><th colspan="2">職官狀況
年代</th><th>任命</th><th>實任</th><th>兼署</th></tr>
<tr><td rowspan="2">42年</td><td>2月丙戌</td><td colspan="2">魏養蒙兼兵部左侍郎</td><td></td></tr>
<tr><td>2月甲申</td><td rowspan="4">黃嘉善
太子少保都察院右都御史兼兵部尚書</td><td colspan="2"></td></tr>
<tr><td rowspan="2">43年</td><td>4月</td><td colspan="2">崔景榮
兵部左侍郎署兵部印</td></tr>
<tr><td>9月</td><td colspan="2" rowspan="3">崔景榮暫管</td></tr>
<tr><td rowspan="2">44年</td><td>10月</td></tr>
<tr><td>12月</td><td>薛三才
都察院右僉都御史
兼兵部尚書</td></tr>
<tr><td rowspan="2">45年</td><td>10月初二</td><td>薛三才</td><td colspan="2">崔景榮暫管</td></tr>
<tr><td>10月二十</td><td colspan="2">薛三才</td><td rowspan="2"></td></tr>
<tr><td rowspan="3">47年</td><td>4月辛未</td><td colspan="2">薛三才</td></tr>
<tr><td>4月丙子</td><td></td><td colspan="2">黃嘉善
兵部尚書</td></tr>
<tr><td>6月</td><td colspan="2">黃克纘
兵部尚書</td><td></td></tr>
</table>

明神宗即使再不願意處理朝政，京師的衛戍關乎己身安危，無法徹底擱置。因此，協理京營戎政即使有任命卻未實際上任，仍有官員兼掌。協理京營戎政不但既非專任，更身兼數職，管理的實效落差可以想見。

二、薩爾滸戰役與北京防禦

中國東北方的建州女真，在族長努爾哈齊的率領下，於萬曆朝逐步壯大並統一女真諸部。萬曆四十四年（天命元年，1616），努爾哈齊在赫圖阿拉稱汗，建國號金，成為明朝最大的邊患。時任薊遼總督的薛三才（？-1619）正忙於撫平遼東各外族，因協理京營戎政缺人，明廷調其回京。[201]萬曆四十四年十二月，以總督薊遼陞兵部尚書協理京營戎政。[202]薛三才三度疏辭戎政，延宕至四十五年十月初二日都未赴任，大學士方從哲再度疏請催促。[203]十月二十日，薛三才進京面聖謝恩，但因明神宗不視朝，依例赴任。[204]

萬曆四十六年三月，薛三才署掌戎政印。[205]同年（天命三年，1618）四月，努爾哈齊以「七大恨」告天，正式與明朝決裂。四月十五日，金軍攻撫順所與清河堡，撫順中軍千總王命印陣亡、李永芳投降，撫順陷落，[206]至此寫下明金戰爭的序章。四月二十一日，遼東巡撫李維翰派遣增援的廣寧總兵張承胤、遼陽副總兵顧廷相、遊擊梁汝貴覆沒，明神宗令兼掌兵部尚書的薛三才制定反攻計畫。[207]

遼東鎮、薊鎮共約三萬餘駐軍奉命抽調反攻遼東，[208]導致京師北面防禦削弱。為此，薛三才在防區上增設山海關鎮，原屬薊鎮的東協四路歸其轄屬，令京師東北方多一個軍鎮防禦。[209]兵部議請恢復萬曆

---

[201] 〔明〕顧秉謙等總裁，《明神宗實錄》，卷463，頁8740，萬曆三十七年十月己巳條；卷499，頁9438，萬曆四十年九月己未條。〔清〕明珠等總裁，《清太祖高皇帝實錄》（《清實錄》，第1冊，北京：中華書局，1986），卷1，頁21-2。

[202] 〔明〕顧秉謙等總裁，《明神宗實錄》，卷552，頁10428，萬曆四十四年十二月辛亥條。

[203] 〔明〕薛三才，《薛恭敏公奏疏》（臺北：國家圖書館藏原北平圖書館藏明鈔本），卷8，〈辭陞戎政疏〉，頁231-232；〈再辭戎政疏〉，頁232-233；〈三辭戎政疏〉，頁233-235。〔明〕顧秉謙等總裁，《明神宗實錄》，卷561，頁10587，萬曆四十五年九月癸未條；卷562，頁10591，萬曆四十五年十月癸巳條。

[204] 〔明〕薛三才，《薛恭敏公奏疏》，卷13，〈面恩疏〉，頁337-338。

[205] 〔明〕顧秉謙等總裁，《明神宗實錄》，卷567，頁10669，萬曆四十六年三月辛未條。

[206] 〔明〕顧秉謙等總裁，《明神宗實錄》，卷568，頁10685-10687，萬曆四十六年四月甲辰條。

[207] 樊樹志，《重寫晚明史．內憂與外患》（北京：中華書局，2019），頁147-149。

[208] 周維強，《明代戰車研究》，頁418。

[209] 〔明〕薛三才，《薛恭敏公奏疏》，卷10，〈覆議山海鎮添設事宜疏〉，

二年之例，以京營二支戰車營共約八千人至薊鎮防秋。在總督京營戎政忻城伯趙世新、薛三才會議後，顧慮到防禦京師的戰力需求，原定二支戰車營改為五軍營的戰兵二營、軍馬一支，共三千四百餘名前去協防。[210]

繼邊鎮駐軍動員後，京營的戰備檢視與動員亦隨之開始。萬曆四十六年八月，薛三才修整京營戰車、火器、銃砲等項，令兵部司官一員會同工部廠官、巡視科道監督檢驗，[211]忻城伯趙世新動員將官演習。[212]同時，兵科給事中吳亮嗣條上京營五事，經兵部尚書黃嘉善議覆後執行。其重點為操練京營選鋒的火器手三千人、清查馬匹、查點班軍與確保錢糧關支。[213]

萬曆四十七年（1619）二月十一日，明軍於遼陽演武場誓師，分瀋陽（西）、開鐵（北）、清河（南）、寬甸（東）四路出征，展開薩爾滸之役。西路的主將山海關總兵杜松於三月一日屯駐薩爾滸山，金軍於辰時發動進攻，杜松陣亡；北路則交戰於初三日清晨的尚間崖、斐芬山；東路交戰於初四日的阿布達哩崗、富察，明軍三路皆潰敗，僅南路明軍退回防線。[214]

在薩爾滸戰役時，薛三才清點京營狀況，聚焦於戰車、火器等項。發現京營十支戰車營共一千四百輛戰車，萬曆三十六年時移交工部整修二百五十輛，十年過去只修完二十輛，未送修者又損三百五十

頁263-266。〔明〕顧秉謙等總裁，《明神宗實錄》，卷569，頁10716，萬曆四十六年閏四月壬申條。

210 〔明〕程開祜輯，《籌遼碩畫》（臺北：新文豐出版社，1988，《叢書集成續編》，《國立北平圖書館善本叢書第一集》，據原臺北帝國大學藏明萬曆刻本影印），卷9，兵部，〈再杼末議佐軍興疏〉，頁325-327。

211 〔明〕顧秉謙等總裁，《明神宗實錄》，卷573，頁10824，萬曆四十六年八月甲子條。

212 〔明〕顧秉謙等總裁，《明神宗實錄》，卷573，頁10829-10830，萬曆四十六年八月戊辰條。

213 〔明〕顧秉謙等總裁，《明神宗實錄》，卷580，頁10972-10973，萬曆四十七年三月丙戌條。

214 周維強，《明代戰車研究》，頁420-437。

九輛。火器鎗砲原額七萬九百九十二具，僅四萬六千餘件堪用，且已撥調其中三千六百具支援遼東。盔甲十萬五千餘頂，損壞者一萬八千餘；選鋒的明盔甲六千頂副，帽兒盔、紫花甲九千零二十頂副，大半破壞。內庫所存的滅虜砲、佛郎機銃等火砲，有發廠修造者，只上漆後就裝作新造，實皆舊器，隨機挑幾門試放就炸碎，應全面試驗與補造。請明神宗敕命兵工二部刻日會議修繕，此疏遭留中。[215]

在檢閱京營官兵與裝備時，面對明神宗的態度，薛三才不只孤軍奮戰，也有無法改變現狀的無奈。巡視科道官是戎政府中協助總協二臣的要角，薛三才表示自己一人，一天僅校閱一千餘人，疏請速點懸缺二年的京營巡視科道官二員，若有科道官則可多校閱二千人。[216]京營十餘萬官軍分為三十五營，一日隨操者至少五萬餘人，京營總協巡視諸臣分營閱操，並記錄技藝優劣，一日僅能校閱三千人，實際要全部校完需費時超過一個月。薛三才表示自己健康不佳，不能隨時進營，又未欽點巡視科臣，只有總督一人難以執業。福建道御史楊州鶴贊同薛三才之請，以兵部司官分管京營操練。[217]薛三才甚至奏請特赦獄中擅長火器的罪官，以訓練京營官兵。[218]同時，忻城伯趙世新也奏報六事，議論將領、選鋒、馬匹、火器、器械、錢糧。[219]明神宗對

215 〔明〕薛三才，《薛恭敏公奏疏》，卷13〈請勅兵工二部速議修造戰車火器疏〉，頁345-347。〔明〕顧秉謙等總裁，《明神宗實錄》，卷580，頁10999-11001，萬曆四十七年三月壬寅條。

216 〔明〕薛三才，《薛恭敏公奏疏》，卷13，〈催點巡視科臣第一疏〉，頁339-340；〈催點巡視科臣第二疏〉，頁340-341。〔明〕顧秉謙等總裁，《明神宗實錄》，卷580，頁11016-11017，萬曆四十七年三月丁未條。

217 〔明〕薛三才，《薛恭敏公奏疏》，卷13，〈請特委兵部司官分練京軍疏〉，頁343-345。〔明〕顧秉謙等總裁，《明神宗實錄》，卷580，頁11008-11009，萬曆四十七年三月丙午條。

218 〔明〕薛三才，《薛恭敏公奏疏》，卷13，〈練火器以壯營伍疏〉，頁347-349。〔明〕顧秉謙等總裁，《明神宗實錄》，卷580，頁11025，萬曆四十七年三月壬子條。

219 〔明〕程開祜輯，《籌遼碩畫》，卷18，趙世新，〈警告日殷隄防宜急疏〉，頁596-598。〔明〕顧秉謙等總裁，《明神宗實錄》，卷580，頁11007-11008，萬曆四十七年三月丙午條。

這些請疏皆留中，沒有裁示，戎政府也不能擅自執行。密集的軍務操勞，令薛三才健康每下愈況，四月病逝，贈太子太保。[220]

薛三才病逝後，明神宗令兵部尚書黃嘉善代署戎政尚書印務，不允其辭。[221]大學士方從哲上言：

> 頃三月間遼師失利，警報初聞，聖心不無少動，凡用人、發帑諸事，俯從廷議，多見施行。四月以後，不知何故，大僚言官一人不補，中外章疏強半留中。如京營統率六師，何等重任，而總協二臣缺而不補。兵垣參預戎機，何等吃緊，而印務任其虛懸。應天、雲貴何等要地，而巡撫之推，屢催不報。又如考選不下，不得已題差委用，少示疏通，乃一時權宜，甚非行取舊制。而各處按差多至十餘，既未點用，人人皆以為危，而皇上自以為安。人人皆以為急，而皇上獨以為緩。臣目擊心憂，不勝惶懼，伏望速賜施行。不報。[222]

皇帝怠政不理，即使協理京營戎政等官員要積極處理也莫可奈何，令不良官吏得以繼續因循故事。

此時，遼東戰況更危急，在薩爾滸之役後，金軍攻勢不斷，明軍防線持續南移。四月，察哈爾部虎墩數萬軍接近廣寧長城；五月，努爾哈齊進攻鐵嶺、柴河、撫安等堡，紮寨於撫順關外；六月十六日，開原陷落，總兵馬林陣亡。[223]二個月內朝臣終找到明神宗同意的新任

---

220 〔明〕薛三才，《薛恭敏公奏疏》，卷13，〈獎用義俠以倡勇敢疏〉，頁349-353。〔明〕顧秉謙等總裁，《明神宗實錄》，卷581，頁11045-11046，萬曆四十七年四月辛未條。

221 〔明〕顧秉謙等總裁，《明神宗實錄》，卷581，頁11051，萬曆四十七年四月丙子條；卷582，頁11069，萬曆四十七年五月辛卯條。

222 〔明〕顧秉謙等總裁，《明神宗實錄》，卷583，頁11088-11089，萬曆四十七年六月甲寅條。

223 周維強，〈明季瀋遼之役新探〉，《故宮學術季刊》，33：1（臺北，2015.9），頁247-248。

協理京營戎政。萬曆四十七年六月，以南京兵部尚書參贊機務黃克纘（？-1628）改兵部尚書協理京營戎政。[224]七月，兵部尚書黃嘉善題報新任京營總督泰寧侯陳良弼、協理黃克纘始獲明神宗同意，並派遣神樞營副將江應詔領京營兵三千名，增防山海關。[225]八月，黃克纘奏辭協理一職，明神宗不允，令兼程前來赴任。[226]

遼東戰況上，明廷在七月初一日接獲遼東經略楊鎬塘報，開原再度陷落、鎮西堡遭三萬金軍圍城，若鐵嶺、瀋陽也淪陷，則明軍防線勢必得退至山海關。明神宗超擢熊廷弼為兵部右侍郎兼僉都御史，取代楊鎬為新任遼東經略，帶一萬援兵前往，但實際只調到宣府一千、榆林二千名，且原本要再多調動京營三千兵馬也未獲准，令熊廷弼的佈署受限。二十五日，努爾哈齊攻陷鐵嶺，瀋陽、遼陽告急。[227]另一方面，外調的江應詔所部京營兵，於順義、牛欄山、大水峪等處演習，以防韃靼滿旦等入侵薊鎮。[228]

在防禦京師與動員京營，明神宗對朝臣奏請反應不一，時從之，時不報。如大學士方從哲請動員京營防守京師、檢驗武裝器具、命五城九門各用一人巡視；[229]錦衣衛都指揮使張懋中請改製單輪輕戰車「鐵衝」；巡視京營工科給事中范濟世建請京營出城操練，明神宗皆不理。而後，京營總督泰寧侯陳良弼支持范濟世的觀點，奏言京營以

224 〔明〕顧秉謙等總裁，《明神宗實錄》，卷363，頁2a（6767），萬曆二十九年九月丁酉條；卷479，頁9025-9026，萬曆三十九年正月癸卯條；卷492，頁9271-9272，萬曆四十年二月庚寅條；卷583，頁11112-11114，萬曆四十七年六月己卯條。

225 〔明〕顧秉謙等總裁，《明神宗實錄》，卷584，頁11126-11127，萬曆四十七年七月壬午朔條；卷584，頁11132-11133，萬曆四十七年七月癸未條。

226 〔明〕顧秉謙等總裁，《明神宗實錄》，卷585，頁11188，萬曆四十七年八月丁巳條。

227 周維強，〈明季瀋遼之役新探〉，頁247-249。〔明〕顧秉謙等總裁，《明神宗實錄》，卷584，頁11141-11143，萬曆四十七年七月戊子條。

228 〔明〕顧秉謙等總裁，《明神宗實錄》，卷585，頁11198，萬曆四十七年八月丙寅條。

229 〔明〕顧秉謙等總裁，《明神宗實錄》，卷586，頁11216-11217，萬曆四十七年九月乙酉條。

防禦京師為重，反對持續將京營外調戍邊；預先確認京營分守京師區域，尤其是戰車營的配置，而武剛車缺八百輛，十餘年前送修二百三十輛，至今只修完一百七十輛，而且狀況不佳，請增補戰車。以及挪借行糧給京軍、加買火藥儲備、更置腰刀、弓弩等器械；加給犒賞；嚴格訓練；給予將領升遷等，明神宗令著實舉行。[230]同樣是武器裝備檢閱更新、劃定京營防區，明神宗卻有不同反應。

黃克纘到任條陳京營五議，經兵部尚書黃嘉善議覆後，明神宗同意舉行。[231]黃克纘指出京營官兵經泰寧侯陳良弼、巡視科道官范濟世、馮嘉會汰選補充後，目前可得萬餘人，但仍未經訓練，難以應戰。且因戰爭區域之故，將官推舉長期重外輕內，導致轉入京營的將領不如邊鎮將官可做為表率，宜令兵部推舉的良才，以其訓練軍兵。目前京營內可信任者惟七千名選鋒，其中已調去三千防邊。為增加可用之兵，宜募浙直兵五千加入選鋒，共一萬二千人。營中諸將令其各招家丁，副將可招六十人、參遊四十人，佐擊坐營各三十人，如此可得家丁千餘人。以此募兵加上京營中選七千人，只要求年力健壯不要求技藝，共足二萬人。黃克纘任職南京兵部尚書時期，於金華募兵三千援遼，他認為南兵的紀律素質可用。請於南京水陸營抽一千，委南京坐營張懋勳統之，以浙江口戰船二十艘、龍江營唬船二十艘，每艘可載三十人，運往北京。坐營沈志亮在江陰、丹徒、江都等處募兵一千統領，其安家行糧由南京兵部酌給。坐營張超前往義烏東陽募兵四千，一千補還南京，其餘三千統領至北京，押兵坐營三員皆陞遊擊以示鼓舞。[232]總計從南京京營中調一千人，招募一萬人，加入北京京營。

---

230 〔明〕程開祜輯，《籌遼碩畫》，卷26，陳良弼，〈京營戰守疏〉，頁95-99。〔明〕顧秉謙等總裁，《明神宗實錄》，卷586，頁11221，萬曆四十七年九月戊子條。

231 〔明〕顧秉謙等總裁，《明神宗實錄》，卷586，頁11231，萬曆四十七年九月戊戌條。

232 〔明〕程開祜輯，《籌遼碩畫》，卷26，黃克纘，〈京營急務以振積弱疏〉，頁184-186。

萬曆四十八年（1620）七月，從南京京營三千與招募的二千浙兵抵達北京，安家行糧諸費達五萬兩，實際上只有黃克纘規劃的一半兵額。同時，因為遼東戰局吃緊，兵部在北京區域大肆募兵，導致有許多市井無賴趁機索詐金錢。如招募後逃兵，或是煽動縉紳說招募之兵行為不當，兵部忌憚言官彈劾，多付錢了事。[233]

除兵將人力外，後勤也需要備齊，主要是火器項目。如製造百子銃，這是有效的範圍攻擊兵器，宜令工部發銀六千兩，委營中將官監造六千門；三眼銃宜修造一萬把，因其銃身厚重，騎兵可在發射後當鈍器敲擊敵人。因銅質佛郎機銃較不易炸裂，品質可靠。南京兵仗局現有四十門的八尺銅鑄佛郎機銃，令南京工部取二十門含子銃送京營試用。最後在北京城外圍要害處令工部興建營房千間提供募兵居住，客兵則在城外找大型寺院暫住，並請戶部增給糧餉。[234]入冬後，依泰寧侯陳良弼議，加給京軍胖襖褲襪。[235]但次年二月，為支援遼東作戰，北京各廠局與戎政府共湊二千門大砲運往關外。[236]

而後，黃克纘也無法專心於協理京營戎政一職。先是於萬曆四十七年十一月署掌工部印務，[237]後於四十八年六月，方從哲奏言黃克纘營務稍閑可以暫署，明神宗令黃克纘署掌工部印信。[238]七月二十一日，明神宗崩，黃克纘於當月改為刑部尚書。[239]

---

[233]〔明〕葉向高等總裁，《明光宗實錄》（臺北：中央研究院歷史語言研究所，1984，據中央研究院歷史語言研究所民國五十一年[1962]刊本縮編），卷2，頁49-50，萬曆四十八年七月乙巳條。

[234]〔明〕程開祜輯，《籌遼碩畫》，卷26，黃克纘，〈京營急務以振積弱疏〉，頁186-188。

[235]〔明〕顧秉謙等總裁，《明神宗實錄》，卷588，頁11251，萬曆四十七年十一月辛巳條。

[236]〔明〕顧秉謙等總裁，《明神宗實錄》，卷591，頁11329，萬曆四十八年二月辛亥條。

[237]〔明〕顧秉謙等總裁，《明神宗實錄》，卷588，頁11268，萬曆四十七年十一月乙巳條。

[238]〔明〕顧秉謙等總裁，《明神宗實錄》，卷595，頁11417，萬曆四十八年六月庚申條；卷595，頁11425，萬曆四十八年六月辛未條。

[239]〔明〕顧秉謙等總裁，《明神宗實錄》，卷596，頁11447-11448，萬曆四

第四節　小結

萬曆十年張居正病逝後，缺少長期支持戎政的內閣，朝中反對張居正的勢力亦藉機反撲，戎政的政務運行斷斷續續。這段時間北京相對和平無憂，戎政的管理督導日趨鬆散。京營是專為征戰而非工役之用，但歷來皇帝、朝中官員甚至京營軍官都有任意役使差遣的紀錄。萬曆十一年，明神宗詔令開始興築明定陵，調遣大量京營作工。役使京營不僅容易造成逃兵或冒替的情況增加，更嚴重降低官兵戰力與訓練素質。

此時的協理京營戎政在入京前於邊疆歷練多年有功，入京後卻屢屢被言官與科道官等政敵攻擊。如辛應乾被劾選任不公、傅希摯被參年老，而從宣大總督改協理京營戎政的鄭洛，在朝中被參與張居正關係密切，讓他在一個月內三度乞休。隨後因順義王撦力克入侵明境，明神宗令鄭洛經略七鎮率軍抵禦，鄭洛順利擊退敵軍後，兵部尚書石星推薦他回任協理京營戎政，但鄭洛堅持以病乞休。這些邊鎮能臣入京為協理京營戎政後，要面對的敵人不是外族，反而是朝中的政治鬥爭，在萬曆朝不斷上演。

從萬曆二十年壬辰倭禍開始，北京雖沒有遭到戰爭直接衝擊，但也進入戒備戰爭狀態。壬辰戰爭調動大量南方軍隊支援，北京城是轉運中心，城內的秩序維護必須加強。二十七年，明神宗同意賜關防給協理京營戎政王世揚，進一步增加協理京營戎政的軍務權。然而，隨著戰爭結束，明神宗對朝政日趨怠惰，連帶影響公務運作態度及軍紀維護。

京營的將官與裝備素質，隆慶至萬曆初年一度恢復可用的戰備狀態，也能夠支援邊鎮作戰，惟此後不斷下降。以戰車營為例，嘉靖末

十八年七月丙申條。〔明〕葉向高等總裁，《明光宗實錄》，卷2，頁29，萬曆四十八年七月戊戌條。

年楊博與趙炳然建立十個戰車營，每營有四百輛車，共四千輛。到萬曆二年俞大猷檢視時，僅剩一千四百輛堪用。十年不到，軍器的養護快速崩壞。但經俞大猷的努力後，京營新造一千二百輛戰車，更新佛郎機銃五千架。萬曆二年至九年期間，防秋時期戰車營可以至薊鎮協防，甚至可至薊鎮遵化支援作戰。萬曆二十年，協理京營戎政周世選特別在京營教場空閒處造六十間車房，自行管理維護。好景不常，至二十三年已發現車況難以堪用，三十一年已過半損壞，三十七年檢視僅油漆掩飾陳舊，至四十七年僅修完二十輛，火器鎗砲原額七萬九百九十二具，僅四萬六千餘件堪用。即使協理京營戎政或巡視科道官發現，但因京營官兵的世勳背景以及明神宗的怠政，而無法有效處理。如萬曆十九年十月京軍聚眾包圍工部尚書曾同亨、三十一年內監王朝私自帶京營選鋒兵劫掠百姓、三十三年盔甲廠火藥爆炸等。

萬曆朝中晚期，歷任的協理京營戎政無論有心無心任事，皆難以有效率的督導戎政。或被言官參劾，或捲入朝中黨爭，僅在其位就難以安枕。且當原任協理京營戎政疏辭獲准後，明神宗新任命的協理京營戎政卻故意延遲或不願到任，導致實際到任或代理者，往往必須兼掌兵部、戶部、刑部、都察院等職而分身乏術，難以專心戎政。如李汶、舒應龍、黃嘉善、許弘剛獲命後都推託他詞未到任，官員不到又不會被懲處，法紀毫無作用。而在任者即使有心處理，奏請政務多被明神宗留中不發，不要說改革弊病，連正常維持運作都是問題。像兵部左侍郎崔景榮持續兩年多署掌兵部印與協理京營戎政，他請求明神宗同意補官員或辭職都未獲允，最後直接離開北京城，明神宗也未再加罪。即使戎政府制度已趨完備，但怠政的惡性循環，逐步拖垮前人創制的成果。

第七章　協理京營戎政的終局

泰昌、天啟、崇禎三朝，隨著內外戰爭不斷升溫，京營不僅要支援軍械，最後也調動出征。在維持北京城防務的狀況下，協理京營戎政如何調度京營器械與人力？期間，明廷加設「添設協理京營戎政」、「副協理京營戎政」，作為協理京營戎政的副手，並分擔戎政府業務。從實務層面而言，這是協理京營戎政擴權最大的時期。然而，內閣、兵部以及內臣之間的爭鬥越演越烈，任職協理京營戎政者無法置身事外，戎政業務深受黨同伐異的影響。最後，崇禎朝面對清軍的攻勢，在戰爭火光的照亮下，京營的實況赤裸呈現，協理京營戎政如何面對這場困局？

第一節　泰昌、天啟朝的戰爭與戎政

一、協理職權的高峰：遼東戰局與添設協理京營戎政

薩爾滸戰役後，京營主要的損失是援遼的戰車與大量火器，朝中官員指出京營需補充八百輛武剛車，但在協理京營戎政薛三才的督催下，至萬曆四十七年（1619）四月前也僅補造一百七十輛而已。隨著遼東戰局日益激烈，明廷已不能僅調遣邊鎮兵與南兵支援，戎政府也必須提供人員器械。然而，京營是京師的根本武力，如何在支援遼東戰役的狀況下，又能維持京師衛戍，是明廷當下的難題。

萬曆四十七年（1620）八月，熊廷弼與原任遼東經略楊鎬交接，正式上任遼東經略並進駐瀋陽城。時局對明朝極為不利，先是努爾哈齊併吞女真葉赫部，令明朝喪失牽制努爾哈齊重要盟友，並讓遼東鎮官兵的心理崩潰，在瀋陽設防的士兵開始逃亡。十一月，金國與蒙古

喀爾喀部結盟，令其無後顧之憂，準備展開南下攻勢。熊廷弼在遼東整頓軍備、安撫人心並劃定四路戰守之策，試圖力挽狂瀾。萬曆四十八年六月，金軍發動四萬大軍進攻瀋陽，明軍以南北二路截擊，逐退金軍。但隨著明神宗駕崩、征夷總兵柴國柱病倒，熊廷弼的政軍支持逐漸解崩。泰昌元年（1620）八月，努爾哈齊再攻瀋陽，熊廷弼調度戰守，總算擊退金軍。但熊廷弼因得罪戶科給事中姚宗文，遭言官群起而攻，最後在十月被解職。[1]天啟元年（天命六年）二月，努爾哈齊分八路進軍，瀋遼之役展開。三月十三日，金軍開始進攻瀋陽城，瀋陽城守將賀世賢輕敵冒進，付出陣亡的代價，七萬守軍不敵，僅二日城陷。十八日，金軍進攻遼陽。至二十二日明軍敗象已成，經略袁應泰自焚而死，遼陽城失守。[2]

（一）協理戎政與添設協理戎政

遼東戰事期間，明廷經歷萬曆、泰昌、天啟三朝的更易，萬曆末期朝臣奏請不理，缺官不補，或是刻意不到職的情況有無改善？泰昌元年八月，兩廣總督許弘綱（1554-1638），改兵部尚書協理京營戎政。[3]自泰昌元年十一月與天啟元年（1621）正月，許弘綱二度疏辭未獲允。[4]許弘綱的辭職未獲准，也未到任，但明廷仍保留其職銜。

---

1 周維強，〈明季瀋遼之役新探〉，頁247-262。

2 周維強，〈明季瀋遼之役新探〉，頁262-274。

3 〔明〕許弘綱，《群玉山房文集》（北京：北京出版社，2000，《四庫未收書輯刊・第5輯》，據清康熙百城樓刻本影印），〈群玉山房疏草〉，卷下，〈乞休致仕疏〉，頁290-291。〔明〕顧秉謙等總裁，《明神宗實錄》（臺北：中央研究院歷史語言研究所，1984，據中央研究院歷史語言研究所民國五十一年[1962]刊本縮編），卷370，頁6940，萬曆三十年三月甲申條；卷416，頁7850，萬曆三十三年十二月乙卯條；卷555，頁10475，萬曆四十五年三月乙酉條。〔明〕葉向高等總裁，《明光宗實錄》（臺北：中央研究院歷史語言研究所，1984，據中央研究院歷史語言研究所民國五十一年[1962]刊本縮編），卷4，頁117，泰昌元年八月甲寅條。

4 〔明〕溫體仁等總裁，《明熹宗實錄》（臺北：中央研究院歷史語言研究所，1984，據中央研究院歷史語言研究所民國五十一年[1962]刊本縮編），卷3，頁123，泰昌元年十一月乙亥條；卷5，頁264，天啟元年正月

因遼東戰情緊急，已無法等待許弘綱等官員到位。兵科左給事中楊漣於泰昌元年九月奏請挑選通州練兵、保定募兵、京營選兵合萬餘人，策應山海關駐防，同時添設兵部左右侍郎各一人，以處理軍務。[5]十月，明廷令宣府巡撫張經世為添設兵部右侍郎。[6]天啟元年二月，戶科右給事中王繼曾指出添設的兵部侍郎，廷推的三名官員至今已五個月餘仍未到任，建請將三人併為一人來掌署戎政，明熹宗要求所司再議。[7]閏二月，許弘綱仍未入值，明熹宗僅著該部議覆。[8]因此，明廷據楊漣的議請而設置二名協理京營戎政，一是職銜為兵部尚書或侍郎協理，一是添設的兵部侍郎或都察院御史協理。若二人同時在任，可緩解繁忙的軍務，亦可在其中一任未至時持續處理戎政。

天啟元年三月十八日，明熹宗得知瀋陽城失守，始傳諭推用未任各官，尤其是戎政尚書與兵部添設侍郎，俱著嚴催刻期到任不得稽延。[9]二十四日，明廷令兵部尚書崔景榮、侍郎張經世面陳北邊軍鎮如何策應遼東，以及京營的訓練方案，[10]故此時協理京營戎政由張經世暫代。但二十五日，張經世奉命督援師出山海關，[11]兵部內已無侍

庚子條。

5 〔明〕楊漣，《楊忠烈公文集》（北京：北京出版社，2000，《四庫禁燬書叢刊》集部・第13冊，據北京大學圖書館藏清道光十三年[1833]世美堂刻本影印），卷1，〈言邊事疏四〉，頁45。〔明〕溫體仁等總裁，《明熹宗實錄》，卷1，頁54，泰昌元年九月壬辰條。

6 〔明〕溫體仁等總裁，《明熹宗實錄》，卷2，頁79，泰昌元年十月癸丑條。

7 〔明〕溫體仁等總裁，《明熹宗實錄》，卷6，頁277-278，天啟元年二月丙午條。

8 〔明〕李長春纂修，《明熹宗七年都察院實錄》（臺北：中央研究院歷史語言研究所，1984，據中央研究院歷史語言研究所藏抱經樓舊藏鈔本縮編），卷1，頁68-71，天啟元年閏二月二十一日。

9 〔明〕溫體仁等總裁，《明熹宗實錄》，卷8，頁385-386，天啟元年三月庚申條。

10 〔明〕溫體仁等總裁，《明熹宗實錄》，卷8，頁401-402，天啟元年三月丙寅條。

11 〔明〕溫體仁等總裁，《明熹宗實錄》，卷8，頁405，天啟元年三月丁卯條。

郎在任上。[12]二十七日，再度敕諭許弘綱盡速上任。[13]可見此時奉命的協理京營戎政未到任，臨時添設代管戎政的兵部侍郎也僅短暫代理。

張經世奉命出關後，朝中的署理協理京營戎政仍是不斷更替。天啟元年三月二十七日，以戶部右侍郎臧爾勸暫署營務。[14]四月初一日，兵部指出目前京營兵十一萬，不足以防禦將近四十里的京畿區域，建請增加募兵並增加一名協理京營戎政，推薦曾任巡視京營的大理寺少卿楊東明加銜後督導京營練兵，並再加設經歷一員稽查。[15]初三日，明熹宗同意所請，但不是點用楊東明，而是陞大理寺少卿李宗延（？-1627）為都察院左僉都御史協理京營戎政添設管事。[16]

李宗延就任後，疏陳京營占役、冒糧等問題，明熹宗命俱嚴行禁革。[17]李宗延疏陳京營弊端，隨即遭到報復。天啟元年九月十二日，李宗延陪祀太廟，卯時初二刻入朝。至承天門外，守門御用監少監李添祥、都知監太監王昇突然將門關閉，公侯帶劍者、錦衣執刀者俱阻門外，僅有文臣在內。一群太監持棍進入亂行毆打，將李宗延的帽冠都擊碎。[18]他奏陳：「臣入京營，將賄託鑽營，一盤捧出，清出占役

12 〔清〕張廷玉等總裁，《明史》，卷257，〈張鶴鳴傳〉，頁6618。

13 〔明〕溫體仁等總裁，《明熹宗實錄》，卷8，頁412-414，天啟元年三月己巳條。

14 〔明〕顧秉謙等總裁，《明神宗實錄》，卷434，頁8215，萬曆三十五年六月己酉條；卷566，頁10657，萬曆四十六年二月戊申條。〔明〕葉向高等總裁，《明光宗實錄》，卷4，頁89，泰昌元年八月庚戌條。〔明〕溫體仁等總裁，《明熹宗實錄》，卷8，頁416，天啟元年三月己巳條。

15 〔明〕溫體仁等總裁，《明熹宗實錄》，卷9，頁419-420，天啟元年四月壬申朔條；卷9，頁424，天啟元年四月癸酉條。

16 〔明〕溫體仁等總裁，《明熹宗實錄》，卷2，頁77，泰昌元年十月庚戌條；卷9，頁430，天啟元年四月甲戌條；卷83，頁4043，天啟七年四月乙卯條。

17 〔明〕溫體仁等總裁，《明熹宗實錄》，卷12，頁592-593，天啟元年七月乙巳條。〔明〕明熹宗敕撰，《明熹宗寶訓》（臺北：中央研究院歷史語言研究所，1984，據中央研究院歷史語言研究所民國五十一年[1962]刊本縮編），卷4，〈清夙弊〉，頁104，天啟元年七月乙巳條。

18 〔明〕李長春纂修，《明熹宗七年都察院實錄》，卷2，頁225-228，天啟元年九月十七日。

千百，以此恨入骨髓，此擊不可謂無心。」[19]太監們甚至囂張言道：「縱參我，不過充發南京淨軍。當此時東方緊急，豈不快活。」[20]明熹宗雖下旨嚴查懲處，但並沒有後續記錄。

天啟元年五月，明熹宗再度催許弘綱就任未果。[21]六月，啟用涂宗濬（？-1621）以太子太保兵部尚書協理京營戎政。[22]涂宗濬在萬曆四十一年（1613）十一月巡撫延綏時，以雙山斬獲軍功陞兵部尚書，四十三年十二月（1615）回籍調理。[23]此時涂宗濬的健康不佳，陛見時已無法自力由跪伏而起。[24]九月，明廷命刑部尚書黃克纘暫攝戎政。[25]十月，陞南京兵部侍郎饒景暉為兵部左侍郎協理京營戎政。[26]

二、冗務難清與罷置添設戎政

（一）天啟初年的戎政冗務清理

最初，因協理京營戎政未到職，整備京營的事務多由朝中官員

19　〔明〕溫體仁等總裁，《明熹宗實錄》，卷14，頁711-712，天啟元年九月甲寅條。
20　〔明〕李長春纂修，《明熹宗七年都察院實錄》，卷2，頁225-228，天啟元年九月十七日。
21　〔明〕溫體仁等總裁，《明熹宗實錄》，卷10，頁511，天啟元年五月壬子條。
22　〔明〕溫體仁等總裁，《明熹宗實錄》，卷11，頁550，天啟元年六月丙子條。
23　〔明〕顧秉謙等總裁，《明神宗實錄》，卷422，頁7982，萬曆三十四年六月戊戌朔條；卷480，頁9041，萬曆三十九年二月辛未朔條；卷514，頁9701-9702，萬曆四十一年十一月己未條；卷540，頁10269，萬曆四十三年十二月壬子條。
24　〔明〕溫體仁等總裁，《明熹宗實錄》，卷14，頁717，天啟元年九月丁巳條；卷14，頁730，天啟元年九月乙丑條。
25　〔明〕溫體仁等總裁，《明熹宗實錄》，卷14，頁730，天啟元年九月乙丑條。
26　〔明〕顧秉謙等總裁，《明神宗實錄》，卷550，頁10404，萬曆四十四年十月丙午條；卷586，頁11228，萬曆四十七年九月丙申條。〔明〕溫體仁等總裁，《明熹宗實錄》，卷15，頁739，天啟元年十月庚午條。

奏請。如天啟元年三月，兵科都給事中蔡思充請恢復前任協理黃克纘的選鋒兵政策，挑選一萬名訓練，操練後輪宿營內房舍以備戰。令五城御史編列保甲，驅逐遊民、僧人以防範間諜滲透。令兵工二部經管主事勘驗庫存盔甲器械，尤其要求佛郎機等火器、檢視火藥品質，以確保能使用。[27]大學士劉一燝疏請工部清理北京城壕溝、京師盔甲器械，令刑部尚書黃克纘監督守城兵馬，皆得明熹宗同意。[28]兵部覆京營將派軍挑濬北京城壕溝，內外十六門各由勳戚九卿科道派一員查點官軍。令備兵營及五城御史分派守城軍民，在城上垛口寫上駐守人員姓名，以防臨事倉皇無措。[29]四月初二日，明熹宗諭令前述工作要十日內回報進度。[30]

四月初三日，湖廣道御史方震孺奏陳數項軍務。北京城的防禦上，應暫時停止一般工役，轉作疏濬城河、修崇文門外大通石橋。防禦京師用的火砲多數援遼而毀，現存者未必合用，且無重砲，令工部趕緊檢驗督造。募兵以防守京師；從京師到山海關，每十里設置一報馬，以加速哨報，令順天巡撫李瑾管理；京軍的糧餉分別存放於通州、京倉以備，令戶部侍郎臧爾勸管理。[31]其中城壕的部分，初二日已開始疏濬。[32]十月，北京城壕疏濬完成，範圍涵蓋東便、朝陽、東直、安定、德勝、西直、阜城、西便、正陽九門及重城。共用夫一百五十萬八百十九名、匠一千二百八十九名、班軍三萬三千十二名，花

---

27 〔明〕溫體仁等總裁，《明熹宗實錄》，卷8，頁405-408，天啟元年三月丁卯條。

28 〔明〕溫體仁等總裁，《明熹宗實錄》，卷8，頁409-411，天啟元年三月戊辰條。

29 〔明〕溫體仁等總裁，《明熹宗實錄》，卷8，頁415-416，天啟元年三月己巳條。

30 〔明〕溫體仁等總裁，《明熹宗實錄》，卷9，頁420、422-423，天啟元年四月癸酉條。

31 〔明〕溫體仁等總裁，《明熹宗實錄》，卷9，頁424-426，天啟元年四月甲戌條。

32 〔明〕溫體仁等總裁，《明熹宗實錄》，卷9，頁420、422-423，天啟元年四月癸酉條。

費水衡銀六萬一千六百二十八兩、司農銀一千七百三十三兩、米三千三百一石。[33]

天啟元年三月，熊廷弼復任遼東經略，開始策畫反攻。兵部尚書崔景榮請調昌鎮三千兵馬移駐山海關內外城堡，為填補薊鎮、昌平鎮援遼的兵力空缺，令宣府巡撫、總兵官領兵六萬移駐昌平；宣大總督及大同總兵領兵七萬移駐宣府；山西巡撫領兵五萬移駐陽和；山東巡撫領兵四萬移駐境上；河南巡撫領兵四萬移駐磁州，延綏、寧夏、固原等鎮動員戒備。[34]對照〔萬曆〕《大明會典》各地員額與動員比例如表7-1。

表7-1　天啟元年北邊移防動員比例表

鎮撫區域	員額兵力	動員兵力	動員比例
宣府鎮	萬曆朝見額79,258名	60,000名	75.7%
大同鎮	萬曆朝見額85,311名	70,000名	82.0%
山西鎮	萬曆朝見額55,295名	50,000名	90.4%
山東	原額43,631名	40,000名	91.6%
河南	原額31,177名，軍舍操餘20,020名	40,000名	78.1%

資料來源：〔萬曆〕《大明會典》，卷130，〈兵部・鎮戍五・各鎮分例二・宣府〉，頁316；卷130，〈兵部・鎮戍五・各鎮分例二・大同〉，頁317；卷130，〈兵部・鎮戍五・各鎮分例二・山西〉，頁319；卷130，〈兵部・鎮戍六・各鎮分例三・山東〉，頁335；卷130，〈兵部・鎮戍六・各鎮分例三・河南〉，頁336。

〔萬曆〕《大明會典》所載兵額僅是萬曆朝的約略數據，並非天啟元年當下實際數字，仍有一定參考價值。從表7-1與移防地點來看，宣大山西三鎮幾乎是傾全鎮兵力東移，距離遼東越遠則動員比例更高；山東調動九成兵力；河南應是連軍舍操餘都抽掉入列。

---

33 〔明〕溫體仁等總裁，《明熹宗實錄》，卷15，頁756-757，天啟元年十月辛巳條。

34 〔明〕溫體仁等總裁，《明熹宗實錄》，卷8，頁414-415，天啟元年三月己巳條。

在援遼方面，京營提供的部隊與馬匹多有去無回，戎政府須自籌恢復。天啟元年七月，明廷依熊廷弼所請，命五軍營副將領京營五千兵、馬六千匹，隨熊廷弼出關反攻遼東，惟這批部隊待他路援軍到達後就必須撤回京師。[35]其中，京營的馬匹原額二萬一千二百五十匹，萬曆四十八年倒死一千七百九十三匹，天啟元年八月由太僕寺所屬寄養馬補足。[36]協理京營李宗延題報熊廷弼抽選京營的六千四十六匹馬中，到十月已經倒失九百三十三匹，實際發至廣寧城僅二千九百三十六匹。[37]

天啟元年十月，明廷同意協理京營李宗延將操練選鋒的任務與經費，由科道官轉與京營副將執行。[38]十一月，總督戎政泰寧侯陳良弼回報京營新募兵三千四百四十八名，請每兵賞銀一兩，給馬五百匹騎操。從中挑選三百十九名，赴錦衣衛指揮萬邦孚收練。[39]除兵額馬匹外，三大營的軍官也需要清查武藝與糧餉影占，明廷依御史畢佐周之議，查核三大營副參遊佐三十餘員，中軍千把四百餘員。[40]

在軍器方面，監督盔甲廠主事沈棨奏陳京營盔甲的修造現況。由於省去內監與胥吏，再發給他省工匠製作，原需花費千金者，今只要六百金即可。以造甲一件為例，原估價一兩七錢五分，實際只要一兩零五分，但須以現銀支付。三萬副舊甲的鐵葉多鏽蝕，應改修理為製造，以舊甲的鐵葉重新鍛造，再加線納縫改作棉花紙甲。盔甲、腰

35 〔明〕溫體仁等總裁，《明熹宗實錄》，卷12，頁590-591，天啟元年七月乙巳條。

36 〔明〕溫體仁等總裁，《明熹宗實錄》，卷13，頁663-664，天啟元年八月癸未條。

37 〔明〕溫體仁等總裁，《明熹宗實錄》，卷16，頁813-814，天啟元年十一月己未條。

38 〔明〕溫體仁等總裁，《明熹宗實錄》，卷15，頁781，天啟元年十月丙申條。

39 〔明〕溫體仁等總裁，《明熹宗實錄》，卷16，頁793，天啟元年十一月甲辰條。

40 〔明〕溫體仁等總裁，《明熹宗實錄》，卷16，頁814-815，天啟元年十一月己未條。

刀、弓箭每副約價八兩，改折或照新式造辦增加一副。而火炮的砲彈，因鉛彈容易融化，供營操演者常遭盜賣，故改由鐵彈。[41]

天啟元年四月，刑部尚書黃克纘疏請將戎政府內存留的十七門呂宋大銅砲、十二門大佛郎機銃重新演試，並啟用從遼陽撤退回來的二十六名砲手。[42]據黃一農的研究，明廷在薩爾滸之役後開始補充與強化火器軍備，時任詹事府少詹事的徐光啟，是極力推廣西洋火器的奉教士人。但首先進行仿製西洋火器的中央官員，是曾任協理京營戎政的黃克纘。黃克纘奏稱在萬曆四十八年七月卸任協理京營戎政前，已聘請向洋人習得鑄砲方法的閩人工匠十餘名至北京，鑄成重三千斤的呂宋大銅砲。黃克纘奏稱當時鑄成二十八門，其中七門送往遼陽，更在防守奉集堡時立下戰功。但實際上，黃克纘誇大火砲威力與品質。最初製造三十門，有二門在測試時破裂，故最後完成二十八門，此疏卻未提測試時毀壞的狀況。且此砲鑄造品質不佳或操作不當，容易在連射時膛炸，或是甫裝藥隨炸，故威力有限。雖有七門運往奉集堡，應未全面投入作戰，否則以火砲品質與戰況，操作的三十名砲手未必能成功逃回二十六名。今日已知僅存一門存於英國皇家火炮博物館，其上有銘刻「殲虜大將軍、戎政兵部尚書黃克纘」等字。[43]

同時，徐光啟與光祿寺少卿李之藻認為應引進西方大砲與兵學始可挽回劣勢。天啟元年四月，李之藻上疏西洋大砲的威力，請招募夷人學習操作術。徐光啟更推薦耶穌會士利瑪竇可協助相關西洋火砲技術，在北京城建立附城敵臺，敵臺上置西洋火砲，以保護京師。[44]十一月，協理戎政李宗延清查戎政府庫經費，查得公費銀兩約一萬五千

41　〔明〕溫體仁等總裁，《明熹宗實錄》，卷15，頁760-762，天啟元年十月丙戌條。

42　〔明〕溫體仁等總裁，《明熹宗實錄》，卷9，頁465-467，天啟元年四月壬辰條。

43　黃一農，〈明末薩爾滸之役的潰敗與西洋大砲的引進〉，頁377-415。

44　黃一農，〈歐洲沉船與明末傳華的西洋大砲〉，《中央研究院歷史語言研究所集刊》，75：3（臺北，2004.9），頁582-595。

餘金，建請用來製辦戰車、火器。除黃克纘的呂宋大銅砲外，更請將都指揮使張懋忠的鐵銃車、雷州府海康縣紅毛番大砲二十餘位、肇慶府陽江縣有東南夷大砲二十餘位，皆移至北京取用或仿製。[45]明熹宗對黃克纘與李宗延的疏請十分認同，諭令二人用心協同。黃克纘原來的刑部尚書事務，令工部尚書王永光暫管。[46]

明廷調撥戎政府能夠作戰的兵力與火器支援遼東戰役，但隨著薩爾滸與瀋遼二役的戰敗，如何彌補損失的人員器械成為嚴重課題。因為調撥可用之兵於外，反而凸顯留京人員器械的戰備狀況不佳。與萬曆朝相比，從欽點官員、招募兵員、補充戰馬、製造火器盔甲，甚至開始尋求新式西洋火器與戰術來防禦京師。無論成效是否良善，泰昌至天啟朝初期的君臣都十分積極恢復戰備。

天啟二年（1622）正月十八日，努爾哈齊揮軍廣寧，二十一日午時攻下廣寧前線西平堡，來自廣寧的三萬明軍反攻失敗，全部退回廣寧城。二十三日，金軍佔廣寧城，連同鄰近四十餘城明軍皆降。金軍並未久據，於二月十七日撤退回河東。[47]廣寧淪陷後，總督京營泰寧侯陳良弼指出京營器械被熊廷弼奏討二次，須趕緊補充。如戰車原有一千四百輛，現存完整者五百輛，加上其他器械，工部難以一時補造完成。陳良弼請發六十萬兩給賞與補造器械，明熹宗同意動支馬價銀二十萬兩與內帑十萬兩。[48]

此時戎政府人事更易頻繁，天啟二年正月，黃克纘因先前疏請用呂宋大銅砲等軍務，明熹宗令其由刑部尚書改為兵部尚書協理京營戎政。[49]隨後黃克纘捲入紅丸案而遭劾，便屢疏請告，七月獲准離

45 〔明〕溫體仁等總裁，《明熹宗實錄》，卷16，頁825-826，天啟元年十一月丙寅條。

46 〔明〕溫體仁等總裁，《明熹宗實錄》，卷18，頁934，天啟二年正月壬戌條。

47 周維強，《明代戰車研究》，頁483-486。

48 〔明〕溫體仁等總裁，《明熹宗實錄》，卷19，頁949-950，天啟二年二月丁卯朔條。

49 〔明〕溫體仁等總裁，《明熹宗實錄》，卷18，頁934，天啟二年正月壬

任。[50]八月，曾任宣大總督的董漢儒（1562-1628），[51]由戶部右侍郎改兵部左侍郎繼任協理戎政，九月加兵部尚書。[52]董漢儒並未上任，後因魏忠賢橫行而辭官，崇禎元年卒於家。[53]九月，明廷令張經世仍以兵部左侍郎再任協理京營戎政。[54]

而添設協理一職，都察院左僉都御史協理戎政李宗延於三月改戶部右侍郎，隨後以病請告歸。[55]天啟二年四月，李宗延的職位由大理寺左少卿余懋衡陞都察院右僉都御史接任。[56]余懋衡就任後，上〈防守薊鎮京師疏〉闡述設防薊鎮、京師，以及可能的戰況應對。[57]在薊鎮部分，他提出強化各隘口防禦，用堡壘存放武器、飲水、糧食。若敵軍入侵，將百姓與糧草運進堡壘堅守，若無法搬運的物資則盡焚之，以免資敵。而宣大總督統轄下騎兵二萬、步兵一萬，由大將

戌條。

50　〔明〕溫體仁等總裁，《明熹宗實錄》，卷23，頁1142，天啟二年六月癸未條；卷23，頁1150-1152，天啟二年六月庚寅條；卷24，頁1183-1184，天啟二年七月己亥條。

51　〔明〕葉向高等總裁，《明光宗實錄》，卷3，頁78-79，泰昌元年八月戊申條。〔明〕溫體仁等總裁，《明熹宗實錄》，卷2，頁114，泰昌元年十月壬申條。

52　〔明〕溫體仁等總裁，《明熹宗實錄》，卷25，頁1261，天啟二年八月乙亥條；卷26，頁1287，天啟二年九月甲午朔條。

53　〔清〕張廷玉等總裁，《明史》，卷257，〈董漢儒傳〉，頁6619-6621。

54　〔明〕溫體仁等總裁，《明熹宗實錄》，卷26，頁1320，天啟二年九月己酉條。

55　〔明〕溫體仁等總裁，《明熹宗實錄》，卷20，頁1038，天啟二年三月乙丑條；卷83，頁4043，天啟七年四月乙卯條。

56　〔明〕余懋衡輯，《古方略》（北京：北京出版社，2000，《四庫禁燬書叢刊》子部‧第31冊，據中國科學院圖書館藏明崇禎十二年[1639]書林張詒謀忠貞堂刻本影印），劉宗周撰，〈南家宰少原徐公傳〉，頁274-280。〔明〕顧秉謙等總裁，《明神宗實錄》，卷506，頁9600，萬曆四十一年二月丁未條。〔明〕溫體仁等總裁，《明熹宗實錄》，卷21，頁1054，天啟二年四月乙亥條。〔清〕張廷玉等總裁，《明史》，卷232，〈余懋衡傳〉，頁6060-6061。

57　〔明〕余懋衡，《余太宰奏疏二》，〈疏‧防守薊鎮京師疏〉，收入〔明〕陳子龍等選輯，《明經世文編》（北京：中華書局，1962），卷472，頁5184-5188。

二員、偏將十二員領之；保定巡撫統轄下騎步兵一萬五千名，大將一員、偏將六員，隨時入衛與京營協同作戰。

北京城的防守則分為城外、城上與城內，令兵部、工部等分別執行，其規劃如下。在北京城外的背高向平地區駐紮三營，火砲、火槍、火棍、火藥、神臂弓、強弓等器械衣甲及輜重俱預備。彼此相距一里，以木柵營、武剛車營、柴壕營等方式布置。若用壕營，在壕外以布棘圍繞、列戟為門、旗鼓居中央。每營一萬人，以選鋒、壯丁、標兵為列，若不足則選補能舉石二百斤以上者。

北京城十六門周圍的防禦，在城門與壕溝之間各立兵營捍禦，共十六營，不得越壕作戰。每營用兵一千名、戰將一員、部將二員、武剛車一百輛，不足處設鹿角木柵，再用鐵索串聯。一營武裝為強弩一百張、張弓二百、強箭一萬枝、長鎗三百根、長刀三百把、火砲十位、火槍火棍共八十件、火藥一萬斤、盔甲一千餘副。

若敵軍已進入京畿，都城四十里、重城二十里即進入作戰戒備。城上遊兵用一萬六千名，以十六名將領分統。準備器械神臂弓一千六百張、張弓三千二百張、箭二十萬枝、長柄大斧二千四百把、長柄鈎鐮一千件、木柄鐝砲一千六百位、長柄刀三千把、長鎗三千二百杆，火藥二千五萬斤、細布堅甲一萬六千一百領、油紙燈籠二千四百。

北京城與重城各垛的防禦，每垛下應積石重三斤者五百塊，二萬餘垛應用石一千萬塊。這些石塊僅靠煤戶運帶有限，兵部速移文京營、科道撥守垛軍、班軍，到西山檢取運回。下令每軍每日交三十塊的三斤石，每車運石一千塊則犒賞伍錢。開始作戰時，城上守垛不分晝夜，每垛用軍二人、民三人輪班，約二萬餘垛，應用軍四萬餘名、民六萬餘名。因為軍人已有月糧，故每日飯銀給軍二分、民三分，警戒解除即停給。而重城二十里，牆高僅二丈五尺，不易防守，請工部於永定等七門分委司官七員，招集工匠加固築高六尺，從東便門開始至西便門結束。

在城內需要防範間諜與儲備物資。令都察院行五城御史，在城內逐戶清查，以二十家為一甲，十甲為一保，編成保甲籍冊，一式二冊，分存巡視衙門與兵馬司坊。凡十六歲以上者，皆須書名與外貌於上，鄰里若發現有可疑之人，只要通報查核屬實，即賞銀四十兩。戰前京畿區域各家應存五十日煤，戰時盡數搬入城中以免資敵，將在京各倉米平糶一百萬石，每人止許糴五斗或一石。同時募選將領，傳令各省可薦舉十五名，除自備鞍馬、衣甲、器械外，若得用則每名給銀四十兩。這些戰時管控，確保北京城能抵禦圍城至少五十日以上。

其他官員也有奏陳，在兵部尚書兼東閣殿大學士孫承宗彙整各方意見後，同意余懋衡等戰略規劃。優先設防薊鎮十二路隘口，次為余懋衡所言北京城的重城增高、分垜派守、環城建堡，且掘品坑陷虜馬、伏火器、修城東馬房等，保甲籍冊已責成巡城御史執行。京營加強訓練、增給糧，加重總督、協理的軍權。此外，增造營房提供營兵、武官與其家眷入住，避免軍民雜處。還有如王命璿、徐大化議戰車；熊德陽議料理軍器；董應舉、侯震暘議造器築銃臺等，孫承宗已交辦處理，明熹宗皆同意。[58]因此時戎政尚書是黃克纘，由其使用戎政關防，明廷另鑄協理戎政都察院關防給余懋衡。[59]二位協理戎政都有關防印信。

余懋衡檢閱京營狀況後，提出數項營務整飭。[60]京營兵居住各地，若集中則容易點閱管理，以往因為興建營房所費不貲而未令其集中居住。為確保兵額核實，將備查三大營軍兵確實的姓名、籍貫、住址，住在京城內外、宛平縣、大興縣由分營司隊各彙為冊；良鄉縣、通州等其他地區照京縣冊式，皆造一樣三本，分送總督、協理與部院。造冊紙張工食，由衛所庫銀或州縣官銀支給。

---

58 〔明〕溫體仁等總裁，《明熹宗實錄》，卷20，頁1028-1030，天啟二年三月己未條。

59 〔明〕溫體仁等總裁，《明熹宗實錄》，卷22，頁1094，天啟二年五月庚子條。

60 〔明〕余懋衡，《余太宰奏疏二》，〈疏・覆營務整飭疏〉，收入〔明〕陳子龍等選輯，《明經世文編》，卷472，頁5190-5194。

訓練重火器操作，優者將糧餉增為雙倍，劣者降為單糧，三次連劣者革除，以親識替補。如夾靶鎗、快鎗、五龍鎗，每班五名試放二發，中一發以上者為優。三眼鎗筒短，威力弱射程短，宜改習追風砲或佛郎銃。佛郎銃一門有子砲六位，可以循環發射，營中約五萬名火器手，擅長者約二十分之一，以厚糧鼓勵學習。車營、戰兵、城守各營也以火器為優先訓練項目。另一個支領雙糧的精銳是選鋒弓箭手，二萬名中有九千領雙糧。應隨時測驗，若雙糧者六矢無法全中，降為單糧，其他人若六矢中三矢則升為雙糧。其餘刀鎗、藤牌、手虎、鈎鐮等，每營不滿三百名，計三十營，不滿萬名。每營各擇武藝精者，立三教師，以雙糧教二隊。限一年內教學成軍，否則懲處。此外，訓練五軍備兵營使用飛石，三個備兵營共軍一千五、六百名，製作飛石架三百與其存放處所。

軍兵選訓的淘汰規範，主要時間在每年春秋操練時，六副將分督各營，支糧一石五斗及雙糧者，測試不過即降等甚至汰除。除振武營摘者免補外，其餘精壯餘丁都要記錄年齡、外貌、臉上疤痣，核對籍貫、住址、鄰居，造冊報予總督協理，之後逐營覆試。計戰兵十營、車兵十營、城守十營、標兵二營，每營定一百名，以火器二發中一發以上者陞雙糧。為避免影佔糧餉，衛所、營司隊、州縣坊里為造冊分類，仍一樣三本，冊報總協。

因營軍收操於營內，分發糧餉是衛所工作，時有營衛書識與衛所印官共為奸利。如督餉官曾發現振武營虛軍九百餘名，一年冒支近一萬三四千石。今後每月終，責令各營將查所屬衛，除雙糧選鋒或由該衛造糧冊外，操軍應記冊一樣四本，每月限十二日送巡視、十三日送總協查覆。其各衛所糧石循環簿常久匿不報，此弊應逐月查報。

軍需品需要備足，如火砲使用的彈、藥以及供應人馬的糧草。火藥、鉛子、硝黃等項，應研磨後分別儲存，使用時再混和，避免走火。砲彈有鐵彈、鉛彈，鐵彈適用大砲、鉛彈適用小砲。異請動用帑銀，製造火藥十萬斤、鉛彈六千斤、鐵彈六千斤以備。糧草方面，京城巡捕馬約五千匹、京營馬約二萬批，馬用的豆尚不知儲存數量，馬草則每年買一百五十餘萬束，每束重十五斤，可耗三斤，令戶部及各倉諸曹郎加意清查。其餘京營經費宜樽節，如帳房、椅子圍屏、燈籠等，暫不採購，可省三百金；如繪製邊圖一份就要四十二金，燈節宴會俱從停罷。先前二名協理戎政追查還庫銀近萬，省此公用雜費，可增用於軍需。

余懋衡在任七個月餘，十一月改都察院左副都御史協理院事。[61]他整飭京營的後續，可從兵科給事中彭汝楠的巡視記錄察知。天啟二年十二月，彭汝楠奉命巡視京營。[62]天啟三年六月，彭汝楠條奏營務九款，明熹宗諭令該部即與覆行。[63]其內容皆延續余懋衡的營務整飭，也可發現半年來的整飭進展。延續的政務中，兵籍核實、糧餉分發、陞賞將領、恤軍、禁革浸漁、清隱占、備軍需等，沒有特別變更，但也看不出進度，顯示執行成效有限。

在訓練方面為：

> 營中所用火器，三眼槍居多，以其輕而便于習也，而力或不能及遠。惟追風砲最強，宜加意明習，以備奮擊。若以車戰，則莫妙于佛郎機。查營中見存一千一百五十架，儘堪演習，無奈車營久廢不講，併此銃亦不知用，宜令各車營依舊制練習之。刀手間有可者而生疏甚多，鉤鐮手最為無用。至于凌空中遠，不費物力而有裨實用者，則無如蜀之飛石。其從蜀來者，官則有千戶步上達，教師則有阮九榮等八名。查五軍備兵營坐營見有員缺，宜即以步上達補之，令其督率教習。阮九榮等應加給工食，以時發

[61] 〔明〕溫體仁等總裁，《明熹宗實錄》，卷28，頁1428，天啟二年十一月庚申條。

[62] 〔明〕溫體仁等總裁，《明熹宗實錄》，卷29，頁1483，天啟二年十二月己丑條。

[63] 〔明〕溫體仁等總裁，《明熹宗實錄》，卷35，頁1798-1803，天啟三年六月乙丑條。

> 領。其石子，臣等已撥班軍搬運在各城上。其飛石架，每營各造一百架，以備守城之用。[64]

車營雖有上千架可用的佛郎機銃，但已無軍兵知曉如何操作，連冷兵器的刀手都武藝生疏。城上的遠程武器倚靠操作簡易的投石器，京營的作戰能力實在堪慮。而後，戎政府並未實際陞補步上達，而是以原任坐營高鵬陞補，彭汝楠再次疏請任用步上達。明熹宗同意所請，不追究人事任命未依前旨，令每人先賞銀三兩以恤貧困。[65]

至於經費上，每年三大營額設犒賞銀一萬六千兩、修理金鼓旗幟銀一千六十四兩、子粒房租公費銀一千一百九十兩，支用後的餘款存於戎政府府庫。彭汝楠查出在萬曆四十三年間還有數萬存餘，但後來帳冊不清，已無法追查經費後續流向。今後將領應至巡視衙門登記，始可出入府庫，並不時查核。[66]

天啟三年（1623）八月，總督京營恭順侯吳汝胤呈報軍兵汰選結果，明熹宗依議行。[67]範圍有五軍、神樞、神機、三備兵營、各衙門執事，及三將臺鼓手、拉旗、看廳、看廟、教習、勳爵、應襲勳官等項。各項執事官軍四千五十四員，裁去冗役一千六百五十六員，議留二千三百九十八員，充各項執事應用。三大營原冊開軍牢七千九百九十八員，裁去冗濫三千七百一十四員，議留四千二百八十四員，以充各官銀。總計裁去的五千三百七十員分發原營操練，留用執事軍牢六千六百八十二名永為定額。

另一方面，奉教士人持續疏請引入西洋火器戰術。天啟二年十

---

64 〔明〕溫體仁等總裁，《明熹宗實錄》，卷35，頁1798-1799，天啟三年六月乙丑條。

65 〔明〕溫體仁等總裁，《明熹宗實錄》，卷35，頁1821-1823，天啟三年六月戊寅條。

66 〔明〕溫體仁等總裁，《明熹宗實錄》，卷35，頁1802-1803，天啟三年六月乙丑條。

67 〔明〕溫體仁等總裁，《明熹宗實錄》，卷37，頁1921-1922，天啟三年八月辛巳條。

月，李之藻建議招募澳門夷人並以西洋大銃對付金軍。明熹宗同意後，次年三月遊擊張燾從澳門引進二十六門大銃、獨命峨等銃師二十四人抵達北京。兵部尚書董漢儒十分重視此任務，對這批外籍銃師從優厚給，派京營選鋒一百名精銳向夷人學習煉藥裝放等法，由把總二員監督。教演過程嚴禁外人接近，以避免機密外洩。[68]但李之藻在這批部隊抵達北京前遭免職，教砲過程中又發生存放戎政衙門的紅夷大銃膛炸一死一傷，明廷隨後以外夷水土不服的藉口將其遣返澳門。[69]

（二）罷添設戎政

天啟二年十二月，明廷以太常寺少卿朱光祚陞都察院右副都御史為添設協理京營戎政。[70]因史料缺乏，朱光祚任前十個月的施政細節不明，但從言官的疏言中可略見部分。如天啟三年十月，河南道御史翟學程疏言朱光祚的銓政可行，也經奉旨同意，但並未著實執行，明熹宗下旨查原疏覆行。[71]十一月，戶科給事中陸文獻疏陳制勝保疆四議，其中一議為任京營之人：

> 神京三大營統計其數，合營兵止于十二萬耳。夫此十二萬者，固天子之六師，稱爪牙也。無奈紀綱廢弛有年，訓練奉行無素。今軍士多供占役，其號選鋒堪戰者僅數千人，又不閑步伐行伍。新任協理戎政朱光祚在事匝月，便清冒餉千有餘金，酌賞驍騎駕馭

---

68 〔明〕溫體仁等總裁，《明熹宗實錄》，卷33，頁1729，天啟三年四月乙酉條。黃一農，〈天主教徒孫元化與明末傳華的西洋火砲〉，《中央研究院歷史語言研究所集刊》，67：4（臺北，1996.12），頁920-921。

69 〔明〕溫體仁等總裁，《明熹宗實錄》，卷37，頁1926，天啟三年八月甲申條。

70 〔明〕顧秉謙等總裁，《明神宗實錄》，卷426，頁8037，萬曆三十四年十月丙午條；卷435，頁8236，萬曆三十五年閏六月丁亥條。〔明〕溫體仁等總裁，《明熹宗實錄》，卷29，頁1473，天啟二年十二月癸未條。

71 〔明〕溫體仁等總裁，《明熹宗實錄》，卷39，頁2000-2002，天啟三年十月丙寅條。

> 有方，眾心鼓舞。宜責令光祚及時董理分營教習，依法訓練。又責成知兵巡視如今彭汝楠，高推者久任而時覈之，務令營伍齊成精銳，于以張國勢申主威，而消未萌之患。[72]

營兵僅剩選鋒兵可用，其餘的紀律與訓練已長期廢弛，難堪戰守任務。但陸文獻稱讚朱光祚已做出許多改善，希望能夠他跟巡視官彭汝楠能夠繼續久任，令營務整飭持續。

十二月，彭汝楠等條陳營務，明熹宗著疏下各部。[73]其六項營務中，一項是訓練火器，即春秋二操時，令火器選鋒演練放銃，二銃俱中者可補陞雙糧。其餘皆是清理隱佔冒糧等財政問題，如三個備兵營查出至少六千餘名幽靈人口，彭汝楠建議全部裁減，並將額數刊刻，避免日後復發。營、衛之間糧餉名冊對不上的問題，余懋衡時已提出，目前仍催督不齊。應暫定營兵替補二個月，以此時間仔細清查。

天啟二年二月廣寧之役時，總督京營陳良弼曾請發六十萬銀給賞與購買京營器械，明熹宗僅發三十萬。彭汝楠查得當時居然一日內發了十萬兩，而後購買軍器費二萬兩，至五月離任時剩十七萬八千四百九十八兩。時隔一年十個月後，目前僅剩十三萬七千六百七十六兩。這批經費的運用沒有明確細目，彭汝楠認為應先凍結，不許任意支用。

總督京營陳良弼請賞三十萬兩的風波，而後持續爭議數年。天啟四年二月，朱光祚查出在天啟元年曾發練餉三萬二千、發帑三十萬，有近二十萬不知去向，最後僅核餘銀十四萬六千二百餘存庫。[74]天啟六年三月，總督京營吳汝胤疏陳前任總督陳良弼使用的十七萬兩，是盔甲、王恭兩廠內臣藉戎政府需要打造軍器而以私造擅動，應著實追

---

72 〔明〕溫體仁等總裁，《明熹宗實錄》，卷41，頁2128-2131，天啟三年十一月甲戌條。

73 〔明〕溫體仁等總裁，《明熹宗實錄》，卷42，頁2218-2223，天啟三年十二月甲寅條。

74 〔明〕溫體仁等總裁，《明熹宗實錄》（梁鴻志影印江蘇省立國學圖書館本），卷39，頁2263-2264，天啟四年二月乙未條。

完，現在則需以在庫銀一萬五百兩有奇造甲。另外，當時有朝臣建議設立車營，為其所需馬匹，調撥京營三千五百匹、太僕寺三千一百匹。由於京營需馬，時任協理朱光祚發過折馬銀五萬二千五百兩，也是從陳良弼當時請賞的餘款中支付。[75]由此可見，明廷給發薪餉遭濫用以及帳目混淆的問題十分嚴重。時任官員各執一詞，明熹宗皆同意查處，但沒有任何人因此遭到懲罰，追索也不了了之。

京營除了冗官、冗兵以外，還有冗馬的問題。彭汝楠指出京城巡捕官軍一萬餘，配置馬匹有五千餘，但《大明會典》定額僅三千四百六十匹。但京城巡捕的官兵，在晚間卻沒有騎馬值班者，長安道上都是步行的巡捕，顯示可用馬匹實數不明。彭汝楠裁革十五年以上的馬一千一百四十三匹，並停止冬季領補新馬五百三十七匹，直到恢復《大明會典》的定額，如此每年可省錢糧二萬餘金。

班軍的糧餉也需要管控，除班軍的月糧銀米外，大糧存在兵部職方司庫，從去年秋班至今應存有四萬金。兵部稱已借一萬購置扈衛盔甲，尚存三萬兩。彭汝楠奏請清查造冊，一存兵部一存巡視衙門，每秋班竣日，該員外會同巡視查盤一次。若要開支那借，需至巡視衙門掛號，不許徑動。同時，將班軍與營兵分別操練，才可看出各軍實力，而不會彼此掩飾。

最後是營兵紀律，驕縱或操練懶散、或為軍官壓榨士卒，但天啟朝的情況更加嚴重。如天啟二年三月，京營千總蔣承廕、中軍姜從仁因剋軍被告，居然糾眾拱鬨於戎政府堂上。[76]三年五月，營軍以遲散月糧為詞，鼓譟於總督戎政恭順侯吳汝胤家門前，吳汝胤沒有積極查罪，甚至以此為辭。明熹宗諭令用心整頓營務不必辭，次月將二名首惡梟首示眾。[77]甚至朱光祚奏革京營老家軍、補以少壯，老家軍兵怒

---

75 〔明〕溫體仁等總裁，《明熹宗實錄》，卷69，頁3283-3284，天啟六年三月甲辰朔條。

76 〔明〕溫體仁等總裁，《明熹宗實錄》，卷20，頁1022，天啟二年三月癸丑條。

77 〔明〕溫體仁等總裁，《明熹宗實錄》，卷34，頁1749，天啟三年五月癸

以瓦礫投朱光祚，令此政息止。據《明史》的記載，由於明熹宗親用魏忠賢，京營內增設內臣監視、把牌諸小內監等，令營軍依附內臣，氣焰更加張狂。[78]

彭汝楠請將標兵左營三千列為總督親兵、右營三千為協理親兵，免其雜差，遇大操閱，則擺列將台左右，以重總協的聲威。為保護總督與協理，再選雙糧選鋒弓箭兵一千，分為兩班，直宿戎政府旁官房，日給鹽菜銀三分，以酬其勤。但實際上，到天啟六年六月才正式劃定標兵的房舍。該年五月甫發生王恭廠火藥庫爆炸，時任戎政尚書馮嘉會指出偏東庫房及匠作小房尚存百餘間，房屋結構仍安好，可以用庫房木料磚石修飭改設營房百餘間給標兵，另做五間為營官廳房使用。[79]二個月後，由繼任戎政的李春燁實際執行。[80]標兵的住所籌畫了三年都沒有開始動工，最後也未設在戎政府旁，反而設在王恭廠旁，兩邊之間隔了一座紫禁城。原來要保護戎政府及增加聲威的用意已大打折扣。

天啟三年十二月，明熹宗即下令恢復為一名協理京營戎政：

> 協理京營侍郎朱光祚遵旨請改勑書併繳關防。先是，京營設兩協理，一侍郎，一副都御史。至是協部員缺，廷推副都御史朱光祚為侍郎，推陳道亨為副都御史各協理戎政。上以協理官原只一員，今既有協理朱光祚，陳道亨另推別衙門用，光祚照新銜給勑書。光祚再疏辭，諭以京營兩協理不便，著遵前旨行。于是，進繳原領右副都御史勑書一道，請改侍郎新銜，併繳協理戎政都察院關防。而條上先事飭備、選將材、禁徵逐、明賞罰、裁冗

巳條；卷35，頁1831-1832，天啟三年六月丁亥條。

78 〔清〕張廷玉等總裁，《明史》，卷89，〈兵一・京營〉，頁2182。

79 〔明〕溫體仁等總裁，《明熹宗實錄》，卷72，頁3468-3469，天啟六年六月壬申朔條。

80 政協福建省泰寧縣委員會文史資料委員會、福建省泰寧縣博物館編，《李春燁與尚書第》（三明：政協福建省泰寧縣委員會文史資料委員會，1997），沈猶龍，〈明賜進士光祿大夫勳柱國少保兼太子太師協理京營戎政兵部尚書李公暨元配累誥封一品夫人江氏合葬墓誌銘〉，頁123-124。

費、覈冒支、減公用、省文冊、精挑選、勤較練等機宜。有旨報可。[81]

明熹宗以京營有二協理不便為由，取消都察院協理戎政。其因除了職官重疊外，應是實際運作上，多數時間只有一名在執行業務，另一人則未就任。朱光祚從都察院協理陞至兵部侍郎協理，在天啟三年閏十月，明廷加陞朱光祚為兵部尚書，[82]但後期在實錄內仍稱侍郎，或未實際陞任。至天啟四年（1624）七月改工部尚書總理河道。[83]天啟四年八月，明廷以兵部右侍郎劉策（1575-1630）協理京營戎政，五年二月致仕。崇禎二年復起為薊遼總督，因清軍由薊鎮大安口攻入京畿被劾，與總兵張士顯並逮棄市。[84]

余懋衡、朱光祚等人清理戎政府財政，嚴格造冊查考。但天啟四年七月，存放累朝典章、見行規例文冊的六科廊大火，其中包含五軍都督府、京營各衛兵制、各邊鎮兵馬糧草額數。負責的內使郭光裕、李福、楊國貞等，僅降貶有差。明廷急令在京五府、六部、都察院、六科寺府、監衛各衙門將備存奏章抄錄副本呈送兵吏部。[85]

據《萬曆野獲編》載，明廷對檔案的管理已十分輕忽。嘉靖四十四年（1565），存放檔案的千步廊燬於火。明世宗十分痛心，但徐階稱僅是積年堆棄殘帙，各衙門緊要章奏、四夷番文，共十三萬二千餘本都安存於六科廊內。但六科廊的檔案往往被借出不還，所以保存情

81 〔明〕溫體仁等總裁，《明熹宗實錄》，卷42，頁2190，天啟三年十二月乙未條。
82 〔明〕溫體仁等總裁，《明熹宗實錄》，卷40，頁2103，天啟三年閏十月癸丑條。
83 〔明〕溫體仁等總裁，《明熹宗實錄》（梁鴻志影印江蘇省立國學圖書館本），卷44，頁2417，天啟四年七月壬戌條。
84 〔清〕張廷玉等總裁，《明史》，卷248，〈劉策傳〉，頁6419-6420。
85 〔明〕溫體仁等總裁，《明熹宗實錄》（梁鴻志影印江蘇省立國學圖書館本），卷44，頁2419-2420，天啟四年七月癸亥條。

況也堪慮。[86]從早期檔案管理不善，到天啟朝前期努力成果皆毀於祝融，京營的財政記錄漏洞究竟能修補多少，顯然是一大疑問。

三、寧遠之役與北京防禦

廣寧之役後，努爾哈齊陸續營建遼陽與瀋陽，天啟五年（1625）定都瀋陽，同時攻略蒙古察哈爾部，對明朝進攻趨緩，使明廷得到整備的時間。明廷起用孫承宗督理遼東、薊鎮、天津、登萊等處軍務，意圖歸復遼東。此時京師暫無積極設防，主要為支援遼東作戰。如天啟五年三月，明廷以平遼總兵官左都督毛文龍征剿急需，調發京營龍尾機砲一千門至關外，京師所需火砲則另造以備。[87]天啟五年三月，復兵部右侍郎兼都察院右僉都御史總督薊遼文球（？-1629），[88]為兵部右侍郎兼都察院右僉都御史協理京營戎政。[89]七月，文球仍未到任。[90]十二月，明熹宗下旨戎政不可經年曠任，著文球冠帶閑住，員缺另推來用。[91]

天啟六年（1626）正月十四日開始的寧遠戰役，努爾哈齊率軍出征，二十三日抵達寧遠，二十四日寅時展開進攻。明軍守將寧遠道袁

---

86 〔明〕沈德符撰，楊萬里校點，《萬曆野獲編》（上海：上海古籍出版社，2012），卷19，〈臺省〉，〈六科廊章奏〉，頁420。

87 〔明〕溫體仁等總裁，《明熹宗實錄》，卷57，頁2638，天啟五年三月丁卯條。

88 〔明〕顧秉謙等總裁，《明神宗實錄》，卷550，頁10406，萬曆四十四年十月辛亥條；卷562，頁10599，萬曆四十五年十月丁未條；卷586，頁11229-11230，萬曆四十七年九月丁酉條。〔明〕溫體仁等總裁，《明熹宗實錄》，卷11，頁550，天啟元年六月丙子條。〔明〕不著撰人，《崇禎長編》（臺北：中央研究院歷史語言研究所，1984，據《痛史》本縮編），卷22，頁1358，崇禎二年五月戊戌條。

89 〔明〕溫體仁等總裁，《明熹宗實錄》，卷57，頁2630，天啟五年三月甲子條。

90 〔明〕溫體仁等總裁，《明熹宗實錄》，卷61，頁2897，天啟五年七月乙亥條。

91 〔明〕溫體仁等總裁，《明熹宗實錄》，卷66，頁3126，天啟五年十二月辛巳條。

崇煥、總兵滿桂、參將祖大壽統軍堅守，遠攻為城上發射紅夷大砲、近守為向城下投擲燃燒物，並派死士突襲金軍戰車部隊。金軍攻寧遠城未果，轉攻明軍存放糧草的覺華島，殲滅明軍二營七千餘人，焚毀島上船隻糧草，二月初七日金軍退兵回瀋陽。[92]

寧遠戰役期間，因文球未就任協理京營戎政，此時北京防禦是由署協理京營戎政兵部右侍郎閻鳴泰負責。最初數日，閻鳴泰等官員提出的戰守策略多為概略性方向，如三大選鋒營積極操練與嚴防間諜政策。[93]後則有兵部尚書王永光及各科道官疏請戰守政策，如王永光集群臣議後，對外分兵救援寧遠，以急聯絡虎墩兔等外族，避免其聯合金軍。對內則抽練營軍演習火器，調兵防禦通州漕糧。明熹宗再令閻鳴泰舉曉暢兵事大臣一員署掌近畿撫鎮移駐應援，照兵部派定信地完成駐防與糧餉調度。[94]

而後，開始有較精確的北京城的防禦方針。如兵部主事孫元化疏請用西洋臺銃法來固防北京城：

> 謂弓矢遠於刀鎗，故敵嘗勝。我銃砲不能遠於敵之弓矢，故不能勝敵。中國之銃惟恐不近，西洋之銃惟恐不遠，故必用西洋銃法。若用之平地，萬一不守，反藉寇兵，自當設臺。然前隊挾梯擁牌以薄城，而後隊強弓勁矢繼之，雖有遠銃，誰為照放？此非方角之城、空心之臺所可禦，故必用西洋臺法。請將現在西洋銃作速料理，車彈藥物安設城上，及時教練。俟賊稍緩，地凍既開，於現在城墻修改如式。既不特建而滋多費，亦非離城而虞反攻。都城既固，隨議邊口。[95]

---

[92] 周維強，《明代戰車研究》，頁514-521。

[93] 〔明〕溫體仁等總裁，《明熹宗實錄》，卷67，頁3179-3180，天啟六年正月丁卯條。

[94] 〔明〕溫體仁等總裁，《明熹宗實錄》，卷67，頁3200-3203，天啟六年正月辛未條。

[95] 〔明〕溫體仁等總裁，《明熹宗實錄》，卷67，頁3203，天啟六年正月辛

明熹宗下旨清查西洋砲見在數量與放砲教師，得有人即以備城守。

北京城各門防開始戒備，如皇城巡視科道虞廷陛等條奏門禁四事：

一守門官伍宜覈，東西長安二門，有把總二員。其東安等門俱宜照例，於掌印指揮僉書各門差撥二員，各照官軍分守信地。

一各門出入宜查，自隨朝及內府衙門供役外，各項人等不得任意行走。

一宿衛官軍宜清，祖制勳衛將軍及義刀官軍人等，侍衛直宿各有定限，倍宜一一遵行。若外城七十二舖、內城二十八舖，傾圮者，工部估計料理。舖軍散逸者，兵部按法清稽。

一直宿貧軍宜恤，直軍原有額米，但領者非其守者，班伍派錢又復不貲。茲月糧應會同臣等應時給發，至一應費用槩與除革。又慮各夷繁眾進貢，關防尤宜倍肅。當令前門叩賀，勒令速返，亦隱防窺伺，杜絕姦細之一端也。[96]

御史王珙疏陳城守之略：

一修造城垛望門，城上窺賊必從垛口窺之，恐賊以一矢相加，當於各垛口中加置小板門，門中開一圓孔大如碗，則我兵可以擊賊，而賊不能加我矣。

一預備守夜燈具，計五垛共懸一燈，從垛口懸之而下，又用一長竿從城牆水隙中撐之而出，則有賊自能畢照。

一預備石塊砲架，石塊人人可用，砲架則按臣張論守蜀時曾畫式以進，見在營中，可演習也。

一捐俸收買煤米，市民不能自備一二月之糧，倡義全在文武諸

未條。

96 〔明〕溫體仁等總裁，《明熹宗實錄》，卷67，頁3204-3205，天啟六年正月辛未條。

臣，如助工之例，加倍捐貲，交戶工二部。率平時相信之商人，於近畿收買煤米，城守日久，則出以市之小民，煢獨者量給之。

一註明官軍信地，每門一大臣，此總理也。各垛口之分管不可不密，宜計垛口若干，文武官若干，營衛軍若干，分派信地。官必兩員同事，方可晝夜輪管。

一分地清查姦細，五城地方甚廣，不宜專責巡城御史，每衚衕設一官以清查之。

一分設塘馬，援兵守中兼禦，須塘馬馳報，守垛官軍未可輕動。於九門各設選鋒五百名，以備夜援。[97]

此時尚未大量動員駐京衛所或是京營，主要是提高軍事警戒，如強化進出人員的安檢、規劃輪值防區、安排糧餉供給、加固北京城防禦工事等。其他還有如御史陳睿謨[98]、巡視京營科道楊所修[99]、署協理京營戎政侍郎郭允厚[100]等各自條陳防務。

在天啟六年正月二十日，以兵部右侍郎兼右副都御史宣大總督馮嘉會改兵部左侍郎兼都察院右僉都御史協理京營戎政。[101]二十七日，

---

97 〔明〕溫體仁等總裁，《明熹宗實錄》，卷68，頁3215-3216，天啟六年二月乙亥條。

98 〔明〕溫體仁等總裁，《明熹宗實錄》，卷67，頁3205，天啟六年正月辛未條。

99 〔明〕溫體仁等總裁，《明熹宗實錄》，卷68，頁3237，天啟六年二月辛巳條。

100 〔明〕溫體仁等總裁，《明熹宗實錄》，卷69，頁3306，天啟六年三月丙辰條。

101 〔明〕董其昌，《容臺文集》（臺南：莊嚴文化事業股份有限公司，1997，《四庫全書存目叢書》集部・別集類，第171冊，據清華大學圖書館藏明崇禎三年[1630]董庭刻本影印），卷9，〈大司馬馮忠襄公墓表〉，頁534-536。〔明〕葉向高等總裁，《明光宗實錄》，卷2，頁31，萬曆四十八年七月戊戌條。〔明〕溫體仁等總裁，《明熹宗實錄》，卷17，頁853，天啟元年十二月己卯條；卷67，頁3157，天啟六年正月甲子條；卷84，頁4063，天啟七年五月己卯條。

明廷催促馮嘉會速到任。[102]但馮嘉會直到三月才赴任，期間是由閻鳴泰、郭允厚分別署理，此時寧遠戰役早已結束。馮嘉會就任後提出八項營務，軍事訓練仍以火器、戰車為優先，次月兵部尚書王永光題覆，明廷同意施行。[103]七月，馮嘉會奉命回部管事。[104]

天啟六年七月，兵部左侍郎李春燁（1571-1637）為協理京營戎政。[105]李春燁任內條陳營務十事，加上天啟六年十二月巡視京營科道楊文岳、陳王庭條陳飭戎八事，京營將官陞任、查核兵籍、訓練選鋒、教習火器、占役影射等。[106]七年（1627）正月兵部尚書馮嘉會覆議，明熹宗著依議行。[107]其整飭內容相仿，據李春燁的墓誌銘言：「行一載之中，營武充實，武藝精強，馬壯器利。」[108]但墓誌銘多揚善隱惡，實際是否如此，有待商榷。五月，兵部尚書王之臣覆保定候梁世勳申明禁旅八事，亦與前述雷同。[109]

將近一年的時間，每隔一段時間的整飭內容大同小異。天啟七年七月，兵部右侍郎霍維華題報京營原額馬匹共二萬六千二百六十一

102 〔明〕溫體仁等總裁，《明熹宗實錄》，卷67，頁3204，天啟六年正月辛未條。

103 〔明〕溫體仁等總裁，《明熹宗實錄》，卷69，頁3321-3322，天啟六年三月丁卯條；卷70，頁3367-3368，天啟六年四月庚寅條。

104 〔明〕溫體仁等總裁，《明熹宗實錄》，卷74，頁3593，天啟六年七月辛巳條。

105 〔明〕溫體仁等總裁，《明熹宗實錄》，卷74，頁3609，天啟六年七月乙未條。政協福建省泰寧縣委員會文史資料委員會、福建省泰寧縣博物館編，《李春燁與尚書第》，頁1。

106 〔明〕溫體仁等總裁，《明熹宗實錄》，卷79，頁3854-3857，天啟六年十二月丙寅條。

107 〔明〕溫體仁等總裁，《明熹宗實錄》，卷80，頁3892-3893，天啟七年正月己丑條。

108 政協福建省泰寧縣委員會文史資料委員會、福建省泰寧縣博物館編，《李春燁與尚書第》，〔明〕沈猶龍，〈明賜進士光祿大夫勳柱國少保兼太子太師協理京營戎政兵部尚書李公暨元配累誥封一品夫人江氏合葬墓誌銘〉，頁124-125。

109 〔明〕溫體仁等總裁，《明熹宗實錄》，卷83，頁4053-4056，天啟七年四月辛酉條。

匹，自天啟六年正月起至十二月終止，倒死馬共二千九百四十六匹。[110]十一月，總督倉場戶部尚書蘇茂相指出京軍每年應存有三百餘萬石，而今京通二倉米止一百二十六萬九千五百七十三石。[111]損失將近十分之一的戰馬、糧米見存不到一半，馬壯器利的讚言，顯然名不符實。

天啟七年五月，皇太極率軍進攻錦洲、寧遠，遼東巡撫袁崇煥率軍堅守，至六月十二日金軍退兵，明軍獲勝。錦寧之役中，內臣明顯介入明軍各層面的軍事部屬，魏忠賢將此役設計成由明熹宗直接指揮，宦官為戰役參謀的政治形勢，而後因明軍大捷，內臣的氣焰更為張狂。[112]如明熹宗同意總督京營太監涂文輔派勇衛二營砲手二千名、壯丁一百名前往山海關協守。巡按直隸御史梁夢環言：「臣冒暑兼程赴關，乃知錦州城外，內臣紀用與將領兩面夾攻，矢石交下，夷屍填野。因嘆服廠臣淵識遠謀，得此奇捷而喜心生。」[113]；總督鎮守遼東太監劉應坤提兵三千餘名出關援錦州，調京營精銳五千防守關門，以副將王承恩等統領之。薊遼總督閻鳴泰疏言：「捍禦整備，皆賴廠臣與內鎮臣拮据之力。」[114]內臣派遣的部隊與協防的京營並無實際作戰，但科道官到薊遼總督仍奉承其重要性。李春燁也因錦寧大捷獲加太子太師，[115]隨即以母親年九十乞終養而歸。[116]

---

110 〔明〕溫體仁等總裁，《明熹宗實錄》，卷86，頁4173-4175，天啟七年七月丙戌條。

111 〔明〕溫體仁等撰，《熹宗哲皇帝實錄》（臺北：中央研究院歷史語言研究所，1984，據中央研究院歷史語言研究所藏內閣大庫舊藏明內閣精寫本縮編），頁45，天啟七年十一月己丑條。

112 周維強，《明代戰車研究》，頁531。

113 〔明〕溫體仁等總裁，《明熹宗實錄》，卷84，頁4106-4109，天啟七年五月己丑條。

114 〔明〕溫體仁等總裁，《明熹宗實錄》，卷84，頁4109-4110，天啟七年五月庚寅條。

115 政協福建省泰寧縣委員會文史資料委員會、福建省泰寧縣博物館編，《李春燁與尚書第》，〔明〕沈猶龍，〈明賜進士光祿大夫勳柱國少保兼太子太師協理京營戎政兵部尚書李公暨元配累誥封一品夫人江氏合葬墓誌銘〉，頁125。

116 〔明〕溫體仁等總裁，《明熹宗實錄》，卷86，頁4173，天啟七年七月甲申條。

第二節　崇禎初年的戎政迴光

一、清理魏忠賢的戎政閹黨

晚明政治鬥爭日益嚴重，朝中官員以東林黨和閹黨為大宗，對彼此的政策或支持者不斷參劾攻擊。閹黨是以司禮監秉筆太監魏忠賢為首，影響力遍及朝野，甚至深入戎政府與京營政務，其權勢在天啟末年達到高峰。明思宗即位後，開始針對魏忠賢一派的閹黨進行政治清算。

天啟朝最後一位協理戎政京營戎政閻鳴泰（1572-？），[117]其為人與仕途在《明史》中評價極低，稱其「實無才略，工諂佞，以虛詞罔上而已。」[118]萬曆四十七年薩爾滸戰役時，閻鳴泰以遼陽分守道監督，在李如柏部下出征關外，是四路中唯一沒有崩潰的明軍。在後來的廣寧、錦寧之役中，閻鳴泰歷任遼東巡撫、薊遼總督，皆未領軍於前線作戰。閻鳴泰在地方上為魏忠賢建立生祠，凡有邊事，必頌其功德，也因此獲魏忠賢提攜。天啟七年八月初五日，閻鳴泰由薊遼總督太子太師兵部尚書都察院右副都御史改協理京營戎政，[119]當月再加少師。[120]其仕途皆靠奉承明熹宗與魏忠賢而陞，但明熹宗駕崩後，十一月卸任，崇禎二年（1629）發遣戍死。[121]

崇禎朝的首任協理京營戎政霍維華（1575-1636），也被《明史》

---

[117] 〔明〕溫體仁等總裁，《明熹宗實錄》，卷19，頁990，天啟二年二月甲午條；卷25，頁1269，天啟二年八月辛巳條。〔清〕張廷玉等總裁，《明史》，卷306，〈閻鳴泰傳〉，頁7867。

[118] 〔清〕張廷玉等總裁，《明史》，卷306，〈閻鳴泰傳〉，頁7867。

[119] 中國第一歷史檔案館、遼寧省檔案館編，《中國明朝檔案總匯》（桂林：廣西師範大學出版社，2001），第3冊，〈兵部為閻鳴泰遵旨仍以兵部尚書協理京營戎政請寫敕書事行稿〉，頁486-489。〔明〕溫體仁等總裁，《明熹宗實錄》，卷87，頁4198，天啟七年八月乙未條。

[120] 〔明〕溫體仁等總裁，《明熹宗實錄》，卷87，頁4223-4224，天啟七年八月乙巳條。

[121] 〔清〕張廷玉等總裁，《明史》，卷306，〈閻鳴泰傳〉，頁7867。

列於閹黨之中。[122]天啟七年八月，兵部尚書霍維華在明熹宗病重時進呈「靈露飲」，明熹宗病況未癒，反而在當月駕崩。霍維華辭讓將錦寧之役的功勞給袁崇煥，藉此轉移焦點，尋求其他朝臣的支持，在十一月起為太子太保兵部尚書協理京營戎政。[123]但至十二月初二日，是由兵部尚書閻鳴泰署理，他以本兵繁忙，奏請在霍維華未抵京前，改用兵部右侍郎秦士文暫署。[124]

崇禎元年（1628）二月，明思宗罷免薊遼督師王之臣，重啟袁崇煥為兵部尚書兼都察院右副都御史督師薊遼、登萊、天津，駐防山海關。四月，袁崇煥尚未到遼東就任時，霍維華自請行邊署督師事，以遠離京師政爭。[125]未及起行，工科給事中顏繼祖參霍維華依附魏忠賢，明思宗罷其行邊。[126]崇禎二年十月，霍維華告病回籍。[127]

二、協理李邦華的力挽狂瀾

明廷罷霍維華後，工科給事中顏繼祖等推李邦華、王在晉、呂純如等人可接任協理京營戎政，明思宗欽點李邦華（1574-1644）。[128]

[122] 〔明〕溫體仁等總裁，《明熹宗實錄》，卷13，頁665，天啟元年八月甲申條。〔清〕張廷玉等總裁，《明史》，卷306，〈霍維華傳〉，頁7862。

[123] 〔明〕溫體仁等撰，《熹宗哲皇帝實錄》，頁45-46，天啟七年十一月己丑條。不著撰人，《崇禎長編》，卷3，頁147，天啟七年十一月辛卯條。〔清〕張廷玉等總裁，《明史》，卷306，〈霍維華傳〉，頁7863-7864。

[124] 中國第一歷史檔案館、遼寧省檔案館編，《中國明朝檔案總匯》，第4冊，〈兵部尚書閻鳴泰等為營務難以久攝會推右侍郎委屬事題稿〉頁128-130。

[125] 〔明〕不著撰人，《崇禎長編》，卷8，頁441，崇禎元年四月乙卯條。〔清〕張廷玉等總裁，《明史》，卷306，〈霍維華傳〉，頁7864。

[126] 〔明〕不著撰人，《崇禎實錄》（臺北：中央研究院歷史語言研究所，1984，據中央研究院歷史語言研究所藏嘉業堂舊鈔本縮編），卷1，頁15，崇禎元年五月癸亥條。〔明〕不著撰人，《崇禎長編》，卷9，頁464-468，崇禎元年五月甲子條；《崇禎長編》，卷9，頁471，崇禎元年五月戊辰條。

[127] 〔明〕不著撰人，《崇禎長編》，卷27，頁1529-1530，崇禎二年十月甲戌條。

[128] 〔明〕不著撰人，《崇禎長編》，卷9，頁467-468，崇禎元年五月甲子條。

李邦華因支持顧憲成的議政而被指為東林黨人，但亦因指陳時弊而被東林黨人怨恨。[129]天啟二年五月，時值廣寧之役後，遼東形勢危急。天津是京畿防禦的一環，也是支援遼東的重要後勤地點之一。李邦華為都察院右僉都御史巡撫天津，任內強化天津軍備，造大量軍器如輕車二千輛、將軍、虎蹲、盞口、百子、佛郎機各砲一百八十餘位，子炮五百七十；置成火藥十萬餘斤；營房一千二百間、馬廄五百間、練兵官舍八所。更募營兵一千名、毛兵一千名等。[130]因在天津巡撫任內功績，於天啟四年擢為兵部右侍郎，卻遭閹黨不斷參劾而被令回籍閒住。[131]從李邦華的經歷中，可知他的軍政能力不差，但在東林與閹黨的政爭之中，都不被兩方支持而屢屢遭劾。

崇禎元年五月，李邦華以兵部左侍郎支從二品服俸協理京營戎政，[132]九月入京，十月入戎政府供事。[133]此時兵部管理京營馬政主事周夢尹將三大營局庫新舊錢糧具冊呈覽。查出在營內空樓亂木中得銅一萬二千餘斤、腰刀五百三十七把、銅佛郎機十二位、銅提砲五十一個；壯猷堂後得銅大將軍十位，一、二號銅砲一千餘位，沙魚範刀四百四十把，倭刀八百七十把並藤盔、藤牌等物。李邦華以此事為例，認為管理京營的首要關鍵是用人，長期積弊是官員欺上蒙下的結果。故請增設戶、兵、工三部主事各一員，分別清查兵馬、錢糧、軍械。但明思宗以非祖制，不同意添設。[134]

---

[129] 〔清〕張廷玉等總裁，《明史》，卷265，〈李邦華傳〉，頁6841-6843。

[130] 〔明〕李邦華，《文水李忠肅先生集》（北京：北京出版社，2000，《四庫禁燬書叢刊》集部・第81冊，據北京大學圖書館藏清乾隆七年[1742]徐大坤刻本影印），卷3，〈撫津恭言〉，〈催請軍需疏〉，頁139-142；劉同升，〈墓誌銘〉，頁341-342。。

[131] 吳振漢，〈明儒李邦華的治世與殉國〉，《輔仁歷史學報》，28（臺北，2012.3），頁71-103。

[132] 〔明〕不著撰人，《崇禎長編》，卷9，頁484，崇禎元年五月己巳條。

[133] 〔明〕李邦華，《文水李忠肅先生集》，卷4，〈詰戎辜府・條陳京營積弊疏〉，頁163。

[134] 〔明〕李邦華，《文水李忠肅先生集》，卷4，〈詰戎辜府・特陳京營綱領疏〉，頁162-163。〔明〕不著撰人，《崇禎長編》，卷14，頁787-

李邦華奏請改制未果，祖制實是政治術語，關鍵還是在皇帝是否支持。如天啟朝添設的署理協理京營戎政，也不在嘉靖朝創立時的制度內。六月時，署協理戎政侍郎呂純如請更營制，曾建請罷免勳臣總督，以協理節制三大營總兵，也是以祖制不可妄改，令如舊。[135]

是時，明廷的行政決策程序也出現問題。按例京營不兼掌京城巡捕，但總督京營戎政惠安伯張慶臻（？-1644）的奉命敕書內卻增加了「兼管捕營」，提督京城內外巡捕鄭其心上書其侵職。[136]明思宗下令追查，張慶臻辯疏稱引祖制，[137]戶部尚書畢自嚴（1569-1638）、內閣輔臣大學士李標（？-1633）、錢龍錫（1583-1650）都說不知道有錯。而敕書從擬定、撰寫到發佈，途經兵部、內閣、明思宗至少各二次，若要究責連天子也有過錯。[138]明思宗最後將負責書寫的中書舍人田佳璧下獄，張慶臻革任而結案。[139]在選出新任總督京營戎政前，明廷令李邦華署理京營總督事。[140]

（一）整飭營務的進程

十二月，李邦華就任二個月後，奏陳其所見京營積弊與解決方案。在兵員選練上，重新訓練官兵依照金鼓旗幟分合進止，以應對實戰。京營選鋒壯丁僅一萬七千名，但其中仍有以錢僱人代役而非真實軍人。應以把總一員領兵五百，每月抽選二十五歲以下之五人，由李

789，崇禎元年十月壬寅條。

135 〔明〕不著撰人，《崇禎長編》，卷10，頁595-596，崇禎元年六月己未條。

136 〔明〕不著撰人，《崇禎長編》，卷13，頁733-734，崇禎元年九月庚午條。

137 〔明〕不著撰人，《崇禎長編》，卷15，頁839-840，崇禎元年十一月甲子條。

138 〔明〕不著撰人，《崇禎長編》，卷14，頁778-780，崇禎元年十月丁酉條。

139 〔明〕不著撰人，《崇禎長編》，卷14，頁783，崇禎元年十月己亥條。〔清〕張廷玉等總裁，《明史》，卷251，〈劉鴻訓傳〉，頁6483-6484。

140 〔明〕不著撰人，《崇禎長編》，卷14，頁796，崇禎元年十月癸卯條。

邦華親自檢驗能否力舉二百五十斤以上兼弓矢火器。[141]

軍備方面，分戰車、火藥、器械、西洋砲。他認為京營現有的戰車武剛車型制過大，不易推動且於大雨雪地更難移一步。先前請工部造七百輛，最後經費僅能造一百輛，加上舊存四百餘輛仍可供一大營使用。建議使用其巡撫天津時的輕車，只要一人即可推動，以武剛車的經費造輕車二千輛，更節省經費。且原來的車房一間僅能存放三車，換成輕車可容納百輛，其餘空房可以讓營兵居住，一舉二得。[142]

他發現從工部領取的火藥，提硝不淨且研磨不細緻，導致容易吸收濕氣而無法點燃，且時有司總隱匿變賣。建請以後工部直接給生硝千斤，由京營製為熟硝六百斤，如此京營撥給工部的工役之費可以自己使用。而官兵使用的盔甲器械，都是入營時領取，離營歸還。因為不是自己的裝備，官兵通常不會珍惜，所以毀損狀況嚴重，甚至被盜取變賣。應讓官兵領取器械後，刻名於上並造冊，不常用的器械則存放戎政府庫。過去戎政府庫每日由十人輪值，十天一替，不是專責固定人員，難以究責，宜令三大營六副將每人管半年，以強化管理。[143]

戎政府府庫仍存有帑銀，修理戰車器械的經費可由此支付。京營馬匹原額二萬六千餘匹，今存一萬五千餘匹，不只無法供給選鋒兵，連車營、城守也不夠使用，應盡速補充。最後是加強練習西洋火砲，才能在實戰正常發揮。明思宗大多同意，以戰車新舊五百輛仍可成一大營，俟錢糧稍充後再造，火藥仍交由工部製造。而後，李邦華趁郊祀疏陳護衛任務時，表示目前僅領到工部新盔甲五百副、新戰車五十輛餘。[144]

---

141 〔明〕李邦華，《文水李忠肅先生集》，卷4，〈詰戎臯府‧條陳京營積弊疏〉，頁163-164。

142 〔明〕李邦華，《文水李忠肅先生集》，卷4，〈詰戎臯府‧條陳京營積弊疏〉，頁164-165。

143 〔明〕李邦華，《文水李忠肅先生集》，卷4，〈詰戎臯府‧條陳京營積弊疏〉，頁165。

144 〔明〕李邦華，《文水李忠肅先生集》，卷4，〈詰戎臯府‧條陳郊祀儀衛疏〉，頁165-172。

從李邦華的疏請中，可以發現京營人員器械的素質與前朝相比落差極大。不僅武器材料散存營中荒蕪之地，馬匹僅存原額的六成，管理極為鬆散。因此他試圖將軍械製造與管理的工作歸於京營，並提高管理層級為副將。顯示出不信任京營以外以及基層官員，要親自查閱始可安心。但這種作法，繼任者未必承接，往往人亡政息。且更嚴重的是，明廷提供整飭京營的經費苛刻，難以提升裝備素質。

而武裝斷層最明顯的是戰車營，戰車在嘉靖朝末年有四千輛、萬曆朝初年俞大猷整備完一千四百輛，今僅存五百輛可用。李邦華想引進其使用過的輕車來取代武剛車，將武剛車的火力，換取為數量與移動優勢。但勢必無法以萬曆初年俞大猷設計的車營陣法操作，李邦華也未解釋戰術的執行如何改變。同時，俞大猷做的武剛車尺寸長一丈四尺（4.48公尺）、寬七尺三吋（2.36公尺）[145]，若三輛武剛車的空間能放一百輛輕車，那輕車的大小應與手持武器沒有分別，顯然有誇大之處。

崇禎二年二月，李邦華奏陳管理難處在於協理戎政一人孤掌難鳴。他指出過去戎政府的帑金存有十四萬，今僅存一萬；府庫原藏有一萬五千，今無存一；往年歲支經費僅六千，而今要一萬四千兩。過去有三位經歷協助協理戎政來清查帳冊，今全革除。制度上協理戎政是京營將領的長官，但實際上文武不相司屬，也難以用將領查核將領的隱弊。為深入了解營中將領狀況，他請求從北京城西南住所搬遷至將領聚居的東北側，明思宗同意所請。[146]是月，李邦華因郊祀扈衛事，加陞兵部尚書協理如故。[147]

歷來協理京營戎政或相關官員奏請提撥經費給京營，但鮮少有史

---

[145] 周維強，《明代戰車研究》，頁344。

[146] 〔明〕李邦華，《文水李忠肅先生集》，卷4，〈詰戎辜府・條奏營務疏〉，頁167-169。〔明〕不著撰人，《崇禎長編》，卷18，頁1036-1040，崇禎二年二月壬辰條。

[147] 〔明〕李邦華，《文水李忠肅先生集》，卷4，〈詰戎辜府・辭免加陞疏〉，頁172-173。

料細目說明如何支用。從李邦華整理財政的過程中，可窺見部分京營經費流動項目。他指出每年京營經費來源與支用項目，一是太僕寺犒賞銀一萬六千兩為操練、仔粒銀一千零六十四兩為修製旗幟的預算，扣除各將領官歲支心紅紙張銀一千三百三十八兩後，可使用一萬五千七百餘兩。京營操練、修造旗幟以及戎政府衙門人役工食、公私費用與雜支，都是從這一萬五千七百兩中支用。[148]從天啟五年以來，閱操較射犒賞官軍的費用，每年約八千餘兩，其餘各衙門支出如表7-2。

表7-2　戎政府經費支出項目表

單位／年代	總督	協理	巡視
天啟五年	三千三百餘兩	二千一百二十餘兩	二千餘兩
天啟六年	三千四百餘兩	三千二百四十餘兩	二千四百九十餘兩
天啟七年	三千八百餘兩	三千五百五十餘兩	二千五百餘兩
崇禎元年	三千五百餘兩	二千三百餘兩	二千七十餘兩

資料來源：〔明〕李邦華，《文水李忠肅先生集》，卷4，〈詰戎臯府・節省錢糧疏〉，頁174。

可知用於軍隊操練犒賞約六至七成，各官的行政費則約三至四成。此外，還有三大營各營的公用、武舉會試、年終烙馬，約需至少二千餘兩。而每年應可有六千餘兩供此花費，實際上多超支到五千至七千兩，但卻不知經費從何而來。

戎政府能有額外超支，主要來自天啟朝以來操練少報，犒賞銀因而有積存，讓戎政府官員有營私的機會。而後浪擲花費，庫藏也已空虛，故必須挪移倒馬及樁朋銀支用。因此，李邦華奏請清點戎政府及轄下各衙門開支項目，革除多於人役，各役工食銀、紙張銀、犒賞銀、心紅炭燭銀、家丁養膳銀等數量查核清楚。並罷去額外節賞、喜

148　〔明〕李邦華，《文水李忠肅先生集》，卷4，〈詰戎臯府・節省錢糧疏〉，頁173-174。

賞、吏書辦滿冠帶之賞等名目，一年可省一千四百金。

清查衙門公費支出的清冊，在天啟二年時前任協理朱光祚已清查具疏，但在天啟四年他離任後，原來的公牘卻遺失無可查考，顯見挪移超支惡習由來已久。明思宗同意所請，下旨查定改正。[149]朱光祚與李邦華並非首位整理財政、兵籍的協理戎政，從戎政官時常提出造冊的工作，即可發現京營帳冊不清與交接斷層的問題已是累年普遍。

四月，李邦華奏請確立每月一簿，一年十二簿，令諸將每日親填官兵揀選、訓練、淘汰、清出隱冒、節省錢糧與馬匹等，全部實名註記後送與李邦華親自查考，明思宗皆同意。[150]李邦華展現出他就任以來整飭的成果，如發現過去伍軍補充多為市井之徒，現在每日親自檢驗以除弊端。從二月二十日開始，與總督一同檢視年少力壯、擅長弓矢火器者拔為選鋒。清除大小將官的占役軍伴，多達萬餘人。[151]

節省馬差，營中戰馬平時要練習馳射、衝陣，各衙門出公差者可依例調營馬騎乘。但時有官員礙於情面，非公事也借用，日益濫用，總協巡視衙門又有坐班馬，用來騎乘或折銀使用，令軍馬使用過度。李邦華與總督共同約定，裁減總督使用量五分之一、協理三分之一，一年可省坐班折銀數百。而各衙門需用馬者，都要經過協理登記錄簿、總督檢驗，未經總協者不得使用，自此軍馬得到更多休息。[152]

在軍器操作方面，練習西洋火砲與飛石。戎政府庫藏西洋大砲在幾次支援大同、宣府等後，僅存五門。李邦華將此批火砲移至五軍營，在三月初九日會同總督驗放正常。但每門火砲需火藥五、六斤，

---

149 〔明〕李邦華，《文水李忠肅先生集》，卷4，〈詰戎辜府・節省錢糧疏〉，頁173-175。

150 〔明〕李邦華，《文水李忠肅先生集》，卷4，〈詰戎辜府・計日省成疏〉，頁176。〔明〕不著撰人，《崇禎長編》，卷20，頁1253，崇禎二年四月庚戌條。

151 〔明〕李邦華，《文水李忠肅先生集》，卷4，〈詰戎辜府・計日省成疏〉，頁176-177。

152 〔明〕李邦華，《文水李忠肅先生集》，卷4，〈詰戎辜府・計日省成疏〉，頁177。

每次演放三輪需火藥九十斤，一個月演練九次，共需火藥八百斤，請工部加給。而天啟三年曾取三名教師入京教習飛石，當時主要是訓練備兵營，因其為三大營的後備兵，相對於弓箭火器，飛石更容易上手。但當年准奏後即無人過問，應即刻加強操演，讓守城時有更多可用之兵。[153]

他在〈申飭營蠹疏〉中舉出京營的朘營、耗餉、空伍三大弊端，明思宗准奏。朘營是指將領的屬官舞文弄法、藉機牟利，三大營有三十六營將，各一個中軍、二個千總、六個把總，又有選鋒千把總不等，合之有三百六十七名軍官。每一官至少有一名總書、一名識字為負責文書行政的屬官，三大營至少有七百餘名屬官，雖然每人一個月支米僅一石，卻能從處理營中帳冊的過程中獲利。李邦華在考察這些胥吏時，營官譁然，倡言退役以示阻撓，而會同總督汰除房祿、管應奎等十餘人後，情況稍得緩和。[154]

耗餉則是軍兵冒領糧餉氾濫。營軍中精壯者約只有五至六成，其餘皆為老弱，更嚴重的是領雙糧的選鋒也是一樣。李邦華指出在春季汰補選鋒時，營兵譁然鬧事，這些人多為勳爵貴戚家奴，因此過往考察多被前任官員隱忍。至今已淘汰千餘人，但營官仍有賄賂請託以為留用。為徹底解決此問題，他令各營秋操冊將老疲殘疾之軍另編為隊伍，一方面可防範賄賂留用，也可留一份情面，令其子弟未來可代父兄補入。[155]

空伍則是另一種冒領糧餉的屬官，其名為牢伴跟役。在邊鎮，牢伴跟役是額外的雜流官，在京營內則流為弊藪。實際上在處理事務的僅一、二人，但可佔據名冊五、六人，佔名者因賄賂而免操，散入營

---

153 〔明〕李邦華，《文水李忠肅先生集》，卷4，〈詰戎辛府・計日省成疏〉，頁177-178。

154 〔明〕李邦華，《文水李忠肅先生集》，卷4，〈詰戎辛府・申飭營蠹疏〉，頁180-181。

155 〔明〕李邦華，《文水李忠肅先生集》，卷4，〈詰戎辛府・申飭營蠹疏〉，頁181。

中各隊。每營多至三、四百人，甚至雙糧選鋒、營操、戰馬、書辦、走卒都在其中。李邦華比照耗餉做法，令各營秋操冊將牢伴跟役另列為隊，營官不得辭其責。[156]官兵與胥吏為占據營中名額，勢必賄賂其中上層官員，為回收賄賂的資金以及維持生計，層層收賄冒領的狀況只會越趨嚴重。從李邦華汰除冒領國家糧餉的官兵與胥吏，其數量之大，可見國家空耗錢糧十分龐大。

（二）裁撤備兵營、新軍

戎政府各衙門以及三大營的整飭過程中，李邦華面對的營官、胥吏、士兵都是共犯結構，能成功汰除部分冒替已屬不易。而三大營的後備軍營－備兵營，其營兵食糧與三大營相同，雖附營操演而不習技擊，備兵多習於安逸，也是世爵勳衛等官以牢伴冒餉的溫床。備兵一營三千人，其中可替之兵不到四成。三個備兵營總共二十四個營官，其原額歲費軍伴，加上占役、占馬、跟伴數百人等，浮濫十分龐大。崇禎二年六月，李邦華會同襄城伯李守錡具疏請裁三備兵營，歸併營官或陞遷改補。明思宗同意，令兵部速覆議具奏。[157]

稍後，李邦華將崇禎原年春秋二操與二年的春操操冊比對，發現備兵的操軍浮報四千五十餘人，他質問營官，營官居然回從沒見過操冊上的人員。據坐營洪光先等呈稱三備兵營軍不習技擊、不練營陣，而糧餉不減於正兵，因循日久，營中甚至有一人而包軍至二百名者。四月時的整飭，已節省糧一萬六千二百二十八石，汰除千人每年已省一萬三千六百餘石。隨後將三備兵營歸併後，每年大小官的各項雜費可省銀一千一百七十六兩，家丁養贍口糧米四百六十八石。明思宗下旨可指名參奏，不必顧及勳戚情面。[158]至九月，汰除京軍虛冒者四千

---

156 〔明〕李邦華，《文水李忠肅先生集》，卷4，〈詰戎亳府・申飭營蠹疏〉，頁181-182。

157 〔明〕李邦華，《文水李忠肅先生集》，卷4，〈詰戎亳府・請裁三備兵營疏〉，頁186-188。

158 〔明〕李邦華，《文水李忠肅先生集》，卷4，〈詰戎亳府・酌議清汰備

五十餘人。[159]

九月二十一日，李邦華呈報備兵營已歸併完成，尚有部分工作要結清。一是營馬，三備兵營有馬五百三十六匹，每年需費草料五千餘兩。經查核後，發現實際入營操馬僅四十餘匹，其餘四百餘匹皆為謊報。今歸併後，將馬匹優先移交給無馬選鋒騎操。二是勳爵的雜官牢伴，在天啟三年時，前任協理張經世、朱光祚題奏的總額七百餘人，至今累積為九百五十餘人。李邦華上任時題請限制，但又增加十餘人。為避免這些雜官充混營官，李邦華將其造冊送五府存查，不准其入營，若在營中索軍、索馬即當革。[160]

整併備兵營後，李邦華發現京營內還有一個「石四新軍」。這支部隊是在天啟元年遼陽淪陷後，兵部尚書崔景榮奉旨招募成立，共四千六百人。但部隊成立後沒有持續督導，便改名振武營，附屬五軍營一同操練。官兵的支糧不等，領二石者八百四十六名，一石五斗者三千一百四十九名，一石者二百九十九名。天啟二年曾發千人至關外支援，實存一石五斗軍二千八百二十八名，一石軍二百四十五名，總計三千餘人。天啟三年，協理侍郎張經世、副都御史朱光祚見此軍市猾游手，便題請分隸三大營中，每人減糧一斗。革役病故之後有替補者，僅能支糧一石。但七年後至今，沒有清核的結果就是替者自替、補者自補，二千八百餘人仍支一石四斗。[161]

李邦華先至衛所領取糧冊，趁秋操時清點，將新軍另編一隊，總算清出在營營兵實數。在討論汰除新軍時，諸營官多建議他不要執行，若榜示公告，容易引起官兵喧囂。最後以私下密諭的方式，先淘

兵疏〉，頁188-190。

159 〔明〕不著撰人，《崇禎長編》，卷26，頁1497-1498，崇禎二年九月癸卯條。

160 〔明〕李邦華，《文水李忠肅先生集》，卷4，〈詰戎辛府・備營未盡事宜疏〉，頁191-192。

161 〔明〕李邦華，《文水李忠肅先生集》，卷4，〈詰戎辛府・清汰新軍疏〉，頁192。〔明〕李守錡，《督戎疏紀》，卷1，〈新軍清汰額糧疏〉，頁69a-71b。

汰一石四斗兵四十五名，而後令其他營官一律減為一石單糧。總計三大營中的新軍，除原支一石糧者不論外，多支四斗的新軍計二千一百六十二名，全數減支四斗後，每年可省糧一萬零三百七十七石六斗。淘汰年衰力弱不堪軍役者二百五十名、替補隱冒屢操不到者九十五名，每年可再減糧五千七百九十六石。最後，新軍日後不必更議替補，新軍淘汰或補充三大營完畢即止。[162]

（三）清理三大營糧餉

汰除冗軍、冒替、隱匿後，李邦華將兵額與糧餉造冊，以示明確數字。他跟李守錡指出嘉靖二十九年的兵額為十二萬餘名，至萬曆四十六年與崇禎元年的兵額則不斷超支，其對比如表7-3。

表7-3　萬曆、崇禎二朝京營兵額糧餉對照表

	一石糧軍	選鋒	一石五斗糧壯丁	合計	超支	歲支米石
萬曆46年	116,383	8,760		125,143	5,143	1,606,836
崇禎元年	109,340	9,506	6,906	125,752	5,152	1,664,532

資料來源：〔明〕李邦華，《文水李忠肅先生集》，卷4，〈詰戎辜府・酌定三大營糧餉經制疏〉，頁194。

整體而言，崇禎朝的總兵額比萬曆朝只多六百零九人，歲支米卻多支五萬七千六百九十六石。萬曆五年的增加了選鋒，最初為八千七百名，後一度增至一萬。天啟朝又增壯丁七千名，如今也有增無減。這二項軍丁是月支糧二石或一石五斗，人數不斷增加，而後又有新軍、恩軍及將領。超額過於龐大，這是太倉銀無法供給足夠的原因。[163]

162 〔明〕李邦華，《文水李忠肅先生集》，卷4，〈詰戎辜府・清汰新軍疏〉，頁193。

163 〔明〕李邦華，《文水李忠肅先生集》，卷4，〈詰戎辜府・酌定三大營糧餉經制疏〉，頁194。崇禎二年十月二十日具題，二十三日即奉聖旨依議行。〔明〕李守錡，《督戎疏紀》，卷1，〈軍糧查汰已悉酌議經制疏〉，頁74a-81a。

因過往都是以軍額數量給糧，冒額不斷增加，導致糧餉同步增給，因此李邦華建議固定糧餉數量，以糧定軍，即可解決過往浮濫軍額的問題。他以營數多寡來定糧額高低，戰兵、車兵、城守、執事兵為一類，每月一營的限米量為戰兵、標兵計四千二百石，車兵計三千四百石，城守計三千石，執事計三千石。家丁、選鋒、壯丁、伍兵為一類，除五府牢伴千名，聽其自支，各將官養贍則隨營支。這些官兵所領的糧餉，總計不能超過十二萬石。另外新軍二千五百、恩軍一百七十、回陵軍一千四百餘，備兵營歸併之一萬餘，原來都不在嘉靖朝舊制內，今日都已整飭，總括於十二萬石內。若軍數多於軍糧經制者，當陸續清釐，除備兵、新兵汰過一千五百有奇，計尚有五千餘人。以三個月為期，緩進查汰之事。如此一來，過往每年需支餉一百六十六萬，今只需支一百四十四萬，減省二十二萬。[164]

此外，還有其他部隊的統轄問題。如義刀、圍子手、紅盔明甲軍等，是屬於勳臣統轄，兵額替補是兵部車駕司負責，其領軍把總寄名京營，協理皆不得過問兵額消長事務。還有巡軍、墩軍、雜軍、勇壯等項，或由巡捕官、內臣等監督，也是跟京營有關但協理無權的部隊。而回陵軍一項，過往是昌平鎮負責支糧，但至今已半年沒發餉。李邦華認為陵京本為一體，建請改由京營支付，原應由昌平支付的糧餉直接還官，以免重支。[165]

他總結京營糧餉與軍額難以核實的原因，在於軍隊歸戎政府管轄，領糧餉歸衛所負責，故領軍者不問支糧多寡，司糧者不問操軍有無。即使過往曾經再三查勘，但文書往移的過程中，仍有偽造竄改的機會。因此，現在施行票冊合驗：

---

164 〔明〕李邦華，《文水李忠肅先生集》，卷4，〈詰戎臯府・酌定三大營糧餉經制疏〉，頁195。

165 〔明〕李邦華，《文水李忠肅先生集》，卷4，〈詰戎臯府・酌定三大營糧餉經制疏〉，頁195-196。

> 於現在之軍，每人給以印票一紙，令其投衛造冊，送臣衙門掛號，然後赴倉開糧。戶部按冊以知名，驗票而給，米票不符冊，即為偽印之票，冊多於票，便是偽增之冊。必票冊兩合，然後營衛之經絡始貫，而血脈既通，一切影射之藉口皆杜。[166]

編造經制總數一冊，以崇禎三年（1630）正月為始，編列每月十二萬石糧餉的分配，以杜絕以往的冒濫。

京營內從基層士兵、胥吏，到將領，牽連勳臣、內臣的利益，是歷任協理曾嘗試或最不願意處理的問題。如前述天啟朝的協理朱光祚曾革除老家軍，老家軍甚至敢以瓦礫投擲朱光祚，犯法之人不獲罪，改革之策反而罷除。李邦華的施政過程中，同樣遭受勳臣與內臣的攻擊，營兵也不時譁然，惟在明思宗與總督京營李守錡的支持下順利執行。崇禎二年十月，整飭略有小成時，清軍破薊鎮，大掠京畿。據《明史》載：

> 莊烈帝即位，撤內臣，已而復用。戎政侍郎李邦華憤京營弊壞，請汰老弱虛冒，而擇材力者為天子親軍。營卒素驕，有疑其為變者。勳戚、中官亦惡邦華害己，蜚語日聞。帝為罷邦華，代以陸完學，盡更其法。[167]

李邦華身為京師衛戍的重責難辭其咎，先前遭汰斥的官員趁機參劾，[168]因而遭明思宗罷官。李邦華的努力全部付諸東流，耗糧及無用之軍不減反增，明朝亡國的喪鐘實已提前敲響。

166　〔明〕李邦華，《文水李忠肅先生集》，卷4，〈詰戎韋府・酌定三大營糧餉經制疏〉，頁196-197。
167　〔清〕張廷玉等總裁，《明史》，卷89，〈兵一・京營〉，頁2182。
168　〔明〕李邦華，《文水李忠肅先生集》，卷4，〈詰戎韋府・聞訛自訟疏〉，頁202-203。

第三節　崇禎二年己巳之役與增設副協理京營戎政

一、己巳之役前期與增設副協理京營戎政

後金在錦寧之役的挫敗，是明軍在廣寧至山海關的防線固守有成，皇太極已不易在此取得更大戰果。崇禎元年起，皇太極將戰略目標轉向薊鎮、宣府、大同一帶，他向明朝議款以爭取時間，籠絡或殲滅與明朝友善的蒙古部落，在遼東發起零星攻勢以為佯攻，不斷盈集南侵的有利態勢。明思宗即位後突然一反往例，停止對塞外協守蒙古部落的賞賜，令金軍順勢拉攏，造成宣府鎮、薊鎮之外再無外族部落協助緩衝的狀態。同時，二任順天巡撫王應豸、王元雅遵循明思宗的汰餉之議，大量裁減薊鎮兵額，破壞戚繼光規置的薊鎮防禦體制。[169]

崇禎二年十月，皇太極親率大軍攻明，假道蒙古科爾沁部，二十四日抵達老哈河。二十六日晚間開始多路進攻，薊鎮大安口駐守參將周鎮陣亡，龍井口游擊王純臣、參將張安德敗走，馬蘭谷參將張萬春降，薊遼總督劉策逃亡。是日，馬蘭營、馬蘭口、大安口三城降金。二十八日金軍進圍遵化城外十餘里，協理戎政李邦華奏請發三千京軍支援遵化，十月二十九日獲知金軍進逼薊州，擬再撥一千京軍協防。但李邦華稱工部連盔甲、火器、火藥都不及準備給京軍，所以暫時以城守為主。[170]隨後，他呈報計畫以京軍三千守通州、二千援薊，其餘在北京城近郊列營分布城守，並請飭五城御史嚴行保甲，防範奸細與盜賊。[171]

十一月初一日，京師戒嚴，明廷命孫承宗為兵部尚書兼中極殿大

---

[169] 周維強，《明代戰車研究》，頁548-552。

[170] 〔明〕李邦華，《文水李忠肅先生集》，卷4，〈詰戎韋府・發兵守通援薊疏〉，頁199-200。

[171] 〔明〕李邦華，《文水李忠肅先生集》，卷4，〈詰戎韋府・寇警內防切要疏〉，頁200-202。

學士督理兵馬控禦東陲駐通州，撥京營兵馬三千赴通州、一千貼防薊鎮，袁崇煥領兵入關駐薊州，遣將防禦永平、遷安、建昌、豐潤、昌平、三河、密雲等地。[172]初二日始，京營於內城九門敵臺、垛口安設器械，並駐營城外。重城七門應有九千班軍駐守，多數因調赴陵工未入營，目前只有四千餘人，而重城垛口九千三百五十九處，以一人守一垛計，仍有三分之二無人防守，先調民夫上城防守。[173]初三日，駐守遵化城的順天巡撫王元雅堅拒降金，同日城破，自縊而亡。次日，奉命救援的山海關總兵趙率教領四千兵與金軍戰於遵化城外，趙率教以下副將、參將、遊擊全體陣亡，明軍大敗。[174]

初六日，遵化城淪陷的消息回傳至京，工部尚書張鳳翔緊急檢查城樓內庫存的火藥、火線、鉛彈、大砲、燈籠、火把、油燭、鍋煤等各類物資，尤要避免火藥潮濕與火砲生鏽無法發炮等狀況，明思宗諭令一日內檢查完畢並回報給戎政府。[175]檢查後仍有大量火砲鏽蝕無法使用，需要急請工部更換。[176]初七日，明思宗諭戎政府總督協理率京營守城上，將關外列營兵三萬八千名、選鋒五千五百名分派承重城七門，將原派垛口班軍四千撤於城下為營軍造飯，又添派都城九門垛口造飯軍人五千名。京師東、西、北三面添遊兵選鋒一千八百名，責令選鋒千總統領，又以三千餘名選鋒委副將施洪謨、袁信分統專備調遣。餘軍人一萬三千餘名，分部外邏城適中空闊處所，列營聽候策應。嚴催工部與戎政府戰車火藥等軍器。刑部尚書喬允升也疏言固守城池之計，如編立保甲保長巡邏、擺列紅夷大砲、城垛每垛須五人守

---

172 〔明〕不著撰人，《崇禎實錄》，卷2，頁63，崇禎二年十一月壬午朔條。〔明〕李守錡，《督戎疏紀》，卷1，〈虜勢深入疏〉，頁87a-89a。

173 〔明〕李守錡，《督戎疏紀》，卷1，〈虜勢深入疏〉，頁87a-89a。

174 〔明〕李守錡，《督戎疏紀》，卷1，〈羽書猝至虜逼門庭疏〉，頁82a-83b。孫文良、李治亭、邱蓮梅，《明清戰爭史略》（瀋陽：遼寧人民出版社，1986），頁274-279。

175 〔明〕李守錡，《督戎疏紀》，卷1，〈虜寇已迫近門庭疏〉，頁93a-94b；卷2，〈營軍守城業有次第疏〉，頁3a-4a。

176 〔明〕李守錡，《督戎疏紀》，卷2，〈回奏聖諭疏〉，頁13a-14a。

之，二人當守目等。[177]

從明廷備禦京師的過程中，可知臨危準備的混亂。自庚戌之變後，戎政府的設立目的就是要統一京師衛戍的調度，歷任協理京營戎政也有提出分守信地、城防配置的政策。然而，在真正臨戰之際，明思宗親自調令戰守與任命官員，戎政府及協理戎政反居其次。而朝臣紛紛提出戰守政策，其內容也多非新創，顯露出過去制定的京師防務方針，延續執行的成效不彰，以及明思宗決斷反覆的狀況。

北京城防除了京營與五城兵馬司的部隊外，翰林院庶吉士劉之綸（？-1629）奏請用民間豪傑增防京師。十一月初十日，明思宗超擢劉之綸為兵部右侍郎協理京營戎政，做為兵部尚書閔夢得的副手，這是天啟朝後再度增設副協理京營戎政。[178]明思宗按劉之綸所請，陞申甫為都指揮僉書副總兵，命其造戰車呈覽，以翰林院庶吉士金聲兼山東道御史監申甫軍。[179]劉之綸與金聲、申甫實為好友，三人曾自行試造單輪火車、偏廂車、獸車，並刳木製作西洋大小礮模型，展現對火器製造運用的熱衷。[180]十一月底，金聲奏報籌備戰車營的狀況，指出新募的士兵雖然精壯，仍缺二千衣裝給新兵，且未經訓練、糧餉會計不明，希望請戶部派專員管理後勤。據《崇禎實錄》稱該部隊實為京城乞丐組成，完全不堪作戰。[181]

十一月十八日，北京城上的將士因缺乏禦寒衣物而凍死。戎政府緊急於內庫調出胖襖、褲鞋二萬七十一副，內外城垛共計二萬七百個，每垛軍人二名，也只能酌量每垛或各與一副，而這些衣物甚至在

177 〔明〕不著撰人，《崇禎長編》，卷28，頁1560-1567，崇禎二年十一月戊子條。〔明〕李守錡，《督戎疏紀》，卷1，〈撤回外營分添城守疏〉，頁91a-92a。

178 〔清〕張廷玉等總裁，《明史》，卷72，〈職官一·兵部附協理京營戎政〉，頁1754。

179 〔明〕不著撰人，《崇禎實錄》，卷2，頁67，崇禎元年十一月辛卯條。

180 〔清〕張廷玉等總裁，《明史》，卷261，〈劉之綸傳〉，頁6766-6767。

181 周維強，《明代戰車研究》，頁552-554。

戰時需做為箭簾。[182]部分調撥至牆上的大砲早已鏽蝕無法發射，軍備嚴重不足。[183]此時袁崇煥率騎兵九千疾馳入援，抵達北京城廣渠門外紮營，袁崇煥列陣面西，祖大壽面南、王承允面西南。但明廷內已有謠言袁崇煥通敵，故不允其軍隊入城，僅能駐守城外。[184]

明思宗令參將劉天祿夜襲敵營，至高密店知有備不得入；諭總督京營襄城伯李守錡、協理京營戎政兵部尚書李邦華、右侍郎劉之綸經理守禦事宜，特命徐光啟、李建泰指揮訓練京營。[185]徐光啟建議比照遼陽和寧遠之役，不要冒險在北京城外列營防守，而是憑城用砲。並建議起用耶穌會士龍華民（Nicolò Longobardo, 1565-1655）、鄧玉涵（Johannes Schreck, 1576-1630）來協助守城。[186]

十九日，宣府總兵侯世祿率其家丁二百人，抵達德勝門外弘濟寺駐防，[187]大同總兵滿桂隨後亦與五千援軍抵達德勝門外。稍後，宣府巡撫郭之琮率騎兵二千及火器手八百餘人入衛至德勝門，明思宗令城守總兵馬世龍以這批火器手增防東西便門。[188]北京城防的準備，幾乎呈現京營軍守城不外出，入衛援軍駐外不得入，城內城外不互援的狀況。即使京營部分將兵素質可用，明廷不願冒風險令其在城外駐防，臨時招募京城百姓而成的部隊僅是充人數而未成戰力。城外入衛軍以袁崇煥的薊遼軍隊為大宗，但在指揮混亂及朝中謠言袁崇煥通敵的影

---

182 〔明〕李守錡，《督戎疏紀》，卷2，〈回繳聖諭疏〉，頁5a-b；卷2，〈回奏聖諭疏〉，頁9a-10b。

183 〔明〕李守錡，《督戎疏紀》，卷2，〈回奏聖諭疏〉，頁13a-14a。

184 孫文良、李治亭、邱蓮梅，《明清戰爭史略》，頁281。

185 〔明〕不著撰人，《崇禎實錄》，卷2，頁69，崇禎二年十一月己亥條。

186 黃一農，〈天主教徒孫元化與明末傳華的西洋火砲〉，頁925-926。

187 中國第一歷史檔案館、遼寧省檔案館編，《中國明朝檔案總匯》，第6冊，〈署兵部尚書申用懋為遵奉傳問宣府總兵侯世祿事題行稿〉，頁313-317。

188 中國第一歷史檔案館、遼寧省檔案館編，《中國明朝檔案總匯》，第6冊，〈兵部尚書申用懋等為遵調火器手演放火器並宣兵已到京事題行稿，頁318-325；〈兵部為著郭之琮督率援師與侯世祿合營奉旨事行稿〉，頁337-339。

響下，入衛部隊得到的補給有限。[189]

京營究竟要外調援薊鎮、列營北京城外還是專注城守，明思宗的命令不斷反覆。在京師戒嚴初期，李邦華即奏請京營列營城外以壯聲勢，但朝中意見不同，明思宗改命為城守。而後又要求須同時列營與城守，李邦華指出若要兼顧，則兵額僅可駐二營於城外，每營四千人，分別以副將施洪謨、袁信與遊擊王修仁、段學孔率領。城外即是袁崇煥所部為前隊，京軍為後隊，明思宗再令京營整搠器械、隨帶戰車，出城與袁從煥配合。李邦華指出城外居民逃匿已盡，糧餉必須由戶部先行送至軍前，始能鼓舞各軍出城。[190]但結果京營並未出城，仍是配置城守。

十一月二十日，金軍開始進攻北京城，廣渠門與德勝門是主要戰區。戰鬥從午時至酉時（上午十一點至下午七點），袁崇煥上陣負矢受傷。[191]總督京營戎政李守錡回報於未時（下午一點至三點）巡緝至安定門，發現敵軍抵達大教場，城上守軍以紅夷大砲打退。[192]但城下敵我分界不明，滿桂及其部將在作戰時遭城上友軍誤擊，明軍傷亡慘重，明思宗於次日始下令同意滿桂退入德勝門休整。[193]工部尚書張鳳祥與兵科給事中陶崇道在戰前巡視城上，發現守軍士兵、將領對配置的火器，有不知其名，或知其名而不知用。[194]可見城守明軍會誤擊友

189 明廷對入衛軍補給的混亂狀況可見曾美芳，〈京師戒嚴與糧餉肆應：以崇禎己巳之變為中心的討論〉，《明代研究》，23（臺北，2014.12），頁103-107。

190 〔明〕李邦華，《文水李忠肅先生集》，卷4，〈詰戎韋府·覆奏劄營城外疏〉，頁203-204。〔明〕李守錡，《督戎疏紀》，卷2，〈奉旨劄營城外疏〉，頁19a-21a。

191 樊樹志，《重寫晚明史·內憂與外患》，頁246-247。

192 廣渠、安定、德勝門的敵軍亦遭擊退。〔明〕李守錡，《督戎疏紀》，卷2，〈恭報捷音疏〉，頁16a-b；卷2，〈恭報捷音疏〉，頁22a-b。

193 曾美芳，〈京師戒嚴與糧餉肆應：以崇禎己巳之變為中心的討論〉，頁106。

194 李光濤，〈論崇禎二年「己巳虜變」〉，《中央研究院歷史語言研究所集刊》，18（臺北，1948），頁456。

軍，除戰場混亂外，更大的原因是訓練不足。金軍攻城一日不下，往南退駐南海子北紅門真武廟。（圖7-1）

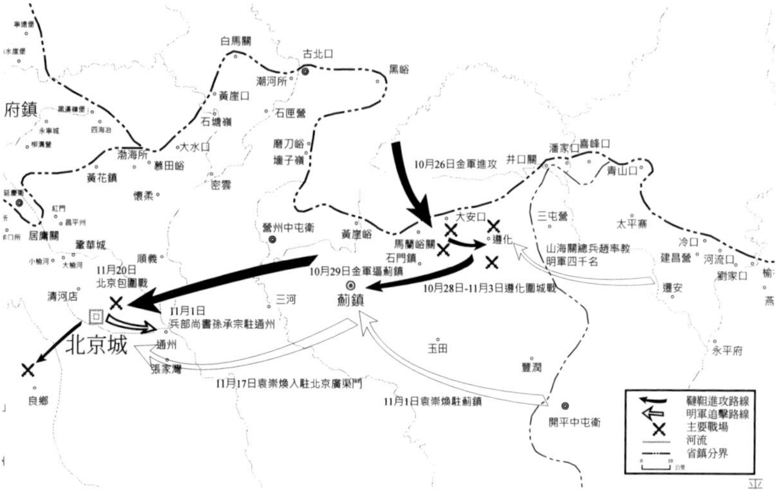

圖7-1　己巳之役前期圖

資料來源：據譚其驤，《中國歷史地圖集‧第七冊》（北京：中國地圖出版社，1996），頁44-45，為底圖繪製。

二十四日，袁崇煥奏請入城休整，總督李守錡則奏言袁崇煥應駐城外以壯聲勢，避免敵軍無顧忌攻城。次日，明思宗僅派官員到軍前宣諭，令袁崇煥率八千軍繼續駐防城外，宣府鎮軍的二百餘名火器手、五十位火砲、八匹駱駝、五千餘騎兵移防西直門外十字路口。再令京營帶戰車隨時出城列營，如原有戰車未備，則改以小車使用，不得逗留。[195]總督李守錡奏稱已挑軍選八千餘名準備出城作戰，但隨帶的京營戰車不到二百輛，且皆朽壞不堪，請工部趕緊撥戰車六百輛、

[195] 中國第一歷史檔案館、遼寧省檔案館編，《中國明朝檔案總匯》，第6冊，〈兵部尚書申用懋等為請調袁崇煥軍固守外城事題稿〉，頁345-347。〔明〕李守錡，《督戎疏紀》，卷2，〈奉旨回奏疏〉，頁23a-24a。

倭刀六千把至軍前。若袁崇煥駐兵城南，則敵軍可能往東北向進攻，請讓京營移營東北協防。[196]晚間，袁崇煥奏稱京營仍未出城助陣，明廷再令李守錡速尊前旨列營。[197]二十七日，明廷令袁崇煥進攻南海子，袁崇煥派五百人帶火砲夜襲，金軍退出南海子。[198]金軍隨後轉進攻陷離北京三十里的良鄉，持續攻掠京畿。[199]

明廷君臣上下猜忌、朝臣黨派對立，甚至有明軍相互攻擊友軍及掠奪百姓的事件發生。十二月初一日，明思宗召見袁崇煥，以其殺毛文龍與逗留不戰二事，解任下獄聽勘。而後，因皇太極的反間計，內閣大學士溫體仁、兵部尚書梁廷棟與袁崇煥有私仇，袁崇煥的冤案已成定局。[200]明思宗將袁崇煥下獄後，先是改任滿桂總理，節制各路勤王之師。但明思宗與梁廷棟等大臣沒有立即意識到袁崇煥聲望以及陣中易帥，可能造成軍心動搖的問題。遼東總兵官祖大壽以官誥和贈廕為袁崇煥贖罪未果，擔心自己也遭不測，於初四日率軍撤回寧遠。直到明廷以袁崇煥手書，勸祖大壽以軍功贖取袁崇煥，祖大壽才回師永平、遵化。[201]

因祖大壽撤軍之事，明思宗重新佈署各級將臣，以少師兼太子太師兵部尚書中極殿大學士孫承宗為督師，再設文武二經略，由兵部尚書梁廷棟與總兵滿桂任之，屯駐西直、安定二門。[202]同時，起用遭閹

---

196 〔明〕李守錡，《督戎疏紀》，卷2，〈遵旨出城劄營疏〉，頁25a-26a。

197 〔明〕李守錡，《督戎疏紀》，卷2，〈京軍出城督師致書不受疏〉，頁32a-33a。

198 〔清〕談遷著，張宗祥校點，《國榷》（北京：中華書局，1988），卷90，頁5504-5505，崇禎二年十一月癸卯條。樊樹志，《重寫晚明史・內憂與外患》，頁247。

199 孫文良、李治亭、邱蓮梅，《明清戰爭史略》，頁284。

200 〔明〕不著撰人，《崇禎實錄》，卷2，頁71-72，崇禎二年十一月壬午朔條。李光濤，〈論崇禎二年「己巳虜變」〉，頁459-462。孫文良、李治亭、邱蓮梅，《明清戰爭史略》，頁282-283。

201 樊樹志，《重寫晚明史・內憂與外患》，頁248-252。

202 李光濤，〈論崇禎二年「己巳虜變」〉，頁462-463。孫文良、李治亭、邱蓮梅，《明清戰爭史略》，頁283-284。

黨彈劾的前任山海關總兵馬世龍，城外的薊遼駐軍得知孫承宗與馬世龍出任指揮，皆自願受節制，軍心始定。[203]然而，明思宗同時也任命司禮太監沈良佐、內官太監呂直提督九門及皇城門，司禮太監李鳳翔總督忠勇營提督京營。[204]明思宗對內臣的信任、臨戰設官的狀況，已喪失嘉靖朝革除內臣、京師衛戍統以戎政府的原意，令京師防務的決策更難統整。

此時，金軍仍有零星進攻永定、廣渠等門，李邦華認為袁崇煥下獄後，外城部隊沒有主帥統領，且京城各門緊閉，內外號令隔絕，若城外明軍崩潰，北京城更難安好。北京城內現有總督、內臣提督及副協理可調度指揮，自願領軍列營城外以安人心。[205]明思宗並未同意，隨後都察院御史張道澤參劾城上明軍發砲誤擊友軍，兵部尚書王洽與協理李邦華因而遭罷職。[206]

十二月初二日，據良卿縣塘報得知敵軍距離良卿僅二十五里，意圖截搶紅夷大砲，李守錡發選鋒九百名與內丁四十五名，確保護砲入城。初三日京營副將施洪謨、袁信等率軍二百名出城，京營內丁陳有志回報在王家庄哨見金軍攻圍良卿，銃砲之聲自寅至午連綿不絕。當日，副總兵申甫的京營戰車營抵達柳營，鄉民報稱有金軍擄掠良鄉等處，申甫派兵抓捕後，發現是滿桂的外族兵，為戰局著想只得釋放。初四日至南海子遇金軍四十餘名，斬首十二級、獲馬匹盔甲數件。後施洪謨領京軍七千五百名列營城外東北一帶，隨機應援出戰，並於蘆溝橋、石景山等處有零星交戰。初六日，申甫率兵於廣寧門外遭到百餘名外族騎兵攻擊三次，至初八日始知又是滿桂的外族兵。[207]北京城外明軍各自為陣，雖有

---

[203] 〔清〕張廷玉等總裁，《明史》，卷250，〈孫承宗傳〉，頁6474。
[204] 〔明〕不著撰人，《崇禎實錄》，卷2，頁71-72，崇禎二年十一月壬午朔條。
[205] 〔明〕李邦華，《文水李忠肅先生集》，卷4，〈詰戎臯府・自請專守外城疏〉，頁204。
[206] 〔清〕談遷著，張宗祥校點，《國榷》，卷90，頁5505，崇禎二年十一月丁未條。
[207] 中國第一歷史檔案館、遼寧省檔案館編，《中國明朝檔案總匯》，第6

斬獲零星金軍，但也曾攻擊友軍，甚至掠奪百姓。

十二月初九日，副京營戎政兵部右侍郎劉之綸疏言他對軍事管理的理念，述說他曾經借錢數百金，暗中與遊擊衛天中、趙瓚、汪士震等製練火器以用於城守。他認為西洋大砲從南方運來須時，護送費超過萬餘，今以木頭製造西洋大砲一位，小器百餘位，功用相等。他也與草澤人士金火器、許臣虎等造獨輪火車、偏箱車、獸車約七、八輛，但皆須請示明思宗同意後始可驗放。為強化城守，劉之綸奏請募死士偵探敵情、加陞將官、發帑金犒賞，而工部所發五百張弓全不堪用、各廠火器俱未應手，難以應戰。最後，他請抽調施洪謨、袁信所部三千兵、關外新到三千川兵與新募選四千兵，共一萬兵聽其訓練作戰。明思宗同意，發新餉一萬兩給其募兵，應用器甲等項題請所司知之。[208]

翰林院左贊善姚希孟接續劉之綸的北京城防疏請，指出目前需要加固防禦的區域。他指出內城與九門的城牆較高、火器、飛石布列齊密，南面外城反而城高較低、火砲量也少，是防禦較薄弱的區域。他巡視彰義（廣寧）、右安、永定三門後，發現僅有少數警衛兵馬，內外城配防落差過大。由於內城牆高二丈，高度高於外城，置於內城牆上的火砲會因為高度問題而無法攻擊近距離的敵軍，建議在城下挑壕、挖掘品字坑以防禦騎兵，挖出來的土更可用於築墻。而城門開關限制過嚴，導致兵部調遣之檄遲至數日不發，再遇戰事可能延誤軍機。[209]

劉之綸用木造火器，是為規避明朝禁止用銅鐵私造火器的律例，

冊，〈神機五營都督同知袁信等為塘報斬獲首級獲得達馬盔甲等事稟文〉，頁395-397；第6冊，〈神機營副佐袁信等為斬獲達夷首級事塘報〉，頁454-455。〔明〕李守錡，《督戎疏紀》，卷2，〈奉旨具奏疏〉，頁35a-36a；卷2，〈緊急夷情疏〉，頁38a-b；卷2，〈塘報疏〉，頁39a-40b；卷2，〈信明旨用重防護疏〉，頁41a-42a。

208 〔明〕不著撰人，《崇禎長編》，卷29，頁1604-1609，崇禎二年十二月己未條。

209 〔明〕姚希孟，《姚宮詹文集》，〈議・條上當事〉，收入〔明〕陳子龍等選輯，《明經世文編》，卷472，頁5525-5526。

正德朝的王守仁也曾以錫造小型佛郎機銃。[210]木砲雖然能夠使用，但威力與耐久度遠低於銅鐵製成的火砲。[211]而他述說治軍理念、對各式火器與戰車的研究，似有一套說法。但他甫在崇禎元年登進士第，仕途經歷淺，毫無地方與邊鎮經歷，紙上談兵之說能否臨陣，仍有待商榷。

二、己巳之役後期

皇太極在得知袁崇煥下獄後，隨即派軍進攻北京城。崇禎二年十二月十四日，申甫所部戰車營七千人離開北京城，十七日抵達蘆溝橋時與金軍正面交鋒，申甫陣亡、全軍覆沒。同日，金軍進攻永定門，守將滿桂、孫祖壽及轄下參將遊擊等軍官三十餘人陣亡，總兵官黑雲龍、麻登雲被俘虜。[212]金軍未繼續圍城，皇太極命人致書明思宗表示議和之意，然後移營北京城西北。二十二日，金軍攻掠通州，攻克張家灣。二十四日，再逼近北京城安定門外，當日午時火燒大教場、車房、將臺、官廳，試圖引明軍出城救火作戰，京營派一百五十人前往滅火。二十七日包圍永平，二十九日擊退救援遵化的明軍。崇禎三年正月初四日，金軍攻陷永平城，皇太極將主力移往山海關，分七千金軍轉攻昌黎縣城未果，再移營柳河，至十七日遷安、灤州二城相繼投降。[213]

---

210 周維強，《佛郎機銃在中國》（北京：社會科學文獻出版社，2013），頁23-44。

211 康熙十四年，南懷仁進呈木砲給康熙皇帝，能夠發射三斤重的鐵彈，並連續射擊一百發，清軍也曾用木砲平定三藩之亂。周維強，〈神威四域，武成永固—康熙朝歐式火砲新考〉，《故宮學術季刊》，30：1（臺北，2012.9），頁161-194。

212 整理戰場時發現申甫的銅關防。〔明〕李守錡，《督戎疏紀》，卷2，〈得獲申甫印信疏〉，頁63a-b。李光濤，〈論崇禎二年「己巳虜變」〉，頁463。

213 〔明〕李守錡，《督戎疏紀》，卷2，〈奴賊放火疏〉，頁62a-b。〔明〕不著撰人，《崇禎長編》，卷30，頁1636-1639，崇禎三年正月甲申條。孫文良、李治亭、邱蓮梅，《明清戰爭史略》，頁284-287。

十二月底，副協理京營戎政兵部右侍郎劉之綸新募兵四萬，自請出城迎戰，但軍紀極差，離開北京城彰義門時已逃亡一半。[214]明思宗同意帶出城的部隊都是招募而來，不包含先前編列的京營、四川兵。[215]劉之綸率軍至通州城時，守將戶部主事林弘衍、參將魏都梁不願讓其入城，遂只能在外野營。[216]正月辛卯日，明廷令劉之綸攻遵化。[217]劉之綸原請薊遼總兵馬世龍、延綏總兵吳自勉一同進攻永平與遵化，但二人不聽其號令，劉之綸孤軍出戰，從通州經石門至白草頂，在石門曾以火砲擊退金軍千餘人，後在離遵化城外八里的娘娘廟山上紮營。[218]駐守遵化的金軍出城攻擊，至二十二日後金貝勒代善從永平率軍三萬合擊劉之綸軍。戰鬥中，明軍火砲膛炸導致軍中混亂，劉之綸仍持續指揮明軍作戰，最後身中多箭而亡。[219]

劉之綸為副協理京營戎政，卻不能率領京軍，而須另外募軍，此役從開始到結束都是一場悲劇。圍城之際的新募兵，在未經訓練的狀況下出征，逃兵超過一半，他明軍不聽其號令，致使孤軍奮戰。談遷記述劉之綸仰慕前朝趙貞吉為國干城的決心，但實際狀況是自己兵將不相習、名聲威望也不足，難以令其他兵將聽其號令。[220]趙貞吉當時只是被譏笑，劉之綸則以身殉國，成為首位戰死的副協理京營戎政。

---

214 〔清〕談遷著，張宗祥校點，《國榷》，卷90，頁5509，崇禎二年十二月甲戌條；卷91，頁5515，崇禎三年正月壬寅條。

215 〔清〕張廷玉等總裁，《明史》，卷261，〈劉之綸傳〉，頁6767。

216 〔清〕談遷著，張宗祥校點，《國榷》，卷90，頁5510，崇禎二年十二月庚辰條。

217 〔清〕談遷著，張宗祥校點，《國榷》，卷91，頁5514，崇禎三年正月辛卯條。

218 〔清〕談遷著，張宗祥校點，《國榷》，卷90，頁5515，崇禎三年正月壬寅條。〔清〕張廷玉等總裁，《明史》，卷261，〈劉之綸傳〉，頁6767。

219 〔明〕不著撰人，《崇禎長編》，卷30，頁1677，崇禎三年正月壬寅條；卷32，頁1816-1818，崇禎三年三月甲申條。〔清〕張廷玉等總裁，《明史》，卷261，〈劉之綸傳〉，頁6767-6768。

220 〔清〕談遷著，張宗祥校點，《國榷》，卷91，頁5515，崇禎三年正月壬寅條。

而協理京營戎政李邦華的情況亦為難堪，《明史》載：

> 邦華自聞警，衣不解帶，捐貲造礮車及諸火器。又以外城單薄，自請出守。而諸不逞之徒，乃搆蜚語入大內。襄城伯李守錡督京營，亦銜邦華扼己，乘間詆諆。邦華自危，上疏陳情，歸命於帝。會滿桂兵拒大清兵德勝門外，城上發大礮助桂，誤傷桂兵多。都察院都事張道澤遂劾邦華，言官交章論列，遂罷邦華閒住。自是代者以為戒，率因循姑息，戎政不可問矣。[221]

李邦華整飭京營的過程中，損及諸多營官私利，總督李守錡也趁機參劾，而城守京軍誤擊滿桂一案，成為鬥倒李邦華的最後一根稻草。李邦華遂於正月二十二日辭官。[222]

李邦華在交接戎政時疏言：

> 臣一年之內，見庫藏空虛，極意節省心紅紙箚之類，雖經額編，分毫並未支用。犯法干紀之徒，追有贓銀，封識宛然在庫。頃因虜警捐此二項，募鐵、木、火藥、兵匠百人委都司吳應龍，日夜併工造出萬人敵及火球、火磾之屬，分發內外十六門城上，以便禦虜。雖硝磺鐵料多出營庫舊藏，而紙張、爐炭、工食等費皆臣自措，並未取給公帑，約已支過三百六十餘金。初擬藉此，畢力經營為城守計。今臣既閒住，官匠皆散，弗可復合，所有餘存銀兩若不清查為公家用，臣嘔心以錙銖積累者，恐後浸成乾沒矣。今查罪犯管應奎、房祿等贓罰銀八百餘兩，臣項下雜支心紅等銀四百餘兩，共銀一千二百兩。或仍存以為製造之需，或悉出以為犒師之費，當此賊環城闉，皇上焦勞，臣雖罪廢而受恩夙深，宜有涓滴之助，敢云去國輒忘大義……聖旨：這奏內二項銀

221 〔清〕張廷玉等總裁，《明史》，卷265，〈李邦華傳〉，頁6845。
222 〔明〕不著撰人，《崇禎長編》，卷30，頁1677，崇禎三年正月壬寅條。

兩，著照數交與閔夢得，仍充製造工費。該部知道。[223]

臣率其迂愚任事之素，馭此驕悍難馴之軍，遂以清核一事，致怨於群小，因乘虜警，大肆中傷。推其意，匪惟欲禍臣之身，抑且欲赤臣之族。聽其說，不獨臣當之魂搖，并令人聞之色勃。然臣中心炯炯所清者隱占，所核者虛冒，隱占清而軍始見，虛冒核而軍乃實。故備兵三營昔操軍僅有三千，而今踰七千；昔操馬不滿四十，而今踰四百。未清核而軍馬少，既清核而軍馬多，亦何辜乃遭搆陷。至於聞警以來，城守之役尤極拮据，定議發援通之兵，決計列近郊之營，畫防禦勤稽察，衣不解帶，造炮車製火攻，貲皆自捐。且欲躬率偏師而行勦，獨守外城以固圉，或疏在御前，或議與眾知，雖意見難調，亦每格而未遂。然心口自語，實內省而罔愆，顧無奈鑠金之讒舌偏毒，使孤臣矢日之血忱不昭。惟皇上日月同明，幽隱悉照，杼不投於三至，網必開其一面，收臣事權，用平眾庶之怒。

國朝二百餘年，清核之事不自臣始。先臣兵部尚書劉大夏受知孝廟，曾一行之，致有飛語帖於宮門，身幾不免。肅皇登極，大學士楊廷和擬詔汰革，京軍當時有殺人之謠，廷和晨起趨朝，有露刃而邀於路者。在二臣時際承平，已調劑窮於無術，況臣今會逢搶攘，即彌縫，計將安施。然二臣體國之忠，固能見亮於先帝，而微臣苦心之慨，亦嘗夙洞於聖明，此則臣之所大幸也。[224]

李邦華在長期的共犯結構內進行整飭，其困難與遭反對的勢力從未減輕，歷來的改革者甚至會遭到生命威脅。他在一年下來積存庫銀

223　〔明〕李邦華，《文水李忠肅先生集》，卷4，〈詰戎章府·任內積存錢糧疏〉，頁205。

224　〔明〕李邦華，《文水李忠肅先生集》，卷4，〈詰戎章府·辭朝謝恩疏〉，頁206-207。

不到二千兩，恢復操軍增加四千餘人，馬匹增加三百餘，就整個京營原設的兵馬糧餉額數而言，實為冰山一角。可見京營兵將與軍器素質的敗壞與日俱增，難以再恢復往日榮光。

而至崇禎三年五月以前，金軍佔據遵化、永平、灤州、遷安四城，明軍難以集結兵力剷除。五月初九日，督師孫承宗指揮各路明軍從山海關進攻灤州，金軍自亂陣腳，先後直接撤出四城，繼而退出關外，明朝京師之圍終於結束。[225]

第四節　協理京營戎政的式微

一、內臣侵奪協理之權

己巳之役期間，因明思宗的決策，戎政府的防務僅限於北京城內，協理京營戎政無法發揮當初設置的職能。協理京營戎政兵部尚書李邦華在戰前大力整飭京營兵額、馬匹與武裝器械，也自請出戰金軍，但都遭到明思宗的駁回。從基層超擢的副協理京營戎政劉之綸與京營副將申甫，名義上是京營統帥，卻無法率領京營，而是自行招募的京城百姓，募集不到一個月就出城作戰，結果都是兵潰人亡。而且，明思宗重用內臣，恢復內臣提督京營、北京城九門與皇城，戎政府的職權大幅削減，繼任的協理京營戎政有何相應作為？

崇禎二年十二月，明廷令兵部左侍郎閔夢得（1565-1628）接替李邦華，陞兵部尚書協理京營戎政。[226]就今存史料中，閔夢得任內的

---

[225] 孫文良、李治亭、邱蓮梅，《明清戰爭史略》，頁289-293。

[226] 〔明〕閔夢得編，《五朝玉音》（重慶：西南師範大學出版社，2015，《域外漢籍珍本文庫・第五輯》，據日本國立公文書館藏明崇禎五年[1632]跋刊本影印），〈協理京營戎政兵部尚書閔夢得并妻誥命一道〉，530-534。〔清〕談遷著，張宗祥校點，《國榷》，卷90，頁5507，崇禎二年十二月乙卯條；卷96，頁5821，崇禎十一年十月癸卯條。

京營政務顯得零星而無長期計畫。在軍械方面，崇禎三年六月，工部左侍郎沈演奏請自捐千金，照焦玉的《火龍經》鑄造火器、戰車等進獻，明思宗允其製造。[227]六月，為存放即將造完的一千二百輛戰車，總督李守錡奏請經費修整車房，以及去年四月同意修整至今仍未開工的三大營將廳、天雷火神廟等處，崇禎帝令工部盡速查議回覆。[228]八月，工部回報戰車造完，[229]十一月又造威遠砲十具，明思宗令總協諸臣、戎政府會同兵部驗試，[230]試驗結束後收存京營。[231]四年六月，巡視京營兵科給事中馮可賓、福建道御史張三謨疏薦神威營守備李天成精於埋藏火器（即地雷），為京營第一長技。該地雷能承受下雨或下雪二個月，仍能觸發引爆，建請京營將領一體演習運用。明思宗令所司試驗後再議。[232]

崇禎三年七月，閔夢得查出前任總督京營戎政恭順侯吳汝胤、保定侯梁世勛侵匿銅鐵鉛十餘萬斤，疏請參劾，[233]但此事未有下聞。四年（1631）九月，明思宗以御馬監太監唐文徵管乾清宮事提督京營戎政，[234]次月鑄提督京營太監關防。[235]十一月，京營遴選得勝兵二萬四千人，兵部右侍郎楊一鵬奏言這是過去佔役冒糧而不可問的部隊。這些招募的人進入京營後，即可成為驍勇戰卒？此法若可在京營使用，何不推廣到邊鎮？明思宗仍認為此得勝兵為精銳，推廣一事則交所司

227 周維強，《明代戰車研究》，頁597-598。

228 然至崇禎六年二月二十六日，工部只修好戰車房，將廳仍未完工，並表示無經費繼續。李守錡請以府庫存銀五十餘兩，與前總督泰寧侯陳良弼所請內帑奏繳剩餘銀一萬五百六十六兩八錢六分一厘三毫六絲支用。〔明〕李守錡，《督戎疏紀》，卷3，〈修建車房營廳疏〉，頁41a-42b；卷5，〈一催修營廳疏〉，頁45a-47b。。

229 〔明〕不著撰人，《崇禎長編》，卷37，頁2240，崇禎三年八月癸丑條。

230 〔明〕不著撰人，《崇禎長編》，卷40，頁2422，崇禎三年十一月己丑條。

231 〔明〕不著撰人，《崇禎長編》，卷40，頁2443，崇禎三年十一月壬寅條。

232 〔明〕不著撰人，《崇禎長編》，卷47，頁2794-2795，崇禎四年六月丙午條。

233 〔明〕不著撰人，《崇禎長編》，卷36，頁2207，崇禎三年七月乙未條。

234 〔明〕不著撰人，《崇禎長編》，卷50，頁2933，崇禎四年九月丁酉條。

235 〔明〕不著撰人，《崇禎長編》，卷51，頁2982，崇禎四年十月丁巳條。

酌議。[236]協理京營戎政閔夢得參劾總督貪瀆無用，軍權被內臣侵奪，曾經清核的京營選兵又復燃，戎政不斷走回頭路，最後在四年閏十一月以病求退。[237]

二、內臣領京營出征的戰果與影響

明思宗雖清除魏忠賢一黨內臣，但未記取內臣在前朝造成的危害，在己巳之役期間開始任用內臣進入戎政府，戰後並未裁撤，更加大內臣的權力。《明史》載：

> 帝為罷邦華，代以陸完學，盡更其法。京營自監督外，總理捕務者二員，提督禁門、巡視點軍者三員，帝皆以御馬監、司禮、文書房內臣為之，於是營務盡領於中官矣。[238]

在內臣擴權下，協理京營戎政從戎政首長轉為第三順位的首長。營務的發展走向，開始由內臣為主導。崇禎四年十二月，明廷任命陸完學陞兵部尚書協理京營戎政。[239]據《崇禎長編》所載，陸完學奉召後未立即入京，仍在任浙江巡撫，直到崇禎五年（1632）七月，以巡撫浙江三年考滿後才回京就任。[240]到崇禎十一年（1638）四月卸任止，他是崇禎朝任期最長的協理京營戎政，也跟總督、內臣交好，三臣和諧的狀況下，戎政會有何發展？

---

236 〔明〕不著撰人，《崇禎長編》，卷52，頁3042-3043，崇禎四年十一月癸巳條。

237 〔明〕不著撰人，《崇禎長編》，卷53，頁3119，崇禎四年閏十一月癸亥條。

238 〔清〕張廷玉等總裁，《明史》，卷89，〈兵一・京營〉，頁2182。

239 〔明〕溫體仁等總裁，《明熹宗實錄》，卷63，頁2947，天啟五年九月戊申條。〔明〕不著撰人，《崇禎長編》，卷20，頁1250，崇禎二年四月庚戌條；卷54，頁3165，崇禎四年十二月壬午條。

240 〔明〕不著撰人，《崇禎長編》，卷61，頁3528，崇禎五年七月辛酉條。

在陸完學赴京就任前，協理京營戎政由兵部左侍郎楊一鵬暫署，總督李守錡已與文臣展開交鋒。崇禎五年三月，明廷令總督李守錡簡練京軍三萬四千人，李守錡沒有執行與回報，但明思宗僅有切責而無實質懲處。[241]五月，楊一鵬與巡視京營刑科給事中常自裕等疏陳京營之弊，參奏總督李守錡收李復陽七百金，用其為營將，且將太僕寺兌馬借予家丁騎坐，更私賣百餘馬匹。明思宗表示：「營中陋弊多端，自裕等何向來不糾，近復含隱，其平日詭隨顧狥可知，姑俟回話另議。」[242]明思宗顯然容忍李守錡的行為。

六月，李守錡回擊楊一鵬任用奸胥吳之琛，聽其貪汙二萬餘金，總督一府二十三書辦掌稿賈尚質缺銀四千兩，林光泉、劉有實等贓私山積，尤其賈尚質任職三十餘年，贓款十餘萬兩，其他二十餘名官員更可推估收賄程度。更指他販賣京營各項職務，皆有價碼可查如表7-4。

---

241 〔清〕談遷著，張宗祥校點，《國榷》，卷92，頁5589，崇禎五年三月辛亥條。

242 〔明〕不著撰人，《崇禎長編》，卷59，頁3423-3424，崇禎五年五月甲子條。

表7-4　京營職位索賄表

職位	單筆賄銀	數量總額	每年總額
中軍	二十兩		
千總	十兩		
把總	五兩		
班軍	每隊一兩五錢	二百隊，共三百兩	二季共六百兩
犒賞	每季六十兩		二項共一百二十兩
軍伴	每季六十兩		四次共二百四十兩
馬匹	二兩		十閱月，六百餘兩
草料索號票	每張約四、五百文	八張二次共五百餘張	三十萬餘文
戰兵營行糧	六兩		三撥共五百餘兩
城守營行糧	四兩		
米錢折色	壯丁、把總各五錢	銀一兩	八千餘兩
委官武場修理買辦			一百兩
營操每軍	每營錢一百文	全營五千文	五十萬文

資料來源：〔明〕不著撰人，《崇禎長編》，卷60，頁3426-3427，崇禎五年六月己巳條。

明思宗下令追贓，所司詳核以聞。[243]當月，巡視京營常自裕再上疏整練京營以備增援宣大戰事，而李守錡與楊一鵬仍相互口角爭勝，請明思宗諭令二臣共濟軍謀。明思宗認為詰戎振武必先剔蠹釐奸，再度質問常自裕長期任職巡視京營都未疏陳，是想藉總協之事掩蓋自己失職？再令兵部看詳以聞。[244]協理、總督、巡視京營相互奏陳京營貪汙問題，營官從上到下似已無清白之人。明思宗雖屢詔查核，然也無

243 〔明〕不著撰人，《崇禎長編》，卷60，頁3426-3427，崇禎五年六月己巳條。

244 〔明〕不著撰人，《崇禎長編》，卷60，頁3434-3435，崇禎五年六月戊寅條。

積極懲處，如楊一鵬在七月轉署理兵部尚書印務，[245]李守錡也繼續穩坐總督之任。

崇禎五年七月，明思宗命司禮監秉筆太監曹化淳提督京營戎政，[246]曹化淳自明思宗為信王潛邸時已服侍在側，深得信任。兵部職方司郎中李繼貞向戎政尚書陸完學、兵部尚書張鳳翼報呈曹化淳任用私信，二人皆不聽，同意曹化淳推薦之人為把總。曹化淳因此向明思宗讒言李繼貞，李繼貞先是被貶三秩，後遭削籍。[247]九月，明思宗令大殿近侍御馬監太監鄭良輔、謝文舉、楊進朝、魏邦典、盧志德、屈誠銘、崔進俱為提督戎政衙門中軍管理糧犒操練等事。[248]戎政府的人事權與後勤管理皆盡為內臣掌控。

明末清初的名士吳偉業（1609-1671）記述為：

> 有陸完學者，盡更其（李邦華）術，與中官深相結，而一軍安之。陸以此尚書滿三考，晉宮保圍玉，而子孫亦錦衣矣。京營自監督以下，又有總理捕務者二人，提督禁門、巡城點軍者三人，皆以御馬監、司禮、文書房為之，是營務專領於貂璫也。中外多事，宦者便奏請，上為之發帑金，供緡錢賞犒之用。乃哈馬市於西邊，芻茭步作之不時，馬輒肥死。厚募邊人補部伍，士卒往往流言。用火器而藥局數災，議車戰而軍乘不習，中官無他籌略，文臣拱手聽其所為，相與修文具而已。[249]

陸完學與內臣合作舞弊，糧餉轉為私囊，戎政修舉只存文書中。

---

[245] 〔明〕不著撰人，《崇禎長編》，卷61，頁3529，崇禎五年七月癸亥條。
[246] 〔明〕不著撰人，《崇禎長編》，卷61，頁3475，崇禎五年七月辛丑條。〔明〕不著撰人，《崇禎實錄》，卷5，頁156，崇禎五年七月壬寅條。
[247] 〔清〕張廷玉等總裁，《明史》，卷248，〈李繼貞傳〉，頁6427。
[248] 〔明〕不著撰人，《崇禎長編》，卷63，頁3658，崇禎五年九月壬子條。
[249] 〔明〕吳偉業輯，《綏寇紀略》（北京：中華書局，1985），〈補遺上〉，頁315。

自明思宗重用內臣監軍後，協理京營戎政如何自處，對京師的戰守調度有何影響？崇禎九年（1636）四月，皇太極祭告天地，改國號金為清，建元崇德，即皇帝位，新朝初立後再度出師征明。六月二十七日，清軍進攻宣府鎮北路獨石口，長安嶺堡、鵰鶚堡淪陷，清軍另一路攻破喜峰口。七月初三日，明廷宣布京師戒嚴，令兵部右侍郎張元佐鎮昌平、司禮監太監魏國征守天壽山。七月初七日，清軍攻陷昌平城，次日進攻鞏華城，隨後移駐沙河，進逼北京城西直門。[250]

明思宗令文武大臣分守北京城門，傳檄宣大、薊遼各地駐軍勤王，兵部尚書張鳳翼自請總督各路援軍，再令寧錦監視太監高起潛為總監，遼東前鋒總兵祖大壽為提督，主導京畿戰守。[251]清軍雖未包圍北京城，但轉戰京畿，八月三十日由冷口北歸，戰役勝多輸少，獲取大量人口物資。明軍戰守難堪，張鳳翼及宣大總督梁廷棟畏罪自殺。[252]

按戎政府創設初衷，此役最該在第一線指揮京畿戰守的，應是協理京營戎政與總督京營戎政二人。雖然兵部尚書張鳳翼自請總督指揮，但他是率領入衛援軍而非京軍，京軍並未出戰。明思宗更令在河南圍剿流寇的盧象昇總督各鎮入衛北京，惟盧象昇入京時已京師解嚴，隨後改任宣大總督。[253]京畿的戰守，戎政府與京軍彷若置身事外，但戰後卻獲明思宗敘守城功，成國公朱純臣廕錦衣衛指揮僉事、協理京營戎政陸完學加太子太保。[254]由協理京營戎政調度京畿戰守、京營負責出征守禦，已不在明思宗首要的考慮選項內，而是以邊鎮大臣和外衛援軍為先。

崇禎十年（1637），明思宗即位十載之際，希望藉由閱兵來檢視

[250] 〔清〕談遷著，張宗祥校點，《國榷》，卷95，頁5746-5748，崇禎九年六月辛丑條。孫文良、李治亭、邱蓮梅，《明清戰爭史略》，頁351-356。
[251] 〔清〕談遷著，張宗祥校點，《國榷》，卷95，頁5752，崇禎九年七月癸亥條。孫文良、李治亭、邱蓮梅，《明清戰爭史略》，頁356-357。
[252] 孫文良、李治亭、邱蓮梅，《明清戰爭史略》，頁357-359。
[253] 樊樹志，《重寫晚明史・內憂與外患》，頁522-524。
[254] 〔清〕談遷著，張宗祥校點，《國榷》，卷95，頁5764，崇禎九年十一月丙午條。

京營並提升軍民士氣。這是自萬曆九年的京營大閱後，皇帝再度閱視京營，但規模與儀制並未按照大閱方式，而是簡單的巡視北京城及京營列兵。崇禎十年八月二十五日，[255]明思宗巡城閱兵：

> 先期，掌前府事者大集禁兵，紅盔將軍陛戟而屬於門，勳戚帶刀護從者百數，黃門列鼓吹。天閑出廄馬，五軍營、神樞營、勇衛營、前鋒營，袜首弓韃伏道旁，以一營樹一羽纛，鎧冑旌旗甚設。天子輦而繇正陽門、崇文門、朝陽門、東直門、安定門、德勝門、阜城門、宣武門而下，還宮。翼日再繇廣寧門、右安門、永定門、左安門、廣渠門、東便門。六軍望見乘輿，呼萬歲。文武官改服色鸞帶策馬從。上大悅，召完學入御幄，面獎勞，飲以金樽酒者三，即以其樽賜之。完學尋用年至乞身，上加優予路費馳傳去。時人以為榮，然而京營兵未嘗可用也。[256]

自明思宗登上正陽門開始，逆時針方向繞北京城一圈，最後在宣武門為止，陸完學在宣武門屯駐營兵，明思宗在城上檢視。次日，同樣以逆時針方向巡視北京城南城。陸完學在任時，京營看似風光雄偉，崇禎十一年致仕時，明思宗更加優與路費馳傳。但京營的狀況，實為金玉其外、敗絮其中。

明人談遷另載明思宗認為南城防禦較薄，應加固防禦，遂令內官監太監丁紹呂、馬光忻總理，分築濬大壕於城外五里，移除許多百姓冢墓，但最後並未完工，且北京城的東、西、北向也無加固。[257]《明

---

[255] 〔明〕不著撰人，《崇禎實錄》，卷10，頁310，崇禎十年八月庚申條。

[256] 吳偉業記述為崇禎十一年閱兵，但《崇禎實錄》、《國榷》、《明史》皆載為崇禎十年八月，故時間以《崇禎實錄》等為信，僅取閱兵經過。〔明〕不著撰人，《崇禎實錄》，卷10，頁310，崇禎十年八月庚申條。〔明〕吳偉業輯，《綏寇紀略》，〈補遺上〉，頁315。

[257] 〔清〕談遷著，張宗祥校點，《國榷》，卷96，頁5789，崇禎十年八月庚申條。

史》更評此舉為「徒為容觀而已」[258]。而《綏寇紀略》載：

> 上初懲逆奄擅政，痛抑中官，幾欲復掖庭掃除之舊。祗以股肱失職，厭薄外廷，不得已用王坤等出監諸軍，張彝憲內攝二部。然亦撤遣不常，示絀伸在手，不欲偏有所假借。惟東廠、京營遵祖宗舊制，故柄用不改。東廠與執金吾刺探各衙門陰事，得用中旨收考。京營奉命討楚、豫賊，中官淩督撫直出其上，頤指諸大帥而趨走之。此二者上本以腹心相任，號為天子之私人，迺京師惡子弟隸名廠衛，挾持百僚，未嘗為縣官，而私行奸利。京兵廩賜大優，恣睢淫掠，好奪人執獲以為功，輕折辱他將吏，卒以此戰士解體，盜賊久而不滅。且內操本逆奄所為，迄於今弗罷。論者以中黃門握兵柄非便，終莫肯顯言。[259]

明思宗剷除前朝內臣，但無法信任外廷的大臣，仍任用內臣，且猶有過之。京軍奉派鎮壓流寇，卻是總兵領軍、內臣監軍而無協理戎政。憑藉皇帝寵信，內臣成為實質的軍隊統領。內臣並未受過專業軍事訓練，導致搶功諉過成為常態，對地方的危害甚至高於流寇。如崇禎六年，六千京營兵鎮壓豫北叛亂；十二年，勇衛營隨督師楊嗣昌鎮壓張獻忠叛軍；崇禎十四年，追剿張獻忠叛軍於壽州等，都是顯例。[260]

吳偉業是崇禎四年的榜眼進士，歷仕明崇禎、弘光與清順治三朝，是時局變化第一手的觀察者。《明史》評明思宗用內臣：「時兵事益亟，帝命京軍出防剿，皆監以中官。廩給優渥，挾勢而驕，多奪人俘獲以為功，輕折辱諸將士，將士益解體。」[261]顯然有引用吳偉業的觀點。

---

258 〔清〕張廷玉等總裁，《明史》，卷89，〈兵一・京營〉，頁2182。
259 〔明〕吳偉業輯，《綏寇紀略》，〈補遺上〉，頁315-316。
260 樊樹志，《重寫晚明史・內憂與外患》，頁466-476。曾磊，〈淺析明崇禎時期的京營〉，頁106-109。
261 〔清〕張廷玉等總裁，《明史》，卷89，〈兵一・京營〉，頁2182。

（一）戊寅虜變

崇禎十一年九月二十二日，清軍再度入關征明，從墻子嶺、青山口破牆而入。當時，總兵吳國俊在為監視內監鄭希詔賀壽，明軍整整三日未發現清軍入侵，導致防禦不及，兵部右侍郎薊遼總督吳阿衡率軍至密雲支援，結果明軍全數遭清軍殲滅。十月，京師戒嚴，明思宗詔令入衛，以宣大總督盧象昇所部三萬人為入援主力。[262]

然而，兵部尚書兼東閣大學士楊嗣昌刻意要求盧象昇分兵，令其率宣府、大同、山西兵，其餘諸路屬內臣高起潛，不僅阻撓盧象昇用兵方針，更使得兵額僅餘二萬。導致盧象昇夜襲清軍失敗，高起潛所部劉伯祿敗於蘆溝橋。京畿的明軍屢屢戰敗，明思宗諭陝西三邊總督洪承疇、陝西巡撫孫傳庭等剿寇部隊入衛。[263]

在內閣、宦官各有私心的狀況下，明軍各自為戰，相互應援的效率極差，清軍得以持續掠地。十一月，清軍攻入保定府高陽縣，已退休的兵部尚書孫承宗率族人守城，三日無援而城破。孫承宗不願降清而被殺，族人皆陣亡。十二月，清軍相繼攻掠通州、涿州、山東濟南等地。而盧象昇不僅求糧不得，更不斷受命分兵，使其所部兵額不斷減少，最後僅剩五千餘人。十一日，盧象昇駐兵鉅鹿縣南賈莊，向五十里外駐兵雞澤的高起潛求援，高起潛觀望不救。盧象昇只得拔營出戰，於鉅鹿縣外蒿水橋遭遇清軍，兵敗殉職。此役清軍掠奪區域極大，涵蓋順天府、河南府、真定府、順德府、兗州府、東昌府、濟南府，明軍薊遼與宣大二位總督殉職，守備以上官員百餘人，連宗室德王朱由樞都被擄走，華北一片殘破。[264]

崇禎十二年（1639）三月，清軍攻永平府豐潤，明軍副總兵楊德政、虎大威及京營各鎮兵與清軍交戰於太平寨北，明軍成功抵禦，是

[262] 孫文良、李治亭、邱蓮梅，《明清戰爭史略》，頁362-365。
[263] 〔清〕談遷著，張宗祥校點，《國榷》，卷96，頁5820-5822，崇禎十一年十月甲午條。
[264] 孫文良、李治亭、邱蓮梅，《明清戰爭史略》，頁365-369。

少數勝利的戰鬥。清軍隨後從遷安縣青山口北歸，歷時五個月餘，七十餘城破。[265]期間京師閉門自守，時任兵部左侍郎協理京營戎政魏照乘無主動表現，十二年五月改兵部尚書。[266]

戰役期間鎮守昌平不失的兵部右侍郎李日宣，繼魏照乘後出任協理京營戎政。李日宣在天啟朝時，因族父李邦華署理兵部，為避嫌而歸，天啟五年七月被劾為東林黨，遭削籍。崇禎三年復起巡按河南，十年三月由太常寺卿改兵部右侍郎出鎮昌平，十二年七月陞兵部左侍郎協理京營戎政，因護陵功加兵部尚書，十三年（1640）九月擢吏部尚書。[267]崇禎十三年十一月，明廷以兵部左侍郎余城（？-1640）協理京營戎政，十四年（1641）十一月遷南京兵部尚書。[268]南明隆武朝起用為南京吏部尚書，清順治任兵部尚書，以病告退。[269]

內臣因明思宗寵信而權力提升，能對京師防務提出議案。如崇禎十四年八月，明思宗閱視新建的北京城東北角角樓，關切在北京城外東南方興築的土垣，並預計開挖運河與會通河連接。司禮監太監曹化淳議例撥班軍修築，嚴令司官四員輪班督工，內臣時時凌厲加以聲色，工部左侍郎每五、六日也要到場監工。但曹化淳後上疏表示京城有警須多兵防守，而土垣容易被敵軍佔據，且東南一帶土多沙石，容

265 〔清〕談遷著，張宗祥校點，《國榷》，卷97，頁5834，崇禎十二年三月戊午條。〔明〕不著撰人，《崇禎實錄》，卷12，頁359-360，崇禎十二年三月壬戌條。

266 〔明〕溫體仁等總裁，《明熹宗實錄》，卷58，頁2726，天啟五年四月丁未條。〔清〕談遷著，張宗祥校點，《國榷》，卷96，頁5807，崇禎十一年四月甲寅條。張德信，《明代職官年表》，頁2310-2311。

267 〔清〕談遷著，張宗祥校點，《國榷》，卷96，頁5777，崇禎十年三月戊戌條；卷97，頁5845，崇禎十二年七月辛酉條；卷97，頁5877，崇禎十三年九月戊戌條。〔清〕張廷玉等總裁，《明史》，卷254，〈李日宣傳〉，頁6566-6567。

268 〔清〕談遷著，張宗祥校點，《國榷》，卷97，頁5881，崇禎十三年十一月甲申條；，卷97，頁5909，崇禎十四年十一月甲戌條。張德信，《明代職官年表》，頁2312-2313。

269 錢海岳，《南明史》（北京：中華書局，2006），卷43，〈余城傳〉，頁2053。

易因雨傾毀，興築不符效益。更以挖運河會破壞京師龍脈為由請罷施作，明思宗同意。[270]九月，明廷改東廠提督京營者稱總督。[271]十月，以太監盧九德、劉元斌率京營兵入河南追剿流寇，盧九德與總兵周遇吉、黃得功合追寇至南陽城。但鳳陽城已遭李自成據守，劉元斌遂駐歸德南郊四十日不進，縱諸軍大掠、殺民冒功。[272]

（二）京營與汴梁之役

崇禎末年，內外戰事持續不斷，京營出戰的記錄零星，數量也不大。隨著流寇勢力不斷壯大，明思宗開始檢視京營狀況，以便支援各地戰事。然而，為何京營不是征剿的主力，從兵部左侍郎協理戎政吳甡的記憶中，或可看出端倪。[273]他在日記中提到接任之初對京營的印象：

> 京營軍十二萬，以六副將及參遊等官分領之。舊習相沿，皆京城菜傭市獪買糧代替者，難驟革也。內有邊勇營，始議募邊丁，優其糧犒，可以禦侮。久之，將領以家丁充數，及近畿人用賄入，旌旗器甲非不燦然可觀，然承平久，從未見敵，不足恃也。勇衛營在京營北，內員統領，兵近二萬，器甲旗幟煥然，飾觀而已。[274]

京營可用作戰的軍兵逐漸由邊丁取代，而後更僅是家丁充數，雖

---

270 〔清〕吳甡著，秦暉點校，《柴庵疏集》（杭州：浙江古籍出版社，1989，《明末清初史料選刊》），〈附憶記〉，卷3，頁418。

271 〔明〕不著撰人，《崇禎實錄》，卷14，頁413，崇禎十四年九月辛巳條。

272 〔明〕不著撰人，《崇禎實錄》，卷14，頁414-415，崇禎十四年九月辛卯條。〔清〕談遷著，張宗祥校點，《國榷》，卷97，頁5906，崇禎十四年九月辛巳條；頁5908，崇禎十四年十月戊辰條。

273 〔清〕吳甡著，秦暉點校，《柴庵疏集》，〈附憶記〉，卷3，頁417。〔清〕談遷著，張宗祥校點，《國榷》，卷97，頁5909，崇禎十四年十一月戊子條。〔清〕張廷玉等總裁，《明史》，卷252，〈吳甡傳〉，頁6521-6524。張德信，《明代職官年表》，頁2313-2314。

274 〔清〕吳甡著，秦暉點校，《柴庵疏集》，〈附憶記〉，卷3，頁419。

有看似精良的裝備，實則可看不可戰，內臣統帥的勇衛營亦如是。

崇禎十四年十二月，因太監盧九德率京軍玩寇之故，明思宗稍微檢討內臣的處置。首先，明思宗從輔臣所請，諭停內操，惟時值大祀，提督忠勇營太監楊進朝所部三千人仍防護。[275]而後，明思宗召見戎政府總督、協理、提督，詢問如何選兵練將。提督太監王德化奏言京營馬匹不滿萬，又多瘦弱，不便發勦。話還沒說完，明思宗看著他說「此非爾奏事處」，王德化惶懼而退。當晚，明思宗手諭內閣，罷京營提督太監，[276]僅發京營兵三千，仍令內臣督勦。[277]

崇禎十五年（1642）正月二十二日，據《綏寇紀略》所載，明思宗整頓部分監軍出戰，不僅無功更枉法的內臣：

> 上諭東廠太監王德化曰：「朝廷設東廠緝事，期於摘發大奸。若糾剔細微，文網苛察，非所以安全之也。今後歸之所司，非謀反逆倫權豪扞法者，勿問。」
>
> 先是，上從輔臣請，內操罷，監軍撤。劉元斌、盧九德討賊不效，班師入都。至是廠衛亦以大體裁抑，惟京營獨否。元斌、九德之還也。王之俊、閻思印見為勇衛營監督。上命增置四員，用二人以補其任，督理營務。王裕民為之定其班，以申明軍制。
>
> 久之。上以元斌身討賊而獻陵失守，又御史王孫蕃糾其在張秋諸處縱兵淫掠，王裕民故匿其奏。遲之，且洩其語於劉。俾先自奏辨，為孫蕃所發。上大怒，並下於理。不旬日，而兩璫皆棄市。當是時，上於兵食大詘，有請發帑者，輒格之。曰：「三

---

[275] 〔清〕談遷著，張宗祥校點，《國榷》，卷97，頁5911，崇禎十四年十二月戊辰條。

[276] 〔明〕不著撰人，《崇禎實錄》，卷15，頁423-424，崇禎十五年正月辛卯條。

[277] 吳甡為現場召對當事人，而吳偉業所錄字句幾乎與吳甡的《柴庵疏集》相同，可知吳偉業所書徵引於此。〔清〕吳甡著，秦暉點校，《柴庵疏集》，〈附憶記〉，卷3，頁419。吳偉業輯，《綏寇紀略》，〈補遺上〉，頁316。

十六衙門搜括已盡，卿知之乎？」或有以問老璫曰：「此上時事耳，祖宗朝藏鏹累萬萬，即魏忠賢侵盜，安得而盡空之。」皆固對曰「無有。」後乃知大內之所藏沈沈者，自逆奄大去，其籍守者見上明察，恐闕而為罪，相戒弗聞。

最後京軍城守饑，喪亂迺至，舉之不能盡，皆豎頭須誤之也。按京營餉至一百七十萬，又京支七十餘萬，居戶部兵餉三分之一。京營將王承胤、王埏、唐鈺、楊斌等，奔走中官，以倖富貴。未嘗知兵。京兵注名支糧，視軍府如傳舍，一不樂，輒賄司總，以買替而去之。朝甲暮乙，雖有尺籍伍符，莫得而識也。上屢旨訓練，賞罰非不甚嚴，立標分幟。日不過二三百人，勒習未終，昏黃遽散。合營十萬，僥倖抽驗之所不及，忨愒而佚罰者無算。令甲以一營練一技，長短左右不能相制而互施，雖練安所用之。[278]

明思宗處置犯法的內臣後，撤除內操、罷提督監軍，但再度任用新的內臣來監管京營。長久循環之下，國庫不斷空虛，明朝最後幾年的京軍糧餉都被內臣與官員貪污殆盡。明思宗雖屢屢下旨訓練、整頓貪污，但營官整體欺上瞞下，防禦京師的最後武力已成空洞。

四月，明思宗召吳甡詢問能否從京營中選練五萬名堪戰之兵？而且不要讓淘汰者譁變。[279]吳甡記其與明思宗的對話：

甡對言：汰老弱之法，即在練精壯之中。數月來，臣已稍稍有成緒矣。京營原募邊勇營一萬二千，專練騎射，月支米一石，塩菜銀一兩。又有壯丁營，專練火器者二萬，月支米一石，銀六

---

278 〔清〕吳偉業輯，《綏寇紀略》，〈補遺上〉，頁316-317。清修《明史》大量援引其史觀。〔清〕張廷玉等總裁，《明史》，卷89，〈兵一・京營〉，頁2182-2183。

279 〔清〕張廷玉等總裁，《明史》，卷252，〈吳甡傳〉，頁6521-6524。

錢，其餘皆月支米一石，無塩菜也。近驗邊勇壯丁與散兵無異，騎射、火器亦未精熟。臣嘗責各將領曰糧分厚薄，而兵無強壯，何以服眾軍士之心？今後行分練法，各將領日揀騎射、火器精熟，而力舉三百斤以外者，另列名籍，旬日呈總協合操之。騎射勇力如式者，雖散兵拔為邊勇，不則邊勇降為散兵，壯丁亦然，若老弱不堪，自當革退，另選精勇者補伍行之。數月選練者十之二、三，汰去者亦十之二、三。此法嘗行，軍士心服，皆鼓厲練習，以圖厚糧，而被汰者亦無怨色，革弊當以漸，不可使知有汰兵之意。

上傾聽至此，笑曰：說得極是。又問：果當另立戰營得堪戰者五萬否？

甡對：京營設兵原期人人堪戰，因積弊相沿，又承平日久，不見戰陣者數百年。即前此間或發兵勦賊，皆沿路無籍遊棍代頂，本軍正身併未出京。一步將領利扣其糧犒，遊棍利恣其擾搶，飾敗為功，冒功濫賞。歸營，則本軍依舊充伍，代頂者復沿路散亡，此積弊已久，無逃聖鑑。今依臣練法，最要在選將，有戰將自有戰兵，五萬亦不為難，但法須易簡，事忌紛更，不必另立戰營也。

上諭兵部曰：協理說得是，卿速選戰將，不可悠忽。又諭臣甡曰還具疏條陳來看，賜果餅。拜謝而出，予嘗問首輔宜興曰：井研有密揭意欲另立戰營，久留任，兄選練耳。不料奏對明妥，大當上意也。[280]

從這段君臣對話中，可發現崇禎末年或許可用的京營兵，僅不到二萬名。吳甡指出管理敗壞的積弊，認為只能緩慢改進，不能速革以致兵變，並在自己的職掌下已略有所成。僅從崇禎二年協理李邦華的改革過程，可知京營的共犯結構龐大以及反彈改革劇烈。若吳甡有進行改

280 〔清〕吳甡著，秦暉點校，《柴庵疏集》，〈附憶記〉，卷3，頁419-420。

革，卻無任何反對，實為反常，可見他僅是在敷衍明思宗而已。

五月，李自成圍攻汴梁（河南開封），明思宗諭令京營整裝馳援。吳甡上疏已在十八日會集諸將，馬步官軍計一萬五千有奇，十九日驗兌馬匹器械，預計擇吉二十一日，五軍二營以先啟行，其餘次第分路揚鑣。但為京營出征應有萬全準備，京營目前糧餉尚未收齊，後勤運補尚未準備得當。因此建議先暫駐河北以壯聲勢，令流寇不敢渡河，再等待其他明軍一同集結進擊。而京營馬匹原額有二萬七千餘匹，今缺額過半，加以徵調各地戰事，僅餘六千餘匹可用。請敕令催促太僕寺於二個月內兌補，以讓王師盡速解開封之圍。[281]京營的兵馬糧餉難題或如吳甡所言，但缺馬也不是此時才有，而他利用此問題來拖延出征，最後京軍並未參與開封之戰。

崇禎九年五月十九日、崇禎十五年四月初六日，明思宗二次到地壇祭祀時的京營護駕。在崇禎九年夏至令節，依提督京營太監張國元的護衛調遣計畫，動員京營官軍十一萬餘人，包含一萬四千餘名戰車兵，扈從安定門至地壇門及鄰近區域。而崇禎十五年的祭祀地壇，更擴軍至三十萬人，從大明門至地壇三十餘里的距離，從御道至一般城區街巷內全數佈滿軍隊。[282]

京營護衛的規模，顯然與北邊戰事情況轉變有關。崇禎九年第一次祭地壇時，皇太極尚未率軍入關。在崇禎十五年三月，明清戰爭則進入白熱化的階段，松錦之役結束，明朝喪失遼東的松山、錦州、塔山、杏山四城，遼東長城以外僅剩寧遠孤城。因此第二次至地壇祭祀時，護衛軍暴增三倍，顯然與戰況時局有關。然而對照陸完學至吳甡期間的京營戰力素質，明廷可恃者，或僅是人數而已。

崇禎十五年六月，任內沒有北京與京畿戰事的吳甡，安然擢禮部尚書兼東閣大學士，明廷在次月令劉餘祐（1586-1655）繼任協理。

---

281 〔清〕吳甡著，秦暉點校，《柴庵疏集》，卷17，〈援汴已發王師決勝尤煩廟算疏〉，頁347-349。

282 周維強，《明代戰車研究》，頁602-604。

劉餘祐是崇禎十四年十一月兵部右侍郎，十五年七月以兵部左侍郎協理京營戎政，十一月劾罷。入清後加太子太保兵部尚書，歷刑部尚書、戶部尚書，順治十二年（1655）四月十三日卒於家。[283]崇禎十五年九月，明思宗宴請內閣、兵部、戎政諸臣於西苑明德殿。諸臣騎馬從西海池過玉虹橋之北至明德殿，明思宗與諸臣觀看新鑄鎗砲試放，隨後久論兵事。[284]這是已知劉餘祐任內參與戎政之事，劉餘祐在十一月去職。[285]

三、最後的協理京營戎政王家彥

崇禎十五年十一月，清軍分別從界嶺口與黃崖口拆牆而入，京師戒嚴，清軍進軍快速，閏十一月初六日深入山東臨清，是為壬午之役。[286]崇禎十五年閏十一月初七日，明思宗令戶部右侍郎王家彥（1588-1644）改兵部右侍郎協理京營戎政，負責北京城防。[287]王家彥雖然疏辭協理京營戎政，但未獲明思宗同意前，他仍巡視北京城以準

[283] 〔明〕劉餘祐，《燕香齋文集》（臺南：莊嚴文化事業股份有限公司，1997，《四庫全書存目叢書》集部・別集類，第195冊，據湖北省圖書館藏清康熙刻本影印），〈行略〉，〈特進光祿大夫少保兼太子太保戶兵刑三部尚書玉孺劉公行略〉，頁778-780。〔清〕談遷著，張宗祥校點，《國榷》，卷97，頁5910，崇禎十四年十二月庚戌條；卷98，頁5935，崇禎十五年七月壬午條。

[284] 〔清〕吳甡著，秦暉點校，《柴庵疏集》，〈附憶記〉，卷4，頁428。〔清〕張廷玉等總裁，《明史》，卷257，〈馮元飈傳〉，頁6641。

[285] 《國榷》載其劾罷，王家彥則記丁母艱。〔明〕王家彥，《王忠端公文集》（北京：北京出版社，2000，《四庫禁燬書叢刊》集部・第162冊，據上海圖書館藏清順治十六年[1659]刻本影印），卷10，〈殉難遺言〉，頁725。〔清〕談遷著，張宗祥校點，《國榷》，卷98，頁5947-5948，崇禎十五年十一月乙亥條。

[286] 孫文良、李治亭、邱蓮梅，《明清戰爭史略》，頁372-373。

[287] 〔明〕王家彥，《王忠端公文集》，卷6，〈控辭協戎疏〉，頁608-609；卷10，〈明賜進士兵部右侍郎協理京營戎政加一級特贈太子少保兵部尚書諡忠端加贈太子太保遵五王公墓誌銘〉，頁728-732。〔清〕張廷玉等總裁，《明史》，卷265，〈王家彥傳〉，頁6847-6849。

備城防事宜。他指出京師火藥是作戰時極重要的物資，但容易引起火災。在審問奸細後，發現近幾年京師火藥庫數度自焚，多為奸細所為，且工匠製造與生活皆須用火，所以必須重視防火。三營藥局設在教場，兵馬人員出入頻繁，但防護火藥的官兵卻很少，這些防火、防奸細等管理問題必須立即處理。他雖下令加強火藥局四周的戒備，但尚未領取正式關防，還無法做進一步指示。[288]

十一日至十五日，王家彥巡視北京城及南城，確認每垛二軍，砲臺四軍，從正陽門右至宣武門左，再到崇文門觀象臺。外有重城，每垛一軍，只有西便門每垛二軍、加砲眼一軍。他指出己巳之役時，京營八千軍分列城外，其餘諸營盡守垛口砲眼，又加班軍四千分布重城，從城外觀看垛軍如林，能震懾敵軍士氣。如今以京營十二萬五千兵額來算，環列城外可用六萬六千六百九十餘名，守內外城有五萬八千二百六十餘名，應援遊兵則從守城兵抽調。總計北京城樓角樓及砲眼外垛口，共一萬九千二十五個，敵臺砲臺二千四十三座，駐軍及軍械分布狀況不佳處，將一一記錄後限期改善。[289]其餘初步配置狀況如表7-5。

---

[288] 〔明〕王家彥，《王忠端公文集》，卷6，〈赴城料理疏〉，頁609-610。崇禎朝，北京城內的火藥局有數次火災，如崇禎七年九月王恭廠火藥，災傷千餘人；崇禎十一年安定門火藥局二次火災；崇禎十二年六月火藥局災。〔清〕談遷著，張宗祥校點，《國榷》，卷93，頁5663，崇禎七年九月庚申條；卷96，頁5817，崇禎十一年八月丁酉條；卷97，頁5844，崇禎十二年六月庚子條。

[289] 〔明〕王家彥，《王忠端公文集》，卷6，〈察閱內外十六門疏〉，頁613-614。

表7-5　京師防禦初步分配表

防區	單位	將領	狀況
正陽、宣武、崇文門	神樞五營	侯國勳	垛軍稀少，缺乏武器，已懲處。
	神樞四營	李登科	
正陽門崇文閘橋	六司把總	李世忠	將領呈報駐軍百名，經點名後，正陽橋止六十三名、崇文橋六十六名，查報三日尚未回報。 李化龍垛口尚缺軍十八名，應補足垛數，每橋有九十一名實軍。
	四司把總	李化龍	
朝陽門	神樞三營	賀盛明	朝陽門至德勝門以東垛口，皆築土臺可遠視
東直門	五軍五營	王嘉吉	
安定門	五軍四營	姜應魁	
德勝門	五軍三營	龐惟正	
德勝門以西至西直門	神機五營	劉進孝	
阜城門	神機四營	齊廷桂	
	神機三營	曹志疆	
西便門	神機十營	于攀龍	火藥、火種收藏有法。
廣寧門至北	神機九營	張弘勳	率屬二、三、四司把總陳守懿垛軍多缺，後軍赴補，張弘勳報覽整理。
右安門	神機八營	鄭存柱	
	五軍十營	趙三元	
永定門	五軍九營	郭沆	新設神威銅砲
左安門	五軍八營	韓際明	
廣渠門	神樞十營	崔萬春	
	神樞九營	聶德元	
東便門	神樞八營	姜從仁	

資料來源：〔明〕王家彥，《王忠端公文集》，卷6，〈察閱內外十六門疏〉，頁613-615。

此外，廣寧門外應就近列營或準備屯宿入援，廣渠門以南的簾架鈎搭造設未周。[290]

二十一日，王家彥報北京城防分布狀況。應駐防在西直門與阜成門外錦衣衛教場的神機七營趙光祖軍，因移防通州，遂在前月二十三日由右營兵馬調防，分貼神機四營及撥守庫局分二班共一千名在外駐防。標兵右營宋天祿所部二千五百名先駐城內，隨機出城支援。還有未規劃詳盡之事，如弘仁橋、南海子等處未設置戒備；五軍一營、神樞六營兩將如王承胤、王珽等領軍出防，但彼此互不相攝，難以呼應。而廣渠門外的得勝墩防禦工事，距北京城不到百步，高四丈有餘，登墩可覽城內虛實。明軍駐此可倍增防禦成效，但也要考慮若遭敵軍攻陷使用，則會成為防禦北京城的禍患，必須思考反制方針。[291]整體防務可見表7-6。

290 〔明〕王家彥，《王忠端公文集》，卷6，〈察閱內外十六門疏〉，頁613-615。
291 〔明〕王家彥，《王忠端公文集》，卷6，〈察閱城外列營疏〉，頁611-613。

表7-6　京營駐防北京城位置表

防區	單位	將領	駐軍數	任務
正陽門外	兵部標營領	參將馮元淮	二千餘名	護紫禁城兼策應七門
西直門、阜成門外以南錦衣衛教場	標兵右營	宋天祿	二千五百有奇	先列城內以備調遣
西便門以南	神機六營	唐鈺	三千一百有奇，見在營僅八百餘名	浚壕築牆以防
西南城角	五軍六營	丁柳	三千九百有奇	
永定門	五軍七營	周煒	二千四百名	自本營分貼土城及守左安外橋軍不下六百名
左安門外	原五軍二營撥五軍七營、神機二營	原楊贇	二百名	因撤防昌守橋哨撥
廣渠門外得勝墩土臺，依墩為營，分防河堤	神機二營	劉彬	二千四百餘名	南望偉公寺左右，有數里樹林可掩蔽火砲，潘家窪該將業分兵設伏可兼顧左安門
東便門外三忠祠	正標營中軍	蕉先澤	二千四百餘名	新河土堤彌望十里憑河為營
朝陽門之松林	神樞二營	潘龍躍	三千有奇	
二里庄	神樞一營	李守鑠	三千九百名	

<table>
<tr><th>防區</th><th colspan="2">單位</th><th>將領</th><th>駐軍數</th><th>任務</th></tr>
<tr><td rowspan="5">東直門之牛房村</td><td colspan="2">神樞六營中軍</td><td>鐘世英</td><td rowspan="5">六千七百餘名</td><td rowspan="5">有新河土堤為一重保障</td></tr>
<tr><td colspan="2">正標前鋒營中軍</td><td>方弘基</td></tr>
<tr><td colspan="2">五軍前鋒右營軍中軍</td><td>劉尚禮</td></tr>
<tr><td colspan="2">神樞前鋒右營中軍</td><td>李昂</td></tr>
<tr><td colspan="2">神機前鋒右營中軍</td><td>姜騰蛟</td></tr>
<tr><td rowspan="5">安定門以北教場</td><td colspan="2">五軍一營中軍</td><td>周炤</td><td rowspan="5">六千餘名</td><td rowspan="5"></td></tr>
<tr><td colspan="2">五軍前鋒左營中軍</td><td>唐宗堯</td></tr>
<tr><td colspan="2">神樞前鋒左營中軍</td><td>陳如檜</td></tr>
<tr><td colspan="2">神機前鋒左營中軍</td><td>印維翰</td></tr>
<tr><td colspan="2">正標營千總</td><td>楊國英</td></tr>
<tr><td>德勝門外苜蓿園</td><td colspan="2">神機一營</td><td>杜弘坊</td><td>三千一百餘名</td><td>距西北土城</td></tr>
<tr><td rowspan="3">東北土城</td><td rowspan="3">五軍一等營</td><td>西側</td><td>聽用參將杜楷</td><td rowspan="3">四千</td><td rowspan="3"></td></tr>
<tr><td>北側</td><td>帶降副總兵王曰然</td></tr>
<tr><td>東側</td><td>聽用副總兵薛四什</td></tr>
<tr><td>東面土城</td><td colspan="2"></td><td></td><td></td><td>護至東直角樓</td></tr>
<tr><td>西南一帶</td><td colspan="2">標兵右營
神機六營</td><td></td><td></td><td></td></tr>
</table>

資料來源：〔明〕王家彥，《王忠端公文集》，卷6，〈察閱城外列營疏〉，頁611-613。

從表7-5與表7-6的對照後，可發現駐防單位與將領全面改變，配置防區更細緻。王家彥清查出總駐防兵力約四萬三千餘名，這與京營原額十二萬人差距甚遠。防禦集中於東面的朝陽門與東直門，駐有一萬三千六百餘，其次是北面安定門與德勝門九千一百餘名，再次是東南面的左安門、廣渠門、東便門共五千餘名，城外東北方還有土城駐軍四千餘名。如此防禦方向，認為清軍會先取通州，再延運河路線攻北京。此時京營駐兵約四萬三千餘名，對照崇禎九年與十五年明思宗祭祀地壇時分別有十一萬與三十萬大軍，顯然四萬三千餘名才是真正能禦敵的數目，也是京師的最後防線。

崇禎十五年底，前任協理戎政李邦華再度奉召為都察院左都御史，入朝後曾向王家彥詢問京營狀況，後明思宗召其論京營事：

> 李邦華時召入為都御史，遇戎政侍郎王家彥於朝，詢京營近制，相向太息。明日，邦華請對曰：「老臣向以戎務不效，自謂永填溝壑，不意復睹天顏。臣去國十年，聞京營之弊，陛下其誰與守？戎政王家彥為臣言之，未嘗不流涕也。」
>
> 上召問家彥，家彥頓首曰：「主臣有之，今日惟嚴買替之禁，改操練之法，庶可救萬一。然當邦華在事時可以為，臣自度材不及，又勢已晚，恐誤國，惟上進退死生之。」上喟然不懌而罷。臺臣有建以班軍為兵者，大修屯政，收其行鹽大糧，歸之京師。班軍土著，可以免驕兵之憂，省養兵之費。上可其奏，下之所司，皆謂迂闊難行。[292]

李邦華自言無力重振，王家彥亦言京營已入膏肓。期間有朝臣建議用班軍、大修屯政、收行鹽大糧，以免驕兵、省養兵費，明思宗皆允，實際窒礙難行。君臣雖未明言，都知道京營崩壞只剩時間的問題。

---

[292] 〔清〕吳偉業輯，《綏寇紀略》，〈補遺上〉，頁317。

閏十一月時，總督京營恭順侯吳維英請王家彥協助謀劃，要仿照嘉靖朝弓手、鎗手、牌手的檢閱方式，作為將官黜陟的評比標準。稍後，又製造四百輛戰車及相關盔甲、長鎗、藤牌、短刀等。[293]吳維英請儒生楊國治協助製造武剛車、火龍車、全勝車、太平車等，於十二月開始在京營試驗操作，惟其火器與弩箭的射程不佳。這批戰車經測試後，明思宗下令省去複雜設計後委京營量產。[294]至十六年（1643）五月，於西苑觀德殿閱視，明思宗亦親自拉弓試用，[295]惟各式器械實際數量不詳。

清軍主力沒有進攻北京城，而是深入山東地區，直到崇禎十六年五月北歸為止，明軍無力阻止清軍橫行。[296]期間，王家彥盡力維繫北京城防禦，避免謠言動搖軍心、維持糧餉供給。[297]加強草場、火藥局等地巡邏，嚴禁煙花、爆竹、燈火等戰時管制。[298]三月時尤其缺糧，在崇禎十五年十二月至十六年正月間，營軍月糧都倚靠通州倉，往來運輸需三日，米麥三七兼搭。但敵軍不時出沒城外，運補困難導致原本一石的米價，現暴漲三倍。從崇禎十六年正月二十八日以後，他耗盡戎政府庫，已陸續挪借六萬兩來買補糧餉，並奏請開京倉提供給京軍糧餉。[299]

崇禎十六年五月初一日，王家彥奏報京軍出征的戰況。三月時，清軍攻東山口牛提嶺，駐昌平的五軍二營副總兵楊贇領軍三千卻無作為。四月二十八日，兵部添設右侍郎金之俊集八鎮兵馬分三路攻密雲，以楊贇所部為先鋒。楊贇行至駙馬庄時遭遇清軍，因火砲攻擊後的濃煙，導致清軍趁勢突入，全軍僅剩三分之一傷殘兵逃脫。王家彥

293　〔清〕吳偉業輯，《綏寇紀略》，〈補遺上〉，頁317。
294　周維強，《明代戰車研究》，頁606。
295　〔明〕不著撰人，《崇禎實錄》，卷16，頁478，崇禎十六年五月庚申條。
296　孫文良、李治亭、邱蓮梅，《明清戰爭史略》，頁373-377。
297　〔明〕王家彥，《王忠端公文集》，卷6，〈請勅城守公疏〉，頁616。
298　〔明〕王家彥，《王忠端公文集》，卷6，〈歲暮周防公疏〉，頁618。
299　〔明〕王家彥，《王忠端公文集》，卷6，〈天象示儆公疏〉，頁619-620。

奏請訊問殘兵並嚴查作戰經過，以釐清戰敗責任。[300]

初十日，清軍撤退後，王家彥呈報北京城防的維護與檢討。在城內方面，北京城上各處垛口多寡不均，所以一門一營的配置需要改變，日後除正陽、崇文、宣武門外餘十三門每門外派列一營，事先規劃以免臨期無措。火砲是城上最重要的武器，但平常營軍在教場操練只練習平地平打，移到城上反而不知該如何射擊。因於三大營中築方丈土墩，在土墩上練習瞄射，令官兵熟習方位判讀。[301]

在城外方面，裡外壕堤原有許多柳樹，最初因為擔心敵軍躲藏其中，火砲難以擊中，或被用來填平壕溝，所以皆盡砍伐。今日應在廣寧門、右安門一帶恢復栽植，有警時可砍伐充作防馬柵欄等器械。現今內外城新舊鋪房約二千二百餘座，但仍不夠駐軍與援軍居住，應量地增添。嚴防火災或火攻，各門草場離京城較遠，惟安定門西勇衛新草場、宣武門西角樓北象房近北京城，且內存火藥，應遷移稍遠以防火災。[302]

最後是加強防禦工事，北京城的水源來自西山，引進大通橋後入京，應派員尋找源頭，引水入城為護城河，尤其是西便門一帶壕內無水，是防禦缺口。北京城外有列臺一百七十二座，應於要害處量設空心臺以便砲火高下遠近環放。而都城九門計地四十里，垛口九千九百有奇，重城七門二十餘里，垛口八千四百有奇。每垛駐二軍時過於壅擠，火砲難施，可量加調整，多餘垛軍可備為城內遊兵，並修繕城牆、城門、垛口等處。[303]

除清軍以外，李自成等叛軍在南方持續攻城掠地。崇禎十六年

300 〔明〕王家彥，《王忠端公文集》，卷6，〈糾參楊賛敗衄公疏〉，頁623-624。
301 〔明〕王家彥，《王忠端公文集》，卷6，〈城守善後公疏〉，頁624-625。
302 〔明〕王家彥，《王忠端公文集》，卷6，〈城守善後公疏〉，頁625。
303 〔明〕王家彥，《王忠端公文集》，卷6，〈城守善後公疏〉，頁625-626。

三月，明思宗令吳甡為督師，率軍支援左良玉以剿滅湖廣的李自成軍隊。[304]王家彥指出目前京軍守通州、昌平，共九千一百餘名，守北京城與通州灣共一萬三千六百八十餘名，外城守軍僅五萬七千九百餘名。他以北京防禦指揮官的立場，反對抽調京軍出征。[305]因此，吳甡一開始僅能奏請調京營二千兵馬，數日後更降至一千。[306]但明思宗仍令調二千兵馬，故王家彥令總兵官王承胤挑馬一千匹、兵一千名，從列防營內挑選火器步軍一千名，再推派神樞前鋒左營副總兵尤翟文、五軍前鋒右營副總兵孫獻捷領之。[307]但最後吳甡也未成行，五月明思宗以故意逗留之罪，發戍雲南永昌府。[308]

崇禎十六年五月至八月，明思宗令襄城伯李國楨總督京營戎政、司禮太監王承恩督察京營戎政、內官監太監王之俊提督京城巡捕練兵。[309]明思宗希望置換京營官員後，管理能有起色。如御史裴希度指出左安門以西沒有天險，建議施作品坑等陷阱，於總督、監督、協理之內選一人專任外城事務。襄城伯李國楨上言新橋南隄兵單壕淺，自請前往屯駐。明思宗覺得其可用，時常密詔進見。[310]

崇禎十七年（清順治元年，1644）三月，李自成的大順軍相繼攻陷山西、大同、宣府三鎮，宣大總督王繼謨陣亡、宣府巡撫朱之馮

304 樊樹志，《重寫晚明史・王朝的末路》（北京：中華書局，2019），頁185-186。

305 〔明〕王家彥，《王忠端公文集》，卷6，〈營軍不便抽調疏〉，頁620-621。

306 〔清〕吳甡著，秦暉點校，《柴庵疏集》，卷18，〈謹議討賊機宜懇乞聖裁立賜勅部覆行疏〉，頁360-362；卷18，〈召對紀略〉，頁362-363。

307 〔明〕王家彥，《王忠端公文集》，卷6，〈選馬步南征公疏〉，頁622-623。

308 樊樹志，《重寫晚明史・王朝的末路》，頁187-189。

309 〔明〕不著撰人，《崇禎實錄》，卷16，頁476，崇禎十六年五月辛亥條；卷16，頁486，崇禎十六年八月辛未條。〔清〕吳偉業輯，《綏寇紀略》，〈補遺上〉，頁317-318。〔清〕張廷玉等總裁，《明史》，卷89，〈兵一・京營〉，頁2182-2183。

310 〔清〕吳偉業輯，《綏寇紀略》，〈補遺上〉，頁317-318。

自殺，宣府總兵官王承胤、鎮守太監杜勳投降。[311]三月十五日，居庸關監軍太監杜之秩投降，北京城外防線全面失守。[312]提督京城巡捕太監王之俊以守城不如守關，請帶一萬人支援居庸關，稱賊未經居庸關，而是從柳溝抄明陵後入，故未交戰而還。襄城伯李國楨帶著十日軍資，發三萬人駐營新橋南，依八陣圖營十五里。但隨後李自成到沙河，京軍一聽到砲聲隨即驚嚇潰散，大順軍直驅北京城下。[313]十七日，司禮監太監曹化淳開廣寧門，次日北京城全城開門，明朝滅亡。[314]

明朝的最後數日，王家彥仍克盡職責，先率軍分守阜成門，後移防安定門。時值城內疫病盛行，京軍也多染病不能戰，更無餉可發，北京城牆上的垛口已無法一垛一軍。三月十八日，他在安定門上看大順軍架梯攻城，發現五軍營的一營與六營也在其中，自覺矢盡力窮，惟一死以盡臣節，自縊殉國。[315]次日，前任協理李邦華在家自縊。[316]

---

311 〔明〕不著撰人，《崇禎實錄》，卷17，頁537-538，崇禎十七年三月丙申條。〔清〕萬斯同等纂，《明史》（上海：上海古籍出版社，1997，《續修四庫全書》史部・別史類，第324-331冊，據北京圖書館藏清抄本影印），卷369，〈衛景瑗傳〉，頁527；卷369，〈朱之馮傳〉，頁528。

312 樊樹志，《重寫晚明史・王朝的末路》，頁239。

313 〔明〕不著撰人，《崇禎實錄》，卷17，頁538-539，崇禎十七年三月庚子條。〔清〕吳偉業輯，《綏寇紀略》，〈補遺上〉，頁318-319。〔清〕張廷玉等總裁，《明史》，卷89，〈兵一・京營〉，頁2182-2183。

314 樊樹志，《重寫晚明史・王朝的末路》，頁245。

315 〔明〕王家彥，《王忠端公文集》，卷10，〈示子廖恭廖靖廖皐書〉，頁727-728；卷10，〈明賜進士兵部右侍郎協理京營戎政加一級特贈太子少保兵部尚書諡忠端加贈太子太保遵五王公墓誌銘〉，頁728-732。〔清〕張廷玉等總裁，《明史》，卷265，〈王家彥傳〉，頁6847-6849。

316 〔明〕李邦華，《文水李忠肅先生集》，劉同升，〈墓誌銘〉，頁339-347。〔明〕不著撰人，《痛史本崇禎長編》，卷2，頁122-123，崇禎十七年三月丁未條。

第五節 小結

因萬曆後期的怠政，朝中各官缺官嚴重，協理京營戎政的候選人員缺乏。泰昌至天啟朝初年，明廷開始補充京官，為避免官員遷轉時無人處理戎政，遂增加一位添設協理京營戎政協助處理戎政，或是擔任協理京營戎政未到任前的代理。協理京營戎政擴充至二員，更獲得關防，是職權擴充最大的時期，理應可以施政無阻。然而，天啟朝開始，內臣深獲皇帝寵信，反而成為京營整飭的一大阻力。

因明熹宗親用司禮監秉筆太監魏忠賢，京營內增設內臣監視、把牌諸小內監等，令營軍依附內臣，氣焰更加張狂。從基層士兵、胥吏，到營官將領，並牽連勳臣、內臣，由下至上的龐大非法獲利，是歷任協理曾嘗試或最不願意處理的問題。部分協理京營戎政如閻鳴泰、霍維華是魏忠賢黨人，或奉迎內臣而敷衍營務。有心者不僅要面對混亂的帳目清冊，甚有性命之虞，營兵勾結內臣目無法紀，根本難以整頓。如天啟元年九月，添設協理李宗延奏京營占役、冒糧等事，卻在承天門內遭太監圍毆。後更有營兵聚眾於戎政府、總督京營戎政恭順侯吳汝胤家前喧嘩，甚至拿瓦礫投擲協理京營戎政朱光祚。協理京營戎政無法動搖各層勢力，以致整飭起起落落，當明熹宗詢問京營的整飭結果，協理也只能回覆馬壯器利的謊言。

自萬曆四十六年薩爾滸戰役起，遼東戰事逐日加重，協理京營戎政奉命加強京畿防禦及提升北京戰備狀況。在天啟元年瀋陽淪陷後，遼東戰況危急，明廷從京營撥調大量戰車、火器、馬匹支援遼東戰爭，隨著明軍戰況不利，幾乎全部損失於關外。調配援遼物資，並設法恢復原有武裝，成為協理京營戎政的重任。如協理黃克纘與奉教士人徐光啟、李之藻等，積極引入新式西洋火砲與砲術，不僅止於恢復武備，更要求強化。添設協理余懋衡則加固北京城的防禦工事及戰鬥人員、檢閱京營兵員、器械維護狀況，以及鞏固薊鎮與北京之間的十二路隘口。而此時黃克纘和余懋衡各自擁有所屬關防，是事權擴大的時期。但好景不常，天啟三年十二月，明熹宗便取消由都察院官出任的添設協理京營戎政。次年更因六科廊大火，整頓京營的資料多付之祝融，令後繼者必須花費更多時間重新查核。

明思宗即位後清理魏忠賢黨人，以協理京營戎政李邦華整飭營務，朝中政局一時澄清。李邦華在任二年餘，挑戰長期的京營共犯結構，查核京營兵額、馬匹、器械、糧餉各項缺失，強化北京城佈防，試圖力挽狂瀾。然崇禎二年清軍再度破牆進犯京畿，應由協理京營戎政李邦華主導戰時指揮、代替天子督率六師出征，但明思宗在御中遙控，讓李邦華無自主權，還要背負明思宗反覆矛盾詔命導致戰敗的責任。京營出城作戰，若戰敗則仿若土木之役再現，對國家威望士氣的影響極巨，且沒有可信任的軍隊替代京營來防禦北京城，這是明思宗不願意涉及的風險。李邦華因為整飭京營，斷絕將官胥吏的非法收入，讓他不斷遭受流言蜚語與政敵參劾。城守軍誤擊滿桂的事件，是讓李邦華垮臺的最後一根稻草，而後沒有官員敢再有規模計畫的整頓京營。

是役明廷以劉之綸為增設副協理京營戎政，率領京軍出戰以示天威象徵。但實際上，他不能率領京軍，而須另外募軍領之，臨陣湊集的軍兵完全不堪一戰，此役從開始到結束都是一場悲劇。而劉之綸陣亡後，明廷沒有再設副協理京營戎政，加上增設內臣分別提督京營、提督京城九門與皇城門，協理京營戎政的職權大為削弱。

己巳之役後，明思宗更加重用內臣，以司禮監秉筆太監曹化淳提督京營戎政為首，下轄更多內臣監督京營，戎政府的人事權與後勤管理皆盡為內臣掌控。同時，短暫署理戎政的兵部左侍郎楊一鵬揭發總督李守錡貪汙，卻也被反控任用奸胥，並要求楊一鵬承擔販賣京營各項職務的罪責。朝中內閣又有東林與閹黨對立，協理一人孤掌難鳴。明思宗已難分對錯，或是更信任內臣與勳臣，新任協理陸完學未與內臣對抗，反之深結，一起合作，國用糧餉轉為私囊，京營的修整只存於文書之上。

明思宗信任內臣的狀況更甚前朝，內臣的權勢高漲，幾乎取代協理京營戎政的功能。明思宗恢復內臣提督京營，營務督導幾以內臣為尊，更能率領京軍出征支援。內臣提督京營出征，實際上多未在戰事前線，且有功搶領、有過推諉，其危害地方甚於流寇與清軍。在任的協理也奉承內臣、敷衍皇帝，營務的弊病已是從基層到朝中緊密相連的共犯結構。

崇禎十年，明思宗曾閱視北京城防守及京營，並出動京營隨扈祭祀地壇，希望藉此提升國民士氣。其閱視規模不及隆慶與萬曆的「大閱」，而明思宗看到安排出來的京營將士表面都是金戈鐵馬，實際上是敗絮其內。崇禎朝最後一任協理京營戎政王家彥上任後，國家已在風雨飄搖之中，他問前任協理李邦華如何整頓營務，李邦華回以病入膏肓，京師防禦的崩壞只是時間問題。崇禎十七年三月甲申之變，京軍不但無法抗擊大順軍，五軍營甚至投降大順軍，一同進攻北京城，協理京營戎政王家彥與李邦華仍盡忠禦敵到最後一刻，二人皆殉國，大明覆滅。至此，協理京營戎政隨明朝走下歷史的舞臺。

圖7-2　今北京市景山公園明思宗殉國處

資料來源：作者攝（北京市，2024.8）

第八章　結論

協理京營戎政是最獨特的明代軍事文官，協理之名看似副手，實則為「北京鎮總督」。協理京營戎政的職官創置源自邊鎮督撫制，多以兵部尚書、侍郎為本職，加都察院御史銜出任，駐於明朝首都北京城內，策畫北京防禦戰略，是總鎮北京的最高軍事文官。他負責督導京營，更能在戰時調度入衛兵馬，指揮京畿與鄰近邊鎮，集中外軍政大權於一身。原為天子親赴軍戎，對外征戰、對內平亂的軍事重任，由協理京營戎政全權代理，是為「六師之任」。

協理京營戎政能被賦予高度的軍政權，是藉由明代政治制度的核心「祖制」而建立。「祖制」是專屬皇權的法統象徵，國家政務必遵明太祖與明成祖的言行，始可行之有據。明世宗詔令遵循成祖之制，力圖恢復當時的壯盛京營，因而創設協理京營戎政整建京營整建與北京防禦。但實際上從協理京營戎政擁有的京營統馭權、戰時兼掌中外兵馬、受任官銜與宮銜等項來看，都是突破祖太祖與明成祖的祖制而立。因此，無論在實質軍政權或是法統的職官位階上，協理京營戎政是明代官制中最獨特的存在。

如此獨特的軍事文官，學界對協理京營戎政認知是什麼，又如何評論其歷史價值？前人的研究並無專論，主要透過軍事制度、戰爭史與人物研究中提及。協理京營戎政的改制並非一次完成，研究聚焦歷次更制的時間與制度內容，或有從戰爭及人物的研究中發現協理京營戎政扮演事件的要角。然不變的結論是戎政屢更無效，導致明朝逐步走向衰敗滅亡。但不禁要提問，戎政府若是無用的改制，明朝如何在南倭北虜、萬曆三大征以及後金、清朝之間的戰爭下維持百餘年？協理京營戎政的歷史價值，不能因為王朝滅亡而只有一種定論。

從史料來看，協理京營戎政在明清二朝官方政書的載述方式，讓人難以發現其重要。明代官方政書以〔萬曆〕《大明會典》為首，在官制系統中把協理京營戎政歸類於兵部增設的附屬職官；在京營制度沿革中，機械性的記述數度置罷、分權、設立副官的時間，並未敘明因果。清修《明史》承襲〔萬曆〕《大明會典》的內容，未深述協理京營戎政的職官內涵，在評論明代京營制度言：「大率京軍積弱，由於占役買閒。其弊實起於紈袴之營帥，監視之中官，竟以亡國云。」[1]忽略協理京營戎政的存在與功用，只能看到這是一個失敗制度中的職官。

因此，要理解協理京營戎政真正的歷史價值，不能只從分析歷次改制的對比，以及京營不敵清軍或大順軍，北京最終開城投降做結。協理京營戎政是因應戰爭而創制的職官，故應從明朝北方國防形勢的變遷著眼，以及內在政治格局的動態。始能釐清明廷根基於那些歷史經驗，如何設計戎政制度，運作過程中究竟有何成效與阻礙。以下將從協理京營戎政的職官功能與運作模式、協理京營戎政之於明代天子守邊與北京防禦軍鎮化、協理京營戎政的困局，來評價其歷史地位。

一、協理京營戎政的職官功能與運作模式

協理京營戎政對外象徵代理天子軍權的大臣，對內必須擬定軍務，向天子、內閣、兵部、勳臣奏呈，議定後要負責執行並回報成果。在歷史的動態中，歷次的改制如何影響協理京營戎政的職權變化？同時，制度未必能嚴格執行或處理預想之外的狀況，在人治與法治之間的角力，協理京營戎政的運作模式與成效究竟如何？

協理京營戎政的制度設計是從總督軍務、提督團營與邊鎮督撫的設置經驗而來，但中央與地方仍有所區別，故從官銜、宮銜以及隸屬衙門都經歷長時間的調整才趨向固定。首先，于謙的少保兵部尚書總督軍務是官方追認的第一任提督團營，但權位與後任者完全不同。虛

1 〔清〕張廷玉等總裁，《明史》（北京：中華書局，1997），卷89，〈兵一・京營〉，頁2183。

銜性質的宮銜少保，使之在閣臣與六部官員中的地位崇高，兵部尚書為全國軍事首長，總督軍務可跨部院調遣任命，甚至有先斬後奏的將權。故少保兵部尚書總督軍務完全是戰時體制，從京營、入衛明軍到京畿邊鎮都可以指揮，軍政權限僅次於皇帝。明景帝後期已注意到于謙的權力過高，調整宮銜以降低地位。奪門之變後，明英宗更警惕京營兵權對皇位的威脅，取消提督團營制度。

明憲宗恢復提督團營後，是以兵部尚書「兼」提督團營，明孝宗加上「不妨部事」。提督團營成為臨時且是兵部尚書的額外職銜，失去將權，能夠管理的範圍大幅限縮於團營之內，三大營、入衛明軍、京畿、六部與都察院等調度權限全部取消。此時，少數例外如王越的職銜為兵部尚書兼都察院左都御史提督團營，職銜雖為兵部與都察院首長，但他是隸屬都察院，不管部院事，為專任的提督團營。王越籍隸都察院又加兵部尚書銜的模式，與邊鎮督撫相同，維持其調度權限又不使過度集權。同時，他由文臣轉為勳臣，更是明廷利用文人領軍的特別實驗。

從明武宗到明世宗前期，提督團營進入兼專任與職銜名稱變化較大的時期。因明武宗自封鎮國公總督軍務威武大將軍，使得文臣總督需避諱改稱提督或總制，到明世宗時又以總制為朝廷專用，朝臣恢復使用總督。此時，提督團營的職銜、名稱與地方督撫相似，又因是兵部或都察院官兼任，在朝中的定位模糊。

戎政府創設後，明確將協理京營戎政的職官位階設定為總督京營戎政的副手，但實務上是專任官，須定期入營督導、回報並擬定政務。協理京營戎政的選任最初並未設限，原則以兵部尚書或侍郎出任，但現實狀況中從都察院御史、六部侍郎、六部尚書都可出任。而任官者更多時候不會只有一個官銜，甚至有更高的宮銜加身。以嘉靖四十年的江東為例，他的完整職稱為「太子少保兵部尚書兼都察院右副都御史協理京營戎政」，而他的繼任者蔡汝楠僅是「兵部右侍郎協理京營戎政」。

協理京營戎政的宮銜、官銜、都察院御史銜之高低差異，是根據官員履歷進行調整。如獲選者遷轉協理京營戎政前已有兵部尚書銜，即維持不變，若為侍郎則可能升為左侍郎或尚書；而都察院御史銜並非每任都有，是與地方督撫較不同之處。至於宮銜賜給，仍會注意避免高於總督京營戎政，以維持尊崇勳臣的祖制與京營傳統。

協理京營戎政是軍事文官，軍事經歷是任官條件中最重要的一環。從正式擔任或暫代的百餘名協理京營戎政履歷之中，他們有哪些相同與不同之處，而這些異同又對當時運作有何影響？首先從軍事經歷來看，多有北方邊鎮督撫、地方提督軍務甚至是平叛、平寇的作戰經驗。協理京營戎正要管理直屬天子的京營，若沒有一定的鎮撫資歷，不只難以令皇帝與朝臣安心，更難讓總督京營戎政及多是勳臣子弟組成的京營部隊信服。

其次，自明成祖遷都北京，開啟天子守邊的國防格局後，協理京營戎政必須熟習北京周遭環境、敵軍作戰模式，才能有效規劃北京防禦政策。從地理條件與軍事經驗來看，在最前線面對北方民族的北方邊鎮與京畿督撫自然是首選。他們知悉北方民族擅長的騎兵戰術，包含攻擊季節、地點與掠奪模式。面對不同部落，能運用部落之間的矛盾，或是進行談判，或是提早預警防備，藉此製造有利情境來防禦邊境與國都。如隆萬之際的協理京營戎政多是陝西、宣大督撫出身，他們都經歷隆慶議和及禦邊戰役，將相關經驗與技術帶入京營之中。

協理京營戎政是明代強幹弱枝的軍政體制表現，精銳集中於京師，遇事支援地方。協理京營戎政除少數特例拔升或是倚靠權貴入仕外，任官者在地方時期的軍政經歷都是能臣，明廷以其經驗強化整頓京營，讓北京防禦的將官與軍事技術維持最新狀態。當邊鎮需要支援時，則調協理京營戎政為邊鎮總督，或是調動京營軍械、馬匹等。

協理京營戎政的取用不限於北邊官員，因北邊長期處於預備戰爭甚至維持戰爭的狀態，抽調北邊督撫回京任職，無異陣前換將，於前線防禦不利。擁有平定倭寇與地方叛亂的南方將官也是一時之選，南方的作戰模式與北方不一樣，不用面對大量騎兵的攻勢，但卻擅長反制騎兵的「火器」。「火器」不只是明朝軍隊制式的配置兵種，京營中的「神機營」，更是明成祖引以為傲，象徵明朝最精銳的火器部隊。數任協理京營戎政帶起京營與北京防禦的火器換裝與戰術訓練，如嘉靖朝末年，楊博與趙炳然將京營火器、戰車佔全軍種的比例提高四成五，而後雖然一度管理不善，但隆萬朝之間的譚綸、王崇古等與其任用總兵官俞大猷，再度恢復一定比例的可用之兵。強悍的火器部隊，不只能安國衛民，更能震懾邊方外族。

綜觀明朝協理京營戎政、添設協理京營戎政、副協理京營戎政就有百餘任，已知的官員中有三十六任為兵部尚書銜，將近四成的比例，可見位階之高，權責之重。僅從明朝的職官制度設計，就可知協理京營戎政的重要性。但在明代官修政書、清修《明史》之中卻記載簡略，導致今日學界未有正視的聚焦研究，本文實盡力填補此研究空白。

二、協理京營戎政之於明代天子守邊與北京防禦軍鎮化

明太祖時北京城已是邊關重鎮，自明成祖遷都北京後，北京城在軍事價值上，更加上政治道統的重要。明成祖自詡天子守邊，在其統御下，北京城集結全國精銳軍隊用於防禦北京，以及征戰邊境。明成祖建陵寢於天壽山下，令後代天子必須承擔維護祖宗的重大責任。然而，天子領軍實有高度風險，土木堡之變後明廷決定改用文臣代理天子軍務，庚戌之變更加確立文臣代領六師之任的決策。明廷從總督軍務、提督團營的軍政權設置調整、地方督撫運作經驗，及歷朝政治氛圍轉換下，最終衍生成立戎政府，設立協理京營戎政與總督京營戎政為北京防禦的最高文武首長。文臣督導戰守策略、武臣領兵陷陣，是明代軍鎮運作的指標，明廷雖未明言，實則於體制與內涵上將北京防禦軍鎮化。

北京防禦軍鎮化是如何設計與運作？首先在職官名銜上，中央與

地方的政治位階與情境有別，必須進行區分。總督軍務、提督軍務都曾用於中央及地方，其職稱象徵軍政權高於勳臣總兵官，為明廷以文制武的軍事統領模式。但在京營中，勳臣總兵官的政治地位極高，尊崇勳臣的政治習慣更是從明太祖以降不斷強化。因此在戎政府的位階上，勳臣為制度上首位的「總督」京營戎政，而文臣是輔助勳臣居於次位「協理」京營戎政。

協理京營戎政與總督京營戎政的位階雖與軍鎮總督及總兵官相反，但運作上實與軍鎮相同。協理京營戎政為政務設計、督導與執行的主要角色，勳臣則專注於操練軍士與率軍作戰。如嘉靖朝由嚴嵩起議加固北京城硬體防禦，經協理京營戎政許論、鄭曉執行興築北京城南城、疏濬護城河與運河、維修關隘；而總督京營戎政顧寰則負責督導官兵操練、汰選老弱、軍紀維持的工作。隆萬朝時，京營輪調邊鎮駐防或支援作戰，都以京營參將、遊擊領兵出京。

軍鎮有固定轄區，軍鎮總督的權責範圍明確，但協理京營戎政的權責範圍有多少？協理京營戎政能在獲允使用戎政印或關防的情況下，調度北京五城兵馬司、京城巡捕、京畿衛所等，甚至可下令宣府、薊遼等邊鎮軍入衛協防策應。如此一來，協理京營戎政要謀略的轄區就不只有北京城，而是包含京畿甚至邊鎮的戰略規劃。

但明廷沒有讓協理京營戎政擁有大權太久，反而不斷限縮其權責。自嘉靖朝確立薊鎮常設化後，北京正北方擁有宣府鎮與薊鎮作為前衛屏障，同時調整彼此轄區，制定相互策應的規範。至萬曆朝初期，明廷提升昌平、保定的軍事層級，雖未及遼東、薊州、宣府的規模，然可視為小型軍鎮。明廷將昌平、保定聯同遼東與薊州，規劃四鎮防禦戰略，讓北京的北、西、東面皆受到軍鎮保護。因此，協理京營戎政能完全主導的區域逐步限縮於北京城內，他雖可提出京畿區域的防務建請，但影響與運作成效逐漸不及這些大小軍鎮的督撫。明廷透過分權以維持中央的控制權，更能藉此得到比過去更多的屏障保護。

在軍事動員上，除固定班軍輪調或防秋任務外，軍鎮未得詔命是不可跨越轄區。京營本身沒有駐防轄區，更有自明成祖以來對外征戰、對內彈壓的天賦任務。因此，歷來協理京營戎政多建請讓京營軍移駐長城邊境或宣府鎮、薊鎮等鄰近邊鎮，以強化戍邊的經驗磨練。但京營軍整頓的情況從嘉靖末提升，至萬曆十年為高峰，而後不斷下降。對京營戰力的信任下滑，也是明廷設立外圍軍鎮的原因之一。即使在天啟、崇禎二朝時京畿時常遭到攻掠，原則上總督與協理是不會離開北京城到戰場最前線，僅有一位增設的副協理京營戎政劉之綸自請出戰，反之邊鎮總督則必須因應戰況調動駐防區域。

從職官設計與軍事運作情況來看，明廷一步步進行北京城的軍鎮化。雖然京營的軍裝器械維護不良、兵額短缺役佔等問題長期存在，但比之邊鎮的更新汰換效率已有過之。在地方上最優秀的督撫與將才皆是調入京營的首選，亦不乏調動京營將領支援邊鎮。惟有在政治上中央與地方有別，京師不能與地方軍鎮比肩同階，故不能明言北京為軍鎮，以及實質為「北京鎮總督」的協理京營戎政。

三、協理京營戎政的困局

明廷最初將協理京營戎政設計為負責北京防禦的最高軍事文官，制度上它位處京官高位，又有將權，完全擁有盡改前非的權力。但在實際運行上，歷代皇帝對協理京營戎政這個職位或對個人的態度起伏不定，皇帝是否支持，是政務能否推行的最後一座靠山。在此靠山之前，尚有內閣的穩定與政令延續的問題。而最常面對的，就是明代軍事制度中的文臣、勳臣、內臣所形成的三堂體制，三方對彼此是拉攏、是合作、是對立，都是制衡協理京營戎政權力與運作的關鍵。

于謙為總督軍務時，雖有明景帝支持，但勳臣與內臣僅是表面合作。他在任八年期間，北京保持戰爭狀態，在戰時體制下編組的團營有一定戰力，但無法徹底解決兵額來源、將官隱匿糧餉、役佔兵額等問題。于謙雖有一人之下、萬人之上的軍政權，但在傳統勳臣主政的京營與北京防務上，難以抗衡其陽奉陰違或是政敵參劾。而後提督團營時期，勳臣與內臣合作加深，提督團營的權力受到高度限縮。

明世宗的國政推行，與前朝有一大特點，就是貶低、罷免宦官在朝中的政治地位。明世宗追崇明太祖不用宦官典軍的慣例，一反明成祖以來重用宦官的特點。從嘉靖朝初期罷設地方軍務的監槍內臣，進而免除京營內的提督太監。三堂體制中缺少宦官，形成文臣與勳臣競逐權力的態勢。但明世宗仍考慮到制衡的關係，故透過巡視科道官來取代宦官，作為皇帝的耳目。因此，即使巡視科道官是文臣，並非絕對與協理京營戎政站在同一線，他仍可能跟勳臣合作，糾舉或刻意反對協理京營戎政。歷來許多協理京營戎政入職後，不堪科道官的惡意參劾，自請退休或離職的不在少數。

從協理京營戎政創設的第一年起，京營內在質量完全不如明成祖時的恢弘，恢復祖制與先祖時的榮耀，這項政治責任一直背負在歷任協理京營戎政身上。因此，從協理京營戎政針對這些弊端進行改革時，表面上簡單的兵員馬匹缺額，背後實際牽扯複雜的利益，甚至是政治問題。例如在處理兵額不足時，照例只要清點造冊，汰除老弱，選補強健兵丁即可解決。然而，京營官兵與地方官兵的出身有一項截然不同的差異，即入營的在京衛所兵，不少是出身於功勳之後。世勳的身分背景，令其行事作為敢挑戰官階與踐踏法制。因此，光靠協理京營戎政一人是無法順利改革弊端，必須尋求同是勳臣的總督京營戎政協助，以其更高的世勳地位服壓官兵。

因總督京營戎政的文獻存留較少，現僅從文官的角度觀察總督與協理的互動情況。首先就雙方任期而言，存在明顯的不對等差異。協理京營戎政的任期鮮少超過二年，更多不到一年，替任十分頻繁。但總督京營戎政則大多久任，而且任期很長。如顧寰近十六年（嘉靖三十三年至隆慶四年，1554-1570）、楊炳十五年（隆慶五年至萬曆十四年，1571-1586）、李言恭十年（萬曆十四至二十四年，1586-1596）、陳良弼十四年（萬曆二十四至三十八年，1586-1610）、李守錡九年（崇禎元年至九年，1628-1636）。五個人的任期就幾乎涵蓋全體協理京營戎政的一半任期，顯示明廷對勳臣的政治尊崇傳統。在此傳統制約之下，協理必須與總督親善，或是運用其他勢力令總督配合整飭京營及運作戎政。

從嘉靖到萬曆朝初期，協理京營戎政能提升地位，依制度整飭京營及北京防禦，是得到皇帝與內閣的大力支持。第一任協理京營戎政王邦瑞因仇鸞誣陷而被貶為庶人，十年之後又重新復起為協理京營戎政。這是呈現協理京營戎政在政局上是最弱勢的一例，王邦瑞第一任時未得皇帝與內閣完全支持，不要說推行政務，連官位都不保。而後明世宗與嚴嵩重新支持下，才開始整頓營務。明世宗與嚴嵩，明穆宗與徐階、高拱、張居正，明神宗與張居正，這三朝皇帝與內閣都積極管理戎政，讓協理京營戎政在朝中地位穩固，得以展才，整體而言讓京營的狀況恢復到可用、可戰。

從明代官方的歷史定位來看，「戎政」是嘉靖朝以後專指一切有關戎政府事務的全新專有名詞。張居正是積極推動戎政的閣臣，憑在萬曆朝擔任《明世宗實錄》、《明穆宗實錄》的纂修官，將「戎政」列入修纂凡例，以及督導重修〔萬曆〕《大明會典》。而後，天啟朝首輔葉向高也重視戎政，不僅在自己著書的《四夷考》中有一篇〈京營兵制考〉專論，亦負責《明光宗實錄》纂修，同樣將「戎政」列入修纂凡例。這代表明廷對戎政的重視，說明「戎政」一詞成為國之重事的歷史定位。

自明神宗怠政後，戎政的管理不斷下滑，而後的光宗、熹宗、思宗未如過往信任內閣與協理京營戎政，戎政不彰更積重難返。泰昌、天啟、崇禎三朝的政局，宦官重新回到京營體制內，戎政的軍事指揮實質上再度恢復為過往的三堂體制。這不代表此時的協理京營戎政才能不佳，而是皇帝對宦官的親信高於文臣與勳臣，使得宦官侵奪協理京營戎政的軍政權。同時，從政治的角度來看京營出征，著實為一把兩面刃。若京營得勝自然是好，但若戰敗或損失過大，不僅影響北京安全，更直接影響全國軍心士氣，這是皇帝最為顧慮的地方。然而，啟禎二朝的宦官抓準皇帝的思維，領京軍出征卻未在前線，報喜不報憂，層層掩飾到最後無可挽回的地步。

在明代軍事史研究中，協理京營戎政從不是研究焦點，也有許多誤解。經本文的論證後，可知協理京營戎政是隸屬兵部的專設官，官銜與宮銜雖是因人加身，但最高層級幾乎可與兵部尚書比肩。他並不是如官名所示的協理，而是實質擬定、執行戎政的人，更不是虛設的閒職。在明代以文馭武的職官中，協理京營戎政是的最晚成立，但影響國防最重的職官。但因朝中政局與勳臣地位崇高的關係，協理京營戎政並不能如邊鎮督撫一般直接號令勳臣，而必須以協調合作的模式來執行戎政。

在明代天子守邊的國防視野下，協理京營戎政代理天子統領六師執行軍務，應如何論定價值？對明廷而言，可以避免天子親自上戰場，以及承擔勝敗政治責任的高度風險。一有過失，皆可罪責協理京營戎政，有功則榮耀歸於天子。而從北京防禦的運作、京營的整飭而言，戎政府與協理京營戎政改變過去勳臣主導下，幕僚機構、營務清冊帳目不外顯的狀況，更有專責屬官協助管理，將京營事務明確制度化，並有文書記錄可供備考。然事在人為，優秀的職官制度與防務模型，往往因朝中政局的變遷，而無法按照設計模式來運行。

協理京營戎政的設置，確實有助於明廷穩定北京防禦、維繫九邊防線的成就，不應以明朝滅亡、京營衰敗等結果，而忽視其長達百年的運作成效。明代國防以九邊為重、九邊軍鎮以京師為心，天子守邊的關鍵不在天子，而在協理京營戎政。綜觀明朝歷史中的協理京營戎政，他對明朝國防、政治、制度上的價值應當予以正視。

後記

一個喜愛動漫、港片戲劇的男孩，人物台詞比文獻史料更琅琅上口，如今取得博士學位、出版論文，第一個跌破眼鏡的就是男孩自己。在淡江大學畢業前夕，心思所繫不是就業出路，而是史學盃壘球賽總是預賽就淘汰，「好想贏輔大」是當年考碩士班的動力。不善讀書考試的我，運氣備取上前一年冠軍隊伍嘉義大學史地系，靠隊友加持下，躺著拿到2007年史學盃冠軍。然而無腦快樂的日子不能長久，如同《無間道二》的經典台詞：「出來混，遲早要還的」，為了畢業，念書跟寫文章都要「加倍奉還」。

大學時從沒修過明史課程，碩論卻研究明朝北邊軍鎮宣府鎮，學識基礎薄弱。幸得林燊祿老師不辭辛勞，帶我逐字逐句的修改，傾囊相授。碩士畢業後，只給自己一次機會攻讀博士，沒考上就全心投入職場。確定錄取師大後，林老師囑咐要努力求教。因此，自請旁聽朱鴻老師的大學部課程，惡補明代政治、宮廷、古蹟文物的專業，讓我的視界擴展到書本外。2013年冬，隨朱老師前往河北省張家口市作學術交流，訪察長城、驛站、古城、廟宇等，宣府鎮從圖紙上躍然在我眼前，初識何謂「神京屏翰」。得朱老師俯允指導後，再隨行前往北京、長春與吉林等地，完全打開「古墓派」的開關，每次旅行都是古蹟與博物館的聖地巡禮，旅行記錄也成為學術研究與課程簡報的養分。更讓我從戍守邊鎮進入京師防禦，深化我對北京城的歷史認識，得產出衛戍京師最重要的職官——「協理京營戎政」。

無論攻讀學位或是旅行考察，不能缺少糧餉。2012年幸得周維強老師提攜，並有林國平處長、郭鎮武科長的領導，在台北故宮擔任研究助理近六年，學習文獻檔案管理、數位化，以及傳統與新媒體展覽策畫。郭科長專長資訊管理，時時提點我要關注歷史人文與數位典藏、資訊管理的結合研究，尤其是新媒體、AI科技的進步，讓我學習用科技的方式來進行歷史教育推廣以及文創行銷。院內的長官陳桂雲編審、廖世華秘書、陳龍貴研究員、田兆炎先生、胡登科先生，以及同事李亞祝、趙沂芬、廖琇瑩、路恒、薛書粒、張珂榕等，感謝諸位的幫助鼓勵。惟院內的計畫助理聘任非連年連續，空窗期賴大同國小魏子仁主任、建國中學沈容伊主任惠予機會任職行政業務，不致凍餒。

博論寫作之路，個性習慣獨學而無友，難以發覺文句論證的矛盾衝突。得巫仁恕、李卓穎二位師長帶領各校研習明清史的研究生，定期分享寫作內容，彼此激勵進度，及謝仁晏博士負責聯繫，讓每次讀書會順利圓滿。然而，要成為獨立研究者，必要上場發表見真章。時任中研院科學史委員會主委張澔老師、執秘周維強老師鼓勵我要擴展領域，讓我學習從科學史角度來分析明清史事，在科委會主辦的研討會發表皆獲郭福祥研究員、陳德勤老師等師長提點，大幅提升演說的技巧與自信。

博士班後期不再接任何工作，依靠前幾年的存餘，回歸每日到圖書館或研究室報到寫作。在研究室時常碰面的信杰、鎮魁、晏松、子正、陳陳，我往往自嘲又讓他們見到困在寫作地獄的地縛靈了，有勞同道硯右配合演出，緩解我的壓力。師門的建宏、範維學長與幸真、家維學妹以及文珠、美芳助教，在課業與行政上鼎力相助，十分感謝。

論文開題時，承蒙莊吉發老師、李天鳴處長多方提點，填補我對民族史、軍事地圖的缺陷。從初審到口試，朱鴻老師邀請林燊祿、葉高樹、邱仲麟、周維強諸位師長，詳閱學生近三十五萬字的論文，文粗筆拙的字句，讓師長們勞心費力，始能圓潤完成。同時，在學生的學術研究、做人處事、職場歷練到畢業謀職，師長們無不時刻關懷協助，著實銘感五內。

畢業後，謀職路艱辛崎嶇，幸得淡江大學歷史學系照拂系友，讓我兼任通識課程。初登講堂，教學不比研究輕鬆，尤其台下皆非歷史系學生，對歷史的認識與興趣程度不一，課程深度、評量標準、講述方法要如何拿捏，都令我十分煩惱。感謝華語中心周湘華主任、歷史系高上雯主任、李其霖老師及不吝分享與提點教學經驗，助我度過難關。亦感謝中原大學通識教育中心柯惠鈴主任、馬偕醫護管理專科學校通識教育中心周耿生主任，讓我增進更多講述經驗。

2023年初，博士論文獲母系師長與外審委員核可獎助出版，入列「國立臺灣師範大學歷史學系研究叢書」之一，十分感謝審查委員的深刻用心，陳昭揚主任與吳有能老師特別囑咐我加緊修改，並大力支持。補充海外孤本不易，分別要前往日本京都大學與濟南山東大學，難以確定館方是否提供調閱。麻煩所有認識的師長，幸得蔡長廷博士引薦在京都大學訪學的哈佛大學東亞語言與文明學系博士候選人楊翊，勞請取得資料。後得朱老師聯繫山東大學陳尚勝教授，以及系上提供推薦信，順利前往山東大學蔣震圖書館調閱，陳教授不只安排調閱參訪，更帶著薛戈老師、常宗政博士來交流，讓我收穫滿滿。

數次大陸交流考察，從跟團摸索到獨自行動，仰仗前人的經驗傳授。2013至15年，跟團行程中的一天自由行，長青與建宏學長帶著沒有網路漫遊的我觀覽各處古蹟。又勞煩黃聖修學長、莊蕙芷老師分享到各地交流的方法。近年有幸參與中國明史學會舉辦的國際研討會，得陳支平、彭勇、張金奎、陳時龍、解揚等師長勉勵提點，以及王榮湟、李廷青等新銳學者交流，大幅開拓學術視野。

回想十數年來的求學路，能讀書、行旅，實有諸位師長貴人匡弼。特別感謝朱鴻老師和師母、林燊祿老師和師母的提攜關懷，當我完成博士學位後，更贈與大量珍貴藏書，期許我努力不懈。後記篇幅有限，淡江、嘉義、臺師大等系壘、金華波哥、數位司馬遷的朋友們，未能完整一一答謝，尚祈涵容。並感謝秀威資訊的孟人玉責任編輯、吳霽恆編輯，統整大篇幅頁數的論文專書。最後，父母、大哥、親族與已為天使的儷文表姊，銘感無盡的支持與照顧，讓我得有小成。

甲辰中秋書於東門

徵引書目

（按著者姓氏筆畫排序）

一、史料文獻

（一）實錄（照時序排列）

〔明〕胡廣等總裁，《明太祖實錄》，臺北：中央研究院歷史語言研究所，1984，據中央研究院歷史語言研究所民國五十一年[1962]刊本縮編。

〔明〕楊士奇等總裁，《明太宗實錄》，臺北：中央研究院歷史語言研究所，1984，據中央研究院歷史語言研究所民國五十一年[1962]刊本縮編。

〔明〕楊士奇等總裁，《明仁宗實錄》，臺北：中央研究院歷史語言研究所，1984，據中央研究院歷史語言研究所民國五十一年[1962]刊本縮編。

〔明〕楊士奇等總裁，《明宣宗實錄》，臺北：中央研究院歷史語言研究所，1984，據中央研究院歷史語言研究所民國五十一年[1962]刊本縮編。

〔明〕楊士奇等總裁，《明英宗實錄》，臺北：中央研究院歷史語言研究所，1984，據中央研究院歷史語言研究所民國五十一年[1962]刊本縮編。

〔明〕劉吉等總裁，《明憲宗實錄》，臺北：中央研究院歷史語言研究所，1984，據中央研究院歷史語言研究所民國五十一年[1962]刊本縮編。

〔明〕李東陽等總裁，《明孝宗實錄》，臺北：中央研究院歷史語言研究所，1984，據中央研究院歷史語言研究所民國五十一年[1962]刊本縮編。

〔明〕費宏等總裁，《明武宗實錄》，臺北：中央研究院歷史語言研究所，1984，據中央研究院歷史語言研究所民國五十一年[1962]刊本縮編。

〔明〕張居正等總裁，《明世宗實錄》，臺北：中央研究院歷史語言研究所，1984，據中央研究院歷史語言研究所民國五十一年[1962]刊本縮編。

〔明〕張居正等總裁，《明穆宗實錄》，臺北：中央研究院歷史語言研究所，1984，據中央研究院歷史語言研究所民國五十一年[1962]刊本縮編。

〔明〕顧秉謙等總裁，《明神宗實錄》，臺北：中央研究院歷史語言研究所，1984，據中央研究院歷史語言研究所民國五十一年[1962]刊本縮編。

〔明〕葉向高等總裁，《明光宗實錄》，臺北：中央研究院歷史語言研究所，1984，據中央研究院歷史語言研究所民國五十一年[1962]刊本縮編。

〔明〕溫體仁等總裁，《明熹宗實錄》，臺北：中央研究院歷史語言研究所，1984，據中央研究院歷史語言研究所民國五十一年[1962]刊本縮編。

〔明〕溫體仁等總裁，《明熹宗實錄》，臺北：中央研究院歷史語言研究所，1984，據梁鴻志影印江蘇省立國學圖書館本縮編。

〔明〕李長春纂修，《明熹宗七年都察院實錄》，臺北：中央研究院歷史語言研究所，1984，據中央研究院歷史語言研究所藏抱經樓舊藏鈔本縮編。

〔明〕明熹宗敕撰，《明熹宗寶訓》，臺北：中央研究院歷史語言研究所，1984，據中央研究院歷史語言研究所民國五十一年[1962]刊本縮編。

〔明〕不著撰人，《熹宗哲皇帝實錄》，臺北：中央研究院歷史語言研究所，1984，據中央研究院歷史語言研究所藏內閣大庫舊藏明內閣精寫本縮編。

〔明〕不著撰人，《崇禎長編》，臺北：中央研究院歷史語言研究所，1984，據《痛史》本縮編。

〔明〕不著撰人，《崇禎實錄》，臺北：中央研究院歷史語言研究所，1984，據中央研究院歷史語言研究所藏嘉業堂舊抄本縮編。

〔清〕覺羅勒德洪監修總裁、明珠等總裁，《清太祖高皇帝實錄》，《清實錄》，第一冊，北京：中華書局，1986。

（二）正史、政書

〔明〕王圻，《續文獻通考》，上海：上海古籍出版社，1995，《續修四庫全書》史部・政書類，第761-767冊，據明萬曆三十年松江府刻本影印。

〔明〕李東陽等奉敕撰，〔日〕山根幸夫題解，〔正德〕《大明會典》，東京：汲古書院，1989，據東京大學圖書館《蓬左文庫》朝鮮古活字本等本影印。

〔明〕李東陽等奉敕撰，申時行等奉敕重修，〔萬曆〕《大明會典》，上海：上海古籍出版社，1995，《續修四庫全書》史部・政書類，第789-792冊，據明萬曆[1573-1619]內府刻本影印。

〔明〕俞汝楫等編撰，林堯俞等纂修，《禮部志稿》，臺北：臺灣商務印書館，1983-1986，《景印文淵閣四庫全書》，據國立故宮博物院藏本影印。

〔明〕徐一夔，《大明集禮》，筑波：筑波大學附屬圖書館藏明嘉靖九年[1530]序經廠刊本。

〔明〕徐學聚，《國朝典彙》，臺南：莊嚴文化事業有限公司，1997，《四庫全書存目叢書》史部・政書類，第264-266冊，據中國科學院圖書館藏明天啟四年徐與參刻本影印。

〔清〕張廷玉等總裁，《明史》，北京：中華書局，1997，新校本。

〔明〕張鹵輯，楊一凡點校，《皇明制書》，北京：社會科學文獻出版社，2013。

〔清〕清高宗敕撰，《續文獻通考》，臺北：臺灣商務印書館，1987。

（三）奏議

〔明〕毛伯溫，《毛襄懋先生奏議》，臺南：莊嚴文化事業有限公司，1997，《四庫全書存目叢書》史部・詔令奏議類，第59冊，據上海圖書館藏清乾隆三十七年[1772]世恩堂刻《毛襄懋公集》本影印。

〔明〕王一鶚，《總督四鎮奏議》，臺北：正中書局，1985，《玄覽堂叢書續集》，據萬曆十六年[1588]刊本影印。

〔明〕王家屏，《王文端公詩集二卷奏疏四卷尺牘八卷》，臺南：莊嚴文化事業有限公司，1997，《四庫全書存目叢書》集部・別集類，第149冊，據北京大學圖書館藏明萬曆四十年至四十五年刻本影印。
〔明〕王紹元，《白厓奏議・附錄京營疏稿》，臺北：漢學研究中心，1990，據日本內閣文庫明嘉靖三十八年序刊本影印。
〔明〕王瓊，《晉溪本兵敷奏》，臺南：莊嚴文化事業有限公司，1997，《四庫全書存目叢書》史部・詔令奏議類，第59冊，據甘肅省圖書館藏明嘉靖二十三年[1544]廖希言等刻本影印。
〔明〕吳兌，《閱視三鎮奏議》，臺北：國立故宮博物院藏，原北平圖書館藏明萬曆[1573-1620]刊本。
〔明〕吳亮輯，《萬曆疏鈔》，北京：北京出版社，2000，《四庫禁燬書叢刊》史部，第58-60冊，據山西大學圖書館藏明萬曆三十七年[1609]刻本影印。
〔清〕吳甡著，秦暉點校，《柴庵疏集》，杭州：浙江古籍出版社，1989，《明末清初史料選刊》。
〔明〕李日宣，《昌鎮奏議》，臺北：國立故宮博物院藏，原北平圖書館藏明崇禎[1628-1644]間刊本。
〔明〕李承勛，《少保李康惠公奏草》，臺北：中央研究院傅斯年圖書館藏明嘉靖二十三年[1544]嘉惠堂八千卷樓丁氏藏書刊本。
〔明〕李守錡，《督戎疏紀》，京都：京都大學圖書館藏崇禎九年[1636]後刊本。
〔明〕李遂，《李襄敏公奏議》，臺南：莊嚴文化事業有限公司，1997，《四庫全書存目叢書》史部・詔令奏議類，第61冊，據山西大學圖書館藏明萬曆二年陳瑞刻本影印。
〔明〕孫旬輯，《皇明疏鈔》，上海：上海古籍出版社，2002，《續修四庫全書》史部・詔令奏議類，第463-464冊，據上海圖書館藏明萬曆十二年自刻本影印。
〔明〕高儀，《高文端公奏議》，臺北：國立故宮博物院藏原北平圖書館藏明萬曆二十九年[1601]錢塘高氏家刊本。
〔明〕張鹵輯，《皇明嘉隆疏抄》，上海：上海古籍出版社，1995，《續修四庫全書》史部・詔令奏議類，第466-467冊，據上海圖書館藏明萬曆[1573-1619]刻本影印。
〔明〕張棟，《張可菴先生疏稿》，臺北：中央研究院歷史語言研究所傅斯年圖書館藏明萬曆四十一年[1613]刊本。

〔明〕戚繼光，張德信校譯，《戚少保奏議》，北京：中華書局，2001。
〔明〕楊時寧，《總督宣大山西軍門奏議》，臺北：國立故宮博物院，藏原北平圖書館藏明[1368-1644]刊本。
〔明〕楊博，《楊襄毅公本兵疏議》，臺南：莊嚴文化事業有限公司，1997，《四庫全書存目叢書》史部・詔令奏議類，第61冊，據浙江圖書館藏明萬曆十四年師貞堂刻本影印。
〔明〕楊博，《楊襄毅公奏疏》，臺北：中央研究院歷史語言研究所傅斯年圖書館藏明萬曆間[1628-1644]刊本。
〔明〕楊博，《楊襄毅公奏疏》，北京：書目文獻出版社，1995，《北京圖書館古籍珍本叢刊》，景研理樓藏明萬曆[1573-1619]刻本。
〔明〕鄭曉，《鄭端簡公奏議》，上海：上海古籍出版社，1995，《續修四庫全書》史部・詔令奏議類，第476-477冊，據上海圖書館藏明隆慶項氏萬卷堂刻本影印。
〔明〕薛三才，《薛恭敏公奏疏》，臺北：偉文圖書出版社，1977，景中央圖書館藏本。
〔明〕嚴嵩，《南宮奏議》，上海：上海古籍出版社，1995，《續修四庫全書》史部・詔令奏議類，第476冊，據北京圖書館藏明嘉靖二十四年[1545]嚴氏鈐山堂刻本影印。
〔明〕嚴嵩，《嘉靖奏對錄》，臺北：國立故宮博物院藏原北平圖書館藏明嘉靖[1522-1566]刊本。
〔明〕蘇祐，《穀原先生奏議》，臺北：國立故宮博物院藏，原北平圖書館藏明嘉靖三十七年[1558]清豐知縣李汝寬刊本。

（四）總集、文集

〔明〕于謙著，魏得良點校，《于謙集》，杭州：浙江古籍出版社，2015。
〔明〕方逢時，《大隱樓集》，北京：北京出版社，2000，《四庫未收書輯刊》第5輯，據清乾隆四十二年滋元堂刻本影印。
〔明〕王世貞，魏連科點校，《弇山堂別集》，北京：中華書局，2006。
〔明〕王邦瑞，《王襄毅公集》，臺北：國立故宮博物院藏原北平圖書館藏明隆慶五年[1571]湖廣按察使溫如春刊本。
〔明〕王家彥，《王忠端公文集》，北京：北京出版社，2000，《四庫禁燬書叢刊》集部・第162冊，據上海圖書館藏清順治十六年[1659]

刻本影印。
〔明〕王樵，《方麓居士集》，臺北：國家圖書館藏明萬曆間[1573-1620]刊崇禎八年[1635]補刊墓誌銘本。
〔明〕申時行，《賜閒堂集》，臺南：莊嚴文化事業有限公司，1997，《四庫全書存目叢書》集部・別集類，第134冊，據北京大學圖書館藏明萬曆刻本影印。
〔明〕朱元璋，《皇明祖訓》，臺南：莊嚴文化事業有限公司，1997，《四庫全書存目叢書》史部・政書類，第264冊，據北京圖書館藏明洪武禮部刻本影印。
〔明〕何東序，《九愚山房稿》，臺北：國家圖書館藏明萬曆三十一年[1603]河東何氏刊本。
〔明〕李廷機，《李文節集》，臺北：國家圖書館藏明崇禎間[1628-1644]刊本。
〔明〕李邦華，《文水李忠肅先生集》，北京：北京出版社，2000，《四庫禁燬書叢刊》集部・第81冊，據北京大學圖書館藏清乾隆七年[1742]徐大坤刻本影印。
〔明〕李維楨，《大泌山房集》，臺南：莊嚴文化事業有限公司，1997，《四庫全書存目叢書》集部・別集類，第150-153冊，據北京師範大學圖書館藏明萬曆三十九年[1611]刻本影印。
〔明〕周世選，《衛陽先生集》，臺南：莊嚴文化事業有限公司，1997，《四庫全書存目叢書》集部・別集類，第136冊，據北京大學圖書館藏明崇禎五年[1632]周承芳刻本影印。
〔明〕俞大猷，《正氣堂續集》，北京：北京出版社，2000，《四庫未收書輯刊》第5輯，據清道光孫雲鴻味古書室刻本影印。
〔明〕徐階，《世經堂集》，臺南：莊嚴文化事業有限公司，1997，《四庫全書存目叢書》集部・別集類，第79-80冊，據北京大學圖書館藏明萬曆[1573-1620]徐氏刻本影印。
〔明〕翁萬達，《翁東涯集》，北京：書目文獻社，1988，《北京圖書館古籍珍本叢刊》，據明嘉靖十九年[1540]王儀刻本影印。
〔明〕高拱，《高文襄公集》，臺南：莊嚴文化事業有限公司，1997，《四庫全書存目叢書》集部・別集類，第108冊，據北京圖書館藏明萬曆刻本影印。

〔明〕高拱，《館閣偶詠》，臺北：中央研究院歷史語言研究所傅斯年圖書館藏清乾隆十六年[1751]高玉生補刊本。

〔明〕張四維，《條麓堂集》，上海：上海古籍出版社，2002，《續修四庫全書》集部・別集類，第1351冊，據山西大學圖書館藏明萬曆二十三年張泰徵刻本影印。

〔明〕張孚敬，《太師張文忠公集》，臺南：莊嚴文化事業有限公司，1997，《四庫全書存目叢書》集部・別集類，第77冊，據湖北省圖書館藏明萬曆四十三年[1615]張汝紀等刻增修本影印。

〔明〕張孚敬，《諭對錄》，臺南：莊嚴文化事業有限公司，1997，《四庫全書存目叢書》史部・詔令奏議類，第57冊，據天津圖書館藏明萬曆三十七年[1609]蔣光彥等寶綸樓刻本影印。

〔明〕張佳胤，《居來先生集》，濟南：齊魯出版社，2001，《四庫全書存目叢書補編》，據中國科學院圖書館明萬曆曆[1573-1620]刻本影印。

〔明〕張居正，《新刻張太岳先生詩文集》，臺南：莊嚴文化事業有限公司，1997，《四庫全書存目叢書》集部・別集類，第113-114冊，據明萬曆四十年[1612]唐國達刻本影印。

〔明〕許弘綱，《群玉山房文集》，北京：北京出版社，2000，《四庫未收書輯刊・第5輯》，景清康熙百城樓刻本。

〔明〕郭宗皐，《郭康介遺文》，合肥：黃山書社，2013，《明別集叢刊・第二輯》，據清嘉慶二十五年福山王善愷刻本影印。

〔明〕陳子龍等選輯，《明經世文編》，北京：中華書局，1962，景明崇禎[1628-1644]雲間平露堂刻本。

〔明〕喻時，《吳皐先生文集》，北京：中國國家圖書館藏明嘉靖二十四年[1545]陳大賓刻本。

〔明〕馮琦，《北海集》，臺北：國家圖書館藏明萬曆末年[1605-1620]雲間林氏刊本。

〔明〕楊一清，《楊一清集》，北京：中華書局，2001。

〔明〕楊東明，《青瑣藎言》，臺南：莊嚴文化事業有限公司，1997，《四庫全書存目叢書》史部・詔令奏議類，第64冊，據上海圖書館藏明楊東眼刻本影印。

〔明〕楊漣，《楊忠烈公文集》，北京：北京出版社，2000，《四庫禁燬書叢刊》集部・第13冊，據北京大學圖書館藏清道光十三年[1833]世美堂刻本影印。

〔明〕溫純，《溫恭毅公文集》，臺北：國家圖書館藏明崇禎十二年[1639]西京溫氏家刊本。

〔明〕葉向高，《蒼霞續草》，北京：北京出版社，2000，《四庫禁燬書叢刊》集部，第124-125冊，據北京大學圖書館藏明萬曆刻本影印。

〔明〕董其昌，《容臺文集》，臺南：莊嚴文化事業股份有限公司，1997，《四庫全書存目叢書》集部・別集類，第171冊，據清華大學圖書館藏明崇禎三年[1630]董庭刻本影印。

〔明〕鄒德溥，《鄒泗山先生文集》，臺北：中央研究院傅斯年圖書館藏安成紹恩堂刊本清[1644-1911]刊本。

〔明〕趙貞吉，《趙文肅公文集》，臺南：莊嚴文化事業有限公司，1997，《四庫全書存目叢書》集部・別集類，第100冊，據杭州大學圖書館藏明萬曆十三年[1585]趙德仲刻本影印。

〔明〕劉餘祐，《燕香齋文集》，臺南：莊嚴文化事業股份有限公司，1997，《四庫全書存目叢書》集部・別集類，第195冊，據湖北省圖書館藏清康熙刻本影印。

〔明〕鄧以讚，《鄧定宇先生文集》，臺南：莊嚴文化事業有限公司，1997，《四庫全書存目叢書》集部・別集類，第156冊，據蘇州市圖書館藏明周文光刻本影印。

〔明〕鄭洛，《白賁堂詩草》，臺北：國立故宮博物院藏原北平圖書館藏明萬曆己亥[1599]刊本。

〔明〕駱問禮，《萬一樓集》，北京：北京出版社，2000，《四庫禁燬書叢刊》集部，第174冊，據北京大學圖書館藏清嘉慶活字本影印。

〔明〕薛三省，《薛文介公文集》，臺南：莊嚴文化事業有限公司，1997，《四庫全書存目叢書》，景天津圖書館藏明崇禎[1628-1644]刻本。

〔明〕譚綸，《譚襄敏公遺集》，北京：北京出版社，2000，《四庫未收書輯刊》第5輯，據清嘉慶二十四年[1819]鄒庭芳活字本影印。

〔明〕嚴嵩，《鈐山堂集》，臺南：莊嚴文化事業有限公司，1997，《四庫全書存目叢書》，景北京大學圖書館藏明嘉靖二十四年[1545]刻增修本。

〔清〕萬斯同，《石園文集》，上海：上海古籍出版社，2002，《續修四庫全書》集部・別集類，第1415冊，據民國二十五年張氏約園刻四明叢書第四集本影印。

（五）方志

〔明〕尹耕纂，《兩鎮三關通志》，成都：四川民族出版社，2002，《中國少數民族古籍集成》，景日本東洋文庫藏明[1368-1644]抄本。
〔清〕姚延福修，鄧嘉緝，蔣師轍纂，《光緒臨朐縣志》，北京：北京圖書館出版社，2004，《中國地方志集成・山東府縣志輯》，據清光緒十年[1884]刻本影印。
〔明〕孫世芳等纂，欒尚約輯，〔嘉靖〕《宣府鎮志》，臺北：臺灣學生書局，1969，據明嘉靖四十年[1561]刊抄補本影印。
〔明〕劉效祖撰，彭勇、崔繼來校，《四鎮三關誌校注》，鄭州：中州古籍出版社，2018。
〔清〕鄭僑生修，葉向昇等纂，〔康熙〕《遵化州志》，上海：上海書店出版社，2006，《中國地方志集成・河北府縣志輯》，據國家圖書館藏清康熙抄本影印。

（六）其他

〔清〕不著撰人，《明清歷科進士題名碑錄》，臺北：華文書局，1969。
中國第一歷史檔案館、遼寧省檔案館編，《中國明朝檔案總匯》，桂林：廣西師範大學出版社，2001，一版。
文史哲出版社編，《明清進士題名碑錄索引》，臺北：文史哲出版社，1982。
〔明〕王世貞，《嘉靖以來內閣首輔傳》，臺北：明文書局，1991，收於周駿富輯，《明代傳記叢刊・名人類》。
〔明〕王世貞纂撰，董復表彙次，《弇州史料》，臺北：中央研究院歷史語言研究所傅斯年圖書館藏明萬曆間[1573-1619]刊本。
〔明〕王圻纂輯，黃晟重校，《類書三才圖繪》，慕尼黑：巴伐利亞國立圖書館藏清雍正乾隆間槐蔭草堂刊本。
〔清〕王鴻緒等纂，《明史稿》，臺北：文海出版社，1962，《元明史料叢編》，景清[1644-1911]敬慎堂刊本。
〔明〕史繼偕撰，《皇明兵制考》，臺北：漢學研究中心景照海外佚存古籍，景日本內閣文庫藏明[1368-1644]刊本。
〔清〕朱一新，《京師坊巷志稿》，北京：北京古籍出版社，1982。
〔明〕朱國禎撰，王根林點校，《湧幢小品》，上海：上海古籍出版社，2012。
〔明〕余懋衡輯，《古方略》，北京：北京出版社，2000，《四庫禁燬書叢刊》子部・第31冊，據中國科學院圖書館藏明崇禎十二年[1639]書林張詒謀忠貞堂刻本影印。
〔明〕余繼登，《典故紀聞》，北京：中華書局，1981。
〔清〕吳偉業輯，《綏寇紀略》，北京：中華書局，1985。
〔明〕沈德符撰，楊萬里校點，《萬曆野獲編》，上海：上海古籍出版社，2012。
〔清〕孫承澤著，王劍英點校，《春明夢餘錄》，北京：北京古籍出版社，1992。
〔明〕徐樞輯，《嘉隆識小類編》，臺北：中央研究院歷史語言研究所傅斯年圖書館藏明鈔本。
〔明〕高拱，《防邊紀事》，成都：巴蜀書社，1993，《中國野史集成》，景印元明善本叢書十種。
國立中央研究院歷史語言研究所編，《明清史料》，臺北：中央研究院歷史語言研究所，1972，二版。
〔明〕張延登輯，《京營巡視事宜》，華盛頓：美國國會圖書館藏明萬曆[1573-1619]楊元刊本。
〔明〕張爵，《京師五城坊巷衚衕集》，北京：北京古籍出版社，1982。
〔明〕許重熙，《嘉靖以來注略》，北京：北京出版社，2000，《四庫禁燬書叢刊》史部・第5冊，據北京大學圖書館藏明崇禎六年刻本影印。
〔明〕連標，《問政要覽》，臺北：國立故宮博物院藏，原北平圖書館藏，明萬曆三十四年[1606]刊本。
〔明〕陳仁錫，《皇明世法錄》，北京：北京出版社，2000，《四庫禁燬書叢刊》史部，第13-16冊，據中國史學叢書景明崇禎刻本影印。
〔明〕焦竑輯，《焦太史編輯國朝獻徵錄》，上海：上海古籍出版社，2002，《續修四庫全書》史部・傳記類，第525冊，據上海圖書館藏明萬曆四十四年[1561]徐象橒曼山館刻本影印。
〔明〕程開祜輯，《籌遼碩畫》，臺北：新文豐出版社，1988，《叢書集成續編》，《國立北平圖書館善本叢書第一集》景原臺北帝國大學藏明萬曆刻本。
〔明〕閔夢得編，《五朝玉音》，重慶：西南師範大學出版社，2015，《域外漢籍珍本文庫・第五輯》，景日本國立公文書館藏明崇禎五年[1632]跋刊本。
〔明〕黃景昉著，陳士楷、熊德基點校，《國史唯疑》，上海：上海古籍出版社，2002。
〔清〕萬斯同等纂，《明史》，上海：上海古籍出版社，2002，《續修四庫全書》史部・別史類，第324-331冊，據北京圖書館藏清[1644-1911]抄本影印。
〔明〕葉盛撰，魏中平點校，《水東日記》，北京：中華書局，1997。
〔明〕過庭訓，《本朝分省人物考》，上海：上海古籍出版社，2002，《續修四庫全書》史部・傳記類，第533-536冊，據北京大學圖書館藏明天啟刻本影印。
〔明〕雷禮纂輯，《國朝列卿紀》，上海：上海古籍出版社，1995，《續修四庫全書》，景北京大學圖書館藏明萬曆[1573-1619]徐鑒刻本。
〔明〕蔣一葵，《長安客話》，北京：北京古籍出版社，1982。
〔清〕談遷著，張宗祥校點，《國榷》，北京：中華書局，1988。
〔明〕鄭曉，李致忠點校，《今言》，北京：中華書局，1984。
〔明〕霍冀，《大閱錄》，北京：線裝書局，2010，《天一閣藏明代政書珍本叢刊》，第十六冊，景明隆慶[1567-1572]間內府刻本）。
〔清〕顧祖禹撰，賀次君、施和金點校，《讀史方輿紀要》，北京：中華書局，2005。

二、近人研究

（一）專書

〔美〕費正清（John K. Fairbank）、〔美〕小佛蘭克・A.基爾曼（Frank A. Kierman, Jr）編著，陳少卿譯，《古代中國的戰爭之道》，北京：民主與建設出版社，2019。
三軍大學中國歷代戰爭史編纂委員會編，中國歷代戰爭史修訂委員會修訂，《中國歷代戰爭史》，臺北：黎明文化事業股份有限公司，

1976。
方志遠，《明代國家權力結構及運行機制》，北京：科學出版社，2008。
毛佩奇等著，《中國明代軍事史》，北京：人民出版社，1994。
王廷洽，《中國古代印章史》，上海：上海人民出版社，2006。
王毓銓，《王毓銓史論集》，北京：中華書局，2005。
任方冰，《明清軍禮與軍中用樂研究》，北京：中央音樂學院出版社，2014。
朱鴻，《明成祖與永樂政治》，臺北：國立臺灣師範大學歷史研究所專刊，1988。
李新峰，《明前期軍事制度研究》，北京：北京大學出版社，2016。
李燮平，《明代北京都城營建叢考》，北京：紫禁城出版社，2006。
肖立軍，《明代省鎮營兵制與地方秩序》，天津：天津古籍出版社，2010。
周維強，《佛郎機銃在中國》，北京：社會科學文獻出版社，2013。
周維強，《明代戰車研究》，北京：故宮出版社，2019。
孟凡人，《明朝都城》，南京：南京出版社，2013。
侯仁之主編，《北京歷史地圖集．一集》，北京：北京出版社，1997。
侯仁之著，鄭輝等譯，《北平歷史地理》，北京：外語教學與研究出版社，2013。
政協福建省泰寧縣委員會文史資料委員會、福建省泰寧縣博物館編，《李春燁與尚書第》，三明：政協福建省泰寧縣委員會文史資料委員會，1997。
胡漢生，《明長陵》，北京：北京燕山出版社，2010。
范中義、王兆春、張文才、馮東禮等撰，《中國軍事通史．明代軍事史》，北京：軍事科學出版社，1998。
韋慶遠，《暮日耀光：張居正與明代中後期政局》，江蘇：鳳凰文藝出版社，2017。
孫文良、李治亭、邱蓮梅，《明清戰爭史略》，瀋陽：遼寧人民出版社，1986。
徐泓，《二十世紀中國的明史研究》，臺北：臺灣大學出版中心，2011。
秦博，《明代勳臣制度研究》，北京：中華書局，2023。
張治安，《明代監察制度研究》，臺北：五南圖書出版公司，2000。
張哲郎，《明代巡撫研究》，臺北：文史哲出版社，1995。

張德信，《明朝典制》，長春：吉林文史出版社，1996。
張德信，《明代職官年表》，合肥：黃山書社，2009。
郭福祥，《明清帝后璽印》，北京：國際文化出版公司，2002。
彭勇，《明代班軍制度研究：以京操班軍為中心》，北京：中央民族大學出版社，2006。
彭勇，《明代北邊防禦體制研究：以邊操班軍的演變為線索》，北京：中央民族大學出版社，2009。
彭國棟纂修，《重修清史藝文志》，臺北：臺灣商務印書館，1968。
景愛，《長城》，北京：學苑出版社，2008。
曾瑞龍，《經略幽燕：宋遼戰爭軍事災難的戰略分析》，香港：香港中文大學，2003。
楊潤平、楊申茂、顏誠，《京師北門宣府鎮》，北京：科學出版社，2012。
達力扎布著，《明代漠南蒙古歷史研究》，海拉爾：內蒙古文化出版社，1997。
赫治清、王曉衛著，《中國兵制史》，臺北：文津出版社，1992。
趙世明，《高拱與隆慶政治》，成都：西南交通大學出版社，2014。
趙現海，《明代九邊長城軍鎮史：中國邊疆假說視野下的長城制度史研究》，北京：社會科學文獻出版社，2012。
劉昭祥主編，《中國軍事制度史・軍事組織體制編制卷》，鄭州：大象出版社，1997。
劉景純，《明代九邊史地研究》，北京：中華書局，2014。
樊樹志，《重寫晚明史・朝廷與黨爭》，北京：中華書局，2018。
樊樹志，《重寫晚明史・新政與盛世》，北京：中華書局，2018。
樊樹志，《重寫晚明史・內憂與外患》，北京：中華書局，2019。
樊樹志，《重寫晚明史・王朝的末路》，北京：中華書局，2019。
魯大維，《神武軍容耀天威：明代皇室的尚武活動》，北京：社會科學文獻出版社，2020。
錢海岳，《南明史》，北京：中華書局，2006。
謝敏聰，《北京的城垣與宮闕之再研究》，臺北：臺灣學生書局，1989。
謝敏聰，《明清北京的城垣與宮闕研究》，臺北：臺灣學生書局，1980。
謝貴安，《明實錄研究》，武漢：湖北人民出版社，2003。

關文發、顏廣文，《明代政治制度研究》，北京：中國社會科學出版社，1995。

（二）論文

卜永堅，〈評城地孝，《長城と北京の朝政—明代內閣政治の展開と變容》〉，《明代研究》，22，臺北，2014.6，頁145-153。

于志嘉，〈明代軍制史研究的回顧與展望〉，《「民國以來國史研究的回顧與展望」研討會論文集》，臺北：國立臺灣大學出版組，1992，頁515-540。

于志嘉，〈明代兩京建都與衛所軍戶遷徙之關係〉，《中央研究院歷史語言研究所集刊》，64：1，臺北，1993.3，頁135-174。

于志嘉，〈明北京行都督府考〉，《中央研究院歷史語言研究所集刊》，79：4，臺北，2008.12，頁683-747。

于默穎，〈「土木之變」至隆慶和議前明朝對蒙古的消極固守應付政策〉，《內蒙古大學學報（哲學社會科學版）》，44：6，呼和浩特，2012.11，頁94-99。

尤淑君，〈評城地孝，《長城と北京の朝政—明代內閣政治の展開と變容》〉，《新史學》，23：4，臺北，2012.12，頁247-256。

方弘仁，〈明嘉靖朝五次兵變初探〉，《明史研究專刊》，5，臺北，1982.12，頁63-82。

王天有，〈試論穆宗大閱與俺答封貢〉，《北京大學學報（哲學社會科學版）》，1，北京，1987.3，頁92-100。

王崇武，〈明代的疆域與明代的國防〉，《現代學報》，1：2、3，南京，1947.3，頁31-42。

王劉波，〈明代京營制度變遷考〉，《蘭台世界》，19，瀋陽，2016.10，頁146-148。

田澍，〈洪武祖制與嘉靖前期革新〉，《社會科學戰線》，5，長春，2000.9，頁153-159。

朱鴻，〈明太祖誅夷功臣的原因〉，《國立臺灣師範大學歷史學報》，8，臺北，1980.5，頁47-89。

朱鴻，〈從南京到北京：明初定都問題的探討〉，《師大學報》，33，臺北，1988.6，頁259-282。

朱鴻，〈以展思為名—明代皇帝的謁陵活動〉，《近世中國的社會與文化論文集（960-1800）》，臺北：國立臺灣師範大學歷史學系，2007，頁163-216。
朱鴻，〈微旨陰寓—明十三陵的歷史意涵〉，收於故宮博物院編，《明清宮廷史學術研討會論文集》，北京：紫禁城出版社，2011，第一輯，頁139-149。
何寶善，〈明世宗增築北京外城〉，《故宮博物院院刊》，4，北京，1986.12，頁47-48。
余三樂，〈嚴嵩與北京外城的修筑〉，《北京社會科學》，2，北京，1996.5，頁86-92。
吳仁安，〈張居正與明代中後期的隆慶內閣述論（下）〉，《江南大學學報（人文社會科學版）》，1，無錫，2013.1，頁57-64。
吳振漢，〈明儒李邦華的治世與殉國〉，《輔仁歷史學報》，28，臺北，2012.3，頁71-103。
吳晗，〈明代靖難之役與國都北遷〉，《清華學報》，10：4，北京，1935.10，頁917-939。
吳晗，〈明代的軍兵〉，《讀史箚記》，北京：三聯書店，1979，頁104-111。
吳智和，〈「土木之變」後明朝與瓦剌之交涉—英宗回鑾前之秘辛（西元一四九九－一四五〇年）〉，《明史研究專刊》，3，臺北，1980.9，頁75-100。
吳智和，〈明代正統國變與景泰興復〉，《明史研究論叢》，1，北京，1982，頁159-241。
吳智和，〈明景帝監國登極時期居庸紫荊兩關之城防〉，《明史研究專刊》，5，臺北，1982.12，頁279-298。
吳緝華，〈論明代封藩與軍事職權之轉移（上）〉，《大陸雜誌》，34：7，臺北，1967.4，頁200-204。
吳緝華，〈論明代封藩與軍事職權之轉移（下）〉，《大陸雜誌》，34：8，臺北，1967.4，頁249-252。
吳緝華，〈論明代築萬里長城守邊的失策〉，《東海大學歷史學報》，5，臺中，1982.12，頁13-36。
吳緝華，〈論明代邊防內移及其影響〉，《新亞學報》，13，香港，

1980，頁363-408。
吳緝華，〈論明代邊防內移與長城的修築〉，《東海大學歷史學報》，4，臺中，1981.2，頁25-47。
吳緝華，〈論明初建都南京與江淮財賦：兼論中國史上國都遷徙與政治地理形勢的轉移〉，《國立政治大學歷史學報》，4，臺北，1986.3，頁19-41。
吳耀明、傅新水、孫晨光，〈清廉任事的明代尚書傅希摯〉，《衡水學院學報》，17：3，衡水，2015.6，頁71-75。
李光濤，〈論崇禎二年「己巳虜變」〉，《中央研究院歷史語言研究所集刊》，18，臺北，1948，頁449-487。
李新峰，〈土木之戰志疑〉，《明史研究》，6，北京，1999，頁109-115。
周維強，〈神威四域，武成永固—康熙朝歐式火砲新考〉，《故宮學術季刊》，30：1，臺北，2012.9，頁161-194。
周維強，〈明季瀋遼之役新探〉，《故宮學術季刊》，33：1，臺北，2015.9，頁243-285。
周鵬，〈試析明代嘉靖京營戎政改革〉，《黑龍江史志》，13，哈爾濱，2015.7，頁24、27。
祁向文、胡克誠，〈楊一清與嘉靖朝清理團營風波〉，《蘭臺世界》，6，瀋陽，2013.2，頁104-105。
洪國強，〈論于謙與景帝君臣關系的變動及其對土木之變後京營領導體制重建的影響〉，收錄於中國社會科學院歷史研究所明史研究室編，《明史研究論叢・第12輯》，北京：中國廣播電視出版社，2014.1，頁117-131。
胡凡，〈明代洪武永樂時期北邊軍鎮建置考〉，《文史》，4，北京，2006.11，頁151-162。
胡凡，〈論明仁宗對北邊防衛的調整與整頓〉，《遼寧大學學報（哲學社會科學版）》，3，瀋陽，2017.5，頁149-156。
唐玉萍，〈簡論明代庚戌之變〉，《昭烏達蒙族師專學報（社會科學版）》，2，赤峰，1986.7，頁26-31、62。
徐泓，〈明北京行部考〉，《漢學研究》，2：2，臺北，1984.12，頁569-598。

烏云寶，〈論「庚戌之變」發生的原因及其意義〉，《內蒙古社會科學》，4，呼和浩特，1986.8，頁60-67。
陳尚勝、張洋洋，〈萬曆二十五年春明朝兵部尚書調整研究〉，《山東大學學報（哲學社會科學版）》，3，濟南，2020.5，頁73-83。
特木勒，〈「庚戌之變」與朵顏衛的變遷〉，收錄於齊木德道爾吉主編，《蒙古史研究．第7輯》，呼和浩特：內蒙古大學出版社，2003，頁211-220。
秦博，〈勛臣與晚明政局〉，《史林》，4，上海，2015.8，頁73-89。
秦進才、邵服民，〈明刑部尚書張國彥夫婦合葬墓誌銘校點考釋〉，《文物春秋》，5，石家莊市，2002.10，頁16-27。
秦楠，〈「庚戌之變」後薊鎮守備舉隅—以明後期北邊防御思想變遷為線索〉，《廊坊師範學院學報（社會科學版）》，5，廊坊市，2015.11，頁76-80。
高壽仙，〈明代軍事史研究的新成果〉，《博覽群書》，8，北京，2010.8，頁85-87。
高壽仙，〈「大閱」之禮的面子與裡子：作為改革產物的明代隆萬大閱〉，《人民論壇》，25，北京，2015.9，頁78-80。
張奕善，〈明成祖政治權力中心北移的研究〉，《臺大歷史學報》，10、11，臺北，1984.12，頁243-357。
張海瀛，〈張居正軍事改革初探〉，《晉陽學刊》，1，太原，1986.3，頁41-48。
張海瀛，〈論張居正的考成法〉，《晉陽學刊》，5，太原，1987.10，頁50-56。
曹彥生，〈淺評「庚戌之變」〉，《昭烏達蒙族師專學報（漢文哲學社會科學版）》，1，赤峰，1990.4，頁29-32、37。
曹循，〈明代京營制度新探〉，《史學月刊》，8，開封，2023.8，頁27-51。
許冰彬，〈試析明代宦官內操的興衰及特點〉，《故宮博物院院刊》，159，北京，2012.1，頁29-40。
許宏芝，〈土木之變與庚戌之變實質初探〉，《雁北師範學院學報》，4，大同，2003.10，頁20-22、37。
閻啟鑫，〈明代團營營置考〉，《桂林師範高等專科學校學報》，25：

1，桂林，2011.1，頁61-65。
彭勇，〈京軍與明代京城的宮殿廟宇建築〉，《故宮博物院院刊》137，北京，2008.5，頁59-68。
姚念慈，〈皇太極入關機緣與得失—明金己巳之役若干問題考辨〉，《清史論叢》，1，北京，2017.5，頁3-118。
謝景芳，〈論「己巳之變」與明清興替〉，《求是學刊》，1，哈爾濱，1988.1，頁91-96。
曾美芳，〈京師戒嚴與糧餉肆應：以崇禎己巳之變為中心的討論〉，《明代研究》，23，臺北，2014.12，頁91-125。
曾磊，〈淺析明崇禎時期的京營〉，《歷史檔案》，3，北京，2018.8，頁106-109。
黃一農，〈天主教徒孫元化與明末傳華的西洋火砲〉，《中央研究院歷史語言研究所集刊》，67：4，臺北，1996.12，頁911-966。
黃一農，〈歐洲沉船與明末傳華的西洋大砲〉，《中央研究院歷史語言研究所集刊》，75：3，臺北，2004.9，頁573-634。
黃一農，〈明末薩爾滸之役的潰敗與西洋大砲的引進〉，《中央研究院歷史語言研究所集刊》，79：3，臺北，2008.9，頁415。
黃冕堂，〈論明代的京營〉，《史學集刊》，3，長春，1992.9，頁28-35。
黃群昂，〈明代兵部尚書的群體特徵〉，《歷史檔案》，2019年第3期，頁73-81。
楊新成，〈明代宮室的營建和形制布局簡述〉，《故宮學刊》，6，北京，2010.8，頁116-130。
楊潤平，〈宣府、萬全及長城九邊重鎮〉，《張家口職業技術學院學報》，13：1，張家口，2000.2，頁49-52。
董少新、黃一農，〈崇禎年間招募葡兵新考〉，《歷史研究》，5，北京，2009.10，頁65-86。
魯大維（David M. Robinson），〈全球史視野下的明朝尚武展示〉，《故宮學刊》，1，北京，2017.7，頁37-42。
蕭意茹，〈評介魯大維《文化、廷臣與競爭：明代宮廷（1368-1644）》〉，《故宮學刊》，6，北京，2010.8，頁375-380。
韓帥，〈略論鄭洛在明代北部邊防中的作用—以《鄭襄敏公赤牘》為核心〉，《山西師大學報（社會科學版）》，46：3，臨汾，2019.5，頁97-100。
韓帥，〈鄭洛著《鄭襄敏公赤牘》的史料價值〉，《古籍整理研究學刊》，3，長春，2019.5，頁82-84。
高峰，〈《明史》為什麼無張國彥列傳〉，《邯鄲學院學報》，1，邯鄲，2014.3，頁77-80。
羅麗馨，〈明代京營之形成與衰敗〉，《明史研究專刊》，6，臺北，1983.6，頁1-36。
羅麗馨，〈明代京營之組織〉，《中國歷史學會史學集刊》，16，臺北，1984.7，頁101-132。

（三）學位論文

方祥，〈明代團營試探〉，天津：天津師範大學歷史文化學院碩士論文，2016。
王進，〈明代大閱初探〉，西安：陝西師範大學碩士論文，2012。
吳彥儒，〈明嘉靖朝宣府鎮的軍事措施之研究：1521-1566〉，嘉義：國立嘉義大學史地學系碩士論文，2011。
李小慶，〈五城兵馬司與明代京師治安管理〉，吉林：東北師範大學明清史碩士學位論文，2012。
林家維，〈明代王直（1379-1462）研究〉，臺北：國立臺灣師範大學歷史學系碩士論文，2017。
孟修，〈土木之變與庚戌之變比較研究—朝貢體制框架下的明蒙關系新探〉，哈爾濱：黑龍江大學歷史文化旅遊學院碩士論文，2010。
苗苗，〈明薊鎮長城沿線關城聚落研究〉，天津：天津大學建築學院碩士論文，2004。
秦博，〈明代勛臣政治權力的演變〉，北京：中國社會科學院研究生院碩士學位論文，2013。
郝園林，〈明萬全右衛城軍事防禦體系的考古學觀察〉，北京：中國人民大學考古學及博物館學碩士論文，2014。
高曉波，〈明代北京治安管理制度研究〉，蘭州：西北師範大學中國古代史碩士學位論文，2006。
張書銘，〈明代兵部尚書研究〉，濟南：山東師範大學碩士論文，

2019。
陳譽升，〈明朝北京保衛戰之研究-以戰略研究途徑分析〉，新北：淡江大學國際事務與戰略研究所碩士論文，2019。
傅劍，〈明代重慶蹇氏家族研究〉，重慶：西南大學碩士學位論文，2014。
黃群昂，〈明代兵部尚書研究〉，武漢：華中師範大學博士論文，2019。
黃曉龍，〈明代景泰—嘉靖時期京營制度考論〉，昆明：雲南大學人文學院碩士論文，2015。
楊國華，〈明代大同鎮防務研究：以敗虎堡為例〉，呼和浩特：內蒙古大學明清史碩士論文，2008。
劉楚楚，〈神廟留中奏疏匯要研究〉，長沙：湖南大學岳麓書院歷史碩士論文，2017。
謝健，〈明代萬全都司研究〉，蘭州：西北師範大學明清史碩士論文，2013。
羅麗馨，〈明代京營之研究〉，臺中：東海大學歷史學系碩士論文，1981。

（四）外文論著

David M. Robinson edited, *Culture, Couriers, and Competition : The Mng Court (1368-1644)*, Cambridge Massachusetts: Harvard University Asia Center and Distributed by Harvard University Press, 2008.
城地孝，《長城と北京の朝政—明代內閣政治の展開と變容》，京都：京都大學學術出版會，2012。
青山治郎，〈明代隆慶朝の京營について〉，《札幌大學女子短期大學部紀要》，1，札幌，1983.9，頁49-73。
青山治郎，〈明代の京営についての一考察—嘉靖新三大営内における三十小営の形成について—〉，《山根幸夫教授退休紀念明代史論叢（上）》，東京：汲古書院，1990，頁187-205。
青山治郎，〈後金国の興起と明の京營—特に薩爾滸の戦いの前後を中心として〉，《清朝と東アジア—神田信夫先生古稀記念論集》，東京：山川出版社，1992，頁17-31。
青山治郎，〈明成化朝の団營について〉，《地域・情報・文化—札幌

大学女子短期大学部創立25周年記念論文集》，札幌：響文社，1993。
青山治郎，〈明成化朝後半期の京営について〉，《地域・情報・文化（続）—札幌大学女子短期大学部論文集》，札幌：響文社，1995。
青山治郎，〈明代万暦朝における京営組織の変遷について：特に選鋒の設立と増強を中心として〉，《札幌大学女子短期大学部紀要》，26，札幌，1995.9，頁23-39。
青山治郎，〈明代正徳朝の京営について—特に所謂東西官庁軍の実態について—〉《駿台史学》，98，東京，1996.9，頁83-120。
青山治郎，〈明代天啟朝前半期の京営について〉，《明大アジア史論集》，6，東京，2001.3，頁1-22。
青山治郎，〈明代孝宗朝の京營について—特にその後半北邊出防期を中心に〉，《山根幸夫教授追悼紀念論叢—明代中国歴史的位相（上）》，東京：汲古書院，2007，頁67-90。
青山治郎，《明代京営史研究》，札幌：響文社，1996。
谷光隆，〈明代の勳臣に關する一考察〉，《東洋史研究》，29：4，京都，1970，頁362-409。
奥山憲夫，〈明代中期の京営に關する一考察〉，《明代史研究》，7，東京，1980，頁1-19。
奥山憲夫，〈嘉靖二十九年の京営改革について〉，《東方学》，63，東京，1982.1，頁89-103。
奥山憲夫，〈明代後期における官僚の京営統制について〉，《北大史学》，22，札幌，1982.8，頁1-21。
奥山憲夫，《明代軍政史研究》，東京：汲古書院，2003。

三、工具資料

（一）目錄、辭典、索引

中國歷史大辭典編纂委員會編纂，《中國歷史大辭典》，上海：上海辭書出版社，2000。
王力等原編，蔣紹愚等增訂，《古漢語常用字典》，北京：商務印書館，第四版，2014。
吳廷燮撰，魏連科點校，《明督撫年表》，北京：中華書局，1982。
徐連達編著，《中國官制大辭典》，上海：上海大學出版社，2010。
國立中央圖書館編，《明人傳記資料索引》，臺北：國立中央圖書館，1978，二版。
崔建英輯訂，賈衛民、李曉亞參訂，《明別集版本志》，北京：中華書局，2006。
賀凱（Charles O. Hucker），《中國古代官名辭典》，北京：北京大學出版社，2008。
漢世紀EHGBooks編委會，《漢世紀域外漢學總目》，臺北：漢世紀數位文化EHGBooks，2015。

（二）**地圖**

李誠主編，《北京歷史輿圖集》，北京：外文出版社，2005。
侯仁之，《北京歷史地圖集》，北京：北京出版社，1988。
侯仁之主編，《北京歷史地圖集》（二集），北京：北京出版社，1997。
徐苹芳編著，中國社會科學院考古研究所編輯，《明清北京城圖》，上海：上海古籍出版社，2012。
譚其驤，《中國歷史地圖集・第七冊》，北京：中國地圖出版社，1996。

附錄：明代協理京營戎政年表

序號	人名[生卒年] 軍、民籍 （鄉貫）	進士科名	任期	遷轉	備註與考異
1	王邦瑞，字惟賢，號鳳泉，謚襄毅。 [1495-1561] 河南府宜陽縣民籍	正德12年丁丑科3甲190名	嘉靖29年8月丁亥日－29年11月己亥日[1550]	29年8月戊寅日，依輔臣嚴嵩等議，以吏部左侍郎加總督京城九門官，給旗牌令，以軍法從事，駐守通州。甲申日，攝兵部事。丁亥日，不妨部事兼提督團營軍務。己亥日，改兵部左侍郎兼都察院右僉都御史贊理京營軍務。10月己巳日，以兵部左侍郎專一協理京營戎政，11月己亥日，陞兵部尚書。30年2月乙亥日，遭罷為民。	吏部左侍郎不妨部事兼提督團營軍務、兵部左侍郎兼都察院右僉都御史贊理京營軍務、兵部左侍郎協理京營戎政。 籍隸兵部，未加都察院御史銜。
2	趙錦，字文卿，號守樸。 直隸順天府涿州良鄉縣民籍	正德12年丁丑科2甲72名	29年11月己巳日－30年2月辛巳日 [1550-1551]	以巡撫大同都察院右僉都御史陞兵部右侍郎兼都察院右僉都御史協理，後陞兵部尚書。	籍隸兵部，加都察院御史銜
3	傅鳳翱（翔），字德輝，號應臺。 [1487-1551] 湖廣應山民籍	嘉靖2年癸未科3甲112名	30年3月丙申日－6月丙辰日 [1551]	以戶部右侍郎改兵部左侍郎兼都察院右僉都御史協理，卒於任，贈右都御史。	籍隸兵部，加都察院御史銜

序號	人名[生卒年] 軍、民籍 （鄉貫）	進士科名	任期	遷轉	備註與考異
4	史道，字克弘，號鹿野。 [1485-1554] 直隸順天府涿州民籍	正德12年丁丑科2甲88名	30年8月乙酉日－10月壬申日[1551]	曾任左僉都御史巡撫大同，以兵部尚書兼都察院右僉都御史協理，以被論疏乞休獲允。	籍隸兵部，加都察院御史銜
5	蔣應奎，字文煥。 山西大同府大同縣馬邑所軍籍	嘉靖5年丙戌科3甲192名	30年10月丙子日－31年9月庚子日 [1551-1552]	曾任應天府府尹、都察院右副都御史巡撫遼東。以戶部右侍郎改兵部右侍郎兼僉都御史協理，因子繼詔於大同鎮川堡奪部屬之功，黜為民。	籍隸兵部，加都察院御史銜
6	聶豹，字文蔚，號雙江，謚貞襄。 [1487-1563] 江西吉安府永豐縣民籍	正德12年丁丑科3甲156名	31年9月乙巳－32年正月癸卯日 [1552-1553]	兵部左侍郎兼都察院右僉都御史協理，32年陞兵部尚書。	籍隸兵部，加都察院御史銜
7	許論，字廷議，號默齋，謚恭襄。 [1495-1566] 河南府陝州靈寶縣民籍	嘉靖5年丙戌科3甲146名	32年2月癸丑日－33年5月乙卯日 [1553-1554]	以巡撫山西都察院右副都御史兵部右侍郎回部協理，後轉兵部右侍郎兼都察院右僉都御史總督宣大山西等處軍務。	籍隸兵部，加都察院御史銜
8	謝九儀，號少溪。 山東章丘民籍	嘉靖11年壬辰科3甲96名	33年5月辛酉日－35年5月癸未日 [1554-1556]	歷任巡按直隸御史、廣東道御史、都察院右副都御史巡撫陝西。以戶部右侍郎改兵部右侍郎協理，35年4月己丑日陞兵部左侍郎，5月改戶部左侍郎。	籍隸兵部，無都察院御史銜

序號	人名[生卒年] 軍、民籍 （鄉貫）	進士科名	任期	遷轉	備註與考異
9	鄭曉，字室甫，號淡泉，諡端簡。 [1499-1566] 浙江嘉興府海鹽縣軍匠籍	嘉靖2年癸未科2甲43名	35年4月己丑日－37年3月甲子日 [1556-1558]	以南京吏部尚書改都察院右都御史兼兵部右侍郎協理，37年改刑部尚書。	籍隸兵部，加都察院御史銜
10	劉采，字汝質，號安峯，諡端簡。 [1500-1573] 湖廣黃州府麻城民籍	嘉靖8年己丑科2甲61名	37年3月己巳日－38年7月丙子日 [1558-1559]	歷任福建左布政使、都察院右副都御史巡撫山東。以南京兵部右侍郎改兵部左侍郎協理，後陞戶部左侍郎。	籍隸兵部，無都察院御史銜
11	殷學，字成甫。 山東東阿匠籍	嘉靖11年壬辰科3甲53名	38年7月壬午日－39年5月乙亥日 [1559-1560]	歷任陝西巡按御史、陝西左布政使、都察院右副都御史巡撫陝西。以南京兵部右侍郎改兵部右侍郎協理，因託病避事謫為民。	籍隸兵部，無都察院御史銜
12	李遂（燧），字邦良，號克齋，諡襄敏。 [？-1566] 江西南昌府豐城縣軍籍	嘉靖5年丙戌科3甲143名	39年5月乙亥日－39年5月丁亥日[1560]	曾任提督軍務巡撫鳳陽，抵禦倭寇有功，後歷官南京兵部尚書參贊機務。以南京兵部右侍郎改兵部右侍郎協理，後陞兵部左侍郎。	籍隸兵部，無都察院御史銜

序號	人名[生卒年]軍、民籍（鄉貫）	進士科名	任期	遷轉	備註與考異
13	王邦瑞，字惟賢，號鳳泉，謚襄毅。[1495-1561]河南府宜陽縣民籍	正德12年丁丑科3甲190名	39年6月丙申日－40年12月戊辰日[1560-1561]	罷為民，家居十年。會戎政缺官，從家中再起，為兵部尚書協理京營戎政，卒於官。	籍隸兵部，無都察院御史銜
14	江東，字朝陽[？-1565]山東東昌府濮州朝城縣民籍	嘉靖8年己丑科3甲125名	40年12月丙子日－41年4月甲寅日[1561-1562]	歷任巡撫遼東、總督陝西三邊、總督宣大。嘉靖39年4月由戶部尚書改南京兵部尚書參贊機務加太子少保。40年5月以南京池河新營兵變詔罷，回籍聽用。12月起為兵部尚書兼都察院右副都御史協理仍加太子少保。41年4月改兼都察院右副都御史總督宣大山西等處軍務。	籍隸兵部，有都察院御史銜
15	蔡汝楠，字子木，號白石。[1516-1565]浙江湖州府德清縣官籍	嘉靖11年壬辰科3甲200名	41年4月辛巳日－42年5月壬辰日[1562-1563]	以巡撫河南都察院右副都御史陞兵部右侍郎協理，後回部管事。	籍隸兵部，無都察院御史銜
16	喻時，字中甫，號，號吳皐，晚號海上老人。[1506-1570]河南汝寧府光州民籍	嘉靖17年戊戌科3甲56名	42年5月丁酉日－11月丁酉日[1563]	歷任浙江道御史、南京應天府府丞、都察院右僉都御史巡撫保定、總督陝西三邊軍務。以南京兵部右侍郎改兵部右侍郎協理，後改南京。	籍隸兵部，無都察院御史銜

序號	人名[生卒年] 軍、民籍 （鄉貫）	進士科名	任期	遷轉	備註與考異
17	李燧 山東金鄉軍籍	嘉靖23年甲辰科3甲210名	42年11月丁酉日－43年7月己未日[1563-？]	由湖廣布政司參政陞都察院右僉都御史協理，後回籍聽用。	籍隸都察院，無兵部銜
18	趙炳然，字子晦，號劍門，諡恭襄。 [1507-1569] 四川保寧府劍州民籍	嘉靖14年乙未科3甲95名	43年7月己未日－44年10月壬申日 [1564-1565]	由巡撫浙江都御史兼兵部右侍郎陞兵部尚書協理，後改兵部尚書兼都察院右副都御史總督宣大山西軍務。	籍隸兵部，無都察院御史銜
18	遲鳳翔，字德徵，號朐崗。 [？-1582] 山東青州府臨朐縣軍籍	嘉靖23年甲辰科2甲76名	45年2月辛巳日－12月戊戌日[1566]	原宣府巡撫後改刑部右侍郎，陞兵部左侍郎協理。12月戊子日，回部管事，仍暫協理戎政。	籍隸兵部，無都察院御史銜
19	王本固，字子民。 [1515-1585] 京師順德府邢臺軍籍	嘉靖23年甲辰科3甲36名	嘉靖45年12月戊戌日－隆慶元年4月丁亥日 [1566- 1567]	以刑部左侍郎陞兵部左侍郎協理，後改吏部左侍郎，再陞南京吏部尚書。	籍隸兵部，無都察院御史銜
20	郭宗皐（臯），字君弼，諡康介。 [1499-1588] 山東登州衛福山縣千戶所軍籍	嘉靖8年己丑科2甲20名	隆慶元年4月丙申日－5月辛未日	歷任都察院右僉都御史整飭薊州邊備兼巡撫順天、宣府巡撫、兵部右侍郎兼右僉都御史總督宣大。由刑部右侍郎改兵部右侍郎協理，遷南京都察院右都御史。	籍隸兵部，無都察院御史銜

序號	人名[生卒年] 軍、民籍 （鄉貫）	進士科名	任期	遷轉	備註與考異
21	曹邦輔，字子忠，號東村，謚忠烈。 [1507-1576] 山東兗州府曹州定陶縣民籍	嘉靖11年壬辰科3甲203名	元年5月己卯日—10月己亥日	歷任巡撫應天都察院右僉都御史，平定河南師尚詔民變、倭寇柘林之亂。由都察院左副都御史改都察院右副都御史兼兵部右侍郎協理，後陞兵部左侍郎兼都察院右僉都御史總督薊遼保定等處軍務。	籍隸兵部，有都察院御史銜
22	戚繼光，字元敬，號孟諸。 [1528-1587] 山東都指揮使司登州衛		元年10月乙未日—10月庚辰日	由福建福興泉漳及浙江金溫等處總兵官入京協理戎政令，後改神機營副將。	
23	曹亨，字伯貞。 [1506-1588] 河南新蔡民籍	嘉靖14年乙未科3甲223名	元年10月乙巳日—3年4月	以巡撫保定都察院右僉都御史改兵部右侍郎協理，後陞兵部左侍郎。累官南京工部尚書，贈太子少保。	籍隸兵部，無都察院御史銜
24	王之誥，字告若，謚端襄。 湖廣荊州府石首縣軍籍	嘉靖23年甲辰科3甲143名	3年4月辛卯日—4年正月戊戌日	歷任巡視薊遼等處兵部左侍郎兼都察院右僉都御史、兵部左侍郎兼右僉都御史總督宣大山西軍務兼理糧餉。以兵部左侍郎兼都察院右僉都御史協理，後改都察院右都御史兼兵部左侍郎總督陝西三邊軍務。	籍隸兵部，有都察院御史銜

序號	人名[生卒年] 軍、民籍 （鄉貫）	進士科名	任期	遷轉	備註與考異
25	曹邦輔	見前	4年2月戊午日—5月壬申日	以南京都察院右都御史陞都察院左都御史閱視京營，5月壬申日改專提督五軍營。	
26	譚綸，字子理，號二華，諡襄敏。 [1520-1577] 江西宜黃軍籍	嘉靖23年甲辰科2甲66名	4年10月甲辰日—5年10月癸巳日	以總督薊遼保定軍務兼理糧餉兵部左侍郎兼都察院右僉都御史陞都察院右都御史兼兵部左侍郎協理，5年8月庚戌陞兵部尚書兼都察院右副都御史協理如故，任上時以疾請告回籍。	籍隸兵部，有都察院御史銜
27	王遴，字繼津，贈少保，諡恭肅。 [1523-1608] 順天府霸州民籍	嘉靖26年丁未科3甲81名	5年10月甲辰日—6年9月壬子日	曾任巡撫宣府都察院右副都御史。以兵部右侍郎陞左侍郎兼都察院右僉都御史協理，後奉命閱視延寧甘固，左侍郎石茂華暫管營務。	籍隸兵部，有都察院御史銜
28	石茂華，字君采，號毅菴，諡恭襄。 [1522-1583] 山東青州府益都民籍	嘉靖23年甲辰科3甲144名	隆慶6年9月壬子日—萬曆元年4月甲子日	任揚州知府禦倭，後陞都察院右僉都御史巡撫甘肅、提督鴈門等關兼巡撫山西，五年陞兵部右侍郎。改兵部左侍郎暫理協理，後陞都察院右都御史仍兼兵部左侍郎總督陝西三邊軍務。	籍隸兵部，無都察院御史銜

序號	人名[生卒年] 軍、民籍 （鄉貫）	進士科名	任期	遷轉	備註與考異
29	趙孔昭，字子潛，號玉泉。 [1518-1583] 京師順德府邢臺民籍	嘉靖23年甲辰科3甲82名	萬曆元年4月甲子日—9月癸巳日	歷任巡按浙江御史、南京都察院右僉都御史提督操江、宣府巡撫、浙江巡撫。以兵部左侍郎兼都察院右僉都御史巡撫山西改協理，後回部管事，隨即致仕。	籍隸兵部，有都察院御史銜
30	王崇古，字學甫，號鑑川，謚襄毅。 [1515-1588] 山西蒲州軍籍	嘉靖20年辛丑科2甲87名	元年9月丙申日—3年9月癸丑日	以總督宣大山西軍務太子太保兵部尚書兼都察院右副都御史改協理，後以少保兼太子太保兵部尚書改刑部尚書。	籍隸兵部，有都察院御史銜
31	劉應節，字子和，號白川。 [？-1590] 山東萊州府濰縣民籍	嘉靖26年丁未科3甲200名	3年9月丙辰日—5年4月己巳日	歷任巡撫遼東、河南、順天與薊遼總督，以南京工部尚書改兵部尚書協理京營戎政，後改刑部尚書。	籍隸兵部，無都察院御史銜
32	方逢時，字行之，號金湖。 [？-1596] 湖廣武昌府嘉魚縣	嘉靖20年辛丑科3甲31名	5年4月壬申日—10月壬辰日	以總督宣大兵部尚書兼都察院右副都御史協理，十月回部管事。	籍隸兵部，有都察院御史銜

序號	人名[生卒年] 軍、民籍 （鄉貫）	進士科名	任期	遷轉	備註與考異
33	張學顏，字子愚，號心齋。 [？-1598] 京師廣平府肥鄉縣	嘉靖32年癸丑科2甲50名	5年10月丙申日－6年7月辛亥日	以都察院右僉都御史遼東巡撫陞兵部左侍郎協理，後轉戶部尚書。	籍隸兵部，有都察院御史銜
34	孟重 陝西渭南	嘉靖32年癸丑科3甲165名	6年7月甲寅－7年4月己卯致仕	曾任宣府巡撫。以都察院右副都御史巡撫保定兼督紫荊關陞兵部右侍郎協理，乞休致。	籍隸兵部，有都察院御史銜
35	楊兆，號晴川。 [？-1587] 陝西延安	嘉靖35年丙辰科2甲80名	7年4月辛巳日－9年6月甲午日	歷任山東按察司副使、都察院右僉都御史整飭薊州兵備兼巡撫順天、兵部右侍郎兼僉都御史總督薊遼。以南京兵部尚書改兵部尚書改任協理，乞致仕。	籍隸兵部，無都察院御史銜
36	王一鶚，字子薦，號春陵。 [？-1591] 京師廣平府曲周縣	嘉靖32年癸丑科2甲80名	9年4月－10年10月	歷任順天、宣府巡撫。以兵部左侍郎任協理，丁憂離任，15年陞兵部尚書。	籍隸兵部，無都察院御史銜
37	王遴	同前	10年11月己未日－11月乙丑日	以兵部左侍郎協理，後改南京工部尚書。	籍隸兵部，無都察院御史銜

序號	人名[生卒年] 軍、民籍 （鄉貫）	進士科名	任期	遷轉	備註與考異
38	賈應元，字仁甫。 [1556-1613] 順天府遵化縣軍籍	嘉靖41年壬戌科2甲61名	10年11月己巳日—11年2月	歷山西按察司副使備兵陽和、都察院右僉都御史巡撫大同。以兵部左侍郎協理。	籍隸兵部，無都察院御史銜
39	淩雲翼，字洋山。 南京蘇州府太倉州人	嘉靖26年丁未科2甲31名	11年2月辛卯日—8月庚申日	歷任都察院右僉都御史提督撫治鄖陽、右副都御史巡撫江西地方、兵部左侍郎兼都察院右僉都御史提督兩廣、南京工部尚書。以總督漕運兼管河道太子少保兵部尚書兼左副都御史轉兵部協理，以病乞休致仕。	籍隸兵部，有都察院御史銜
40	張佳胤，字肖甫，號嶁山，別號居來，謚襄憲。 [1527-1588] 四川重慶府銅梁縣	嘉靖29年庚戌科3甲193名	11年8月丁丑日—9月庚子日	歷任巡撫應天、保定、陝西、宣府。以都察院右都御史管兵部左侍郎事，陞兵部尚書協理京營戎政，改兼都察院左副都御史總督薊遼。	籍隸兵部，無都察院御史銜
41	辛應乾，字伯符。 [？-1592] 山東青州府安邱	嘉靖41年壬戌科3甲41名	11年10月庚戌日—15年2月	歷任井陘兵備副使、都察院右僉都御史巡撫山西。以南京兵部右侍郎陞兵部左侍郎協理，後自陳致仕。	籍隸兵部，無都察院御史銜

序號	人名[生卒年] 軍、民籍 （鄉貫）	進士科名	任期	遷轉	備註與考異
42	蕭大亨，字夏卿，號岳峰。 [1532-1612] 山東濟南府泰安	嘉靖41年壬戌科3甲136名	15年2月庚辰日－5月甲午日	歷任山東布政使司右參議、都察院右僉都御史巡撫寧夏。以巡撫宣府都察院右僉都御史兵部右侍郎改兵部左侍郎協理，後回部管事。	籍隸兵部，有都察院御史銜
43	傅希摯，字承弼，號後川。 [？-1597] 直隸真定府衡水縣軍籍	嘉靖35年丙辰科3甲87名	15年5月丙申日－17年3月己未日	歷任順天府府丞、都察院右副都御史巡撫陝西、戶部右侍郎兼右僉都御史總督漕運巡撫鳳陽。以南京兵部尚書改兵部尚書協理京營戎政，後加太子少保致仕。	籍隸兵部，無都察院御史銜
44	魏時亮，字工甫，又字舜卿，號敬吾，諡莊靖。 [1529-1591] 江西南昌府南昌縣	嘉靖38年己未科3甲118名	15年7月辛卯日－16年10月辛卯日	歷任兵科給事中、太僕寺少卿、南京大理寺丞。以太僕寺卿都察院左副都御史暫管協理，後陞工部左侍郎。	籍隸太僕寺，有都察院御史銜
45	鄭洛（雒），字禹秀，號範溪，諡襄敏。 直隸保定府安肅縣民籍	嘉靖35年丙辰科3甲127名	17年3月己日－18年7月己巳日	歷任都察院右僉都御史巡撫山西、大同。以總督宣大太子太保兵部尚書兼都察院左副都御史改協理，後改經略陝西四鎮及宣大山西等處邊務。	籍隸兵部，有都察院御史銜

序號	人名[生卒年] 軍、民籍 （鄉貫）	進士科名	任期	遷轉	備註與考異
46	張國彥，字熙載，號弘軒。 [1525-1598] 直隸廣平府邯鄲	嘉靖41年壬戌科3甲127名	18年8月庚辰日－19年12月丙申日	歷任順天府尹、都察院右副都御史整飭薊州等處邊備兼巡撫順天。以總督薊遼兵部尚書兼都察院左副都御史改協理。	籍隸兵部，有都察院御史銜
47	蹇達，字汝上，更字汝循，號理菴。 [1542-1608] 四川保寧府巴縣	嘉靖41年壬戌科3甲89名	20年3月甲午日－21年2月丙申日	歷任都察院右僉都御史整飭薊州等處邊備巡撫順天、兵部左侍郎、宣大總督。以總督薊遼右都御史兼兵部右侍郎改協理，後再改總督薊遼。	籍隸兵部，有都察院御史銜
48	周世選，字文賢，號衢陽。 [1532-1606] 京師河間府景州故城	嘉靖41年壬戌科3甲116名	20年6月己亥日－11月戊寅日	歷任都察院右僉都御史巡撫河南。以工部左侍郎改兵部左侍郎協理。	籍隸兵部，無都察院御史銜
49	徐元泰（太），字汝賢，號華陽。 [1536-？] 直隸宣城	嘉靖44年乙丑科3甲71名	20年11月壬午日－21年正月丁卯日	歷任順天府尹、四川巡撫。以兵部左侍郎陞都察院右都御史協理，後改南京刑部尚書。	籍隸兵部，有都察院御史銜
50	郝杰，字彥輔，號少泉。 [1530-1600] 山西蔚州	嘉靖35年丙辰科3甲183名	21年正月甲戌日－21年10月辛卯日	歷任山東按察司史管遼東苑馬寺卿兼海道兵備、都察院右僉都御史巡撫遼東。以總督薊遼保定兵部右侍郎陞右都御史協理，後改南京戶部尚書。	籍隸兵部，有都察院御史銜

序號	人名[生卒年] 軍、民籍 （鄉貫）	進士科名	任期	遷轉	備註與考異
51	賈仁元，字子善。 [？-1595] 山西平陽府蒲州軍籍	嘉靖41年壬戌科3甲31名	21年10月乙未日—22年4月甲辰日	歷任直隸保定府知府、山東布政司右布政使、都察院右僉都御史巡撫延綏。以都察院右都御史兼兵部右侍郎協理，因言乞歸，加兵部尚書。	籍隸兵部，有都察院御史銜
52	李汶，字宗齊，號次溪。 [1536-1609] 直隸任丘官籍	嘉靖41年壬戌科2甲54名	22年4月丁卯日—23年4月己未日	歷任陝西右參政、山東按察使、陝西巡撫。以兵部右侍郎協理，後陞右都御史兼兵部右侍郎總督陝西。	籍隸兵部，無都察院御史銜
53	沈思孝，字純父、純甫，號繼山。 [？-1611] 浙江嘉興	隆慶2年戊辰科3甲64名	23年四月戊辰日—24年閏8月戊辰日	歷任太常寺少卿、順天府府尹、陝西巡撫。以工部左侍郎陞右都御史兼兵部右侍郎協理，後馳驛回籍，病痊起用	籍隸兵部，有都察院御史銜
54	顧養謙，字益卿，謚襄敏，號沖菴。 [1537-1604] 南直隸通州	嘉靖44年乙丑科2甲44名	24年9月戊戌日—	歷任都察院右僉都御史巡撫遼東、薊遼總督、兵部右侍郎。起為都察院右都御史兼兵部右侍郎協理，不赴。	籍隸兵部，有都察院御史銜 未實際上任
55	李春光，字實吾。 [？-1621] 山西平陽府解州民籍	隆慶2年戊辰科3甲176名	25年3月乙巳日—12月庚辰日	歷任戶部員外郎、陝西左布政使、都察院右僉都御史巡撫延綏。以戶部左侍郎改兵部左侍郎協理，十疏乞休回籍。	籍隸兵部，無都察院御史銜

序號	人名[生卒年] 軍、民籍 （鄉貫）	進士科名	任期	遷轉	備註與考異
56	余立 [？-1601] 廣西柳州衛官籍	嘉靖41年壬戌科2甲4名	26年2月乙丑日—27年3月癸未日	歷任山東布政司右參議、浙江左布政使、都察院右副都御史巡撫應天、南京大理寺卿。以兵部右侍郎陞左侍郎協理。	籍隸兵部，無都察院御史銜
57	王世揚，字孝甫，號懷棘。 [？-1608] 直隸廣平本固民籍	萬曆5年丁丑科3甲76名	27年3月己亥日—32年12月丙寅日	歷任大理寺右少卿閱視延綏、宣府巡撫、宣大總督，加太子少保廕子錦衣百戶世襲。以兵部右侍郎加都察院右都御史協理，丁母憂去職。	籍隸兵部，有都察院御史銜
58	蕭大亨，字夏卿，號岳峰。 [1532-1612] 山東濟南府泰安	同前	32年12月辛卯日—36年11月庚子日	以兵部尚書署協理京營戎政。	籍隸兵部，無都察院御史銜
59	李汶	同前	33年11月甲辰日—35年6月甲午日	以少師兼太子太師兵部尚書左副都御史陝西三邊總督回部協理，後告病疏辭。	籍隸兵部，有都察院御史銜 未實際上任
60	李化龍，字于田，號霖寰，諡襄毅。 [1554-1611] 直隸大名府長垣民籍	萬曆2年甲戌科3甲82名	35年6月庚戌日—39年8月庚辰日	歷任山東提學副使、都察院右僉都御史巡撫遼東、總督川湖貴州軍務兼理糧餉巡撫四川。以少保兵部尚書協理，36年11月署掌兵部印務。	籍隸兵部，無都察院御史銜

序號	人名[生卒年] 軍、民籍 （鄉貫）	進士科名	任期	遷轉	備註與考異
61	舒應龍，字時見，號中陽。 [？-1615] 廣西桂林府全州	嘉靖41年壬戌科3甲46名	39年8月丙戌日－40年11月	歷任山東副使整飭徐州等處兵備、都察院右副都御史巡撫貴州兼督理湖北川東等處軍務、工部尚書總督河道管理軍務。以太子少保工部尚書為民，起改兵部尚書協理，奉旨已久，偃然故里。	籍隸兵部，無都察院御史銜 未實際上任
62	孫瑋，字純玉，號藍石。 [1553-1624] 陝西西安府渭南	萬曆5年丁丑科3甲第123名進士	39年11月－40年12月	歷任順天府府尹、都察院右副都御史巡撫保定、都察院右都御史兼戶部右侍郎總督倉場。以戶部尚書署戎政，又掌兵部各印信。	籍隸戶部，有都察院御史銜
63	王象乾，字子廓。 [？-1630] 山東新城民匠籍	隆慶5年辛未科3甲232名	40年11月丁酉日	歷任宣府巡撫、總督川湖貴州軍務、總督薊遼保定等處、宣大總督。太子太保兵部尚書兼都察院右副都御史總督薊遼保定，回部帶管戎政尚書印務。	籍隸兵部，有都察院御史銜
64	周磐（盤） [？-1621] 山西澤州民籍	萬曆5年丁丑科3甲54名	40年12月癸丑日－41年9月	歷任直隸巡按御史、順天府府丞。以甘肅巡撫陞都察院右副都御史兼兵郎右侍郎協理。	籍隸兵部，有都察院御史銜

序號	人名[生卒年] 軍、民籍 （鄉貫）	進士科名	任期	遷轉	備註與考異
65	魏養蒙，字以貞。 [？-1622] 河南河南府洛陽縣民籍	萬曆14年丙戌科2甲50名	41年正月戊子日—43年9月	歷任四川左參議、都察院右副都御史巡撫山西。以兵部右侍郎署協理京營戎政印，後改南兵部尚書。	籍隸兵部，無都察院御史銜
66	黃嘉善，字惟尚，號梓山。 [1549-1624] 山東省即墨縣	萬曆5年丁丑科3甲24名	42年2月甲申日—44年10月	以太子少保都察院右副都御史兼兵部右侍郎總督陝西三邊軍務兼理糧餉陞兵部尚書協理。	籍隸兵部，有都察院御史銜 未實際上任
67	崔景榮，字自強，號自綵。 [1559-1631] 河南大名府長垣	萬曆11年癸未科3甲22名	43年4月己亥日—46年3月	歷任巡按甘肅、湖廣、河南、四川、太僕寺少卿、都察院右僉都御史巡撫寧夏。以兵部左侍郎署掌本兵印信并管理戎政事。	籍隸兵部，無都察院御史銜
68	薛三才，字仲儒，號青雷，諡恭敏。 [？-1619] 浙江明州府鄞縣定海	萬曆14年丙戌科3甲8名	45年12月辛亥日—47年4月辛未日	歷任湖廣左布政使、都察院右副都御史巡撫宣府、兵部右侍郎兼右僉都御史總督薊遼。以兵部右侍郎兼都察院右都御史總督薊遼軍務陞兵部尚書協理，卒於任。	籍隸兵部，有都察院御史銜
69	黃克纘（瓚），字紹夫，號鍾梅。 [？-1628] 福建泉州府晉江軍籍	萬曆8年庚辰科2甲9名	47年6月己卯日—48年7月戊戌日	歷任都察院右副都御史巡撫山東、南京兵部尚書參贊機務。以南京兵部尚書改兵部尚書協理，後加太子太保再改刑部尚書。	籍隸兵部，無都察院御史銜

序號	人名[生卒年] 軍、民籍 （鄉貫）	進士科名	任期	遷轉	備註與考異
70	許弘綱，字張之，號少薇。 浙江東陽薇山	萬曆8年庚辰科3甲179名	萬曆48年（泰昌元年）8月甲寅日－天啟5年10月戊戌日	歷任順天府府尹、都察院右副都御史巡撫江西等處地方兼理軍務。以總督兩廣軍務都察院右都御史兼兵部右侍郎改兵部尚書協理，後改南京兵部尚書。	籍隸兵部，有都察院御史銜 未實際到任
71	張經世，字惟才。 [？-1625] 陝西渭南縣臨渭里	萬曆23年乙未科3甲69名	泰昌元年10月癸丑－天啟元年3月己巳日	歷任山西懷隆兵備道副使、山西按察使、山西左布政使。以宣府巡撫改添設兵部右侍郎協理。	籍隸兵部，有都察院御史銜 未實際到任
72	臧爾勸，字仲升。 山東諸城。	萬曆20年壬辰科2甲39名	天啟元年3月己巳日－4月甲戌日 2年3月丙辰日	歷任浙江按察使、都察院右副都御史巡撫寧夏、戶部右侍郎。因兵部侍郎張經世出關，以戶部侍郎臧爾勸暫署營務，後引疾乞休。	籍隸戶部，無都察院御史銜
73	李宗延，字景喆。 [？-1627] 河南汝寧府汝陽縣民籍	萬曆14年丙戌科3甲128名	元年4月甲戌日－2年3月乙丑日	歷任光祿寺少卿、太常寺少卿。以大理寺少卿改都察院左僉都御史協理添設管事，後改戶部右侍郎。	籍隸都察院御 添設協理
74	涂宗濬，字鏡原，謚恭襄。 [？-1621] 江西南昌府	萬曆11年癸未科3甲56名	元年6月丙子日－9月乙丑日	歷任大理寺左少卿、都察院右僉都御史巡撫延綏、兵部右侍郎兼右僉都御史總督宣大。以太子太保兵部尚書協理，卒於任，贈少保。	籍隸兵部，無都察院御史銜

序號	人名[生卒年] 軍、民籍 （鄉貫）	進士科名	任期	遷轉	備註與考異
75	黃克纘（瓚）	同前	元年9月乙丑日—	以刑部尚書暫攝戎政。	籍隸刑部，無都察院御史銜
76	饒景暉，字叔淨。 江西進賢	萬曆17年己丑科2甲46名	元年10月庚午日—2年正月	歷任太僕寺卿、都察院右副都御史巡撫四川、南京兵部右侍郎。以南京兵部侍郎陞兵部左侍郎協理。	籍隸兵部，無都察院御史銜
77	余懋衡，字持國，號少原。 [？-1629] 南京徽州府婺源縣	萬曆20年壬辰科3甲210名	2年4月乙亥日—11月庚申日	歷任河南道御史、為大理寺右寺丞、大理寺左少卿。陞都察院右僉都御史協理，後改都察院左副都御史協理院事。	籍隸都察院 添設協理
78	張經世	同前	2年9月己酉日—3年閏10月戊戌	以兵部左侍郎協理，後陞戶部尚書總督倉場。	籍隸兵部，無都察院御史銜
79	黃克纘（瓚）	同前	元年12月辛卯日—2年7月己亥日	以刑部尚書兼署戎政印務，天啟2年正月壬戌日改兵部尚書協理，7月己亥請告。	籍隸兵部，無都察院御史銜
80	董漢儒，字學舒，謚肅敏。 [1562-162] 直隸大名府開州	萬曆17年己丑科3甲86名	2年8月乙亥日—	歷任都察院右副都御史巡撫湖廣、工部右侍郎。兵部右侍郎兼都察院右僉都御史總督宣大改兵部左侍郎協理，9月甲午朔陞兵部尚書。	籍隸兵部，有都察院御史銜 未實際到任

序號	人名[生卒年] 軍、民籍 （鄉貫）	進士科名	任期	遷轉	備註與考異
81	朱光祚 湖廣荊州府江陵縣	萬曆23年乙未科3甲29名	2年12月癸未日－4年7月	歷任吏部驗封司員外、文選司員外、稽勳司郎中。以太常寺卿陞都察院右副都御史協理，天啟3年閏10月加兵部尚書。	籍隸都察院 添設協理
82	劉策，字範董。 [1575-1630] 山東濟南府武定州	萬曆29年辛丑科3甲80名	4年8月－5年2月	歷任保定新城知縣、天津兵備、都察院右僉都御史巡撫山西。以兵部右侍郎協理，後改薊遼總督。	籍隸兵部，無都察院御史銜
83	文球 [？-1629] 河南固始	萬曆23年乙未科3甲243名	5年3月甲子日－12月辛巳日	歷任都察院右僉都御史巡撫大同、兵部右侍郎兼都察院右僉都御史總督薊遼。以兵部右侍郎兼都察院右僉都御史協理，天啟5年12月著冠帶閑住。	籍隸兵部，有都察院御史銜 未實際到任
84	馮嘉會，字文亨，號履亨。 [？-1627] 京師河間府河間	萬曆23年乙未科3甲195名	6年正月甲子日－7月辛巳日	歷任山西道御史、都察院右僉都御史巡撫河南。以宣大總督陞兵部左侍郎兼都察院右僉都御史協理，天啟6年4月陞兵部尚書。	籍隸兵部，有都察院御史銜
85	李春燁，字侯質，號二白。 [1571-1637] 福建泰寧	萬曆44年丙辰科3甲12名	6年7月－7年7月	歷任刑科給事中、湖廣參政、太僕寺少卿。以兵部左侍郎陞兵部尚書協理，加太子太保，後以母年九十乞終養，加太子太傅馳驛以歸。	籍隸兵部，無都察院御史銜

序號	人名[生卒年] 軍、民籍 （鄉貫）	進士科名	任期	遷轉	備註與考異
86	閻鳴泰，字協吉。 [1572-？] 直隸保定府清苑縣	萬曆26年戊戌科2甲55名	7年8月－11月	歷任山東按察司副使、都察院右僉都御史巡撫遼東、兵部右侍郎署協理。以太子太師兵部尚書兼都察院右副都御史總督薊遼改兵部尚書協理，八月乙巳加少師兼太子太師，回部管事。	籍隸兵部，有都察院御史銜
87	霍維華，字鍾西。 [1575-1636] 京師河間府東光	萬曆41年癸丑科3甲47名	天啟7年11月－崇禎2年10月	歷任陝西按察司僉事備兵固原、太僕寺少卿。以太子太保兵部右侍郎署部事都察院右副都御史改兵部尚書協理，因魏忠賢案削籍。	籍隸兵部，有都察院御史銜 兵部右侍郎秦士文暫署
88	李邦華，字孟闇，號懋明，謚忠肅。 [1574-1644] 江西吉安府吉水	萬曆32年甲辰科3甲35名	崇禎元年5月－3年正月	歷任南京涇縣知縣、巡撫天津。以兵部左侍郎仍支從二品服俸協理，政崇禎元年10月癸卯日署京營總督事，崇禎2年4月壬辰日加兵部尚書，後以閑住辭闕。	籍隸兵部，無都察院御史銜
89	呂純如，字孟諧，號益軒。 南直隸蘇州府吳江縣	萬曆29年辛丑科3甲22名	崇禎元年6月－9月	以兵部左侍郎署協理，後陞兵部尚書，罷。	

序號	人名[生卒年] 軍、民籍 （鄉貫）	進士科名	任期	遷轉	備註與考異
90	劉之綸（倫）字元誠，號與鷗，諡忠烈。 [？-1629] 四川敘州府宜賓	崇禎元年戊辰科3甲112名	2年11月－3年正月	以翰林院庶吉士破格用為兵部右侍郎協理，遵化娘娘廟山之役陣亡。	籍隸兵部，無都察院御史銜 副協理
91	閔夢得，字翁次、禹錫，號照餘。 [1565-1628] 浙江烏程	萬曆26年戊戌科2甲7名	3年7月－4年閏11月	歷工部郎中、漳州知府、都察院右副都御史巡撫偏沅、雲貴總督。 以兵部尚書協理，以病求退。	籍隸兵部，無都察院御史銜
92	陸完學，字汝成。 直隸武進	萬曆35年丁未科3甲38名	4年12月－11年	歷任福建左布政使、太僕寺卿管東路少卿事。以都察院右副都御史巡撫浙江陞兵部右侍郎協理，加太子太保兵部尚書。	籍隸兵部，有都察院御史銜 兵部左侍郎楊一鵬暫署
94	魏照乘，字仲玖，號瑤海。 京師大名府滑縣	萬曆44年丙辰科3甲89名	11年4月－12年5月	歷任禮科左給事中、吏科都給事中、太常寺少卿、江西巡撫。以工部右侍郎陞兵部左侍郎協理，後改兵部尚書。	籍隸兵部，無都察院御史銜
95	李日宣，字晦伯，號緝敬，諡清惠。 江西吉安府吉水縣	萬曆41年癸丑科3甲261名	12年5月－13年9月	初授中書舍人，擢雲南道御史。以兵部右侍郎陞兵部左侍郎協理，後改吏部尚書。	籍隸兵部，無都察院御史銜

序號	人名[生卒年] 軍、民籍 （鄉貫）	進士科名	任期	遷轉	備註與考異
96	余珹，字洪崖。 [？-1640] 河南歸德府商丘縣	萬曆44年丙辰科3甲269名	13年11月－14年11月	初授中書舍人，因觸怒魏忠賢，辭官居福州。以兵部左侍郎協理，後遷南京兵部尚書。	籍隸兵部，無都察院御史銜
97	吳甡，字鹿友，號峇愚，晚號柴菴。南京揚州府興化縣	萬曆41年癸丑科3甲78名	14年11月－15年6月	山東道監察御史，歷任河南巡按御史、陝西巡按、山西巡撫。以兵部左侍郎改協理。	籍隸兵部，無都察院御史銜
98	劉餘祐，字玉孺。 [1586-1655] 京師順天府宛平	萬曆44年丙辰科3甲120名	15年7月－11月	歷任刑部郎中、河南按察使、應天府尹。以兵部右侍郎改兵部左侍郎協理，罷。	籍隸兵部，無都察院御史銜
99	王家彥，字開美，號遵五，謚忠端。 [1588-1644] 福建興化府莆田縣	天啟2年壬戌科3甲69名	15年閏11月－17年3月	歷任刑科給事中、大理寺卿、太僕寺卿。以戶部右侍郎改兵部右侍郎協理。	籍隸兵部，無都察院御史銜

史地傳記類　PC1142　國立臺灣師範大學歷史學系研究叢書06

六師之任
——明代協理京營戎政與北京防禦

作　　者／吳彥儒
責任編輯／孟人玉、吳霽恆
圖文排版／陳彥妏
封面設計／嚴若綾

發 行 人／宋政坤
法律顧問／毛國樑　律師
出　　版／國立臺灣師範大學歷史學系、秀威資訊科技股份有限公司
印製發行／秀威資訊科技股份有限公司
114台北市內湖區瑞光路76巷65號1樓
電話：+886-2-2796-3638　傳真：+886-2-2796-1377
http://www.showwe.com.tw
劃撥帳號／19563868　戶名：秀威資訊科技股份有限公司
讀者服務信箱：service@showwe.com.tw
展售門市／國家書店（松江門市）
104台北市中山區松江路209號1樓
電話：+886-2-2518-0207　傳真：+886-2-2518-0778
網路訂購／秀威網路書店：https://store.showwe.tw
國家網路書店：https://www.govbooks.com.tw

2025年1月　BOD一版
定價：690元

國家圖書館出版品預行編目

六師之任：明代協理京營戎政與北京防禦/吳彥儒著.
-- 一版. -- 臺北市：秀威資訊科技股份有限公司,
2025.1
面； 公分. -- (史地傳記類；PC1142)(國立臺灣師範大學歷史學系研究叢書；6)
BOD版
ISBN 978-626-7511-19-0(平裝)

1.CST: 官制 2.CST: 中國政治制度 3.CST: 軍事史
4.CST: 明史

573.416 113013895